Original en couleur

NF Z 43-120-8

PAUL FÉVAL : LE JEU DE LA MORT

L. BOULANGER, éditeur, 90, Boulevard Montparnasse, PARIS

LE JEU DE LA MORT

Paris. — Imp. PAUL DUPONT, 4, rue du Bouloi (Cie) 4.97.

PAUL FÉVAL

LE
Jeu de la Mort

PARIS
L. BOULANGER, ÉDITEUR
90, BOULEVARD MONTPARNASSE

1897

LE JEU DE LA MORT

PAR

PAUL FÉVAL.

I

Jean-de-la-Mer

Ce ne sont pas les grandes Alpes, blanches de neige, ce ne sont pas les monts Pyrénées, ni les puys de l'Auvergne, ni même les petites montagnes bretonnes qui sont aux pics géants ce que les rides d'un vivier sont aux immenses vagues de l'Océan.

C'est une chaîne de collines tumultueusement groupées avec des rochers qui feraient frémir si on les regardait à la loupe, des miniatures d'abîmes, des précipices nains, où des filets d'eau, grimés en torrents, écument de leur mieux, se fâchent comme des enfants méchants, et parodient les chutes du Rhin en tombant de quinze pieds de haut.

Nous devons avouer néanmoins qu'on se casse le cou dans ces précipices et que dans ces filets d'eau on se noie.

Charmant pays, du reste, jardin anglais de cinq ou six lieues carrées, qui n'a jamais fourni de décorations à l'Opéra-Comique ni de descriptions aux voyageurs de la librairie, pays aimable où l'on ne trouve point de chalets (les chalets à la lanterne!), point d'Anglaises, point d'eaux thermales et, partant, point de vaudevillistes cuisant leurs rhumatismes au soleil.

Bon pays qui ne connaît ni la roulette, ni le trente-et-quarante des localités décidément pittoresques.

Doux pays, qui n'a eu qu'un chantre, mais le plus charmant de tous les chantres, Mᵐᵉ la marquise de Sévigné¹.

Elle l'aimait, ce pays, la délicieuse marquise; elle le caressait; elle le raillait. En ce temps-là Paris connaissait La Gravelle, Ernée, Vitré.

La marquise morte, cette gloire s'est évanouie. Vitré, Ernée, La Gravelle, Martigné, toutes ces capitales(!) sont retombées dans leurs ténèbres.

On dit que les concierges de Ferney ont débité depuis le dernier siècle cinquante-trois mille cannes de M. de Voltaire; nous ne savons pas de quelles reliques fait commerce le garde champêtre d'Ermenonville. Ce qui est certain, c'est que le portier des Rochers n'a jamais vendu une seule bonbonnière de la marquise.

Sévigné, fleur de Cour, gracieuse et noble gloire, cela ne prouve point qu'on vous ait oubliée. Cela prouve qu'il y a des contrées heureuses, honnêtes, conservées, et des pays salis par le charlatanisme; des sentiers verts, et des routes où le pied plat du vulgaire soulève des nuages de poudre.

Nous sommes sur les confins de la Bretagne et de la France, comme on disait autrefois, à mi-chemin de Rennes et de Laval; nous avons un pied sur l'Ille-et-Vilaine, un autre sur la Mayenne. Paris est à quatre-vingts lieues de nous, vers l'est.

En 1828, époque où commence notre récit, quatre-vingts lieues, c'était beaucoup. Maintenant, ce n'est rien;

---

1. La terre des Rochers, château de Mᵐᵉ de Sévigné, et possédée maintenant par une des plus honorables familles de Bretagne, est située à quelques lieues de l'endroit où se passe notre drame.

les chemins de fer allongent à l'excès les faubourgs de Paris.

Au centre de cette chaîne de collines, dont nous avons parlé et qui va mourir au-dessous de Vitré, les mouvements de terrain s'élèvent et prennent des proportions plus amples. Les vallons se creusent; les monticules grandissent; la belle forêt du Ceuil étage ses arbres séculaires sur des rampes rudement taillées, et la lande de Vesvron qui descend à la Vilaine, montre, parmi ses bruyères rouges, de hauts rochers d'un gris blanchâtre qui ressemblent à des fantômes immobiles, quand le crépuscule du soir vient tomber.

Le château du Ceuil est situé dans la forêt même qui l'entoure de trois côtés. La façade seule est découverte et domine une énorme prairie où coule la Vesvre, affluent de la Vilaine.

A gauche du château, la forêt gravit la montagne et va finir au loin du côté de la Mayenne; à droite, la route de Laval passe, encaissée et comme perdue dans les saules qui bordent la Vesvre; au delà de la route, une rampe rocheuse grimpe à pic, étalant au soleil du midi ses maigres bouquets de bruyère et l'or aride de ses ajoncs.

La Vesvre vient de l'est; elle fait le tour du mamelon qui sert de base au château et va retrouver à une demi-lieue de là l'étang de Bréhaim, qui la verse dans la Vilaine.

A cause de sa conformation même et de la direction contrariée des cours d'eau, tout le pays situé sous la forêt du Ceuil est sujet à des inondations fréquentes. Le château est alors dans une île et ne peut communiquer avec Vitré que très difficilement. Mais un système d'écluses, pratiqué au bief de l'étang de Bréhaim, vide la plaine comme le ferait une puissante machine hydraulique, et du soir au lendemain, le lac redevient prairie.

Il y a derrière le château du Ceuil un hameau d'une quarantaine de feux, avec une petite église. On l'appelle le bourg de Vesvron.

En 1828, le maître du château du Ceuil était un vieillard octogénaire, qui avait nom Jean Créhu de la Saulays. Il était puissamment riche et passait pour ne faire ni bien ni mal à personne.

Des fenêtres de son manoir, aussi loin que ses yeux, armés de rondes lunettes d'argent, pouvaient porter leur regard, il n'apercevait que des terres à lui appartenant. L'horizon se fermait sur ses domaines, et le hasard qui avait fendu la montagne pour lui montrer au loin, par une étroite échappée de vue, la vieille ville de Vitré, lui présentait justement, sur le premier plan du plus bizarre amphithéâtre de masures que l'imagination puisse rêver, son hôtel héréditaire, l'hôtel de la Saulays, grande maison gris de fer, vêtue d'ardoises depuis le faîte jusqu'au premier étage et ouvrant ses fenêtres à petits carreaux plombés sur les fossés de la ville.

Jean Créhu n'était pas aimé; il n'était pas haï. Ses innombrables fermiers lui payaient la redevance sans réclamer jamais de diminution pour les mauvaises années, car ils savaient que leur demande serait repoussée. Mais, d'un autre côté, depuis l'an 1813, époque à laquelle le maître du Ceuil était revenu habiter ses terres, il n'avait jamais songé à augmenter les baux, à l'exemple des propriétaires voisins. Il y avait compensation.

Le château ne brillait point par son hospitalité. Néanmoins, les jours d'inondation, la porte s'ouvrait pour tout le monde. Seulement, chacun devait apportait son pain et son lait.

Non pas qu'on refusât la nourriture à ceux qui avaient faim, mais on donnait évidemment à contre-cœur, et le pain de la grossière aumône est amer à la bouche du paysan breton.

Dans le pays, Jean Créhu était surtout connu sous le nom de Jean-de-la-Mer. Ce sobriquet rappelait la source de son immense fortune. Jean Créhu était le fils du pauvre gentillâtre de Vitré, lequel avait vendu tous ses biens pièce à pièce et mourut pauvre, non point au château du Ceuil qui n'avait jamais appartenu à la famille

Comme la jeune fille obéissait, Jean-de-la-Mer la suivait des yeux
et il y avait dans son regard une sorte de tendresse.

10ᵉ LIVR.

non pas même à l'hôtel de la Saulaye qu'il avait affiné pour vivre, mais bien dans quelque bouchon ignoré, car il aimait le cidre outre mesure.

Son fils n'imita point son exemple. Il se fit corsaire en 1792, et c'est le seul corsaire assurément dont on ait pu dire : « Il ne but jamais que de l'eau ».

Il était très brave, très froid et dur comme l'acier de sa hache d'abordage. Il tua beaucoup d'Anglais, quelques Français aussi, en passant, par mégarde, et rapporta des monceaux de piastres.

En homme d'ordre qu'il était, il plaça ses piastres en bonnes terres et devint le personnage important de la contrée.

Il allait à la messe dimanches et fêtes à la paroisse de Vesvron. Pendant le sacrifice saint, il se tenait à son banc, debout, droit comme le mât de son ancien navire. A la quête, il donnait une pièce de dix sous. Après la messe, il saluait le recteur (le curé) d'un geste raide et s'en allait tout seul, suivi de loin par sa famille.

Car il avait une famille. Point de frères ni de sœurs, ni de filles ni de fils, mais deux neveux et une jeune personne de seize ans qui l'appelait aussi son oncle.

Cette jeune personne qui avait nom Berthe, était aveugle de naissance. Il l'avait amenée avec lui, on ne savait d'où, lorsqu'il était revenu en 1813.

Ses deux neveux n'étaient point frères ; ils ignoraient au juste quel degré de parenté les attachait l'un à l'autre. L'aîné avait trente ans ; il s'appelait Fargeau ; le plus jeune n'avait guère que vingt ans et se nommait Lucien.

Dans les environs, Jean-de-la-Mer avait encore une demi-douzaine de parents plus ou moins éloignés, qu'il avait engagés sérieusement à ne jamais le venir voir.

C'était une nuit du mois de décembre, froide et sombre.

Il y avait nombreuse compagnie dans la cuisine du château du Ceuil, où se faisait la veillée.

Le vent soufflait au dehors et fouettait la pluie contre les carreaux losangés de la salle basse.

Pour éclairer la cuisine, il n'y avait qu'une seule résine allumée dans l'âtre même. Le feu dormait sous la cendre.

D'ordinaire, à cette heure, tout le monde reposait au château du Couil; d'ordinaire encore, le foyer n'était point entouré par si nombreuse compagnie. Mais depuis trois jours la plaine était couverte d'eau, et les fermiers voisins de la rivière avaient demandé en masse l'hospitalité. Cela se renouvelait une ou deux fois l'an pour le moins, et chacun avait sa place marquée d'avance.

Jean-de-la-Mer, en ces occasions, ne donnait jamais signe de vie à ses tenanciers. On entrait sans lui dire bonjour; on sortait sans lui dire : « Dieu vous bénisse ! » Il restait dans la chambre qu'il s'était choisie à l'extrémité la plus reculée du manoir, fumant sa longue pipe de corne et lisant des bouquins.

La cuisine était une très grande pièce éclairée par trois fenêtres. Vis-à-vis des fenêtres se trouvaient trois lits à double étage. La cheminée, couverte par une sorte d'auvent ou manteau en maçonnerie, avançait à cinq ou six pas du mur. En ce moment, elle abritait la société presque tout entière, tandis que les cendres chaudes achevaient de cuire le souper commun, dans un colossal chaudron de fonte noire.

Le contenu du chaudron jetait sa vapeur lourde par bouffées, quand le vent s'engouffrait dans le tuyau de l'âtre. C'était le mets national : des *grous*, bouillie de blé noir épaisse, qui, une fois refroidie, se coupe en tranches fermes comme du pain.

Les *grous* se mangent chauds avec du beurre fondu ou du *lait pesé* (caillé). Quand on en use avec une extrême modération et qu'on a d'ailleurs un estomac de bronze, les *grous* ne donnent que de légères indigestions.

Cela ne nourrit pas beaucoup, mais c'est fade comme du plâtre et lourd comme du plomb.

Un paysan d'Ille-et-Vilaine qui a devant lui un bon morceau de *grous* pesant deux livres, une moitié de sardine *pressée* et un pichet de cidre, prendrait en grande pitié les pauvres diables réduits au pâté de foie gras et au bordeaux long bouchon.

Il y avait là, sur les billots qui s'alignaient des deux côtés du foyer, la vieille Renotte qui filait d'une main et qui tournait les *groas* de l'autre; Mathurin Houin, le meunier, Yvon, Fancin, Mérioul; Yaumo, le pâtour, et Louisic du four à fouaces.

Au moment où nous entrons dans la cuisine, Renotte, excellente vieille qui avait trois verrues sur le nez, deux au menton, cinq à la joue et une belle moustache grise à chaque verrue, venait de finir une histoire, la fameuse histoire de la perrière sans fond, où Mgr l'évêque tomba avec son carrosse à quatre chevaux.

L'assistance savait l'histoire aussi bien que dame Renotte; mais en Bretagne, mieux on sait une histoire, mieux on aime l'entendre radoter.

— Ce qui vous prouve bien, avait dit la vieille Renotte, comme moralité de son récit, que la perrière était sans fond, puisqu'on n'a jamais retrouvé ni le carrosse, ni les quatre chevaux, ni Mgr l'évêque.

Chacun était convenu tacitement de la haute vérité de cet enseignement. On écoutait la pluie tomber.

— Bonne pluie! dit Pierre Mêchot, le tresseur.

Mérioul et Faucin répétèrent :

— Bonne pluie!

— Ça, c'est vrai! appuya Mathurin Houin.

Reste à savoir pourquoi, en un temps d'inondation, et alors qu'il y avait six pieds d'eau dans la plaine, les bonnes gens du Ceuil et de Vesvron chantaient ainsi une antienne à la pluie.

C'est que, depuis trois jours, la glace avait pris l'étang de Bréhaim et empêchait d'ouvrir les écluses. Cette pluie, c'était le dégel, c'est-à-dire la délivrance.

La porte qui donnait dans l'intérieur du manoir s'ouvrit doucement et livra passage à une jeune fille moitié paysanne, moitié soubrette, l'air un peu plus futé qu'il ne faut, qui entra d'un pied furtif et s'en alla occuper un billot vide.

Cette jeune fille échangea en passant un petit signe de tête avec Yaume, le pâtour. Son arrivée produisit un mouvement manifeste de curiosité.

La vieille Renotte arrêta son rouet.

— Eh bien! la fille Olivette? dit-elle.

Olivette ne trouva peut-être pas à son gré cette façon d'interroger, car elle pinça les lèvres et ne répondit point.

— Eh bien! mam'selle Olivette, demanda Pierre Méchet à son tour, quelles nouvelles de monsieur?

La jeune fille hocha la tête avec importance.

— Mauvaises nouvelles, répliqua-t-elle enfin; notre monsieur est couché tout habillé. M. Fargeau lui fait une lecture qu'il n'écoute pas. M. Lucien le regarde sans faire semblant de rien, et on voit bien qu'il a grand'peur. Mlle Berthe est toute seule auprès du feu; elle sent du malheur, car, elle qui n'y voit pas, ses yeux sont pleins de larmes.

Cette dernière circonstance fit sur l'auditoire un très grand effet.

— C'est un *signe*, ça! dit Mérieul.

— Et on en a vu censément d'autres, des signes, ajouta Yaume, le pâtour.

— Jean-de-la-Mer aura quatre-vingt-deux ans vienne la Saint-Gilles, fit observer Mathurin Houin.

Renotte imprima un mouvement plus vif à son rouet.

— Il est mon aîné de sept ans, grommela-t-elle, comme pour se rassurer elle-même.

— C'était tout de même un fier homme! reprit Pierre Méchet.

— Oui, dit la vieille qui rêvait, un fier homme!

Et une fois sur cette pente, on se prit à parler de Jean-de-la-Mer comme s'il eût été déjà mort.

Le tout, parce qu'il y avait eu des *signes*.

— C'est triste, là-haut, cette chambre, dit Olivette en frissonnant; c'est triste à donner la chair de poule! Il est pâle sur son lit. La sueur colle ses cheveux gris à son front, et ses yeux ont grandi, grandi...

— Encore un signe! murmura-t-on à la ronde

— Quand on parle de médecin, il se fâche. Et d'ailleurs, un médecin, où le prendra? En vingt-quatre heures, il a vieilli de dix ans.

— Son père est mort debout, prononça la vieille femme à voix basse, comme un Créhu doit mourir, sans médecin et sans prêtre.

Tout le monde se signa, et les billots reçurent comme une seule et même secousse, chacun voulant s'éloigner de Renotte.

— Après? fit-elle en jetant autour d'elle un regard de défi; s'il n'y avait pas de prêtres, il n'y aurait pas de péché!

— La paix, vieille femme! dit Mathurin Houin avec autorité; excepté vous, il n'y a ici que des chrétiens.

— J'ai un rosaire dans ma poche, Mathurin Houin, et je suis meilleure chrétienne que toi qui voles sur le blé à ton moulin, et qui battais ta femme avant de l'avoir tuée.

— Allons! allons! firent quelques voix conciliatrices.

Et d'autres ajoutèrent, pour détourner adroitement la conversation :

— Oh! la bonne pluie! Demain la prairie sera découverte.

Un silence se fit, pendant lequel on n'entendit que la résine crépiter sous le manteau de la cheminée, et l'averse battre contre les carreaux.

— En voilà un homme qui a gagné de l'argent dans sa vie! reprit Olivette au bout de quelques instants.

— Et qui a roulé sa bosse! ajouta Méricul.

— On dit, poursuivit Olivette, qu'il était dans son temps le plus beau garçon du pays.

— On dit vrai, la fille Olivette, repartit aigrement Renotte; ce n'est pas à présent qu'on trouverait un homme comme Jean-de-la-Mer !

— Ni une femme comme la maman Renotte quand elle avait seize ans, murmura Mathurin Houin en riant tout bas.

— Oh! fit Olivette, il y a M. Lucien.

La vieille haussa les épaules. Yaume, le pâtour, devint rouge comme un coquelicot.

— Il y a encore... reprit Olivette.

Mais elle n'acheva pas, et une nuance rosée monta à ses joues, tandis que son regard glissait, brillant et furtif, vers le premier des trois lits à double étage.

D'écarlate qu'il était, Yaume devint tout blême.

A l'endroit précis où s'était arrêté le regard d'Olivette, au beau milieu de sa phrase interrompue, il y avait un personnage dont nous n'avons point encore entretenu le lecteur.

Il était assis sur un billot, comme tous les autres, mais il s'adossait au lit, et sa tête, appuyée contre la couverture brune, reposait parmi ses grands cheveux épars.

Il avait les yeux fermés.

La lumière vacillante de la résine tantôt le laissait dans l'ombre, tantôt envoyait à son visage de vagues et tremblantes lueurs.

En ces moments, on distinguait sous un costume de paysan, disposé avec une sorte de coquetterie, un jeune gars de quinze à seize ans tout au plus : tête d'Antinoüs, corps d'athlète, gracieux et charmant dans son sommeil.

II

Le cierge

Yaume le pâtour avait vingt-trois ou vingt-quatre ans, juste l'âge qu'il fallait pour épouser les dix-huit ans d'Olivette. C'était un bon garçon, honnête, dévoué, sachant tresser aussi bien qu'un autre un chapeau de paille à cinq et même à sept brins, sachant graduer la corde d'un fouet, tailler un sifflet et boire une pleine écuellée.

Au physique, il n'était pas trop mal bâti, et sa ronde

figure s'encadrait bonnement dans ses cheveux coupés à la Jean-Gilles.

Plus d'une fille de Vosvren avait pensé à lui. Et pourtant, il avait raison de trembler en suivant le regard qu'Olivette jetait au beau dormeur.

Olivette avait la prétention d'être un peu plus qu'une paysanne, et par le fait son frais minois ne ressemblait guère aux faces larges et hâlées de ses compagnes. Elle portait d'ailleurs des robes d'indienne l'été, des robes de mérinos l'hiver, ce qui la mettait tout à fait au-dessus du commun.

Pour une personne distinguée comme l'était Olivette, Yaume était peut-être un peu bas placé sur les degrés de l'échelle sociale. Olivette aurait pu demander que son futur portât au moins la livrée.

Mais sa fantaisie n'allait point de ce côté-là. Le valet de chambre de Jean Crohu, lequel avait un vieil habit gris à galons pelés, pour les jours où l'on allait à Vitré, ne séduisait en aucune façon la jolie fille. L'heureux mortel qui donnait de petits battements à son cœur, — nous disons petits, parce que le cœur d'Olivette ne battait qu'à bon escient et pas beaucoup, — cet heureux mortel n'avait ni galons rouges ni chapeau bordé.

C'était Tiennot, le beau Tiennet Blône, le dormeur qui se faisait en ce moment un oreiller de ses grands cheveux noirs.

Ah ! si Tiennet avait voulu !

Mais Tiennet avait, ma foi, bien autre chose en tête !

En attendant, le pauvre Yaume était jaloux à faire pitié.

Le dormeur, lui, n'avait point souci de ce qui se passait à la veillée : ses yeux fermés couchaient leurs longs cils sur sa joue légèrement amaigrie ; et autour de sa bouche entr'ouverte, il y avait un vague sourire.

Ses lèvres remuaient parfois, mais sans produire aucun son. Il parlait sans doute à son rêve.

— N'empêche, reprit Mathurin Houin, que la petite demoiselle va être riche comme une bossue !

Olivette pinça ses lèvres pleines et rouges comme deux cerises.

— On ne sait pas, murmura-t-elle. Il y a d'autres héritiers que Mlle Berthe.

— Sans doute, dit Pierre Méchot, M. Lucien et M. Fargeau, mais...

— Oui, interrompit la vieille Renotte, tu as raison de dire « mais », mon gars. On ne sait pas d'où elle vient, celle-là ! Et quand un homme comme Jean-de-la-Mer apporte dans sa maison un enfant, voyez-vous bien, on peut dire qu'il ne l'a pas ramassé sur la route pour l'amour du bon Dieu. Les *grous* sont cuits ; attirez vos écuelles.

Nous ne savons si c'est le voisinage de la Basse-Normandie, mais il est certain que les paysans d'Ille-et-Vilaine lâchent rarement leur dernier mot. Ils sous-entendent bien plus qu'ils n'expriment et, pour trouver le fond de leur pensée, il faut sortir du sens précis de leurs paroles.

Personne ne demanda d'explication. Les écuelles s'alignèrent sur la table. Tout le monde avait compris que, dans la croyance de la vieille, Jean-de-la-Mer avait une fille.

Renotte avait-elle deviné juste ? Jean-de-la-Mer tout seul aurait pu le dire.

— En voilà une, s'écria Yaume, qui avait besoin de se venger par une comparaison, en voilà une qui est douce et bonne censément comme les anges. Si elle est riche, tant mieux ! Si tous les autres sont pauvres pour qu'elle soit plus riche, tant mieux ! Les autres, ça m'est égal ; mais Mlle Berthe ! oh ! Mlle Berthe !

Il fallut une pleine cuillerée de bouillie de blé noir pour arrêter ce flux d'enthousiasme. Personne ne protesta, du reste, autour de la cheminée. Olivette seule laissa échapper un imperceptible mouvement d'épaules.

Chacun était occupé à mélanger ses grous soit avec du beurre, soit avec du lait posé.

— Tiennet ne mange pas, dit Olivette, dont la voix prit une expression toute particulière pour prononcer ces simples mots.

Yaume oublia de souffler sur sa cuillère pleine et se brûla cruellement.

— Bah ! fit Mathurin Houin, Tiennet rêve : ça le nourrit. Il rêve qu'il va sur la mer comme notre maître et qu'il en rapporte assez d'argent pour acheter le château du Couil avec la forêt, les moulins et l'étang de Bréhaim par-dessus le marché. Ohé ! Tiennet !

Tiennet tressaillit légèrement et ouvrit les yeux à demi. Tous les gars, excepté Yaume, éclatèrent de rire.

— N'est-ce pas que tu rêvais ? reprit Mathurin.
— Oui, répliqua Tiennet.
— De quoi rêvais-tu ?

Tiennet n'hésita pas.

— D'Olivette, répondit-il.
— D'Olivette ? Toi ! s'écria Yaume en se levant.
— Eh bien, après ? fit la coquette de village, qui était tout rouge de plaisir.
— Je rêvais, reprit tranquillement Tiennet, qu'Olivette donnait rendez-vous à M. Fargeau au grand chêne creux de la Mestivière.

Nouvel et plus bruyant éclat de rire des paysans.

Yaume se rassit en fermant les poings.

Mais ce qui fut plus étrange, ce fut l'effet produit par ces paroles sur Olivette elle-même.

Elle devint extrêmement pâle et ses lèvres se prirent à trembler.

Yaume la regardait avec des gouttes de sueur au front.

— Un rendez-vous à M. Fargeau ? murmura-t-il en posant sa main sur celle d'Olivette ; censément... Oh !

La main de la jeune fille était glacée.

— Rassure-toi, pâtour, reprit encore Tiennet dont la voix calme et remarquablement harmonieuse avait comme un accent d'amertume ; ce n'était pas un rendez-vous d'amour.

Yaume sentit un frisson courir dans les doigts d'Olivette.

— Que vous ai-je fait, Tiennet Blône ? murmura la jeune fille, dont les yeux étaient pleins de larmes.

Tiennet se prit à sourire doucement.

— Vous ne m'avez rien fait, ma pauvre Olivette, répliqua-t-il ; je dis mon rêve, voilà tout. Mais je n'ai pas rêvé que cela. Les gars ! il y a un malheur dans la maison. J'ai vu le diable.

— Le diable ? répétèrent toutes les bouches béantes.

Un signe de croix fit le tour du cercle, et la vieille Rouette, toute païenne qu'on la supposait, glissa sa main ridée au fin fond de sa poche pour toucher furtivement un grain de son rosaire.

Tiennet avait prononcé ces dernières paroles avec une certaine emphase, mais, en voyant la détresse générale, ses grands yeux noirs prirent une expression railleuse, et un auditoire moins troublé aurait désormais deviné la moquerie sous sa solennité d'emprunt.

— Le diable en personne, mes gars, poursuivit-il ; et vous ne savez pas ? Le diable ressemble à M. Fargeau.

— Tu n'aimes pas M. Fargeau, Tiennet, dit Mathurin.

— Non. Mais cela ne fait rien au diable. Jean-de-la-Mer est-il plus malade ?

— Olivette dit qu'il est bien changé.

— J'en étais sûr ! Le diable avait une fiole et un verre, il faisait boire M. Jean Crébu.

— Mais c'est un *signe*, ça ! interrompit Pierre Mêchet ; et quand on pense à ce que disait tantôt Mérieul...

— Que disait Mérieul ? demanda Tiennet.

— Mérieul disait que de l'autre côté de l'eau, hier soir, on a vu le cierge [1].

— Oh ! oh ! fit Tiennet, non sans un certain accent sceptique.

Pierre Mêchet, gros gars robuste et plus épais que les *grous* qu'il avalait à prodigieuse gorgées, ne fut pas scandalisé, parce qu'il ne comprit point le sens de l'exclamation de Tiennet.

---

1. Quand quelqu'un doit mourir, on voit, la nuit, un cierge descendre, la flamme en bas, et pénétrer dans la maison, par la croisée si c'est un prêtre, par la porte si c'est une femme, par la cheminée si c'est un homme et surtout si c'est le maître du logis.

— Le cierge est descendu, acheva-t-il, la flamme en bas, et il est entré au château par la cheminée.

— Alors c'est une affaire arrangée, dit Tiennet sérieusement.

Puis, se reprenant tout à coup, il ajouta :

— Vous êtes tous des ânes ; je n'ai rien rêvé ; le diable aurait honte de s'occuper de vous !

Il se renversa de nouveau, croisa ses mains derrière sa tête et ferma les yeux pour se rendormir.

Olivette s'était glissée inaperçue derrière le lit à double étage. Elle avait gardé toute sa pâleur.

— Monsieur Tiennet, murmura-t-elle, répondez-moi bien bas comme je vous parle. Si vous n'avez rien rêvé, pourquoi dire que j'ai un rendez-vous au chêne creux de la Mestivière ?

— Avec M. Fargeau, mademoiselle Olivette !

— Oui, avec M. Fargeau.

— Pourquoi, mademoiselle Olivette, donnez-vous des rendez-vous à M. Fargeau, au chêne creux de la Mestivière ?

Ceci fut prononcé d'un ton sec.

Olivette se tut.

Elle cherchait évidemment un biais pour renouer l'entretien brisé et pour questionner encore, lorsqu'un bruit lointain se fit à l'intérieur du château. On entendit comme un cri étouffé.

Tiennet Blône bondit sur ses pieds.

Il se tenait droit, les muscles tendus, l'oreille et le regard au guet, développant sans le savoir toute la richesse de sa merveilleuse stature.

Tout le monde faisait silence et attendait.

Il n'y eut point de second cri.

— C'est la voix de Jean-de-la-Mer, dit Tiennet Blône.

Avant que personne pût répondre, des pas précipités retentirent dans la chambre voisine et un grand jeune homme, frêle et presque chauve déjà, montra sa figure effrayée à la porte de la cuisine.

— M. Fargeau ! murmura-t-on.

Personne n'osait l'interroger.

A la vue du nouvel arrivant, Tiennet s'était reculé dans l'ombre ; il s'appuyait à la colonne grossièrement sculptée de l'un des lits.

M. Fargeau s'était arrêté sur le seuil.

— Mes bons amis, dit-il avec hésitation, M. Créhu de la Saulays est bien malade, il nous faudrait... peut-être.. un médecin.

— Peut-être ! répéta mentalement Tiennet Blône, dont le regard fixe et froid couvrait Fargeau.

Personne ne répondit à l'appel de ce dernier.

Ce silence, loin de le déconcerter, parut lui plaire, car ses sourcils froncés se détendirent et sa voix devint plus assurée.

— Je sais bien qu'il y a des difficultés, reprit-il ; la nuit est noire ; le bateau a été emporté de l'autre côté de la Vesvre, et ce serait un hardi compagnon celui qui essayerait de traverser à cheval la prairie inondée.

— Oui-fait ! dit Mathurin Houin ; faudrait pas avoir froid aux yeux.

— Censément, appuya le pâtour Yaume, qui cherchait du regard Olivette et qui ne l'apercevait point.

— Faudrait être en ribotte, murmura Pierre Méchet.

— Ou bien innocent.

— Ou bien fou !

Tiennet Blône écoutait et ne disait mot. Fargeau avait autour de la lèvre un méchant sourire.

Olivette se pencha en travers du lit pour mettre sa bouche tout près de l'oreille de Tiennet.

— Entendez-vous, prononça-t-elle bien bas ; pour traverser la plaine inondée à cheval, il faut être ivre ou fou... et pourtant je connais quelqu'un qui l'a traversée à cheval la nuit dernière.

Olivette avait cru frapper un grand coup, mais le jeune gars se borna à lever sur elle son regard perçant et hardi jusqu'à l'effronterie. Olivette baissa les yeux, car elle se sentait faible et vaincue. Ce fut alors seulement et quand elle ne pouvait plus le voir, que Tiennot Blône courba la tête à son tour.

Un nuage de tristesse amère venait de passer sur son front.

M. Fargeau continuait d'un ton doux :

— Mes pauvres enfants, comment faire ? M. Jean Créhu est pourtant bien malade !

— Avec la pluie qui tombe depuis l'après-dîner, répliqua Mathurin Houin, l'étang de Bréhaim doit être dégolé. M'est avis que l'éclusier aura pu ouvrir ses portes dès ce soir. Au petit jour, on pourra passer.

— Censément, dit Yaume. Quel heure est-il ?

M. Fargeau tira sa montre.

— Deux heures après minuit, répondit-il.

— Eh bien, s'écria Yaume, à six heures on partira.

M. Fargeau semblait tout à fait guéri de cette vague inquiétude que son visage exprimait naguère.

— Comme ça, mes bons amis, dit-il, personne ne veut se charger de la commission tout de suite ?

Pour la seconde fois, des pas se firent entendre dans le corridor.

— Eh bien, cria une voix franche et jeune au dehors, est-on parti, Fargeau ?

Les figures changèrent autour du foyer, tandis que le nom de M. Lucien courait de bouche en bouche. Chaque physionomie semblait dire : « Voilà l'affaire qui va prendre une autre tournure et, bon gré mal gré, il va falloir en découdre ! »

Et personne n'était bien rassuré, parce que, dans cette nuit noire et sans lune, il y avait danger réel à traverser la prairie inondée.

Fargeau répondit :

— J'ai fait ce que j'ai pu, mais ces bonnes gens ne veulent pas.

— Ils ne veulent pas ? répéta la voix du corridor, avec un accent de colère.

En même temps, une lumière plus vive que celle de la résine éclaira la porte, et le plus jeune des neveux de

Jean-de-la-Mer, Lucien Crohu de la Saulaye passa le seuil, un flambeau à la main.

C'était un gracieux et beau jeune homme, au visage doux et presque féminin. Il était moins grand que Fargeau; mais sa taille, sans être remarquablement robuste, avait tant de souplesse et des proportions si heureuses, qu'il semblait porter en réalité la tête plus haut que son cousin.

En entrant, il rejeta en arrière les boucles de ses cheveux blonds et parcourut du regard les rangs des domestiques et fermiers du Ceuil.

— Ils ne veulent pas? dit-il encore, en élevant son flambeau, comme pour mieux voir les récalcitrants, quand leur maître est en danger de mort?

— Oh! se récria le doux Fargeau, j'aime à penser que tu vas beaucoup trop loin!

Lucien se retourna vers lui et lui tendit la main.

— Mon pauvre Fargeau, dit-il, tu ne peux pas t'accoutumer à cette idée; mais notre oncle est bien changé, et, depuis une heure, son mal augmente d'une façon si terrible...

Il s'interrompit pour reprendre d'un ton de commandement :

— Holà! Mérioul! selle mon cheval. Puisqu'il n'y a pas un homme ici, j'irai moi-même.

— Vous, monsieur Lucien? s'écria-t-on de toutes parts.

Tiennet quitta la position qu'il avait gardée jusqu'alors auprès du lit à double étage et avança au centre du cercle.

— Reste, Mérioul, dit-il. Il y a un homme ici, et j'aime à seller moi-même le cheval que je monte.

Fargeau avait involontairement froncé le sourcil, mais sa physionomie reprit tout de suite son expression bénigne.

Les paysans regardaient Tiennet, la bouche ouverte.

Olivette, toujours cachée, le contemplait avec admiration.

Tiennet avait la figure aussi calme que s'il se fût agi d'aller au bout de l'avenue.

— Voilà qui est bien, mon jeune ami, lui dit Fargeau avec une chaleur affectée, Voilà qui est très bien !

Et il ajouta plus bas en se penchant à son oreille :

— Vous irez chez le docteur Morin, n'est-ce pas ? Notre respectable oncle n'a confiance que dans le docteur Morin.

Tiennet s'inclina.

Lucien lui donna la main en disant :

— Merci, Tiennet. Si j'avais su que tu étais là, je t'aurais dit tout bonnement : « Prends mon cheval et pars. »

Tiennet serra la main qu'on lui tendait, et son œil eut un éclair de fierté.

Lucien ajouta :

— Tu iras chez le docteur Méaulle.

— J'irai, monsieur Lucien.

— Et aussi vite que ton cheval pourra te porter !

— Si quelque glaçon ne lui défonce pas le poitrail, monsieur Lucien, je serai à Vitré dans trois quarts d'heure.

Il quitta la salle basse.

— Consément, dit Yaume, le gars Tiennet pourrait bien ne pas revenir !

Olivette pâlit dans sa cachette.

— Mes garçons, prononça gravement Mathurin Houin, faut dire un *Pater* et un *Ave* pour Tiennet Blône.

Il ôta son bonnet de laine et se leva.

La vieille Renotte retourna sa chaise, la seule qui fût dans la cuisine, et se mit à genoux.

On récita le *Pater* et l'*Ave* avec lenteur.

Le vent et la pluie, redoublant de violence, faisaient un tapage d'enfer au dehors.

On entendit le pas d'un cheval dans la cour.

Tous les paysans se précipitèrent à la porte et virent Tiennet en selle. M. Lucien lui donnait une dernière poignée de main.

— Bon voyage, gars Tiennet ! crièrent-ils, et que Dieu te bénisse !

Olivette, profitant de ce mouvement, se glissa hors de sa cachette, monta en courant l'escalier de sa chambre, et tomba sur ses deux genoux, au pied de son lit.

— A demain, les vieux ! cria Tiennet qui éperonna son cheval.

En passant la porte de la cour, il entendit la voix de M. Fargeau, qui lui disait tout bas par derrière :

— Le docteur Morin, mon bon Tiennet, c'est chez le docteur Morin qu'il faut aller.

La porte de la cour se referma ; on entendit un instant les pas du cheval qui clapotaient dans la boue du chemin.
— Puis le silence.

III

Berthe l'aveugle

De longs corridors humides et noirs où le vent s'engouffrait en pleurant, des fenêtres aux châssis tremblants qui battaient, secoués par l'orage, un mortel silence partout où le bruit de la veillée ne pouvait être entendu.

Malgré sa préoccupation, Olivette avait grand'peur en montant les escaliers du château pour regagner sa chambre.

Un instant, elle eut la pensée de s'arrêter sur le palier et d'attendre M. Fargeau pour lui dire :

— On a surpris notre secret. Je ne veux plus aller au chêne creux de la Mestivière.

Mais attendre dans cette nuit plaintive, parmi ces sons étranges ! Attendre toute seule au milieu des ténèbres, quand cet homme se mourait là, tout près, quand on avait vu *le cierge !*

Olivette n'était pas une nature très poétique, et le merveilleux ne la gênait guère quand il faisait beau soleil sur la lande. Mais c'était une fille de la Bretagne, après tout, et cette lugubre nuit pesait sur l'âme comme un linceul glacé.

Elle n'attendit point M. Fargeau.

Curieuse qu'elle était, loin de jeter comme à l'ordinaire son regard furtif dans la chambre de M. Jean Créhu, dont la porte entre-bâillée laissait passer une étroite bande de lumière, elle hâta le pas en frissonnant et fit par trois fois le signe de la croix.

Si Olivette eût été plus brave, elle aurait vu la chambre de Jean-de-la-Mer, silencieuse et morne, éclairée par une seule lampe.

C'était une vaste pièce, boisée de chêne brun et ornée çà et là de quelques vieux portraits pendus comme au hasard contre les lambris.

De noirs soliveaux, soutenus par une maîtresse poutre qui fléchissait à son milieu, remplaçaient le plafond et absorbaient dans leurs cavités les pâles rayons de la lampe.

Pour meubles il y avait le grand lit à colonnes de Jean Créhu de la Saulays, une chaise longue, un coffre sculpté servant de secrétaire et des planches recouvertes de cuir qui supportaient des livres.

Jean-de-la-Mer était demi-couché sur sa chaise longue, loin du foyer et près de la lampe. Sur un guéridon, à ses côtés, était ouvert ce bouquin qui effraie les curés et les mères de familles, cette déclamation pédante, ce blasphème impuissant : *les Ruines* de Volney.

Jean Créhu de la Saulays était un homme du dernier siècle, la négation le tentait, le doute lui plaisait. Il pensait être courageux en répétant ces fadaises : « Dieu n'est pas ; l'âme meurt, etc. »

A l'autre bout de la chambre, au coin de la cheminée, Berthe, l'aveugle, était assise, la tête appuyée contre le marbre, immobile et muette.

Il n'y avait personne autre dans la chambre.

Jean Créhu de la Saulays regardait le vide.

Il était très pâle et ses membres avaient un tremblement continu.

C'était un vieillard de haute taille, le front très élevé, mais étroit, la figure longue et maigre.

Ses cheveux qui restaient abondants, sa barbe touffue et ses sourcils, faisant saillie au-dessus de ses yeux éteints, étaient d'un blanc éclatant et uniforme.

Il portait le pantalon de toile grise et la redingote en peau de chèvre.

L'impression produite par la vue de ce grand corps étique et tout d'une pièce, par cette figure hâve, noyée dans les masses blanches de la barbe, par ce regard morne qui semblait n'avoir plus de vie, ressemblait à de la terreur.

La lampe qui brûlait près de lui éclairait vivement son visage et n'envoyait que de vagues lueurs aux traits de la jeune fille qui s'asseyait près du foyer.

Dans ces toiles de maîtres que le temps a noircies, le regard parfois découvre à la longue de suaves beautés, des contours exquis, de divines choses que le premier coup d'œil n'avait point aperçues.

C'est comme une brume qui se dissipe avec lenteur, comme un voile qui peu à peu se soulève.

Il y a là quelque chose de mystérieux, de sacré, dirions-nous presque, car l'art vient du ciel.

Ces formes célestes qui percent le nuage épaissi par le temps, ces visages devinés, cette beauté dont la perception est déjà comme une conquête, nous impressionnent plus profondément, sinon plus vivement que la beauté en lumière, que les formes dont la perfection s'accuse aux regards du premier venu.

Là-bas, dans ces demi-ténèbres, ressortant sur le marbre noir de la haute cheminée, vous eussiez dit l'ange des toiles inspirées.

Elle était belle, cette pauvre fille à qui Dieu avait pris la lumière, belle comme la mélancolie des seize ans, belle comme ce premier et triste sourire d'amour qui étonne l'insouciance de la vierge.

Berthe ne se souvenait point d'avoir vu jamais les

rayons du soleil. Quand Jean-de-la-Mer l'avait amenée avec lui, en 1819, elle était déjà aveugle.

Elle était grande et svelte jusqu'à paraître frêle ; sa taille, toute gracieuse en sa faiblesse, cachait ses contours délicats sous une robe de laine sombre.

En ce moment où sa tête s'appuyait contre le marbre, ses grands cheveux noirs, que nul lien ne rattachait, tombaient en boucles soyeuses et largement ombrées le long de ses tempes, jusque sur son sein.

Il y avait autour de ses lèvres fraîches et caressantes un vague sourire. Une larme, au contraire, tremblait au bout de ses longs sourcils.

Ses yeux, d'un bleu obscur et qui n'avaient point la fixité glacée des yeux d'aveugle, semblaient penser.

Un silence complet régnait dans la chambre.

Berthe se prit à écouter. Puis elle étendit sa main blanche et finement modelée dans la direction d'une chaise qui était vide à côté d'elle.

— Lucien ! monsieur Lucien ! murmura-t-elle bien bas.

Lucien n'avait garde de répondre.

— Il me semble que j'ai dormi, pensa Berthe en se redressant pour dégager son front inondé de cheveux : il doit être bien tard.

Puis elle appela encore à voix basse :

— Monsieur Lucien ! monsieur Fargeau !

Personne ne répondit. Les yeux de Jean-de-la-Mer restèrent immobiles et mornes comme s'il n'avait pas entendu.

Berthe frissonna légèrement. Elle se sentait seule. L'idée lui vint que le malade dormait, puis l'idée qu'il était mort.

Elle mit ses deux mains sur son front où la sueur froide venait.

— Monsieur ! monsieur ! appela-t-elle. Mon oncle ! monsieur Jean Créhu !

Toujours le silence.

Berthe se laissa glisser sur ses genoux et joignit les mains pour prier.

Mais, avant que le premier mot de la prière fût prononcé, elle tressaillit et s'arrêta, parce qu'une voix venait de s'élever enfin dans cette chambre muette.

Voix étrange et changée, que Berthe reconnaissait à peine.

D'ordinaire, Jean Créhu avait cet organe vibrant et rude de l'homme qui a parlé longtemps au bruit de la tempête; aujourd'hui, c'était une voix courte, mais faible, presque douce.

— Que fais-tu là, Berthe ? disait le vieillard ; et pourquoi es-tu seule ?

— Dieu soit loué ! s'écria Berthe, qui voyait ses craintes trompées.

La longue figure du vieillard eut un sourire funèbre.

— Tu me croyais mort déjà, n'est-ce pas ? murmura-t-il ; j'ai quatre-vingt-deux ans.

— Vous resterez longtemps encore avec nous, mon oncle, voulut dire la jeune fille.

Jean-de-la-Mer l'interrompit.

— Fais sonner ma montre, Berthe, reprit-il.

Berthe obéit. La montre sonna deux heures après minuit.

— Ferme la porte, ajouta Jean-de-la-Mer ; mets le verrou ; ces deux neveux que j'ai nourris m'abandonnent.

— Oh ! monsieur ! fit Berthe.

— Eh bien ? quand ils m'abandonneraient ? où serait le mal puisque je vais mourir ? Ils ne peuvent plus rien espérer de moi ; ils s'en vont. L'homme est ainsi fait, petite fille. Il y a bien longtemps que je le sais.

Berthe, habituée à cette chambre connue, s'était dirigée vers la porte sans tâtonner. La porte fut fermée.

— Viens ici, Berthe, poursuivit Jean-de-la-Mer dont la voix s'adoucit encore ; assieds-toi là, tout près de moi, et causons.

Berthe s'assit sur la chaise occupée naguère par Fargeau, le plus âgé des neveux de Jean Créhu. Le vieillard lui prit les mains, et Berthe eut un frisson au contact de ces doigts glacés.

— Suis-je bien changé? demanda Jean-de-la-Mer.

Puis, se reprenant vivement, il ajouta en souriant avec amertume :

— Fou que je suis! En voyant ces beaux grands yeux bleus, j'oublie toujours qu'elle est aveugle.

Berthe avait baissé la tête.

Jean-de-la-Mer la contemplait et son regard avait repris un peu de vie.

— Oui, pensa-t-il tout haut ; voilà le monde, l'œuvre de celui qu'on appelle Dieu ! Dans ce fruit mûr et vermeil qu'on va porter à ses lèvres, il y a un ver impur. Et cette enfant qui ressemble aux anges est frappée d'un châtiment horrible, elle qui n'a jamais péché !

Berthe devint plus pâle, puis un incarnat vif envahit sa joue tout à coup.

Etait-ce qu'elle comprenait le sens froidement blasphématoire des paroles du vieillard? Etait-ce que ce mot : *elle n'a jamais péché* tombait sur sa conscience comme un reproche ?

Elle garda le silence.

Jean-de-la-Mer continuait :

— A l'âge où les autres jeunes filles s'épanouissent comme des fleurs dans le sourire et dans la joie, tu souffres, toi, ma pauvre Berthe. Tu n'aimes pas et tu n'es pas aimée.

Il lâcha la main de Berthe, et son regard, redevenu morne, se perdit de nouveau dans le vide.

Il ne vit pas la paupière de Berthe battre, lutter, puis se fermer sur une larme qu'elle voulait cacher.

La larme glissa entre les cils et roula lentement sur la joue.

— Sais-tu? reprit Jean-de-la-Mer, une fois, j'ai voulu te tuer, Berthe, tant j'avais pitié de toi ! Tu avais un an. La veille, j'avais vu tes grands yeux bleus me sourire, et sourire aussi joyeusement au beau soleil des tropiques qui se levait dans les vapeurs, au loin, sur l'Océan. Car tu n'étais pas aveugle, alors.

Berthe se redressa. Vous eussiez dit que ses yeux brillants et inquiets avaient recouvré tout à coup la faculté de voir.

— Ce fut ce jour-là, poursuivit le vieillard, que Dieu te frappa, toi, pauvre innocente. Un orage vint. Tu jouais sur le gaillard d'arrière dans les bras de ta mère...

— Ma mère? répéta Berthe.

— Une pauvre innocente aussi, ma fille, et que Dieu cruel frappa du même coup. La foudre qui te prit la vue, Berthe, prit la vie de ta mère.

— Oh! fit la jeune fille, qui mit ses deux mains sur son cœur.

— Elle était belle comme toi, jeune, heureuse plus que toi. On la mit dans un linceul blanc avec un boulet de douze au cou, et son tombeau fut la mer. Toi, je te pris dans mes bras, Berthe, et quand le médecin de bord m'eût dit: « Elle est aveugle pour toute sa vie », je te suspendis un instant au-dessus du gouffre. Le courage me manqua. Pardonne-moi, pauvre fille!

Berthe songeait à sa mère qui était morte, jeune, belle, heureuse.

C'était la première fois que Jean Crohu lui parlait de tout cela.

D'ordinaire, le vieillard était muet sur toutes les choses du passé.

— Mais tu crois en Dieu, toi, Berthe, reprit-il en donnant à sa voix une inflexion moqueuse.

— Oh! oui! interrompit la jeune fille qui joignit ses mains ardemment; je crois en Dieu qui garde l'âme de ma mère. En Dieu qui est l'espoir des faibles et la consolation des malheureux!

— Crois ce que tu voudras, ma fille, fit Jean-de-la-Mer qui fit un geste de fatigue et prit le volume de Volney ouvert près de lui sur le guéridon.

Mais une expression de tristesse assombrit davantage encore sa physionomie, et ses épais sourcils blancs se froncèrent.

— Je ne puis plus lire, dit-il en déposant le livre; allons! il paraît que je vais voir bientôt par moi-même ce qu'il y a de vrai dans la croyance des hommes. Fais sonner ma montre, Berthe.

La montre sonna trois heures.

— Le temps marche bien vite cette nuit, grommela Jean-de-la-Mer.

Puis, comme s'il se fût raillé lui-même, il ajouta :

— Combien y a-t-il de demi-heures dans quatre-vingt-deux années.

Il renversa sa tête contre le coussin de sa chaise longue et ramena ses bras sur sa poitrine.

Dans cette position, avec la longue barbe neigeuse qui tombait jusqu'à ses mains jointes, il ressemblait à ces statues de hauts barons, oubliées dans les chapelles, qui se couchent, droites et raides, avec un lévrier aux pieds, sur le marbre incliné des vieilles tombes.

Au bout de quelques minutes, un bruit se fit à la porte.

Jean-de-la-Mer retrouva sa voix de commandement pour dire :

— N'entrez pas ! Je veux être seul.

— C'est moi, mon bien cher oncle, murmura Fargeau dans le corridor ; je reviendrai quand il vous plaira de me recevoir.

On entendit son pas s'éloigner.

Et Berthe, qui avait, comme tous les aveugles, le sens de l'ouïe extrêmement sensible, entendit encore autre chose.

C'était le pas de Fargeau qui revenait doucement, bien doucement.

Berthe devinait que le regard de Fargeau était à la serrure.

— Ma fille, dit Jean-de-la-Mer, après un long silence, prends la clé de mon coffre qui est là, sur le guéridon, et va l'ouvrir.

Comme la jeune fille obéissait, Jean-de-la-Mer la suivait des yeux et il y avait dans son regard une sorte de tendresse.

Le coffre fut ouvert.

Tiennet laissa souffler un instant son cheval;
puis il lui fouetta les oreilles avec les grands bords de son chapeau.

11ᵉ LIVR.

— Sur le devant, il y a des papiers, poursuivit le vieillard ; prends les deux premiers et apporte-les-moi.

Berthe obéit encore. Elle apporta deux feuilles doubles de ce papier épais et rude sur lequel le fisc a coutume d'apposer ses deux timbres.

Ces papiers étaient deux testaments olographes, faits à des époques différentes.

L'un ne contenait que quelques lignes.

L'autre emplissait les quatre pages de son papier timbré d'une écriture fine et serrée.

IV

Les Fleurs de Mai

Jean-de-la-Mer retint entre les siennes la main qui apportait les deux papiers timbrés, et son regard se reposa encore, longuement, sur le front pur et charmant de Berthe.

— Si aimer n'était pas plus fou encore que de croire, prononça-t-il à demi-voix, je pense que je t'aimerais, ma pauvre Berthe.

— Moi, je vous aime, monsieur Jean, répliqua la jeune fille, émue par ce sentiment de mort profond et subtil qui emplissait la chambre ; moi, je donnerais ma vie pour que Dieu vous gardât de tout mal.

Jean-de-la-Mer ne répondit pas ; mais sous les flots épais de sa barbe blanche, un sourire heureux se glissa.

— Allume deux bougies et donne-moi ma loupe, dit-il ; car, fût-ce pour la dernière fois, il faut que je lise encore !

Berthe alluma deux bougies et trouva, en tâtonnant sur le guéridon, une grosse lentille montée en or qu'elle tendit au vieillard.

Celui-ci la regardait toujours ; et, sur cette face rude,

que l'approche des dernières heures rendait plus austère encore, il y avait comme un vague attendrissement.

— Tu m'aimes, disait-il, c'est peut-être vrai, car tu es la seule créature humaine en qui je n'aie jamais découvert une pensée mauvaise. Tu m'aimes... Et qu'ai-je fait pour toi ? Je t'ai donné du pain, comme une aumône. Je ne t'ai rien donné que du pain ! car tu n'as pas même un nom, pauvre Berthe.

Il l'attira tout près de lui.

— Écoute, murmura-t-il, serais-tu bien heureuse d'avoir un nom, Berthe ?

— Un nom ? répéta la jeune fille comme si elle n'eût pas compris.

— Il faut bien que je te paie, enfant, poursuivait le vieillard avec une sorte d'effusion, depuis dix ans, si j'ai eu quelques pauvres minutes de repos et de bonheur, c'est à toi que je les dois. Quand tu chantes, Berthe, je souris malgré moi... Et malgré moi j'espère.

— Ne me parle pas, s'interrompit-il, car je viens d'entendre trois heures et demie sonner à l'horloge du château. Encore trente minutes de passées ! Et qui sait si j'ai à vivre désormais autant d'heures que j'ai vécu d'années ? S'il y a des anges, les anges doivent avoir la voix puissante et pure comme toi. Ta voix, c'est la seule chose en ce monde qui m'ait jamais parlé du ciel.

Il lâcha la main de Berthe.

— Lève-toi, poursuivit-il, va prendre ta harpe et chante.

Berthe se recula effrayée.

— Chanter ! dit-elle, à cette heure ! et au moment où...

Elle n'acheva pas.

— Au moment où je vais mourir, n'est-ce pas ? dit Jean-de-la-Mer.

Et le méchant esprit de contradiction qui était en lui depuis le jour de sa naissance, reprenant le dessus, il ajouta :

— Ce n'est plus guère la peine, c'est vrai. Eh bien, ne chante pas, ma fille.

Berthe traversa la chambre d'un pas chancelant, et souleva l'épais rideau qui se drapait au-devant de la croisée. Dans l'embrasure profonde et large où quatre personnes auraient tenu à l'aise, une harpe était serrée.

Berthe fit rouler la harpe jusqu'au milieu de la chambre.

— Merci, dit Jean-de-la-Mer avec un reste de sécheresse.

Berthe préluda timidement. Ses pauvres yeux étaient pleins de larmes.

Pendant qu'elle préludait, Jean-de-la-Mer prit à la main les deux testaments et les examina à l'aide de sa loupe qui faisait chaque lettre plus grosse que le poing.

Berthe avait bien deviné. Fargeau Crohu de la Saulays était revenu à pas de loup. Son front demi-chauve se collait à la porte. Son œil était au trou de la serrure.

Et son âme passait en ce moment dans son regard.

Sans le bruit de la harpe, on eût entendu le souffle brusque et irrégulier qui faisait bondir sa poitrine.

Fargeau devinait, par une intuition des ambitieux et des avides, qu'une partie terrible se jouait entre lui et l'aveugle. Berthe ne s'en doutait même pas.

Elle chantait :

« Comme j'allais puiser de l'eau à la fontaine, le rossignol des nuits disait d'une voix douce :

« — Voilà le mois de mai qui passe, et les fleurs des haies avec lui.

« Heureuses les jeunes filles qui meurent au printemps ! »

Jean-de-la-Mer l'avait dit : Berthe avait la voix puissante et pure que doivent avoir les anges.

Cette voix profonde, limpide comme l'eau qui tombe dans le bassin de cristal des fontaines féeriques, allait droit à l'âme et y réveillait le sentiment du beau et du bon, la pensée de Dieu.

Jean-de-la-Mer avait mis sa tête blanche sur un coin du coussin. Il écoutait et il lisait.

Le premier testament, celui qui contenait quatre grandes pages d'écriture serrée, c'était la nature même du vieux

Jean Crôhn de la Saulays, traduite et transposée sur papier timbré.

C'était son scepticisme orgueilleux et bizarre, son désespoir, le mépris qu'il faisait des hommes.

L'autre testament, celui qui contenait seulement quelques lignes, était une bonne inspiration suivie par hasard.

Nous connaîtrons sans doute plus tard le premier testament qui ne réalisait pas, tant s'en fallait, toutes les espérances de M. Fargeau.

Quant au second, il disait simplement :

« Je lègue l'universalité de mes biens meubles et immeubles à Berthe Crôhn de la Saulays, *ma fille.*

« A charge de servir une pension de dix mille livres par année à (le nom avait été effacé deux fois, rétabli deux fois et non effacé) *mon fils.* »

Berthe poursuivait son chant :

« Heureuses les jeunes filles qui mourent au printemps !

« Comme la rose quitte la branche du rosier, la jeunesse quitte la vie ;

« Celles qui mourront au mois de mai on les couvrira de fleurs nouvelles ;

« Et du milieu des fleurs nouvelles les jeunes filles mortes s'élèveront vers le ciel comme le passe-velo du calice des roses. »

Jean-de-la-Mer écarta le long testament après y avoir jeté un coup d'œil et prit à la main celui qui ne contenait que trois lignes.

On eût dit que la céleste voix de Berthe lui était comme un conseil d'en haut.

Il regarda la jeune fille.

Les grands yeux bleus de Berthe étaient levés vers le ciel. Son visage aux lignes heureuses et pleines d'harmonie, éclairé par la lumière plus vive, semblait avoir une auréole.

Jean-de-la-Mer se disait :

— Eh bien, qui sait? Il me semble que je m'endormirai plus tranquille là-bas, dans le cimetière de Vesvron, si je la laisse heureuse.

Berthe s'était arrêtée.

— Chante encore, ma fille, dit Jean-de-la-Mer; je t'écoute.

Et cette fois, ce mot : ma fille, avait cette tendresse que lui donne la voix d'un père.

Berthe reprit :

« Quand la pauvre fille entendit ce que disait le rossignol, elle mit ses deux mains en croix :

« Dame Marie, je vais dire un *Ave* en votre honneur.

« Pour que j'aille bien vite attendre mes compagnes dans le paradis...[1] »

— Assez! dit en ce moment Jean-de-la-Mer.

Et son accent était tel que les doigts de Berthe s'arrêtèrent, glacés sur les cordes de sa harpe.

— Souffrez-vous davantage, mon oncle? demanda-t-elle avec effroi.

Jean-de-la-Mer, sans motif apparent, et dans ce court espace de temps qu'il avait fallu à la pauvre Berthe pour chanter les premiers vers de son troisième couplet, Jean-de-la-Mer s'était transformé.

Nul ne savait à quel vent bizarre tournaient les pensées de ce vieil homme.

Cette froideur austère et sèche qui caractérisait si remarquablement son visage était tout d'un coup revenue.

Plus de sourire sous sa barbe, plus de rayon humain dans son œil qui avait pris l'immobilité du cristal.

Au lieu de répondre à l'interrogation de Berthe, il jeta sa loupe loin de lui, comme s'il eût voulu dire : « Je ne verrai plus rien en ce monde. »

Puis il plia en quatre le testament que nous avons transcrit plus haut.

1. Voir l'admirable recueil publié par M. le comte Hersart de la Villemarqué, le savant traducteur des poésies originales bretonnes; BARZAZ-BREIZ, *chants de la Bretagne*. La romance à laquelle nous avons emprunté ici quelques vers est, suivant M. de la Villemarqué, l'œuvre de deux jeunes sœurs du pays de Cornouailles. Elle a pour titre : *Les Fleurs de mai*.

Et il l'approcha de la bougie pour le réduire en cendres.

Fargeau saisit son cœur à poignée. Lequel des deux testaments était menacé de destruction, Fargeau ne pouvait le voir !

— Mon oncle, répétait cependant Bertho, qui n'osait bouger, souffrez-vous davantage ?

— Je ne suis pas ton oncle, répliqua le vieillard ; va-t'en !

Bertho se levait pour obéir.

— Reste ! reprit Jean-de-la-Mer qui semblait hésiter.

Le testament, en effet, n'avait pas encore touché la flamme de la bougie.

Le *vent bizarre* soufflait : la pensée du vieil homme tournait.

Ce vent qui souffle aussi sur nous et autour de nous avec plus ou moins de violence, ce vent, qui est la folie humaine, s'appelle l'Orgueil.

Il s'était habitué, ce vieillard, maintenant couché sur son dernier lit, à étonner tout le monde.

Le monde, c'est-à-dire deux ou trois cents paysans de Vesvron et quatre douzaines de bourgeois de Vitré.

Car le monde est la chose la plus élastique qui se puisse rêver. Pour César, c'est l'univers romain. Pour Napoléon, ce sont les deux hémisphères. Pour le vieux Jean-Créhu, orgueilleux pourtant comme Napoléon et César, c'étaient deux lieues carrées, un sol foulé par des sabots, soixante ou quatre-vingts taudis où l'on ne savait pas lire.

A la condition de plonger ce monde-là dans l'admiration et dans la stupeur, Jean Créhu disait : Dieu n'est pas ! Jean Créhu se damnait.

Il pensait, le bonhomme, pendant que Bertho chantait son dernier couplet :

— Eh quoi ! Jean-de-la-Mer va donc commettre une bonne action pure et simple comme l'adjoint au maire ou le curé ! Misère ! misère ! Jean Créhu, *l'homme qui ne fait rien comme les autres*, va se déshonorer *in extremis* et tomber au niveau de l'honnêteté ! Mais c'est ignominieux !

Ils vont croire, les gens qui m'admirent, que j'ai tremblé au dernier instant, moi, le vieux corsaire! Alors, autant vaut appeler un prêtre!

Et Jean Créhu avait frémi.

Non pas, non pas! Jean Créhu, l'homme le plus étonnant qu'eût produit jamais le territoire de Vesvron, voulait mourir comme il avait vécu.

Et c'était bien naturel!

Il voulait émerveiller ses amis et ses ennemis après sa mort comme pendant sa vie.

Pour ce, il avait laborieusement composé un testament en quatre pages, modèle de hardiesse philosophique, fleur de scepticisme, miracle d'originalité.

C'était l'œuvre de *l'homme qui ne faisait rien comme les autres.*

Jean-de-la-Mer fit taire énergiquement le mince filet de voix que gardait son cœur.

— Approche! dit-il à Berthe.

Pendant que Berthe se dirigeait vers la chaise longue, le vieillard plia le deuxième testament absolument comme était plié le premier. Puis il reprit :

— Berthe, tu as là devant toi le bonheur et le malheur; choisis un de ces deux papiers.

— Le malheur... et le bonheur? répéta la jeune fille qui cherchait à comprendre.

— Choisis! ordonna une seconde fois Jean-de-la-Mer.

Et comme la jeune fille hésitait, il soutint sa main pour la guider.

Berthe prit le premier venu des deux testaments.

— C'est bien, dit Jean Créhu; maintenant, reporte l'autre à sa place, ferme le coffre et rends-moi la clé.

Berthe fit tout cela. En revenant vers le vieillard, elle s'arrêta parce qu'une odeur de papier brûlé saisissait son odorat.

C'était Jean-de-la-Mer, qui venait de flamber un des deux testaments.

Il souriait en homme qui a la conscience d'avoir bien agi.

La clé du coffret fut placée sous son chevet.

— Ouvre la porte, Berthe, reprit le vieillard. Fargeau doit se lasser d'attendre et d'écouter. Va lui dire qu'il peut entrer.

Fargeau n'eut que le temps de quitter la serrure.

Quand il entra, malgré la bonne envie qu'il avait de cacher son inquiétude et les sentiments qui l'agitaient, il ne put s'empêcher de jeter un regard avide vers les cendres du testament qui achevaient de se noircir sur le parquet, et qui gardaient encore la forme de la double feuille de papier timbré.

Les dernières étincelles couraient en jouant le long des bords.

Qu'y avait-il d'écrit sur ce chiffon détruit, sur cette ombre d'acte qui valait deux millions naguère ?

Fargeau s'élança vers son oncle et lui tâta le pouls affectueusement.

— Tu serais un brave neveu, lui dit Jean-de-la-Mer, si tu n'écoutais pas aux portes.

Lucien entrait à ce moment.

— Mon oncle, dit Fargeau, au lieu de se disculper, j'ai envoyé chercher le médecin.

Le vieillard haussa les épaules et ferma les yeux.

Le regard de Fargeau glissa vers le foyer où Berthe avait été reprendre sa place.

Lucien s'était penché à l'oreille de la jeune fille et semblait lui parler tout bas.

L'œil de Fargeau brilla sous la frange blondâtre de ses cils.

Dans son regard il y avait de la frayeur, de l'envie et de la haine.

Il était à peu près quatre heures du matin. Il y avait bien deux heures que Tiennot Blône avait franchi la porte du manoir, monté sur petit Argent, le cheval blanc de M. Lucien.

Le vent gémissait toujours dans les hautes croisées du Ceuil et pliait à grand bruit les arbres dépouillés de la forêt.

Tout dormait au château.

Jean-de-la-Mer lui-même semblait assoupi sur sa chaise longue.

Fargeau, en un moment où Lucien et Berthe causaient à voix basse, de si près que les blonds cheveux de Lucien touchaient aux cheveux noirs de la jeune fille, Fargeau se pencha, puis s'agenouilla sur le parquet, à l'endroit où le testament brûlé laissait sa cendre.

Il prit cette cendre avec précaution et parvint à la soulever sans la briser. Il l'approcha de la lampe.

Parfois, sur le papier consumé l'écriture laisse des traces rougeâtres.

Mais ici, rien ne restait. Fargeau pencha sa tête sur sa poitrine et jeta un dernier regard du côté de Berthe.

La figure lymphatique et fade de Fargeau n'exprimait jamais bien vivement une pensée. Et pourtant, quiconque eût aimé Berthe, la pauvre petite aveugle, aurait frissonné en surprenant ce regard, qui était une menace cauteleuse et terrible.

V

Tiennet Blône

Nous avons laissé Tiennet Blône partant pour Vitré à deux heures de nuit.

A peine dehors, Tiennet et le cheval de M. Lucien furent mouillés comme si on les eût plongés dans la rivière. La pluie tombait toujours à torrents.

Le cheval de Lucien était un joli poulain de l'Alençonnais, svelte et vif, allongeant le trot comme un anglais et ferme sur ses jambes comme un normand. Il était blanc et s'appelait petit Argent.

Tiennet l'aimait presque autant que M. Lucien, et M. Lucien était la créature humaine que Tiennet aimait le plus.

— Hardi ! petit Argent ! dit-il en faisant le tour du château pour gagner l'avenue, nous avons passé l'eau la nuit dernière, nous la passerons bien encore cette nuit. N'est-ce pas, petit Argent ?

Et il caressait le cou déjà trempé du cheval.

Mais petit Argent ne semblait pas partager l'ardeur de son maître. Il hésitait dans la nuit noire. La pluie battante l'aveuglait, et il fallait le pousser à chaque pas.

— Oh ! oh ! fit Tiennet avant d'avoir dépassé le milieu de l'avenue, nous n'allons guère, petit Argent. Toi qui ne demandes qu'à courir d'ordinaire ! Parbleu ! les gars qui sont restés là-bas à faire la veillée diraient que c'est un *signe*. Mais moi, je me moque des signes, petit Argent ! Et il faut marcher, entends-tu, si tu veux que nous restions bons amis !

Il donna doucement de ses deux talons sans éperons dans les flancs du cheval, qui prit le trot pendant deux ou trois secondes et retomba au pas en baissant la tête devant la bourrasque.

Tiennet ôta son grand chapeau de feutre et livra sa tête découverte à l'averse chassée par le vent.

— Allons ! Argent ! reprit-il en secouant ses longs cheveux ruisselants ; hop ! hop !

Il y avait un sourire joyeux sur ses lèvres qui buvaient la pluie ; ce vent impétueux qui battait son visage l'exaltait et le faisait fort.

Hélas ! les années viennent et le froid de l'âge viril. Mais qui ne se souvient de cette étrange gaieté qui prend la jeunesse sous les coups de l'orage ? Qui ne se souvient de ces luttes folles engagées contre la tempête ? L'ouragan se fâche, on rit ; la pluie fait rage, on chante. Il y a comme une fièvre dans tout cela ; il y a comme un transport !

Cette eau du ciel qui fouette le visage, ce vent qui saisit et secoue les cheveux, et qui coupe la respiration en faisant battre le cœur !

C'est un jeu, c'est une fête. La pluie, le vent, l'orage n'ont que des caresses pour les fronts de seize ans.

Tiennet Blône n'avait pas encore seize ans.

Il avait souffert déjà pourtant, comme souffre la fierté ombrageuse, au dedans du cœur et tout bas. Mais à seize ans, la souffrance n'est-elle pas un peu comme la tempête qui enivre ?

Tiennet avait pleuré parfois. Ses larmes s'étaient séchées en un sourire d'orgueil.

Comme se séchaient à présent sur son front brûlant les larges gouttes de l'averse !

Il s'était redressé, fanfaron et sans peur, devant les menaces de l'avenir inconnu, et il eût voulu hâter le cours de sa vie comme il hâtait maintenant le pas trop lent de son cheval.

Vivre, c'est lutter, connaître ; — dévorer le temps, deviner, — mourir.

Personne n'ignore qu'il rayonne du cavalier au cheval et réciproquement une sorte de courant magnétique. Petit Argent était un noble animal dont le galop avait bien souvent exalté la tête vive de Tiennet Blône. Cette nuit, ce fut la fièvre de Tiennet qui se communiqua graduellement au cheval.

Peu à peu sa tête se redressa, superbe, ses naseaux reniflèrent et fumèrent. Son sabot frappa puissamment la terre glissante.

Il défiait la nuit.

— Hop ! hop ! disait Tiennet.

Argent prit le trot, agitant sa crinière alourdie.

Tiennet secoua son chapeau au-dessus de sa tête ; il eût voulu avoir des ailes, rien que pour défier l'orage de plus haut.

— Hop ! hop !

Argent prit le galop.

Tiennet se baissa, entoura le garrot de ses deux bras et le baisa en riant comme un fou.

— Hop ! hop !

Argent glissait comme une flèche sur le gazon mouillé de l'avenue. Ses flancs frémissaient. Les chevreuils gelés dans le fourré se dressaient tristement sur leurs pattes grêles, tendaient l'oreille et l'écoutaient au loin hennir.

Tiennet chantait à tue-tête :

> Monsieur Bertrand[1] dit à l'Anglais :
>   Arrête !
>   Arrête !
> Pour t'atteindre, je donnerais
>   Ma tête,
>   Ma tête !

Nulle voix ne répondait, pas même l'écho, noyé par l'ondée.

Mais Tiennet Blône eût traversé en ce moment la pluie de feu des initiés égyptiens.

Il chantait encore :

> L'Anglais s'enfuit dès qu'il l'entend,
>   Le lâche !
>   Le lâche !
> Car il se dit : Monsieur Bertrand
>   Se fâche.

L'avenue finissait.

Les ténèbres se montraient un peu moins épaisses, parce que la forêt éclaircie n'arrondissait plus ses grands arbres en voûtes impénétrables au-dessus de la côte.

— Hop ! petit Argent, hop !

Au château du Ceuil et dans le bourg de Vesvron, les bonnes gens disaient que Tiennet Blône savait tout, et qu'il était sorcier.

Qu'auraient-ils dit, Seigneur Jésus ! les bonnes gens de Ceuil et de Vesvron, s'ils l'avaient vu courir et entendu chanter par cette nuit de tempête ?

Avant de gagner la prairie, Tiennet n'avait plus guère que le temps de chanter un couplet.

Si l'Anglais qui fuyait devant M. Bertrand avait eu un cheval comme petit Argent, il courrait encore. Mais il paraîtrait que ce pauvre Anglais était à pied.

1. Bertrand Du Guesclin.

La chanson de Tiennet disait en effet :

> Mais il ne suivit pas bien loin
> Sa route,
> Sa route ;
> Car monsieur Bertrand n'avait point
> La goutte,
> La goutte !

Malheureux Anglais !

La voix de Tiennet tout à l'heure éclatante, mourut à la fin de ce dernier couplet.

Cette surexcitation bizarre dont nous parlions plus haut dure peu, et ses phases sont rapides comme l'éclair.

La tête de Tiennet se penchait maintenant sur son épaule. Une pensée mélancolique venait de traverser sa furie. Ce fut d'un accent doux et presque plaintif qu'il prononça une fois encore et sans y songer :

— Hop ! petit Argent ! hop !

Une ligne blanchâtre se montrait dans le noir. C'était l'inondation. En même temps, une bouffée de vent apporta le bruit de l'eau qui se ruait par l'écluse ouverte. Argent s'arrêta court sur ses jarrets tendus.

Ce n'était pas la première fois que Tiennet Blône risquait ce périlleux voyage.

La veille, il avait passé l'eau à cheval.

Mais, la veille, personne n'avait ordonné à Tiennet de passer l'eau. C'était de son propre mouvement qu'il s'était levé à une heure après minuit, alors que tout dormait au château, qu'il avait sellé Argent à bas bruit dans l'écurie, et qu'il avait trempé dans l'huile la clé de la grand'porte pour sortir sans éveiller les chiens.

Comme aujourd'hui, Tiennet avait pris la direction de Vitré.

Tiennet était beau. A seize ans, on fait de ces nocturnes équipées. C'était peut-être un rendez-vous d'amour ?

Point. — Tiennet ne savait pas ce que c'est que l'amour.

Il devait aimer sans doute comme chacun en sa vie, mais son heure n'était pas venue.

Pourquoi donc avait-il forcé Argent, Argent plus sage que lui, à plonger son blanc poitrail dans ce furieux courant de la Vesvre, enflé et large comme une mer ?

C'était un étrange enfant que ce Tiennet.

Nul ne le connaissait bien, parce qu'il s'ignorait lui-même.

Pour les uns c'était un être mystérieux, sachant, on ne pouvait dire comment, les secrets de chacun, et courant la nuit dans un but que nul ne pouvait deviner.

Un sorcier.

Pour les autres, les fins observateurs du bourg de Vesvron, c'était un garçon précoce, découplé à ravir, brave comme un lion, ambitieux un peu plus qu'on ne l'est au village, incrédule au merveilleux, n'acceptant jamais l'inconnu en aveugle comme ses compagnons, un garçon fait pour parvenir.

C'est-à-dire destiné à faire un homme de loi râpé, un vicaire de campagne, ou un sergent-major d'infanterie.

Les observateurs du bourg de Vesvron se trompaient, parce qu'ils n'avaient, pour juger Tiennet Blône, aucun point de comparaison.

Tiennet avait quelque chose en lui qui devait le jeter en avant. C'était une nature d'élite, hardie et prudente à la fois. Il pouvait se perdre, mais de parti pris et avec la conscience de sa chute.

A seize ans, qu'il avait, lui, l'enfant de la campagne ignorante, il s'était posé plus d'une question, que ne se font point les enfants des villes. Il avait entrevu la vie. Car Dieu qui fait du monde un mystère pour les cinq sixièmes des gens qui vivent au beau milieu du monde, donne parfois à d'autres qui végètent loin du mouvement intellectuel la faculté prodigieuse de deviner le grand secret.

Tiennet avait l'intelligence éveillée avant l'heure, la volonté audacieuse, la raison froide et le cœur brûlant.

Tout cela vierge.

L'opulence de sa nature était comme une menace terrible ou une splendide promesse.

Car il n'y avait à toute cette richesse qui allait briller au soleil de la vie, à toute cette vigueur qui allait résolument s'épanouir, aucun frein ni aucune direction.

Au temps des métaphores classiques, on aurait volontiers comparé le robuste enfant à ce sol vierge des terres tropicales, qui nourrit à la fois, en merveilleuse abondance, les beaux arbres à fruit et les plantes vénéneuses.

Il faut à l'homme qui entre dans la vie un flambeau pour choisir sa route, une boussole pour s'y maintenir. D'ordinaire, la famille est à la fois cette boussole et ce flambeau.

Tiennot n'avait pas de famille.

C'était une pauvre histoire que celle de Tiennet. Il faut que le lecteur la connaisse. Elle peut être contée en deux mots.

Il avait été élevé par le vieux meunier Toussaint Blône, du bourg de Vesvron, que tout le monde croyait son père. Toussaint Blône était un ivrogne. Avant de mourir, il avait dit à Tiennet:

— Tu n'as pas été heureux avec moi, petit. Je ne t'aimais pas beaucoup, parce que tu n'es pas à moi.

Et comme une exclamation d'étonnement s'échappait des lèvres du pauvre Tiennet, Toussaint Blône lui imposa silence d'un geste et reprit:

— C'est comme ça, petit, tu n'es pas mon fils. Laisse-moi parler avant que le prêtre vienne; quand le prêtre sera venu, je ferai mes affaires et non plus les tiennes. On m'a dit de t'élever, je t'ai élevé. Tu ne me dois rien, j'étais payé.

— Mais qui donc est mon père? s'écria Tiennet.

— Je te dis de me laisser parler. Ton père, ma foi, je n'en sais rien. Ta mère, pas davantage. Mais si tu veux aller aux informations, il y a une personne qui pourrait bien t'en dire plus long.

— Quelle personne?

— Une dame qui demeure à Vitré, rue de la Croix.

— Et qui s'appelle?

— Mme Marion.

Le prêtre vint. Toussaint mourut, laissant pour tout héritage quelques dettes chez les cabaretiers de Vesvron. Le moulin appartenait à Jean-de-la-Mer.

Dès le lendemain, Tiennet courut à Vitré. Rue de la Croix, il trouva la maison de Mme Marion, mais la maison était vide. Mme Marion ne devait revenir que dans deux mois.

Ceci se passait en octobre.

Tiennet retourna bien des fois à Vitré. Un jour, on lui dit :

— Mme Marion revient après-demain.

Pour la première fois de sa vie le cœur de Tiennet bondit de crainte et d'espoir. Il revint au château du Ceuil, où il travaillait pour M. Lucien et il attendit.

Or, dans l'intervalle, la Vesvre débordée ferma les communications entre le château et la ville. Voilà pourquoi, dans la nuit de la veille, Tiennet avait sellé Argent pour traverser l'eau.

Il voulait être à Vitré au petit jour, pour ne pas perdre une seule minute.

Jamais amoureux n'eut tant et de si vives émotions que notre Tiennet durant ce premier voyage de nuit. Les écluses fermées par la gelée ne laissaient à l'inondation qu'un courant presque insensible. Tiennet traversa le lac sans encombre.

Au petit jour, il était dans la rue de la Croix, devant une maison à porche et à balcons de fer, comme toutes les maisons de Vitré. Il demanda Mme Marion. La domestique lui répondit que madame était couchée.

— C'est égal, dit Tiennet qui ne doutait de rien, réveillez-la.

Mme Marion couchait au premier étage. Tiennet, qui était resté au pied de l'escalier, put entendre, à peu de chose près, la conversation qui eut lieu entre la maîtresse et sa domestique.

— Madame, dit cette dernière, c'est un jeune gars du château du Ceuil.

— Du château du Ceuil ? s'écria vivement la maîtresse.

Vite ! mon déshabillé du matin. Savez-vous ce qu'il veut, Rosalie ?

— Je ne sais que son nom, madame.

— Comment s'appelle-t-il ?

— Tiennet Blône.

— Ah ! fit Mᵐᵉ Marion d'une voix changée ; mais il n'est pas du château... il est du moulin de Toussaint Blône.

— Madame, répliqua Rosalie, j'avais oublié de vous dire que Toussaint Blône est mort pendant votre voyage.

— Ah ! fit encore Mᵐᵉ Marion.

Puis elle ajouta d'un ton de mauvaise humeur :

— Que me fait tout cela ? Dites à ce garçon que je dors, et qu'il repasse... une autre fois.

— Quand ?

— Plus tard, dans huit jours... ou dans un mois.

La poitrine de Tiennet Blône était oppressée. Il souffrait sans savoir pourquoi. La voix de cette femme qu'il n'avait jamais vue lui faisait mal.

Comme la domestique allait descendre, Mᵐᵉ Marion la rappela :

— C'est un joli garçon, n'est-ce pas ? dit-elle d'un accent radouci.

— Un très beau garçon, madame.

— Pauvre petit ! Mais qu'est-ce que cela me fait ? Allez, Rosalie, et laissez-moi dormir.

Quand Rosalie arriva au bas de l'escalier, Tiennet Blône était déjà parti.

Il traversa Vitré, le cœur gros et les yeux mouillés.

Ceux qui le virent rentrer au château le trouvèrent plus pâle qu'à l'ordinaire, mais son visage ne disait rien de ce qui était au fond de son âme.

Tiennet laissa souffler un instant son cheval, puis il lui fouetta les oreilles avec les grands bords de son chapeau.

— Allons ! petit Argent ! dit-il, à l'eau !

Le cheval mis ses deux pieds de devant dans le courant, dont le froid le fit frissonner violemment. L'instant d'après il perdait plante et nageait avec effort dans cette eau tourmentée et couverte de glaçons.

Ce n'était pas comme la nuit précédente, où les écluses fermées ralentissaient le courant. L'eau, qui avait maintenant une large issue, se précipitait avec violence.

A vingt pas de la rive, Argent se prit à souffler avec effroi. Tiennet le tenait en bride vigoureusement, mais ce fut bientôt en vain. Le courant était le plus fort.

Une éclaircie se faisait en ce moment vers l'orient. Tiennet vit qu'en une demi-minute il avait perdu trop de terrain déjà pour gagner la rive opposée en droite ligne. Il vit aussi que la nappe d'eau avait diminué de largeur depuis la veille, car les pommiers et les haies commençaient à se découper en noir sur la blanche surface du lac.

Il lâcha la bride, cédant pour un instant à la violence du courant, et put mesurer avec une exactitude rigoureuse le péril de sa position.

L'obstacle à vaincre restait entier. Le cheval, trop faible et déjà essoufflé, n'avait pas entamé le cœur même du courant qui l'entraînait à la dérive.

Tiennet se trouvait à environ trois cents pas de l'endroit où il s'était mis à l'eau. Il arrivait au tournant de la Vesvres. Au-dessus de sa tête se dressait une manière de promontoire, extrême pointe de la forêt du Ceuil, et que le lecteur connaît déjà sous le nom de la Mestivière.

C'était là que, suivant l'accusation de Tiennet Blône, la jolie Olivette donnait à M. Fargeau Créhu de la Saulays des rendez-vous où l'on ne parlait point d'amour.

En cet endroit, il fallait couper le fil de l'eau ou se laisser entraîner vers l'étang.

Or, entre l'étang et la Mestivière, il y avait le barrage de Braix, qui forme une chute de trente pieds de haut.

Pour la première fois, Tiennet Blône songea qu'il était tout près de la mort.

VI

Petit Argent

La Mestivière qui portait une épaisse chevelure de ronces à son sommet et aussi de grands arbres dont les racines sortaient de terre, formait une falaise coupée à pic, dont la base sablonneuse rentrait, minée par les inondations annuelles.

C'était le dernier point du rivage d'où l'on pût s'élancer utilement vers la rive opposée; car, à partir de la Mestivière, la Vesvres faisait retour en s'éloignant de plus en plus de Vitré.

Tiennet n'hésita pas. Il poussa son cheval de la main et de la voix. Argent fit un suprême effort. Son poitrail fendit le courant en ligne presque directe ; durant un instant, Tiennet put croire qu'il allait arriver à bon port.

Et, sans doute, il en eût été ainsi sans la profondeur des ténèbres, devenues tout à coup plus épaisses.

Tiennet, penché sur la crinière, cherchait à percer l'obscurité, tout en répétant d'une voix brève, par saccades, et sans savoir même qu'il parlait :

— Hop ! petit Argent ! hop ! hop !

Il lui semblait déjà, soit que ce fût la réalité, soit que ses yeux lassés fussent la dupe d'une espèce de mirage, il lui semblait apercevoir les buissons de la rive, lorsqu'une violente secousse le jeta de côté.

Il devint pâle et des gouttes de sueur froide se mêlèrent sur son front à la pluie ruisselante.

— Un glaçon ! murmura-t-il.

Argent nageait toujours.

— Hop ! fit Tiennet qui se remit en selle. Pauvre petit Argent ! nous arrivons !

Sa voix était oppressée comme s'il eût reçu lui-même le choc dans la poitrine.

Argent était le compagnon de Tiennet Blône. Tiennet Blône l'aimait.

Dans l'écurie, tous les matins, c'étaient entre eux de longs ébats. Argent répondait à la voix de Tiennet plus joyeusement qu'à la voix de M. Lucien lui-même, son maître, pourtant.

A la voix de Tiennet, Argent secouait sa belle crinière blanche comme neige. Il venait à Tiennet, caressant et flatteur ; il frottait sa fine tête contre l'épaule de Tiennet. C'était dans la main de Tiennet qu'il mangeait sa première poignée d'avoine.

Et puis, à cru, sans selle ni harnais, Tiennet sautait sur le dos souple du gracieux animal. Et Argent de bondir dans la cour sur le pavé qui faisait feu ; et Argent de courir comme un chevreuil le long des grandes allées, sur le gazon mouillé.

Oh ! les folles équipées ! Tiennet et Argent, en sueur tous deux, Tiennet déjeunant au pied d'un arbre, Argent se vautrant dans l'herbe haute, semée de marguerites et de boutons d'or.

Tiennet rêvant, Dieu sait à quoi, Argent se roulant et donnant son ventre au soleil comme un poulain folâtre qui n'a pas encore eu de fers chauds sous la corne vierge de son sabot.

Tiennet n'avait ni père ni mère, Tiennet n'avait pas de frère, hélas ! non plus de sœur, ce bon trésor qui vaut presque une mère.

Tiennet était seul, tout seul !

Sauf M. Lucien qui lui témoignait de l'affection, Tiennet n'avait point d'amis.

Son ami, c'était Argent, le bel Argent, Argent le rapide, qui coupait le vent comme une flèche.

Oh ! pauvre Argent et pauvre Tiennet ! ce glaçon qui frappait Argent au poitrail blessait Tiennet au cœur.

Sa main caressa bien doucement l'encolure trempée du cheval. Il se pencha davantage pour écouter, parmi les bruits de l'eau, du vent et de l'averse, si le souffle d'Argent s'étouffait ou râlait.

Et il répétait machinalement :

— Nous arrivons, Argent ! nous arrivons !

Mon Dieu ! ces buissons, qui tout à l'heure avaient réjoui sa vue, semblaient s'éloigner et fuir. Son œil écarquillé ne voyait plus rien, sinon l'écume blanchissante de l'eau qui s'agitait vaguement, qui tournoyait, — qui passait.

Argent nageait toujours, mais son mouvement n'avait plus cette égalité qui est la force, ses jambes frappaient l'eau convulsivement et sa tête se redressait, fuyant l'écume avec une sorte d'horreur.

— Pauvre Argent ! disait Tiennet Blône, comme ces mères qui parlent sans savoir, penchées sur le berceau d'un cher enfant à l'agonie, pauvre Argent ! nous arrivons ! Mon Dieu ! nous arrivons.

Mais ce n'était pas vrai, et Tiennet le savait bien.

On ne voyait plus que la nuit noire et ce tourbillon d'écume qui n'avait pas de fin.

Et l'on entendait la chute de Braix dont le bruit se rapprochait de seconde en seconde.

Il n'y avait plus à en douter, cheval et cavalier descendaient à la dérive.

Tiennet disait :

— Courage, petit Argent ! Encore un peu de courage !

Et le vaillant animal, comme s'il eût compris la prière de cette voix aimée, redoublait d'efforts.

Il y eut un second choc. Argent recula et son poitrail gémit. Sa tête, jetée en arrière avec force, retomba et toucha le niveau de l'eau.

Tiennet Blône se mit à la nage.

Pauvre Argent ! C'était maintenant Tiennet qui s'efforçait, car Argent ne pouvait plus.

Tiennet avait passé la bride à son cou, il nageait, essayant d'entraîner Argent vers la rive.

On la voyait, la rive, car le matin naissait. De vagues lueurs perçaient les nuages.

On la voyait. Elle était là, bien près. Mais bien près

aussi était la chute de Braix, dont le fracas dominait maintenant tous les autres bruits.

Argent tendait le cou. Argent se débattait, impuissant désormais, blessé, privé de souffle, — rendu.

Une minute se passa, pendant laquelle Tiennet prodigua tout ce qu'il avait de courage et de force.

Cette minute fut longue comme un siècle.

Quand elle fut écoulée, Tiennet vit bien qu'il traînait après lui un corps inerte et déjà presque sans vie.

La chute était à vingt pas, au-dessous de lui.

Par un dernier effort, il attira Argent qui ne bougeait plus guère, et lui entoura le cou de ses deux bras. Et il le baisa bien tendrement, comme un frère qui s'en va.

— Adieu, Argent! dit-il; adieu, mon pauvre petit Argent!

De grosses larmes tombaient sur sa joue. Son cœur était brisé.

Argent essaya de hennir. Ce fut comme un râle.

Tiennet lâcha la bride qui l'entraînait. Le courant prit Argent, et Tiennet le vit disparaître dans l'écume de la chute.

Les hautes herbes semées de blanches marguerites, les courses folles au gai soleil, plus rien!

Hélas! hélas! pauvre ami! — Ami, adieu!

Quelques minutes après, Tiennet Blôno prenait pente sur le gazon, à quinze ou vingt pas de la rive.

Le jour venait.

Derrière lui l'inondation, qui allait diminuant sans cesse, étendait une nappe encore assez large et plus furieuse à mesure qu'elle se rétrécissait.

La Mestivière s'élevait à perte de vue, cachant par son coude le château du Ceuil qui était de l'autre côté de la forêt.

Dans la traversée, Tiennet avait fait, bien malgré lui, presque tout le tour de la montagne.

Devant lui, à environ une lieue de pays, les clochers de Vitré, la vieille et bizarre ville, apparaissaient confusément.

Tiennet essuya ses yeux et rassembla ses idées violemment troublées par la lutte qu'il venait de soutenir.

Il allait à Vitré sur l'ordre de M. Lucien, le seul homme dont il reçût volontiers les ordres. Il y allait chercher un médecin pour Jean-de-la-Mer, en péril de mort.

M. Fargeau lui avait dit par deux fois de choisir le docteur Morin qui était, en effet, l'ami de la maison.

M. Lucien lui avait dit une seule fois d'appeler le docteur Méaulle.

Son choix n'était pas douteux. M. Fargeau ne lui plaisait pas.

Et peut-être en savait-il plus long que personne sur bien des choses.

A mesure que le jour grandissait, le ciel se débarrassait de ses lourdes nuées, la pluie diminuait, et lorsque Tiennet arriva au bas de la colline en pain de sucre sur laquelle Vitré étage ses maisons du temps du déluge, un rayon de soleil levant vint frapper d'en bas l'étrange cité, dorant la pointe de ses clochers et les girouettes de ses poivrières.

Vitré, comme on le sait, est une ville-curiosité, qui aurait un prix fou si elle pouvait tenir dans le magasin d'un marchand d'antiquailles.

Dans ses rues étroites et marquées au cachet du romantisme le plus pur, on s'attend toujours à trouver des gentilshommes jurant *par la mort-dieu*, des moines à cagoule, des valets la jambe gauche bleue, la jambe droite rouge, et des truands, et des ribauds, et tout l'honnête attirail des bigots de la couleur locale.

Car Vitré, dit la chronique de Laval, une mauvaise langue, s'est endormi un beau soir, vers la fin du moyen âge. Elle a sommeillé trois ou quatre cents ans. Et maintenant, ses bicoques, ses porches, ses hôtels à balcons de fer forgé, ses gentilshommières, ses églises, — ses bourgeois, ses grands seigneurs de mille écus de rentes, son peuple, etc., sont tout bonnement des gens et des choses du temps passé, confits dans l'oubli.

C'était encore ainsi, du moins hier au soir, mais depuis ce matin, un sifflet inconnu a troublé ce sommeil quatre fois séculaire, Vitré s'est éveillé, frottant ses yeux ahuris et regardant passer Paris, traîné par une locomotive...

Comme Tiennet Blône ne connaissait pas d'autre ville que Vitré, il traversa sans aucune espèce d'émotion ses places respectables et ses rues qui sentent le moisi.

Il gagna d'un pas rapide le quartier où le docteur Méaulle, le docteur désigné par M. Lucien, faisait sa demeure, et sonna rondement à la porte. Il fallut que le docteur Méaulle se levât en toute hâte et partît de même, car Tiennet n'entendait pas raison.

Quant au docteur Morin, si chaudement recommandé par M. Fargeau, il paraît que Tiennet était moins pressé de l'envoyer au Ceuil, car, en sortant de la maison de M. Méaulle, il se rendit tout droit à la grande place, où il s'assit sur un vieux banc de granit, la tête entre les deux mains.

Songeait-il au pauvre Argent dont le cadavre suivait maintenant le cours enflé de la Vesvre?

Au bout de la grande place était la rue de la Croix. Vis-à-vis du vieux banc où s'asseyait Tiennet Blône s'élevait la maison triste et revêche de Mme Marion, la femme qui savait le nom de sa mère.

VII

Le Grand-Café de l'Industrie

Le Grand-Café de l'Industrie, qui obtenait en 1828 les faveurs de la mode à Vitré, était situé rue de Paris, un peu en arrière du château.

C'était un superbe établissement, ouvrant sous son porche, badigeonné à neuf, quatre fenêtres de façade, et portant pour enseigne deux queux de billard en sautoir, attachées par un ruban jaune. Au sommet du sautoir, trois billes étaient représentées avec un art exquis. A gauche, il y avait une bouteille, également très bien peinte ; à droite, un verre.

Le verre et la bouteille, séparés par les deux queues, les trois billes et le ruban, communiquaient néanmoins entre eux. Le génie de l'artiste vitréen l'avait voulu ainsi. De la bouteille débouchée, un jet mousseux partait avec fureur, passait par-dessus le trophée sans perdre une goutte, et allait retomber dans le verre.

Au-dessous du trophée on lisait ces mots :

AU GRAND-CAFÉ DE L'INDUSTRIE

CHEZ MADAME VEUVE RAGON

Vend vin, eau-de-vie, bière et liqueurs.

Le Vitréen, ou, pour parler plus correctement, le *Vitriâs* est né malin, comme en général tous les Français. Chacun sait qu'en France le public se venge volontiers de la vogue qu'il accorde. Les nombreux habitués du Grand-Café de l'Industrie, dénaturant spirituellement le nom de Mme veuve Ragon, l'appelaient *maman Rogome*.

Mais ceci en cachette, et quand Mme veuve Ragon ne pouvait point les entendre.

Tout Vitriâs de *bon genre* allait chez maman Rogome par goût et par ton. Maman Rogome était le Tortoni vitriâs.

Les quatre fenêtres du Grand-Café de l'Industrie étaient ornées de rideaux de cotonnade rouge, passés au soleil. Entre les rideaux et les vitres poudreuses, il y avait des bocaux de cerises à l'eau-de-vie et une rangée de petits flacons en verre blanc, portant des étiquettes enluminées. Ces flacons renfermaient d'effrayants produits, depuis le *parfait-amour*, cher aux bacchantes bretonnes, jusqu'à *l'élixir des belles*, faiblesse des sous-officiers.

Voilà pour l'extérieur.

L'intérieur était encore plus remarquable. Il se composait de deux pièces assez vastes, mais peu éclairées, dont l'atmosphère se renouvelait rarement.

La salle d'entrée servait de comptoir. C'était là que se tenait Mme veuve Ragon dans tout l'éclat de son éblouissante royauté.

Mme veuve Ragon était une belle femme de quarante ans, rouge, bien conservée et pourvue d'un embonpoint prodigieux.

Tous les adolescents de Vitré rêvaient d'elle. Mais elle tenait la dragée haute à tout le monde, excepté, disait la chronique, à M. Aristide Berthelleminot de Beaurepas, chevalier de l'Aigle jaune de Souabe, — et *entrepreneur*.

Ce mot que nous soulignons a, en Bretagne, une signification tout à fait fantastique. Nous y reviendrons.

Il n'y avait dans cette première salle que des escabelles paillées et des petites tables en bois de chêne, vernies par le frottement des coudes.

Autour des lambris, on avait accroché six gravures coloriées, représentant les aventures de Mathilde et de Malek-Adel.

La seconde salle, qui était « le billard », avait des murailles humides, des quinquets fumeux et un carreau qui crottait les bottes.

Le billard lui-même était un lourd engin, recouvert d'un drap luisant, et ouvrant six gouffres appelés blouses, où un boulet de huit aurait pu s'engloutir commodément.

Les gravures de la salle de billard représentaient les quatre parties du monde : l'Europe, l'Asie, l'Afrique et l'Amérique.

Il était environ dix heures du matin. Mme veuve Ragon venait de manger sa seconde soupe.

Le Grand-Café de l'Industrie commençait à se remplir.

M. Morin, le médecin célèbre, lisait *le Drapeau Blanc*,

à sa table ordinaire; M. Besnard, l'homme d'affaires, prenait sa goutte en compulsant un dossier.

Le jeune M. de Guérineul faisait une partie de billard avec Romblon fils aîné, de la maison Romblon père et fils.

Romblon père fumait et ruminait dans un coin. Auprès de lui, le notaire de campagne Menand jeune tortillait son fouet en attendant pratique.

À une table voisine, deux propriétaires du voisinage, un vieillard nommé Houël, et un homme entre deux âges, du nom de Maudreuil, déjeunaient avec du chocolat.

Ces deux derniers causaient tout bas, nez à nez.

— C'est une fausse alerte, disait le vieux Houël, puisque voilà M. Morin, son médecin, qui lit le journal.

M. de Maudreuil hocha la tête avec importance.

— Mon ami et cousin, dit-il, notre ami et cousin Jean Créhu de la Saulays est un drôle de corps, vous le savez. Voici notre cousin et ami le jeune chevalier de Guérineul, qui n'est pas ici pour des prunes, je désire que vous en soyez convaincu. D'un autre côté, notre ami et cousin Jean Créhu a quatre-vingt-deux ans sonnés.

— C'est vrai, interrompit Houël; ça me vieillit!

— Oh! fit Maudreuil en le toisant d'un œil d'héritier, vous êtes joliment vert encore, mon cousin et ami... mais laissez-moi vous dire : j'ai toujours peur que cette petite fille, l'aveugle, soit instituée légataire universelle.

— Allons donc! se récria Houël, la petite Berthe? plus d'un million de fortune!

Les yeux de M. Maudreuil, surnommé *cousin et ami* par ceux qui avaient l'honneur de le fréquenter, brillèrent derrière ses lunettes.

— Oui, répéta-t-il, plus d'un million, j'aime à le penser! Ce qui me rassure un peu, c'est que notre cousin et ami, le digne Fargeau, doit veiller...

— A ses intérêts? interrompit encore le vieux Houël; vous pouvez en faire serment, Maudreuil!

— Ses intérêts sont les nôtres.

Le vieillard hocha la tête à son tour.

— Ce qui nous adviendra de cette affaire-là, dit-il, Dieu

seul le sait. En tout cas, il ne faut pas regretter un voyage inutile.

Sa tasse de chocolat était finie. Il se leva ainsi que M. de Maudreuil, et tous deux se dirigèrent vers la table du docteur Morin.

Maudreuil était un grand garçon maigre et râpé, d'assez bonne noblesse, ruiné jusqu'à la corde et vivant d'espoir. Houël était un vieux petit homme, veuf, sans enfants, faisant danser assez gaiement ses deux mille francs de rentes, nets et quittes d'impôts.

Le docteur Morin avait une douce figure et un air discret.

— Eh bien, monsieur le docteur, dit Madreuil en l'abordant, nous donnerez-vous des nouvelles de notre respectable cousin et ami, M. Créhu de la Saulays?

— M. de Maudreuil, répondit Morin en posant son journal, je vous offre mes civilités. Le libéralisme fait des progrès effrayants, monsieur!

— Bah! repartit Cousin-et-Ami, monsieur le docteur, je me moque du libéralisme comme du Grand Mogol.

— Parce que vous ne lisez pas suffisamment le *Drapeau Blanc*, cher monsieur. La guerre de Turquie est mauvaise en principe. De quoi diable allons-nous nous mêler?

— Mais, M. Créhu de la Saulays, docteur?

— M. Créhu a des idées libérales, très libérales. Et quant à savoir de ses nouvelles, croyez-vous que j'ai des ailes pour traverser l'inondation? M. Créhu est bâti à chaux et à sable, monsieur, et il nous enterra tous; souvenez-vous de ce que je vous dis là!

Maudreuil essaya de sourire; mais, au fond, il trouva la plaisanterie pitoyable.

— Tonnerre de Landerneau! s'écria le jeune M. de Guérineul dans la salle voisine, tu as *queuté*, Romblon, ou que le diable me brûle!

— Je n'ai pas queuté pour un liard, Guérineul, répliqua Romblon; quand tu perds, tu t'en prends toujours au diable!

— Je te dis que tu as queuté, moi, nom de nom de nom !

— Allons, donne tes dix sous et ne pleure pas !

La conversation finit là. Mais on entendit un bruit sec. C'était la queue de Guérineul qui s'était abattue un peu brusquement sur la tête de Romblon fils.

Celui-ci avait paré. Un combat s'ensuivit. Les queues furent brisées, les tabourets volèrent. L'Asie eut son cadre cassé et l'Amérique reçut une bille dans l'œil.

Mme veuve Ragon s'élança pour protéger son mobilier.

Mais Romblon père l'avait prévenue. Il avait saisi à la gorge son fils et le jeune Guérineul, et les tenait tous deux en respect, à bout de bras.

— Allons ! lâchez-nous, papa, dit Guérineul ; c'est moi qui ai eu tort... mais Fifi Romblon n'aurait pas dû oublier que je suis gentilhomme ;

— Voilà ce que c'est que de jouer des dix sous comme ça ! grommela Mme veuve Ragon.

— Allez-vous être sages ? demanda le vieux Romblon.

— Oui, papa, répondirent à la fois les deux jeunes gens.

Romblon les lâcha, et ils se donnèrent une poignée de main en riant.

Le vieux Romblon était un homme d'une haute stature, épaules d'Hercule, forêt de cheveux grisonnants. Il portait une veste à la paysanne, en peau de loup.

Son fils, au contraire, était vêtu en fashionable Vitriâs.

Le père Romblon, sur son corps d'athlète, avait une face de Normand, fine et futée. Il habitait le pays depuis tantôt dix ans, et faisait toutes sortes de commerces. Il venait, disait-on, du Rouennais.

Le fils avait une bonne figure, réjouie et spirituelle, qui contrastait avec l'air épais et souverainement naïf de son partner, M. le chevalier de Guérineul.

Quant à Menand jeune, notaire, auprès de qui s'asseyait le papa Romblon, vous ne sauriez croire combien il aimait à ronger la mèche de son fouet !

Quoique frère cadet d'un apothicaire, Menand jeune n'avait point d'orgueil.

Personne n'a jamais su pourquoi. Ses connaissances intimes l'avaient surnommé *l'Artichaut*.

Outre les cordes de fouet, il aimait le cassis et l'oignon, dont il avait l'odeur.

Mais avons-nous bien le cœur de consacrer dix lignes à Menand jeune, notaire, en face des événements majeurs qui sollicitent notre plume !

Notre drame est là. Il est si noir, ce drame, que nous tournons tout alentour en ricanant pour nous donner du courage.

Il va nous saisir, cependant, et nous entraîner bon gré mal gré dans le tourbillon de ses péripéties.

Alors nous dirons à notre plume, comme Tiennet Blône disait au pauvre petit Argent : « Hop ! hop ! »

Et Menand jeune, et Guérineul, et les Romblon, et Fargeau le blondâtre, et le docteur Morin, et l'homme de loi Besnard, et Berthe l'aveugle, et la fringante Olivette, tous ces joueurs du Jeu de la Mort, et bien d'autres avec eux, danseront, vous le verrez, une terrible sarabande !

VIII

M. Nerthelleminot de Beaurepas

Romblon père et fils, papa Romblon et Fifi Romblon voyaient la *bonne société* à Vitré.

Ce qui ne les empêchait pas d'avoir *mauvais genre*, au dire de toutes les personnes des deux sexes qui étaient comme il faut et *distinguées*.

En province, en Bretagne surtout, les opinions sont plus carrément divisées qu'à Paris ; mais les rangs se mêlent davantage.

Le principal café d'une petite ville est presque toujours un terrain neutre, où tout le monde se rencontre. Pour trancher les catégories, principalement entre jeunes gens, il faudrait se résoudre à la vie d'ermite. Toutes les classes frayent ensemble, parce qu'on n'est pas assez nombreux pour se montrer difficile.

Les Romblon occupaient dans la ville une position extrêmement douteuse. Pourtant personne ne songeait à les exclure. Ils faisaient nombre.

Et puis ils avaient de l'argent.

Paris n'a pas le privilège de ce prestige aveugle qui s'attache à l'argent. Au contraire, en province, ce prestige s'étale sans gêne aucune, avec franchise, nous dirions presque avec effronterie.

Guérineul paya dix sous pour la partie perdue, cinq sous pour le verre brisé. L'œil poché de l'Amérique passa par-dessus le marché. Ceci réglé, le jeune M. de Guérineul passa dans la première salle.

— Oh! fit-il en entrant, M. Houël, sacrebleure! et mon cousin de Maudreuil, nom de nom de nom! Est-ce que Jean-de-la-Mer est décidément à la côte?

— Vous avez donc entendu parler de cela? demanda vivement Cousin-et-Ami.

— Du diable! s'écria Guérineul, je croyais que vous alliez vous fâcher. Ma foi! si Jean-de-la-Mer est mort, que Dieu le bénisse; chacun son tour; il me semble qu'il a eu tout le temps de vivre. Mais c'est donc bien pour cela que vous êtes ici, Maudreuil?

Cousin-et-Ami avait rougi légèrement.

— Je suis ici, murmura-t-il, parce que l'intérêt, mon jeune cousin et ami, que je porte à notre respectable cousin et ami...

— Bien! bien! interrompit Guérineul; ne vous faites pas de mal. Il est, nom de nom! bien permis de surveiller ses affaires. Et puisque le vieux Jean Créhu de la Saulays est à la mort...

— Espérons le contraire! dirent à la fois Houël et Maudreuil.

Au moment où M. Berthelleminot de Beaurepas
effleurait d'un baiser les doigts de Lasthénie, la porte s'ouvrit.

19e LIVR.

Guérineul éclata de rire.

— Nom d'un chien ! s'écria-t-il, exprimant nettement, dans sa naïveté grossière, la pensée secrète de chacun, on regrette son père et sa mère, mais un cousin vieux comme Hérode et riche comme un puits, allons donc ! Maman Ragon ! un verre d'eau-de-vie.

Besnard, l'homme d'affaires campagnard, et le docteur Morin s'étaient regardés plusieurs fois à la dérobée pendant cette scène. Morin avait mis de côté son *Drapeau Blanc*, et Besnard ne consultait plus son dossier.

Il y avait de l'audace et une certaine intelligence sur le visage carré de ce Besnard. Il était jeune encore, portait un costume moitié paysan, moitié bourgeois, et semblait habitué à la bonne vie.

Les paysans de l'arrondissement de Vitré sont processifs comme tous les paysans du monde, et Besnard, homme de loi, cassant, ignorant la pudeur, ne demandant que plaies et bosses, avait une réputation de premier ordre.

— Ah ! çà, murmura-t-il à l'oreille de Morin, entendez-vous ce que disent ces étourneaux ?

Le docteur haussa tout doucement ses épaules rondes et bien nourries.

— Ces choses-là ne s'inventent pas, reprit Besnard ; et s'il y avait du vrai là-dedans...

— Fargeau m'aurait fait prévenir... commença le docteur.

Mais la voix de Romblon fils l'interrompit. Romblon disait :

— Non, non, il paraît que le messager ne s'est pas noyé, mais on a trouvé le corps du cheval au bief de l'étang de Bréhaim. Une jolie bête, ma foi ! C'était papa qui l'avait vendue à M. Lucien de la Saulays.

— Argent ? s'écria Guérineul ; nom de nom de nom ! un vrai bijou ! Voilà un malheur, par exemple.

— Papa en vendra un autre à M. Lucien, reprit tranquillement Fifi Romblon. Ce que je voulais dire, c'est que celui qui le montait cette nuit est un fameux lapin,

— Alors, monsieur Romblon, demanda le docteur avec une sorte de solennité, vous pensez que, malgré l'inondation, un messager du château est parvenu ce matin à Vitré ?

— Oui, répliqua Fifi, et le docteur Méaulle est parti pour le bourg de Vesvron.

— Vous voyez bien, mon Cousin-et-Ami, dit Maudreuil au vieux Houël, une visite au château du Couil me paraît être de la plus haute importance.

Houël semblait indécis.

— C'est que, murmura-t-il, si le brave homme vit encore, il nous fera jeter à la porte.

— Eh bien ! répliqua Maudreuil, nous attendrons dehors.

Ce *nous attendrons dehors*, comparable aux plus énergiques reparties de l'histoire ancienne, et qui rappelle le *Frappe, mais écoute,* de Thémistocle, prouve à quel degré d'héroïsme le goût des successions peut conduire.

Le docteur Morin prit sa canne à pomme de cuir et son chapeau ; il se leva, puis il se rassit, en proie à un trouble évident.

— Que veut dit cela ? grommela-t-il. Le docteur Méaulle ? Un baudet ! un *minus habens,* un sauvage, une cruche !

— Cela veut dire, répliqua Besnard qui lui serra le bras, qu'il faut passer l'eau tout de suite, monsieur Morin.

— Le docteur Méaulle ! un Ostrogoth ! un butor ! un oison !

— C'est un coup de Lucien, dit Besnard. Passez l'eau, croyez-moi, ou bien on fera un testament, *in articulo mortis,* et la damnée petite aveugle aura cent mille livres de rentes au soleil.

Le docteur semblait abasourdi.

— Méaulle ! répétait-il ; Méaulle ! un Méaulle !!!!

Maudreuil de son côté avait la fièvre d'héritier, qui gagnait insensiblement le vieux Houël lui-même.

Menand jeune, notaire, avait dressé l'oreille au mot *testament;* mais c'était un homme discret, qui aimait mieux manger dix cordes de fouet que de prononcer une seule parole.

Le jeune Guérineul et les deux Romblon fumaient fraternellement autour d'une topette d'eau-de-vie.

Le vieux Romblon semblait ne songer à rien, sinon à son petit verre, et jouir de la quiétude la plus parfaite. Cependant, on aurait pu voir de temps à autre son œil gris, ombragé par d'énormes sourcils, pousser une manière de reconnaissance rapide et cauteleuse vers la table où le médecin et l'homme de loi causaient à voix basse.

La maison Romblon père et fils vendait des chevaux et des bœufs, mais elle faisait encore une foule d'autres commerces.

L'opinion générale était que le vieux Romblon, pour une bonne somme payée comptant, fournirait la lune à qui voudrait l'acheter.

Ceci voulait dire que le bonhomme avait bien des cordes à son arc.

Et, en effet, chacun pouvait savoir que des propriétaires de la Mayenne, de l'Ille-et-Vilaine et de la Sarthe avaient compté aux Romblon une sorte de prime pour se préserver de ces incendies épidémiques qui désolèrent les départements de l'Ouest dans les dernières années de la Restauration.

Il courait à ce sujet les bruits les plus contradictoires. On disait que les Romblon servaient ainsi le Comité directeur du libéralisme, lequel Comité soudoyait les incendiaires.

On disait, d'un autre côté, que la police mettait elle-même le feu aux propriétés et que les Romblon faisaient partie de la police.

On disait encore que tout cela venait de certaines entreprises parisiennes qui commençaient à se monter sur un grand pied sous le nom de Compagnies d'assurances. Les Romblons, dans cette version, auraient été les agents des Compagnies.

De tout cela, rien absolument n'était prouvé. Mais ces *on dit* donnaient aux Romblon une célébrité mystérieuse. On les regardait comme des gens capables de tout.

Et ils étaient les seuls dans le pays, à qui on eût osé

proposer certaines affaires que la civilisation rend plus rares de jour en jour, mais qui se font encore pourtant et qui se feront toujours, tant qu'il y aura sur terre des successions opulentes, et autour de ces successions des Fargeau, des Morin, des Besnard, etc., etc.

C'était probablement une de ces affaires que flairait le bonhomme Romblon, tout en buvant son eau-de-vie à petites gorgées.

De toute la conversation du médecin et de l'homme de loi, il n'avait pu entendre qu'un mot : *L'aveugle*.

Mais ce mot suffisait, — et il devinait le reste.

Le docteur Morin et Besnard, l'homme de loi, avaient encore baissé la voix davantage et se parlaient avec vivacité.

Une fois le regard de Besnard croisa celui du vieux Romblon, qui baissa la tête en souriant narquoisement et mit son nez dans son verre.

— Fargeau n'oserait jamais ! dit Besnard en ce moment, et le fait est que ce vieux coquin, là-bas (il montrait Romblon), vous reluque parfois d'un air qui fait frémir !

— Berthe aime-t-elle M. Lucien ? demanda le docteur.

— Comme une folle ! Mais si Fargeau n'est pas brave, il a des idées, de petites idées, toutes petites... et diablement noires ! Il a arrangé toute une comédie qui n'a guère le sens commun et qui peut réussir.

— Quelle comédie ?

— On vous expliquera ça.

Le vieux Romblon se disait, cependant :

— Je crois que nous aurons notre part de cette succession-là !

— Sacrebleure ! s'écria le jeune M. de Guérineul, on s'ennuie comme le diable ici ! Voici mon cousin et ami Maudreuil qui cause tout bas avec son ami et cousin Houël. Le docteur et M. Besnard marmottent je ne sais quoi depuis une heure. L'Artichaut mange la mèche de son fouet. Le vieux Romblon rumine. Fifi ferme un œil. Dites donc, madame Ragon, voulez-vous vous amuser un petit peu ?

La veuve eut un sourire séduisant.

— Pourquoi pas, monsieur *Fils?* dit-elle.

Car Guérineul s'appelait Félix de son petit nom. Et de même qu'Eugène se dit Ugène dans notre bonne ville de Paris, à Vitré, Félix se prononce Filis.

S'entendre appeler par son petit nom de la propre bouche d'une veuve haute en couleur, grasse et bien conservée, c'était fait pour donner de l'orgueil à M. de Guérineul.

— Eh bien, dit-il en se levant pour se rapprocher de Mme Ragon, amusons-nous. M. Berthelleminot est en retard !

Le front souriant de la belle veuve se rembrunit aussitôt.

— M. Berthelleminot a ses affaires, répliqua-t-elle d'un air pincé.

— M. Ber-thel-le-mi-not de Beau-re-pas ! épela Guérineul en espaçant chaque syllabe, voilà un gaillard qui a un nom agréable !

— Pas plus désagréable que Guérineul ! dit Mme Ragon dont le teint s'animait.

Elle n'avait jamais passé pour être très patiente.

— Allons ! maman Ragon, ne nous fâchons pas ! Je vous parlais de M. Berthelleminot, parce que Fifi Romblon disait ce matin qu'il était sur son départ.

— M. Romblon disait vrai, monsieur de Guérineul.

— On ne m'appelle plus Filis ? C'est bon ! Ah ! çà, M. Berthelleminot a donc trouvé à emprunter ses soixante mille francs pour exploiter sa forêt merveilleuse et gagner cent millions en six mois.

— M. Berthelleminot a du crédit, monsieur de Guérineul !

— Est-ce vrai, madame Ragon ?

— M. Berthelleminot trouverait à emprunter soixante mille francs, et le double, et le triple, monsieur de Guérineul !

La conversation s'animait. La voix de la veuve devenait aigre comme une pomme verte.

— Oh ! oh ! fit imprudemment Guérineul.

— Qu'est-ce que ça veut dire : « Oh ! oh ! » demanda Mme Ragon, qui mit décidément ses deux poings sur ses hanches.

— Ça veut dire qu'il ne trouverait à emprunter chez moi ni le triple, ni le double, ni soixante mille francs, ni soixante mille sous !

— Je crois bien, monsieur de Guérineul, riposta la veuve.

— Qu'est-ce que ça veut dire, ça : « Je crois bien ! » madame Ragon ?

— Ça veut dire, monsieur de Guérineul, que vous n'avez ni soixante mille francs, ni soixante mille sous, ni soixante mille liards : voilà !

Ma foi, les réponses vitréennes ou vitriâses peuvent manquer de finesse et d'atticisme, mais elles frappent ferme, juste et dur.

Le jeune M. de Guérineul pirouetta sur ses talons et se prit à siffler une chanson, tandis que Mme Ragon, digne et fière, se reposait dans sa victoire.

Une chose étrange, c'est que la lutte n'avait point eu de juge du camp. Tous les hôtes du Grand-Café de l'Industrie semblaient de plus en plus préoccupés. Fifi Romblon et son père, profitant de l'éloignement de Guérineul, causaient maintenant à voix basse. Quant à Menand jeune, il s'était endormi, après avoir achevé de dévorer la mèche de son fouet.

Ce fut en ce moment que M. Berthelleminot de Beaurepas, gentilhomme tourangeau, chevalier de l'Aigle jaune de Souabe, et *entrepreneur*, fit son entrée au Grand-Café de l'Industrie, dont il était, sans contredit, l'un des plus aimables ornements.

M. Berthelleminot de Beaurepas était...

Mais à quoi bon le décrire, cet homme de bien ? Vous l'avez tous connu, tous tant que vous êtes.

Une fois ou l'autre, vous avez pris de ses actions, de ses bonnes actions qui rapportent toutes 150 pour 100 d'intérêt, plus les dividendes.

Ce n'est pas un Robert Macaire celui-là! Seigneur Dieu! M. Berthelleminot un Robert Macaire ?

C'est un apôtre, — et un *entrepreneur*.

Si vous aviez entendu la mélopée de Mme veuve Ragon quand elle prononçait ce mot, *entrepreneur*, vous sauriez ce que les quatre syllabes de ce substantif renferment de promesses suaves et d'honnêtes ivresses.

Et à ce mot *entrepreneur*, joignez ce nom : Berthelleminot, et demandez-vous dans la sincérité de vos consciences ce qu'on peut refuser à un chrétien qui signe Berthelleminot, entrepreneur !

Berthelleminot, — de Beaurepas.

Il y a très certainement des prédestinations, et un nom peut être un cadeau du ciel.

Témoin : Berthelleminot.

On s'appelle Berthot, Berthelot, Berthellemot, même.

Mais Berthelleminot ! c'est le superlatif.

Il y a là tout un concert industriel. Dans ce nom, les actions chantent, les coupons rendent de vagues harmonies. C'est comme un chœur lointain des divinités qui président aux mines, aux canaux, au bitume, aux comptoirs d'escompte et aux emprunts étrangers.

Berthelleminot méritait son nom.

Berthelleminot, le défricheur de landes, le *plantateur* de sapins philocalcaires, l'extracteur d'huile d'ardoise, le fondateur de l'*Arc-en-Ciel*, journal des spéculateurs sans capitaux.

Berthelleminot l'inventeur du papier de sainfoin et des tissus en fil de la Vierge, le père du navet pyramidal, le parrain du liquide Berthelleminhydroleïbole pour la conservation des chapeaux mécaniques.

Berthelleminot de Beaurepas, natif de Tours en Touraine, et n'ayant jamais subi une seule condamnation correctionnelle !!!

Chimiste distingué, naturaliste éminent, économiste hors ligne, philanthrope digne de respect, agriculteur, horticulteur, géologue, jurisconsulte, nullement étranger à l'architecture, dessinateur agréable, polyglotte, sachant au besoin chanter la romance et faire danser au piano, physionomiste, profondément versé dans la science métallurgique, connaisseur en chevaux, et décoré d'un ordre honorable, voilà ce qu'était Berthelleminot en 1828.

Il n'avait encore que quarante-sept ans.

Au jour où nous écrivons... Mais n'anticipons pas !

Au physique, c'était un fort bel homme, comme personne ne peut l'ignorer ; taille avantageuse, jambe un peu frivole, mains blanches ornées de bagues, — nombreux et charmants souvenirs !

Front haut, fuyant, flanqué de deux mèches de cheveux collées aux tempes ; oreilles longues et bien modelées, tombant sur un col de chemise en guillotine.

Nez mince, assez semblable à un cimeterre arabe dans son audacieux dessein. Sur ce nez, des lunettes d'or.

Bouche en cœur qui montrait en s'ouvrant, un ratelier, mémorable !

Et une mise ! Souvenez-vous de son habit bleu, de son chapeau gris ; souvenez-vous de son gilet de velours, recouvrant à demi le paquet de breloques.

Et ne vous étonnez pas que Mme veuve Ragon eût pour cet homme extraordinaire un sentiment romanesque.

Nous dirons tout de suite que M. Berthelleminot de Beaurepas était alors à la tête de la grande Compagnie anonyme l'*Argonaute*, pour l'exploitation des forêts caucasiennes.

Il avait acheté, moyennant une somme insignifiante, cent trente mille arpents de bois. Il ne s'agissait que de les débiter dans une zone où le hasard voulait qu'il n'y eût ni routes, ni canaux, ni rivières, ni hommes, ni chevaux. Cette zone, du reste, ne manquait de rien au monde, et M. Berthelleminot la comparait volontiers au paradis terrestre.

Il lui fallait pour partir, à son estime, une soixantaine de mille francs.

C'était peu de chose assurément, eu égard à la certitude qu'on avait de revenir avec cent millions d'écus.

Mais la Bretagne est pauvre. Elle montrait une certaine

répugnance à se laisser enrichir par ce bienfaiteur des hommes.

Soixante mille francs! hésiter pour cela! Refoulons énergiquement notre indignation et notre pitié!

M. Berthelleminot de Beaurepas entra dans la première salle du Grand-Café de l'Industrie avec ce bel air que vous lui connaissez tous. Le cœur de Mᵐᵉ Ragon battit bien doucement sous les sanglos de son effrayant corset.

Il était difficile à cette veuve de rougir, mais ses petits yeux s'émurent; quelque chose de gracieux, d'aimable, de touchant, se répandit sur l'ensemble de sa personne.

Quand le soleil paraît au-dessus de l'horizon, la rose matinale s'ouvre en un divin sourire.

Mᵐᵉ veuve Ragon était la rose, la rose ponceau, et M. Aristide Berthelleminot de Beaurepas, chevalier de l'Aigle jaune de Souabe, entrepreneur, était son soleil.

IX

Maman Rogome

M. Berthelleminot de Beaurepas entra comme jamais n'auraient su entrer Romblon père, ni Romblon fils, ni le jeune M. de Guérineul, ni même Cousin-et-Ami, qui avait pourtant fait ses études à Rennes jusqu'en rhétorique; à plus forte raison, ni Besnard, l'homme de loi carré, ni le politique docteur Morin, ni l'Artichaut Menand jeune.

Cet air vainqueur, ce grand sourire des hommes demi-chauves qui ont des cols de chemise en guillotine, l'éducation ne l'enseigne pas : c'est Dieu seul qui le donne.

Berthelleminot souleva son chapeau d'une main et mit l'autre au paquet de breloques.

— Eh! bonjour donc! dit-il en saluant la veuve de loin

avec grâce, bonjour donc, belle dame ! bonjour donc ! bonjour donc !

Il baisa la main de Mme Ragon, qui était à peu près propre.

Puis il agita son chapeau bolivar et reprit :

— Eh ! bonjour donc, monsieur de Maudreuil ! monsieur Houël, bonjour donc ! Bonjour donc, monsieur Besnard ; monsieur Morin, bonjour donc. Eh ! Romblon, mon cher, bonjour donc ! Bonjour donc, monsieur de Guérineul...

— Nom de nom de nom ! bonjour donc, une fois pour toutes, monsieur Berthelleminot, répliqua rudement Guérineul.

Berthelleminot ouvrit son binocle et chercha s'il n'y avait dans le café personne autre à qui il pût envoyer son « Bonjour donc ! »

— Est-il brusque, ce M. Filis ! dit Mme Ragon.

La brusquerie de M. Filis lui faisait apprécier d'autant mieux la belle aménité de Berthelleminot.

L'entrée de l'entrepreneur ne fit peut-être pas tout l'effet qu'on en aurait dû attendre ; soit que les naturels du pays de Vitré ne fussent pas à même d'apprécier complètement les hautes qualités de cet homme étonnant, soit qu'ils se trouvassent blasés sur ses mérites.

En outre, nous savons que chacun des habitués présents avait ce matin quelque préoccupation d'une certaine gravité, à part l'Artichaut, qui dormait près de son fouet mangé.

Mme veuve Ragon disposa pour Berthelleminot un tabouret tout près de son comptoir. Ensuite, elle prépara, d'une main exercée, un verre de vin blanc à la cassonnade et au citron.

Pendant cela, Berthelleminot de Beaurepas tirait ses manchettes, lissait les cheveux de ses tempes et assurait ses lunettes d'or sur son nez.

La veuve le regardait du coin de l'œil. Il y avait dans son regard de l'admiration et de la tristesse.

Pauvre faible femme !

— Eh bien, donc, docteur! dit Berthelleminot quand sa toilette fut achevée, qu'y a-t-il de nouveau dans le *Drapeau Blanc?*

— Mauvais, répliqua Morin, le libéralisme gagne.

— On ne me dit rien à ce qu'il paraît! murmura la belle veuve en tournant la cuiller dans le vin blanc à la cassonnade.

— On vous dit que vous êtes charmante, Lasthénie, répliqua l'entrepreneur.

Lasthénie (Mme veuve Ragon s'appelait Lasthénie!) devint rouge d'orgueil et de plaisir.

— Dites donc, monsieur Berthelleminot, demanda de loin Maudreuil, venez-vous du côté de la Vesvre?

— Je suis allé ce matin jusqu'à mi-chemin de l'étang de Bréhaim.

— La plaine est-elle encore inondée?

— Cela baisse. A midi, quelque jeune gaillard bien découplé, comme notre ami Guérineul, ou le fils Romblon... eh! bonjour donc, Fifi!... pourra sauter la Vesvre à pieds joints.

— Merci, dit Maudreuil.

Il ajouta en se penchant à l'oreille de Houël :

— Mon cousin et ami, si vous m'en croyez, nous partirons vers midi. Docteur, il ne faut pas bouder, c'est bon pour les enfants. Sur les midi, nous irons voir un peu ce qui se passe là-bas.

Le docteur hocha la tête.

— Ne m'avoir pas fait appeler! grommela-t-il. Après ça, c'est un libéral.

— Attendons midi, disait de son côté Romblon père en suçottant son verre d'eau-de-vie, nous irons faire un tour de ce côté-là, pas vrai, Fifi?

— Oui, papa.

Guérineul s'était assis sur une table et bâillait à se démettre la mâchoire.

— Savez-vous, dit-il à la ronde, n'ayant personne à qui parler en particulier, je vas aller flâner du côté du Ceuil, moi, vers les midi, nom de bleu!

— Midi ! répéta Menand jeune qui s'éveilla en sursaut, au château, heure militaire !

Evidemment le château de Jean-de-la-Mer allait avoir sous peu nombreuse compagnie.

Mme veuve Ragon avait livré à son Berthelleminot le verre de vin blanc sucré. Cet entrepreneur le buvait à petites gorgées.

La veuve soupirait. Par moments, son œil devenait humide.

Veuves, soyez prudentes dans vos liaisons ; ne fréquentez jamais les entrepreneurs.

Si un homme vous dit qu'il a inventé quelque chose, veuves, fuyez cet homme, fuyez-le comme le feu.

Ce n'est pas Don Juan qui perd les veuves, ce n'est pas Lovelace, c'est Berthelleminot de Beaurepas.

L'homme mûr, bien couvert, qui parle de millions, l'homme à breloques et lunettes d'or.

Veuves, entourez d'un triple airain vos cœurs et vos économies !

Nous avons lâché le mot. A tout prendre, vos cœurs y passeraient que nous n'en dirions trop rien.

Mais vos économies !

Mme veuve Ragon avait un cœur et dix-huit mille francs d'économies.

— Eh bien ! dit-elle, c'est toujours décidé, vous partez ?

— Demain, Lasthénie.

— Demain ! répéta celle-ci, demain, Aristide !

— A six heures du matin, par la concurrence. Je suis un mois en route, huit mois sur le lieu d'exploitation, un mois dans la traversée de retour. Total dix mois.

— Dix mois ! murmura la veuve, un siècle !

— Au bout de ces dix mois, je vous offre ma main, mon nom et ma fortune qui ne peut guère monter à moins de dix ou quinze millions.

— Aristide ! Aristide ! dit la veuve qui était presque sincère, que m'importe la fortune !

— Au bas mot ! continua Berthelleminot, je pourrais dire vingt millions sans être accusé d'exagération.

Il avait fini son verre de vin blanc à la cassonnade.

— Eh! bonjour donc, monsieur Guyot! dit-il en se levant comme pour couper court à l'émotion de cet entretien; monsieur Jumelet, eh! bonjour donc!

MM. Guyot et Jumelet, le premier commis greffier, le second huissier près le tribunal civil, venaient de passer la porte. D'autres habitués entrèrent à leur suite. Le Grand-Café de l'Industrie s'emplissait comme tous les jours à pareille heure.

Les nouveaux venus se mêlèrent aux anciens, et le jeune Guérineul trouva un amateur pour faire une partie de billard.

Berthelleminot prit le centre de la salle, releva son col de chemise en guillotine et donna le coup de doigt sur ses lunettes d'or.

— Messieurs, dit-il, manifestant par sa pose et son débit solennel l'intention de prononcer un discours, je me sentirais fort indigne de l'accueil distingué que la population vitréenne a bien voulu me faire, si je ne regardais pas comme un devoir d'offrir mes adieux aux honorables amis qui m'entourent.

— Ah! ah! fit-on de toutes parts; vous partez, monsieur Berthelleminot?

— Eh! bonjour donc, monsieur Boistier! je n'avais pas eu l'avantage de vous apercevoir! Monsieur Allumel, eh! bonjour donc! Oui, Messieurs, je pars pour des rivages lointains, où j'ai la certitude de faire l'opération la plus avantageuse qui ait jamais été tentée. Les personnes qui ont eu confiance en moi...

— Fait au même! interrompit Guérineul qui venait de bloquer la bille de son adversaire.

On se prit à sourire, mais Mme veuve Ragon fronça le sourcil.

— Les personnes qui ont eu confiance en moi, poursuivit imperturbablement M. Berthelleminot de Beaurepas, vont centupler leur capitaux sans courir le moindre risque. Pour cela, je ne leur demande qu'un peu de reconnaissance et un peu d'affection.

— Excellent cœur! pensa Lasthénie qui s'essuyait les yeux avec sa serviette.

— Vous avez donc trouvé vos 60,000 francs? demanda Fifi Romblon.

— J'aurais trouvé six cent mille francs, mon jeune ami, répliqua l'entrepreneur avec dignité; ce qui m'arrêtait, ce n'était pas l'argent. J'avais besoin d'un homme pour compléter la petite phalange qui m'attend à bord du navire l'*Argonaute*, dans le port de Granville. Cet homme, je l'ai trouvé, grâce aux soins d'une estimable dame...

Lasthénie dressa l'oreille.

— Mme Marion, que vous connaissez tous..., continua Berthelleminot.

— Et depuis quand avez-vous des rapports avec Mme Marion, Aristide? demanda Lasthénie qui s'était levée, rouge d'indignation.

Berthelleminot s'aperçut trop tard qu'il venait de commettre une énorme faute. Par bonheur, il avait les dix-huit mille francs de Lasthénie sur son cœur.

Pour réparer sa maladresse, il s'élança vers le comptoir, prit la main de Mme Ragon et la porta à ses lèvres.

Mais un incident survint qui tourna décidément la scène au grotesque.

Au moment où M. Berthelleminot de Beaurepas effleurait d'un baiser les doigts de Lasthénie, la porte s'ouvrit, et une voix merveilleusement timbrée lança sans façon ces mots distincts :

— C'est ici la maman Rogome?

Lasthénie pâlit. Le romanesque Berthelleminot se retourna comme si une vipère lui eût piqué le talon.

Un immense éclat de rire faisait trembler les vitres du café.

Sur le seuil, notre ami Tiennet Blône était debout, fort étonné de l'effet produit par son interrogation, qu'il avait faite assurément de la meilleure foi du monde.

Comme personne ne lui répondait et que tout le monde se tordait dans un fou rire, Tiennet se sentit un peu déconcerté pour la première fois de sa vie. Il restait là les yeux grands ouverts et tournant son large chapeau de feutre entre ses doigts :

— Insolent ! s'écria Mme veuve Ragon dès qu'elle put retrouver la parole.

— Pardon, excuse! dit bonnement Tiennet ; on m'avait dit que c'était ici la maman Rogome. Je vas aller la demander plus loin.

Il salua et voulut prendre la porte. Mais Berthelleminot de Beaurepas lui barra fièrement le passage.

Tiennet, en voyant son front demi-chauve et ses lunettes d'or, fut saisi de respect et se retourna pour chercher une autre issue.

Il se trouva face à face avec le docteur Morin.

— Tiens! s'écria-t-il ; c'est vous que je cherchais. Ah ! çà, c'est donc bien ici la maman Rogome?

Mme veuve Ragon poussa un glapissement de rage.

L'entrepreneur prit Tiennet au collet. Tiennet le regarda d'un air ébahi, ne sachant pas s'il devait rire ou se fâcher.

Les habitués du Grand-Café de l'Industrie, flairant un combat singulier, faisaient déjà cercle autour des deux champions. Le jeune M. de Guérineul était monté sur un tabouret pour mieux voir.

X

Le coup du bélier

Tiennet était bien resté deux grandes heures sur son banc de pierre, la tête entre ses mains et songeant. Pendant tout ce temps-là son œil n'avait point quitté la fenêtre de Mme Marion.

Il faisait froid. Le ciel chargé de nuages lourds se fondait en courtes averses qui ne laissaient pas à la veste grise de Tiennet le temps de se sécher. Il avait les pieds dans l'eau, et ses mains rougies tourmentaient ses longs cheveux trempés. Il regardait toujours l'étroit balcon de fer qui reliait les trois croisées de la façade de M⁽ᵐᵉ⁾ Marion.

Vers huit heures du matin, Rosalie sortit pour aller chercher le déjeuner de sa maîtresse. Tiennet se leva et fit quelques pas vers elle; mais il changea d'avis et revint s'asseoir.

Rosalie rentra. Tiennet fut bien fâché d'avoir manqué l'occasion de lui parler.

Une demi-heure après, Rosalie ouvrit les forts contrevents des croisées et secoua dans la rue la peau de renard qui servait de descente de lit à M⁽ᵐᵉ⁾ Marion. Tiennet se tourna pour n'être pas vu.

Quand Rosalie eut refermé la croisée, Tiennet fut désolé de ne s'être pas montré. Peut-être que Rosalie l'aurait reconnu. Peut-être qu'elle lui aurait parlé. Qui sait ? M⁽ᵐᵉ⁾ Marion se reprochait peut-être la manière dont elle l'avait traité la veille.

M⁽ᵐᵉ⁾ Marion qui pouvait, si elle voulait, lui dire le nom de sa mère !

Tiennet attendit une troisième occasion, se promettant bien de ne la point laisser échapper. L'occasion ne vint pas.

La porte resta close désormais. La croisée ne se rouvrit plus.

Vers neuf heures et demie, Tiennet se leva en sursaut. Il venait de se souvenir que M. Fargeau Créhu de la Saulays lui avait ordonné de prévenir le docteur Morin.

Or Tiennet sentait, avec son intelligence précoce, qu'une désobéissance brutale nuirait, plutôt qu'elle ne servirait, aux intérêts qu'il voulait défendre.

Maintenant que le docteur Méaulle, ami de M. Lucien, avait deux heures d'avance, il ne pouvait plus y avoir aucun danger à prévenir le docteur Morin.

Tiennet se dirigea vers la maison du docteur Morin.

La domestique de ce praticien était une servante-maîtresse, qui aurait mieux aimé voir son docteur faire trois déjeuners à la maison qu'un seul au café; c'est pourquoi, par jalousie, elle appelait volontiers la dame et suzeraine du Grand-Café de l'Industrie, *maman Rogome*.

Quand Tiennet demanda le docteur, Gothon Bineau, gouvernante, répondit en haussant les épaules :

— Allez le chercher chez maman Rogome.

Et Tiennet était parti tout innocemment, en quête de maman Rogome.

On sait ce qui advint de ce sobriquet, lancé malheureusement au milieu d'une scène de galanterie du plus haut goût.

Tiennet ne se doutait pas le moins du monde de la tempête qu'il avait soulevée. Il était si éloigné de toute pensée hostile que le geste même de M. Berthelleminot, qui l'avait saisi au collet, ne le fit point regimber tout de suite. Il connaissait de vue presque tous les assistants, Menand jeune, Maudreuil, Houël, Guérineul, Besnard, etc.

Ce qu'il éprouvait, c'était de la surprise et aussi un peu d'embarras à voir tous ces bourgeois qui le regardaient en riant.

Pourtant, lorsque M. Berthelleminot s'avisa de le secouer, Tiennet fronça légèrement le sourcil.

Mais le docteur Morin vint faire diversion, au grand déplaisir de la galerie, et retarder le dénoûment de la querelle.

— Qu'est-ce que tu veux, toi? dit-il en prenant le bras de Tiennet.

— Que venez-vous faire ici, malhonnête! prononçait en même temps la voix de ténor cérébral de M. Berthelleminot de Beaurepas.

A travers ces deux questions, l'organe aigu de Lasthénie se fit entendre :

— Jetez-le tout simplement à la porte, avec un bon coup de pied au bas des reins!

Tiennet regarda Berthelleminot de travers.

— Eh bien! reprit le docteur, me diras-tu ce que tu me veux?

— On vous demande au château, répliqua Tiennet. Mais lâchez mon bras... et vous, l'homme, ajouta-t-il, en s'adressant à Berthelleminot, lâchez mon cou. Ça commence à m'échauffer un petit peu les oreilles.

— Est-ce toi qui es arrivé du château au point du jour? demanda le docteur.

— Oui, après?

— Est-ce toi qui as été chez le docteur Méaulle?

— Oui, c'est moi.

— Drôle que tu es! s'écria le docteur.

Mais il n'acheva pas, parce que Tiennet, se dégageant à la fois de la double étreinte qui le faisait captif, repoussa d'un coup de poing Berthelleminot, d'un autre M. Morin, et se redressa d'un air si crâne qu'un murmure d'étonnement courut autour de la galerie.

— Ah! çà, on se tutoie donc ici? dit-il en promenant à la ronde son regard hardi et brillant de bonne humeur. Je ne sais pas ce que c'est que la mère Rogome, moi, mais si quelqu'un n'est pas content, voilà, je m'en fiche!

Il planta son grand feutre sur sa tête, de côté, à la mauvais, et l'assura d'un petit coup sec.

M. Berthelleminot de Beauropas ne manifestait plus la moindre envie de s'attaquer à lui. Tiennet, en le repoussant, avait imprimé à tout son individu une secousse si brusque, que le chapeau bolivar du téméraire entrepreneur était tombé dans la poussière.

Si ce n'eût été que le chapeau!

Mais la prudence la plus élémentaire devrait défendre les querelles, rixes et bagarres aux personnes bien posées qui portent toupet.

A l'insu de tout le monde, à l'insu même de la tendre veuve, Aristide portait toupet. Ces deux faces de cheveux qui se collaient si bellement à ses tempes étaient postiches. Sa demi-calvitie n'était qu'un mensonge. L'entrepreneur était chauve tout à fait!

Son toupet fit bascule et tomba sur le collet de son habit bleu, laissant voir le genou le plus luisant que jamais gazon ait dissimulé.

Hélas! les dix-huit mille francs de Lasthénie étaient livrés!

La galerie s'amusait énormément. Romblon père et fils, qui s'étaient mis au premier sang, riaient sans vergogne du malheureux entrepreneur et de sa déconvenue. Besnard cherchait à calmer Morin et lui conseillait de prendre au plus vite le chemin du château. Maudreuil, avec son cousin et ami, le vieux Houël, déridait un peu sa face d'héritier.

L'Artichaut, Menand jeune, gloussait discrètement et souriait presque.

Le greffier, l'huissier, les marchands de moutons et autres battaient des mains en criant *bis*.

Quant au jeune M. de Guérineul, il ne se possédait plus. Ayant épuisé tout le vocabulaire de ses exclamations favorites, depuis sacrebleure jusqu'à nom d'un chien, il était descendu de sa banquette et perçait la foule à grands coups de coude, pour arriver jusqu'à Tiennet.

Cependant les choses en seraient restées là, suivant toute probabilité, et le combat eût cessé faute de combattants, si le docteur Morin avait imité la prudence de Bertheleminot. Mais les médecins sont, comme les poètes, *irritabile genus*. Le docteur aurait volontiers pardonné le coup de poing; il ne pouvait pardonner la préférence donnée à son confrère Méaulle.

Cet âne bâté de Méaulle!

Pour son malheur, le docteur Morin avait une canne à pomme de cuir. Il affecta de sourire, afin de ne point donner l'éveil à son mentor Besnard, et se débarrassa de lui en disant:

— Je pars... je pars tout de suite.

Besnard le lâcha.

Il s'élança, la canne levée.

— Ah! tu as été chez Méaulle le premier! s'écria-t-il

avec des inflexions extravagantes ; ah ! tu as mis Méaulle avant Morin, coquin ! rustre ! brigand !

La canne à pomme de cuir siffla et se dirigea, raide comme balle, vers le front de Tiennet.

Tiennet para, reçut la canne dans sa main ouverte, l'arracha au docteur et la brisa sur son genou comme si c'eût été un fétu de paille.

Jusque-là Tiennet était resté calme.

Mais Berthelleminot de Beaurepas, qui avait ramassé sa perruque et son chapeau, s'approcha tout doucement de Tiennet par derrière, et lui asséna sur la tête un assez joli coup de poing, — pour un entrepreneur.

Romblon père et fils, ainsi que le jeune M. de Guérineul, protestèrent par un « holà ! » que celui-ci accompagna d'un énergique : « Nom de nom de nom ! »

Mais le tour était fait.

Tiennet avait vu, comme on dit, trente-six chandelles.

Étourdi du coup, sa vue se troubla, et, placé comme il l'était, au milieu d'un cercle mouvant qui allait se rétrécissant peu à peu, Tiennet crut qu'on voulait décidément lui faire un mauvais parti.

Mieux vaut attaquer que se défendre, c'est la maxime du pays breton.

Tiennet s'élança à tout hasard. Les deux Romblon qui voulurent l'arrêter, furent terrassés en un clin d'œil, l'un à droite, l'autre à gauche ; et comme le pauvre Guérineul, qui se trouvait au devant de lui, se mettait en garde instinctivement, Tiennet baissa la tête avec la rapidité de l'éclair, et lui porta ce terrible coup des lutteurs de la vieille Armorique :

Le coup du bélier.

La poitrine de Guérineul rendit un craquement.

Comme si le boulet de canon l'eût pris en plein corps, il fut lancé au travers d'un groupe composé du greffier, de l'huissier, du vieux Houël, de Cousin-et-Ami, etc., et s'en alla tomber à la renverse dans la salle du billard.

L'Artichaut Menand, qui, seul, ne s'était pas dérangé,

saisit cette occasion pour mettre une mèche neuve à son fouet. Après quoi il partit sans dire mot a personne.

Besnard avait déjà entraîné Morin de force. Quant au preux Aristide Berthelleminot de Beauropas, il s'était esquivé tout de suite après son exploit.

Tiennet restait tout seul au milieu de la salle. Personne n'osait plus s'approcher de lui.

C'était un enfant. La conscience de l'acte violent qu'il venait de commettre contre des bourgeois, lui paysan, l'isolement où on le laissait, tout cela le déconcerta et fit tomber son audace.

Il jeta autour de lui un regard contrit.

Romblon père et fils se relevaient péniblement. Quant au jeune L. de Guérineul, on le relevait.

Tiennet ôta son grand chapeau en balbutiant :

— Pardon, excuse, je ne savais pas...

Sa main saignait du coup de canne porté par le docteur Morin, et sa tête le brûlait.

— Pardon, excuse, répéta-t-il en chancelant au choc d'un étourdissement subit, je boirais bien une chopine de cidre.

Comme personne ne répondait, il rejeta en arrière ses longs cheveux, et frappa sur la pochette de sa veste avec une sorte d'orgueil. Il y avait dans sa pochette une demi-douzaine de gros sous, toute la fortune du pauvre Tiennet.

Cela ne fit point d'effet.

— On ne vend pas de cidre ici, dit la voix rancunière de Mme veuve Ragon ; allez au cabaret avec vos pareils !

Tiennet qui avait pâli, redevint rouge. Il chercha un siège et n'eut pas le temps d'en trouver, il tomba sur le sol, ses yeux se fermèrent.

Ce fut ainsi que le pauvre Tiennet Blône fit son entrée dans le monde.

XI

Où Tiennet Blône se montre trop hardi

Quand Tiennet s'éveilla, la foule s'était considérablement éclaircie dans la grande salle du café. Cousin-et-Ami et le vieux Houël étaient partis avec une sorte de mystère, presque en même temps que Morin, Besnard et Menand jeune.

Il n'y avait plus que deux groupes.

Le premier, dont Tiennet faisait partie, était composé de Romblon père et fils et du jeune M. de Guérineul, ses trois victimes. Ce groupe entourait la table où le vieux Romblon buvait de l'eau-de-vie depuis le commencement de la journée.

Le second était réuni auprès du comptoir et présidé par Mme veuve Ragon en personne. M. Berthelleminot de Beaurepas y tenait le dé de la conversation.

Les deux Romblon et Guérineul regardaient Tiennet en riant de bon cœur. Guérineul avait un bandeau sanglant sur le front, parce que, dans la bagarre, il était tombé contre l'angle du billard. Il était encore un peu pâle.

Tiennet passa sa main sur ses yeux.

— Un coup d'eau-de-vie, jeune homme! lui dit le papa Romblon; ça fait du bien à votre âge.

Tiennet mouilla ses lèvres dans le verre, mais il n'aimait que le cidre. Le cidre désaltère, et Tiennet ne savait pas encore boire autrement que pour étancher sa soif. Il fit la grimace. Cela diminua un peu la haute estime qu'on semblait professer pour lui autour de la table.

— Tiens, tiens, dit Fifi, le gars n'aime pas ce qui est bon!

— Défaut d'éducation première, fit observer le papa philosophiquement.

— Nom d'une pipe ! reprit Guérineul, ça ne l'empêche pas de taper comme un dieu !

— Pour ça, opinèrent gravement les deux Romblon, il donne bien le coup du bélier.

On but une tournée. Tiennet regardait en dessous le bandeau taché de sang du hobereau.

— Sans vous offenser, monsieur Guérineul, dit-il avec une courtoisie timide, si je vous ai fait du mal, j'en suis joliment fâché, allez !

— Tiens fit Guérineul, tu sais mon nom ?

Puis il ajouta :

— C'est juste, tu es du château.

— Et il faut qu'il soit un peu bien musclé des bras et des jambes, reprit le fils Romblon, pour avoir passé là où petit Argent est resté !

Tiennet baissa les yeux et devint triste.

— Pauvre Argent ! murmura-t-il, j'ai fait tout ce que j'ai pu pour le sauver.

Le papa Romblon posa du même coup son verre et sa pipe.

— Laissons la petite bête, dit-il d'un ton sentencieux ; Argent était une idée trop court de jambes.

— Oh ! fit Tiennet, comme s'il eût entendu injurier un ami mort.

— C'était un joli sujet tout de même. Mais, mon gars, le vieux Créhu est-il vraiment à la mort ?

— Oui, répliqua Tiennet.

Le papa Romblon se leva.

— Viens, Fifi, dit-il sans même achever son verre. Je vas atteler la carriole.

— Pour aller au Ceuil ? demanda Guérineul.

— Au Ceuil ou ailleurs, répondit papa Romblon.

— Ah ! ça, nom de bleu ! s'écria Guérineul, est-ce que vous êtes héritiers aussi, vous autres, les Romblon ?

— Après ? repartit Fifi avec dignité, quand cela serait ?

— Bon ! bon ! c'était pour savoir. Jean-de-la-Mer me fait l'effet d'être joliment calé en fait de parents.

— Héritiers ou non, Guérineuf, dit papa Romblon, nous vous offrons une place dans la carriole.

— Accepté !

— Ainsi qu'au petit gars que voilà, ajouta le vieux maquignon en désignant Tiennet, qui avait bien cinq pieds six pouces.

Tiennet Blône aurait sans nul doute répondu à cette politesse comme les convenances l'exigeaient, s'il eût prêté l'oreille, mais il n'entendit pas l'offre du papa Romblon.

Depuis quelques secondes son attention semblait violemment excitée par quelques paroles qui étaient parties du cercle rassemblé autour du comptoir, et qu'il avait saisies à la volée.

Son nom avait été prononcé, il en était sûr.

Et aussi le nom de Mme Marion.

Pâle et les yeux allumés, il écoutait comme s'il se fût agi de sa vie.

Au moment où le vieux Romblon lui mettait la main sur l'épaule pour renouveler sa proposition, Tiennet le repoussa brusquement et s'élança d'un bond vers le comptoir.

— Quelle mouche le pique ? demanda le bonhomme.

Tiennet avait percé le cercle et se tenait debout, la tête haute, devant M. Berthelleminot de Beaurepas, entrepreneur.

Celui-ci semblait médiocrement rassuré.

— On vous a donné cinq cent francs, dit Tiennet dont les dents étaient serrées par l'émotion et qui parlait avec peine, pour éloigner du pays un jeune garçon du nom de Tiennet Blône ?

— Mais... voulu dire Berthelleminot.

— Répondez ! s'écria Tiennet, ou, cette fois, je vous casse la tête d'un coup de poing, aussi vrai que vous êtes un misérable et que vous tremblez comme un lâche !

Il n'y avait pas à plaisanter ou à se débattre. Tiennet avait les bras croisés sur sa poitrine, mais son corps souple et robuste se renversait légèrement en arrière. Ses jarrets se tendaient. Ses yeux menaçaient comme la pointe d'une épée.

Nous dirons en deux mots au lecteur l'incident qui avait si fortement ému Tiennet Blône et l'avait lancé au beau milieu du cercle présidé par M. Berthellominot de Beauropas.

C'était affaire d'amour. L'entrepreneur en était à expliquer ses rapports avec Mme Marion, rentière, afin de rassurer la jalousie de Mme veuve Ragon. Il disait :

— J'ai à peine l'honneur de connaître cette dame Marion, qui me paraît être d'une classe... enfin n'importe ! Je n'ai rien à dire contre elle.

Mme veuve Ragon se dérida un peu.

— Quant à l'affaire de l'homme qu'elle m'a procuré, poursuivit Berthellominot, c'est simple comme bonjour. Elle savait que le navire *l'Argonaute*, est en partance à Granville. Eh bien, cette dame, à l'instar de beaucoup de dames, a quelqu'un qui la gêne ici-bas...

— Oh ! oh ! fit-on à la ronde.

— Bah ! ajouta la veuve Ragon, qui eut presque un sourire.

Ce fut à ce moment que Tiennet Blône, assis à l'autre bout de la salle en compagnie des Romblon et du jeune M. de Guérineul, commença à écouter très attentivement.

Berthellominot remonta ses grands cols de chemise.

— Oui, reprit-il, sentant que sa cause était à moitié gagnée et que le mal qu'il dirait de Mme Marion serait un baume pour le cœur blessé de Lasthénie ; elle a quelqu'un qui la gêne et, ce quelqu'un, elle veut l'envoyer à tous les diables.

— Voyez-vous ça ! chanta le chœur.

Lasthénie souriait tout à fait.

— Dans cette position, continua l'entrepreneur, elle s'est adressé à moi et m'a offert vingt-cinq louis pour le voyage du petit bonhomme.

— Oh ! oh ! s'écria-t-on encore ; c'est un garçon ?

— Un garçon de seize ans, répliqua l'entrepreneur.

— Elle est, ma foi, bien d'âge ! dit Lasthénie.

Tiennet était tout oreilles.

— Vous sentez, poursuivit encore Berthelleminot, qu'un blanc-bec de seize ans, ça ne me chausse qu'à moitié. Il me faut des hommes vigoureux et formés. Mais, d'un autre côté, la dame dit que le petit bonhomme est robuste et entreprenant.

— Comment l'appelle-t-on, ce beau fils ? demanda la veuve Ragon.

— Attendez donc... Le nom m'échappe. Ah ! Tiennet... Tiennet Blône, je crois !

Tiennet entendit parfaitement, et ce fut ce mot qui le mit sur ses pieds, alors que le vieux Romblon lui offrait une place dans sa carriole.

Berthelleminot ne se doutait de rien.

— En conséquence de ce qui précède, acheva-t-il, j'ai accepté les vingt-cinq louis et le gamin qui complète mon contingent, et j'espère, belle dame, que cette explication aura le don de vous satisfaire.

L'apparition de Tiennet fut un coup de théâtre.

On ne connaissait point Tiennet. Mme veuve Ragon le détestait, parce qu'il l'avait appelée maman Ragome. Berthelleminot avait peur de lui, mais ne savait pas son nom.

— Je pense, monsieur, dit-il, tâchant de garder sa dignité, que vous avez intérêt... j'entends un intérêt légitime... à savoir...

— C'est moi qui m'appelle Tiennet Blône, interrompit celui-ci.

— Ah ! fit Berthelleminot qui resta bouche béante.

A l'entour tout le monde pensait :

— Ah ! c'est là le fils de Mme Marion, la rentière de la rue de la Croix !

Quelques-uns disaient tout haut :

— Eh bien, monsieur Berthelleminot, ce garçon-là ne me paraît pas trop faible pour les fatigues de votre voyage !

— C'est différent, dit Berthelleminot. Monsieur Tiennet Blône, eh ! bonjour donc ! Nous sommes destinés à faire plus ample connaissance. Quant à Mme votre... je veux dire

Mme Marion, rien ne peut indiquer d'une manière certaine...

— J'ai entendu !

— Permettez, monsieur Tiennet Blône, Mme Marion a envie de vous faire un sort.

— Et pourquoi veut-elle me faire un sort ? demanda impétueusement Tiennet.

Bertholleminot demeura déconcerté.

A l'entour on riait sous cape.

Pendant que Bertholleminot cherchait une réponse à la question naïve et imprévue du jeune homme, celui-ci lui tourna rondement le dos, rouvrit en trois coups de coude le cercle qui s'était refermé après sa brusque arrivée et s'en alla comme il était venu, sans dire gare.

Il franchit la porte, et on le vit traverser la rue comme un trait.

XII

Madame Marion rentière

Tiennet Blône traversa en un clin d'œil l'espace qui le séparait de la rue de la Croix où demeurait Mme Marion, rentière. Il y avait dans sa tête un monde d'idées qui se croisaient, qui se heurtaient, qui le rendaient fou.

Comme il soulevait le marteau de la porte, une voix l'appela par derrière.

— Eh bien, mon petit gars, disait la voix, tu ne reviens pas au château avec nous ?

Tiennet tourna la tête. Il vit trois hommes dans une carriole attelée d'un fort cheval. Il ne reconnut ni les deux Romblon, ni le jeune M. de Guérineul. Un nuage était sur ses yeux.

La carriole passa. Midi sonnait aux horloges de la ville. La porte de Mᵐᵉ Marion s'ouvrit. Tiennet entra.

Parmi toutes les pensées qui se pressaient dans son cerveau, il y en avait une qui dominait les autres.

Cette pensée, on ne peut pas affirmer qu'elle fût née soudainement ; on ne peut pas même dire qu'elle eût pris son origine au Grand-Café de l'Industrie et qu'elle fût une suite de cette conversation écoutée de loin, la conversation qui avait lieu naguère autour du comptoir de Mᵐᵉ veuve Ragon.

Cette pensée, Tiennet l'avait eue déjà, plus d'une fois, depuis la veille et sitôt repoussée !

Tandis que maintenant, elle s'était établie d'autorité dans l'esprit de Tiennet. C'était plus qu'une pensée, c'était une croyance, presque une conviction.

Et pour changer cette conviction en certitude, il lui semblait qu'une seule chose suffirait : voir Mᵐᵉ Marion.

En conséquence, pour voir Mᵐᵉ Marion, et cela sur-le-champ, il eût soulevé une montagne.

La pauvre Rosalie fut écartée sans trop de façon, et si vivement qu'elle s'appuya au chambranle de la porte pour ne pas tomber.

— Vit-on jamais chose pareille ! s'écria-t-elle, en reconnaissant le nouvel arrivant ; Mᵐᵉ Marion n'y est pas. Si vous étiez resté hier, pour attendre sa réponse, vous auriez su qu'elle vous recevrait plus tard, dans huit jours.

Tiennet s'était arrêté.

— Ce n'est pas dans huit jours que je veux voir ta maîtresse, ma fille, dit-il, c'est tout de suite. Et je la verrai.

— Ma parole, il me tutoie ! s'écria Rosalie stupéfaite ; hier, il était tout timide. Comme le voilà changé ce matin !

Et comme Tiennet reprenait sa route après un instant d'hésitation, elle s'élança au-devant de lui.

— Attendez ! reprit-elle. Attendez au moins que je prévienne madame.

Tiennet l'écarta de nouveau, mais cette fois avec beaucoup plus de précaution.

— Ce n'est pas nécessaire, ma fille, dit-il avec ce calme qui recouvre les grandes émotions, ta maîtresse me ferait peut-être chasser, et il arriverait un malheur.

— Un malheur? répéta la servante qui se prit d'effroi.

Elle recula. Tiennet profita du moment et monta l'escalier quatre à quatre. Rosalie le suivait des yeux d'un air ébahi.

— Un malheur? répéta-t-elle sans trop savoir ce qu'elle disait. Ma foi, ce gars-là a quelque chose qui n'est pas comme tout le monde. Si madame veut le renvoyer, qu'elle le renvoie!

En haut de l'escalier, Tiennet poussa une porte entr'ouverte et se trouva dans une manière d'antichambre où le lit de la servante était dressé.

— Est-ce toi, Rosalie? demanda la voix de Mme Marion dans la pièce voisine.

Le cœur de Tiennet battit. Comme la veille, cette voix faisait sur lui une impression bizarre et profonde.

Il ne répondit pas.

Mais il n'avança pas.

— Eh bien, répéta la rentière, parleras-tu, Rosalie?

Tiennet prit son cœur à deux mains, traversa l'antichambre et ouvrit la porte brusquement.

Une odeur inconnue le saisit aussitôt à la gorge. C'était un mélange de parfums violents et grossiers, de la rose, de l'ambre, du musc, du benjoin, du portugal et de l'œillet.

Tiennet venait d'entrer dans le temple de Vénus vitriâse. C'était la chambre où Mme Marion, rentière, faisait sa toilette.

Assurément au milieu de ces odeurs qui se mêlaient détestablement, une petite maîtresse de notre faubourg Saint-Germain fût tombée pour le moins à la renverse. Mais Tiennet avait de bons nerfs. Ce ne fut pas cela qui le fit broncher.

Ce fut la vue de Mme Marion elle-même.

L'idée qui tout à l'heure emplissait sa tête et son cœur venait de s'évanouir.

Il se disait :

— Cette femme est trop jeune.

Le pauvre Tiennet n'avait jamais vu que des paysannes, et une paysanne qui a un fils de seize ans est une vieille femme.

A la ville, une jeune femme peut avoir un fils de vingt ans, et même davantage.

Et cette simple réflexion : cette femme est trop jeune ! jetait Tiennet du haut en bas d'un beau rêve.

Un instant il avait pensé que M⁽ᵐᵉ⁾ Marion était sa mère.

Au premier abord cette supposition l'avait révolté, car M⁽ᵐᵉ⁾ Marion, la veille, l'avait renvoyé comme un mendiant.

Mais... Eh ! certes oui, vous eussiez fait de même, toutes ses méditations s'étaient portées vers un seul but : excuser sa mère !

Et comme il avait beaucoup d'esprit, ce Tiennet, sans s'en douter le moins du monde, il avait trouvé à sa mère des quantités d'excuses.

L'affaire des vingt-cinq louis elle-même avait été tournée par lui du beau côté.

C'était un sacrifice.

Qui sait? Tiennet ne connaissait guère la vie. Mais il devinait qu'une femme peut être poussée à certaines extrémités.

L'amour de sa mère, car déjà il l'aimait ardemment, lui était un flambeau.

Sa mère ne pouvait être coupable.

Sa mère l'aimait. Pauvre femme ! Il fallait l'en mieux adorer si elle était contrainte à cacher sa tendresse.

Et voilà que Tiennet n'avait plus de mère !

Cette M⁽ᵐᵉ⁾ Marion, rentière, avait donc l'air bien jeune?

Mon Dieu, non. La moins expérimentée de nos lectrices aimables eût mis du premier coup son âge sur son front, et son âge ne lui défendait pas d'avoir donné le jour à ce grand garçon de Tiennet; bien plus, Tiennet Blône eût pu avoir sans invraisemblance un ou deux frères aînés.

Mais encore une fois, dans nos campagnes bretonnes,

la mère de famille a un cachet, nous dirions presque un uniforme.

Celui qui n'a rien vu est facile à tromper.

Coquetterie ne devrait-elle pas toujours rester synonyme de jeunesse ?

Mᵐᵉ Marion, en déshabillé du matin, cheveux nattés sous un frais bonnet de dentelles, peignoir rose assez décolleté, pantoufles mignonnes, parut à notre bon Tiennet une très jeune femme.

La rentière était à demi-couchée dans un fauteuil. Elle leva sur Tiennet le regard assuré d'une personne que rien n'étonne plus.

Elle avait dû être bien jolie, cette Mᵐᵉ Marion, quoique quinze ans avant l'époque où commence notre histoire.

Un connaisseur lui eût donné de trente-six à quarante ans. C'était une petite femme, grassouillette comme une caille, fraîche à dix pas et de près un peu couperosée. Elle avait des yeux gris clignotants, une taille courte et ronde, un gros pied gêné par l'embonpoint et une fossette d'amour à la joue gauche.

Avec cela une voix de Vitré, chantant des fosses nasales, — et pour trente sous de parfums variés sur le corps.

Mᵐᵉ Marion venait d'achever sa toilette dans sa chambre à coucher qui lui servait de boudoir. Cette chambre était austère en dessous, voluptueuse à la surface, c'est-à-dire qu'on avait essayé de rajeunir et d'enjoliver ses vieux murs.

La déesse et le temple étaient en parfait accord.

— Tiens, dit-elle en voyant la figure de Tiennet sur le seuil, qu'est-ce que c'est que celui-là ?

Tiennet ne savait plus s'il devait avancer ou reculer. Sa hardiesse, qui parfois allait jusqu'à l'effronterie, était tombée tout d'un coup.

Il était mille fois plus déconcerté qu'au moment où les habitués du Grand-Café de l'Industrie l'avaient entouré comme une bête curieuse, quand il avait demandé *Maman Rogôme*.

Ses yeux se fermèrent. Sa tête se renversa.

13ᵉ LIVR.

La rentière, grassouillette et rougeaude, lui semblait plus imposante encore que M. Berthelleminot de Beaurepas, chevalier de l'Aigle jaune de Souabe et entrepreneur.

— Eh bien, reprit Mme Marion, parlera-t-il ? Mon Dieu ! les gars ont-ils l'air bête dans ce pays-ci !

Elle allait en dire plus long sans doute, mais une idée sembla brusquement traverser son esprit.

Elle s'interrompit. Ses petits yeux prirent une expression d'inquiétude et se détournèrent de Tiennet Blône qui se tenait toujours là, planté comme un piquet, le chapeau à la main, le rouge au front, les yeux cloués au plancher.

XIII

Où Tiennet demande une mère

Mme Marion, rentière, avait à côté d'elle son dîner achevé, car on dînait à midi, en la ville de Vitry, alors comme aujourd'hui. La petite table qui servait à ses repas touchait la table qui servait à sa toilette.

Ceci pourra révolter plus d'une délicatesse, et certes il est malséant de songer à ces plats entamés que côtoient des vases pleins du liquide rosâtre et savonneux ; mais un peintre ne passe pas le peigne dans la crinière d'un sanglier sauvage.

Il faut bien montrer les choses telles qu'elles sont.

Nous ne sommes ni dans le boudoir d'une femme du monde, ni dans la pauvre mansarde d'une femme du peuple, lieux de scènes tranchés qui ont leur pittoresque propre et leur beauté contrastante.

Nous sommes entre deux, en un lieu hybride, moitié luxueux, moitié sale.

Nous sommes dans le laid jusqu'au cou.

Mᵐᵉ Marion avait pris son café, et même son petit verre de liqueur stomachique. Dans le trouble qui la saisit après coup en regardant Tiennet, elle se versa un second verre. Sa main tremblait un peu, tandis qu'elle le portait à ses lèvres.

Tiennet voyant qu'on ne parlait plus, leva enfin les yeux. Sous son ignorance, c'était un garçon avisé. Le trouble de la rentière ne lui échappa nullement.

Et son idée, sa fameuse idée, revint au galop.

Il avança d'un pas.

Mᵐᵉ Marion remit son verre à moitié vide sur la table et son fauteuil à roulettes eut un mouvement de recul.

Elle avait peur.

Mais il est dans la nature des femmes de combattre, même quand elles ont peur. Et, du reste, Mᵐᵉ Marion, rentière, n'était pas facile à intimider sérieusement.

Elle se remit par un vaillant effort et regarda l'ennemi en face.

— J'avais dit à Rosalie de ne laisser monter personne, dit-elle d'un ton de mauvaise humeur. Vous êtes le jeune Tiennet Blôno, pas vrai ?

— Oh ! fit Tiennet, vous me connaissez donc ?

La rentière haussa les épaules.

— Ni d'Ève, ni d'Adam, mon pauvre gars, répliqua-t-elle ; seulement j'ai eu la sottise de faire quelque chose pour vous... et quand on se mêle des affaires des autres, on s'en repent toujours. Que voulez-vous ?

Tiennet avait la tête haute maintenant, parce qu'on lui parlait avec rudesse et dédain.

— Je veux que vous me disiez le nom de ma mère, prononça-t-il d'une voix ferme et avec lenteur.

La rentière eut un petit rire tout sec.

— Ils sont tous les mêmes, ma parole ! grommela-t-elle. Le nom de sa mère ! Et où le prendrais-je, ce nom-là, mon garçon ? Le bon métier que j'aurai pris là : retrouver les mères perdues ! Vous êtes fou, mon ami, vous êtes fou !

Elle parlait avec volubilité comme quand on veut s'étourdir soi-même en déroutant autrui.

Tiennet la laissa aller sans l'interrompre. Quand elle s'arrêta, il reprit :

— Je veux que vous me disiez le nom de ma mère. Je ne suis pas fou. Le nom de ma mère, vous le savez et vous me le direz.

— Moi ? s'écria la rentière qui tâchait de rire encore, moi, je sais... Ah ! la bonne histoire !

— Quand le vieux Toussaint Blône est mort, poursuivit Tiennet sans s'émouvoir, il m'a dit : « Va chez Mᵐᵉ Marion, rentière, rue de la Croix, à Vitré. »

— Ah ! fit Mᵐᵉ Marion qui pâlit, Toussaint Blône a dit cela !

— Ceux qui sont pour mourir ne mentent pas, madame. Ce que Toussaint Blône m'a dit est la vérité.

La rentière avait tourné la tête, et, tout en faisant effort pour garder bonne contenance, elle jetait à la dérobée sur Tiennet un coup d'œil inquiet.

Tiennet attendait.

— Et, reprit Mᵐᵉ Marion qui hésitait et qui semblait conserver à grand'peine ses airs dégagés, Toussaint Blône... qui vous a dit de si belles choses... ne vous a-t-il dit que cela ?

Tiennet ne savait pas encore mentir.

— Rien que cela, madame, répliqua-t-il.

Un éclair de satisfaction brilla dans les yeux gris de la rentière.

— Mais, ajouta Tiennet, cela me suffit. Si Toussaint m'en avait dit davantage, je ne serais pas chez vous. Et, puisque me voilà chez vous, ce que j'aurais su par Toussaint, je le saurai par vous.

La parole change de couleur avec la situation. Le petit paysan parlait, à cette heure, autrement qu'il n'eût fait dix minutes auparavant.

La rentière crut devoir achever son verre de liqueur.

— Eh bien, dit-elle, asseyez-vous si vous voulez, monsieur Tiennet Blône, et causons un peu. J'ai connu en effet votre père, le vieux Toussaint.

— Il n'était pas mon père, madame.

— C'est possible, cela, mon enfant. Vous sentez que je ne suis pas au fait. Toussaint Dlône n'était pas un homme de ma sorte. Voyons, asseyez-vous.

Elle fit rouler un siège jusqu'à Tiennet qui s'assit.

— Vous êtes un très bel homme, mon petit ami, poursuivit-elle, cherchant évidemment le temps de la réflexion, et vous me paraissez avoir beaucoup d'esprit. Je pense, d'après votre visite, que vous avez vu M. Berthelleminot de Beaurepas.

— Je l'ai vu.

— J'ai, toute ma vie, fait comme cela, mon jeune gars, des bonnes œuvres et des actions de bienfaisance. On me connaît, Dieu merci. Quand vous êtes venu hier, j'ai dit à Rosalie : « Comment est-il, ce garçon-là ? » Elle m'a répondu : « Un cœur ! » Alors, comme je suis assez à mon aise, sans être riche, j'ai pris une pièce de cinq cents francs pour faire le bonheur d'un joli garçon. Voulez-vous boire un petit verre, monsieur Tiennet ?

Celui-ci fit un signe que non.

Il ne parlait plus, mais sa poitrine se soulevait. Et sur sa figure expressive on pouvait lire mille émotions diverses qui se succédaient en lui avec une rapidité croissante.

C'était une énergique répulsion, puis de la colère, une colère d'enfant, sous laquelle il y avait des larmes ; puis ces anciens élans qui tant de fois lui avait fait battre le cœur, cette aspiration vers l'amour inconnu d'une mère, — puis le désespoir revenait.

Tout cela se mêlait. Il brûlait la fièvre.

Et certes, cependant, cette femme qui était là, près de lui, n'était point faite pour soutenir son exaltation. Cette femme était tout ce que vous pouvez rêver de petit, de plat, de sec, de commun. C'était Mme Marion, rentière.

Mme Marion qui ne voyait qu'une chose dans la destinée humaine : *avoir de quoi !*

Afin d'être bien chauffée, vêtue, nourrie, afin de verser la liqueur, après dîner, sur le café qui, lui-même, favorisait la digestion du veau, afin de mettre de la dentelle à ses bonnets et du musc à ses chemises.

Mᵐᵉ Marion n'était pas faite pour lire couramment les pages de ce livre : la physionomie d'un homme vierge et fort.

Elle n'y voyait goutte, la bonne femme. Elle se disait avec mauvaise humeur :

— C'est bien ennuyeux cette tuile-là! Cela va me coûter encore quinze ou vingt francs pour l'envoyer au diable : vingt francs et cinq cents francs... C'est bien ennuyeux!

Le souffle de Tiennet s'embarrassait dans sa poitrine.

Quand elle eut achevé son verre, Mᵐᵉ Marion le regarda par hasard. Il avait les yeux pleins de larmes.

— Madame! murmura-t-il d'une voix entrecoupée; je vous en prie, ayez pitié de moi!

Naturellement la rentière ne comprit point.

— Pitié de vous, mon petit homme? dit-elle. Tout le monde sait bien que je suis charitable; mais cinq cents francs... il me semble...

L'espoir lui venait qu'elle pourrait peut-être s'en tirer désormais pour dix francs.

Tiennet joignit les mains.

— Dites-moi que vous n'êtes pas ma mère! s'écria-t-il, car je souffre trop.

Mᵐᵉ Marion fit un saut sur sa bergère et perdit les belles couleurs de son nez.

— De quoi? de quoi? fit-elle. Sa mère? Votre mère, à vous, mon garçon? Des enfants! je n'en ai pas!

Puis, se remettant peu à peu, parce que Tiennet gardait le silence, elle ajouta en prenant un air de dignité blessée :

— Ce n'est pas un métier, ça, mon ami, que d'entrer dans les maisons pour faire des scènes pareilles.

Tiennet n'écoutait plus.

— Non, pensa-t-il tout haut, c'est impossible et je suis fou! Une mère!... ma mère! Je sais bien que je la reconnaîtrais rien qu'à sa douce voix et rien qu'à son sourire!

Mᵐᵉ Marion lança une œillade oblique vers une glace qui lui renvoya ses traits ronds et poussés en couleur.

Tiennet poursuivait :

— Non, vous n'êtes pas ma mère ! Et, tenez, je crois que vous êtes bonne. Ma mère est une pauvre femme à qui ma naissance a porté malheur, et vous avez eu compassion d'elle. N'est-ce pas que j'ai deviné ?

— Peut-être, dit Mme Marion, qui n'avait plus peur et qui minaudait déjà.

— Ma mère n'est pas mariée, sans doute, continuait Tiennet dont l'imagination avait la bride sur le cou. Ma mère a honte quand elle songe à moi... mais elle m'aime !

— Dame ! fit la rentière, avec une certaine émotion, un petit peu, tout de même, mon gars !

Tiennet ne releva pas ses yeux, qui semblaient éviter maintenant le regard de son interlocutrice.

Avait-il quelque chose à cacher et craignait-il de se trahir ?

— Vous la connaissez, madame, reprit-il encore, vous la consolez. Eh bien, dites-lui que je l'aime ardemment, et que je n'aime qu'elle en ce monde ! Tenez, ce que je sens et ce que je suis, peut-être voudrait-elle le savoir, je vais vous le dire, pour que vous le lui répétiez, madame.

— Bon ! interrompit ici la rentière, si je la rencontre jamais, mon petit homme, je lui ferai votre commission, bien sûr.

— Vous la rencontrerez, prononça Tiennet avec une inflexion de voix singulière et qui remit Mme Marion sur le qui-vive, vous lui direz que Tiennet Blône, il y a deux mois, était un enfant heureux. Depuis qu'on lui a dit qu'il avait une mère, Tiennet cherche... jour et nuit, il cherche ! Et comme il n'a point d'indices pour guider sa marche, il va au hasard, écoutant, guettant, espionnant. Au château de M. Jean Créhu, on le craint et on ne le comprend pas. On le craint, parce qu'on l'a rencontré bien souvent la nuit, se glissant comme une ombre le long des corridors. On le craint, parce qu'il sait les secrets de chacun, comme s'il était un sorcier ayant commerce avec Satan.

Mme Marion fit un mouvement et s'inclina devant un crucifix qui reposait dans la ruelle de son lit.

Il en était pour elle de la religion comme de toute autre chose. Elle en usait à ses heures et dans la mesure précisément nécessaire à sa santé.

Tiennot eut un sourire triste.

— N'ayez pas peur, madame, poursuivit-il doucement; ils se trompent; je ne suis pas un sorcier. Si j'étais un sorcier, je saurais le nom de ma mère.

Ceci était péremptoire. Mme Marion tourna le dos au crucifix.

— Hélas! continua Tiennot, il y a du vrai dans ce qu'ils disent pourtant. Je sais bien des choses que je ne devrais pas savoir... Mais que vous importe cela ?

— Oh ! fit la rentière dont la ronde figure avait pris tout à coup une expression de curiosité, ça ne me regarde pas le moindrement du moindrement, mon petit homme. Je suis seulement vexée de ne pas pouvoir vous offrir une douceur. Dam ! à votre âge...

Elle se versa un troisième verre de liqueur comme pour s'encourager.

— Après ça, reprit-elle en buvottant, ça dépend des goûts. J'ai connu des jeunes gens bien gentils qui aimaient assez à se réchauffer le cœur. Vous disiez donc que vous saviez quelque chose sur le vieux Jean Créhu de la Saulays?

Ces dernières paroles furent prononcées négligemment et comme par manière d'acquit.

Mais pendant qu'elle *sirotait*, comme on dit à Vitré et ailleurs, son petit coup de *riquiqui*, les yeux de la rentière brillaient ni plus ni moins que des prunelles de chat à la brune.

XIV

Sur le Crucifix

Tiennet garda un instant le silence. Mᵐᵉ Marion l'examinait toujours avidement. A son tour elle voulait savoir.

— Je sais bien des choses, répondit enfin Tiennet, sur M. Jean Créhu comme sur tout le monde ; tout ce qu'on veut cacher, je le dépiste, parce qu'il me semble toujours que mon secret à moi est mêlé au secret des autres, et que je vais découvrir enfin une trace, un indice... Mais non, rien ! jamais rien ! Derrière chaque voile que je soulève, j'aperçois un mystère auquel je suis étranger. Du bien parfois, souvent du mal, jamais ce que je cherche, ce qu'il me faut, ce que je poursuivrai jusqu'au dernier jour de ma vie.

— Est-il drôle, ce petit gars-là ! s'écria la rentière.

Et, certes, l'exclamation contrastait énergiquement avec la tristesse peinte sur le visage de Tiennet Blône. Mais Mᵐᵉ Marion avait besoin d'une transition, et tout sert de transition aux femmes.

— J'ai idée, reprit-elle en mettant tout ce qu'elle avait de diplomatie à jouer l'indifférence, j'ai idée que vous avez entendu le vieux Jean Créhu parler de moi.

— Non, répondit Tiennet.

La rentière fut contente, mais piquée.

— Ah ! fit-elle sur un ton qui laissait percer à la fois ces deux sentiments.

Puis, prenant son parti rondement :

— Eh bien, mon garçon, ajouta-t-elle, chacun a ses affaires et je pense que vous n'avez plus rien à me dire.

Tiennet tressaillit à ce simple avertissement auquel un plus expérimenté que lui aurait dû s'attendre.

— Vous me chassez ? murmura-t-il.

— Ma foi, répliqua la rentière, vous êtes entré sans dire gare, mon petit homme. Nous avons causé comme de bons amis. A présent, je ne vois pas trop ce que vous feriez chez moi.

— Ah ! répéta Tiennet qui baissait les yeux et dont les sourcils étaient froncés ; vous me chassez !

— Allons, mon mignon, s'écria galment Mme Marion. Séparons-nous comme il faut, puisque vous allez faire un long voyage.

Elle mit la main à la poche de son tablier mi-soie et en retira deux écus de cent sous.

— Prenez-moi ça ! continua-t-elle, et buvez à ma santé.

Les deux pièces de cinq francs glissèrent entre les doigts de Tiennet et roulèrent sur le carreau.

Il se redressa.

Son regard dur et froid heurta celui de la rentière, qui pâlit cette fois tout de bon.

— Eh bien ! eh bien ! voulut-elle dire.

— Taisez-vous, interrompit Tiennet.

Mme Marion se tut, subjuguée.

Tiennet reprit en lui saisissant le bras et en la regardant toujours en face :

— Ce que vous faites est affreux, car vous êtes ma mère.

Nous sommes bien obligés de le dire, cette scène, dont le fond était grave jusqu'au tragique, avait du grotesque à la surface.

Certains se seraient attendris ; d'autres n'auraient pu s'empêcher de rire.

Il y avait d'un côté l'enfant robuste et fier, mais il y avait de l'autre la grosse petite femme rouge avec son peignoir rose.

De la main qui lui restait libre, elle but un quatrième coup de *micamo*, car ce vocable vitriûs nous poursuit, et si nous ne l'avions pas écrit, nous en eussions fait une maladie, et, une fois avalé ce quatrième coup de *micamo*, elle cria d'une voix retentissante :

— A la garde !

Hâtons-nous d'affirmer que ce cri étrange n'était point provoqué par un commencement d'ivresse. Quatre coups de *micamo*, pour Mme Marion, rentière, c'était peu.

Mais contre les soudaines et grandes calamités, on invoque le premier saint venu. Mme Marion, invoquait la garde.

Mon Dieu ! mettez-vous un instant à sa place. Elle avait des rentes juste ce qu'il fallait pour manger et boire à sa gourmandise, et voilà qu'un grand garçon de fils lui tombait sur le crâne !

— A la garde !

Un fils ! C'est-à-dire un être qui allait changer son aisance en gêne, dévorer ses épargnes, prendre une part de sa pensée, réveiller cette somnolence où elle végétait si délicieusement.

— A la garde !

Un fils ! un intrus ! une bouche de plus à table ! un grand corps à vêtir ! un embarras, une charge, — une tuile !

— A la garde ! à la garde !

Est-ce qu'on a le droit de venir comme cela s'imposer aux rentières ? On a un fils par le monde : c'est déjà un assez grand malheur sans être obligé encore de le reconnaître et de le nourrir !

La garde n'était pas là pour répondre. Mme Marion se ravisa. Elle cria, haussant d'une quinte son diapazon déjà suraigu.

— Rosalie ! Rosalie !

Le hasard voulut que Rosalie eût justement profité de l'entrée de Tiennet pour aller dire deux mots à un fendeur de bois. Elle ne répondit pas plus que la garde. Madame Marion, épouvantée de ce silence, perdait la tête et répétait d'une voix entrecoupée :

— Au secours ! au voleur ! au feu !

Elle voulut s'élancer vers la porte; mais Tiennet était debout devant elle, pâle, sombre, résolu.

Il n'avait rien dit tout le temps qu'elle avait crié. Quand elle se tut, épuisée, il reprit :

— Qu'ai-je fait à Dieu pour que vous soyez ma mère !

Ce qu'il y avait de désespoir profond dans cette parole, Mme Marion ne le comprit point.

— Écoutez, dit encore Tiennet dont le front d'enfant avait une tristesse calme et toute virile, je ne vous reverrai jamais. Ne mentez pas : êtes-vous ma mère ?

— Non ! — non ! — non ! répliqua par trois fois Mme Marion avec une violence croissante ; je suis une femme seule. Je n'ai pas d'enfants. Sortez de chez moi !

Il y eut comme un éclair d'espoir dans le regard du jeune homme.

Mais l'éclair s'éteignit. Il ne croyait pas.

Et comme il eût voulu croire au prix de sa vie, il interrogeait encore.

La rentière répondait toujours :

— Non ! non ! non !

Il y avait là de l'horrible, de l'horrible bourgeois, sans grandeur ni poésie.

De l'horrible honteux !

Et s'il fallait comparer cette horreur de nos tragédies vilaines à la grande horreur des drames héroïques, nous descendrions tous les degrés de l'échelle des êtres créés ; nous irions chercher dans sa fange nocturne le crapaud hideux, et nous l'opposerions aux têtes flamboyantes de l'hydre.

Tiennet hésitait. Et à voir cette femme et cet homme, jamais vous n'eussiez voulu croire que tant de force hautaine eût trouvé la vie parmi tant de vile platitude.

Vous eussiez répété comme la rentière :

— Non ! non ! non !

La scène se prolongeait cependant, et l'émotion de Tiennet devenait poignante au point de mettre à sa joue une pâleur mortelle.

Les fatigues de la nuit et tout ce qu'il avait éprouvé

depuis la veille posaient en ce moment sur lui d'un poids trop lourd.

Il sentait que cette faiblesse qui l'avait terrassé au Grand-Café de l'Industrie allait reprendre le dessus.

D'un pas rapide quoique chancelant, il se dirigea vers le lit de la rentière et saisit, dans la ruelle, le crucifix.

— Ne montez pas! prononça-t-il d'une voix éteinte, tandis que deux grosses larmes coulaient sur la livide pâleur de sa joue.

Il leva le crucifix et ajouta:

— Au nom de Dieu mort sur la croix, jurez que vous n'êtes pas mère!

— Je le jure! je le jure! dit précipitamment Mme Marion.

Le crucifix s'échappa des mains de Tiennet qui tomba sur ses genoux.

Parmi ses sanglots convulsifs une dernière parole s'échappa, parole de désespoir et d'angoisse inexprimable.

— Elle ment! dit-il; mon Dieu, je suis maudit! Elle est ma mère!

Ses doigts raidis touchèrent son front où ruisselait une sueur glacée. Ses yeux se fermèrent. Sa tête se renversa.

Mme Marion s'élança, mais trop tard, pour empêcher son crâne de toucher le sol.

. . . .

La rentière s'assit sur le carreau et mit la tête de Tiennet sur ses genoux. Elle regardait ce pâle visage sans mot dire.

Au bout de quelques secondes, elle attira le front de l'enfant jusqu'à sa bouche et baisa longuement ses grands cheveux épars.

Mme Marion pleurait. Il y avait maintenant sur son visage quelque chose d'humain. Peut-être était-ce un de ces attendrissements nerveux qui prennent les femmes à la gorge, et qui ne descendent point jusqu'au cœur.

Nous ne savons.

Elle regardait Tiennet. Il y avait de l'orgueil dans son

regard, et ses doigts frémissaient en passant dans la luxueuse chevelure du jeune homme.

— Il est beau! murmurait-elle sans songer encore à le secourir; il est bien beau! et comme il lui ressemble!

Une minute se passa.

Mᵐᵉ Marion posa doucement la tête de Tiennet sur un coussin, et s'en alla vers son armoire; arsenal si bien fourni de toutes armes contre l'odorat.

Elle choisit, au milieu de trois ou quatre douzaines de flacons, un flacon de sels et revint vers Tiennet Blône, qui était toujours évanoui.

Bien entendu, les larmes de la rentière étaient séchées. Elle déboucha le flacon de sels.

— Ça va le repiquer tout de suite, dit-elle, et, après tout, si le vieux Jean faisait quelque chose pour cet enfant-là... et pour sa mère... eh bien! on pourrait arranger la chose.

Mᵐᵉ Marion ne s'était point trompée. A peine l'orifice du flacon toucha-t-il les narines de Tiennet que la cure fut opérée. Le jeune paysan qui n'avait jamais respiré ces effluves violentes, releva la tête comme s'il eût subi un choc galvanique.

Ses yeux se rouvrirent, et il regarda tout autour de lui avec étonnement.

— Eh bien, dit Mᵐᵉ Marion qui souriait, comment nous trouvons-nous, mon petit homme?

Tiennet ne répondit point. Il y avait de l'horreur dans le coup d'œil qu'il jeta sur la rentière.

Preuve évidente que la mémoire lui était revenue.

Il se leva sans mot dire. Ses jambes tremblaient sous le poids de son corps. Néanmoins, il se dirigea vers la porte.

— C'est comme ça qu'on s'en va? reprit Mᵐᵉ Marion en se donnant un air aimable.

Tiennet poursuivait sa route et gardait le silence.

— Allons! reprit la rentière, je vois que nous sommes fâchés. N'importe! je ne veux pas vous quitter ainsi, mon petit homme. Je suis une bonne personne, tout le monde vous le dira, et je vais vous le prouver.

Tiennet avait la main sur le bouton de la porte. Il tourna le bouton, mais il laissa la porte fermée, parce que Mᵐᵉ Marion poursuivait :

— Je vais vous le prouver en vous donnant le moyen de savoir le nom de votre mère.

Tiennet revint aussitôt sur ses pas.

— Écoutez-moi, Tiennet Blône, poursuivit la rentière qui prit un ton sérieux et presque solennel, je voudrais faire quelque chose pour vous. Ne me jugez pas ; vous trouverez des femmes plus méchantes que moi en votre vie...

Elle s'arrêta un instant comme pour attendre une réponse, mais, comme Tiennet se taisait, elle continua presque aussitôt :

— Rappelez bien vos souvenirs. Je vais vous parler d'une chose qui est passée depuis longtemps. Il y a dix ou onze ans, alors que vous étiez tout petit enfant, une dame vint vous voir chez Toussaint Blône...

— Oui ! interrompit Tiennet.

Et il ajouta en regardant la rentière en face :

— Je jurerais que c'était vous !

— Vous pourriez ne pas vous tromper, mon garçon, mais peu importe, ce n'est pas de cela qu'il s'agit. En ce moment, je cherche un moyen de vous obliger sans me compromettre, car je dépends de quelqu'un dans mon aisance, et ce quelqu'un-là ne plaisante pas. Vous souvenez-vous, Tiennet ? Cette dame, dont nous parlons, que ce soit moi ou une autre, vous donna un joli petit livre de prières.

— Je m'en souviens.

— Ce livre, l'avez-vous gardé ?

— Oui.

— Vous savez où il est ?

— Oui.

— Où est-il ?

— Au château du Ceuil, dans ma chambre, au chevet de mon lit.

Mᵐᵉ Marion sembla réfléchir.

— Voyez-vous, reprit-elle, j'aime mieux que vous appreniez cela hors de ma présence, parce que... parce que vous me feriez encore des questions, et que je n'y répondrais pas. C'est égal ; j'ai commencé, je finirai. Les enfants déchirent parfois des feuillets des livres qu'on leur donne. Le vôtre est-il bien entier?

Tiennet frémissait d'impatience. Néanmoins il répondit avec un calme apparent :

— Il est bien entier, madame.

— Aucune feuille ne manque? demanda encore la rentière.

— Aucune.

— Pas même la feuille blanche qui est avant le titre?

— Pas même celle-là.

— Eh bien, Tiennet, reprit Mme Marion, sur cette feuille blanche, il y a un nom tracé. L'avez-vous lu?

— Si je l'ai lu, je ne m'en souviens pas, répondit le jeune homme.

La rentière respira. Elle avait un moyen de donner le renseignement et d'éviter les questions qui en pouvaient être la conséquence.

— Ce nom-là, poursuivit-elle, est celui de l'homme qui peut vous instruire mieux que moi. C'est tout ce que j'ai à vous dire.

— Merci, fit Tiennet qui se dirigea de nouveau vers la porte.

— Un mot encore, reprit Mme Marion, au moment où il allait sortir, comptez-vous suivre M. Berthelleminot de Beaurepas?

— Peut-être, répliqua Tiennet. En tout cas, vous ne me reverrez jamais.

Il passa le seuil et disparut.

Mme Marion resta un instant les yeux fixés sur la porte entr'ouverte.

— Joli garçon! murmura-t-elle. C'est dommage... mais bah! qui sait? Avec ce que je lui ai dit, le voilà peut-être sur le chemin de la fortune.

Tiennet traversa la cuisine sans voir Rosalie qui était rentrée et qui lui souhaita le bonsoir en pure perte.

Une fois dans la rue, il se dirigea comme au hasard. Sa tête tournait. Il était ivre.

XV

La Mestivière

Il était environ deux heures après midi. Le vent du nord-ouest chassait les nuages, qui ne versaient plus d'eau. Le ciel présentait cet aspect changeant et tumultueux des jours de mars, où la pluie et le soleil se livrent bataille rangée, pour faire dire aux bonnes gens que *le diable bat sa femme*.

Nous revenons à cet endroit du cours de la Vesvre, que nous avons traversé la nuit dernière, et non loin duquel le pauvre Argent se laissa mourir. Nous sommes à la Mestivière.

Si, comme le disait Tiennet Blône, qui savait tout, M. Fargeau Créhu de la Saulays, l'aîné des neveux de Jean-de-la-Mer, avait choisi ce lieu pour donner, vers la brune, des rendez-vous à la jolie Olivette, M. Fargeau avait fait preuve de sens et de goût. La Mestivière était un endroit particulièrement propice aux rendez-vous, de quelque nature qu'ils fussent.

Comme nous l'avons déjà dit, c'était une sorte de promontoire, surplombant le cours de la Vesvre, dont les eaux avaient miné sa base. Au sommet, il y avait une plate-forme irrégulière et assez large pour que les troupeaux du château vinssent y prendre leur pâture quand l'eau couvrait la prairie.

La forêt du Couil entourait la plate-forme de trois côtés;

le quatrième donnait sur la Vesvre, qu'il dominait à une hauteur de cent vingt à cent trente pieds.

On y avait établi une balustrade grossière, formée de ronces et de palis, parce que la petite demoiselle Berthe, l'aveugle, venait parfois jusque-là, le long des allées de forêt.

Pour en finir avec la Mestivière, il nous suffirait maintenant de dire que c'était un site souverainement pittoresque, et qu'on y découvrait, comme d'un balcon naturel, le plus beau paysage de l'Ille-et-Vilaine.

Mais comme nous allons y planter notre tente pour une demi-journée, y voir et y entendre bien des choses, — tout un acte de notre drame, — il est bon de connaître parfaitement les détails et d'avoir sous les yeux son décor.

A part les percées qui donnaient entrée dans le fourré, on arrivait à la Mestivière par deux routes principales, dont l'une venait de la prairie et l'autre descendait du château.

La première tournait la base rocheuse du promontoire, grimpait en zigzags, la plupart du temps à l'aide de degrés taillés dans la glaise, et débouchait à l'angle occidental de la plate-forme où se terminait la balustrade dont nous avons parlé.

La seconde s'ouvrait perpendiculairement au cours de la Vesvre, et en face de Vitré, qu'on apercevait au loin. Elle montait en pente douce, se détournant de la ligne droite, pour éviter les énormes troncs de chêne qui parsemaient le taillis.

Son entrée sur la plate-forme était une manière de porte naturelle, encaissée entre deux roches granitiques qui fermaient le passage à droite et à gauche.

Cette seconde route était la traverse de Vitré au château du Ceuil.

La forêt s'éclaircissait le long de ce chemin et, parmi les gigantesques baliveaux jetés çà et là dans les taillis, on pouvait apercevoir, à l'époque d'hiver où se passe notre histoire, les hautes cheminées du manoir.

Au nord-ouest se voyaient la balustrade et le précipice; au sud et au sud-est, c'était le couvert, percé de petits sentiers à chevreuils, quelques roches montrant leurs têtes chenues sous les arbres dépouillés : la forêt enfin, aussi loin que le regard pouvait s'étendre.

Tout cela était grand et beau, tout cela paraissait plus grand et plus beau encore au milieu de cette contrée, où le paysage s'échelonne petitement d'ordinaire entre des horizons raccourcis.

Il nous reste à parler du chêne creux de la Mestivière, dont nous avons déjà prononcé le nom, et qui joue un rôle important dans notre récit.

Ce chêne, d'une grosseur monstrueuse et presque aussi célèbre dans le pays que le fameux chêne de la Prévalaye, auprès de Rennes, était brisé à son sommet, et couronné depuis un siècle peut-être. Il n'avait plus que l'écorce; mais cette écorce, épaisse comme un mur, alimentait des branches aussi grosses chacune qu'un arbre de bonne venue, et vigoureuses, et touffues, et fournissant pleine récolte de glands.

Le bon roi Henri IV, au dire du curé de Vesvron, qui s'appuyait du reste en ceci sur la tradition locale, avait mangé un morceau de lard sous ce chêne, et l'avait trouvé par délices.

Un autre souvenir plus authentique s'attache à ce géant de la forêt du Ceuil.

A quatre pieds de terre, son écorce est tailladée et porte de grandes cicatrices qui ont dû être des lettres gravées au couteau.

Le curé de Vesvron a déchiffré ces lettres un peu déformées par le temps et le travail de la végétation. Il a trouvé dans la ligne supérieure ces quatre capitales : M. R. C. S.; dans la ligne inférieure, les deux initiales F. M., suivies du millésime : 1668.

Sa traduction est assez plausible; la voici :

Première ligne : Marie de Rabutin-Chantal, marquise de Sévigné.

Seconde ligne : Françoise-Marguerite, 1668.

Françoise-Marguerite de Sévigné, qui avait alors dix-sept ans et qui allait être, l'année suivante, Mme la comtesse de Grignan.

La bien-aimée, la chérie, l'adorée, celle à qui l'on écrivait ces lettres qui sont comme les fleurs du grand siècle.

Le creux du chêne de la Mestivière pouvait contenir une table avec plusieurs personnes à l'aise. Outre la cavité principale, il y avait, à l'intérieur comme à l'extérieur, une quantité de trous plus ou moins profonds et larges, partout où une branche avait essayé de pousser autrefois.

Placé comme il l'était et dominant tous les alentours, c'eût été la plus merveilleuse guérite du monde.

A l'heure où nous grimpons sur le promontoire en revenant de Vitré, le chêne creux de la Mestivière servait justement de poste d'observation.

La sentinelle qui l'occupait n'était point armée en guerre et n'avait pas une tournure très belliqueuse ; néanmoins, sur ces traits changés par la colère, on pouvait lire des projets de bataille.

La sentinelle était notre bon ami Yaume, le pâtour du Couil, prétendu de Mlle Olivette — censément.

Pendant que ses vaches paissaient l'herbe courte et la camomille sauvage qui tapissait le tertre de la Mestivière, Yaume collait son œil à un trou, et regardait de toute son âme dans la direction de Vitré.

Il y avait longtemps que Yaume était là. Ses vaches avaient le ventre plein. Il ne semblait point songer à la retraite.

La cloche du château avait dû sonner le dîner à midi comme à l'ordinaire. Yaume n'avait pas dîné ; mais son estomac ne disait rien, tant son pauvre cœur parlait haut.

Yaume avait bien du chagrin.

Au point du jour il était venu là, malgré la pluie. D'heure en heure il avait vu la plaine inondée se vider graduellement, jusqu'à ce que la Vesvre, arrivée à n'avoir plus que trois ou quatre fois sa largeur habituelle, se prit à couler comme un torrent blanchâtre sur le vert sombre de la prairie.

Cela lui importait peu. Ce n'était pas pour cela que son regard dévorait la plaine.

Ce pauvre Yaume! Ses yeux et son nez étaient rouges, de froid un peu, et beaucoup, parce qu'il avait tant pleuré!

Ah! Olivette! Olivette!

Vers neuf heures du matin, il avait aperçu un point noir qui se mouvait sur la route de Vitré, au delà de l'inondation encore considérable à ce moment. Sa poitrine avait battu. Le point noir grandissait, grandissait.

C'était bien un homme, un homme à cheval.

Yaume avait jeté un coup d'œil farouche vers un coin de l'arbre où il avait caché deux beaux bâtons de houx.

De vrais bâtons qui donnaient envie de se faire casser la tête!

L'homme à cheval s'était mis dans un bateau. Mais plus il approchait, plus Yaume perdait espoir.

Jésus-Dieu! à quoi bon des bâtons de houx, de jolis bâtons verts et flexibles, des bâtons qui brisent les os comme verre?

Ce n'était que le docteur Méaulle, le pauvre cher homme, qui venait donner des remèdes à Jean-de-la-Mer.

Le docteur Méaulle aborda au pied de la Mestivière, monta le sentier tournant et traversa le tertre. En passant, comme il voyait les vaches paître, de belles et bonnes vaches, renommées dans tout le canton, il cria :

— Ohé! le pâtour!

Sans doute il voulait demander des nouvelles de M. Jean Créhu, mais Yaume se dit :

— Puisqu'il va le voir, il va savoir.

Et il resta caché dans le creux de son arbre, attendant mieux. Le docteur Méaulle s'en alla.

Yaume regardait toujours la route de Vitré. Vers onze heures et demie, un autre point noir se montra.

Vont-ils danser, les bâtons de houx vert?

Pas encore! C'était le docteur Morin qui allait comme si le diable eût été à ses trousses.

Yaume n'en regardait que mieux par le trou de son arbre.

A midi, troisième point noir, Besnard, l'homme d'affaires.

A midi et demi, Monand jeune, le notaire, mangeant à belles dents la corde de son fouet.

A une heure, deux points noirs à la fois, le vieux Houël avec Cousin-et-Ami, de son nom M. de Maudrouit.

Yaume pensa :

— Voilà consément bien des corbeaux pour une seule charogne !

A deux heures moins le quart enfin, une carriole et, dans la carriole, les deux Romblon avec le jeune M. de Guérineul.

La carriole resta en bas, les trois voyageurs montèrent.

— De belles vaches ! dit papa Romblon.

Et l'on passa.

Yaume jeta vers les vaches un coup d'œil mélancolique.

— Oui, oui, murmura-t-il, c'est à Mme Berthe ; qui sait à qui ça sera demain ?

Il remit son œil au trou de la guérite. Cette fois il n'attendit pas longtemps.

Un homme à pied courait sur la route de la ville. Il était bien loin encore, mais le sang monta aux yeux d'Yaume, qui ouvrit sa bouche toute grande pour respirer à pleins poumons.

Les Romblon et Guérineul avaient mis du côté de la Mestivière la dernière barque. L'homme ôta ses habits, les lia en paquet sur sa tête, et entra dans le courant sans hésiter.

— Quant à ça, consément, grommela Yaume entre ses dents serrées, tu nages bien, mon gars Tiennet, mais moi, je tape fort !

Tiennet traversa la Vesvre en une douzaine de brassées, et remit ses vêtements à la hâte. Yaume souriait et se disait :

— Tu as l'air pressé, mon gars Tiennet, mais faudra s'arrêter un petit peu ! ah ! dam, oui, consément !

Il prit les deux bâtons de houx, sortit de son arbre et alla se mettre au beau milieu de la route du Ceuil, entre les roches.

C'était un agneau que ce Yaume, mais il avait déjà fendu le crâne d'un grand charbonnier du Bohexis, parce que ce charbonnier avait regardé Olivette sous le nez à l'assemblée.

Tiennet parut bientôt en haut de la falaise. Il ne se doutait de rien, et pourtant sa marche s'était ralentie. Yaume riait tout seul.

Tiennet n'avait pas encore aperçu le pâtour. Ils n'étaient plus pourtant qu'à quelques pas l'un de l'autre.

Ils avaient tous les deux la bonté et la franchise peintes sur le visage, mais c'était en cela seulement qu'ils pouvaient se rapprocher. Pour le reste, tout en eux était dissemblable.

Bien que Tiennet fût de quatre à cinq ans inférieur en âge, il avait la tête au-dessus du pâtour. Sa taille était élancée et gracieuse sous sa veste de paysan. Le soleil étincelait dans les soyeux anneaux de sa chevelure noire. Sa figure intelligente était pâle et blanche comme celle d'un enfant des villes.

Le pâtour, au contraire, avait une taille courte et ramassée, des épaules énormes, une face rouge qui souriait toujours, et autour de laquelle se jouaient des cheveux blonds comme de la filasse.

Il y avait, certes, entre eux une différence aussi évidente qu'entre un cheval de race et un bidet de pays. Mais qui ne sait que le bidet porte des fardeaux qui éreinteraient le cheval de race?

Yaume jeta un des bâtons de houx aux pieds de Tiennet. Celui-ci releva les yeux et vit le pâtour en garde.

Il ramassa tranquillement le bâton.

— Qu'as-tu contre moi, mon gars Yaume? demanda-t-il.

— Crache dans tes mains, et gare à toi! répondit le pâtour avec rudesse, nous causerons censément après, si ça t'amuse.

Tiennet voulut répliquer; mais le bâton de Yaume, empoigné à deux mains, décrivit deux ou trois cercles rapides et se rabattit sur sa tête avec une violence terrible.

Yaume était le meilleur bâton à cinq lieues à la ronde. Tiennet passa sous le coup, sauta en arrière, et se mit en garde.

XVI

Deux bâtons de houx

Où étaient Mathurin Houin, le mounier, Pierre Mérhet, le tresseur de paille, Yvon, Francin, Mérieul, et Louisie du four à fouaces ?

Où était la vieille Renotte, la païenne au rosaire, avec ses moustaches et ses verrues ?

Les gens du Ceuil et les gens de Vesvron, les gars du Boûexis, où étaient-ils ?

Voilà les bâtons qui font tic, tac, ploc !

Tic, mauvaise parade, *tac*, parade en plein, *ploc !* ah ! Seigneur Dieu ! le bois sur la chair ! des marques pour toute l'année !

Quant au coup qui touche la tempe, on n'imite pas son bruit : la mort est muette.

Holà ! Mérieul ! Fancin et les autres ! les charbonniers, les vanneux, les batteux, les faucheux ! Holà ! les métayers !

Arrivez, ou ce sera trop tard ! Yaume n'est pas long à coucher son homme sur l'herbe.

Arrivez voir ce que pèse un grand garçon blanc et pâle devant Yaume, le pâtour du Ceuil !

Mais il n'y avait personne sur le tertre, personne dans la forêt. C'était un duel sans témoins.

Les bâtons allaient que c'était un charme. Point de cesse ni de trêve ; on tapait toujours, toujours !

Yaume, qui était un maître, travaillait dans les règles de l'art. Il coupait droit et à revers, piquant le coup d'estomac et le coup d'oreille, rompant pour mouliner, marchant pour pointer.

Tiennet Blône, toujours froid et pâle, se tenait sur la défensive et parait comme il pouvait.

A voir son front qui semblait en ce moment plus blême, certains auraient cru qu'il avait peur.

Mais ceux-là n'auraient eu qu'à regarder son grand œil noir, brillant et calme.

Tout en frappant, Yaume disait :

— Bon ! bon ! Ma foi jurée ! ça finira, mon Tiennet ! On dit consément que tu es sorcier. Bon ! nous allons voir ça. Bon ! bon ! toi qui sais tout, sais-tu parer celui-là ?

Celui-là, c'était un coup d'oreille, lancé horizontalement après une feinte à *la fauche* (coup de jarrets), mais lancé si raide qu'il eût sans contredit brisé le crâne de Tiennet comme une bouteille vide.

Tiennet ne se souciait pas beaucoup de se défendre selon la rigueur des principes. Il était robuste, adroit, brave comme un lion, mais peut-être avait-il trop négligé la gaie science du bâton. Toujours est-il qu'il évita le fameux coup d'oreille en sautant un peu de côté.

— Failli merle ! dit Yaume avec mépris et sans faire trêve le moins du monde, fallait jeter ton bois de biais... comme ça... et tu me cassais consément la patte. Regarde plutôt.

Il avait joint l'exemple au précepte et son bâton, tournant du haut en bas, avait menacé l'aisselle de Tiennet. Tiennet sauta de côté encore une fois.

— La belle finesse ! s'écria Yaume qui entrait décidément en fureur. Sauter comme un cabri, à droite, à gauche. Non, non, tu n'es pas sorcier, mon gars Tiennet, et je vas bien t'empêcher de sauter tout à l'heure.

Ceci annonçait un effroyable coup de jarret qui ne se fit pas attendre ; mais Tiennet bondit à plus de deux pieds au-dessus du bâton, et Yaume le retrouva en face de lui, debout et tranquille comme devant.

Tout le corps du pâtour était inondé de sueur.

Il n'avait pas encore touché Tiennet Blône une seule fois.

Le seul avantage qu'il eût obtenu par l'incomparable supériorité de son jeu, c'avait été de gagner sans cesse du terrain, Tiennet étant forcé de rompre toujours.

Ce résultat n'était point méprisable, attendu que le tertre aboutissait à un précipice de cent cinquante pieds de haut.

Une fois Tiennet acculé, c'était un homme perdu, à moins qu'en effet il ne fût sorcier ou qu'il n'eût des ailes.

Yaume se gardait bien de laisser voir son but, mais tous ses efforts tendaient désormais à acculer Tiennet.

Tiennet semblait ne point songer à ce péril, non plus qu'à aucun autre.

Ils avaient franchi, Yaume avançant, Tiennet reculant, plus des trois quarts de la plate-forme.

Yaume commençait à sourire dans sa barbe.

— Ah! les filles courent censément après toi, mon beau gars Tiennet? disait-il, comme pour exciter sa rancune au moment de frapper le grand coup. Ah! tu prends les fiancées des amis?... Attrape ça... et ça... Tu as beau sauter, tu n'es pas sorcier... et demain tu ne sauteras plus!

Un dernier bond mit Tiennet à deux pas de la balustrade.

Les yeux du pâtour lui sortaient de la tête; ses joues en feu séchaient la sueur au passage. Sa fureur, arrivée au paroxysme, le rendait féroce.

C'était un mouton enragé. Point de quartier à espérer de lui.

Il leva son bâton : Cette fois, il fallait que Tiennet reçût le choc de pied ferme, car un saut de deux pas seulement l'eût précipité dans la Vesvre.

Mais Tiennet était bon là. Il s'avisa d'un coup qui n'est pas dans la règle du bâton.

Un joli coup qui eût émerveillé Fancin, Mérieul, Yvon, et les autres, un coup qui eût mérité les suffrages de Mathurin Houin lui-même, le Nestor de Vesvron.

Nous l'avons déjà vu ce coup, au Grand-Café de l'Industrie, nous l'avons vu appliqué à la canne docte de M. Morin, médecin royaliste.

Au moment où Yaume attaquait Tiennet, celui-ci lâcha son arme, qui tomba à ses pieds et attrapa au vol le gourdin du pâtour. Une brusque secousse fit lâcher prise à ce dernier. Le bâton tourna entre les mains de Tiennet comme la roue d'une voiture lancée au galop, et partit par la tangente pour aller choir dans la Vesvre, au lieu et place du même Tiennet.

Yaume, un moment stupéfait, se baissa d'instinct pour ramasser l'autre bâton. Tiennet l'avait prévenu. Les deux têtes se choquèrent avec violence.

Deux bonnes têtes de Bretagne, deux pots de fer!

Tiennet se releva, son bâton à la main.

Yaume s'en alla tomber à dix pas, étourdi, perdu, les yeux pleins de sang.

— Sorcier! grommela-t-il en se relevant pour fuir; on me l'avait bien dit! Sorcier! sorcier!

Tiennet souriait sans rancune ni mépris.

— Reste là, dit-il, tu sais bien que je ne te ferai pas de mal.

— Je sais bien? répéta le pâtour, qui n'avait pas l'air trop rassuré.

Néanmoins il s'arrêta, ne jugeant pas à propos de désobéir.

Tiennet le joignit.

— Prends ton bâton, dit-il, nigaud que tu es!

Yaume ouvrit de grands yeux. Cela le touchait au cœur.

— Ah! fit-il avec respect, il n'y a pas beaucoup de gars comme toi, Tiennet Blône. Pourquoi Olivette est-elle entre nous deux?

— Olivette? prononça Tiennet avec dédain.

— Ne mens pas! interrompit Yaume. Avant-hier encore on t'a vu censément dans le corridor, à plus de minuit, devant la porte de sa chambre.

— Qui t'a dit cela?

— Pierre Mêchet.

— Pierre Mêchet n'a pas menti, mon pauvre Yaume. Seulement, quand je cours les corridors, à plus de minuit, je ne pense guère à Olivette.

— A qui penses-tu? demanda le pâtour.

Tiennet ne répondit point et un nuage de tristesse passa sur son front.

— Et quand tu causes avec Olivette, reprit Yaume dont les sourcils se fronçaient malgré lui, quand tu causes tout seul, derrière le château, la nuit, est-ce que tu ne penses pas à elle?

— Non, répliqua Tiennet qui rêvait.

Yaume serra son bâton entre ses doigts.

— Tiens! s'écria-t-il, demain ou après, ça recommencera. Puisque tu avais gagné la partie, tu aurais mieux fait de me casser censément la tête tout de suite!

En parlant, ils avaient remonté le tertre et ils se trouvaient sur l'une des deux roches qui flanquaient l'ouverture de la route du Ceuil.

— Mets-toi là, dit Tiennet.

Il se retourna pour jeter un coup d'œil vers le soleil qui s'inclinait déjà vers l'Ouest, puis il reprit :

— Je vais quitter le pays, Yaume.

— Vraiment! s'écria celui-ci avec un véritable transport de joie.

Mais c'était un brave cœur que ce petit Yaume. Son premier mouvement fut à la jalousie satisfaite; son second mouvement fut un regret : un regret sincère, car il aimait Tiennet au fond, et la pensée de l'exil est la plus amère de toutes pour les enfants de la bonne Bretagne.

— Oh! fit-il en changeant de ton, tu vas t'en aller, toi, Tiennet Blône! Et pourquoi ça?

— Le sais-je? murmura notre jeune homme; je ne suis pas heureux, mon pauvre Yaume. A l'heure où je te parle, mon sort est jugé. Je devrais courir, courir bien vite pour lire cette page où est écrite ma destinée.

Tiennet pouvait continuer sur ce ton pendant deux heures. Yaume ne comprenait pas.

— C'est vrai, dit-il, tu sais lire, toi! Ah dam! si tu voulais, tu deviendrais censément censé vicaire!

— Je devrais courir, courir, répéta Tiennet dont le visage était comme inspiré, car on arrive trop tard parfois, et la vie est longue pour regretter et se repentir. Mais il y a ici des gens que j'aime, et, puisque je ne pourrai plus par moi-même veiller, je veux au moins qu'il leur reste après moi un défenseur. Écoute-moi bien, pâtour, et retiens chacune de mes paroles, comme tu retiens les paroles de ta prière. Tu aimes Mlle Berthe, n'est-ce pas ?

— Si j'aime la petite demoiselle ? s'écria Yaume. Oh ! oui, et fièrement tout de même ! L'an passé, quand la bonne femme Mathurine, ma mère, trembla les fièvres pendant six semaines d'hiver, M. Fargeau m'avait renvoyé du manoir. J'étais à rien faire dans la cabane où il n'y avait ni feu, ni pain. Et la bonne femme se mourait. Oh ! la chère petite demoiselle ! oh ! le bon ange des malheureux ! Un matin, ma mère avait fermé ses pauvres yeux, et moi je pleurais dans un coin comme un grand lâche. La porte s'ouvrit tout doucement. Je vis entrer un petit chien blanc comme du lait, qui tirait un ruban rose. Au bout du ruban rose il y avait une petite main plus blanche que la soie du petit chien. Et Mlle Berthe entra. Que Dieu la bénisse ! oh ! que Dieu la bénisse !

Yaume avait des larmes pleins les yeux.

— Elle entra, reprit-il, et avec elle la consolation du bon Dieu. Ma mère eut des remèdes et moi du pain. Puis je rentrai au château, et à présent ma mère est brave à la paroisse le dimanche. Et ce qu'elle a fait pour nous, la sainte, elle l'a fait pour bien d'autres ! Son cœur est comme son visage : le plus beau de tous et le plus doux. Faut pas mentir ! je me ferais tuer un million de milliasses de fois pour lui faire tant seulement plaisir un petit peu.

— Il ne faut pas te faire tuer, mon gars, répliqua Tiennet en souriant, il faut vivre, car elle aura besoin de toi.

Yaume était tout oreilles.

— Quand j'ai parlé à Olivette, reprit Tiennet, soit la nuit, soit le jour, ce n'était pas pour Olivette, car je la méprise...

— Oh ! interrompit Yaume, ne me dis pas ça, à moi, mon bonhomme !

— Tais-toi, prononça Tiennet avec autorité, je la méprise, et je la haïrais si elle en valait la peine. C'était pour Mlle Berthe.

— Oh! fit encore Yaume, mais cette fois sans trop de colère, parce que la curiosité l'emportait.

— Olivette peut faire beaucoup de mal, poursuivit Tiennet, elle n'a pas de cœur et le diable lui a enseigné ce qu'ignorent nos jeunes filles. Toi, Yaume, tu l'aimes comme un fou. Eh bien, au lieu de l'épouser, tu lui écraseras la tête entre deux pierres.

Yaume recula, pris d'horreur.

Puis, sans savoir, il mit sa main sur sa poitrine, et, avec cet accent que trouvent parfois nos gars et qui fait sauter le cœur, il dit :

— Ça, c'est vrai, si elle veut faire du chagrin à la petite demoiselle Berthe... Eh bien, je me périrai après, donc! C'est tout.

Tiennet lui serra la main.

— Je te connaissais, Yaume, dit-il. J'ai deux pistolets qui étaient au père Blône; je te les laisserai.

Yaume tapa sur son bâton, et cela voulait dire : Voilà qui vaut tous les pistolets du monde!

Tiennet continuait :

— Moi aussi, j'aime Mlle Berthe. Je ne sais pas si c'est pour elle ou pour M. Lucien, mais je l'aime. Je voudrais rester ici, mais chacun a derrière soi un bras qui le pousse. Vois-tu, Yaume, M. Lucien Créhu, le brave et bon cœur, est pour moi ce que Mlle Berthe est pour toi. Un jour, moi aussi, j'ai été pris de désespoir. J'étais seul dans la maison de mon père mort, et je venais d'apprendre un secret qui me faisait homme, moi, l'enfant de la veille. M. Lucien vint me chercher; il me donna la main; il m'embrassa comme si j'avais été son frère. Le lendemain, il suivit le corps du bonhomme Toussaint Blône qu'on portait au cimetière, tout seul avec moi et en me tenant par la main. Pâtour, écoute-moi! Quand le vieux Jean-de-la-Mer va être mort, il se passera d'étranges choses au château du Ceuil. La petite demoiselle Berthe aura peut-être toute la fortune...

Yaume frappa ses mains l'une contre l'autre et lança son chapeau en l'air.

— Peut-être n'aura-t-elle rien au monde, acheva Tiennet; reste tranquille et laisse-moi parler. Tu as entendu dire parfois que je sais bien des choses...

— Oh! oui!

— Cela est vrai. Tous les secrets qui se cachent dans ce grand château dont les cheminées rouges fument là-bas derrière les arbres, je les connais, hormis un seul, le seul que je voudrais savoir. Je ne suis pas sorcier, mon pauvre Yaume, mais te souviens-tu, quand Jean-de-la-Mer laissa tomber son anneau d'or dans l'étang de Brehaim, un jour qu'il était à la pêche? Pour retrouver l'anneau d'or, on sonda l'étang depuis la Vesvre jusqu'au bondon. Et que de choses on découvrit, n'est-ce pas! des fers de charrue, un casque, la chaîne d'argent d'un sénéchal, des pièces de monnaie du temps des huguenots! Mais la bague de Jean Créhu, impossible de la repêcher! C'est mon histoire à moi, mon homme. Ce que je ne cherchais pas, je l'ai trouvé, ce que je cherche m'échappe et m'échappera peut-être toujours.

Tiennet aurait passé huit jours consécutifs à expliquer catégoriquement sa situation, que Yaume ne l'aurait peut-être pas bien comprise, mais, à l'aide de cette comparaison, ce fut une affaire faite.

Seulement, Yaume ne savait pas ce que cherchait Tiennet avec tant de passion, sans le pouvoir trouver.

— Ah! dame! fit-il; cessé, va toujours!

Tiennet se retourna vivement, parce qu'il avait cru entendre un bruit léger derrière la roche, du côté de la forêt.

Mais son mouvement fit sauver une des vaches qui broutait justement en cet endroit. Elle tourna sur elle-même avec cette folâtre pesanteur des ruminants, et gagna l'autre bout du tertre, en battant de la tête au ras de l'herbe et en balançant ses pis, gonflés de lait.

Tiennet pensa que le bruit entendu venait de la vache.

Il ne s'en inquiéta pas autrement et reprit:

XVII

L'article 910

— Jean-de-la-Mor a fait deux testaments ; par l'un il donne tout à Mlle Berthe ; l'autre je ne le connais pas, mais je le devine, car je connais Jean-de-la-Mor. Quand il va être mort...

— Mais, dit Yaume, ça ne sera pas tout de suite, il va mieux.

Tiennet secoua la tête.

— Il y a une vipère au château du Ceuil, prononça-t-il si bas que le pâtour eut peine à l'entendre ; quand je vois cette tête chauve couronnée aux tempes de longs cheveux pâles, ce regard doux, ce faux sourire...

— M. Fargeau tout craché ! interrompit encore Yaume.

— Si Jean Créhu ne meurt pas aujourd'hui, il mourra demain ; qu'importe l'heure ? Ce que je voulais dire, c'est que Jean Créhu mort, si Mlle Berthe est héritière, Mlle Berthe sera assassinée.

La parole s'arrêta dans la gorge du pâtour.

— Assassinée, entends-tu ! reprit Tiennet à voix basse, mais avec force ; il ne s'agira plus seulement de la vipère : Fargeau Créhu de la Saulays, ils seront dix contre elle, dix cœurs avides et perdus ! Je sais bien que M. Lucien l'aime, mais Lucien saura-t-il la protéger ? Il est si bon, lui, que l'idée du mal ne peut pas entrer dans son esprit. Il croit à l'amitié de Fargeau. Il croit à tout et, quand les faits l'auront désabusé, il ne sera plus temps !

— C'est donc vrai que M. Lucien aime Mlle Berthe ? demanda Yaume.

— Il faut que tu saches tout cela, répondit Tiennet ; non

Yaume jeta un des bâtons de houx aux pieds de Tiennet.

14ᵉ LIVR.

seulement M. Lucien aime M¹¹ᵉ Berthe, mais il lui a promis de l'épouser.

— Comme de juste ! dit le pâtour.

La vache n'était plus là, auprès de la roche, et pourtant Tiennet entendit encore ce léger bruit qui l'avait déjà fait se retourner.

Cette fois, il se leva. Mais il n'y avait personne derrière la roche.

Du moins Tiennet, qui avait de bons yeux, ne vit-il trace ni ombre.

Il revint.

— L'heure avance, continuait-il, et, si je pars, j'ai bien des choses à faire. Tâche de comprendre et de ne rien oublier. La promesse dont je te parle, c'est une promesse écrite... et même il y a encore autre chose.

Ici, Tiennet se pencha à l'oreille du pâtour qui rougit comme une jeune fille.

— Dam ! murmura-t-il pourtant, puisqu'il y a promesse de mariage ! N'empêche, gars Tiennet, si un autre que toi me le disait, ça serait consômont tant pis pour lui !

— Que Dieu les bénisse tous les deux, reprit Tiennet, car ils sont généreux et bons ! Je n'aimerai personne en ma vie comme j'aime Lucien Créhu, mon maître et mon frère. Avant de partir, je ne le verrai pas, car j'aurais peur de moi-même. Yaume, tu me remplaceras auprès de lui. Aime-le pour l'amour de M¹¹ᵉ Berthe comme j'aimais M¹¹ᵉ Berthe pour l'amour de lui. A deux, ils n'ont qu'un cœur. Veille sur eux ; prends garde à Fargeau, prends garde à Olivette... Adieu !

Yaume ne répondit point ; mais il serra fortement la main que Tiennet lui tendait.

Tiennet partit, prenant à grands pas la route du château.

Quand il eut disparu derrière les arbres, Yaume rassembla ses vaches.

Il était tout pâle, le pauvre pâtour, et sa tête pendait sur sa poitrine.

Il prit à sa chemise une belle épinglette en laiton, ornée de touffes de laine.

C'était un cadeau d'Olivette — qu'il aimait tant.

Il baisa l'épinglette, puis il la jeta dans la Vesvre.

A ce moment le docteur Méaulle passa sur son bidet, revenant du château.

— Ça va-t-il mieux, monsieur Miaude, sauf respect de vous ? demanda le pâtour.

Le docteur répondit :

— Avec un coffre comme ça, on vit cent ans, petit gars.

Yaume poussa ses vaches. Il y en eut une qui bougla en passant auprès de la roche où Tiennot avait, par deux fois, entendu bruit.

Yaume avait le cœur gros ; et ses pauvres yeux le piquaient, par envie de pleurer.

Derrière la roche, il y avait un houx vert, aux feuilles piquantes, aux branches touffues. Quand Yaume eut passé, le houx s'agita et parmi son feuillage parut la tête blafarde de M. Fargeau Créhu de la Saulays.

Il souriait tout doucement.

Comme le tertre était désert, il sortit de sa cachette et vint à l'angle de la roche pour examiner la route du Cœil.

— Vipère ! murmura-t-il sans perdre son sourire ; ce Tiennet fait bien de s'en aller, on aurait pu le mordre.

Puis il ajouta en se frottant les mains :

— Ah ! il y a une promesse de mariage... écrite ! La belle idée d'écrire des promesses de mariage à une femme qui ne peut pas les lire ! Ma foi, si elle ne leur sert à rien, je tâcherai, moi, de l'utiliser. Il ne faut rien perdre.

Il y avait déjà quelque temps que M. Fargeau Créhu de la Saulays était caché derrière la roche, mais il n'était pas venu seul à la Mestivière. Besnard, l'homme d'affaires, était avec lui lors de son arrivée.

Il s'agissait de graves délibérations. Le notaire Menand et le docteur Morin étaient convoqués. La jolie Olivette elle-même devait venir.

En trouvant la place occupée, Fargeau et Besnard avaient d'abord voulu rebrousser chemin pour empêcher leurs amis d'approcher, surtout Olivette, dont la présence eût assurément excité les soupçons du pâtour. Mais quelques mots surpris à la volée avaient attiré M. Fargeau d'une manière si entraînante, que son choix n'était point resté douteux.

Besnard fut chargé de retourner sur ses pas et de conduire dans la forêt Olivette, le notaire et le docteur. Fargeau demeura pour écouter.

Il écouta de son mieux. Il entendit même une bonne partie de l'entretien de nos deux gens, mais il n'entendit pas tout.

La partie de la conversation qu'il surprit le plus complétement fut celle qui avait trait à la promesse de mariage écrite et signée par Lucien Créhu. Il ne se doutait en rien de cette circonstance et son étonnement ne fut pas sans un certain mélange de joie.

C'est une nature douceâtre et tortueuse, capable de pousser la feinte jusqu'au sublime, hypocrite par instinct et par goût, haïssant les moyens violents et s'effrayant de toute force ouvertement dépensée.

C'était un esprit étroit, timide, et avec cela ambitieux ou plutôt avide d'acquérir.

C'était un cœur sec, susceptible de beaucoup haïr et de cacher son irréconciliable rancune sous une épaisse couche de miel.

Il avait aimé d'amour Berthe, sa cousine. Maintenant il la détestait, parce que Berthe lui avait préféré Lucien.

Par la même occasion, il abhorrait Lucien.

Au physique, Fargeau Créhu avait cette apparence des gens studieux et modestes qui se destinent à la prêtrise.

Apparence de tout point respectable quand elle recouvre la candeur du néophyte, — apparence facile à copier et qui a bien fait du mal à la religion, par le grand nombre d'industriels qui s'en sont servis en tous temps comme d'un masque et d'un manteau.

Il portait d'ordinaire un costume noir, redingote longue

tombant presque jusqu'à la cheville et petits pantalons, fendus en bas de la jambe. Bien qu'il fût très maigre et tout d'une venue, sans ce costume ingrat, M. Fargeau Créhu n'aurait pas été plus laid qu'un autre, mais ce costume, exagérant les défauts de sa personne, lui donnait l'air d'un échappé de séminaire et faisait ressortir cette longue taille sans formes, au bout de laquelle perchait une grande figure blême, cafarde, coiffée de cheveux incolores qui se groupaient aux tempes comme une tonsure de bénédictin.

Plus une chose est belle, plus la caricature de cette chose est odieuse et laide. Fargeau était la caricature d'un prêtre.

Il avait trente ans au plus. On ne l'aimait pas dans la campagne voisine, mais ce sentiment de répulsion qu'il inspirait n'avait point de cause positive. Personne ne pouvait dire qu'il eût commis une action mauvaise.

M. Fargeau Créhu, seul sur le tertre de la Mestivière après le départ de Yaume et de Tiennot, se promenait bien discrètement, les mains entrepassées dans les manches larges de sa redingote. La place était libre, ses compagnons pouvaient venir. Mais, en attendant ses compagnons, il songeait.

Il songeait à une combinaison qui, une fois connue, nous donnera la mesure exacte de ce spirituel et prudent jeune homme.

Il s'agissait de la promesse de mariage. M. Fargeau se disait :

— C'est très étonnant ! Où diable peut-elle l'avoir mise cette promesse de mariage ?

Il semblait chercher au fond de son cerveau ; il ne trouvait point et répétait :

— C'est très étonnant !

Pour expliquer ce mot, il nous suffira de dire au lecteur que le jeune M. Fargeau Créhu de la Saulays, esprit fort et bien au-dessus des préjugés vulgaires, avait rompu dès longtemps avec ces vains scrupules que les sots appellent : « de la délicatesse. »

Fargeau aimait à savoir. En conséquence, de son pied discret il montait bien souvent les escaliers du château, traversait sans bruit les corridors, entrait dans les chambres vides, et faisait sa petite inspection en tout bien tout honneur.

Le secrétaire de Lucien, son cousin, la commode de Berthe n'avaient point de mystère pour lui.

Donc il avait ses raisons pour s'étonner, car, cette promesse de mariage, il ne l'avait rencontrée ni dans le secrétaire de Lucien, ni dans la commode de Berthe.

Or, pour ce joli plan qui s'arrangeait dans sa tête, il fallait savoir où était la promesse de mariage.

C'était la base de la combinaison.

Au plus fort des réflexions de M. Fargeau, Besnard, l'homme d'affaires, parut entre les deux roches. Il avait vu passer Tiennet, puis le pâtour et ne prenait plus la peine de se cacher.

— Le docteur et le notaire sont en retard, dit-il, je n'ai pas eu besoin de leur donner contre-ordre. Quant à Olivette, elle va faire le grand tour par la forêt et nous l'aurons dans une demi-heure.

— C'est bon, répartit Fargeau qui n'abandonnait point ses méditations.

— Eh bien, reprit Besnard, qu'avons-nous entendu ?

— Ceci et ça, répondit Fargeau, vous êtes bien sûr qu'on ne vous a pas suivi ?

— Parfaitement sûr.

— Cet endroit-ci ne me va plus qu'à moitié, depuis que je sais par expérience qu'on peut écouter derrière les roches. Il faudra choisir ailleurs.

— En attendant, causons, interrompit l'homme d'affaires.

— Soit, dit Fargeau, mais au large. Ce que je vais vous apprendre, il ne faut pas que le vent même l'écoute.

— Oh ! oh ! fit Besnard, évidemment alléché, je suis tout oreilles.

Ils s'assirent côte à côte, les jambes pendantes, tout au

bout de la plate-forme, en dehors de la balustrade dont les broussailles les cachaient du côté du château.

L'homme d'affaires, sorte de boule-dogue rustique et carré, nature d'huissier rural, brise-tout, cherchant plaies et bosses, avait presque l'air d'un honnête garçon auprès de M. Fargeau.

Celui-ci croisa ses deux mains bien blanches sur ses genoux et d'un accent bénin :

— Ce que je viens d'entendre, commença-t-il, sera pour plus tard. Je dois d'abord vous demander bien franchement s'il y aurait des cas de nullité dans un testament fait par mon oncle, au profit de Berthe toute seule ?

— Il faudrait voir le testament...

— Vous ne me comprenez pas ; je suppose le testament tout à fait en règle, et je vous demande...

— Bien, bien, interrompit Besnard ; vous voulez savoir en deux mots si le papa Jean Créhu a le droit de donner tout son bien à la petite.

— C'est cela même.

— Eh bien ! ce n'est pas une question. Jean-de-la-Mor n'a pas d'héritiers directs. Il peut donner tout ce qu'il a au premier venu, légalement, dûment ; ceux qui ne seraient pas contents iraient le dire à Rome !

— Vous êtes sûr de ce que vous avancez ?

— C'est le pont aux ânes : Code civil, livre III, titre II, *donations et testaments*, article 916 : « A défaut d'ascendants ou de descendants, les libéralités par actes entre vifs ou testamentaires pourront épuiser la totalité des biens. » Est-ce clair ?

Besnard avait cet air triomphant de l'homme qui cite un texte.

Au contraire, le nez du jeune M. Fargeau s'allongea notablement.

XVIII

Un diable et une femme

— C'est clair ! dit-il en répétant le dernier mot de Besnard, mais c'est surtout fâcheux.

L'homme de loi changea de visage.

— Comment ! s'écria-t-il, est-ce que M. Jean Créhu ?...

— C'est précisément de cela que je voulais vous entretenir, interrompit Fargeau. A la date d'hier, mon oncle avait deux testaments dans son coffre ; aujourd'hui un seul de ces testaments existe.

— Deux testaments ? répéta Besnard d'un air stupéfait.

— Et tout me porte à croire, continua Fargeau, que l'un de ces deux testaments est en faveur de Berthe. Vous savez que le diable lui a donné une voix magnifique et que mon oncle aime passionnément à l'entendre chanter. Eh bien, cette nuit, par un singulier caprice, au moment où nous le croyons, Lucien et moi, à l'agonie, il a ordonné à Berthe de prendre sa harpe, et c'est pendant que Berthe chantait qu'il a brûlé un des testaments.

— Ah ! fit l'homme de loi atterré ; il a brûlé un des deux testaments, pendant que la petite chantait ! Mauvais !

Puis il ajouta avec effroi :

— Voyez un peu ! s'il était mort cette nuit...

— On aurait pu s'assurer du coffre.

— Hum ! suppression de testament ! c'est dur ! Et puis ça laisse le champ libre aux quarante douzaines de collatéraux. J'aimerais mieux les Romblon.

Fargeau fit un geste de répulsion.

— Pas d'enfantillages ! s'écria rudement l'homme de loi, je connais les affaires, et les Romblon ne se sont jamais fait pincer. Ils sont justement dans les environs du château.

— J'ai mieux que les Romblon, dit Fargeau.

Besnard secoua la tête.

— Encore quelque comédie, des embrouillaminis où Satan ne connaîtrait goutte...

Fargeau mit sa main blanchette et ridée comme celle d'une vieille femme sur la rude main de l'homme de loi.

— Écoutez donc ! prononça-t-il tout bas ; si Berthe se perdait toute seule ?

Besnard l'interrogea de l'œil.

Jamais Fargeau n'avait eu la physionomie plus douce et plus candide.

— Je ne vous ai pas tout dit, reprit-il, il me reste à vous parler de ce que je viens d'entendre. Mais d'abord, convenons de nos faits : Olivette va venir ; je renonce à mon ancien plan qui nous compromettrait par trop vis-à-vis de cette pauvre fille. Nous ne lui demanderons plus qu'un tout petit mensonge, bien innocent, et le tour sera fait. Je connais Berthe. Nous n'entendrons plus jamais parler d'elle.

— Comprends pas, dit Besnard.

Puis il ajouta :

— D'ailleurs, Berthe partie, le testament subsiste.

Un sourire cafard vint aux lèvres de Fargeau.

— Nous aurons bien le bonheur de conserver mon respectable oncle quelques jours encore, dit-il ; et quand il saura que Berthe est perdue... morte si vous voulez...

— C'est déjà mieux ! interrompit Besnard. Voyons toujours votre histoire.

Comme le fameux plan de M. Fargeau se développera en action sous nos yeux, il serait superflu de l'expliquer d'avance au lecteur.

Qu'il nous suffise de dire que Fargeau parla un quart d'heure durant, sans s'animer, sans se presser, avec le même calme que s'il se fût agi d'une affaire de justice de paix.

Quand il eut fini, l'homme de loi se leva.

— Je crois bien que vous êtes le diable, monsieur Fargeau, dit-il; mais ça ne me regarde pas. Pauvre petite demoiselle! Enfin n'importe... j'entends venir quelqu'un... l'histoire est bonne et peu réussir.

— C'est Olivette, dit Fargeau, à l'œuvre!

— A l'œuvre, soit!

Olivette descendait la montagne en minaudant et en se jouant.

C'était une jolie fille, nous ne pouvons pas dire non, un fille accorte, souriante et gracieuse dans la hardiesse de ses mouvements: belle bouche rouge et bien avenante, beaux yeux brillants et allumés, taille fine, jambe preste, et le mot pour rire.

Elle ne se montrait guère mélancolique qu'auprès de ce grand garçon de Tiennet Blône, qui ne la regardait seulement pas.

Fargeau et Besnard montèrent au-devant d'elle.

— Voilà notre petite Olivette! s'écria gaîment l'homme de loi.

— Notre bonne petite Olivette! appuya le jeune M. Fargeau, qui caressa paternellement du revers de la main la joue de la jolie fille.

Besnard préféra caresser le menton. Tout cela est affaire de goût.

— Eh bien, vous êtes encore comme il faut, vous, dit-elle d'un air fâché; vous me laissez là, les pieds mouillés dans l'herbe, à vous attendre.

— C'est vrai ça, repartit Besnard; mademoiselle Olivette ne porte pas de sabots.

— Des sabots! répéta la jeune fille en se redressant.

— Des sabots! répéta Fargeau après elle.

Et ce fut une excellente transition.

— Des sabots! reprit-il d'un air scandalisé; Olivette, des sabots! que disions-nous tout à l'heure, mon cher monsieur Besnard?

— Ce que nous disions, mon bon monsieur Fargeau?

— Ne disions-nous pas: cette petite Olivette ne ressemble pas plus à une paysanne, qu'un lapin blanc ne ressemble à une taupe?

— Le fait est que nous disions cela, prononça Besnard gravement.

Olivette souriait et baissait les yeux. Elle était rouge de plaisir.

— Dam ! balbutia-t-elle, on n'est pas cause...

— Ce n'est pas un reproche, s'empressa de continuer Fargeau. Ce que que nous en disions, du reste, c'était en passant, pour causer. N'est-ce pas, monsieur Besnard ?

— Il faut bien un peu bavarder, monsieur Fargeau.

Fargeau toucha l'oreille d'Olivette.

— M. Besnard me disait, reprit-il : Quel dommage de voir cette petite jeune personne-là enterrée dans un trou !

— Et vous me répondiez, monsieur Fargeau, riposta Besnard : Quel dommage ! Quand on pense qu'elle va peut-être épouser ce rustaud de Yaume !

— Dam ! fit Olivette.

— Un imbécile, dit Fargeau.

— Un pétras, dit Besnard.

Olivette n'avait garde de s'inscrire en faux ; seulement elle murmurait en tordant son tablier :

— Dam ! dam !

Et ce *dam* voulait dire :

— Mes bons messieurs, écoutez donc, il faut bien que j'épouse quelqu'un.

Mais tout à coup une idée sembla illuminer son cerveau. Son joli front prit une expression d'anxiété naïve. Elle regarda Fargeau en face, ouvrant ses yeux tout grands, et montrant la rangée entière de ses dents blanches comme neige.

— Tiens ! tiens ! murmura-t-elle, est-ce que vous m'épouseriez bien, monsieur Fargeau ?

La question était imprévue. Fargeau ne put s'empêcher de sourire.

— Et pourquoi pas, ma fille, dit-il, si mon inclination ne me portait vers le célibat ?

Olivette se tourna sans trouble aucun du côté de l'homme d'affaires.

— Alors, dit-elle, c'est donc vous qui voulez m'épouser, monsieur Besnard ?

— Ah ! ah ! s'écria Besnard, le plus galamment du monde, ce n'est pas l'envie qui me manque, ma belle enfant, mais je suis père de famille.

Olivette resta déconcertée.

— Alors, reprit-elle en hésitant, vous voyez bien !

— Mais il y en a d'autres, s'empressa de dire M. Fargeau ; ici et ailleurs. Vous n'êtes pas forcée de vous marier à Vesvron.

Olivette reprenait courage.

— Bien sûr ! s'écria-t-elle, il y a donc quelqu'un de Vitré qui veut m'épouser ?

— Peut-être, répondit Fargeau qui fit un signe à l'homme de loi. En tout cas, si vous aviez seulement une petite dot, Olivette, il n'y en aurait pas un, il y en aurait cent !

Olivette soupira en pensant que Tiennet serait peut-être du nombre.

— Oui, dit-elle tristement, mais je n'ai pas de dot... grande ni petite !

En ce moment, Fargeau changea de ton et prit un air grave.

— Voilà justement l'affaire, ma pauvre enfant, dit-il, M. Besnard et moi, nous causions à ce sujet.

— Pas possible ! fit Olivette qui eut enfin l'idée qu'on se moquait d'elle, voilà bien des fois que vous m'attirez dans des coins, monsieur Fargeau, mais vous ne m'aviez pas encore parlé comme ça.

Besnard toussa. Fargeau croisa ses bras sur sa poitrine. Mais Olivette ne lui laissa pas le temps de parler.

— Je devrais être avec Mme Berthe, reprit-elle ; bonsoir, monsieur Fargeau, bonsoir, monsieur Besnard. Quand vous voudrez rire d'une pauvre fille, faudra choisir ailleurs, entendez-vous ?

Elle leur fit un petit signe de la main et gagna le sentier en deux bonds.

Fargeau et Besnard échangèrent un regard de désappointement.

— Olivette! Olivette! cria Fargeau. Ecoutez-moi, ma fille.

— Olivette! Olivette! répétait l'homme de loi, ce n'est pas discuter, cela! Revenez et causons raisonnablement.

Olivette montait le sentier qui conduisait au Ceuil.

Elle faisait semblant de pas entendre.

Et sa gentille voix aigrelette cadençait la chanson patoise :

> J'étions tras camarades
> Aussi belles que mâ,
> Et que j'allions ad sâ,
> Ad sâ d'â la voillée
> J'avions, assurément
> Chaque not'biau galant¹

— Il faut la revoir à tout prix! dit Fargeau à Besnard.

Besnard pensait aux Romblon qui n'allaient pas par quatre chemins, eux!

— Olivette! Olivette! cria encore M. Fargeau.

Olivette se retournait à demi, souriait, coquettait, — et chantait :

> Le dimène à la vêpe,
> Ah! dam, fait biau le oui,
> Qui nous chânte au lutri,
> Pus mieux que tous nos prêtes :
> Tant qui s'ébrayait haut,
> J'en restions tous bégauds²

Fargeau s'élança et, avec une agilité qu'on ne lui eût point supposée, il atteignit la jeune fille en quelques élans.

1.
> Nous étions trois camarades
> Aussi belles que moi,
> Quand nous allions au soir,
> Au soir à la veillée,
> Nous avions assurément
> Chacune notre beau galant.

2.
> Le dimanche aux vêpres,
> Ah! dam, il fait beau l'ouïr;
> Il vous chante au lutrin
> Bien mieux que tous nos prêtres :
> Tant il s'écriait haut,
> Que nous en restions tous ébahis.

— Olivette, dit-il tout bas ; c'est ta fortune que tu manques, reviens !

— M{ᵗˡᵉ} Berthe m'attend, répondit la jeune fille.

— Un diable et une femme, grommelait Besnard sur le tertre ; voyons si, comme toujours, le diable aura raison de la femme.

Il suivait d'en-bas les mouvements de Fargeau et d'Olivette. Fargeau avait beau faire, la jeune fille continuait sa route vers le château.

Tout à coup cependant Olivette s'arrêta.

Fargeau venait d'incliner sa longue taille pour lui parler à l'oreille.

La jeune fille hésita, puis elle redescendit la montagne.

— Le diable est le plus fort ! pensa Besnard ; c'est la règle... mais que lui a-t-il dit, le tentateur ?

Un seul mot, pauvre Olivette !

Fargeau avait prononcé le nom de Tiennet Blône.

XIX

Tentation

En redescendant la montagne, Olivette et Fargeau causaient. Fargeau disait :

— Il est inutile que ce Besnard sache nos petites affaires, mon enfant. Ayez une dot, et Tiennet s'agenouillera devant vous.

— Ce n'est donc pas moi qu'il aimera ? demanda Olivette.

Fargeau haussa les épaules.

— Ayons d'abord la dot, reprit-il, et Dieu sait, ma petite Olivette, que vous n'aurez pas beaucoup de peine à la gagner. Il s'agit de ma chère cousine Berthe.

Olivette s'arrêta court.

— Si c'est pour lui faire du mal, dit-elle, vous me donneriez toutes les dots du monde que je refuserais. Elle est si bonne et si malheureuse !

— Du mal ! se récria Fargeau. Y pensez-vous, mon enfant ? Moi, faire du mal à ma cousine Berthe ?

— C'est vrai, vous êtes son cousin, dit la jeune fille qui se reprit à marcher.

Ce qu'il lui fallait, c'était un prétexte contre sa conscience.

Fargeau et elle arrivaient à l'endroit où l'homme de loi les attendait.

— Écoutez, monsieur Besnard, dit Fargeau, cette petite a le droit de savoir à fond le motif qui nous fait agir. Ce motif étant tout honorable, nous n'avons aucune espèce de raison pour le lui cacher.

— Incontestablement, répliqua Besnard qui regardait Fargeau avec une sorte de crainte.

— Voici le fait, ma chère enfant, reprit Fargeau ; malgré la préoccupation que me donne la santé de mon pauvre oncle, je songe à Berthe, qui est pour moi comme une sœur bien-aimée. Le bonheur a voulu que j'aie rencontré d'excellents amis qui ont bien voulu se réunir à moi dans un même sentiment de tendresse et de commisération pour cette infortunée. Hélas ! elle est facile à tromper...

— Hélas ! hélas ! dit Besnard qui leva ses gros yeux au ciel.

Olivette était tout oreilles.

— Mon cousin Lucien, poursuivit Fargeau, à l'égard de qui je professe les sentiments d'amitié les plus sincères, ne se conduit peut-être pas avec toute la loyauté... Le mot est fort...

— Non, non, interrompit Besnard, le mot n'est pas trop fort. C'est indigne !

— Mais quoi donc ? demanda Olivette.

— Tromper une pauvre enfant aveugle !

Fargeau prononça ces dernières paroles comme s'il les laissait échapper malgré lui du fond de son cœur.

— Oh ! fit Olivette avec une surprise non jouée.

— Puisque le mot est lâché, s'écria Besnard, je dis, moi, que c'est ignoble !

Il jouait ici le rôle de l'honnête homme trop brusque qui ne sait pas retenir sa langue.

Fargeau crut devoir le calmer.

— Songez, dit-il sévèrement, que je ne pourrais laisser insulter mon cousin devant moi. Lucien est jeune d'ailleurs, tout jeune, et la fougue des passions...

— Tout ce que voudrez, gronda Besnard, mais c'est ignoble !

— Eh bien ! ma pauvre enfant, dit Fargeau en se tournant vers Olivette sur qui cette comédie ne laissait pas que de faire une certaine impression, vous devinez déjà quel est notre désir. Nous voulons sauver ma cousine Berthe...

— J'en suis ! interrompit vivement Olivette.

— A la bonne heure ! Mais, je vous en préviens, ma fille, il faut la sauver malgré elle. Lui donner des conseils, ce serait superflu : elle est ensorcelée. Il faut la tromper... la tromper pour la sauver.

L'œil vif et mutin d'Olivette glissa entre ses grands cils. Elle contempla un instant M. Fargeau. Était-elle complice ou abusée ?

Un peu ceci, un peu cela.

En ce moment, Olivette était plutôt abusée que complice. Tout ce qu'on lui disait, elle le croyait de bonne foi. Ce M. Fargeau avait une si benoîte figure ! Et Besnard, le rude Besnard, avec son indignation qui s'échappait par boutades, donnait à la scène un si bon caractère de vérité !

Pourtant, Olivette doutait, ne fût-ce qu'un petit peu. Fargeau le devina, bien qu'il ne levât point les yeux sur elle. Les gens comme Fargeau voient à travers la peau de leurs paupières baissées.

— Pauvre Berthe ! reprit-il ; elle l'aime.

— Oh ! pour ça oui ! s'écria Olivette.

— Et lui... mon Dieu ! pourquoi faut-il que je l'accuse ? lui la délaisse...

— Mais non ! interrompit encore Olivette.

Elle savait mieux que personne si Lucien manquait une occasion de voir Berthe!

Cela s'engageait mal.

— Eh! ma fille! ma fille! grommela Besnard en haussant les épaules avec un redoublement d'énergie, vous ne pouvez être ici et à Vitré, que diable!

Il y a des mots qui ne signifient rien au fond et qui portent mieux que les plus solides arguments. Olivette regarda l'homme de loi, qui se détourna d'elle avec humour.

Elle n'avait plus d'objections.

Fargeau poursuivit :

— Je ne voulais pas vous le dire, ma bonne Olivette, mais il y a en effet un mariage sous jeu à Vitré.

Il s'arrêta pour voir si la jeune fille avait connaissance de la promesse écrite.

Mais Olivette ignorait sans doute cette circonstance, car elle laissa voir tout bonnement sa surprise.

— Si c'est possible! dit-elle; ah! les hommes! les hommes! Eh bien! monsieur Fargeau, je vais joliment arranger ça, par exemple! Laissez-moi faire!

Ce n'était pas le compte des deux amis.

— Ma chère enfant, reprit Fargeau, vous sentez, d'après la manière dont nous vous parlons, que nous avons beaucoup réfléchi à tout cela. Berthe est d'un caractère ombrageux; il faut la prendre d'une certaine façon et y mettre une certaine prudence.

— Moi, s'écria Besnard rouge de colère, j'irais à elle et je dirais tout rondement : Ma bonne amie, votre M. Lucien est un paltoquet, voilà!

Ceci était une invite à l'esprit de contradiction qui est chez toute femme. Olivette en avait autant qu'une autre, la bonne fille.

— Là, là! monsieur Besnard, dit-elle en souriant avec finesse, vous feriez de belle besogne, vous! Toujours en colère! Ce n'est pas avec du vinaigre qu'on prend les mouches, dà!

Puis, revenant à Fargeau, elle ajouta :

— Vous, on vous écoute.

L'affaire était désormais conclue.

Et Dieu sait qu'une fois cette base admise *qu'il fallait tromper Bertha pour la sauver*, on pouvait faire du chemin !

Il restait à donner et à recevoir les instructions, — et aussi à parler un peu de la dot.

Car, comme on dit à Rennes, où M. de la Palisse n'a jamais fait son domicile pourtant, « il n'y a dans les marchés que ce qu'on y met. »

La conférence se poursuivit amicalement. M. Besnard mit bas ce que sa colère avait de trop fatigant pour lui et Fargeau garda toute la suavité de son humeur. Olivette, à cette heure précise (nous ne parlons ni de la minute précédente ni de la minute qui suivit), était persuadée qu'elle allait faire une bonne action.

Comblée de caresses appliquées sur la joue à l'aide du dos de la main et de caresses adressées au menton au moyen de l'index et du pouce, cette jeune fille d'Ille-et-Vilaine était assurément dans une position plus glissante que notre mère Ève. Il y avait, en effet, ici deux serpents, — et qui, qui comparera un fruit, même défendu, à une dot ?

Une dot !!!

. . . .

— Eh bien ? après ? dit le docteur Morin en tournant la roche contre laquelle s'adossaient naguère Tiennet Blône et Yaume, le pâtour ; faut-il vous prouver ça jusqu'à l'évidence ? Parbleu, monsieur, le *Drapeau Blanc* le disait ce matin. Et l'*Étoile* aussi. Et même la *Quotidienne*, quoique Martignac l'ait empoisonnée. Nous connaissons votre La Fayette et son cheval blanc ! Les libéraux, voyez-vous... zut !

L'interlocuteur de M. Morin était Menand jeune.

Menand jeune, le plus taciturne de tous les officiers ministériels, homme sage, mais adonné à cette habitude de manger des cordes entre ses repas.

— Oui, monsieur, reprit Morin en s'arrêtant court

comme font les nouvellistes de Paris et des départements, le libéralisme est un serpent...

Il saisit son homme par le bouton de l'habit et se pencha pour ajouter mystérieusement :

— Monsieur, je ne le dirais pas à tout le monde, mais une correspondance particulière m'apprend que le duc d'Angoulême est libéral !

Menand se dégagea, prit du champ et fit claquer son fouet.

C'était assez sa manière de donner la réplique.

— Voilà un être lamentablement stupide ! pensa le docteur ; je le soupçonne d'être libéral.

Du diable si Menand était autre chose qu'artichaut et notaire !

Ils débouchaient sur le tertre au moment où Fargeau et Besnard achevaient d'endoctriner Olivette.

— De la discrétion ! dit Fargeau.

— Tout ça est archi-convenu ! répliqua la jeune fille.

— Si elle ne vient pas ici cet après-midi, ça se fera dans le jardin du château.

— Je vous dis qu'elle viendra.

Le notaire campagnard fit claquer une seconde fois son fouet en l'honneur d'Olivette et la regarda d'un air tout réjoui.

Olivette lui éclata de rire au nez ; il parut enchanté.

— Je disais à Menand, s'écria le docteur du plus loin qu'il put se faire entendre, car je ne cache pas mes opinions politiques, je lui disais que la situation était déplorable...

— Comment est mon oncle ? interrompit Fargeau.

— Votre oncle ! un libéral endurci, mon bon.

— Voyons, dit Besnard en lui prenant le bras ; songez qu'il n'y a pas à plaisanter ici. Nous dépensons tous notre temps et notre argent. Comment va le bonhomme ?

— Mieux que nous, Besnard, mieux que notre malheureuse France ! répliqua le docteur avec tristesse : si on laisse faire le libéralisme...

Besnard lui tourna le dos.

Menand, le fouet au port d'armes, était en extase devant Olivette qui cherchait sur la pelouse les rares marguerites épargnées par l'automne.

Fargeau s'était approché du docteur, et ils avaient échangé quelques mots à voix basse.

Depuis l'arrivée des deux nouveaux venus, Olivette s'apercevait parfaitement qu'elle était une gêne et qu'elle faisait obstacle à quelque confidence. Mais à mesure que le temps passait, l'impression produite par les paroles de Fargeau s'effaçait. Elle doutait. Son instinct de femme flairait un complot. Elle aurait voulu savoir.

Elle restait, sentant bien qu'on n'avait pas le droit de lui dire : Va-t'en!

Elle ne paraissait pas songer beaucoup à rejoindre sa maîtresse, qui l'attendait cependant, comme elle l'avait dit elle-même, depuis longtemps.

Quelqu'un se chargea de l'en faire souvenir.

Au moment où l'entretien languissait déjà, quoiqu'on eût bien des choses à se dire, les branches du fourré se prirent à remuer derrière le chêne creux, un pas se fit entendre sur la mousse, et, l'instant d'après, Lucien Créhu de la Saulays, franchissant d'un bond la ligne de broussailles qui séparait la plate-forme de la forêt, sauta au milieu des quatre amis.

Il avait son fusil double à la main comme toujours, et portait son costume de chasseur.

Au milieu de ces quatre figures diversement marquées du sceau de la réprobation, car Menand n'était pas un bon légume, le visage du jeune homme rayonnait en quelque sorte de franchise et d'honnêteté.

Il avait couru dans le bois. Ses joues étaient animées, et ses cheveux blonds bouclés s'échappaient en désordre de sa petite casquette de cuir : il était charmant de gaîté, de sève et de jeunesse.

On ne l'attendait point. Toutes les physionomies se composèrent à sa vue.

Lucien, de son côté, parut surpris de trouver là si nombreuse compagnie; mais il n'eut pas le temps de manifester son étonnement; car, comme si on se fût donné le mot, tout le monde s'empressa de l'entourer avec de grandes démonstrations d'amitié. Fargeau lui sauta au cou comme s'il ne l'avait pas vu depuis dix ans; Besnard et Morin lui secouèrent la main de tout cœur, et Monand jeune lui-même lui fit un signe de tête idiot qui dépassait les bornes de sa politesse ordinaire.

— Bonjour Fargeau, bonjour mes bons amis! disait Lucien; je vous annonce que Jean Créhu se promène à l'heure qu'il est dans son parterre.

— Bravo! bravo! cria-t-on à la ronde.

— Nous aurons compagnie ce soir à souper, reprit Lucien; M. de Guérineul, notre cousin de Maudrouil, notre cousin Houël, et d'autres encore. Mais dites-moi, ajouta-t-il vivement, et comme s'il se fût débarrassé en toute hâte de ce sujet de conversation pour arriver au plus intéressant; personne de vous n'a-t-il vu ma cousine Berthe?

— Non, moi, répondit Besnard.

— Ni moi... ni moi.

— Je croyais la trouver ici, dit Lucien avec désappointement; et ce qui me contrarie, c'est que je ne puis l'attendre, ayant une commission de mon oncle pour Vitré.

Olivette se cachait, car elle se sentait en faute. Lucien l'aperçut par hasard.

— Et comment serait-elle ici, la pauvre Berthe, s'écria-t-il, puisque celle qui doit la conduire et veiller sur elle l'abandonne!

— Grâce pour Olivette! dit gaîment Besnard.

Lucien avait une tristesse grave dans la voix et sur le front.

— Grâce! répéta-t-il; n'a-t-on point pitié d'elle aussi, la pauvre douce enfant qui est seule et qui est aveugle!

— Bon! se disait Olivette, tout en baissant le nez, mais je ne veux pourtant pas épouser une demoiselle de Vitré, moi!

Lucien la prit par le bras. Il avait le regard sévère et la voix rude.

— Ma fille, reprit-il, tu peux être coquette, paresseuse, menteuse et méchante comme on le dit...

— Et qui dit cela, monsieur Lucien? demanda Olivette en relevant la tête.

Ses sourcils délicats étaient froncés. En ce moment, on eût pu deviner ce qu'il y avait derrière cette espiègle figure qui riait et provoquait toujours.

— Tais-toi! répliqua Lucien avec autorité; tu peux être tout cela, peu m'importe. Mais quand il s'agit de ma cousine Berthe, marche droit, entends-tu bien, car à la première faute, elle aura beau te pardonner, moi, je te chasserai.

Deux larmes jailliront des paupières d'Olivette, deux larmes de honte et de colère.

Ils étaient là quatre hommes à voir comme on l'humiliait.

Lucien lui lâcha le bras.

— Me chasser! répéta-t-elle.

Fargeau était à sa droite.

— Il n'est pas le maître tout seul, murmura-t-il bien bas.

— Et qu'importe d'être chassée, dit Besnard à son autre oreille, quand on est riche?

Parmi ses larmes, un sourire d'orgueil éclaira la figure d'Olivette.

— Tenez! tenez! s'écria Morin, ne nous fâchons pas, la voilà!

Tout le monde se tourna vers lui. Son bras tendu désignait le sentier qui montait au château.

Tout en haut de la route, aux rayons obliques du soleil d'hiver, une jeune fille apparaissait, blanche et gracieuse.

Sa robe flottait au vent, sa robe et ses grands cheveux noirs qui s'échappaient de son chapeau de paille.

Elle tenait à la main un ruban rose qui se rattachait au collier d'argent d'un petit chien blanc, mignon et fin.

C'était Berthe, l'aveugle qui avait attendu en vain Olivette, et qui venait seule au rendez-vous donné par Lucien, par le sentier ardu de la montagne : toute seule, malgré les fondrières de la route et les cailloux, et les buissons, toute seule, — et qu'on voyait sourire de loin

aux rayons du soleil, la sainte et la belle, sourire confiante
en Dieu, sourire à ses pensées d'amour.

XX

Pauvres amours

Lucien n'eut pas plutôt aperçu Berthe qu'il s'élança vers
elle, montant le sentier à toutes jambes.

Ce fut à qui le suivrait, car pouvait-on montrer trop de
tendresse et trop d'empressement à cette chère petite
demoiselle Berthe ?

Olivette restait seule sur la plate-forme, abandonnée et
vaincue. Faut-il dire que désormais elle était complice et
non plus abusée ?

Olivette s'appuyait contre la roche. Sa tête était inclinée
sur son sein qui battait et soulevait l'étoffe épaisse de sa
robe. Les larmes s'étaient séchées dans ses yeux.

Elle jetait un regard de côté vers le haut de la route où
Berthe, entourée et fêtée, venait de s'arrêter.

Berthe souriait, heureuse, car Lucien était arrivé le premier auprès d'elle. Elle avait la main dans la main de
Lucien. Il y avait sur ce front calme et pur comme un doux
rayonnement.

Elle était belle de la suave et tranquille beauté qu'on
donne aux anges.

Mais ses yeux grands ouverts, ses yeux bleus si tendres
et si bons, regardaient en face le soleil qu'elle ne voyait
pas.

Olivette pensait :

— Eh bien ! moi, j'y vois ! je ne changerais pas avec
elle.

Un sourire malicieux et jaloux était autour de ses lèvres.

— Quelle imprudence! disait Lucien. Berthe, je vous en prie, ne vous exposez pas comme cela.

Et les quatre bons hommes, Fargeau, Morin, Besnard et Menand de répéter en chœur :

— Quelle imprudence!

C'est-à-dire, permettez, nous ne pouvons affirmer que Menand prononça le mot; mais il ôta son chapeau et tira la mèche de cheveux qui descendait sur son front. C'était assurément tout ce qu'on pouvait exiger de ses capacités.

— J'avais Chéri, dit Berthe en souriant et en se baissant pour caresser le joli petit chien blanc.

Mais Lucien l'avait prévenue. Il tenait déjà Chéri dans ses bras et le couvrait de baisers.

— Touchant tableau! dit Besnard à l'oreille de Fargeau.

Lucien avait donné le bras à Berthe. Tout le monde se prit à redescendre la montée.

Fargeau et Besnard ouvraient la marche. Morin cheminait seul ensuite, le chapeau sur la nuque. Berthe et Lucien causaient tout bas derrière lui.

Qui venait le dernier? c'était Menand jeune, célèbre par son double talent de dormir debout et de digérer des cordes.

— Il ne fallait pas la gronder! dit Berthe, répondant sans doute à quelque parole de Lucien; pauvre Olivette! où est elle?

— Allez, Olivette, allez, ma fille, prononça onctueusement le jeune M. Fargeau; allez remercier cet ange qui intercède pour vous.

Olivette ne bougeait pas.

— Eh bien! viens donc, Olivette! s'écria Berthe; croyez-vous, Lucien, qu'il soit bien gai de conduire toujours une aveugle? Je ne veux pas qu'on la gronde. Viens m'embrasser, ma pauvre Olivette.

Celle-ci s'ébranla enfin. Berthe la baisa au front.

— Tu m'aimes, toi, reprit-elle; je le sais bien. Oh! ajouta-t-elle en passant ses doigts sur les joues de la jeune paysanne; elle a pleuré!

Elle la baisa de nouveau et plus tendrement.

Sous ces caresses, Olivette changeait de couleur. Elle balbutiait et ne savait point répondre, elle, la fine langue qui d'ordinaire ne restait jamais à court.

Au bout de quelques secondes, elle s'éloigna.

Et tout en s'éloignant, elle se disait :

— Oui, je l'aime bien, la pauvre petite demoiselle ! Le plus souvent que je la laisserai tromper par ce blondasse de Lucien ! Ah ! mais non !

Dans le creux du grand chêne de la Mestivière, à la place même où s'asseyait naguère Yaume le pâtour, pour guetter censément l'arrivée de Tiennet Blône, Lucien et Berthe étaient blottis l'un près de l'autre comme deux oiseaux dans un nid.

Chéri, le petit chien, blanc comme un manchon de cygne, jouait dans l'herbe, attaché à une branche par son ruban rose.

Fargeau, Morin, Besnard, Menand et Olivette s'étaient éloignés, parce que le jeune M. Fargeau avait fait observer avec beaucoup de discrétion que son cousin et sa cousine avaient peut-être quelque chose à se dire.

Olivette avait reçu l'ordre de se tenir prête pour reconduire Berthe au château dans une demi-heure.

Les quatre amis, descendant le sentier occidental, étaient allés constater, sur les bords de la Vesvre, que l'inondation était bien finie et causer un peu de leurs affaires.

Berthe et Lucien restèrent seuls.

Lucien regardait Berthe de tous ses yeux et de toute son âme. Berthe écoutait battre le cœur de Lucien et respirait son souffle.

Ils s'aimaient comme on s'aime à vingt ans, quand on est simple et bon, quand on a le cœur vierge.

Pour Lucien, Berthe était tout. Pour Berthe, il n'y avait au monde que Lucien.

Ils furent longtemps sans parler, puis Lucien dit tout bas :

— Oh ! Berthe, que tu es belle !

La jeune fille tressaillit doucement au premier son de cette voix.

— Je ne suis heureux, moi, reprit Lucien, que quand je suis ainsi près de toi, tout seul avec toi, quand je puis te dire dix fois, vingt fois : je t'aime, je t'aime, je t'aime !

Berthe eut un sourire plus radieux.

— Tu m'aimes, Lucien, répondit-elle. Oh ! tu ne me le diras jamais assez !

— Je t'aime ! je t'aime ! je t'aime ! répétait Lucien, qui couvrait de baisers sa belle joue pâle.

Puis il ajouta comme en extase :

— Si tu savais combien tu es belle, ma Berthe chérie !

Berthe souriait avec tristesse.

— C'est vrai, dit-elle, je ne sais pas. Mon Dieu ! ce que je voudrais voir, ce n'est pas moi, Lucien, c'est toi. Il me semble que je te devine et que je te reconnaîtrais entre tous. Tu dois être si beau !

— Folle ! murmura Lucien en baisant ses cheveux.

— Quand tu me dis : je t'aime, poursuivait Berthe, il me semble que je suis dans le ciel. Oh ! c'est trop de bonheur, j'aime trop... j'ai peur !

— Peur, répéta Lucien, pourquoi ?

Berthe hésitait. Elle mit sa tête sur l'épaule de Lucien.

— Le sais-je ? prononça-t-elle tout bas ; comment te dire cela ? Ce n'est pas quand tu es près de moi que j'ai peur, oh ! non ! quand tu es là, quand j'écoute ta voix chère qui me fait battre le cœur, il me semble que ma nuit s'éclaire. Je devine les rayons de votre soleil, et ce beau ciel bleu dont on me parle tant, ce ciel que mes pauvres yeux ne verront jamais... c'est comme un rêve qui m'éblouit et qui me charme.

Il y avait de l'extase dans son sourire.

Mais son sourire tomba.

— Quand tu t'éloignes, reprit-elle avec une soudaine tristesse, les ténèbres reviennent. Au dedans et au dehors de moi tout est froid, muet, triste ; l'espoir s'enfuit, je retombe. Et c'est bien vrai, Lucien, alors, j'ai peur, j'ai grand'peur !

Sa tête glissa contre l'épaule de Lucien comme pour chercher un abri meilleur dans son sein. Lucien répétait sans savoir :

— Folle ! chère petite folle !

— Non, dit Berthe, je ne suis pas folle. Si tu venais à m'oublier...

Lucien lui ferma la bouche en se jouant.

Puis prenant un ton sérieux :

— C'est mal, cela, Berthe, répondit-il ; t'oublier, moi ! Tu crois donc que je n'ai ni cœur ni âme !

— Pardon... pardon ! voulut dire la jeune fille.

Mais Lucien s'animait.

— C'est mal, poursuivait-il, car enfin, Berthe, ai-je une pensée au monde qui ne soit pour toi ? Tu m'as donné ton cœur, moi je t'ai donné ma vie. Tu as fait plus, c'est vrai, toi, pauvre chérie, car les femmes ont cet avantage sur nous de pouvoir se jeter dans nos bras et nous dire : Tiens ! voilà mon âme tout entière, mon honneur en ce monde, mon salut aux pieds de Dieu, tiens ! prends ! je suis à toi, toute à toi. Oh ! Berthe ! Je te le jure sur la mémoire de ma mère, qui t'eût si bien aimée ! tu t'es confiée à un honnête homme. Ne m'interromps pas pour me dire : je le sais, car je n'ai pas exprimé le quart de ma pensée. Berthe, tu es ma femme devant Dieu. Je vois tes douces lèvres remuer, et je les sens qui répètent : aveugle... aveugle ! Pauvre adorée ! mais je t'aime cent fois mieux à cause de cela même.

— Que tu es bon et noble ! murmura Berthe.

— Tais-toi ! Je t'aime, c'est tout ! Moi aussi, quand tu n'es pas là, je suis triste, moi aussi, je te cherche, je te veux, je t'appelle. Berthe ! ma Berthe aimée ! Il me semble que quand notre enfant sera là, sur toi et sur moi, souriant à tous deux, beau comme un ange, car il te ressemblera, il me semble que je deviendrai fou !

Berthe avait baissé les yeux, comme si sa prunelle eût eu besoin, hélas ! du voile de ses paupières.

— Écoute, poursuivait Lucien qui la soutenait renversée entre ses bras. Tu le verras, notre enfant. Je ne sais pas si nous serons riches, mais quand je vais être ton mari, et cela ne tardera guère, va, ma petite Berthe, nous irons à Paris.

Sa voix prenait un accent de gravité naïve.

— A Paris, ajouta-t-il, les médecins font des miracles pour de l'argent. Je donnerai tout ce que j'aurai d'argent à un médecin, et tu seras guérie.

Berthe secoua la tête lentement.

— Je te dis que tu seras guérie! s'écria Lucien avec une colère enfantine; il ne faut pas me contrarier toujours, Berthe. Je te le dis, j'en suis sûr. J'en suis sûr! répéta-t-il en la baisant passionnément; est-ce que tu sais ces choses-là, toi? A Paris, vois-tu bien, on fait tout ce qu'on veut.

— Il n'y a donc pas d'aveugles à Paris? demanda Berthe.

Au lieu de répondre, Lucien frappa dans ses mains.

— Non, non! reprit-il avec pétulance, je ne lui donnerai pas tout notre argent au médecin qui te guérira. Je ne lui en donnerai que la moitié. Pense donc, Berthe, il faut que tu aies du satin, du velours, des perles, tout ce qui pare le sourire des femmes. Je veux, entends-tu, je le veux! Je veux que tu sois la plus belle à Paris comme à Vesvron. Ma chérie, ma chérie! le jour où tu pourras te regarder dans un miroir, le jour où tu pourras voir, comme je le vois, ton bon petit cœur sur ton délicieux visage, tu comprendras pourquoi je t'aime tant!

— Moi, je t'aime tant sans t'avoir jamais vu, interrompit Berthe, qui était distraite et qui promenait ses lèvres le long des doigts de Lucien.

— Et dans ce temps-là, Berthe, poursuivit le jeune homme d'un accent de triomphe, tu ne diras plus : j'ai peur.

— Oh! que n'est-il venu, ce temps-là? prononça Berthe avec un gros soupir.

Lucien se pencha sur elle pour l'examiner plus attentivement. Il ne souriait plus.

— Tu as quelque chose, Berthe, dit-il d'une voix changée, quelque chose que tu me caches?

Berthe leva les deux bras en l'air et joignit ses mains derrière la tête de Lucien qu'elle attira vers elle.

— Tu ne te fâcheras pas? murmura-t-elle.

— Me fâcher? pourquoi?

Elle se tut en un long baiser, puis elle reprit d'une voix lente et plus triste :

— Ceux à qui Dieu refuse le don de voir, Dieu les dédommage par un sens subtil, qui n'a pas de nom, mais que tout aveugle possède. On devine, on sent... on sait! Eh bien, moi, j'ai deviné qu'ils ne m'aiment pas.

— Qui?

— Tous ceux qui nous entourent. Peut-être que tu ne me croiras pas, mais je parle à coup sûr. Il y a comme une ligue mystérieuse contre ton amour qui est ma vie. Et..,

Elle s'arrêta comme indécise, puis elle reprit :

— Et tu es si bon, Lucien!

Le front de celui-ci se rembrunit.

— Tu veux dire si faible, n'est-ce? prononça-t-il amèrement.

— Peut-être, répliqua Berthe dont la voix baissa jusqu'au murmure.

Lucien se redressa. Un éclair brilla dans son œil, mais ce fut l'affaire d'un instant.

— C'est vrai! dit-il, je suis faible, et je le sais bien. Mais si l'on s'attaquait jamais à toi, Berthe, je deviendrais fort. Ne crains rien, ma petite Berthe, ma femme! Que j'aime à t'appeler ainsi! Ne crains rien, ma faiblesse n'est pas de la lâcheté.

— De la lâcheté? s'écria Berthe qui, à son tour, se redressa orgueilleuse, toi, mon Lucien, de la lâcheté? oh! je sais bien que tu es brave comme un lion!

Lucien la ramena, docile, contre son cœur.

— Merci, murmura-t-il; je crois que tu as raison, Berthe, je suis brave. Mais cette faiblesse qui te fait peur, c'est elle que je crains aussi, c'est elle qui m'a fait te signer cette promesse de mariage, pour m'engager moi-même, pour me lier.

Son regard glissa tout au fond du chêne creux et se reposa sur l'une de ces cavités moussues dont nous avons parlé.

Bien qu'il se fût arrêté, Berthe ne répondait point.

Mais sa figure parlait pour elle, sa figure d'aveugle, que Dieu semblait avoir modelée selon toutes les délicatesses d'expression, comme pour remplacer l'expression absente du regard, cette âme visible.

Sa figure semblait dire :

— Mon pauvre Lucien, tu m'as fait toucher une fois un papier et tu m'as dit : Ceci est une promesse de mariage. Je t'ai cru, mon Lucien, comme je te crois toujours, et je t'ai remercié du fond du cœur avec des larmes dans les yeux, mais pour moi tous les papiers se ressemblent.

— Tu gardes le silence, dit Lucien qui lisait sur les beaux traits de Berthe, comme en un livre ouvert, la pensée que nous venons de transcrire.

— Ta parole, Lucien, répliqua Berthe, voilà ma vraie garantie.

Et cette réponse complétait si réellement la série des idées sous-entendues, que Lucien ne put s'empêcher de s'écrier avec reproche :

— Douterais-tu donc de la valeur de cette promesse?

— Moi! dit Berthe étonnée; Dieu m'en préserve! Ce serait douter de toi, Lucien. Je la garde, cette promesse, je l'aime, je viens la toucher quelquefois quand personne ne m'épie, je la baise, c'est mon trésor, c'est l'avenir de notre pauvre enfant, ajouta-t-elle en cachant sa belle tête brune jusque sous le bras de Lucien; mais elle est toujours là, cette promesse. Le jour où tu ne voudras plus, tu saurais où la reprendre. Et qu'en aurais-je besoin, moi, pour mourir?

Sa voix se perdait en un murmure doux et comme plaintif.

Lucien frappa du pied.

— Ah! voilà bien les femmes! s'écria-t-il en colère; mourir! Pourquoi parler de cela? Il s'agit bien de mourir! Je te dis, moi, que tu seras heureuse autant que tu es-

aimée. Voyons! vite un sourire, ou je me fâche tout de bon!

Le sourire vint, obéissant, sur les lèvres de Berthe.

Mais Lucien restait triste.

— Allons! dit-il en se levant brusquement, j'en ai pour toute la journée. D'ici jusqu'à Vitré, je vais te voir pleurer et t'entendre me dire : Ai-je besoin de cela pour mourir? Mourir! oh! Berthe! toi mourir! Va, si tu m'aimais, tu laisserais mon pauvre cœur en paix.

— Si je t'aimais! balbutia Berthe de cette voix basse et passionnée qui frémit et vibre tout au fond de l'âme.

Elle se pendait à son cou. Elle était belle d'amour chaste et à la fois ardent. Belle, belle!

Lucien la soutenait à bras le corps. Leurs lèvres se touchaient.

Tout à coup Berthe tressaillit et se rejeta violemment en arrière.

— Il y a quelqu'un là! dit-elle; là!

Son doigt tendu désignait la partie du chêne creux qui s'appuyait à la forêt.

— Eh bien! ce quelqu'un-là, dit Lucien à voix haute et en riant, je l'invite à nos noces, ce quelqu'un, entend-il?

Point de réponse.

— Tu te seras trompée, Berthe, reprit Lucien sérieusement, mais ce que j'ai dit est dit. Nous avons trop attendu. Je vais à Vitré porter une lettre de mon oncle et, au retour, je lui conterai nos affaires.

— Oh! fit Berthe, effrayée.

— Sois tranquille. Ah! ah! je suis faible! Je te dis, moi, que dans quinze jours tu seras ma femme devant le maire et le recteur!

Il saisit son fusil adossé contre l'arbre, et revint à Berthe qu'il embrassa encore.

— Au revoir, dit-il; as-tu jamais entendu parler de ça, toi, M. Honoré Créhu de Pélihou?

— Non, répliqua Berthe.

— A Vitré, acheva Lucien qui lisait la suscription d'une lettre; je croyais connaître tout le monde à Vitré, et surtout ceux qui portent notre nom. Enfin, n'importe, au revoir !

Il sortit du creux de l'arbre et appela Olivette d'une voix retentissante. Olivette parut presque aussitôt, raide, digne, guindée.

— Tu vas ramener Berthe au château, Olivette, lui dit Lucien ; ah ! j'y pense ! je t'ai grondée tout à l'heure, je te donnerai un mouchoir de cou pour ta peine.

— Je n'ai pas besoin de votre mouchoir de cou, monsieur Lucien, répondit sèchement Olivette.

— Hein ? fit le jeune homme qui crut avoir mal entendu.

— Je reçois mes gages pour faire mon devoir, poursuivit Olivette qui avait pris la pose d'une reine de théâtre ; gardez vos cadeaux pour les demoiselles de Vitré !

Ceci fut dit avec cette juste mesure que la plus belle moitié du genre humain possède toute seule : assez haut pour que Berthe l'entendît, assez bas pour que Lucien ouvrît l'oreille et répétât : Hein ?

Olivette manqua cependant son effet, en ce sens que Berthe ne fit nulle attention à cela.

Lucien tourna le dos à la soubrette, embrassa Chéri à l'intention de sa maîtresse et descendit le sentier qui conduisait à la Vesvre.

Tandis que Lucien descendait vers la plaine, Berthe ne pouvait le suivre des yeux, mais elle écouta, jusqu'à ce que le bruit de ses pas se fit insensible à son ouïe exercée.

Alors, elle croisa les bras sur sa poitrine et demeura pensive.

Il y avait en ce moment, sur le tertre, Berthe, Olivette et Fargeau Créhu de la Saulays.

— Est-il bien tard ? dit Berthe au bout d'une minute.

Olivette regarda Fargeau qui fit un signe.

— Non, répondit-elle.

— Le soleil est-il couché ?

Le soleil était couché ; la brune tombait.

Sur un signe de Fargeau, Olivette répondit :

— Non, mademoiselle, le soleil n'est pas encore couché.

Pour cette malheureuse enfant, privée de la vue, tous

Lucien et Berthe étaient blottis l'un auprès de l'autre,
comme deux oiseaux dans un nid.

15ᵉ LIVR.

les dangers s'aggravaient à l'infini. Pour elle, les inventions du moyen âge devenaient des réalités. Il n'y avait besoin ni de magie ni de sortilèges pour la pousser dans l'abîme perfidement ouvert. Il suffisait d'un homme lâche et infâme au point d'abuser de ce malheur profond et de s'en faire une arme.

Fargeau était là.

Olivette reprit :

— Vous êtes toute pâle, mademoiselle Berthe. Asseyez-vous avant de remonter au château. Vous avez tout le temps.

Berthe s'assit.

Ses pensées l'absorbaient. Elle avait le cœur plein. Les dernières paroles de Lucien retentissaient encore à son oreille.

Elle allait être sa femme.

Berthe était heureuse de ce bonheur trop violent qui blesse l'âme. Dans sa joie, il y avait de la souffrance et de la crainte.

Le cœur devine. Ceux qui aiment ardemment sont prophètes.

Lucien venait de traverser la Vesvre rentrée dans son lit et suivait en chantant la route de Vitré.

XXI

Comédie

La nuit venait, quoi qu'en dît Olivette, qui obéissait en cela aux ordres muets de M. Fargeau Créhu de la Saulays.

Berthe était assise sur une des racines du grand chêne, oppressée par son bonheur.

Olivette s'était rapprochée de Fargeau.

— Tu as bien compris ? lui dit celui-ci à l'oreille.
— Oui, répliqua Olivette.
— C'est le moment, va.

Olivette semblait hésiter.

— Écoutez, murmura-t-elle ; vous me jurez bien que ce M. Lucien la trompe ?

— Sur mon honneur ! Allons, va !

Olivette hésita encore un instant, puis elle se dirigea du côté de Berthe, trop éloignée et trop absorbée surtout pour avoir rien entendu.

— Mademoiselle Berthe, dit-elle en adoucissant sa voix, maintenant que je suis seule avec vous, je voudrais vous faire un petit bout d'excuse et vous dire que si j'ai manqué à mon devoir, ce n'est pas de ma faute.

— Tu sais bien que je ne t'en veux pas, ma pauvre Olivette, répondit la jeune fille en souriant, et puis, quand bien même j'aurais été fâchée contre toi, je te pardonnerais bien vite, je suis si heureuse !

— Heureuse ! répéta Olivette qui tâcha de rendre sensible dans son accent le hochement de tête que Berthe ne pouvait voir ; tant mieux si vous êtes heureuse, ma bonne demoiselle... je croyais...

Elle s'interrompit. Fargeau était toujours là comme le surveillant qui empêche l'esclave de faire trêve à son travail.

— Tu croyais ? dit Berthe négligemment.

— Oh ! fit Olivette, je m'étais bien promis de ne pas vous parler de cela.

Berthe se prit à écouter.

— De quoi se mêlent-ils, bon Jésus ! s'écria Olivette avec une feinte colère ; ah ! je leur ai dit ma façon de penser. Je n'ai pas ma langue dans ma poche. Cancaner comme ça sur ma chère maîtresse !

— Mais que racontes-tu donc là, Olivette ? demanda Berthe tranquillement.

Olivette avait de la sueur au front, tant elle s'efforçait. Elle ne savait plus trop comment frapper le grand coup. Sans la présence de Fargeau, peut-être eût-elle renoncé à son dessein ; mais Fargeau était là, et Olivette n'osa pas rester en chemin.

— Ça me fend le cœur, reprit-elle. Mlle Berthe trompée par ci, Mlle Berthe trompée par là... on croirait, ma parole, que ça les amuse !

Berthe avait relevé la tête et une pensée inquiète était déjà sur son beau front.

Ceux-là sont fatalement ombrageux et jaloux qui se sentent faibles contre la trahison.

Berthe craignait sans cesse, parce qu'elle avait la conscience de son infériorité physique. Ce qu'elle avait dit à Lucien, elle se le répétait bien souvent :

— Est-ce qu'on épouse une aveugle ?

Elle aimait si ardemment ; elle allait être mère...

Oh ! ne condamnez pas, vous qui avez le droit d'être sévères, ayez pitié plutôt : c'étaient deux pauvres enfants.

Ils s'étaient aimés sans savoir, comme on respire.

Ils s'étaient aimés, parce qu'ils se sentaient bons tous les deux, et nobles, et sincères dans cette atmosphère gelée d'égoïsme et de mensonge.

Un jour, il y avait longtemps qu'ils s'aimaient, c'était vers le soir, le soleil d'automne avait laissé dans l'air de tièdes et molles senteurs.

Berthe se mit à sa harpe.

Chaque femme a son charme d'élite qui la fait irrésistible, quand elle est belle d'ailleurs et déjà aimée. Quand Berthe chantait, ce n'était plus une femme. Ce voile que Dieu avait mis sur son regard disparaissait. Il y avait autour d'elle une auréole radieuse : tout ce que la poésie a de suave, tout ce que l'amour a d'entraînant, tout ce que la naïve tristesse de seize ans exhale de séductions enchantées.

Sa voix était vibrante et douce ; on y sentait son cœur. Vous eussiez dit des pleurs sonores.

Son âme s'échappait et débordait. C'était la merveilleuse plainte de l'amour vierge, les soupirs embaumés, la tendre inquiétude, la passion lente et profonde comme une fièvre

Dieu pardonne, ne condamnez pas.

Ce fut un rêve poignant, mais splendide. Puis Lucien étreignant son front à deux mains, tomba sur ses genoux.

Berthe avait le visage inondé de larmes.

— Je te le jure ! balbutia Lucien d'une voix entrecoupée, tu seras ma femme !

Avant cette heure-là, Berthe n'avait jamais eu peur.

Hélas ! à dater de cet instant, elle douta. Ce voile qui était sur sa vue lui pesa comme un poids horrible.

Aussi, nous le répétons : toute cette comédie qu'on allait jouer autour d'elle pour la tromper, pour la désespérer, pour lui ôter sa foi et son espoir, cette comédie devait réussir à coup sûr.

Aux derniers mots d'Olivette, Berthe lui saisit la main.

— Que dis-tu donc là, ma fille ? prononça-t-elle d'une voix altérée.

— Eh bien, répondit la paysanne, je dis ce qu'ils disent. Quand même ce serait, n'est-ce pas, je vous demande un peu si ça les regarde !

— Quoi ? Mais quoi ? balbutia Berthe qui était toute pâle.

— Dam ! je ne sais pas si je dois vous répéter tout ça.

— Tu me fais trembler, Olivette !

— Il y a de quoi !

Berthe ne parla plus.

Fargeau fit de loin un geste d'approbation. La scène s'engageait absolument selon son plan.

— Tant pis ! reprit la soubrette villageoise, j'aime mieux vous voir triste un peu pendant un petit moment que de vous laisser en risée à tout le monde. Voyons, prenez votre cœur à poignée, comme on dit, ma bonne petite demoiselle. M. Lucien se moque de vous... là !

Berthe se leva droite et raide.

— Il fait la cour à une jeune personne de Vitré, continua résolument Olivette.

— Va-t-en, murmura Berthe ; va-t-en, ma fille !

Chéri se dressa sur ses petites pattes et regarda Olivette avec colère. Celle-ci ne bougeait pas.

— Va-t-en, répéta Berthe ; tu me trompes ou tu te trompes. Ce que tu dis là n'est pas possible.

— Vous tromper, moi, ma chère demoiselle ! s'écria Olivette, oh ! non ! et quant à me tromper, moi, je le voudrais bien... mais... La servante du recteur est-elle une mauvaise langue, oui ou non ? Et puis je sais lire peut-être !

Ici, Olivette fouilla vivement dans sa poche et ne trouva point ce qu'elle cherchait.

Elle se tourna vers Fargeau qui la comprit, roula en boule une feuille de papier et la lui jeta de loin.

Pendant qu'Olivette ramassait le papier, Berthe disait machinalement :

— Tu sais lire ! pourquoi me dis-tu que tu sais lire ?

— Parce que j'ai lu une lettre, répondit Olivette.

— Quelle lettre ?

— Une lettre de M. Lucien, que la servante du recteur a trouvée.

Berthe perdait le souffle.

— Ah ! fit-elle : mais tu mens, n'est-ce pas ? C'est pour m'effrayer, tout cela ?

— Une lettre où il dit qu'il l'aime, l'autre, poursuivit Olivette, poussée par le regard impérieux de Fargeau, celle de Vitré.

— Tu mens, tu mens !...

— Une lettre où il lui dit qu'il ne vous aime plus

Berthe poussa un cri.

— Et tu l'as lue, cette lettre ? prononça-t-elle avec effort.

— Je la relis en ce moment même, répliqua la paysanne, car je l'ai là, dans ma main.

Berthe, comme si elle eût eu à cette heure le don de voir, se jeta sur le papier et le froissa entre ses doigts convulsivement.

— Tu mens ! répétait-elle sans savoir qu'elle parlait.

Et cependant la ruse grossière avait un plein succès. Ce chiffon blanc, arraché aux tablettes de M. Fargeau, était pour la pauvre aveugle une preuve de son malheur.

Ce papier la brûlait. Il lui semblait que ses doigts sentaient l'écriture.

— Je mens! s'écria Olivette avec reproche. Oh! ma chère demoiselle, vous ne savez pas comme je vous aime! Après tout, un homme n'est qu'un homme, et il y en a tant... un de perdu, deux de retrouvés!

Olivette parlait ainsi presque gaîment. Elle n'avait pas beaucoup de remords, d'abord parce qu'elle ne pouvait mesurer l'étendue du coup qu'elle portait à sa maîtresse, ensuite parce qu'elle gagnait une dot, enfin parce qu'elle jouait un bon tour à M. Lucien qui l'avait humiliée.

Croyait-elle à l'infidélité de Lucien? Ma foi peut-être.

A dix-neuf ans, Mme Marion, rentière, devait ressembler un peu à Olivette.

Ces bonnes personnes font leur chemin.

Fargeau venait de disparaître derrière la roche. Au bout d'un instant, il se montra de nouveau, en compagnie de l'homme d'affaires Besnard.

Tout était prévu dans cette comédie arrangée à l'avance.

— Écoutez! dit Olivette.

Et comme Berthe ne répondait pas, elle lui saisit le bras à son tour et ajouta:

— Vous n'avez pas entendu? Ils parlaient de vous.

Berthe ne répondit point encore.

— Et de M. Lucien, continua Olivette.

— Ah! s'écria Berthe, qui?

— M. Fargeau et M. Besnard.

— Où sont-ils?

— Ils viennent. Voulez-vous avoir la preuve de ce que je vous ai dit? et savoir peut-être quelque chose de nouveau? cachez-vous.

— Oui, dit Berthe vivement, je vais me cacher... pour savoir!

— Là... dans le chêne.

Fargeau et Besnard approchaient.

— Suis-je bien cachée? demanda Berthe.

La pauvre enfant était au beau milieu de l'ouverture: on la voyait en plein.

— Oui, répondit Olivette, bien cachée.
— Personne ne peut me voir?
— Personne, mais chut! les voilà!

Berthe se fit petite et tendit l'oreille.

Olivette adressa au jeune M. Fargeau et à Besnard un signe qui voulait dire : Entrez en scène, on vous écoute!

XXII

Infamie

Fargeau et Besnard prirent le diapason d'un entretien fort animé.

— Vous vous trompez, mon cher monsieur Besnard, dit Fargeau, je vous proteste que vous vous trompez.

— Moi, je vous dis que je ne me trompe pas, monsieur Fargeau, et j'ajoute, morbleu! que c'est une chose ignoble! Prenez-le comme vous le voudrez!

— Mon cousin est un honnête homme, monsieur Besnard!

— Honnête homme, honnête homme, monsieur Fargeau! Enfin chacun entend les mots à sa manière.

— Les voilà qui s'arrêtent, dit Olivette à l'oreille de Berthe.

Berthe demanda encore :

— Suis-je bien cachée?

— Il faudrait être le diable pour vous apercevoir! repartit tout bas Olivette.

— Que vous défendiez votre jeune cousin, mon cher monsieur Fargeau, reprit Besnard en se calmant un peu, c'est naturel, mais tout le monde n'est pas forcé de voir les choses au même point de vue, et si votre affection vous aveugle...

— Mais du tout! voulut dire Fargeau.

— Allons! s'écria Besnard avec autorité, contre les faits, on ne discute pas. Avez-vous vu la lettre?

— Folie de jeune homme!

— À la bonne heure! Folie de jeune homme! Parfait!

— Je puis vous affirmer, reprit Fargeau, qu'il a beaucoup d'amitié pour notre pauvre cousine.

— Ah! ah! fit Besnard d'un accent qui perça le cœur de Berthe, de l'amitié! beaucoup d'amitié! ça ne ne l'empêchera pas d'épouser l'autre, à ce qu'il paraît.

— Mais... voulut encore objecter Fargeau.

Besnard lui ferma la bouche avec un vigoureux:

— C'est ignoble!

Berthe avait les deux mains appuyées contre sa poitrine. Elle souffrait jusqu'à mourir.

Olivette la regardait en dessous. Le remords la prenait, en face de ce silencieux martyre. Elle se disait:

— C'est pour son bien.

Et elle songeait un peu à la dot pour se donner du cœur.

En causant, M. Fargeau et l'homme d'affaires s'étaient rapprochés de l'arbre. Ils étaient à quelques pas seulement des deux jeunes filles. Besnard arrêta Fargeau.

— Ici, dit-il, nous sommes à l'abri des curieux, cher monsieur; nous pouvons causer sans danger de vos affaires de famille. Il ne s'agit plus ici de de votre cousine Berthe, et si je continue à parler d'elle, c'est uniquement par rapport à vous. Au demeurant, elle ne m'est rien, de près ni de loin, cette jeune personne.

Olivette commençait ici son éducation. Comme elle n'était pas encore bien avancée, un dégoût lui venait. Ce moyen qu'on prenait pour tromper la pauvre aveugle, ne l'avait-on pas pris tout à l'heure pour la tromper elle-même?

Au prologue de la pièce, c'était pour elle que Besnard disait son fameux: C'est ignoble!

Il lui prenait des envies de saisir Berthe par le bras et de lui crier:

— Ces deux hommes sont de misérables menteurs!

Si elle eût fait cela, cette petite Olivette, elle fût devenue sans doute une honnête femme, car il y a des heures qui marquent notre destinée. Elle eût épousé Yaume, le pâtour du Ceuil. Elle aurait eu beaucoup d'enfants, dont Fancin, Yvon, Mérieul, Mathurin Houin, Pierre Mêchet et Louisic du four à fouaces auraient été les parrains.

Mais elle ne fit pas cela, c'était une fillette prudente, qui ne suivait point à l'étourdie ses premiers mouvements. Elle réfléchissait, suivant le précepte du sage.

Et puis la dot!

Et l'image de Tiennet Blône, avec sa taille hardie et ses longs cheveux bouclés!

Elle ne fit pas cela, aussi devint-elle...

Mais nous verrons bien ce que devint Olivette.

Une idée venait de traverser l'esprit de Berthe. Un soupçon vague qui se fortifia bien vite, tant elle avait grand désir de se reprendre à quelque espoir. Elle se dit:

— Voilà des hommes qui viennent justement ici parler de Lucien et de moi. Mon Dieu! si tout cela était un jeu concerté, une comédie!

Elle se pencha à l'oreille d'Olivette.

— Et Chéri? murmura-t-elle; ils doivent voir Chéri.

Mais Olivette était preste à la réplique.

— Ma bonne demoiselle, répondit-elle, Chéri est là, dans l'arbre, aussi bien caché que nous.

Elle ne mentait pas. Chéri n'était pas plus mal caché que Berthe.

Celle-ci fit trêve à ses réflexions, parce que M. Besnard reprenait la parole.

Il allait porter le grand coup.

— Comprenez-moi bien, dit-il d'un ton confidentiel, mon cher monsieur Fargeau, il paraîtrait que votre cousin Lucien avait fait une promesse de mariage à votre cousine Berthe.

— Je ne vois rien là que de très naturel, répliqua Fargeau.

— Sans doute, votre observation vous fait honneur,

mon jeune ami, aussi n'est-ce pas la promesse de mariage que je blâme.

— Et que blâmez-vous, monsieur Besnard ?

— Un acte dont la qualification serait incontestablement une injure grave. Vous savez mon cher monsieur Fargeau, si je suis un batailleur. Eh bien, des hommes comme votre cousin, voyez-vous, me feraient sortir de mon caractère !

— Je vous prie de vous expliquer, monsieur Besnard, dit Fargeau gravement.

— Ce que je blâme, reprit l'homme de loi qui paraissait s'échauffer beaucoup, c'est le fait d'avoir repris cette promesse de mariage souscrite librement.

— Oh ! fit Berthe qui eut un sourire.

Il y avait ceci d'étrange, que les deux acteurs de cette farce infâme pouvaient suivre l'effet de leurs discours sur la physionomie de leur victime. Ils étaient tout au plus à dix pas d'elle et ne la perdaient pas un instant de vue.

Le sourire de Berthe eut comme un double reflet sur leurs lèvres de coquins.

Et leur sourire à eux voulait dire :

— Elle mord ! Nous allons savoir tout à l'heure où est la promesse de mariage !

Le sourire de Berthe signifiait, au contraire :

— Les fous ! Et moi qui avais peur !

Elle prit la main d'Olivette et la serra comme pour lui rendre grâce de cette conversation entendue.

La main d'Olivette était toute froide.

Olivette trouvait l'épreuve bien longue. Elle était un peu au supplice.

Fargeau reprit :

— Je ne vous comprends pas du tout, monsieur Besnard.

— Je précise. Lucien a soustrait la promesse pour la donner sans doute en holocauste à la bien-aimée de Vitré.

— Oh ! fit Fargeau avec l'amer dégoût d'un honnête homme.

Berthe gardait son sourire, mais déjà son cœur battait.

Après tout, cette promesse, elle ne l'avait pas touchée depuis la veille.

Elle se tourna d'instinct, vers la cavité moussue que Lucien avait regardée, lorsqu'il avait été question pour la première fois de la promesse.

Olivette fronça le sourcil. Ce qui survivait en elle d'honnête et d'humain allait se révolter.

— Le tour est fait, dit Fargeau à l'oreille de Besnard.

— Oui, répliqua celui-ci, mais Olivette va tout perdre.

Il ajouta à voix haute :

— N'ayez pas l'air de douter, mon jeune ami. Quand je dis une chose, c'est que je suis pertinemment renseigné. J'ai vu de mes yeux la promesse susdite.

— Entre les mains de qui ?

— Parbleu ! entre les mains de la bien-aimée.

Berthe s'appuya contre l'épaule d'Olivette.

Puis elle serra son cœur défaillant à deux mains.

Fargeau mit son doigt sur sa bouche en regardant Olivette, et son œil douceâtre se fit si venimeux, que la jeune fille eut froid et tressaillit.

— Faisons semblant de nous en aller, dit Fargeau tout bas.

— Tandis que nous remonterons au château, reprit Besnard en marchant, je vous expliquerai comme quoi j'ai pu savoir...

Le reste de la phrase fut perdu pour Berthe.

— Sont-ils partis ? demanda-t-elle d'une voix éteinte.

— Oui, répondit Olivette, fascinée par le regard de Fargeau qui se rapprochait sans bruit.

Un sanglot souleva la poitrine de Berthe.

— Mon Dieu ! fit-elle avec désespoir, est-ce que cela est possible !

Olivette ouvrait la bouche. Fargeau fit un signe.

Elle baissa les yeux et se tut.

Berthe venait de se redresser. Il y avait sur son beau visage un solennel espoir.

— Olivette, dit-elle, ma pauvre enfant, va-t'en. Je veux être seule.

— Mais, ma bonne demoiselle... commença la jeune fille, bourrelée de remords.

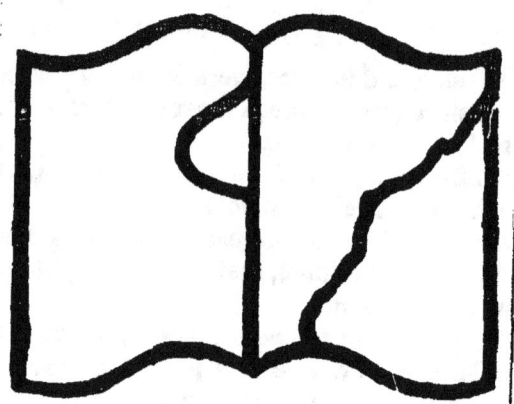

Texte détérioré — reliure défectueuse
NF Z 43-120-11

Un second signe de Fargeau l'arrêta court, aussi, lui disait de loin, des lèvres et du geste :

— Va-t'en !

Elle courba la tête et fit quelques pas.

— C'est vous qui le voulez, ma chère demoiselle Berthe ! balbutia-t-elle.

— Oui, ma fille, va-t'en !

Olivette s'éloigna. Avant de tourner la roche, elle s'arrêta, elle regarda encore Berthe, immobile à la même place.

— Allons ! dit Besnard qui était tout près d'elle de l'autre côté de la roche, en route, petite ! On n'a plus besoin de vous ici.

Berthe demeura longtemps immobile et muette. Fargeau et Besnard attendaient. Les mains de la jeune fille se joignirent :

— Mon Dieu ! murmura-t-elle ; si cela est vrai, faites-moi mourir avant d'avoir perdu tout espoir !

Il y avait dans cette prière une douleur si profonde et si douce que Fargeau et Besnard se retournèrent à la fois pour voir si Olivette n'était point revenue par hasard. Car Olivette, ébranlée comme elle l'était déjà, n'aurait pu résister à cette prière. Besnard n'était pas sans éprouver une certaine émotion.

Mais nous devons dire que la sage figure du jeune M. Fargeau exprimait le calme le plus heureux.

Besnard n'était qu'un misérable. Fargeau était un esprit fort.

Berthe tâtonna, toucha les parois intérieures du chêne et s'orienta.

— Bon ! murmura Fargeau, la promesse doit être bien près d'ici.

— Nous brûlons ! dit Besnard, qui voulait faire le brave et qui tremblait.

Berthe s'arrêta brusquement, son oreille avait saisi un son.

— Y a-t-il quelqu'un, Chéri ? demanda-t-elle.

Comme personne ne répondait, elle appela Chéri, qui mit ses deux petites pattes blanches sur la robe de sa maîtresse.

— Y a-t-il quelqu'un, Chéri ? demanda encore Berthe.

Chéri connaissait trop Fargeau pour aboyer. Il resta muet.

Berthe arriva devant la cavité moussue que nous avons déjà désignée plusieurs fois. Elle se mit à genoux.

— C'est long, dit Fargeau.

Besnard était tout blême.

— Mon Dieu, murmura Berthe, et vous, sainte Vierge, ayez pitié de moi. Je suis bien malheureuse. Je n'ai dans la vie qu'un refuge et qu'un espoir. Si ce refuge me manque, si cet espoir doit être brisé, prenez mon âme, mon Dieu, je vous le demande à genoux !

Besnard serra la main de Fargeau. Il hésitait, parce que la plainte de cet enfant remuait violemment ce qui lui restait de cœur.

Fargeau le repoussa.

— J'ai des enfants ! dit Besnard.

Fargeau se prit à sourire durement et répondit :

— Moi, je n'en ai pas.

— Ecoutez, reprit Besnard ; j'aimerais mieux la tuer !

Fargeau haussa les épaules et entra dans le creux du chêne sur la pointe des pieds.

Il était à deux pas derrière Berthe.

Le petit chien Chéri vint jouer entre ses jambes.

Berthe se releva.

Besnard détourna la tête pour ne pas voir ce qui allait se passer.

XXIII

Le Puits-Rendel

Qu'allait-il donc se passer d'assez horrible pour que l'homme de loi Besnard ne pût le regarder en face ?

Besnard, ce cœur de parchemin, ce coquin paperassier, ce misérable qui avait étudié le Code au point de vue du pillage exclusivement.

Nos personnages étaient placés ainsi : Besnard en dehors, sur le tertre, Fargeau et Berthe dans le creux de l'arbre.

Il fallait une heure pour aller et revenir du Cœuil, et il y avait bien une heure que Yaume le pâtour était parti, en compagnie de ses vaches.

La nuit tombait rapidement. C'était peut-être Yaume le pâtour, cette forme noire qui se cachait entre les grandes branches du chêne, et qui, l'œil collé à l'un des trous supérieurs du tronc, essayait de voir.

C'était Yaume, ou bien quelque grand singe échappé des ménageries roulantes qui vont de Laval à Rennes, à Brest ou à Vannes.

Un singe passe ! mais le pâtour, que serait-il venu faire là ?

Censément guetter Olivette ?

C'était une preuve terrible que Berthe allait tenter. De sa main étendue, elle pouvait faire parler l'oracle. Sa destinée était là : son bonheur et son malheur.

Car Fargeau ne s'était pas trompé, la promesse de mariage se trouvait dans le creux du chêne.

Or, pour s'assurer de la vérité de ces accusations portées contre Lucien, Berthe n'avait qu'un geste à faire.

Fargeau comptait là-dessus.

On doit penser si la poitrine de Berthe battait et si sa pauvre main tremblait.

Fargeau s'impatientait derrière elle, car il lui fallait retenir son souffle.

Enfin Berthe leva sa belle main blanche et retira du tronc un paquet de mousse, puis deux.

Fargeau, qui s'était levé sur la pointe des pieds, vit, au fond de la cavité, quelque chose de blanc.

Berthe avança la main une troisième fois. Mais elle hésitait encore. La main de Fargeau fut plus leste que la sienne.

Il s'empara de l'objet blanc avec une habileté de prestidigitateur.

La forme noire qui était en haut du chêne s'agita et murmura :

— Censément ! Et M. Lucien qui est à Vitré !

Puis la forme noire se laissa glisser le long d'une grande branche qui pendait, en dehors du tertre, sur la route de la ville.

Besnard leva les yeux en l'air et vit comme une masse sombre qui roulait vers la Vesvre.

Il crut reconnaître le pâtour.

Fargeau sortait du chêne avec sa proie conquise.

— C'est fait, dit-il froidement.

Besnard lui montra d'un geste muet la forme noire qui descendait en courant.

Fargeau pâlit.

— Lucien est à Vitré ! murmura-t-il.

Puis il ajouta :

— Après tout, s'il faut parler aux Romblon, eh bien, on leur parlera.

Il prit le bras de Besnard, et tous deux se mirent à marcher lentement dans la direction du Ceuil.

En ce moment Berthe, domptant sa crainte, plongeait sa main dans le trou. Ses doigts touchèrent le bois mort.

Elle chercha longtemps. — Puis elle poussa un cri.

Puis elle tomba brisée sur le sol.

Elle n'était pas évanouie, mais elle ne bougeait plus.

Chéri tournait autour d'elle et lui léchait les mains en geignant.

A cent pas des deux roches qui flanquaient l'entrée de la Mestivière, Fargeau et Besnard commencèrent à entendre un cri lointain et périodique, qui venait d'en haut, et qui se rapprochait sans cesse.

Au bout de quelques minutes, ce cri se fit distinct et se cadença sur les notes plaintives de l'appel usité dans les campagnes de l'Ille-et-Vilaine.

— Ho! oh! monsieur Fargeau! oh! oh!
— C'est la voix de Pierre Mêchet! dit Besnard.

Ils pressèrent le pas.

— Ho! oh! monsieur Fargeau! oh! oh! disait toujours la même voix.

— Ho! oh! cria l'homme d'affaires.

L'instant d'après on entendit un pas de course sur l'herbe, et Pierre Mêchet parut dans l'ombre qui allait s'épaississant.

— Respect de vous, monsieur Fargeau, dit-il de loin; c'est de la part de papa Romblon.

Il tenait un papier déplié. Fargeau le prit et lut péniblement à la lueur qui venait encore de l'ouest:

« *Tardè venientibus ossa* [1] ».

— Qu'est-ce? demanda Besnard.

— En avant! s'écria Fargeau, qui prit sa course comme si le diable eût été à ses trousses.

Besnard le suivit.

Berthe était affaissée sur la terre froide. Machinalement ses doigts épluchaient la mousse tombée, pour voir si le papier ne se trouvait pas parmi les herbes.

Rien! c'était trop vrai, tout ce qu'on avait dit! La promesse de mariage avait disparu.

Et qui pouvait l'avoir enlevée, sinon Lucien, puisque Lucien seul savait le lieu où on l'avait cachée?

Lucien ne l'aimait plus!

Lucien, qui, tout à l'heure encore, lui disait...

---

1. A ceux qui arrivent trop tard, les os.

Mais quand on n'a plus d'amour pour une pauvre malheureuse, on conserve de la pitié !

Berthe pensait tout cela. Ses yeux étaient secs. Son souffle haletait. Elle se disait :

— Je ne le reverrai jamais. N'avais-je pas comme un pressentiment ? Il n'a pas osé affronter mon désespoir. Il s'est enfui. Mon Dieu ! qu'il soit heureux !

Ses yeux se mouillèrent enfin, tandis qu'elle répétait :

— Qu'il soit heureux, moi, je souffrirai. Et je ne me plaindrai pas, mon Dieu, si vous lui donnez ma part de bonheur.

— J'étais folle, reprit-elle après un silence. Cette voix qui me disait toujours : *Est-ce qu'on épouse une aveugle ?* je ne voulais pas l'écouter. Je l'aimais tant ! Oh ! Vierge Marie, ayez pitié ! Je l'aime encore, je l'aimerai toujours !

Elle s'accroupit, et sa tête toucha ses genoux.

Fargeau lui-même, Fargeau ! n'aurait peut-être pas contemplé sans émotion cette douleur poignante et sans bornes.

Aux dernières lueurs du crépuscule, on distinguait vaguement cette tête livide, inondée de cheveux bruns épars.

Rien qu'à regarder ce pauvre corps brisé, on devinait la torture déchirante qui tenait l'âme.

Le désespoir allait venir.

Et l'idée de mort avec lui.

— Pauvre enfant qui naîtra dans les larmes, murmura-t-elle après un long silence, pauvre enfant qui n'aura pas de père !

Ses sourcils se froncèrent. Elle songeait à Jean Créhu, qui, la nuit précédente, lui avait demandé pardon de ne pas l'avoir tuée quand elle était tout enfant.

C'était l'idée de mort qui venait.

D'ordinaire, le sentiment de la maternité est puissant pour combattre les premiers conseils du suicide. Mais ici, la pensée de mort était venue avec la pensée de l'enfant.

Berthe mit sa tête pâle entre les deux paumes de ses mains.

— Dieu ne punira que moi, se dit-elle ; ce sera un petit ange dans le ciel.

— Et Dieu ne me punira pas, moi non plus, ajouta-t-elle en se redressant ; n'est-ce pas, sainte Marie ? n'est-ce pas que je suis trop malheureuse ?

Le petit chien Chéri jappait, elle le repoussa rudement, puis elle le rappela et le couvrit de baisers en pleurant.

— Adieu, Chéri ! murmura-t-elle ; il t'embrassera encore, lui, moi, je ne t'embrasserai plus !

— Oh ! reprit-elle en tâchant de réprimer ses sanglots, je ne veux pas que tu me suives, mon pauvre Chéri ! Demain... ce soir, on te retrouvera, on te délivrera.

Elle le baisa une dernière fois, elle l'attacha à une racine, puis elle se releva.

Sa tête s'inclinait sur sa poitrine, mais son visage était sombre et résolu. Elle toucha l'écorce du chêne creux pour s'orienter.

Puis elle dit :

— Lucien ! Lucien ! oh ! Lucien !

Puis encore, comme elle sentait des larmes monter et son cœur s'amollir peut-être, elle s'élança vers le rebord de la plate-forme en murmurant :

— Mon Dieu ! pardonnez-moi !

Il faisait nuit noire. Chéri rendait des plaintes en tâchant de rompre sa chaîne de soie. La Vesvre grondait sourdement au bas du précipice.

Un gai jeune homme, ce Lucien ! Plus jeune que ses vingt ans, plus joyeux que les bonnes chansons qu'il chantait tout le long de la route, quand il courait à cheval jusqu'au Mans ou jusqu'à Rennes.

Point de fiel ! point de soucis ! Amoureux jusqu'au bout des ongles et n'ayant qu'une tristesse en ce monde, sa petite Berthe qui était aveugle.

Il l'aimait bien, il n'aimait qu'elle. Ce Fargeau mentait odieusement quand il parlait d'une demoiselle de Vitré, d'un mariage, que sais-je !

En quittant Berthe pour prendre le chemin de Vitré,

Lucien avait le cœur tout ému. Depuis la plate-forme jusqu'au gué de la Vesvre, il se sentit deux fois la larme à l'œil.

— Eh bien ! eh bien ! disait-il en plantant crânement sur son épaule la culasse de son fusil double, cette petite folle me ferait pleurnicher pourtant. Mon Dieu ! que je l'aime !

Et une chanson.

Après la chanson, un petit bout de rêverie blonde.

Puis une autre chanson.

Puis le pavé pointu de la bonne vieille ville.

Les réverbères s'allumaient quand Lucien entra dans la première rue. Il ouvrit la porte d'un cabaret et demanda :

— Savez-vous où demeure M. Honoré Créhu de Pélihou, vous autres ?

— Non fait, répondit le cabaretier.

Lucien referma la porte et dit :

— Voilà qui est étrange ! Un homme qui s'appelle Créhu, et que je ne connais pas ! Un homme qui demeure à Vitré, et qu'on ne connaît pas !

Il regarda de nouveau l'adresse de la lettre qui portait très bien : « A Monsieur Honoré Créhu de Pélihou, à Vitré. »

Lucien ouvrit une autre porte et demanda de nouveau :

— Savez-vous où demeure M. Honoré Créhu de Pélihou ?

Même réponse.

Il ouvrit une troisième porte, une quatrième... il en ouvrit quinze, vingt, trente.

De guerre lasse, et, comme il allait s'en retourner, une bonne femme lui dit :

— Il y a le père Honoré, le *happe-monnaie*, qui reste au cul-de-sac du Puits-Rondel.

— Et où le prenez-vous, le cul-de-sac du Puits-Rondel ?

— Derrière l'hôpital, un vide-bouteilles qui est sur la gauche.

Lucien courait déjà du côté de l'hôpital.

Il y avait dans Vitré, non seulement un homme, mais encore un endroit qu'il ne connaissait pas !

Au Puits-Rondel, les réverbères étaient inconnus. Lucien heurta à une porte vermoulue qui lui fut ouverte par une eau-forte de Callot.

— M. Honoré ? demanda-t-il.

— Un petit liard, repartit l'eau-forte de Callot, en exécutant horriblement un tour d'épaule de gueux.

Lucien donna un gros sous.

L'eau-forte le prit pour un évêque déguisé et faillit tomber à la renverse.

— M. Honoré ? dit-elle, le happe-monnaie ? M. Honoré demeure au haut de la maison du fond, mais il dort pour ne pas brûler sa résine.

Lucien entra vaillamment dans la boue qui formait le sol du cul-de-sac et gagna la maison du fond. Comme il était adroit et leste, il ne se cassa le cou que cinq fois en montant l'échelle qui conduisait aux étages supérieurs.

Il frappa longtemps avec la crosse de son fusil. Personne ne répondait.

Enfin une porte s'ouvrit. Lucien, dont les yeux s'habituaient aux ténèbres, vit comme une forme blanchâtre.

— Que voulez-vous ? dit en même temps la plus tremblante et la plus cassée de toutes les voix.

— Je demande M. Honoré Créhu de Pélihou, répondit Lucien.

— Après ? fit la voix.

— Je veux lui remettre une lettre.

— Donnez la lettre.

— Est-ce vous qui êtes M. Honoré ?

La voix ne répondit pas. Mais une main arracha dans l'ombre la lettre que tenait Lucien et la porte se referma.

C'était bien Yaume le pâtour qui était entre les branches du grand chêne.

En ce moment, il courait après Lucien pour lui dire ce qu'il avait vu à la Mestivière.

Mais qui diable eût été chercher Lucien sur le carré de M. Honoré, le happe-monnaie, tout en haut de la maison du fond, au cul-de-sac du Puits-Rondel ?

XXIV

Le livre d'heures

En quittant Yaume le pâtour après l'explication qui suivit le fameux combat au bâton du tertre de la Mestivière, Tiennet Blône avait pris tout droit le chemin du Couil.

Il ne se pressait point. Il songeait.

C'était probablement le dernier jour qu'il eût à passer dans ce pays qui était le sien. Il regardait chaque objet, indifférent la veille, d'un œil de tendresse et de regret.

Entre les arbres, quand il aperçut de loin le petit clocher pointu du bourg de Vesvron, son cœur se serra.

Il ne savait pas lui-même combien il aimait ce pauvre pays de son enfance.

Mais il fallait partir, à moins que ce nom mystérieux inscrit sur la première page du livre de prières donné autrefois par Mme Marion, ne lui fournît des motifs graves pour rester.

Il fallait partir, parce que c'en était fait, parce qu'il avait vieilli de dix années dans une heure, passée auprès de la rentière, parce que tous ces juvéniles espoirs qui emplissent la tête et le cœur des enfants sans parents venaient de s'évanouir.

Avant de quitté Vitré, il avait revu M. Berthelleminot de Beaurepas.

Voici ce qui avait été convenu entre Tiennet Blône et ce chevalier de l'Aigle jaune (de Souabe).

Le lendemain, à cinq heures du matin, une voiture devait attendre sous le château.

Tiennet Blône, M. Berthelleminot et deux Vitriās de peu d'importance devaient se réunir et prendre incontinent le chemin de Granville où l'*Argonaute* les attendait, prêt à mettre à la voile.

Sur la route du Ceuil, et tout en se répétant sur tous les tons : Il faut partir ! il faut partir ! le pauvre Tiennet se creusait la mémoire pour deviner quel nom pouvait être écrit sur la première page du livre de prières.

Il l'avait fouilleté cent fois, ce livre, mais il ne se souvenait point d'avoir jamais regardé la première page.

Quand il arriva au château, il faisait grand jour encore. Rien ne semblait changé dans la physionomie intérieure du vieux manoir. Les hôtes de la cuisine, Mathurin Houin, Pierre Mêchet, etc., qui étaient sur leur départ, félicitèrent Tiennet pour le bonheur qu'il avait eu d'échapper à l'inondation. Mais Fancin dit, et Mérieul l'approuva vivement, ainsi que Louisie du four à fouaces :

— C'est Argent qu'était une bonne petite bête !

On ne parlait même pas de Jean-de-la-Mer.

Tiennet Blône monta les escaliers du château et se rendit tout droit à la petite chambre qu'il occupait dans les combles.

La chambre de Tiennet Blône était meublée ainsi qu'il suit : un lit de sangle, une caisse de sapin servant de commode, une escabelle, et une canardière de sept pieds avec laquelle maître Tiennet tuait des halbrands sur l'étang de Brehaim à quatre cents pas de distance.

Parmi ce mobilier, il était assez difficile de perdre un objet quelconque.

Pourtant, Tiennet ne trouva point de prime abord le livre qu'il venait chercher de si loin. Le livre n'était ni sur le lit de sangle, ni dans la caisse de sapin, ni sur, ni sous l'escabelle.

Où diable pouvait-il être caché, ce malheureux petit livre ?

Tiennet dérangea l'escabelle, fouilla la caisse, retourna le lit. Rien !

Il regarda même derrière la canardière de sept pieds.

Point de livre.

Après avoir cherché jusqu'à satiété, Tiennet s'assit au pied du lit de sangle et joignit ses mains sur ses genoux.

Il se dit à peu près ceci :

— Le livre est perdu. Cette femme disait-elle vrai, ou bien mentait-elle ? je n'en sais rien. Ce qui est sûr, c'est que pour aller couper des sapins à huit cents lieues d'ici, je n'ai pas besoin de savoir le nom…

— Quel nom ? s'interrompit-il, le nom de celui qui pourrait, s'il voulait, me dire : Tu es le fils de Mme Marion !

Il frissonna de la tête aux pieds.

— Mme Marion ! répéta-t-il avec un mouvement d'horreur ; je ne veux plus souffrir comme cela !

Il se remit sur ses pieds.

— Allons ! s'écria-t-il en tâchant d'être gai, mon paquet ne sera pas long à faire.

Il étendit sur le carreau un grand mouchoir par trop percé, qui devait lui servir de valise, et il se prit à faire sa malle. Trois ou quatre chemises, un pantalon demi-laine, une belle cravate de toile rouge et bleue. Est-ce tout ? Ma foi, s'il y avait autre chose, ce ne devrait pas être volumineux, car le mouchoir, noué à *trénœud*, comme on dit, garda quatre belles cornes bien longues.

Tiennet le souleva.

Puis sans trop savoir, et malgré les réflexions pleines de sens qu'il avait faites, il se remit à chercher son livre.

Tout à coup il s'arrêta et devint pâle.

Son émotion était si grande qu'il fut obligé de s'adosser à la muraille, les deux mains sur sa poitrine.

Il venait de se souvenir. Il savait où était le livre.

Il le savait.

Foin des réflexions sensées ! Le livre ! le nom de l'homme qui avait son sort dans la main !

Il donna un coup de pied dans son paquet, un autre dans la porte de sa chambre, et descendit l'escalier en deux sauts.

Dans les corridors, il rencontra cette fois des figures étrangères, le juge de paix de Vesvron, Morin, Guérineul, Maudreuil, Houël, Menand jeune, notaire, et son fouet mangé aux trois quarts.

Tous ces gens avaient l'air très affairé.

Tiennet ne les vit même pas.

Au tournant de la galerie, si papa Romblon ne s'était pas effacé contre le mur, Tiennet eût mis à terre ce vieillard, peu digne d'estime.

Il arriva, toujours courant, à la porte de Jean-de-la-Mer.

C'était dans la chambre de Jean-de-la-Mer qu'il avait oublié son livre.

Il en était parfaitement sûr. Il l'avait oublié l'avant-dernière nuit, en faisant la veillée auprès de la chaise longue du vieux corsaire.

Il poussa la porte sans hésiter ; il entra sans dire : pardon.

Est-ce qu'il songeait à cela ?

Il entra. La chambre était déserte. Il n'y avait que M. Jean Créhu immobile, et endormi sans doute, sur sa chaise longue.

Bien en prenait à Tiennet que Jean-de-la-Mer fit en ce moment un petit somme, car le vieux corsaire n'était pas tendre. Cependant, c'est à peine si Tiennet jeta en passant un regard vers la chaise longue.

Le livre était sur l'appui de la croisée, auprès de la harpe de Berthe.

Tiennet s'élança comme s'il eût craint de voir le livre s'envoler.

Mais Tiennet, le bel adolescent, le pâle jeune homme, le héros de roman, n'en était pas moins pour cela un petit paysan du bourg de Vesvron. En cette qualité, nous sommes forcés de le dire, au lieu des bottes molles en cuir de Russie que devrait toujours porter le héros de roman, il était chaussé de bons gros souliers carrés, ferrés solidement et munis d'une forte semelle.

Ces souliers sont précieux pour courir sur la lande, mais sur le plancher, ils glissent.

Quand Tiennet voulut arrêter son élan, il glissa. Pour ne ne point tomber, il se retint au premier objet venu, qui se trouva être la harpe de Berthe.

La harpe roula, versa et toucha le plancher en rendant une plainte sonore et prolongée.

Tiennet avait le livre !

Mais il restait là, comme atterré, n'osant plus lever les yeux, parce qu'il avait peur de rencontrer le regard irrité de Jean-de-la-Mer.

Volontiers eût-il bouché ses oreilles pour ne point entendre la violente semonce du vieillard, éveillé ainsi en sursaut.

Quelques secondes s'écoulèrent. La semonce ne venait point.

Pas la moindre malédiction ! pas le plus petit blasphème !

Tiennet jeta un regard timide vers la chaise longue.

Jean-de-la-Mer ne bougeait pas.

Pourtant, il était impossible que le bruit de la harpe, tombée si près de lui, ne l'eût point éveillé.

La première pensée de Tiennet fut de traverser la chambre sur la pointe du pied et de s'enfuir avec sa proie. Mais une seconde pensée le prit en chemin.

Il s'arrêta juste en face de Jean-de-la-Mer et contempla un instant cette grande figure blême, noyée dans des flots de barbe blanche, et qui s'éclairait bizarrement aux rayons obliques du couchant.

Le jeu de la lumière mettait comme un sourire sur le visage de Jean-de-la-Mer, endormi.

Tiennet s'approcha. Il y avait de la frayeur dans son regard.

En ce moment, le vent agita les hauts arbres dépouillés qui étaient au dehors, devant la fenêtre. L'ombre et la lumière vinrent tour à tour donner une sorte de vie à ce pesant sommeil, — et Tiennet vit que les yeux du vieillard étaient grands ouverts.

Le livre s'échappa de ses mains.

Il entr'ouvrit vivement la houppelande en peau de loup et toucha le cœur de M. Jean Créhu.

La poitrine était froide. Le cœur ne battait plus.

Cet homme, qui était le maître, avait donc rendu son

dernier soupir seul et dans l'abandon, au milieu du château rempli !

Car Jean-de-la-Mer était mort.

Tiennet laissa retomber la houppelande et fit le signe de la croix, en priant Dieu mentalement d'avoir l'âme du défunt en sa miséricorde.

Puis, au lieu de s'en aller, il resta là, retenu par une préoccupation invisible.

Il avait les deux bras croisés sur sa poitrine. Il songeait.

En ce moment, ses yeux tombèrent sur un miroir qui était à l'autre bout de la chambre. Le miroir lui renvoya la face blême du mort et sa figure à lui presque aussi pâle.

Il tressaillit violemment.

Car il y avait entre ces deux visages une étrange ressemblance.

C'étaient les mêmes traits, ici avec une couronne de brillants cheveux noirs, là sous les mèches éparses d'une chevelure blanche.

C'était la même coupe de traits, fière et aquiline, la même ligne hardie dans le dessin des sourcils. Le front de Tiennet était plus large, mais la vieillesse déprime parfois la boîte osseuse qui loge notre pauvre cerveau.

L'adolescent vivant et le vieillard mort, vous eussiez dit le même homme à soixante ans de distance.

Tiennet se frotta les yeux comme s'il eût cru rêver.

Cette ressemblance, il ne l'avait jamais remarquée.

Le livre tant désiré était sur le plancher, à ses pieds. Il passa auprès pour aller chercher le miroir antique qu'il décrocha et posa sur l'estomac du mort.

Il mit sa figure contre la figure de Jean-de-la-Mer, — et il regarda.

Pendant cette lugubre épreuve, son cœur sautait dans sa poitrine.

Quand il eut bien regardé, il se redressa et dit :

— Cet homme était mon père !

Puis il ajouta :

— Le nom écrit en tête de ce livre doit être son nom.

Il ramassa le livre et l'ouvrit sans empressement. Il était sûr de son fait.

Les deux premières pages du petit livre étaient adhérentes l'une à l'autre, et c'était pour cela sans doute que Tiennet n'avait jamais vu ce qui était écrit sur l'une d'elles.

Il les décolla.

Sur la seconde, il lut la signature de M. Jean Créhu de la Saulays.

Tiennet Blône referma le livre. Dix minutes auparavant, cette découverte lui eût causé un étonnement profond. Et que d'espoirs elle eût éveillés en lui !

Maintenant, il ne pouvait plus s'étonner. Et quant à l'espoir, Tiennet venait trop tard.

L'homme était mort.

Une demi-heure se passa. Tiennet restait toujours auprès de la chaise longue de Jean-de-la-Mer. Au bout de ce temps, il se mit à genoux et pria.

Un bruit de pas se fit entendre dans le corridor.

Tiennet baisa le mort au front avec un recueillement solennel. Puis il lui ferma les yeux comme un fils et comme un chrétien.

Puis encore, il se dit, promenant son regard hautain tout autour de la chambre :

— Tout cela est à moi ! Faut-il rester ? faut-il partir ?

XXV

La Chambre mortuaire

Ce Tiennet Blône allait, en vérité, trop vite en besogne. Parce qu'il s'était regardé dans un miroir et qu'il avait trouvé certaine ressemblance entre lui et feu M. Jean

Créhu de la Saulays, il en concluait que ce philosophe était son père.

Il est vrai qu'il y avait ce nom écrit en tête du petit livre d'heures...

Mais croyez-vous donc un mot de tout ce que disait Mᵐᵉ Marion, rentière ?

D'ailleurs, le coffre, ouvert la nuit dernière par Bertho, sur l'ordre de M. Jean Créhu, contenait un testament olographe, quatre grandes pages d'écriture serrée.

Il n'avait que seize ans, ce grand Tiennet. Le matin de ce jour, son cœur s'était brisé contre le premier écueil de la vie. Son orgueil, humilié violemment, se redressait : où est le mal ?

Et notez qu'après avoir dit : tout cela est à moi, il avait ajouté : faut-il rester ? faut-il partir ?

Lui qui se croyait fermement le fils d'un millionnaire ? Partir avec son petit paquet au bout de son bâton !

Et il penchait très fort vers ce côté de la question.

Les pas se rapprochaient dans le corridor.

Quand on entra, Tiennet s'était relevé.

Les nouveaux arrivants étaient en grand nombre : Maudreuil, Houël, les deux Romblon (papa et Fifi), Menand jeune le docteur Morin, le chevalier Filis de Guérineul.

Derrière, venaient M. Bespard et le doux Fargeau qui semblaient tous les deux un peu essoufflés par une course récente.

Le juge de paix de Vesvron et son greffier étaient de la partie.

— Mon cher monsieur Lebellehic, dit Cousin-et-Ami au juge de paix, quand notre regretté ami et cousin Jean-François-Marie-Fidèle Créhu de la Saulays *a passé*, j'ai cru devoir, en l'absence de nos cousins et amis Fargeau et Lucien de la Saulays, procéder, avec l'assistance de nos cousins et amis Houël, de Guérineul et autres à la recherche...

Le magistrat, assez heureux pour s'appeler M. Lebellehic, l'interrompit d'un geste grave.

— Vous n'avez rien soustrait ? dit-il.

Cousin-et-Ami se redressa.

— Ce n'est pas au moment d'hériter... commença-t-il dignement.

— Bien ! bien ! fit le juge de paix, ne vous fâchez pas, j'en ai vu de plus calés que vous qui n'avaient pas leurs mains dans leurs poches. Trépointeau !

A cet appel, le greffier s'avança.

Le juge avait un bonnet de soie noire et des sabots, le greffier des sabots et un bonnet de laine.

Le maire, dont nous n'avons point encore parlé, M. Le Mihir de Crapadeuc, avait des sabots et un bonnet de laine sur un bonnet de soie noire.

Telles étaient les autorités constituées du bourg de Vesvron. On prétendait que le maire savait lire.

— Trépointeau, reprit le juge de paix, puisqu'on n'a rien soustrait, je crois qu'il faut apposer les scellés.

— Ça se pourrait bien, répliqua chaleureusement Trépointau.

Mais le maire objecta :

— C'est bête ! D'abord, y a besoin de constater qu'il ne se fera plus, comme l'on dit, du mauvais sang, le voisin Créhu. Pas vrai, vous autres ?

Il cligna de l'œil et ricana tout doucement, comme un parfait idiot qu'il était, ce gentilhomme.

La scène avait du caractère. Dans cette grande chambre noire et délabrée la nuit était venue peu à peu.

On voyait du côté de la porte huit ou dix visages d'héritiers ; au milieu étaient les trois autorités. Derrière la chaise longue, la pâle figure de Tiennet disparaissait presque dans l'ombre.

Et sur la chaise longue, recevant en plein les derniers rayons du crépuscule, la face blême et osseuse du vieillard mort.

Comment dire cela ? Du côté des héritiers du défunt qui causaient entre eux d'un air affairé, c'était un peu de la comédie. Les trois autorités descendaient jusqu'à la farce. La tragédie funèbre était tout entière dans cet étroit espace où Tiennet Blône se tenait debout auprès du cadavre.

— C'est juste, dit le juge de paix répondant à l'observation du maire, n'est-ce pas, Trépointeau ?

— Ça se pourra bien, répliqua Trépointeau avec fermeté.

Le docteur Morin s'avança pour faire sa déclaration.

Pendant cela, Fargeau s'était rapproché de Romblon père et lui disait :

— Merci de votre message. Rien de nouveau ?

— Le vieux s'est éteint comme une résine finie, quoi ! répondit papa Romblon.

— Mais ces recherches dont parlait Maudrouil ?

— Autre histoire. On a trouvé un testament dans le coffre.

— En faveur de Berthe ?

— Du tout.

— Ah !

Fargeau respira longuement.

— En faveur de tout le monde, poursuivit le vieux Romblon.

— Hein ? fit Fargeau.

— Vous verrez, dit le père de Fifi en riant méchamment.

— Que dit-il ? demanda Besnard à Fargeau.

— En conséquence de quoi, nous le déclarons mort et bien mort ! prononça en ce moment la joyeuse voix du maire, M. Le Mihir de Crapadeuc.

Il ajouta en se tournant vers Guérineul, qui était bien fait pour le comprendre :

— Ça n'empêche pas que je boirais bien quelque chose.

— Moi aussi, tonnerre de Landerneau ! s'écria Guérineul ; mais ça va être toute une cérémonie, vous allez voir.

— Allons, dit M. Lebellehic, aux scellés, maintenant !

Trépointeau tira ses ustensiles du fond de son bonnet de laine.

Besnard allait de l'un à l'autre, cherchant des renseignements.

— Un drôle de testament ! lui dit le vieux Houël ; nous sommes tous héritiers.

— Comment, tous ! répéta Besnard, moi aussi ?

— Comme les autres. Mais vous allez savoir ça ce soir. Maudreuil s'est chargé de l'exécution préparatoire. Jean-de-la-Mer a ordonné que tous ses héritiers se réunissent le verre à la main, le soir même de sa mort. Nous sommes les maîtres ici. Dans une heure nous nous mettrons à table.

— A table ! répéta encore Besnard.

— C'était un fier homme. Il a eu cette idée-là. Il ne faisait rien comme les autres !

— Mon cousin et ami, dit Maudreuil à Houël d'un air d'importance, je vais surveiller les fourneaux.

Fargeau avait l'air d'une âme en peine. Tant de diplomatie dépensée en pure perte !

— Les scellés sont posés, dit Trépointeau.

Un chant lent et grave vint par la porte du corridor.

Tout le monde se tut. On distingua bientôt les versets latins du *De profondis*.

— Le prêtre ! dit Houël, avec tout le village sans doute. Le testament ne défend-il pas ?...

Papa Romblon lui prit le bras.

— Prenez ce que vous donne le testament, bonhomme, dit-il, mais laissez à ce vieux fou qui dort la chance des prières.

La porte s'éclaira. Puis la lumière, de plus en plus vive, pénétra jusque dans la chambre mortuaire.

C'est la procession des gens de Vesyron qui venaient, le recteur en tête, avec des cierges et de l'eau bénite.

Renotte entra la première. Elle tenait un paquet de cierges qu'elle distribua incontinent à tous ceux qui se trouvaient là. Les cierges des paysans et fermiers étaient déjà allumés.

Fargeau en prit un, le doux jeune homme, Besnard en prit un, et Morin, et Houël, et Menand jeune l'Artichaut, et M. de Guérineul qui eût mieux aimé *en faire une de*

La harpe roula, versa et toucha le plancher en rendant une plainte sonore et prolongée.

16e LIVR.

trente-six points sur le billard à blouses de maman Rogome, sacrebleure !

On en donna un à Tiennet Blône, qui n'avait pas bougé depuis le commencement de cette scène.

Le recteur de Vesvron se mit auprès de la chaise longue, le bénitier d'une main, le goupillon de l'autre.

Il commença la prière des Morts. Pendant qu'il en récitait les versets d'une voix lente et triste, chacun à tour de rôle, la cire à la main, vint jeter une goutte d'eau bénite sur la figure du maître décédé.

Tiennet Blône était le dernier.

Il prit le goupillon et aspergea le corps du défunt. Le psaume était achevé, le prêtre se tut.

— Adieu, mon père ! prononça Tiennet d'une voix vibrante et ferme.

Ce fut comme un choc électrique dans la salle. Tiennet avait le front si haut qu'on eût dit, on vérité, le maître du manoir.

Et plus d'un paysan du bourg de Vesvron a dit, depuis, que Jean Crehu, tout mort qu'il était, fit signe avec sa tête, comme pour répondre : Adieu, mon fils !

Tiennet rendit le goupillon au prêtre étonné, puis il se tourna vers le groupe des héritiers dont M. Fargeau faisait le centre.

Fargeau ne put soutenir son regard.

— Où est M. Lucien Crehu de la Saulays ? dit Tiennet Blône.

Personne ne répondit. Tiennet reprit :

— Où est Mlle Berthe ?

Point de réponse encore.

Tiennet croisa ses bras sur sa poitrine. Ses yeux étaient deux éclairs.

— Monsieur Fargeau, poursuivit-il, je vais aller chercher de leurs nouvelles et je reviendrai vous en dire !

Il traversa la chambre à pas lents et se dirigea vers la porte. Dans le groupe des héritiers, on se disait tout bas :

— Il est fou à lier !

Sur le seuil Tiennet s'arrêta.

— Je ne me laisserai pas tuer, moi, monsieur Fargeau, reprit-il avec un accent étrange, soupez! mais tenez-vous bien au dessert!

— Il connaît le testament! murmura Houël stupéfait.

Romblon dit à l'oreille de Fargeau:

— S'il sort du château, gare à vous!

— Arrêtez-le! cria Fargeau.

Mais Tiennet Blône était déjà sur le chemin de la Mestivière.

XXVI

Bon cidre

Constatons tout d'abord qu'avant de regagner leurs domiciles respectifs, M. Lebellehic, juge de paix, M. Trépointeau, greffier, et M. Le Mihir de Crapadouc, maire, furent mis à même de se rafraîchir décemment par les soins de Renotte.

Les deux magistrats et le greffier retournèrent au bourg de Vesvron en se tenant bras dessus bras dessous et en chantant comme des bienheureux l'hymne célèbre:

> Ce sont les gârs de la Basse-Bretagne,
> Quand ils sont saouls
> Ils se cassent le cou...

Mais l'honneur de l'autorité est sauf dès qu'elle ne tombe pas ivre-morte dans un fossé.

Au château du Ceuil c'était bien une autre fête. On avait mis une barrique de cidre en perce à la cuisine, et les maîtres soupaient dans la grande salle rouge, la salle d'apparat, où la table n'avait pas été dressée depuis plus de cinquante ans.

Les grous cuisaient dans l'énorme chaudron de fonte.

Il y avait même un morceau de lard dans la marmite. Saint Jésus! il n'en meurt pas tous les jours des gens comme M. Créhu de la Saulays!

Autour du foyer, sous le manteau enfumé, tous nos gars étaient réunis avec Renotte et Olivette. Il ne manquait que Tiennet Blône et aussi censé Yaume le pâtour.

— Bon cidre! dit Mathurin Houin en finissant son écuelle.

— Oh! dam! répliqua Pierre Méchet, pour bon, il est bon.

— Point trop chargé, ajouta Fancin.

— Point trop clair non plus, continua Mérieul.

— Droit en goût, appuya Yvon.

— Fort en cidre! continua Louisic du four à fouaces.

Et le chœur chanta :

— Faut pas mentir! pour bon, il est bon!

La vieille Renotte, qui était assez de cet avis, en faisait chauffer une écuelle pour cuire ses maux d'estomac.

— C'est tout de même drôle, dit-elle, que M. Lucien n'était pas là, ni Mme Berthe.

— Pour drôle, c'est drôle!

— Et le gars Tiennet, l'avez-vous entendu qu'il a dit comme ça : Bonsoir-à-revoir, mon papa.

— Le gars Tiennet est tapé un petit peu de dessus la tête, fit observer Pierre Méchet.

— Et qu'il s'a écrié en s'en allant, reprit Mérieul, je ne me laisserai pas faire mourir, moi! Méfiez-vous! ça doit annoncer quelque chose, ça.

— Écoutez! dit Fancin avec un geste effrayé.

Tout le monde fit silence. Un bruit sourd s'entendait à l'intérieur du château.

— C'est les maîtres qui se mettent en ribotte, murmura Yvon timidement, comme peut faire un gars qui n'a pas encore eu l'œil poché en foire.

— Non-fait! répliqua Fancin, c'est la vache qui meugle dans l'étable.

On se serra autour du foyer.

Pendant que tout le monde se taisait, Pierre Méchet

montra du doigt Olivette immobile, les bras en croix sur ses genoux et absorbée dans sa méditation triste.

Olivette ne ressemblait guère à la gaie jeune fille de la veille. Elle était pâle et semblait souffrir.

— Tiens! tiens! murmura-t-on à la ronde, quoi donc qu'elle a, la fille Olivette?

Olivette entendit son nom prononcé. Sa paupière se releva. Chacun put voir qu'elle avait les yeux pleins de larmes.

— Je n'aurais jamais cru qu'elle aimait tant le défunt! dit Pierre Môchet.

— Yvon, faillie garçaille, cria Renotte, porte voir une écuelle de grous et un coup de cidre au pauvre monsieur le recteur, qui veille tout soul dans la chambre de Jean-de-la-Mer.

— Hein? fit Yvon en ouvrant de grands yeux; faudra-t-il entrer?

— Il a peur! s'écria-t-on à la ronde.

Yvon, rouge comme une pomme de Saint-Gilles, prit les deux écuelles et sortit sans mot dire. Quand il rentra, il était tout blême et il tremblait.

— Qu'as-tu vu, garçaille? lui demanda-t-on.

— Le prêtre est à genoux, répondit Yvon; Jean-de-la-Mer a l'air de dormir, et on entend les maîtres qui chantent dans la salle rouge.

— Ma foi jurée! dit Méricul, les maîtres y passeront et nous tout! allume!

Les écuelles s'emplirent. On but avec recueillement.

Après quoi, d'une voix unanime et convaincue, on répéta le cher refrain :

— Bon cidre! pour bon, il est bon!

La pendule à poids qui grognait dans la longue armoire de chêne marquait neuf heures et demie.

On frappa doucement à la porte extérieure de la cuisine.

— Ouvre voir, garçaille, dit Mathurin Houin à Yvon; c'est Tiennet Blône ou Yaume le pâtour.

— Ou peut-être bien M. Lucien.

— Ou peut-être bien Mlle Berthe.

— Mme Berthol répéta Olivette qui sembla se réveiller en sursaut.

Et son regard se dirigea vers la porte avec effroi, comme si elle se fût attendue à voir entrer un fantôme.

Yvon ouvrit.

Ce fut un fantôme qui entra.

Yvon tomba la face contre terre en hurlant, tandis que chacun, autour du foyer, cachait sa tête entre ses mains.

Olivette, elle-même, se rejeta violemment en arrière et la vieille Renotte glissa sur ses genoux en tremblant comme la feuille.

Le fantôme traversa la cuisine. Ses pas ne sonnaient point sur la terre battue. Il ouvrit la porte qui communiquait avec l'intérieur du château et disparut.

Tout le monde le vit. Tout le monde le reconnut.

C'était Jean-de-la-Mer avec sa houppelande en peau de loup et sa figure maigre, noyée dans une grande barbe blanche.

XXVII

Où l'on voit grandir Cousin-et-Ami

Que faisaient cependant les maîtres dans la salle rouge fermée?

Avant d'arriver au récit de ce festin étrange qui eut lieu au château du Ceuil, la nuit du décès de Jean-de-la-Mer, il nous faut remonter de quelques heures et revenir à la chambre mortuaire.

Quant au fantôme qui vient de traverser la cuisine, nous le retrouverons, car il n'est pas venu là, soyez sûrs, pour faire peur aux gens de la veillée.

Tiennet Blône se trompait quand il pensait que Jean Créhu de la Saulays était mort, seul et abandonné, au milieu de son château. Le vieillard était mort en causant avec le docteur Morin, qu'il essayait d'étonner par l'audace de sa philosophie.

Le docteur ne s'attendait pas du tout à ce brusque dénoûment. Il avait même ôté tout espoir prochain aux collatéraux. Guérineul et Houël se préparaient à regagner leurs quartiers, Cousin-et-Ami errait mélancoliquement dans les corridors, invoquant la divinité qui préside aux successions, et songeant aux hypothèques qui grevaient son dernier asile.

Mais tout en se désespérant, Cousin-et-Ami flairait. Battez un chacal, il fuira en lançant son aboiement plaintif, mais il ne fuira pas bien loin. Il sera toujours à portée de sentir le trépassé qu'abandonne la caravane. L'héritier est un homme-chacal.

Cousin-et-Ami se trouva comme par magie sur le seuil, quand Morin dit aux Romblon :

— C'est fini.

Les Romblon avaient leurs entrées chez Jean-de-la-Mer, comme partout. On ne savait pas pourquoi.

— Qu'ai-je entendu! s'écria Cousin-et-Ami; docteur, je ne veux pas le croire! Serait-il vrai que notre vénérable ami et cousin...

— La paix! dit Morin, appelez les neveux.

Cousin-et-Ami avait grandi de six pouces.

— Les neveux! répéta-t-il avec mépris, qu'est-ce que c'est que ça, les neveux? Personne n'a le droit de pleurer plus haut que moi, monsieur le docteur Morin, car je suis parent au degré utile, par ma respectable amie et tante à la mode de Bretagne, Jacqueline Créhu de Prétentoniou, laquelle m'a laissé tout ce qu'elle avait; hélas! elle avait bien peu de chose! Les neveux, monsieur! J'ai lieu de croire que les neveux passeront après moi, et en tout cas, la justice est là.

Cousin-et-Ami prononça ce remarquable discours sans reprendre haleine une seule fois.

— Il a raison, nom de bleu! dit le jeune M. de Guérineul qui venait d'entrer; les neveux, tonnerre de Landerneau ! on s'en turlutaine, et la nièce avec, nom d'une pipe !

Il s'arrêta pour regarder le défunt.

— Dites donc, ajouta-t-il avec une certaine défiance, est-ce bien sûr qu'il n'en reviendra pas ?

— Trop sûr ! répliqua le docteur.

— Oh ! oh ! oh ! pauvre cousin ! sanglota le vieux Houël à la porte.

Sans faire semblant de rien, papa Romblon avait ouvert un portefeuille excessivement gras, et tracé au crayon sur un petit morceau de papier ces significatives paroles :

Tardè venientibus ossa.

Où diable le latin va-t-il se nicher ?

Papa Romblon fit passer ce tronçon de vers à Fifi Romblon, qui sortit et envoya un gars à la recherche de Fargeau et de Besnard.

Quand Fifi revint, papa lui dit :

— Fargeau me paiera ce petit papier-là.

Cependant Cousin-et-Ami, unissant sa voix à celle du vieux Houël, faisait entendre des lamentations insensées.

— Nom d'un chien ! dit Guérineul, vous êtes capable de le réveiller !

Ils se turent.

Cousin-et-Ami essuya ses yeux qui n'avaient pas pleuré.

— Où mettait-il ses papiers, le cher ami et cousin ? demanda-t-il.

— Monsieur de Maudreuil, voulut dire Morin, il faudrait attendre.

— On vous paiera vos visites, docteur, interrompit Cousin-et-Ami avec dignité, on vous les paiera un prix honnête, mais réduit. Avancez ici, maître Menand jeune.

L'Artichaut, avec la modestie de son sexe, se tenait à l'écart.

Il grignotait une frange de rideau, n'ayant point son fouet sur lui.

Sur l'ordre de M. de Maudreuil, il ne craignit point de faire cinq ou six pas à l'intérieur de la chambre.

— Maître Menand, reprit Cousin-et-Ami, vous devez

savoir où l'homme respectable que nous pleurons mettait ses papiers?

L'Artichaut fit un signe de tête affirmatif.

— Eh bien, dites-le, maître Menand! ajouta Maudreuil.

L'Artichaut montra de la main (et combien ce notaire avait les mains sales!) le coffre fameux.

D'un seul coup d'œil, Cousin-et-Ami découvrit la clé au chevet du mort. Il s'en empara. Puis il se dirigea vers le coffre d'un pas digne et fier.

Évidemment Cousin-et-Ami se faisait l'homme de la situation.

Dans le coffre, il trouva le testament, celui que Berthe y avait remis la nuit précédente, et une note explicative sur papier libre.

Cousin-et-Ami prit ces deux pièces et referma honnêtement le coffre; car, en présence de tant de témoins, il ne pouvait pas prendre autre chose.

On s'était précipité vers lui, et chacun se pressait pour voir les deux papiers.

— De la modération, messieurs! dit Cousin-et-Ami; songez qu'en ce lieu où nous sommes, les passions humaines doivent se taire.

— Ah! ça, grommela papa Romblon à l'oreille de Fifi Romblon, il est superbe, cet animal-là!

Houël, Morin et Menand jeune, lui-même, entouraient Cousin-et-Ami.

Il les écarta d'un geste souverain et se mit à lire tranquillement la note.

— Oh! s'écria-t-il avec attendrissement, quel homme! Il ne faisait rien comme les autres.

— Voyons, Maudreuil, dit Houël, faites-nous part...

— Mon cousin et ami, répliqua celui-ci, du calme, je vous en conjure. Notre respectable ami et cousin aurait certainement pu faire pour moi beaucoup davantage, mais je lui pardonne. Nous sommes tous héritiers.

— Tous! répétèrent Morin, Houël et Fifi.

— Tous, dit Cousin-et-Ami, excepté pourtant les chers messieurs Romblon.

— Oh! murmura le papa, nous gagnerons tout de même notre vie là-dedans.

— Mais saurons-nous?... commença encore Houël.

— Du calme! répliqua Cousin-et-Ami, qui plaça tout simplement le testament dans sa poche.

— Patience! pensa Morin, Fargeau va revenir.

L'Artichaut se rapprocha du rideau, dont il n'avait pas encore mangé toute la frange.

— Écoutez, dit Cousin-et-Ami, qui avait toujours à la main la note sur papier libre, notre vénérable ami et cousin ne faisait rien comme les autres. Ceci est une espèce de programme réglant ce qui doit être fait le jour de sa mort. Je me charge de l'exécuter, et je le résume par déférence pour votre curiosité bien naturelle.

Jean Créhu veut et entend :

1° Que tous ses héritiers se réunissent en un banquet le soir même de sa mort;

2° Que cette réunion ait lieu à huis clos;

3° Que le vin de Bordeaux et le rhum n'y soient point épargnés...

— Sacrebleure! interrompit Guérineul, quel honnête homme!

— Il ne s'oppose pas, continua Cousin-et-Ami, à ce que le clergé de Vesvron fasse son office; cela lui est égal. Il veut que le testament soit lu à ce repas, en présence de tous les héritiers.

Le repas doit avoir lieu dans le salon rouge. Le fauteuil de Jean Créhu restera vide et voilé d'un crêpe noir, jusqu'au moment où celui qui a droit de l'occuper l'occupera.

La voix de Cousin-et-Ami avait faibli à ces dernières paroles.

— Qu'est-ce que cela veut dire? demandèrent Houël et le docteur, *celui qui a le droit de l'occuper?*

— Messieurs et amis, répliqua Maudreuil, nous tâcherons de le savoir. En attendant, mandez, je vous prie, le maire et le juge de paix, car il faut être en règle. Moi, je vais veiller au repas.

Il sortit, emportant la clé du coffre et le testament.

Les autres le suivirent, Morin et Houël pour remplir les formalités voulues, — et l'Artichaut, pour voir s'il ne pourrait pas se procurer à l'office un verre de cassis et de l'oignon.

Les deux Romblon ne semblaient point trop contrariés de n'être pas invités au fameux repas.

En s'en allant, ils se frottaient les mains, en hommes qui voient une bonne affaire en l'air.

Ce fut en ce moment, où le mort restait seul dans sa chambre, que Tiennet Blône entra pour chercher son livre d'heures.

XXVIII

Le Fantôme

Honneur à Menaud jeune! Ses passions étaient simples et peu coûteuses. L'oignon, le cassis, les cordes de fouet, avec cela il était heureux!

Nous le proposons pour exemple à tous les notaires.

Menand jeune est un personnage étudié profondément. Il n'avait pas d'esprit, mais comme il dormait debout! Il n'était pas si fort en droit que Besnard, mais quelle odeur! Enfin, Menand jeune vous montrera peut-être qu'il avait certains talents de société. Méfiez-vous!

Le château du Ceuil était une grande vilaine maison, bâtie sous Louis XIII et mal bâtie. La salle rouge était le lieu solennel, la chambre historique du château du Ceuil.

Il est vrai de dire qu'il ne s'était jamais rien passé d'important dans la salle rouge. Mais qu'importe cela? C'était la salle rouge. On ne l'ouvrait jamais. A la cuisine et dans les environs, la salle rouge était l'objet d'un respect universel.

Par les soins intelligents de Cousin-et-Ami, la salle

rouge avait été préparée, selon le dernier vœu de Jean-de-la-Mer. Il y avait au milieu une grande table dressée, supportant onze couverts, y compris celui qu'on avait placé devant le fauteuil vide de Jean-de-la-Mer.

Cousin-et-Ami, voulant montrer combien il respectait les volontés du défunt, avait fait de ce fauteuil une manière de trône qui s'élevait isolément au centre de la table et s'entourait d'une ample draperie de serge noire.

Les convives ne pouvaient voir le siège lui-même, mais bien une sorte de dais, dont l'extérieur, drapé lugubrement et semé de larmes blanches sur son fond noir, semblait cacher un cercueil.

Cousin-et-Ami avait réussi à faire là quelque chose de particulièrement sinistre et qui devait laisser peu d'appétit aux conviés de la fête. C'était un homme de goût, principalement pour tout ce qui concernait les funérailles.

La salle était fort délabrée. Comme l'orage de la nuit précédente avait justement brisé une demi-douzaine de carreaux, on avait dénoué les cordes à glands qui tenaient les rideaux relevés sur les patères, et l'épais damas tombait droit du haut en bas des croisées, cachant les embrasures profondes.

Un bon feu avait, en outre, été allumé dans la cheminée.

Il y avait trois issues à la salle rouge : d'abord deux maîtresses-portes parallèles donnant l'une sur le corridor intérieur, l'autre dans une pièce inhabitée qui touchait à la chambre de Jean-de-la-Mer. La troisième issue était tout simplement un panneau tournant qui s'ouvrait derrière le dais funèbre et communiquait, pour le service, avec la cuisine.

Les deux portes principales avaient été fermées en dedans à la clé et au verrou. Mais, en l'absence de Lucien et de Fargeau, qui seuls étaient de la maison, personne, parmi les convives, ne soupçonnait l'existence de la troisième.

Fargeau vint, à la vérité, bien avant le commencement du repas, mais il était préoccupé à faire pitié, ce pauvre

Fargeau. Quand on vient de perdre un oncle et de découvrir dix cohéritiers inattendus, allez donc songer à fermer une porte !

Vers huit heures du soir, les hôtes du château du Ceuil s'étaient réunis dans le lieu officiel du banquet. Romblon père et fils, exclus par leur position de non-héritiers, s'étaient retirés dans leurs chambres où un souper honorable leur avait été servi.

Car tout le monde tenait à ménager les deux Romblon, dont les mérites positifs ne seront bientôt plus un mystère pour le lecteur.

Les convives rassemblés à ce premier moment étaient au nombre de sept.

Ils se placèrent comme ils voulurent autour de la table ; mais M. Fargeau ayant essayé de s'asseoir au centre, vis-à-vis du fauteuil voilé de noir, Cousin-et-Ami l'écarta poliment et prit lui-même cette place en quelque sorte présidentielle.

Vous ne connaissez pas ces natures d'héritiers. Un Cousin-et-Ami qui a testament en poche devient féroce ou sublime, suivant que les circonstances l'exigent.

Cousin-et-Ami se plaça au centre de la table. A sa gauche, Menand jeune s'assit. Ce fut le vieux Houël qui prit place à sa droite. Morin, Fargeau et Besnard formèrent un groupe au bout de la table. Le jeune M. de Guérineul qui ne faisait partie d'aucune coterie choisit un bon endroit, un endroit où il y avait un pâté froid, du vin et du rhum, et il s'y planta.

Les autres places restèrent vides.

Elles attendaient Lucien et trois autres héritiers que nous aurons occasion de connaître.

Nous devons en faire l'aveu, excepté M. Fargeau qui enrageait dans la perfection, les autres convives s'efforçaient en vain de paraître tristes. Malgré l'aspect sinistre de cette vieille salle qui sentait le renfermé, chacun avait l'air gaillard, et il y avait au fond d'aimable gaîté sur toutes les physionomies.

Il s'agissait pour chacun de dix bonnes mille livres de

rentes, au bas mot. Dix mille livres de rentes, c'est gai, c'est toujours gai.

Dans les premiers instants, comme la chambre mortuaire était à quelques pas, on entendait assez distinctement la voix du curé de Vesvron qui récitait les litanies funèbres. A la longue, c'eût été peut-être un voisinage pénible, mais il ne s'agissait que de causer un peu pour ne plus entendre.

La table était copieusement servie en viandes froides, bordeaux, etc., etc., et l'on avait des sujets d'entretien fort intéressants.

— Mes chers cousins et amis, dit le président Maudreuil, en nous asseyant à cette table nous accomplissons un pieux devoir. Notre ami et cousin, le respectable M. Créhu, qui ne faisait rien comme les autres, a voulu nous réunir en un banquet de larmes. Que sa volonté soit remplie.

Il tira son mouchoir. Chacun l'imita, à l'exception de Fargeau. Ce tribut étant payé à la mémoire du mort, chacun but et mangea suivant son appétit.

Fargeau seul ne mangeait pas. Il était vaincu. Ce malheureux Fargeau s'était damné gratuitement, malgré la belle diplomatie qu'il avait déployée. Il avait dix cohéritiers, lui qui dans ses rêves s'était si bien vu millionnaire!

Fargeau était capable de remords, quand le crime ne rapportait rien. En ce moment, il songeait à Berthe. Où était-elle? Le courant de la Vesvre emportait-il déjà le pauvre corps à la chute de Braix?

Et, pour se consoler, il se creusait la tête, cherchant déjà les moyens d'envoyer ses *consorts* là où il avait envoyé Berthe.

Mais quelle différence! Elle était si facile à perdre, cette enfant aveugle!

— Est-ce que nous sommes ici uniquement pour manger? dit-il d'un ton chagrin et amer.

— Nom de bleu! répliqua Guérineul, et pour boire donc!

— Si monsieur de Maudreuil voulait bien me passer

le testament de mon oncle, reprit Fargeau, je ne serais pas fâché d'en prendre connaissance.

— Mon cousin et ami, répondit Maudreuil, dans toute réunion quelle qu'elle soit, il y a un directeur officieux ou officiel. De l'aveu tacite de tous nos amis et cousins ici rassemblés, je dirige provisoirement la réunion. C'est moi qui l'ai provoquée, pendant que vous étiez je ne sais où. Ce n'est pas un reproche, mon cousin et ami Fargeau, mais je veillais, moi, auprès du lit de mort de votre oncle respectable.

— C'est vrai, ça, interrompit Guérineul, Maudreuil attendait dans le corridor.

— Est-ce vous qui lui avez fermé les yeux? continua imperturbablement Cousin-et-Ami ; nous sommes ici en famille et je peux tout dire. Si j'ai ouvert le coffre de Jean-de-la-Mer après son décès avec un empressement que des étrangers auraient pu trouver malséant, c'est à cause de vous, monsieur Fargeau.

— De moi, monsieur ?
— De vous, monsieur !

Cousin-et-Ami avait pris une pose olympienne.

— De vous, répéta-t-il, et de vous seul, car, si le hasard eût voulu que ce testament fût tombé entre vos mains, ce testament eût été détruit.

Fargeau se leva livide de colère.

Il regarda tout autour de la table pour voir s'il pourrait espérer aide ou appui. Mais ses deux acolytes ordinaires baissaient les yeux.

Menand jeune, qui avait été un peu de son parti autrefois, mangeait la lisière de sa serviette d'un air rogue.

Houël et Guérineul ricanaient d'une façon tout hostile.

Fargeau se rassit.

— A la bonne heure ! dit Cousin-et-Ami, se rasseoir est le plus sage, car, je vous en préviens fraternellement, notre jeune ami et cousin, le chevalier Félix de Guérineul cherche depuis longtemps l'occasion de vous casser les reins.

— Nom de blou, oui, grommela Guérineul, mais ça se retrouvera.

— Quant au testament, reprit Cousin-et-Ami avec un redoublement de solennité, ce n'est pas vous seul qui en aurez connaissance, mais tout le monde. Je le demande à nos amis et cousins, sont-ils prêts à en écouter la lecture?

— Oui, oui, oui ! répondit-on tout d'une voix.

Maudreuil tira respectueusement le papier timbré de sa poche.

— Les absents auront tort, dit-il ; ce qui se décidera ici ne leur sera point communiqué.

— Lisez ! lisez ! cria l'assistance impatiente.

On avait repoussé les assiettes et empli les verres.

— Avant de lire, dit encore Cousin-et-Ami, je dois remplir une dernière formalité imposée par le testateur.

— Sacrebleure ! s'écria Guérineul, c'est assottissant, les formalités ! Mais passez-moi votre bouteille, et roule ta bosse !

— Cette dernière formalité, continua Maudreuil, consiste à appeler à haute voix le nom de tous les héritiers inscrits au testament et dont la liste se trouve sur ce papier. Je commence : Monsieur Fargeau Crèhu de la Saulays !

— Présent, répondit Fargeau de mauvaise grâce.

— Monsieur Lucien Crèhu de la Saulays !

Personne ne répondit.

— Monsieur le docteur Morin !

— Présent.

Besnard, Menand jeune, Houël et Guérineul répondirent également à l'appel de leur nom.

— Mademoiselle Olivette ! appela encore Maudreuil.

Tout le monde le regarda.

— C'est Berthe, que vous voulez dire... murmura Fargeau.

— Non pas : mademoiselle Olivette.

— Tonnerre de Landerneau ! elle est dans la cuisine, dit Guérineul, je vais aller la chercher, moi, si vous voulez.

Cousin-et-Ami l'arrêta du geste et reprit son appel.

— Monsieur Tiennet Blône.

Il y eut un cri général. Est-ce que décidément le défunt se moquait de ses collatéraux ?

— Monsieur Honoré Créhu de Pollhen, acheva Maudreuil.

A l'appel de ce dernier nom que personne ne connaissait, on entendit comme un son vague.

— Encore un absent, dit Morin.

— C'est étonnant ! murmura Besnard, il m'a semblé entendre...

— Moi aussi, interrompit Maudreuil.

— Quoi ? demanda le docteur.

— Il m'a semblé, répondit Besnard, qu'une voix disait quelque part, ici, dans la chambre : Présent !

— Nom de bleu ! s'écria Guérineul, vous ne buvez pas assez, monsieur Besnard, les oreilles vous tintent. S'il n'y a que moi pour aller chercher ce citoyen-là, je crois qu'il ne fera pas beaucoup de tort à nos portions.

— Ecoutez, interrompit encore Maudreuil qui mit un doigt sur sa bouche.

Ce fut quelque chose d'étrange.

Cette fois on entendit très distinctement une voix faible et douce qui partait on ne savait d'où et qui répétait avec une sorte de complaisance :

— Présent ! présent ! présent !

Chacun regarda son voisin. Et dans le silence la voix du prêtre, étouffée naguère par le bruit qui se faisait autour de la table, perça de nouveau la cloison et vint apporter la mélopée triste de l'oraison mortuaire.

Ils étaient tous un peu pâles, les héritiers de Jean-de-la-Mer.

Ces deux voix dont l'une parlait de mort si énergiquement et dont l'autre sortait en quelque sorte de terre, jetaient du froid dans les veines.

Il fallait désormais bien peu de chose pour changer cette inquiétude vague en terreur, — et chacun tressaillit violemment rien qu'à voir la draperie noire s'agiter au vent qui venait des carreaux brisés par l'orage.

Etait-ce bien le vent ?

Tous ceux qui s'asseyaient autour de la table avaient en ce moment la même idée.

Ils se rappelaient cette phrase mystérieuse :

« Le fauteuil de Jean Créhu restera vide et voilé d'un crêpe noir, jusqu'au moment *où celui qui a droit de l'occuper l'occupera.* »

. . . .

Le prêtre disait dans la chambre funèbre :

— *Fiant aures tuæ intendentes in vocem deprecationis meæ.*

Et la voix fantastique répéta, mais cette fois tout près de l'oreille des convives :

— Présent, présent, présent !

En même temps la draperie noire s'ouvrit et l'on vit Jean-de-la-Mer assis sur son fauteuil.

Jean-de-la-Mer, avec sa figure maigre, inondé de barbe blanche.

Tous les sièges se reculèrent. Il y avait de l'horreur sur tous les visages.

Jean-de-la-Mer souriait paisiblement et répétait en saluant à la ronde :

— Présent, présent, présent !

Sur qui donc le curé de Vesvron récitait-il la prière des morts ?

XXIX

Où Menand jeune est fiancé

Nous avons vu ce fantôme traverser la cuisine du Cueil et faire peur aux valets avant de terrifier les maîtres.

Car les maîtres étaient terrifiés.

Morin, Besnard, Houël et Guérineul regardaient le fantôme avec des yeux effarés ; les dents de Menand jeune claquaient, malgré la serviette qu'il s'était mise tout entière dans la bouche. Le président Maudreuil lui-même perdait évidemment contenance.

Fargeau seul éprouvait une sorte de maligne joie à voir la déconvenue de ses compagnons.

L'idée vint à quelques-uns que le vieux Jean Créhu avait tout simplement joué cette farce lugubre pour faire pièce à ses héritiers.

Les autres voyaient là le côté surnaturel. Le mort s'était levé de son lit.

Et personne ne songeait à expliquer logiquement l'aventure. Ce nom d'Honoré Créhu de Pélihou, personne ne le prenait au sérieux.

On ne s'en souvenait même plus.

C'était Jean-de-la-Mer qui était là !

— Mon respectable cousin et ami, dit Maudreuil qui avait retrouvé le premier la parole, mais dont la voix tremblait terriblement, je ne sais pas quel motif a pu...

— Présent, présent, présent ! interrompit le fantôme d'un accent agréable et comme s'il eût voulu s'excuser d'être arrivé trop tard.

Ce n'était vraiment point la voix de Jean-de-la-Mer.

Mais cette tête si remarquable ! cette barbe blanche ! ce grand front étroit, haut et diaphane comme de la cire émincée.

— Si j'allais chercher monsieur le recteur, murmura Houël à l'oreille de Cousin-et-Ami, on pourrait essayer d'un exorcisme.

En ce moment, le fantôme prit dans la poche de sa houppelande une petite tabatière d'argent.

Jean-de-la-Mer ne prenait pas de tabac.

— Nom de bleu ! dit Guérineul en soufflant comme un bœuf ; il prise, nom de nom de nom de nom ! Ce bonhomme-là est drôle comme tout, sacrebleu ! Regardez, Cousin-et-Ami, c'est une personne naturelle.

La glace était rompue. Chacun regardait maintenant le fantôme sans trop de terreur. On remarquait entre sa figure et celle de feu Jean-de-la-Mer des différences pou sensibles, mais réelles. Il avait le nez plus long, la barbe plus pointue, le front plus haut et plus étroit ; il avait l'air encore plus défait que Jean Créhu lui-même à sa dernière heure.

Décidément, ce n'était pas Jean-de-la-Mer. Jean-de-la-Mer était bien mort !

Et pourtant, Maudreuil eut un frisson par tout le corps quand le fantôme, tendant tout à coup un bras long d'une aune et maigre comme un manche à balai, lui mit sa tabatière sous le nez en disant :

— En usez-vous ?

Maudreuil et ses six compagnons éternuèrent.

Cela leur fit du bien.

Le fantôme dit bien poliment en souriant, à la ronde :

— Dieu vous bénisse !

Maudreuil reprenait un peu son importance, M. Fargeau semblait réfléchir. Besnard et Morin ne disaient rien. Ils attendaient la lecture du testament.

Cousin-et-Ami le tira enfin de sa poche, ce testament fameux, et Fargeau le reconnut parfaitement pour l'avoir vu la veille par le trou de la serrure.

Le fantôme mit sa petite tabatière d'argent sur la table et s'arrangea pour écouter.

Il était très privé, ce fantôme, et paraissait bon prince.

A part son entrée bizarre et mystérieuse, c'était vraiment un personnage assez respectable. Il tremblottait un peu de la tête et des mains ; sur son visage étique qui avait exactement les tons du vieil ivoire jauni, on déchiffrait cette naïveté futée des enfants et des vieillards.

Son œil était somnolent comme celui d'un chat au soleil. Mais parfois, tout au fond de sa prunelle grisâtre, un petit rayon pointu s'allumait.

C'était comme un éclair.

— Vous êtes M. Honoré Créhu de Pélihou ? lui demanda Cousin-et-Ami avec un reste d'hésitation.

— Oui, oui, oui, répondit gaîment le fantôme.

— Et pourrait-on savoir comment vous vous êtes introduit ?

Le fantôme eut un sourire aimable.

— Je venais lui faire une petite visite, répliqua-t-il, une petite visite d'amitié. Il y avait soixante-cinq ans que je ne l'avais vu. On m'a dit en chemin qu'il était mort. Pauvre Jean ! je le regrette bien ; oui, oui, oui ! Mais je voudrais savoir ce qu'il m'a donné dans son testament.

— Cela ne nous dit pas par où vous êtes entré ? insista Cousin-et-Ami.

Le fantôme fronça légèrement ses sourcils blancs.

— Par où ? répéta-t-il ; bien, bien, bien ! on entre comme on peut, le soleil à travers les carreaux, le vent par les fentes de la porte, oui, oui, oui ! je sais la route depuis quatre-vingt-quatre ans... car je suis l'aîné, moi !

Il se redressa fièrement.

Si Cousin-et-Ami avait lu en entier les quatre grandes pages du testament il eût compris ces dernières paroles, mais Cousin-et-Ami avait eu tant de choses à faire ce soir ! C'est à peine s'il avait pu jeter un coup d'œil sur le papier timbré, pour bien constater que son nom y était en ligne honorable.

Néanmoins, il ne répéta pas sa question, parce que l'éclair pointu qui s'était allumé dans le regard du fantôme ne le laissait pas très rassuré.

— Passez-moi le flacon de rhum, dit en ce moment le petit vieillard.

Guérineul eût voulu avoir une paire de pistolets ; il avança le flacon.

Le fantôme laissa tomber une goutte de rhum sur la pointe d'un couteau et mit la pointe du couteau sur le bout de sa langue.

Cet excès de boisson le rendit plus verbeux.

— Nous sommes ici huit sur onze, reprit-il, car je suis au fait de tout. Oui, oui, oui ! Où sont les trois autres ?

— Quant à M. Lucien Créhu et au gars Tiennet Blône, répondit Maudreuil, nous n'en savons rien, mais il y a une jeune fille nommée Olivette qu'on pourrait appeler.

— Quelqu'un s'intéresse-t-il à cette jeune fille ? demanda encore le fantôme.

Personne ne répondit.

Le petit vieillard fit un second excès. Il avala deux gouttes de rhum coup sur coup.

— C'est que, reprit-il, les absents auront tort. La jeune fille est riche ; est-elle belle ?

— Nom d'une pipe ! répondit Guérineul, un brin d'amour !

— Voulez-vous l'épouser ?

— Elle est domestique et je suis gentilhomme !

— Et vous ? poursuivit le fantôme en s'adressant à Houël.

— Je suis trop vieux.

— Et vous ? dit encore le fantôme.

C'était à Menand jeune qu'il s'adressait cette fois.

L'Artichaut ouvrit toute grande cette bouche qui dévorait les cordes, les ficelles et les tissus de toute sorte.

Il ne parla point : pour deux oignons, il n'aurait pas parlé ! Mais il sourit tendrement et fit signe que cette union le rendrait un heureux notaire.

— Eh bien ! dit le fantôme qui ne craignit pas de s'offrir jusqu'à trois gouttes de rhum sur la pointe du couteau ; affaire conclue ! Vous stipulez pour elle et pour vous... car nous allons faire des affaires ensemble, mes bons messieurs !

Il se redressa tout à coup, et ses yeux brillèrent.

Un froid courut dans toutes les veines.

Il avait quelque chose de diabolique, maintenant, ce vieux bonhomme.

— Oui ! oui ! oui ! reprit-il en clignant de l'œil ; et quant aux deux absents, tant pis pour eux ! Un peu plus tôt, un peu plus tard, nous mourrons tous. Tant pis, tant pis, tant pis !

Parmi les assistants dont le lecteur connaît la présence, ces paroles n'excitèrent que de l'étonnement et peut-être quelque inquiétude. Mais il y avait une autre personne, un pauvre cœur qui battait là dans l'ombre et que ces paroles frappèrent comme un coup de poignard.

— Maintenant, dit le fantôme qui avait déjà pris une

importance pour le moins égale à celle de Cousin-et-Ami, lisez le testament, j'écoute.

Il versa quatre gouttes de rhum sur la pointe du couteau et les avala bravement.

Puis il posa son menton aigu sur ses deux pouces et regarda en face Cousin-et-Ami qui tenait le testament ouvert.

Celui-ci toussa solennellement et commença ainsi sa lecture :

« En présence de ma fin prochaine, je soussigné, jouissant, comme la rédaction du présent acte le prouvera surabondamment, de la plénitude de mes facultés intellectuelles et morales, transmets à ceux qui m'ont connu ma pensée intime et ma dernière volonté.

« Ceci est mon testament, écrit entièrement de ma main... »

— Attendez, attendez, attendez ! interrompit ici le fantôme, ça commence très bien ; mon petit coquin de Jean avait bon style. Mais il vient un vent coulis par cette fenêtre.

Il montrait la croisée qui était à sa droite et dont, en effet, les rideaux tremblaient au vent. Guérineul se leva et les rejoignit avec une épingle empruntée à l'Artichaut, qui était une pelote vivante.

Si Guérineul avait eu l'idée de soulever les rideaux, il aurait vu...

Mais il avait peu d'idées, et il n'eut pas celle-là.

XXX

La lecture

Cousin-et-Ami continua ainsi la lecture du testament de Jean-de-la-Mer :

« ... Entièrement de ma main.

« Je commence par déclarer, sans orgueil comme sans honte, que je ne crois à rien, sinon à la perversité innée de la race humaine.

« J'ai quatre-vingt-deux ans, et je n'ai jamais rencontré un être humain qui valût la dixième partie d'un dindon engraissé à point, et bon à mettre en daube.

« Mon histoire serait utile à raconter. Mais si je veux bien laisser à quelques malheureux de ma connaissance une fortune que je ne puis emporter dans le néant, je prétends ne point me fatiguer à leur tracer mon odyssée.

« En deux mots, je suis né en 1746. J'ai vu les deux derniers règnes de la grande monarchie. J'ai vu la République, l'Empire et la nouvelle domination des Capets.

« L'ancienne monarchie avait du bon. La République fut sublime et stupide ; l'Empire ne fut qu'une grande ambition satisfaite et un grand génie qui prit de mauvaises cartes au moment de faire paroli. La Restauration est une bête malade à qui le libéralisme, plus bête qu'elle, donne de l'eau chaude et des clystères.

« J'ai quitté mon pays, un sot pays ! à l'âge de dix-huit ans. J'y suis revenu à l'âge de soixante-sept ans. J'ai donc été absent pendant quarante-neuf ans de ma vie.

« Sur cette terre, on n'est pas mieux ici que là. On s'ennuie partout, car il y a partout des hommes.

« J'ai été soldat, déserteur, prisonnier à la Bastille, patriote suspect, fournisseur des armées et, finalement, pirate. Il n'y a que ce dernier métier d'honnête.

« J'ai tué assez d'Anglais pour prendre le titre de héros. Au commencement, tuer des Anglais, cela intéresse ; mais on se blase. Aujourd'hui je ne remuerais pas le pouce quand il s'agirait de tuer dix Anglais.

« Soyez sûr que Marat se serait fatigué de tuer des aristocrates ; le tout était de lui donner le temps... »

Cousin-et-Ami reprit haleine.

Le fantôme le regardait toujours en face, avec son menton appuyé sur ses pouces pointus. On voyait bien qu'il était un peu ivre, parce qu'il avait avalé cinq pleines gouttes de rhum sur la lame du couteau.

Fargeau écoutait d'un air dédaigneux.

Morin et Besnard prêtaient gravement l'oreille.

Menand jeune songeait, avouons-le, à sa lune de miel, et mordillait le coin de la nappe pour garder un peu de sa serviette.

Le vieux Houël ouvrait de grands yeux et le jeune M. de Guérineul trouvait, nom de bleu ! ce testament-là insipide.

Nous sommes assez de son avis, au fond. Mais nous n'en passerons pas une virgule.

Cousin-et-Ami poursuivit :

« La race humaine est perverse, parce qu'elle est impuissante, et réciproquement. Si l'homme a un pouvoir ici-bas, c'est celui de se nuire à lui-même en nuisant à autrui.

« Le reste est mensonge.

« D'où il résulte clairement que le progrès humain est une chimère

« D'où il résulte encore que l'idée même du progrès, la simple et pure idée, antipathique à la nature de l'homme, sera dans un temps le plus grand des crimes sociaux.

« Pour que cela soit, il suffit que l'idée du progrès, sortant de ses langes, conquière assez de prosélytes pour faire peur un beau jour à l'être le plus poltron qui soit au monde.

« Cet être poltron, lâche, brutal, aveugle, stupide, c'est le monde lui-même.

« Le monde, ou si mieux on aime, la société organisée comme elle l'est.

« Je suis contrarié de quitter la terre avant d'avoir entendu le premier coup de canon tiré avec la poudre d'orviétan qui est dans la cervelle des penseurs. Ce sera très curieux ; mais il faut encore du temps.

« Entre tous les pays du globe, la France est incomparablement le plus sot, le plus ignorant et le plus laid. On peut m'en croire. J'ai fait cinq fois le tour de l'univers.

« A cause précisément de sa prééminence en fait de sottise, la France est destinée, suivant toute probabilité, à mettre en train la grande orgie des penseurs.

« Ce sera une belle goguette. Je voudrais voir cela.

« Quand on aura tarabusté une demi-douzaine de tyrans, planté des forêts de peupliers, cassé quelques milliers de têtes et sali des montagnes de papier blanc, les grenouilles redemanderont un roi.

« Seulement, le régime constitutionnel disparaîtra parce que c'est une transition.

« L'absolutisme, qui est évidemment le seul état normal et possible dans l'humanité, remontera sur un trône brûlé tant de fois, et, comme l'a dit Napoléon, l'Europe sera cosaque.

« Ce qui a mis la France sur cette pente, c'est une chose que j'aime, n'en déplaise au docteur Morin, une chose qui s'appelle le libéralisme... »

Morin fut évidemment flatté ; il sourit doctoralement et crut devoir saluer comme quand on prononce le nom du Christ au prône.

Mais ce qui était déplorable, c'était l'effet produit par la lecture du testament sur l'assistance. Ce morceau, remarquable à tant de titres, faisait un *fiasco* complet.

Et comme l'ennui conseille mal, chacun, autour de la table, cherchait une consolation au fond de la bouteille. Les verres se vidaient silencieusement. L'ivresse combattue par la mauvaise humeur, ne venait pas.

Le fantôme seul vous avait un air guilleret avec sa peau de parchemin et ses yeux éteints, qui tout à coup lançaient une étincelle. Il en était venu, de gouttes en gouttes, à lamper de pleine petites cuillers de rhum.

Cousin-et-Ami subissait l'effet de son texte. Il était un peu découragé. Néanmoins il poursuivait avec résignation :

« ... Le libéralisme.

« Je l'aime, cette chose, parce que je n'en sais point de plus misérable et de plus mortelle.

« Le libéralisme ne sait pas ce qu'il fait, ne sait pas ce

qu'il veut, ne sait pas où il va. C'est le grossier orgueil de la bourgeoisie qui menace avant de se révolter.

« Le libéralisme sera vainqueur. Il mettra la bourgeoisie sur le trône. Autour de ce trône usuraire, le sucre, l'indigo, le café, le fin-courant, le compte de retour, l'huile de morue, etc., feront la plus lourde, la plus inintelligente, la plus vilaine des aristocraties.

« Qu'arrivera-t-il? La troisième couche sociale regardera d'en bas la bourgeoisie ainsi guindée sur un piédestal nouveau. Et la troisième couche sociale se fâchera tout rouge, parce que la bourgeoisie sera insolente comme un épicier devenu grand seigneur.

« Une autre opposition surgira. Que sera son nom? Je ne sais, et peu m'importe. Ce sera le libéralisme du libéralisme. Pour ne pas se mettre en frais d'imagination, ce parti lira les ouvrages de mon vieil ami Babœuf.

« Sus! sus! à bas tout ce qui est! Les saint-simoniens, qui étonnent Paris, n'en sont qu'à l'enfance de l'art! La vérité, c'est le mensonge; la beauté, c'est la laideur; la propriété, c'est le vol; le jour, c'est la nuit,... »

Le vieux Houël, qui se retenait depuis dix minutes, poussa un formidable bâillement, lequel éveilla en sursaut Guérineul et Menand jeune.

Fargeau réfléchissait toujours. Besnard et Morin attendaient la partie significative du testament.

Quant au fantôme, il restait le menton sur les deux pouces, ne quittant cette position que pour graduer ses doses de rhum. Il était parti d'une gouttelette perlant à la pointe d'un couteau. En ce moment il arrivait au petit verre avec le bain de pied.

— Ne pourrait-on passer un peu la partie politique? insinua Besnard timidement.

— Ceux qui s'ennuient aux dernières paroles de notre vénéré cousin et ami, répliqua Maudreuil avec sévérité, peuvent s'en aller et renoncer à ses bienfaits.

Ce n'était pas du tout le compte de l'homme de loi.

— Patience, reprit Cousin-et-Ami, dont le regard avait

parcouru les lignes suivantes; nous arrivons à quelque chose de beaucoup plus intéressant.

Que ce fût menace ou promesse, ces mots ranimèrent la curiosité assoupie; on se remit à écouter.

Maudreuil continua de lire:

« Mais la comédie vaut quelquefois le drame; et, n'en déplaise à mes excellents héritiers qui ont attendu mon décès avec tant de discrète impatience, si je n'étais pas trop vieux, si j'avais la moindre espérance d'assister à la canonisation provisoire de saint Babœuf, je casserais aux gages le cher docteur Morin, mon médecin, et je ne laisserais pas mon doux neveu Fargeau me verser si souvent à boire... »

Cette fois Cousin-et-Ami s'arrêta de lui-même.

Tout le monde ouvrait de grands yeux.

Le fantôme souriait doucement.

Morin s'agitait sur son fauteuil, et le jeune M. Fargeau avait aux joues une pâleur plus livide.

Comme nous l'avons laissé pressentir, il y avait quelqu'un derrière les rideaux fermés de la croisée, qui était à gauche du fantôme.

Une femme que l'étoffe épaisse laissait dans une obscurité presque complète, et qui était là depuis l'entrée des convives.

Les dernières paroles prononcées par Maudreuil la firent tressaillir.

En ce moment, une main la toucha par derrière, et sa bouche s'ouvrit pour pousser un cri.

La main serra son bras fortement.

— C'est moi, mademoiselle Berthe! dit en même temps une voix à son oreille.

— Tiennet Blône! murmura la jeune fille.

— Chut! fit la voix.

La main de Tiennet, passant par le trou d'un carreau brisé, pesa sur l'espagnolette. La fenêtre s'ouvrit. Il entra dans l'embrasure.

XXXI

Pauvre fille

Comment Bertho l'aveugle se trouvait-elle dans cette embrasure, et pourquoi Tiennot Blône venait-il l'y rejoindre ?

Quand Bertho avait quitté le creux du chêne de la Mestivière, quand elle avait attaché le petit chien Chôri à une racine, Bertho voulait mourir. En dehors de Lucien qu'elle aimait uniquement en ce monde, il n'y avait pour Bertho ni espoir ni bonheur. Elle l'aimait d'une passion profonde et réfléchie. Quoique sa nature à elle fût bien supérieure à la nature de Lucien, sa tendresse était une adoration docile.

Elle lui faisait au fond de son cœur un piédestal. Tout ce qu'on chérit, tout ce qu'on admire, elle le lui donnait. Elle croyait en lui comme en Dieu.

Cette pensée de mort qui lui venait, c'était une pensée d'obéissance.

Lucien ne l'aimait plus. Son cœur lui disait : Puisque tu serais la tristesse de sa route, écarte-toi !

Toute pâle, ses beaux cheveux noirs au vent, nous l'avons vue qui s'élançait vers le bord de la plate-forme.

Pauvre fille aveugle ! Heureuse et pleine d'espoir, peut-être en un beau jour de joie eût-elle trébuché par hasard aux lèvres de l'abîme.

Mais aujourd'hui qu'elle cherchait l'abîme, elle ne le trouva point. Quand son pied quitta le sol et que ce dernier cri : Mon Dieu, prenez mon âme ! s'échappa de sa bouche, ce n'était pas la Vesvre qui était au-dessous d'elle, c'était le tapis de gazon bordant la route de Vitré. A dix pas, elle eût rencontré la coupe perpendiculaire du tertre ;

mais là, il n'y avait qu'une chute de trois ou quatre pieds et de l'herbe pour l'amortir.

Elle se releva, étourdie et froissée.

Le choc fit parler son flanc. Elle se sentit mère. L'idée du suicide lui fit horreur.

Et une fois passé ce premier moment où le désespoir n'a point de contrepoids dans la raison troublée, il était impossible que Berthe revînt jamais à cette lâche pensée du suicide.

Dieu et son enfant ! Deux voix que le découragement avait rendues muettes, se firent entendre à la fois dans son cœur.

Dans ce corps charmant, tout pétri de grâces délicates et frêles, il y avait une âme vaillante. Berthe avait souffert depuis l'enfance, et cette longue solitude où la pensée de Dieu apportait seule quelque consolation, lui avait appris le courage.

Ce fut comme un réveil. Elle s'agenouilla et pria ardemment, pour elle-même qui venait de pécher, pour son enfant, — et pour Lucien.

Puis elle se prit à descendre le sentier de la Vesvre.

La nuit devenait noire. Mais que lui importait la nuit ? Elle ne savait pas où elle allait, elle marchait, pour s'éloigner du Ceuil, pour écarter de la route de Lucien un sujet de peine ou de malheur.

Elle voulait aller loin, bien loin, si loin que pourraient la porter ses petits pieds.

Elle alla ainsi pendant une heure, pendant deux heures et plus. Elle monta des rampes abruptes, elle descendit des côtes rapides. Ses pieds saignèrent aux ronces du chemin.

Tantôt c'étaient des prairies mouillées qu'elle traversait, tantôt des landes pierreuses, tantôt des taillis où elle ne pouvait avancer qu'en écartant les branches avec sa main.

Elle pensait être au moins à trois grandes lieues du château.

Et lorsqu'elle entendit ces sons mêlés qui annoncent

l'approche d'une habitation : l'écho des voix, le grondement des bestiaux et le cri de la girouette rouillée, elle songea tout de suite à demander l'hospitalité à cette maison lointaine et inconnue.

Elle avança dans la direction du bruit. Et, à mesure qu'elle avançait, ce qui remplace la vue pour les aveugles, ce sens mixte, composé de l'odorat, du tact et de l'ouïe, mit un doute dans son esprit.

Elle écouta. Elle éprouva du pied les accidents du sentier. Elle tâta l'écorce des arbres.

Cette maison lointaine et inconnue, c'était le château du Ceuil.

Toujours l'éternel obstacle à sa volonté ! Toujours ce bandeau qui était sur sa vue !

Elle ne reprit point sa course, néanmoins. Puisque le hasard la ramenait au Ceuil, à travers les mille détours qu'elle avait dû faire dans la plaine et dans la forêt, il fallait que le hasard lui profitât.

Elle voulait vivre et s'éloigner. Dans sa chambrette, il y avait de l'argent et des bijoux. Elle entra pour prendre tout ce qu'elle pourrait emporter.

C'était au moment où les héritiers, quittant la chambre de Jean Créhu, se dirigeaient vers la salle rouge où devait avoir lieu la lecture du testament.

Berthe ne savait pas que son oncle était mort. Elle revenait de sa chambre avec son petit trésor, et suivait les galeries d'un pas rapide, pour quitter le château sans être aperçue, lorsqu'elle entendit les pas de tout ce monde.

Cela lui fit l'effet d'une armée, dans les ténèbres.

Elle passait devant la porte de la salle rouge, qui était grande ouverte. Elle y entra pour laisser passer les gens qui venaient. Et quand ces gens entrèrent après elle, Berthe se glissa derrière le rideau et se blottit dans l'embrasure.

De là, elle entendit tout ce que nous avons entendu nous-mêmes.

La première chose qu'elle remarqua, ce fut l'absence de Lucien.

Puis elle frémit bien fort à ces menaces lancées à mots couverts contre ceux des héritiers qui n'étaient pas là pour conclure le pacte.

Quant au testament de Jean-de-la-Mer, Berthe l'écouta, mais ce fut à son oreille comme une série de paroles où le sens manquait.

Pauvre philosophe! Il faisait dormir les hommes et ne parvenait pas même à étonner les femmes.

Si Jean-de-la-Mer avait pu prévoir cela, nous affirmons sous serment qu'il fût mort en bon chrétien.

Une chose frappa cependant Berthe très vivement; ce fut le passage où M. Jean Créhu donnait à entendre qu'il se défiait du docteur et de Fargeau, cela au point d'exprimer un doute sur la loyauté de leurs soins.

Berthe n'y voyait pas ; mais elle avait trouvé parfois que les breuvages servis au vieillard avaient une odeur étrange.

Dans sa cachette, elle n'avait maintenant d'autre pensée que de prévenir Lucien et de le mettre en garde contre ces hommes avant de partir...

Tiennet Blône, lui, avait de bons yeux ; et s'il se trouvait là, en ce moment, auprès de la pauvre Berthe, ce n'était vraiment point qu'il se fût trompé de route.

Voici ce qui était arrivé à Tiennet Blône.

XXXII

Un récit de Yaume le pâtour

En quittant la chambre du mort, Tiennet avait pris la route de la Mestivière, parce que l'un des domestiques du château lui avait dit que M. Lucien Créhu était allé à Vitré dans l'après-midi, sur l'ordre de Jean-de-la-Mer.

Lucien était son maître et son ami. Il sentait vaguement

En même temps la draperie s'entr'ouvrait,
et on vit Jean-de-la-Mer assis sur son fauteuil.

17ᵉ LIVR.

qu'un grand danger posait sur Lucien. Il voulait le voir, l'avertir et le défendre.

Et, sur cette volonté qui était le fond de sa pensée, une foule d'idées passaient et s'entrechoquaient, comme l'ombre des feuillées s'agite sur la surface de l'eau, quand il fait grand vent et clair soleil.

Son père ! Il savait le nom de son père. Son père était mort.

Il était le fils d'un gentilhomme.

Celui qui aurait dit non, Tiennet Blône lui eût défoncé la poitrine d'un coup de tête.

Mais il était fils abandonné, renié, méconnu !

— Dormez bien, père. Ce que je voulais, je l'ai ; je cherchais, j'ai trouvé ; je ne chercherai plus.

Il se disait cela, l'orgueilleux !

Mais son cœur battait bien fort, et ce n'était point la rapidité de la course qui mettait tant de sang bouillant à sa joue si pâle d'ordinaire.

Ses grands yeux hardis avaient envie de pleurer.

Mais il levait la tête et il disait encore :

— Quand on sait son mal, on est guéri ! Tu ne pleureras plus jamais, Tiennet Blône. Tu es un homme.

Et, comme la veille, il secoua sa tête révoltée et entonna un couplet de sa chanson :

> Monsieur Bertrand dit à l'Anglais :
> Arrête !
> Arrête !
> Pour t'atteindre je donnerais
> Ma tête,
> Ma tête !

Mais sa voix s'éteignit avant d'avoir lancé le dernier vers. Il se couvrit le visage de ses mains et des larmes jaillirent à travers ses doigts.

— Les autres ! murmura-t-il, qu'ont-ils donc fait à Dieu pour avoir une mère ! Que Dieu me prenne mes deux yeux et me fasse aveugle ! que Dieu me prenne mes deux mains, tout ce que j'ai, pour me donner, en échange de cela, une mère !

Il courait pour sécher ses larmes.

Il avait honte de pleurer, l'enfant ! Il voulut chanter encore ; — son âme se brisait.

Et il répétait à satiété, comme s'il eût été un maniaque ou un innocent :

— C'est à M. Lucien que je pense ; je ne pense qu'à M. Lucien !

Il traversa la Mestivière en trois enjambées et descendit le sentier de la Vesvre. Au bas de la rampe, il vit une ombre qui se mouvait lentement dans la rivière même.

— Qui va là ? cria-t-il.

— Censément, lui répondit-on, ça ne fait rien à personne.

L'instant d'après, Tiennet était auprès de Yaume le pâtour qui remettait ses bas de laine, assis au bord de la Vesvre.

— As-tu trouvé M. Lucien ? lui demanda Tiennet.

— Qui t'a dit ça, que je cherchais M. Lucien ?

— L'as-tu trouvé ?

— Censément.

Yaume avait achevé de remettre ses bas de laine. Il passa ses sabots, prit son bâton et se leva.

— Gars Tiennet, dit-il d'un ton sentencieux, y a des chârmes dans le pays. Connais-tu M. Honoré le happemonnaie ?

— Non, répondit Tiennet qui contenait à grand'peine son impatience.

— Eh bien, reprit Yaume, je vas censément me coucher.

Tiennet lui saisit le bras.

— Où est M. Lucien ? répéta-t-il.

— Ne me serre pas comme ça ! repartit Yaume, tu m'avais dit de me méfier, je m'ai méfié. J'ai vu M. Fargeau conduire Olivette au creux du chêne, et, là, ils ont manigancé quelque vilenie au vis-à-vis de Mⁿᵉ Berthe.

— La promesse de mariage ! murmura Tiennet.

— Un papier qui était dans un petit trou, sous de la mousse.

— C'est la promesse! répéta Tiennet qui devint rêveur.

— La promesse ou pas la promesse, censément, je me suis dit : faut chercher M. Lucien.

— Et tu as bien fait, mon gars! s'écria Tiennet qui lui serra la main avec chaleur.

La première idée qui était venue à Tiennet c'était que, peut-être, on avait tué Berthe. Il y avait longtemps que la possibilité de ce crime lui était apparue, car il y avait longtemps qu'il avait surpris le testament où le vieux Jean Créhu instituait Berthe sa légataire universelle. La promesse! pourquoi avoir soustrait la promesse de mariage? Tiennet ne comprenait pas, et pourtant son esprit était déjà vaguement dans la voie.

— J'ai donc parti, reprit Yaume, et de la Mestivière jusqu'à Vitré, j'ai couru censément censé comme un lièvre. Mais Vitré est plus grand que Vesvron, et M. Lucien ne m'avait pas dit où il allait. J'ai bagrenaudé de porte en porte, demandant comme ça : Bonjour à vous et à la maisonnée! Vous n'auriez point entr'aperçu le jeune monsieur? — Non-fait, mon Yaume! — C'est tout de même, que je disais, en vous remerciant merci, et je tapais à une autre porte.

Yaume ne faisait pas souvent de pareils discours.

Il reprit haleine et poursuivit :

— V'là donc qu'est bon! Pas plus de jeune monsieur que sur le bout de mon nez. Qu'en fin finale, le fils Courvoisier me dit (qu'est borgne) : M. Lucien est chez le happe-monnaie d'Honoré, qui reste au cul-de-sac du Puits-Rondel.

« Me v'là qui cours au cul-de-sac du Puits-Rondel. Ohé! monsieur Lucien! que je fis, monsieur Lucien Créhu!

« Bernique!

« Ohé! oh! hé! ho!

« Brenuque!

« Et pire encore, mon Tiennet, car le happe-monnaie

a ouvert sa croisée et m'a jeté du vilain sur la tête. V'là tout. »

Yaume dessina un quart de moulinet avec son bâton et fit mine de monter à la plate-forme.

— Attends, lui dit Tiennet, est-ce que M. Lucien ne couche pas quelquefois à Vitré?

— Quand il y couche, c'est chez maman Rogome.

— J'y vais.

Tiennet mit ses pieds dans l'eau pour traverser le gué, mais il se ravisa tout de suite.

— S'il revient au château en mon absence, pensa-t-il, ces misérables le prendront au piège. Ecoute, Yaume, il faut que tu retournes à Vitré.

— Ça se peut bien, répondit le pâtour.

— Tu vas aller chez maman Rogome. Tu diras à M. Lucien que Mlle Berthe n'a pas reparu... Non! se reprit-il vivement: ne lui parle pas de Mlle Berthe. Il faut qu'il ait tout son sang-froid. Tu lui diras seulement que M. Jean Créhu est mort.

— Mort! répéta le pâtour, qui resta la bouche ouverte; pas possible! Un homme censément si vieux!

— En route! ordonna Tiennet.

Yaume ôta de nouveau ses bas de laine et traversa le gué.

— Gars Tiennet, dit-il de loin, puisque je fais tes commissions, c'est à toi de chercher la pauvre petite demoiselle Berthe.

Tiennet était déjà en train de monter sur le tertre. Comme il mettait le pied sur la plate-forme, un son plaintif et connu vint frapper son oreille. Il s'élança vers le chêne creux, car la plainte semblait venir de ce côté. La plainte redoublait.

Dans l'ombre, au pied de l'arbre, il vit un objet blanc qui s'agitait. Il reconnut Chéri, le chien mignon, le favori et le conducteur de Berthe.

Une sueur froide vint aux tempes de Tiennet Blône.

XXXIII

Chéri

Le pauvre petit chien Chéri s'était presque étranglé à force de tirer sur le ruban qui le retenait captif.

Machinalement, Tiennet regarda du côté de la balustrade qui surplombait la Vesvre, à cent cinquante pieds de hauteur.

Les âmes qui se ressemblent se devinent. Il y avait quelque chose de semblable dans ces deux natures fières et jeunes, Tiennet et Berthe.

En outre, Tiennet connaissait Fargeau.

Il eut une sorte d'intuition dans la scène qui s'était passée à ce lieu même, quelques heures auparavant. Il comprit l'usage qu'on avait fait de la promesse.

Et il devina la pauvre Berthe.

Le moment ne valait rien pour réfléchir. Tiennet rompit la laisse du petit chien, qui s'élança aussitôt comme un trait à l'endroit où Berthe avait disparu. Tiennet le suivit en courant.

Chéri flaira et quêta quelques secondes sur le gazon où Berthe était tombée, puis il repartit, le museau dans l'herbe, murmurant, geignant, courant.

Tiennet allait derrière lui, les sourcils froncés, la poitrine oppressée.

C'était une chasse étrange. Chéri suivait au flair les mille détours que Berthe avait faits, sans le vouloir, dans la forêt. Çà et là il s'arrêtait, jetant une plainte faible, puis il repartait.

Tiennet avait peine à le suivre.

A chaque instant il s'attendait à voir le chien s'arrêter, et sa poitrine se serrait davantage.

Car la route longeait souvent des fondrières et de ces précipices que nous appelions *nains* au début de ce livre, mais qui étaient assez profonds, hélas ! pour servir de tombeau à une pauvre fille.

Une fois, Chéri resta court sur ses petits jarrets frémissants et tendus. Son murmure se fit plus caressant et plus triste. Tiennet appuya ses deux mains contre son cœur. Un éblouissement passa devant ses yeux. Il crut voir dans le fourré une forme blanche, étendue sans mouvement et sans vie.

Mais c'était la fièvre qui lui faisait voir cela. Chéri s'était arrêté devant un lambeau de la robe de Berthe, accroché aux épines d'un buisson.

Cette longue route, que la jeune fille avait mis près de trois heures à parcourir, Chéri et Tiennet la firent en moins de vingt minutes.

Tiennet entra au château.

Dans la cuisine, on n'avait point vu Berthe.

— Et M. Lucien ? demanda Tiennet.

— Non plus M. Lucien.

Tiennet respira.

On lui dit que les maîtres s'étaient renfermés et barricadés dans la salle rouge.

La salle rouge donnait sur la cour de derrière. Tiennet se rendit dans cette cour.

La nuit était très sombre. La faible lumière qui passait à travers l'étoffe épaisse des rideaux était le jour pour Tiennet, qui venait du dehors. Il reconnut Berthe.

Son cœur battit, et il s'étonna lui-même de cette émotion violente. Car, jusqu'alors, l'intérêt qu'il portait à Berthe n'était que le reflet de son affection pour M. Lucien Créhu de la Saulays.

On pouvait dire que, de tous les gens du château, il était celui que Berthe connaissait le moins, et pourtant, quand la jeune fille reconnut la voix de Tiennet Blône, elle n'eut plus peur.

— Mademoiselle Berthe, dit-il, je vous ai crue morte.

— Ce n'est pas moi qu'ils veulent tuer, répondit Berthe, c'est Lucien.

— Je suis là ! voulut interrompre Tiennet.

Mais la jeune fille lui coupa la parole et acheva :

— Lucien et vous.

La tête du jeune paysan se redressa orgueilleusement.

— On ne me tue pas, moi ! dit-il, comme il l'avait dit déjà dans la chambre mortuaire.

— Mademoiselle Berthe, reprit-il d'un ton doux et timide, je ne savais pas comme je vous aimais. Quand je vous ai crue morte, le cœur m'a manqué. Que vous êtes belle, et que M. Lucien fait bien de vous aimer !

Le front de la jeune fille se couvrit d'un nuage.

— Chut ! murmura-t-elle, on entend à travers ce rideau. Songez à sauver Lucien, Tiennet Blône.

— Je le sauverai pour lui, mademoiselle Berthe, répondit le jeune gars, qui avait la main sur son cœur, et dont l'accent chevaleresque remua l'âme de Berthe, je le sauverai pour lui, car je l'aime ; mais maintenant, je sens que je le sauverai aussi pour vous.

De l'autre côté du rideau, l'effet produit par l'étrange accusation, dirigée, dans le testament même, contre Fargeau et Morin ne se calmait pas.

— Tout ce testament, dit Fargeau avec amertume, est une œuvre de folie.

— Accuser ainsi un homme de ma sorte ! murmura Morin. C'était un libéral !

Mais le fantôme étendit ses deux mains maigres pour calmer la tempête naissante.

— Chut ! chut ! chut ! chut ! fit-il avec son bon petit sourire de squelette aimable.

— Je ferai une seule question à notre cousin et ami Fargeau, dit M. de Maudreuil. Puisqu'il prétend que le testament de notre vénérable auteur, Jean Créhu, est entaché de folie, on doit conclure que ledit Fargeau est disposé à renoncer aux avantages y portés.

— Nom de bleu ! s'écria Guérineuf, les successions lui donnent de l'esprit, à ce nom de nom de Maudreuil !

Au lieu de répondre à l'impertinente question de Cousin-et-Ami, Fargeau haussa les épaules et s'enveloppa dans sa dignité. Le docteur Morin fit de même.

Bien qu'ils fussent habituellement sobres, tous les deux, ce soir-là ils donnaient quelque attention au bordeaux. Les autres convives faisaient mieux qu'eux.

Quant au fantôme, en suivant la gradation que nous avons indiquée, il était arrivé à lamper son verre à vin plein de rhum.

Il y avait de quoi enivrer un taureau, mais les joues du fantôme gardaient leur jolie couleur d'ivoire antique.

Quand Cousin-et-Ami reprit sa lecture interrompue, le fantôme posa, comme devant, son menton barbu sur ses deux pouces, et écouta.

XXXIV

Legs et libéralités

Le testament continuait ainsi :

« N'ayant point l'espérance de vivre plus de trois ou quatre ans, lors même que je me garderais de mes parents et de mes amis, je laisse aller les choses à la volonté du hasard, le seul dieu qui ait jamais régi le monde.

« Et je dispose de mes biens meubles et immeubles ainsi qu'il suit... »

Il y eut un soupir de bien-être autour de la table. Cousin-et-Ami fit un geste digne pour demander le silence, et poursuivit :

« Je possède environ deux millions de fortune conquis à différents métiers. Si l'argent conservait l'odeur de son origine, peut-être que le mien ne sentirait pas bon. Mes héritiers auront l'obligeance de passer là-dessus, j'en suis sûr.

« Je donne et lègue :

« 1° A M⁻ᵐᵉ Marion, rentière, avec laquelle j'ai pu passer à l'occasion quelques instants agréables, un flacon d'eau de Cologne entamé qui est dans ma table de nuit, deux pots de pommade et une bouteille d'eau-de-vie, le tout pour qu'elle ait bon souvenir de moi.

« 2° A M. Fargeau Créhu de la Saulays, mon neveu à la mode de Bretagne, la onzième partie de tous mes biens, meubles et immeubles, à la charge d'acquitter sa part du legs précité.

« Mon neveu Fargeau est un pauvre garçon qui avait intérêt à se faire honnête homme. En suivant la ligne droite, il aurait eu toutes les chances possibles d'être très riche. Mais empêchez donc un chien de chasser ! Mon neveu Fargeau, constitué en coquin, est un coquin, et sera toujours un coquin.

« Je l'ai nourri dès son enfance ; je l'ai traité à peu près comme mon fils. Depuis qu'il a l'âge de raison, il songe à m'envoyer dans un monde meilleur : c'est pour cela que je lui donne la onzième partie de mes biens, car, en définitive, voilà douze ou quinze ans qu'il a l'âge de raison ; il aurait pu se défaire de moi plus tôt.

« Je le prie de recevoir mes remerciements. »

— Méchant, même après sa mort ! grommela Fargeau, qui écumait de rage.

Tout le monde riait sous cape. Besnard lui-même ne pouvait maîtriser son hilarité. Cependant, Fargeau l'ayant regardé en face, l'homme de loi prit une figure de circonstance et murmura au hasard :

— C'est ignoble !

« 3° A M. Lucien Créhu de la Saulays, mon neveu à la mode de Bretagne, à la charge d'acquitter sa part du premier legs précité, je lègue également la onzième partie de mes biens meubles et immeubles.

« Lucien n'a que vingt ans. Ses vices ne sont pas formés. Cela viendra.

« 4° A M. le docteur Morin, mon médecin, je donne et lègue, pour ses bons soins, la onzième partie de mes biens meubles et immeubles, à la charge d'acquitter sa part du premier legs ci-dessus, au profit de M⁽ᵐᵉ⁾ Marion, rentière.

« Je ne pourrais que répéter à l'égard du docteur Morin ce que j'ai dit à l'égard de Fargeau. Il y a dix-huit ans que le docteur me traite ; je lui dois donc juste dix-huit ans de répit.

« Dans la grande famille formée désormais par mes héritiers, Fargeau sera la vipère, et le bon docteur aura mission de renouveler son venin.

« 5° A M. de Maudreuil... »

— Messieurs, s'interrompit Cousin-et-Ami, je vais lire mon article, comme celui des autres, sans passer une syllabe. Nous savons tous que notre vénérable ami et cousin avait un naturel caustique...

— Allez, allez ! dit-on à la ronde.

Et le fantôme ajouta innocemment :

— Allez, allez, allez, allez !

« 5° A M. de Maudreuil, la onzième partie, etc., à charge d'acquitter, etc.

« Quoique M. de Maudreuil ne soit à ma connaissance ni un voleur, dans la rigoureuse acception du mot, ni un assassin, je veux bien néanmoins le comprendre dans la liste de mes libéralités testamentaires. Cet homme est, en effet, pourvu de l'amour immodéré des successions. Bien dirigé, cet amour-là peut mener à tout.

« J'espère que M. de Maudreuil fera beaucoup enrager ses cohéritiers.

« Je place ici une mention qui a son importance. Maudreuil m'a fait trois mille visites ; je l'ai reçu trois fois. Il m'a dit pis que pendre de tous les honorables parents et amis qui ont leur place dans mon testament... »

— Oh ! fit l'assemblée indignée.

«... Il en est de même de Fargeau, reprit Cousin-et-Ami sans s'émouvoir, du cher docteur Morin, de Besnard et des autres.

« Mes enfants, je vous ai choisis vous détestant tous. Vous êtes dans les meilleures conditions pour vous entre-dévorer. Ne trompez pas l'espérance d'un mourant. Aiguisez vos dents, et pas de paresse ! »

Ma foi, le fantôme se frotta les mains à cette apostrophe véritablement éloquente.

Les héritiers avaient pris leur parti et buvaient assez bien.

Quelques-uns commençaient à voir les chandelles doubles.

« 6° A M. Houël, je donne et lègue la onzième partie, etc., à la charge d'acquitter, etc.

« A ceux qui s'étonneraient de me voir favoriser ainsi un vieux grimaud qui jouit d'une réputation passable, je répondrai ceci :

« Le vieux Houël est somnambule. Une nuit, il prit dans ses bras ma cousine Houël, sa femme, et la mit au fond de l'étang de Bréhaim... »

— Horreur ! s'écria le bonhomme Houël.

— Prenez garde ! dit Cousin-et-Ami, si vous repoussez le motif du legs...

Houël but un coup.

— Bah ! fit-il avec résignation, puisqu'il dit que c'était en dormant, allez toujours !

« 7° A M° Menand jeune (même formule de donation) toujours à charge d'acquitter le premier legs en faveur de M™° Marion, rentière.

« Menand jeune est notaire, stupide et filou.

« Trois bonnes choses qu'il faut encourager. »

L'Artichaut ne broncha pas. Seulement, au mot filou, il tira de sa poche une échalote qu'il pela avec effronterie.

« 8° A M. Besnard, homme de loi (même formule).

« Normand, recouvert de Breton et doublé de Manceau.

« J'estime qu'il n'y a pas, de Rennes à Laval, un drôle plus impudent que ce Besnard.

« Il jouera son rôle dans notre affaire, et le diable sera content de lui.

« 9° A M°° Olivette, etc., la onzième partie, etc... »

— Bon ! pensa Menand jeune, qui croquait son écha-

meubles et immeubles, à la charge d'acquitter sa part du premier legs ci-dessus, au profit de M⁽ᵐᵉ⁾ Marion, rentière.

« Je ne pourrais que répéter à l'égard du docteur Morin ce que j'ai dit à l'égard de Fargeau. Il y a dix-huit ans que le docteur me traite; je lui dois donc juste dix-huit ans de répit.

« Dans la grande famille formée désormais par mes héritiers, Fargeau sera la vipère, et le bon docteur aura mission de renouveler son venin.

« 5° A M. de Maudreuil... »

— Messieurs, s'interrompit Cousin-et-Ami, je vais lire mon article, comme celui des autres, sans passer une syllabe. Nous savons tous que notre vénérable ami et cousin avait un naturel caustique...

— Allez, allez ! dit-on à la ronde.

Et le fantôme ajouta innocemment :

— Allez, allez, allez, allez !

« 5° A M. de Maudreuil, la onzième partie, etc., à charge d'acquitter, etc.

« Quoique M. de Maudreuil ne soit à ma connaissance ni un voleur, dans la rigoureuse acception du mot, ni un assassin, je veux bien néanmoins le comprendre dans la liste de mes libéralités testamentaires. Cet homme est, en effet, pourvu de l'amour immodéré des successions. Bien dirigé, cet amour-là peut mener à tout.

« J'espère que M. de Maudreuil fera beaucoup enrager ses cohéritiers.

« Je place ici une mention qui a son importance. Maudreuil m'a fait trois mille visites; je l'ai reçu trois fois. Il m'a dit pis que pendre de tous les honorables parents et amis qui ont leur place dans mon testament... »

— Oh ! fit l'assemblée indignée.

« ... Il en est de même de Fargeau, reprit Cousin-et-Ami sans s'émouvoir, du cher docteur Morin, de Besnard et des autres.

« Mes enfants, je vous ai choisis vous détestant tous. Vous êtes dans les meilleures conditions pour vous entre-dévorer. Ne trompez pas l'espérance d'un mourant. Aiguisez vos dents, et pas de paresse ! »

Ma foi, le fantôme se frotta les mains à cette apostrophe véritablement éloquente.

Les héritiers avaient pris leur parti et buvaient assez bien.

Quelques-uns commençaient à voir les chandelles doubles.

« 6° A M. Houël, je donne et lègue la onzième partie, etc., à la charge d'acquitter, etc.

« A ceux qui s'étonneraient de me voir favoriser ainsi un vieux grimaud qui jouit d'une réputation passable, je répondrai ceci :

« Le vieux Houël est somnambule. Une nuit, il prit dans ses bras ma cousine Houël, sa femme, et la mit au fond de l'étang de Bréhaim... »

— Horreur! s'écria le bonhomme Houël.

— Prenez garde ! dit Cousin-et-Ami, si vous repoussez le motif du legs...

Houël but un coup.

— Bah ! fit-il avec résignation, puisqu'il dit que c'était en dormant, allez toujours !

« 7° A M° Menand jeune (même formule de donation) toujours à charge d'acquitter le premier legs en faveur de Mme Marion, rentière.

« Menand jeune est notaire, stupide et filou.

« Trois bonnes choses qu'il faut encourager. »

L'Artichaut ne broncha pas. Seulement, au mot filou, il tira de sa poche une échalote qu'il pela avec effronterie.

« 8° A M. Besnard, homme de loi (même formule).

« Normand, recouvert de Breton et doublé de Manceau.

« J'estime qu'il n'y a pas, de Rennes à Laval, un drôle plus impudent que ce Besnard.

« Il jouera son rôle dans notre affaire, et le diable sera content de lui.

« 9° A Mlle Olivette, etc., la onzième partie, etc... »

— Bon ! pensa Menand jeune, qui croquait son échalote avec une âcre volupté, voyons ce qu'il dit de ma femme !

« Joli brin de fille, tous les bons germes d'une peste. Ambitieuse, orgueilleuse, menteuse.

« Je compte énormément sur elle.

« Auprès de cette charmante enfant, M⁽ᵐᵉ⁾ Marion, rentière, est un cœur sensible.

« 10° A Tiennet Blône... »

Il y eut comme un mouvement derrière le rideau.

Mais outre que personne ne faisait attention au rideau, il y avait de la fumée de rhum dans toutes les têtes, et l'orgie, pour être sérieuse et presque somnolente, n'en allait pas moins son train.

« ... A Tiennet Blône, la onzième partie, etc.

« Ceci est une faiblesse, ce que les sots appellent un devoir.

« Mais l'enfant pourra bien casser par-ci par-là une tête, et ce n'est pas à dédaigner.

« C'est égal. Le remords de ma conscience me dit que je fais là une bonne action... »

Et penser que ces audacieux paradoxes ne produisaient pas le moindre effet !

« 11° A M. Félix de Guérineul (même formule).

« Il faut dans toute farce un gentillâtre grotesque.

« Que mon cousin Guérineul ait l'obligeance d'accepter ce rôle, dont il s'acquittera si bien... »

— Nom de bleu ! dit Guérineul, si quelqu'un de vivant veut répéter ça, je l'arrangerai ! A moins pourtant qu'il ne paye le même prix que le vieux fou, nom de bleu !

« 12° Enfin, je donne et lègue à M. Honoré Créhu de Pélihou, mon bien-aimé frère, qui prête à la petite semaine dans le cul-de-sac du Puits-Rondel, à Vitré, sous le nom de M. Honoré le happe-monnaie, la onzième partie restante, à charge, etc. (Toujours le legs en faveur de M⁽ᵐᵉ⁾ Marion, rentière.)

« Et je le nomme mon exécuteur testamentaire. »

Un soupir de soulagement courut autour de la table.

— Nom d'un petit nom de nom ! s'écria Guérineul,

voilà un vieux qui était embêtant comme l'embêtement en grand ! C'est fini, pas vrai ?

— Ça m'a l'air fini, dit le vieux Houël.

— Nous avons tous notre affaire, ajouta Besnard : des injures et de l'argent.

Cependant Cousin-et-Ami, qui continuait de lire tout bas, était soudain devenu presque aussi blême que le jeune M. Fargeau.

— Non, messieurs, dit-il d'un accent plaintif, non, ce n'est pas fini ! et nous sommes ruinés ! Notre ami et cousin, que je ne qualifie pas ici, s'est moqué de nous de la façon la plus inhumaine !

Toutes les figures s'allongèrent, excepté celle du fantôme, Honoré le happe-monnaie, qui ne pouvait plus s'allonger, sous peine de rentrer dans la définition de la ligne géométrique.

— Qu'y a-t-il donc ? qu'y a-t-il donc ? demanda tout le monde à la fois.

— Ecoutez, dit Cousin-et-Ami avec la solennité du désespoir :

« Chacun des légataires ci-dessus dénommés obtiendra la délivrance de son legs à sa diligence.

« Pour ce, il devra signer un acte collectif où chacun des légataires s'engagera à verser annuellement, suivant les formes réglées dans des instructions remises par moi à mon bien-aimé frère, la totalité des revenus annuels afférents à son legs, dans une caisse commune. « La somme provenant de ces versements ainsi que ma fortune entière devant appartenir en totalité au dernier survivant de mesdits légataires, à la charge par lui de servir le legs précité en faveur de Mme Marion, rentière.

« Faute par mesdits légataires de remplir étroitement cette condition et de s'y engager par avance,

« Je déclare donner et léguer la totalité de mes biens meubles et immeubles à Berthe Créhu de la Saulays, ma nièce, à la charge par elle d'acquitter le legs réservé, comme il est dit à l'article premier du présent acte, en faveur de Mme Marion, rentière. »

XXXV

Au dernier vivant

Ce fut comme un coup de massue asséné sur toutes les têtes.

Personne ne fit attention à la mauvaise plaisanterie du legs de M⁰⁰ Marion, rentière, qui revenait toujours et qui consistait en un flacon d'eau de Cologne entamé, deux pots de pommade et une bouteille d'eau-de-vie.

L'aimable gaité qui avait accueilli le décès de Jean-de-la-Mer s'était envolée pour toujours.

Une caisse commune ! une caisse où il fallait que chaque légataire versât la *totalité* de ses revenus !

Pour le tout appartenir (parlons un peu ce doux français des langues noires), pour le tout appartenir au dernier survivant de la bande !

Un siècle à attendre ! Au lieu d'une succession, une tontine !

L'assistance fut bien dix minutes à se remettre.

Guérineul prit le premier la parole.

— Alors, ça nous passera sous le nez? dit-il, c'est du propre !

— Voyons, insinua le vieux Houël, est-ce qu'il n'y aurait pas moyen? Nous sommes ici entre amis.

— Arranger? murmura Besnard.

— Supprimer? appuya ce bon docteur Morin.

— Corriger? reprit Cousin-et-Ami qui regarda Menano jeune.

Il ajouta en caressant l'épaule de l'Artichaut:

— Dans votre état, monsieur et ami, on n'est pas sans savoir donner à propos un petit coup de grattoir

L'Artichaut sourit avec une malicieuse candeur, comme une fillette à qui l'on dit qu'elle a de beaux yeux.

Ce sourire fut comme un rayon d'espoir. Besnard, Maudreuil, Houël et Guérinoul emplirent leur verre à la santé de Menand jeune qui allait peut-être sauver la patrie.

A force de réfléchir, M. Fargeau, qui était la raison même, revenait à penser qu'il ne faut point bouder contre ses propres intérêts. Il avait espéré mieux, c'est vrai. Mais les choses semblaient prendre une tournure assez bizarre pour que la pêche en eau trouble fût bonne.

Besnard tira un grattoir de sa poche.

— Allons, Menand, dit-il, travaillons un peu ça !

Et tout le monde de caresser ce digne Menand et de dire :

— Allons, Menand ! à la besogne.

Menand jeune prit le grattoir.

Mais au moment où il allait montrer son savoir-faire, le manche à balai qui servait de bras au fantôme s'allongea subitement.

M. Honoré ne voulait pas.

— Permettez, permettez, permettez ! dit ce bon petit spectre avec politesse ; vous perdez votre temps, mes chers consorts ! Je ne suis pas bégueule du tout, au moins. Oh ! du tout, du tout, du tout ! Un petit faux entre amis, ça se fait. Mais le vieux Jean Créhu qui nous regardait, tous tant que nous sommes, comme des coquins, a pris ses précautions... Oui, oui, oui !

— Expliquez-vous, dit Maudreuil.

Le fantôme mit le grattoir dans sa poche. Il ne faut rien perdre.

— Bien volontiers, bien volontiers, bien volontiers ! répliqua-t-il, je vous aime déjà comme si vous étiez tous mes enfants. Voilà l'histoire : Jean Créhu a déposé un double de son testament chez M. Robillais, notaire royal, à Rennes, place du Champ-Jacquet, n° 2, à l'entresol.

Toutes les figures exprimèrent la plus complète consternation. Un testament pareil, déposé chez un notaire !

— Écoutez-moi, mes agneaux, reprit le fantôme, et ne pleurez pas. Le double, qui est chez le notaire, ne contient que le préambule philosophique et l'énonciation des legs. On n'y parle point des mérites de chacun de nous. Ce que M. de Maudreuil vient de lire est une pièce confidentielle. Tout cela est parfaitement expliqué dans mes instructions.

— Vos instructions ! répétèrent quelques voix.

— Oui, oui, oui, mes chères créatures ! Je vais vous en donner loyalement connaissance. Mais buvons un peu pour avoir le cœur gai, n'est-ce pas ?

Il avala un formidable verre de rhum, et chacun l'imita, parce que chacun sentait instinctivement qu'il allait avoir besoin de courage.

La peur combattait l'ivresse, avant que l'ivresse vînt dompter la peur. Elle était lente à monter, l'ivresse.

Le fantôme mit sa petite tabatière d'argent à côté de lui, posa sur son nez mince et recourbé des lunettes de fer, en pincettes, et prit plusieurs papiers dans la poche de sa houppelande...

Derrière le rideau, Tiennet et Berthe retenaient leur souffle. Tiennet avait son œil à la fente de la draperie. Berthe écoutait. C'était pour elle comme un rêve étrange et pénible.

M. Honoré déplia une lettre et lut :

« Mon frère,

« En ne me donnant point signe de vie depuis quinze ans que je suis de retour au pays, vous avez fait preuve de prudence et de discrétion.

« Je n'ai aucune espèce d'envie de vous voir, mais je ne répugne pas à vous fournir une marque de bon souvenir.

« J'ai fait un testament en faveur de onze personnes, vous compris ; sur les onze, il y a, vous compris, neuf fieffés misérables. J'avoue que si j'en avais trouvé plus de neuf dans le pays, j'aurais pu étendre le cercle de mes libéralités.

« J'ai bien pensé aux Romblon, mais j'ai besoin des Romblon ailleurs.

« Vous trouverez ci-joint un acte d'adhésion aux clauses du testament. Votre premier devoir est de le faire signer à tous mes héritiers.

« Comme il ne faut pas que le caprice d'un seul nuise aux intérêts de tous, une clause, consignée dans mon testament déposé, établit que l'acceptation de la majorité des héritiers validera l'acte.

« Les dissidents perdront leur part qui retournera à la masse.

« Votre second devoir est de veiller à ce que soit fait avec soin la délivrance du legs alloué à Mme Marion, rentière.

« Votre troisième devoir est de servir de caissier à l'association que formeront mes héritiers, car je ne veux pas qu'on verse les revenus ailleurs que dans un trou bien clos, n'ayant confiance ni dans les banquiers, ni dans les notaires, ni surtout dans le gouvernement.

« Les versements se feront annuellement, sous peine de déchéance, et dans la forme qui sera délibérée au souper des funérailles par mes héritiers eux-mêmes.

« Enfin, votre quatrième devoir est d'expliquer un peu à ces drôles le fond de ma pensée que vous trouverez dans une lettre ci-jointe, lettre que vous voudrez bien brûler aussitôt après l'avoir lue.

« Le double de mon testament se trouve, etc., etc., etc. »

Le reste de la lettre n'apprendrait rien au lecteur, sauf pourtant certain paragraphe qui porta au comble la consternation des héritiers.

Ce paragraphe disait :

« Vous aurez à prévenir ces messieurs de ce fait que mon testament déposé leur donne vingt ans pour jouer leur partie. Après ces vingt ans, comme il faut que tout ait une fin, s'ils n'ont pas *terminé l'affaire*, la clause résolutoire précitée sortira son effet, et ma nièce Berthe héritera non seulement de mes biens, mais aussi des sommes accumulées, à la charge par elle de servir, s'il ne l'est pas encore, le legs attribué à Mme Marion, rentière. »

Le fantôme posa ses lunettes de fer sur la table, prit une prise qui fit éternuer ses voisins, et trouva au fond de sa poche une écritoire avec sa plume.

Il mit la plume et l'écritoire au beau milieu de la nappe, et poussa auprès le papier timbré portant adhésion à toutes les clauses du testament.

— Signez, signez, signez, mes mignons ! dit-il d'un air engageant et folâtre.

Personne ne bougea.

— Oh ! les vilains ! les vilains ! les vilains ! reprit le fantôme avec caresses. Aiment-ils donc mieux voir les deux millions tomber à la demoiselle ?

Il y eut un mouvement. On but ; le rhum semblait amer : c'était désormais une médecine contre la peur qui venait.

Car, derrière toutes ces préparations si froides, on sentait comme une odeur de sang.

Ce vieux Jean Créhu était le diable ! Son testament brûlait tous ceux qu'il touchait, comme le feu de l'enfer.

Cousin-et-Ami prit le papier timbré, le lut et le signa d'une main un peu tremblante.

C'était une acceptation pure et simple, fort innocente en la forme, des conditions inscrites au testament.

Houël fit comme Cousin-et-Ami, puis Guérineul, puis Ménand jeune, puis Morin, puis Besnard.

Quand ce fut au tour de de Fargeau, il dit :

— Vous qui êtes légiste, maître Besnard, qu'arriverait-il si nous refusions d'accepter les conditions imposées par le défunt ?

— La succession s'ouvrirait immédiatement au profit de Mlle Berthe.

— Et si Mlle Berthe était morte ?

Besnard se frappa le front.

— Déchirez ce papier ! s'écria-t-il ; nous sommes les maîtres !

Mais Fargeau signa tranquillement et rendit le papier timbré au fantôme, qui le fit disparaître incontinent dans les poches de sa houppelande.

— Que faites-vous ? balbutia Besnard étonné.

— Ce n'est pas la onzième partie des biens de la Saulays qu'il me faut, prononça Fargeau du bout des lèvres, c'est le tout !

Le fantôme fut si enchanté de cette belle parole qu'il allongea les os de ses bras à travers la table et caressa paternellement le menton de Fargeau.

Puis il se dressa tout d'une pièce et leva son verre :

— Au dernier vivant ! dit-il d'une voix qui vibra comme un coup de tam-tam.

XXXVI

Le Jeu de la Mort

Ce toast : Au dernier vivant ! n'eut point l'effet joyeux que semblait en attendre son auteur. Il mit du froid dans toutes les veines. Au lieu de boire, chacun regarda son voisin, comme pour calculer ses chances de survie.

— Mauvais, mauvais, mauvais ! mes bons petits amis, murmura le fantôme d'un ton de reproche ; ça ne va pas ! Passez-moi ce grand bol d'argent : je vais vous faire du punch, et ça vous réveillera.

Il s'entendait à faire le punch, ce vieux M. Honoré, le happe-monnaie. Tout ce qui restait de flacons de rhum et d'eau-de-vie sur la table fut vidé dans le bol. Cousin-et-Ami prétendit même, par la suite, que le fantôme y avait versé autre chose que du rhum et de l'eau-de-vie, le contenu d'une petite fiole qu'il avait tirée on ne sait d'où, et qu'il fit disparaître avec une adresse de prestidigitateur.

Ce qui est certain, c'est que le punch était fameux, au dire du jeune M. de Guérineul.

Au second verre, tout le monde avait la tête haute et les yeux allumés.

Le fantôme jeta à la ronde un regard de satisfaction.

— Voilà qui est bien, bien, bien, bien, mes jolis mignons, dit-il ; nous sommes en état de parler raison. Tout ce qu'on vient de vous lire, c'est de la bagatelle ! Vous sentez bien que M. Jean Créhu ne comptait pas vous voir jeter dans un trou vos revenus pendant vingt ans. Je vais vous dire le fin mot, moi.

— Voyons le fin mot, cria l'assemblée avide.

— Nous sommes constitués en tontine, n'est-ce pas? reprit le fantôme. Eh bien, quel est le but de tout membre d'une tontine? Vivre plus longtemps que ses associés. Est-ce clair?

— C'est clair !

— Ce but des membres d'une tontine est supposé hors de la puissance de chacun. Rendons à la tontine sa sincérité ; abaissons le but pour que chacun puisse y mettre le doigt. Au lieu de laisser le hasard mener notre partie, prenons nos cartes, morbleu ! et jouons notre jeu !

On ne comprenait pas bien. Fargeau tout seul avait un sourire aigu autour de la lèvre.

— Buvez ! reprit le fantôme.

Ce n'était que le troisième verre de cet excellent punch, et chacun voyait déjà valser les chandelles.

— L'enjeu est de deux millions ! reprit M. Honoré.

— Ah ! çà ! interrompit Morin, est-ce véritablement une partie de cartes que vous nous proposez ?

— J'en suis ! dit le vieux Houël qui n'était pas sans avoir appris, dans sa longue carrière, à faire sauter un peu la coupe.

— Moi aussi, tonnerre de Landerneau ! s'écria Guérineul ; mais j'aimerais mieux ça en vingt-quatre secs, au billard.

— Ton ton ton ton ! fit M. Honoré d'un air malin, à d'autres, mes petites gargailles ! Au jeu dont je vous parle, voyez-vous bien, on ne paie pas volontiers ses dettes. C'est le jeu de la mort, mes vrais amis. Tout perdant doit coucher au cimetière.

Les fauteuils grincèrent sur le parquet. Chacun se recula de son voisin avec défiance.

On comprenait.

Et la sueur froide perlait à tous les fronts.

— Buvez, mes agneaux! reprit encore le fantôme. Tout est bon pour jouer ce jeu-là : des fusils, des pistolets, une bonne grosse pierre dans la tempe, un petit coup de couteau entre les côtes, la calomnie bien entendue, la délation dirigée comme il faut, une poussée amicale au bord d'un précipice ; tenez, ajouta-t-il gaîment, quelques gouttes d'une chose que je sais bien dans un bol de punch comme celui-ci.

Les convives devinrent livides et regardèrent leurs verres avec horreur. Le fantôme se prit à ricaner bonnement.

— N'ayez pas peur! dit-il en avalant un grand coup de punch; vous voyez bien que le jeu n'est pas commencé!

Il remplit les verres à la ronde. Puis, comme s'il se fût agi de la chose la plus simple, il demanda en souriant :

— Est-ce convenu, mes bons petits chéris?

La réponse se fit attendre. Mais ce punch était endiablé!

— Moi, je dis oui, pour ma part, prononça résolument Fargeau.

— Moi, je dis oui, nom de bleu! cria Guérineul; prenons les couteaux de table et gagnons notre vie!

— Oui, — oui, — oui! répéta-t-on de toutes parts.

Les voix étaient rauques, les visages enflammés.

Il y avait une profonde béatitude sur la jaune figure du fantôme.

Guérineul avait saisi bel et bien son couteau de table, pour *gagner sa vie*, comme il disait. Menand jeune, montrant ici le discernement le plus étonnant, avait pris le coutelas qui servait à découper, un vrai sabre de cavalerie!

La bagarre était imminente.

— La paix, la paix, la paix! dit le fantôme, semblable au vaillant écuyer qui chatouille le garrot fumant de son cheval; personne n'a le droit de choisir comme cela des armes pour tout le monde. A bas les couteaux!

— Et vive la charte! cria Cousin-et-Ami, qui pleurait d'attendrissement.

— Monsieur! monsieur! riposta le docteur Morin, les hommes comme vous perdront notre belle France!

Menand le jeune chantait à l'intérieur de son cœur, en songeant à la première nuit de ses noces :

> Quand les cannes vont aux champs
> La première va devant,
> La troisième est par derrière,
> La seconde entre les deux...

Et cette silencieuse harmonie, inondant sa belle âme, mettait sur son front des lueurs et des sourires.

Houël, un homme d'âge pourtant, essayait de casser une noisette sous chacun de ses cinq doigts.

Il ne pouvait pas.

Guérineul dessinait sur la nappe, à l'aide d'un bouchon brûlé, ce bonhomme célèbre qui est sur toutes les murailles, coiffé d'un triangle et muni d'une pipe. Fargeau avait pris une mouche, qu'il assassinait petit à petit.

Besnard plaidait, devant un juge de paix absent, la cause d'une poule volée avec effraction, mais sans escalade.

Ils étaient tous ivres à faire envie!

— Voilà de bons petits enfants, reprit le fantôme, des petits enfants bien obéissants. Nous avons le temps de nous y mettre, mes garçailles. Nous pouvons bien causer tranquillement ce soir. Demain, il fera jour.

— Bonhomme! dit Guérineul, toi, on t'enverra au diable avec une chiquenaude!

— Savoir, savoir, savoir! murmura le vieillard en adressant à Guérineul un petit signe de tête paternel; le taureau est plus fort que la vipère, n'est-ce pas, monsieur Fargeau? et la vipère tue le taureau. Je vois là de bons garçons qui sont mieux armés que vous, monsieur de Guérineul. Voilà un Besnard qui doit avoir plus d'un tour dans son sac. Et le docteur Morin donc! Ah! nous rirons, nous rirons, nous rirons!

Il remit son menton sur ses deux pouces, et ses yeux s'éteignirent.

— En attendant, poursuivit-il, réglons nos faits, mes agneaux, et ne buvez plus; car vous allez tous tomber sous la table. Si vous m'en croyez, nous ferons trêve pour cette nuit.

— Pourquoi ça? demanda Fargeau.

— Autant vaut commencer tout de suite! dit Cousin-et-Ami.

— Du tout! nous avons à nous occuper des absents.

— C'est vrai! s'écria-t-on à la ronde.

— Les absents ont toujours tort! reprit le fantôme, qui n'était pas à l'abri du mot pour rire; quand nous aurons fait leur affaire, nous nous occuperons des nôtres. Qu'est-ce que c'est que ce Tiennet Blône?

— Un gars de seize ans, répondit Fargeau.

— Qui n'est pas éloigné de se croire le fils naturel du défunt, ajouta Cousin-et-Ami.

— Et qui donne *truquement* le coup du bélier! acheva Guérineul avec un accent de sincère admiration.

— Peut-on commencer par lui? demanda le fantôme.

— Je crois bien! s'écria Morin, c'est lui qui a été chercher cet âne bâté de Méaulle!

— Hum! fit Guérineul, les Romblon prendront chaud pour cette affaire-là.

— Ça regarde la succession, dit Cousin-et-Ami.

— Et où le trouvera-t-on, ce Tienuet? demanda encore le vieillard.

— Il est parti ce soir, répondit Fargeau pour aller prévenir mon cousin Lucien à Vitré.

Il y eut un petit silence, après quoi Cousin-et-Ami reprit:

— Nous jouons tous le même jeu, que diable! Dans les circonstances où nous sommes, l'assassinat perd son nom. Messieurs, je suis un galant homme...

— Et moi donc! interrompit Guérineul.
— Et moi!
— Et moi!
— Nous sommes tous de galants hommes, poursuivit Cousin-et-Ami; c'est le testament de notre vénéré ami et cousin qui nous pousse dans cette voie ; moi, je m'en lave les mains.

L'Artichaut regarda les siennes. Cette métaphore usuelle et biblique avait toujours choqué ses habitudes.

— Quant à la troisième personne absente, continua M. de Maudreuil, son mari que voilà (il montrait Menand jeune qui faisait la roue), nous apportera sa signature. Voulez-vous que nous fassions appeler les deux messieurs Romblon ?

Toujours poli, ce Cousin-et-Ami, les *messieurs* Romblon!

— Les Romblon! dit Fargeau avec répugnance ; ils ont une si détestable réputation!

Guérineul éclata de rire.

— Nom de bleu! s'écria-t-il, après la partie, Fargeau, je vous empaillerai! vous valez ça! parole sacrée!

La discussion s'établit sur la question de savoir s'il fallait, oui ou non, avoir recours aux talents des Romblon père et fils.

Nous avons déjà beaucoup parlé de ces Romblon, mais on ne les a pas encore vus à l'œuvre. Sous peu, nous verrons bien ce qu'ils savaient faire.

XXXVII

Le dessert

Il fut décidé, à la simple majorité des voix, que l'on s'adresserait aux Romblon, pour cette ténébreuse besogne, dût-il en coûter deux cents pistoles, — la pièce.

Puis le fantôme, résumant la discussion, leva la séance en ces termes :

— Il est bien entendu que, cette nuit, nous avons trêve, de même que nous aurons trêve chaque fois que les besoins communs nous réuniront, sur ma convocation. Il est bien entendu, en outre, que les Romblon seront payés sur le fonds indivis. Il est bien entendu, enfin, que les Romblon vont être mis sur-le-champ à la besogne, entre le château et Vitré, de manière à ce que Lucien puisse être trouvé demain couché, par accident, au fond de quelque trou...

Le vieillard s'interrompit et redressa sa taille osseuse, comme si un serpent l'eût piqué.

Tous les convives avaient tressailli à la fois.

Un cri étouffé s'était fait entendre derrière le rideau.

Fargeau et Besnard se regardèrent.

— C'est sa voix ! murmura Besnard.
— Impossible ! dit Fargeau.
— Regardez !

Au moment où Maudreuil et Guérineul s'élançaient vers le rideau, la draperie s'ouvrit. On vit Berthe dans l'ombrasure.

Elle était seule.

Tiennet Blône avait disparu.

— Pitié ! pitié ! disait Berthe qui tendait ses deux bras en pleurant ; pitié pour Lucien !

— Notre cousine et amie ! balbutia Maudreuil en reculant.

— Tonnerre de Landerneau ! fit Guérineul : la petite en a entendu de belles !

Et Guérineul était pourtant le meilleur de tous.

Sur tous les visages, on pouvait déjà lire l'arrêt de la pauvre Berthe.

Elle s'était retenue tant qu'elle avait pu. Plus d'une fois, ce cri, qui s'était enfin échappé de sa poitrine, était venu jusqu'au bord de ses lèvres.

Elle l'avait refoulé, parce que la présence de Tiennet Blône la soutenait et lui donnait du courage.

Mais, depuis quelques minutes, Tiennet Blône qui, tout en écoutant les voix de l'intérieur, prêtait avidement l'oreille aux bruits du dehors, Tiennet avait enjambé l'appui de la croisée et sauté dans la cour.

Le chien de garde hurlait. Des pas se faisaient entendre.

Or, la première préoccupation de Tiennet, c'était le retour de Lucien. Ce qu'il avait surpris de la conversation des héritiers n'était pas fait pour le rassurer. Il guettait Lucien d'autant plus activement, et s'il laissa Berthe dans l'embrasure pour sauter par la fenêtre, c'est qu'il avait cru reconnaître le pas de Lucien.

En partant, il avait dit tout bas à l'oreille de Berthe :

— Au moindre danger, appelez... je suis là !

Mais, pauvre fille ! est-ce qu'elle songeait à elle-même ! Lucien ! On menaçait son Lucien ! Lucien qui l'avait trahie, — mais qu'elle aimait, qu'elle aimait !...

Les héritiers semblaient se consulter du regard. Tous les sourcils étaient froncés.

Le fantôme, moins farouche que ses consorts, examinait Berthe à travers ses lunettes pince-nez, et disait d'un air content :

— Mais, mais, mais ! jolie fillette !

Berthe, attirée par ce silence, fit un pas en avant.

Besnard, Fargeau, Maudreuil et Morin s'étaient rapprochés. Fargeau dit, après qu'ils eurent échangé quelques mots à voix basse :

— Je vais l'occuper, marchez !

Morin tira de sa poche un beau grand foulard. Maudreuil le lui prit des mains et le tordit. Fargeau trouva la force de feindre un éclat de rire.

— Ah ! ah ! ah ! ah ! fit-il, la chère cousine qui ne voit pas qu'on s'amuse ici, au dessert !

— Est-ce que notre oncle Jean Créhu ne serait pas mort ? demanda Berthe qui eut tout à coup de l'espoir.

Fargeau ne s'attendait pas à la question. Mais qu'importait cela ? Le foulard était cordé, et Berthe était aveugle !

Maudreuil en tenait un bout ; Besnard tenait l'autre.

Berthe attendait la réponse de Fargeau.

Le fantôme tournait ses pouces avec béatitude.

Fargeau fit un signe d'impatience.

Maudreuil et Besnard qui, un instant, avaient paru hésiter, se prirent à marcher sur la pointe des pieds.

Le foulard du docteur avait été disposé de manière à former un nœud coulant.

Berthe poussa un grand cri, parce qu'elle sentit deux mains brûlantes et rudes qui s'appuyaient sur son cou.

— Arrêtez! dit Guérineul suffoqué.

— Serrez! dit Fargeau.

Berthe n'eut pas le temps de jeter un second cri.

Mais Tiennet Blône n'en avait demandé qu'un.

Au moment où la jeune fille chancelait, au moment où le lâche mouchoir se serrait autour de son pauvre beau cou, déjà gonflé par la pression des mains de Besnard, le pied de Tiennet Blône toucha l'appui de la croisée et le lança d'un seul bond jusqu'au milieu de la chambre.

Son choc irrésistible rejeta tous les convives, pâles et tremblants, de l'autre côté de la table.

Il arracha le mouchoir et reçut Berthe évanouie dans ses bras.

Il n'y eut pas une parole prononcée.

Sauf pourtant de la part du fantôme qui lorgna tranquillement Tiennet Blône, en murmurant :

— Mais, mais, mais! joli garçonnet!

Le premier mouvement, parmi les convives, fut une panique complète.

Mais les plus braves ne pouvaient tarder à se raviser. Il y avait d'un côté huit hommes dans la force de l'âge, de l'autre un enfant sans armes qui s'embarrassait à soutenir une jeune fille évanouie.

Sans se concerter, tous eurent la même pensée:

— Deux au lieu d'une! coup double!

Et tandis que Morin, Fargeau et Houël se glissaient le long de la table pour fermer la retraite du côté de la croisée, Besnard arracha le coutelas à découper des mains de Menand jeune, et sauta sur la table même pour tomber de là sur Tiennet.

On avait repris les couteaux. Besnard était sûr d'être soutenu.

Mais Tiennet avait eu deux secondes pour réfléchir. Il déposa Berthe sur le parquet. Ses longs cheveux secoués battirent ses épaules comme la crinière d'un lion.

La salle était éclairée par une demi-douzaine de grosses chandelles de suif placées toutes sur la table : une table massive et qu'on remuait à quatre pour la mettre d'aplomb sur les tréteaux qui lui servaient de supports.

Tiennet prit la table à deux mains au moment où Besnard marchait dessus. L'effort qu'il fit gonfla les veines de son front et mit du sang plein ses yeux. Les muscles de ses bras craquèrent.

Mais il souleva la table.

Et il la jeta, renversée, sur les convives demi-morts d'épouvante.

Un cri de détresse se fit.

Puis le silence et la nuit, car toutes les chandelles s'étaient éteintes à la fois dans la chute.

Tiennet reprit Berthe dans ses bras. D'un saut, il franchit la croisée. Il tomba dans la cour avec son fardeau.

Dans la salle rouge, qui était maintenant sombre et muette comme l'intérieur d'une tombe, on commença d'entendre certains mouvements confus, des gens qui allaient à tâtons, choquant çà et là les sièges renversés, des portes qui s'ouvraient.

Puis le cliquetis d'un briquet contre une pierre.

Des étincelles jaillirent. Une chandelle s'alluma.

C'était le fantôme qui avait battu le briquet. La table, en tombant, ne l'avait pas touché.

Il leva la chandelle pour regarder autour de lui.

Personne.

Tous les convives s'étaient esquivés, non pas précisément par frayeur de Tiennet; mais quand on s'est dit entre camarades : *jouons à la mort*, on n'aime pas à se trouver trop près de ces mêmes camarades dans les ténèbres.

Le fantôme sourit et se frotta les mains avec une satisfaction non équivoque.

— A chaque génération, pensa-t-il, il y a toujours un Créhu qui passe cent ans, et je suis le dernier de ma génération. J'ai devant moi un bien bel avenir !...

Il descendit de l'estrade où il occupait le fauteuil du mort, et fit quelques pas dans la chambre, le flambeau à la main.

Le hasard avait fait tomber le bol d'argent d'aplomb et debout. Il y restait bien trois ou quatre grands verres de punch.

Le fantôme prit le bol et but à même jusqu'à ce qu'il eût épuisé la dernière goutte.

Puis il respira gaillardement.

L'ivoire jauni de sa peau avait, ma foi, de belles nuances rosées !

Il remonta sur son estrade et chantonna d'une voix cassée un vilain petit couplet égrillard.

Quand il eut fini, il s'arrangea bien commodément sur ce fauteuil mortuaire, s'emmitoufla de son mieux dans les draperies noires, semées de larmes d'argent, et, parmi tout ce deuil, bercé par la voix lointaine du prêtre qui achevait sur le corps de Jean-de-la-Mer les oraisons de la mort chrétienne, il s'endormit gaîment, comme un honnête spectre qu'il était.

XXXVIII

Une idée de M. Fargeau

N'imitez pas la conduite des Romblon. Ils avaient peu de moralité.

Bien qu'ils fussent unis par les liens de la parenté la plus étroite, étant père et fils, et de plus associés dans leur commerce, la voix publique les accusait de se communiquer d'atroces volées dans le silence du cabinet.

La vie de famille doit être murée ; nous sommes de cet avis. Néanmoins, il peut être permis de livrer des habitudes aussi perverses au mépris des populations.

Ce soir-là, on avait servi les Romblon dans leur chambre. Ils avaient soupé comme il faut en causant de leurs petites affaires, et papa n'avait pas lancé une seule fois son assiette à la figure de Fifi.

On peut attribuer ce résultat à la gravité des circonstances. La saison était pitoyable ; les Romblon ne vendaient pas beaucoup de chevaux, et leurs assurances contre l'incendie n'allaient pas le moins du monde.

Papa Romblon disait :

— Quoi donc! pas de l'eau à boire. Les messieurs se mettent à monter des *biques* comme les sabotiers! Et personne ne veut plus payer l'*abonnement*, parce que les brûleurs *faignantent*.

— Pas l'embarras! interrompit Fifi.

— Faut rafistoler ça, reprit le bonhomme.

— Comment?

— Ça fait-il quelque chose que les fermes soient brûlées par les brûleurs ou par d'autres?

Le cœur de Fifi s'enfla. Quel papa il avait! Il se gratta l'oreille.

— Papa, continua-t-il, vous disiez que quand Jean-de-la-Mer serait mort nous n'aurions plus besoin de maquignonner ni de jouer sur les *brûlis*.

Le vieux Romblon se versa un verre à vin plein d'eau-de-vie et alluma sa pipe à la chandelle.

— Si je l'ai dit, c'est dit, répliqua-t-il.

— Eh bien, voilà Jean-de-la-Mer défunt, et il me semble que nous n'héritons pas beaucoup.

— Mais si, Fifi !

— Mais non, papa!

Voilà le *casus belli* posé. Mais si! mais non! Il n'en faut pas davantage.

Fifi reçut un coup de pied dans le ventre, et papa eut le nez écrasé.

Après une lutte que nous n'aurons pas l'effronterie de raconter en détail, Fifi Romblon abandonna le champ de bataille et alla se coucher.

Papa se lotionna le nez avec de l'eau-de-vie non camphrée, et reprit sa pipe qu'il avait eu le bonheur de conserver intacte.

Il était à ce moment onze heures et demie de nuit environ.

Papa tira ses gros souliers pour se mettre au lit.

Comme il allait éteindre sa chandelle, on frappa tout doucement à sa porte.

— Entrez! dit Romblon.

Ce fut le jeune M. Fargeau qui passa le seuil.

— Ah! ah! fit papa sans manifester le moindre étonnement, je vous attendais, mon mignon. Venez vous asseoir là.

Il montrait le pied de son lit.

Fargeau vint s'asseoir sur la couverture.

— Et de nouveau? dit le bonhomme.

Fargeau était encore tout pâle de ce qui venait de se passer dans la salle rouge. Son corps long et maigre avait un tressaillement nerveux.

— Une scène terrible! murmura-t-il.

— Contez-moi ça, mon petit!

Fargeau raconta la scène de point en point.

Le papa Romblon resta un instant comme ébahi.

— Oh! oh! fit-il enfin; eh! eh!

Puis il ajouta en forme de conclusion :

— Hu! hu!

C'était net et clair.

— Cher monsieur Romblon, dit Fargeau, je sais tout l'intérêt que vous me portez. Si j'en avais pu douter, le billet que vous m'avez fait tenir...

— *Tardè venientibus ossa!* s'écria le bonhomme avec un gros rire. Je ne sais pas le latin, moi, mais le bedeau

La tête du paysan se redressa orgueilleusement.

18e LIVR.

de Saint-Étienne de Rouen me disait toujours ça quand j'arrivais après la soupe.

— Croyez, cher monsieur, interrompit Fargeau en lui prenant les deux mains, que ma reconnaissance...

— Nous chiffrerons ça, mon petit, interrompit Romblon à son tour. Vous venez faire une affaire, pas vrai ?

— Je viens...

— Écoutez donc ! Je le connais, moi, ce vieux singe que vous appelez le fantôme. Quand je vins à Vitré pour la première fois, je n'avais pas de quoi souper. Je lui empruntai cinquante sous sur une paire de guêtres ; depuis, je lui ai rendu les cinquante sous, il a gardé la paire de guêtres pour les intérêts. C'est un homme qui entend les affaires.

— Je viens... voulut dire encore Fargeau.

— Bon ! bon ! ah ! le fameux lapin que ça faisait, ce Jean-de-la-Mer. J'aurais donné une pièce de six livres, moi, pour entendre son testament. Il vous a tous mis nez à nez à vous regarder dans les yeux comme des chiens de faïence. Il sait bien que vous vous entremangerez tous, et qu'on ne trouvera pas même la queue du dernier. C'est-à-dire il savait bien, le brave homme, car il a claqué. Ah ! c'est une tontine à la vapeur, ça ! Bravo !

— Je viens... commençait toujours Fargeau.

— Eh ! mon petit mignon ! s'écria papa, est-ce que je ne sais pas pourquoi vous venez ? A neuf grands dadais que vous étiez, vous vous êtes laissés rendoubler par le Tiennet Blône, le Tiennet Blône et Mlle Berthe vous ont filé dans la manche. Ils vont aller prévenir le cousin Lucien. Alors vous arrivez au vieux Romblon et vous lui dites : Papa, en voilà trois à chavirer, on vous offre tant, ça vous paraît agréable ?

Le bonhomme disait tout cela avec un si bon gros rire !

— Hein ? ajouta-t-il, a-t-on deviné ?

— Pas le moins du monde, répliqua Fargeau froidement.

Papa Romblon ouvrit l'œil.

— Est-ce qu'on voudrait se passer de moi ? demanda-t-il.

— Non, cher monsieur; moi, du moins, je ne pourrais avoir cette pensée, puisque je vous suis tout dévoué, mais veuillez m'écouter. Quand j'aurai fini, j'espère que vous verrez les choses sous un autre point de vue.

— J'écoute, dit papa.

Fargeau croisa ses mains sur ses genoux, et d'un accent discret autant qu'honnête :

— Veuillez remarquer, cher monsieur Romblon, commença-t-il, que je parle en mon nom seul. Mes cohéritiers et moi, nous sommes des ennemis mortels par le fait du testament de mon respectable oncle.

— C'est évident, approuva Romblon.

— Suivez-moi bien. Cette nuit, vous allez recevoir la visite de tous les héritiers.

— Je m'y attends.

— Ils vont venir vous faire telles ou telles propositions que je ne connais ni n'apprécie; ce sera à vous de voir si la mienne ne tranche pas le nœud mieux que toutes les autres, et pour cela, je m'en rapporte à votre intelligence si connue. Une question, maintenant : Voulez-vous être avec moi ?

— Si vous payez bien, oui, mon gars.

— Je payerai comme un roi.

— Je suis à vous. Tope !

— Tope ! Voilà mon idée : Nous sommes onze cohéritiers; sur ces onze, deux se trouvent en dehors...

— Donc, il faut commencer par eux.

— Donc, il faut commencer par les autres !

— Ah ! fit papa Romblon, qui devint plus attentif.

— Réfléchissez, reprit Fargeau; Tiennet et Lucien ne me tireront jamais de coups de fusil sur la lande, tandis que Besnard, Houël, Guérineul...

— C'est juste.

— Lucien et Tiennet ne mettront jamais de vert-de-gris dans ma soupe, tandis que le docteur Morin...

— Compris! dit papa, allez toujours! Ah! le charmant garçon!

Et papa donna au jeune M. Fargeau une chaleureuse poignée de main.

XXXIX

Armes et munitions

Fargeau parut flatté de cette marque d'estime et reprit :

— Je propose donc d'en finir cette nuit même avec tout le monde, excepté peut-être M. Honoré, qui est si vieux.

— Ça vit cent ans, les happe-monnaie, mon fils, dit papa.

— Enfin, nous verrons. Mais pour ce qui regarde les autres, râfle générale!

— Diable! diable! murmura Romblon, ça fera sept corps morts. Et puis le moyen ?

— Quant aux sept corps, répliqua Fargeau, qui discutait avec politesse et méthode, je crois avoir trouvé, cher monsieur, un biais qui vous satisfera. Les incendiaires semblent avoir abandonné le pays...

— Je le disais tout à l'heure à Fifi, s'écria le bonhomme, ça tue nos assurances.

— Je ressuscite vos assurances, moi. Nous sommes rassemblés ici, nous, les héritiers de Jean Créhu. Les incendiaires, en force, tentent de brûler la métairie qui est de l'autre côté de la Mestivière, par exemple. Nous nous armons pour défendre une propriété qui est nôtre et indivise. Il y a un horrible combat... et sept d'entre nous restent sur le carreau.

Romblon serra la main de Fargeau.

— C'est assez bête pour ne pas soulever l'ombre d'un doute, prononça-t-il gravement.
— Écoutez ! dit Fargeau.
On gratta doucement à la porte.
— Qui est là ? demanda Romblon.
— C'est moi, mon bon, répondit la voix de Cousin-et-Ami.
— Je suis malade, cria Romblon, parlez à Fifi.
Maudreuil frappa à la porte du jeune Romblon.
— Vous voyez ! reprit Fargeau, ils vont tous venir comme cela ; vous leur ferez croire que, dans la bagarre, la bonne place sera pour eux.
— Comment, la bonne place ? répéta papa, qui, malgré son expérience, ne comprenait pas encore tout à fait.
— Oui, poursuivit Fargeau sans s'émouvoir, le plan est tout tracé ; ce n'est pas vous qui mettrez la main à la pâte.
— Qui donc ?
— Nous tous.
— Mais c'est superbe, ça ! Voyon le plan.
— Vous nous donnez à chacun un fusil bien chargé, et à chacun vous dites : « Le coup est monté de telle sorte « qu'à un signal donné, tout le monde tombera, excepté « vous... car vous viserez votre voisin, qui visera son voi- « sin, et ainsi de suite, tandis que vous, personne ne vous « visera : je vous aurai placé en lieu sûr. ».
— Ma parole ! interrompit Romblon stupéfait, c'est du bonbon que cette idée-là ! Ils croiront, surtout s'ils ont payé, ils croiront dur comme fer ! Et les fusils ?
— Il en faut huit ! dit Fargeau, levez-vous et venez.
Le vieux Romblon passa son caleçon et se leva en chemise avec son bonnet de coton.
Comme ils sortaient par une porte de derrière, on gratta une seconde fois à la porte principale.
— Qui est là ? demanda encore Romblon.
— Moi, répondit la voix carrée de Besnard.
— Je suis à vous, attendez-moi, je cause avec mon fils.
— Ça mord ! ça mord ! ajouta-t-il tout bas en se tournant vers Fargeau.

Fargeau mit un doigt sur sa bouche, et ils s'engagèrent tous les deux dans l'escalier de service.

La partie du château où se trouvaient Fargeau et papa Romblon était assez éloignée de la salle rouge, et surtout de la chambre mortuaire.

Les chambres des domestiques étaient aux communs, de l'autre côté de la cour. Olivette seule couchait à l'intérieur du château. Fargeau et Romblon ne purent faire autrement que de passer devant la chambrette. Fargeau en montra la porte du doigt.

— Nous comptons mal, dit Fargeau à voix basse; il ne faut pas de fusil pour Olivette.

— C'est vrai! c'est pourtant vrai! murmura papa en ricanant, le vieux a couché la petite dans son testament. Quel homme ça faisait!

— Reste sept, dont un doit survivre, ajouta Fargeau en touchant sa poitrine du bout du doigt comme pour se désigner; les six autres, il faut qu'ils s'en aillent, ce Maudreuil surtout.

— On le mettra au mauvais bout, répliqua Romblon, qui ricanait toujours, de sorte qu'il sera canardé sans avoir la satisfaction de rendre la pareille à un autre... Mais où diable sont-ils donc, vos fusils?

Fargeau et lui atteignaient l'extrémité du corridor du premier étage.

— Tenez la lumière, dit Fargeau.

Il prit en même temps une clé cachée derrière une saillie de la muraille, et ouvrit la porte qui lui faisait face.

Cette porte donnait entrée dans le magasin d'armes du château. Romblon choisit sept fusils à peu près présentables. Fargeau se munit de poudre et de balles.

Avant de rentrer, le bonhomme arrêta Fargeau.

— Mon mignon, dit-il, vous êtes sage comme une image, et je suis bien sûr que vous m'apportez un acompte.

— Cent louis en or, dit Fargeau.

— Mettons deux cents. Vous les avez sur vous?

— Mettons deux cents, dit Fargeau.

Papa fut bien fâché de n'en avoir pas demandé trois cents.

— Donnez, reprit-il.

Et quand Fargeau lui eut donné huit rouleaux de vingt-cinq louis, il ajouta :

— Qu'est-ce que j'aurai après l'affaire ?

— Une part d'héritier.

Le Romblon mit la main sur l'épaule de Fargeau.

— Vous irez loin, mon camarade, dit-il ; je vous ai vu marchander un cheval de cinquante écus, ce qui est bien ; aujourd'hui, vous ne marchandez pas quand il s'agit de centaines de mille francs : c'est mieux. Choisissez votre fusil, je vais vous le charger.

— Je n'y entends rien, répondit Fargeau ; maintenant que vous avez fait mes prix, je suis sûr de vous. Choisissez pour moi, et arrangez tout ça comme il faut.

Romblon prit la meilleure arme et la chargea consciencieusement. Puis il dit :

— Filez, mon petit. A quatre heures, vous irez à la Mestivière, pas sur la plate-forme, derrière les roches. Vous vous cacherez dans les genêts auprès du sixième baliveau, le long de la route. Cousin-et-Ami sera au cinquième baliveau.

— Maudreuil ! s'écria Fargeau, je ne le manquerai pas.

— J'y compte bien. A tantôt !

Fargeau voulait parler encore, mais Romblon avait son monde à recevoir. C'était pour lui nuit de grande audience.

Il ferma la porte sur le nez de Fargeau.

Puis, comme il connaissait les habitudes du digne jeune homme, il ferma encore une seconde porte qui mettait double barrière entre sa voix et les oreilles trop curieuses.

XL

Les audiences de Romblon père et fils

Besnard attendait toujours au dehors. Romblon lui ouvrit enfin ; mais, au lieu de le laisser entrer, il se ravisa et repoussa brusquement la porte.

— Attendez voir encore un peu, mon bon, dit-il, je n'ai plus qu'un mot à siffler à Fifi... Fifi !

— Papa ! répondit aussitôt la voix du jeune maquignon.

Les deux chambres étaient séparées par un cabinet de toilette. Ce fut sur ce terrain neutre que les deux Romblon s'abouchèrent.

— Tu as Maudreuil chez toi ? demanda le père.

— Oui, papa.

— Ouvre l'oreille ; je n'ai pas le temps de mettre les points sur les *i*, entends-tu bien !

Fifi s'approcha. Le bonhomme lui parla rapidement et à voix basse. Tout en parlant, il chargeait les fusils.

Quand il eut achevé :

— Comprends-tu ? demanda-t-il.

— Oui, papa.

— Alors, prends trois fusils et décampe !

Fifi disparut avec les trois fusils.

— Je suis à vous, compère Besnard, dit le vieux Romblon en ouvrant définitivement la porte d'entrée.

— M'expliquerez-vous ?... commença l'homme d'affaires avec mauvaise humeur.

— Pourquoi je vous ai fait attendre ? Fifi était à me soigner comme un bon petit gars. Mais je vas me recoucher, monsieur Besnard, reprit-il en grelottant. Brrrrr ! Qu'est-ce qu'il y a pour votre service ?

Besnard avait regardé tout autour de la chambre d'un

air de défiance. Il s'approcha du lit et s'assit tout près de Romblon.

— J'ai fièrement confiance en vous, papa, vous savez bien, commença-t-il.

— Après ?

— Le diable ! J'ai envie de vous conter tout ça.

— Contez !

Ceci fut dit avec résignation, car le vieux Romblon savait déjà l'histoire.

Besnard lui en fit un second récit détaillé, après quoi, il poussa un gros soupir.

— C'est une satanée affaire, dit-il.

Sous son bonnet de coton, papa vous avait une figure doctorale.

— Voilà ! répliqua-t-il avec solennité. Quand on est comme ça dans la gadoue jusqu'aux oreilles, on vient trouver les Romblon.

— J'ai une idée ! voulut interrompre Besnard.

Mais Romblon avait assez écouté.

— J'ai idée que vous allez me donner la paix, moi ! reprit-il ; les idées, c'est mon métier d'en avoir. J'en ai.

Il se gratta le front et continua d'un air inspiré :

— Que dites-vous de celle-ci, mon homme ?

Celle-ci, c'était l'idée de Fargeau, le massacre mutuel et réciproque, le Jeu de la Mort joué en une seule partie sans revanche.

— Vous m'entendez bien, conclut papa en se résumant : vous tirez sur Fargeau qui tire sur Maudreuil, qui tire sur Morin, qui tire sur Houël, qui tire sur Guérineul, qui tire sur Menand jeune...

— Qui tire sur moi, peut-être ! acheva Besnard.

Le vieux Romblon fit le geste de Socrate sur le point d'avaler la ciguë.

— Si vous payez le prix que ça vaut, vous n'aurez plus de ces idées-là, mon vieux ! prononça-t-il d'un ton sentencieux.

— Payer ! payer ! repartit Besnard, la belle affaire ! je donnerais la moitié de la succession à qui me tirerait d'embarras.

Papa fut touché au cœur. Pourtant, il fit la grimace.

— La moitié! grommela-t-il; ce n'est guère. Et le comptant?

— J'ai une centaine de louis dans ma bourse de cuir.

— Amenez!

Besnard compta les cent louis.

— Vous n'en avez pas d'autres? demanda papa.

Besnard frappa sur ses poches,

— Bien, bien, mon homme, c'était pour savoir. Maintenant, écoutez. Prenez le fusil qui est là au pied de mon lit. Il y a dedans une balle et trois chevrotines. Vous vous rendrez à quatre heures à la Mestivière, par les sentiers de la forêt. Votre poste est sous la roche. Fargeau sera devant vous à dix pas. Bonne nuit.

— Voyons, dit Besnard, convenons de nos faits plus clairement.

— C'est tout convenu. Cette nuit, à quatre heures cinq minutes, vous n'aurez plus pour cohéritiers que Tiennet Blône, Olivette, Lucien Créhu et Honoré le happe-monnaie.

Besnard se leva radieux.

— Ces quatre-là, je m'en charge! s'écria-t-il. Bonsoir.

Mais une idée était venue au vieux Romblon. Au moment où Besnard s'éloignait, il le rappela.

— Cent louis! s'écria-t-il, c'est la grêle! Fichez-moi au moins une consultation par-dessus le marché.

Besnard revint.

— Deux consultations, se reprit papa.

— Vingt-cinq, si ça vous amuse, mon compère.

— Non, rien que deux. Que diable! puisque vous m'avez promis la moitié de la succession ça me regarde un peu, tout ça! Je vous demande comment une histoire pareille peut être légale.

— Légale? répéta Besnard.

— Oui, car si un juge d'instruction pouvait démolir la chose en soufflant dessus, ce ne serait pas la peine.

— Le juge d'instruction n'y peut rien.

— C'est justement là ce que je voudrais comprendre.

Besnard se recueillit et plaida ainsi :

— Mon vieux, la faculté de tester est de *droit étroit*, comme on dit au palais. Les restrictions que la loi apporte à ce droit sont rares et prudentes. Jean-de-la-Mer n'a nullement excédé le droit du testateur, en ceci surtout qu'il a subordonné tous les legs à la condition d'acceptation écrite et formelle, ajoutant qu'en cas de refus tous ses biens iraient à l'aveugle. Trois acceptations manquent : celles de Tiennet, de Lucien et d'Olivette. Mais quand il ne s'agira plus que de cela, je m'en charge. Et quant au testament lui-même, il est déposé en due forme chez un notaire de Rennes. Aucune loi n'empêche de constituer une tontine par acte testamentaire. Nous sommes à cheval sur les principes. Tous les juges d'instruction de l'univers, on s'en moque!

— Voilà qui est bon, dit papa. Autre consultation : quand on trouvera demain matin six cadavres dans la forêt, mon idée est de passer la bague au doigt des incendiaires, mais la justice...

— Évidemment, interrompit Besnard, la justice fera du bruit; mais la justice, voyez-vous, c'est un vieux chien de chasse qui, à force de gagner de l'expérience, a perdu le flair. Votre idée des incendiaires est niaise comme les contes de ma Mère l'Oie. Elle réussira. Dormez en paix.

— Mais, objecta Romblon, si elle ne réussissait pas?

Besnard le regarda en face.

— Ah çà, vieux Romblard! dit-il, est-ce que vous avez jamais espéré mourir dans votre lit, vous?

Romblon lui secoua la main en riant un peu jaune, et ils se séparèrent.

Trois heures de nuit sonnèrent à l'horloge du château.

Les Romblon avaient donné audience à tout le monde.

Morin était venu, Houël était venu, Guérineul était venu.

Tous ces pauvres héritiers se sentaient acculés au fond d'un trou. Il fallait sortir du trou à tout prix, fût-ce au moyen d'une mine!

Les moins habitués aux mesures violentes étaient, cette nuit, les premiers à se jeter en avant. Morin, Fargeau, Houël, Maudreuil saisirent les fusils chargés avec l'ardeur de la fièvre.

Il n'y avait pas de danger que personne reculât.

Une chose que nous regrettons amèrement, c'est de ne pouvoir raconter par le menu la scène émouvante qui eut lieu entre Menand jeune et papa Romblon.

Car Menand jeune vint comme les autres.

Et comme les autres, il emporta un fusil.

Nous nous bornerons à dire que, dans cette circonstance mémorable, Menand jeune n'enfreignit point les lois de sa constitution végétale. Il sut garder le silence de l'Artichaut, *sans murmurer*, comme on parlerait à l'Académie.

Romblon ayant l'habitude de se servir de cordes en guise de bretelles, Menand jeune trouva, du reste, matière à contenter sa funeste passion.

Nous souhaitons que ces détails puissent suffire au lecteur.

Les Romblon s'habillèrent, descendirent tout doucement l'escalier de service et sortirent du château par la porte de la cour.

Tous les domestiques reposaient.

Papa et Fifi se prirent bras dessus bras dessous, et suivirent la route de la Mestivière.

Voyons! ne vaut-il pas mieux vivre ainsi en bonne intelligence que de se disputer ou même de se porter réciproquement des coups dangereux?

Au lieu de gagner la plate-forme, les Romblon tournèrent à gauche dans la forêt.

— C'est là qu'on va danser, dit papa.

C'était un coin de futaie brisé par un ravin, où le taillis, étouffé sous un couvert épais, essayait de foisonner et de croître.

La nuit était noire en cet endroit, et c'est à peine si l'on distinguait les mouvements du terrain.

Les bords du ravin montaient jusqu'à la roche, dont le revers donnait sur la plate-forme. A cette place même,

Fargeau avait écouté, la veille, la conversation de Tiennet Blône et du pâtour.

Le chêne creux s'élevait à une centaine de pas de la roche, mais il était séparé du ravin par un fourré impénétrable.

Fifi regarda tout autour de lui.

— C'est là que sera Besnard, dit papa, ici Fargeau, ici Maudreuil, ici Houël...

Fifi se mit à rire. Papa fit chorus.

C'étaient donc des tigres que ces deux Romblon, à la fin !

Sur la route qu'ils venaient de quitter, le galop d'un cheval se fit entendre; une silhouette passa, puis le silence revint.

— As-tu vu ? demanda le vieillard.

— C'est Tiennet Blône, répondit le fils.

Ils restèrent un instant comme indécis.

Puis le bonhomme haussa les épaules.

— Bah ! dit-il, le Tiennet va du côté de Vitré. Il est déjà loin. Nous autres, choisissons nos places, car les dindons vont venir.

Bien entendu que les dindons, c'étaient les héritiers.

Papa et Fifi choisirent chacun un bel arbre et grimpèrent au sommet. Ils s'établirent commodément sur les branches et prirent patience, comme des gens arrivés trop tôt au spectacle et qui attendent le lever du rideau.

XL.

En joue...

C'était bien Tiennet Blône que les Romblon avaient vu passer sur la route de la Mestivière. Il était monté sur le cheval de M. Fargeau.

Tiennet Blône passa au galop entre les deux roches qui flanquaient l'entrée de la plate-forme. Il n'arrêta son cheval que devant le chêne creux, hors de portée de la vue et de l'ouïe des deux Romblon.

Il mit pied à terre et entra dans l'intérieur de l'arbre. Berthe était là, demi-couchée sur un tas d'herbe et de mousse.

Tiennet s'élança vers elle et lui prit la main. La main de la pauvre Berthe était froide.

— Mam'selle Berthe, lui dit Tiennet, vous sentez-vous assez forte pour monter à cheval ?

— Oui, répondit la jeune fille d'une voix faible et changée.

Tiennet se mit à genoux auprès d'elle.

Après la scène du souper, quand Tiennet avait sauté par la fenêtre avec Berthe dans ses bras, il avait fait d'abord le tour du château, se croyant poursuivi. Berthe était toujours évanouie.

Pour la première fois de sa vie, Tiennet avait peur. Il avait peur de n'être pas assez fort pour défendre cette jeune fille, qui était la fiancée de son ami, de son maître.

Il prit la route de la Mestivière, n'osant pas confier Berthe aux fermiers du voisinage ; car les fermiers ne connaissaient pas encore l'étrange testament de Jean Créhu, et ils devaient regarder M. Fargeau comme un maître.

Le chêne creux devait être un abri sûr et muet. Quand la jeune fille allait reprendre ses sens, Tiennet comptait aviser et lui trouver une autre retraite.

Mais Berthe fut bien longtemps à reprendre ses sens.

Son cœur était fort, nous le verrons, fort et grand, et capable de résister aux plus poignantes douleurs. Mais son corps était faible.

Elle ne s'éveillait point. Tiennet lui avait fait un lit de mousse et lui donnait tous les soins compatibles avec son inexpérience. Il s'efforçait, il s'agitait, il perdait la tête.

Et Berthe ne s'éveillait point.

Tiennet l'appelait ; Tiennet avait de grosses larmes sur la joue. Tiennet la croyait morte.

Une heure se passa. Hélas ! Berthe était toujours étendue, blanche et froide.

Une autre heure encore. — Tiennet se sentait devenir fou.

Enfin, et qu'il fut heureux en ce moment, le pauvre bon Tiennet, les lèvres de Berthe s'entr'ouvrirent !

Tiennet joignit les mains pour remercier Dieu.

Berthe revint lentement, lentement.

Vers deux heures du matin, elle tressaillit tout à coup dans son demi-sommeil.

— Où suis-je ? dit-elle.

Puis elle ajouta sans attendre la réponse :

— Lucien ! Ils voulaient le tuer !

Tiennet la rassura de son mieux.

Elle ne parla plus que pour dire :

— Allez, Tiennet, je vous en prie, vous qui êtes fort et brave, allez le sauver.

L'embarras du bon garçon recommença. Comment aller vers Lucien, qu'il fallait sauver en effet ? Comment quitter Berthe ? Comment l'emmener ?

Ce fut alors qu'il eut cette idée de retourner au château pendant qu'il faisait encore nuit noire, de prendre le cheval de M. Fargeau et de revenir. Il comptait mettre Berthe à cheval et la conduire à Vitré, où Lucien devait être encore.

Et il y avait dans sa tête un projet vague qui allait bien plus loin que cela.

Partir, partir tous les trois avec cet homme qui tentait un voyage sans fin, l'entrepreneur, M. Berthelleminot.

Fuir cette ligue organisée pour l'assassinat.

Car il se sentait trop faible pour défendre toujours Lucien et Berthe contre tant d'ennemis.

Et la pensée ne lui venait même pas de s'adresser à la justice. Il faut bien l'avouer, dans nos campagnes, Themis n'est pas une déesse estimée.

Tiennet laissa Berthe toute seule dans le creux du

chêne et prit sa course vers le Ceuil. Une demi-heure après, il revenait au galop.

Pendant que Berthe rassemblait ses forces, de l'autre côté de la roche dont nous avons parlé déjà tant de fois, on préparait la grande pétarade, comme disait Fifi Romblon.

Dans la nuit noire, des pas furtifs s'entendaient.

La lune, qui était à son dernier quartier, montait entre les cheminées du château. Quand les nuages voyageurs venaient à découvrir son croissant, des lueurs glissaient parmi les arbres dépouillés.

Mais c'était rare ; le ciel s'était chargé de nouveau. Dans le lieu couvert où les Romblon avaient réglé leur sanglante mise en scène, on n'y voyait pas à cinq pas devant soi.

Cela devait suffire. Les places étaient distribuées en conséquence.

Le premier qui se glissa dans le ravin fut Fargeau. Bien qu'il crût avoir acheté assez cher la fidélité du vieux Romblon, tout son corps tremblait, et ses dents claquaient. Il se coula derrière son arbre et demeura coi.

L'instant d'après, les feuilles sèches bruirent dans le fourré. Fargeau ouvrit de grands yeux. Il ne vit rien. C'était Guérineul qui prenait son poste, le fusil à la main, et bien sûr de ne pas manquer son coup.

Les autres places se remplirent.

Fargeau vit son homme s'adosser à l'arbre voisin :

Cousin-et-Ami, qui mit son fusil en joue et visa la tête de Houël, lequel ne le voyait point et visait Guérineul.

Fargeau visa Cousin-et-Ami à la tempe.

Menand jeune visait Morin et était visé par Guérineul.

Hélas ! hélas ! allons-nous donc assister au trépas prématuré de ce notaire !

Le poste de Besnard était au pied de la roche, et son rôle était de jeter bas Fargeau, son jeune ami. Besnard était un peu défiant de sa nature. Il pensa que, malgré l'excellente prime promise par lui au papa, le papa pourrait bien le trahir. Au lieu de s'adosser à la roche, il en fit le tour, grimpa dessus et se coucha tout de son long sur la partie supérieure. De là, il apercevait la silhouette de Fargeau, qu'il mit en joue.

Le signal donné devait être un coup de fusil, tiré sous bois.

XLII

Massacre général

Tous ces préparatifs s'étaient faits sans bruit aucun. Tiennet Blône et Berthe ne se doutaient pas le moins du monde de ce qui se passait là, si près d'eux.

Au moment où Besnard s'installait sur la roche, Tiennet eut pourtant une alerte. Des pas et des voix se faisaient entendre dans le sentier qui descendait à la Vesvre.

C'étaient deux hommes qui montaient le tertre en courant.

— Malheureux! disait celui qui marchait en avant, il fallait briser la porte.

— Avec ça que maman Rogome m'aurait censément étranglé! répliqua l'autre.

Le premier coureur était Lucien Créhu, et le second Yaume le pâtour.

Yaume avait obéi à Tiennet; mais il avait tourné trop longtemps autour des contrevents fermés du Grand-Café de l'Industrie.

— Et c'est ici que tu as vu cela? reprit Lucien qui haletait.

— Censé, répondit Yaume, dans le chêne creux.

— Et Berthe n'est pas venue au château?

— Le gars Tiennet m'avait censément défendu de parler de Mlle Berthe, dit le pâtour en se grattant l'oreille.

— Fargeau! murmura Lucien, et Besnard!

Ses doigts crispés serraient machinalement le bois de son fusil de chasse.

— Oh ! reprit Yaume, le gars Tiennet, qui sait tout, disait qu'ils pourraient bien l'avoir, eux deux, censément pèrie.

Lucien s'arrêta et mit ses deux mains sur sa poitrine. Son cœur bondissait ; sa tête éclatait.

— Tais-toi ! prononça-t-il d'une voix étouffée.

Ils atteignaient presque le niveau de la plate-forme.

Yaume se tut.

Quand Lucien eut repris haleine et dompté les battements de son cœur, il s'élança de nouveau. Yaume et lui passèrent en silence devant le creux du chêne.

A ce moment, la lune, glissant entre deux nuages, jeta un rayon clair qui mit en lumière, pour une seconde, tous les objets environnants.

Lucien s'arrêta court.

Il venait d'apercevoir, comme en un songe, le profil de Besnard.

De Besnard qui avait assassiné son bonheur.

Était-ce possible que Besnard fût là, sur cette roche, à quatre heures de nuit ? Lucien n'eut garde de se faire cette question. Son fusil tomba en joue comme de lui-même.

Tiennet, qui venait de l'apercevoir, s'élança vers lui de l'autre côté du tertre.

Lucien toucha la gâchette de son fusil. Au lieu d'une seule détonation, ce fut comme une décharge de guerre.

Huit explosions dont sept n'en firent qu'une.

Un horrible cri retentit.

Puis le silence mortel.

La forêt, soudainement illuminée dans sa profondeur, par cette foudre mystérieuse, se voilait de ténèbres plus noires.

Besnard dégringola et vint choir aux pieds de Lucien. Il avait trois chevrotines dans la tête. Il ne bougeait déjà plus.

Yaume avait disparu.

Tiennet était debout, au-devant de Lucien, le couvrant de son corps et attendant une attaque, car, après cette étrange décharge, tout était à craindre.

Comme personne ne venait, cependant, il se pencha sur Besnard et le tâta.

— Vous l'avez tué ! dit-il à Lucien.

Lucien, appuyé sur son fusil, chancelait. Tiennet le prit à bras le corps et le mit sur la selle du cheval de Fargeau.

Il rentra dans l'arbre où Berthe, frappée à l'improviste par le bruit de cette détonation, appuyait de nouveau sa tête contre la mousse.

Tiennet hésita entre Berthe et Lucien.

Mais il se dit :

— Sauvons-le d'abord.

Et, sans parler de la jeune fille que Lucien n'aurait voulu abandonner à aucun prix, il prit le cheval par la bride pour le guider dans la descente.

Mais c'était de l'autre côté de la roche qu'il y avait une abominable tuerie ! Miséricorde ! quel abatis ! M. Fargeau était couché tout de son long dans l'herbe. Auprès de lui, Cousin-et-Ami s'étendait sur le dos, touchant du pied le vieux Houël, roulé sur lui-même comme une chenille blessée.

Morin avait la tête appuyée contre son arbre. Guérineul était tombé sans avoir le temps de jurer seulement sacrebleure !

Et Menand ! Oh ! quel deuil de voir cet artichaut penché sur sa tige, et de se dire : Il était jeune encore, notaire royal, frère germain d'un apothicaire ! Il avait des goûts simples. L'oignon suffisait à son bonheur. Et le voilà, dompté par cette mort qui semble choisir dans le troupeau humain tout ce qu'il y a de joli, de gracieux et d'aimable !

Mais quoi ! l'habitude de se nourrir de cordes donne-t-elle l'immortalité ?

En croirez-vous vos yeux ?

Voilà que Menand jeune remue, — se secoue, — ouvre un œil, — et se relève!

Mais ce n'est pas Menand seul. Tous ces cadavres s'agitent. Le cadavre de Fargeau rampe comme une couleuvre, le cadavre de Houël roule comme un ballon, le cadavre de Cousin-et-Ami se dresse comme une perche.

Est-ce une fantasmagorie?

Morin tousse. Le jeune M. de Guérineul crache et s'écrie :

— Nom d'une pipe!

A ce mot, tous les cadavres bondissent. Chacun s'élance dans le fourré comme si le diable était à ses trousses. Jamais lièvres ne coururent si vite et si bien dans le taillis!

La place est nette.

A ce moment solennel, les deux Romblon descendirent de leurs arbres respectifs. Ils riaient tous les deux à se briser les côtes.

— S'ils courent comme ça jusqu'à demain, dit Fifi, ça ira bien!

— As-tu vu le vieux Houël passer entre les jambes du docteur Morin? demanda papa.

— Et Fargeau! En voilà un cerf!

— Et l'Artichaut qui a sauté à pieds joints par-dessus Cousin-et-Ami!

Papa mit ses deux mains sur les épaules de Fifi, qui s'affaissa, énervé par un fou rire.

— De l'étoupe! dit le bonhomme, rien que de l'étoupe jusqu'à la gueule des fusils!

— De la filasse! ajouta Fifi. Vous êtes fièrement amusant, mon papa!

— Écoute, Fifi, dit le père avec gravité, quand on a de bonnes petites affaires, faut les nourrir et que non pas les étouffer. Combien t'ont-ils donné?

— Quatre cents louis à trois.

— Moi, j'en ai eu six cents à quatre, ça fait deux mille pistoles. En les mitonnant bien, ces héritiers-là, je veux en gagner deux fois autant tous les ans.

— Voilà un bon papa! s'écria Fifi, au comble de l'enthousiasme.

Il saisit le bras de son père et le fit danser, bon gré mal gré, en tournant tout autour de la roche.

Leur danse joyeuse fut interrompue par une chute qu'ils firent en se heurtant tous les deux contre le corps de Besnard.

Ils restèrent abasourdis.

— En voilà un qui n'est pas parti avec les autres! grommela le papa.

Il se baissa et toucha la figure de Besnard. Comme il ne pouvait voir et qu'il sentait ses doigts humides, il les flaira.

— On a triché, grommela-t-il, du sang! Celui-là a son compte. Aide-moi.

Romblon père prit Besnard par la tête, Romblon fils le prit par les pieds, et ils le portèrent ainsi jusqu'au creux du chêne où ils le jetèrent sans regarder.

Puis ils partirent bras dessus bras dessous.

Il était cinq heures et demie du matin quand Tiennet et Lucien arrivèrent à Vitré.

La voiture de M. Berthelleminot de Beaurepas attendait. Tiennet Blône y fit monter Lucien qui n'opposa aucune résistance. Il savait maintenant que Berthe vivait. Avant de monter, il embrassa Tiennet et lui dit :

— Va la chercher. Rejoignons-nous à Granville. Tu seras notre frère.

— En route! s'écria Berthelleminot, qui ne s'était point aperçu de la substitution.

La voiture s'ébranla.

Tiennet restait comme cloué à sa place.

— Leur frère! murmura-t-il au dedans de lui-même.

Et sa poitrine battait. Ses yeux le brûlaient comme s'ils eussent voulu pleurer. Une pensée faisait explosion au fond de son cœur.

Naguère il se demandait pourquoi il aimait Berthe.

Lucien venait de prononcer un mot qui était la réponse à cette question, le mot : FRÈRE.

Et il n'y avait pas songé, lui Tiennet, au milieu des mille événements qui l'avaient ballotté cette nuit !

Le testament, le testament brûlé ne disait-il pas que Berthe était la fille de Jean-de-la-Mer ?

Il avait une sœur, une sœur à aimer, à protéger, une sœur, presque une mère !

Son cheval traversa la plaine en quelques minutes, et ses flancs saignaient quand Tiennet l'arrêta au pied de la Mestivière.

Que de joie et que d'espoir !

Que fallait-il pour gagner Granville et rejoindre Lucien ? Douze heures.

Tiennet était fou en montant le sentier.

— Ma sœur ! disait-il, ma petite sœur adorée !

Le jour commençait à poindre.

Tiennet s'élança vers le chêne creux, les bras ouverts et le sourire aux lèvres.

Dans le chêne creux, il n'y avait plus que le cadavre défiguré de Besnard.

Berthe avait disparu.

XLIII

Les oiseaux et les jeunes filles

Vingt ans se sont écoulés depuis le décès de Jean-de-la-Mer. Nous sommes à Paris en 1848.

Il était sept heures du matin ; le soleil inondait déjà la ville à moitié endormie.

Dans ces jardins tranquilles et retirés qui parsèment le quartier du Luxembourg, des nuées de moineaux francs s'abattaient, remuaient, picotaient et criaient.

Car l'oiseau qui nous aime, nous autres Parisiens, le pauvre gentil oiseau qui veut bien respirer notre air et percher sur nos croisées, l'oiseau gamin et bon enfant, qui sautille dans nos rues, qui mange les miettes de notre pain, notre oiseau rieur et bavard ne chante pas, il crie.

Le rossignol et la fauvette sont pour les champs heureux. La fauvette et le rossignol mourraient bien vite chez nous, à cause des orgues de Barbarie.

Tandis que les moineaux, ces vaillants, vont butiner jusque sur les fenêtres des chanteurs de l'Opéra-Comique !

Ils viennent par troupes espiègles et joyeuses, l'hiver comme l'été, dans les bons et les mauvais jours. Qu'ils soient bénis, les chers passereaux du bon Dieu, la musique du pauvre, la gaieté du cinquième étage !

Il y a dans ce quartier du Luxembourg, au bout de la rue du Regard, non loin de l'ancienne maison des jésuites, un hôtel assez beau, derrière lequel s'étend un vaste jardin.

Ce jardin fut coupé en deux à une époque que nous ne saurions point dire. On en vendit la moitié, et sur cette moitié fut bâtie une petite maison blanche, bien proprette et jolie, ayant l'air, le soleil et l'ombrage à profusion, tout aussi bien que l'hôtel voisin.

La petite maison blanche eut sa portion de jardin, ses arbres, son gazon, sa charmille.

Seulement, l'hôtel garda pour soi un beau jet d'eau, quatre statues mythologiques et une grotte en cailloutis bien propice aux amours des araignées.

Dans le principe, les propriétaires de l'hôtel et ceux de la petite maison étaient sans doute des amis, car on n'avait point fait de mur de séparation. Une charmille épaisse servait seule de clôture mutuelle. Çà et là, on apercevait pourtant les restes vermoulus d'une claire-voie, et, du côté de l'hôtel, des planches plantées debout fermaient les ouvertures de la charmille.

Tout cela est fait très négligemment. Rien n'est abandonné comme un jardin de Paris.

Il faut dire pourtant que la portion affectée à la maison

blanche était beaucoup mieux entretenue que le côté du grand hôtel. Du côté de l'hôtel, à part les statues, les grottes et le jet d'eau, vous vous seriez cru dans une forêt vierge de Montfermeil, tandis que du côté de la maison blanche, le gazon était bien peigné, les arbres en belle venue, et les lilas, les chers lilas, couverts de bouquets magnifiques.

Dans ce faubourg Saint-Germain, quand un hôtel et une simple maison se coudoient, ce n'est pas toujours l'hôtel qui est habité par la noblesse.

Il y a aussi des bourgeois dans ces latitudes hyper-aristocratiques, et des bourgeois très bien logés.

Nous faisons cette réflexion, parce que la petite maison appartenait à la famille de Marans, nom bien sonnant, tandis que le grand hôtel avait pour hôtes la famille Lointier, les Lointier, comme on disait.

Certes, quand on s'appelle Lointier, on peut être procureur ou fabriquer des clous, ou vendre n'importe quoi, mais on s'inquiète peu de la salle des Croisades.

La famille de Marans se composait de trois personnes : la mère, qui était une femme jeune encore et merveilleusement belle, un fils et une fille.

On pensait que ces deux derniers étaient jumeaux, car ils avaient le même âge et se ressemblaient trait pour trait. Gabriel de Marans était un charmant cavalier. Lucienne de Marans était une délicieuse jeune fille.

La famille Lointier se composait de M. André, de son frère Raymond, beaucoup plus jeune que lui, mais frappé d'une infirmité cruelle, et de la fille de M. André, Clémence, qui était presque aussi jolie que Lucienne.

Les deux familles ne se voyaient point officiellement, mais Gabriel de Marans, docteur depuis un mois, avait des rapports avec le pauvre M. Raymond, et Lucienne aimait Clémence comme sa sœur.

Clémence le lui rendait. En outre, peut-être bien que Clémence avait vu de bon œil ce blond Gabriel à travers la charmille.

Au moment où sept heures sonnaient, la porte en porsiennes de la maison blanche s'ouvrit et Lucienne de Marans sortit, en déshabillé du matin, tête nue et les yeux encore gros de sommeil.

Elle étira ses jolis bras demi-nus, et sa bouche mignonne eut un dernier bâillement qui finit en sourire.

Elle souriait à ce bon air frais du matin, aux rayons gais du soleil, aux petits oiseaux qui passaient en piaulant dans les arbres balancés par la brise.

Presque au même instant, la porte massive de l'hôtel tourna sur ses gonds et Clémence Lointier descendit les marches du perron.

Clémence était un peu pâle. Le bon air frais du matin, les rayons gais du soleil, les petits oiseaux dans les arbres balancés par la brise étaient pour elle comme pour Lucienne. Cependant, elle n'eut point de sourire.

Ces petits cœurs apprennent si tôt la mélancolie!

Clémence descendit avec lenteur les marches du perron. Son regard se porta vers la maison blanche. Toutes les fenêtres y étaient fermées, excepté une qui laissait voir l'intérieur d'une chambre de jeune homme. Au fond, des fleurets croisés sous un masque, de longues pipes dans lesquelles on ne fume pas, des pistolets de tir et un fusil de chasse.

Il y avait de plus ici des plâtres et dessins scientifiques, attendu que le propriétaire de toutes ces armes cruelles et de toutes ces pipes *originales* était un étudiant en médecine de Paris et un docteur de l'Université d'Utrecht.

Le docteur Gabriel de Marans, vingt ans, élève particulier de Van-Eyde, ce vieux Hollandais qui faisait des miracles et que Broussais appelait *le Sorcier*.

Un enfant, ce Gabriel! Beau et passionné comme une femme. Faible et hardi, paresseux et savant.

Clémence s'arrêta sur la dernière marche du perron. Un pas de plus, et le haut de la charmille lui cachait la croisée ouverte.

Or, Clémence avait une inspection à faire. Elle regarda longuement et attentivement, puis ses charmantes épaules se haussèrent avec dépit.

Elle venait de constater que le lit de M. le docteur Gabriel de Marans n'avait pas été défait.

— Il n'est pas rentré cette nuit, murmura-t-elle ; il est fou.

— Psttt ! fit-on dans le jardin voisin.

Clémence tressaillit légèrement et changea d'autorité l'expression de sa physionomie. Elle prit un beau petit air insouciant et répéta en se dirigeant vers la charmille :

— Psttt !

Alors, des deux côtés de la clôture ce fut un jeu pareil. Les deux jeunes filles coururent à la charmille, souriant et se balançant pour chercher des trous entre les branches et se voir plus vite. Car chacune d'elles apercevait à moitié, derrière la feuillée toute nouvelle, la robe blanche de sa compagne.

On arriva devant la clôture. Clémence souleva une branche de lilas chargée de riches bouquets. Cette branche recouvrait une ouverture. Clémence mit sa tête à la place des fleurs.

Lucienne, une autre fleur, se penchait déjà sur la brèche.

Et la grosse branche de lilas, la jalouse, voulant reprendre sa place, pendait sur les deux jeunes filles et balançait autour de leurs cheveux blonds ses grappes fraîches inondées de rosée.

Et les oiseaux, effarouchés un peu par cette irruption matinale, voletaient, inquiets, redoublant leurs mignons commérages.

— Clémence !
— Lucienne !

Puis mille baisers à travers la charmille.

Elles étaient jolies toutes deux à faire honte aux descriptions des poètes.

Jolies et gracieuses comme des fées.

Lucienne était plus grande, plus blonde, et son profil hautain faisait contraste avec la naïveté douce et presque enfantine de son sourire. Elle devait être un peu plus âgée que Clémence. Comme type, Lucienne était incomparable ment belle ; et ce qui faisait rayonner surtout sa beauté, c'était ce bon et pur reflet de l'âme qui brillait dans ses yeux. Le visage de Lucienne était comme le miroir d'un cœur exquis et adorable.

Clémence avait à peine dix-huit ans. Il y avait en elle moins de fraîcheur et plus d'esprit. Sa taille peu élevée, mais svelte et hardie dans ses frêles proportions, supportait admirablement sa tête moqueuse, fine et possédant déjà cette expression qui dit : Je sais la vie.

Elle était pâle. Elle avait rêvé, peut-être veillé.

Sur ses joues un peu évidées, et dont l'ovale se dessinait selon cette ligne d'*arc d'amour*, si cher aux vignettistes anglais, les boucles blondes de sa magnifique chevelure tombaient à profusion, incessamment agitées et miroitant aux mouvements vifs de sa tête.

Ce blond de ses cheveux était plein, foncé, opulent, avec des reflets de bronze.

Elle avait les yeux noirs.

Des yeux charmants qui pétillaient et qui brûlaient ; il n'y avait au-dessus de ces yeux-là que les grands yeux bleus de Lucienne, si fiers et si tendres.

Quand on se fut embrassé à satiété, Clémence mit ses deux petites mains sur les deux épaules de Lucienne et la regarda longuement.

Nous pensons bien avoir dit quelque part que Lucienne ressemblait trait pour trait à son frère, M. le docteur Gabriel.

XLIV

Encore les jeunes filles et les oiseaux

— Que je suis contente de te voir, ma petite Clémence! disait Lucienne.

— Et moi, donc ! répondait Clémence.

Lucienne et Clémence parlaient vrai. Elles s'aimaient du meilleur de leur cœur. Pourtant, il y avait peut-être un peu de distraction dans la voix et dans le regard de Clémence.

— Voilà huit jours que nous sommes arrivés, reprit Lucienne, et j'ai trouvé le temps bien long, va! J'avais tant de choses à te dire !

— Quoi? demanda Clémence, dont l'œil brilla puis glissa vers la fenêtre ouverte.

La fenêtre qui laissait voir des fleurets croisés sous un masque, des pipes monstrueuses et des plâtres anatomiques.

— Oh ! bien des choses ! Mais êtes-vous ici pour longtemps ?

— Mon père et mon oncle sont revenus pour les élections, répondit Clémence.

— Nous, reprit Lucienne, nous ne sommes pas encore électeurs ; nous sommes revenus pour la conscription.

— C'est vrai, dit Clémence qui rougit légèrement, M. Gabriel va tirer au sort.

— Hélas oui ! Mais parle-moi donc de toi, Clémence. T'es-tu bien amusée à la campagne ?

— Non, répondit Clémence.

— Comme tu dis cela !

— Chez nous, à la campagne, on ne s'amuse pas, ma pauvre Lucienne. Mon père s'occupe Dieu sait à quoi. Et quant à mon oncle, il a beau faire, son infirmité le rend triste.

— Si Gabriel parvenait à le guérir ! murmura Lucienne.

— Oh ! fit Clémence sèchement, Gabriel n'a pas le temps de songer à nous !

Lucienne lui prit la main et sa voix changea.

— Méchante ! dit-elle bien bas.

Mais Clémence était capricieuse et nerveuse au point de se pincer elle-même jusqu'au sang pour faire pièce à autrui. Elle était venue là pour parler de Gabriel. Au premier mot qui fut dit sur Gabriel, elle détourna brusquement l'entretien.

Bonne fille, au moins, malgré cela, aimante et dévouée. Mais les nerfs !

Le seul animal qui ait des nerfs de femme, c'est le chat. Et voyez quelles griffes !

— Mon pauvre oncle Raymond, reprit Clémence, est le meilleur des hommes. Je crois qu'il portait quelque affection à M. Gabriel. Mais je l'aime comme si j'étais sa fille, moi, Lucienne, et je ne veux pas que sa tendresse s'égare.

— Est-ce à moi que tu dis cela ? interrompit Lucienne étonnée.

— Laissons, je t'en prie, M. Gabriel. Il me semble que nous pouvons bien causer toutes les deux, sans que ce nom-là vienne nous gêner.

— Mais... voulut dire encore Lucienne.

Clémence fronça le sourcil et frappa le sable de son petit pied mutin.

Lucienne n'osa pas poursuivre, parce qu'elle eut peur de nuire à Gabriel, et aussi parce qu'elle était habituée à faire à peu près tout ce que voulait Clémence.

— Soit, dit-elle, ne parlons plus de mon frère, puisque tu le détestes, à présent.

— Le détester, moi ! se récria Clémence avec beaucoup de dédain, mon Dieu, ma chère enfant, je ne déteste personne ; seulement, je fais des différences entre la sœur qui est bonne, douce, charmante et ma meilleure amie, et le frère qui ne sera jamais qu'un petit fat.

— Gabriel ! un fat !

— On le dit, un joueur...

— Il ne joue presque plus.

— Un !... mais je me fâcherais, et à quoi bon ? Voyons Lucienne, c'est à toi qu'il faut demander si tu t'es bien amusée. Tout le monde parle des eaux de Wiesbaden. Et tu étais bien près de Wiesbaden !

— A deux lieues. Cette bonne Mme Van-Eyde demeure maintenant à Mayence. Oh ! oui, je me suis bien amusée.

Que j'aurais voulu te voir là, Clémence ! Nous avons été à la fête d'ouverture.

— Ah ! fit Clémence qui se pinça les lèvres.

— Mᵐᵉ Van-Eyde l'a voulu. Si tu savais comme elle est bonne, Clémence, et comme elle a été heureuse de revoir l'élève de son mari ! M. Van-Eyde, c'est elle-même qui nous l'a rapporté, a dit à son lit de mort : « Gabriel est le seul qui puisse continuer ma méthode... »

— Grand bien lui fasse, ma chère Lucienne !

— C'est juste, dit Lucienne bonnement. Tu ne veux pas que je parle de lui. Eh bien, le jour de l'ouverture, Mᵐᵉ Van-Eyde nous dit : Cette chère Mᵐᵉ de Marans me gronderait si elle savait ce que nous allons faire. Habille-toi, Lucienne, tu vas danser à l'allemande aujourd'hui.

— Peste ! fit Clémence, c'est en effet une bien digne femme que cette Mᵐᵉ Van-Eyde !

Elle était intolérable, ce matin, la pauvre enfant, il n'y a pas à dire non.

Mais c'est qu'elle avait le cœur bien gros.

— Une digne femme, Clémence, répliqua Lucienne avec un peu de sévérité dans la voix, et une sainte femme. Tu sais que nous devons à son mari la joie de notre maison et le bonheur de ma mère.

— Oh ! ta mère, celle-là je l'aime ! s'écria Clémence avec chaleur, quoiqu'elle ne veuille pas de moi pour amie. Mais ne fais pas trop d'attention à ce que je dis, ma Lucienne. Je suis ta sœur, tu sais bien... et je souffre.

— Tu souffres, répéta Lucienne qui lui avait pris les deux mains au moment où elle avait dit : J'aime ta mère ; tu souffres, Clémence ?...

Et son regard inquiet interrogeait la figure un peu pâle de son amie.

Clémence fit un geste d'impatience.

— Eh ! mon Dieu non ! se reprit-elle avec humeur ; je ne souffre pas. Fut-elle bien brillante, cette fête d'ouverture ?

— Charmante, si tu savais ! Délicieuse ! Les Allemands deviennent comme les Français. Ils apprennent à danser et à se battre. J'avais mis une robe blanche et une guirlande de belles-de-jour dans mes cheveux.

— Tu devais être la plus jolie! dit Clémence de bon cœur.

— Mme Van-Eyde le disait, répliqua naïvement Lucienne, et Gabriel aussi, et...

Elle s'arrêta et devint toute rose.

— Et qui? demanda Clémence qui avait déjà sur la lèvre un malin sourire.

— Et la bonne de Mme Van-Eyde, répondit Lucienne que ce gros mensonge rendit tout à fait pourpre.

Car il ne s'agissait vraiment pas de la bonne de Mme Van-Eyde.

Clémence eut pitié. Mais elle se promit bien d'en savoir davantage, avant la fin de l'entrevue. En conscience, cela n'était pas difficile.

Lucienne, pour cacher son trouble, poursuivait avec volubilité :

— Tu sens bien, il n'y a pas de république là-bas, alors les gens comme il faut s'y réunissent. J'ai dansé avec un prince ! A Paris, nous n'avons plus rien, tout est chez les autres. Des Anglaises blanches comme la neige, Clémence, avec des lords parlant du gosier et mettant leurs cols de chemise par-dessus leurs oreilles ; des Italiennes pâles et brunes, des Espagnoles la cigarette à la bouche, des Russes, etc.

Il fallait que la pauvre Lucienne fût bien déconcertée pour dire toutes ces banalités.

Clémence la laissait aller, trouvant qu'il était assez généreux déjà de ne pas la pousser.

Et Lucienne de bavarder toujours, parce qu'elle se sentait le rouge au front et qu'elle voulait donner le change.

— Enfin, de tous les pays, poursuivait-elle, de tous, de tous, de tous ! Et figure-toi, la salle de conversation est ravissante, et la salle de bal... et les sources, Clémence ! Ah ! s'il n'y avait pas ces vilains tapis verts !

— Bon ! dit Clémence, M. Gabriel aura fait des siennes.

Ma foi, quand on se noie, on se rattrape aux branches,

et parfois même aux cheveux du nageur voisin. Lucienne se rattrapa aux cheveux de Gabriel.

— Hélas oui ! murmura-t-elle avec un gros soupir qui se rapportait à sa propre lâcheté et non point aux méfaits de M. Gabriel.

— J'en étais sûre ! s'écria Clémence. Et tu disais qu'il se corrigeait !

Le tour était fait, Lucienne avait du répit, mais à quel prix, bon Dieu ! Elle qui aimait son frère comme la prunelle de ses yeux !

Clémence secouait sa jolie tête blonde d'un air doctoral :

— M. Gabriel ne se corrigera jamais, reprit-elle ; et quand on ne se corrige pas dans de certaines circonstances, c'est qu'on n'a pas de cœur.

— Tu es cruelle, Clémence !

— Je suis juste.

— C'est un enfant, tu sais bien. Et tu sais bien qu'il t'aime à en devenir fou.

— Presque autant que la bouillotte, repartit Clémence, mais moitié moins que le lansquenet.

— Oh ! s'écria Lucienne désolée, et c'est moi qui te fais parler ainsi ! Écoute ! Il n'a pas joué beaucoup. Est-ce sa faute s'il perd toujours ? Je l'ai bien grondé, va... Et puis, ajouta-t-elle avec pétulance, comme si elle eût trouvé tout à coup le plus péremptoire des arguments, le capitaine m'a promis de le guérir !

Était-ce dévoûment ou mégarde ?

Ce qui est certain c'est que l'effet fut immédiat. Le change était rendu. On reprit bellement la voie première.

— Le ca-pi-taine ? prononça Clémence en piquant chaque syllabe.

Lucienne était aux abois, du premier coup.

— Quel capitaine ? demanda encore Clémence.

— Un capitaine, répondit Lucienne en balbutiant, avec qui j'ai dansé... deux fois.

— Ah ! deux fois ? Il s'appelle ?

— Mazurke.

Clémence éclata de rire.

Il avait trois chevrotines dans la tête.

16e LIVR.

— C'est ravissant! s'écria-t-elle; le chat de notre concierge a nom Polka!

Lucienne était triste.

— Et de quelle arme est-il, ce capitaine? demanda Clémence quand elle eut fini de rire.

— Hussard... hongrois...

— Ah! fit la méchante avec dédain, un démocrate?

— Je ne sais pas s'il est démocrate, répondit Lucienne, et je pense bien qu'il a un autre nom que Mazurke.

— Pourquoi cela, interrompit Clémence, le chat de notre concierge n'a pas d'autre nom que Polka.

Lucienne baissa les yeux.

— Si tu savais ce qu'il a fait, murmura-t-elle, tu ne te moquerais pas de lui.

— Voyons les beautés de l'histoire de Mazurke!

— Tu souffres donc bien, en effet, Clémence! dit tout à coup Lucienne.

Celle-ci essaya de sourire.

— Voyons! voyons! répéta-t-elle.

— Tu as beau faire, reprit Mlle de Marans, je suis sûre que tu nous aimes.

— Toi, ma Lucienne!

— Et lui.

— Oh! quant à cela!...

— Tais-toi! s'écria Lucienne qui lui mit la main sur la bouche; puisque tu veux savoir les beautés de l'histoire de Mazurke, je vais te les dire. D'abord, il est l'ami de Gabriel.

— Glorieux titre!

— Ensuite, il est la coqueluche des Eaux. Il danse comme un héros de ballade. Il est brillant, spirituel, brave...

— Et joueur?

— Et joueur. A l'ouverture des Eaux, Gabriel était entré dans une salle de jeu. Il n'est pas besoin de te dire que la société est là toujours un peu mêlée. Gabriel eut un différend; son adversaire était un de ces Italiens errants qui foisonnent partout, exploitant de prétendus malheurs politiques, trompant au jeu et portant un couteau ouvert dans leur poche. Il s'élança sur mon frère qui l'avait provoqué. Mazurke, il faut bien l'appeler de ce nom, se mit entre eux et reçut un coup de couteau au bras droit.

Clémence écoutait, mais elle voulait railler encore.

— Mais c'est très romanesque, cela, dit-elle.

— Le coup de couteau, reprit Lucienne, était destiné au cœur de mon frère.

Clémence pâlit.

— Mon frère voulait se jeter sur l'assassin ; Mazurke, de son bras blessé, l'écarta comme il eût fait d'un enfant. En même temps, de la main gauche, il saisit l'Italien par la peau du cou comme un chien, et le lança par la fenêtre.

Les yeux de Lucienne brillaient, et son sein battait sous la percale blanche de sa robe.

Clémence la regarda en dessous. Puis elle se prit à sourire bien doucement.

— J'espère que c'était au rez-de-chaussée, murmura-t-elle. Est-il beau, ce capitaine ?

— Gabriel dit qu'il n'y a pas d'homme au monde...

Elle n'acheva pas, parce que Clémence lui prit la tête à deux mains et la rendit muette par un baiser brusque et violent.

— Tu l'aimes, prononça-t-elle tout bas, et comme on prie.

Lucienne se recula, effrayée.

— Tu l'aimes ! tu l'aimes ! répéta Clémence ; ne sais-je pas ce que c'est, moi ?

Elle avait des larmes dans les yeux.

— Et que je t'aime, moi, ma Lucienne ! reprit-elle avec une sorte de passion ; oh ! que je t'aime !

On eût dit qu'elle lui rendait grâce de cet amour.

— Oh ! murmura-t-elle encore, tu me comprendras, à présent, Lucienne ! ma sœur, ma sœur chérie !

Lucienne était muette.

Elles demeurèrent ainsi longtemps, Lucienne indécise, presque épouvantée, Clémence heureuse et les yeux humides.

Leurs jolis visages se touchaient sous les touffes de fleurs balancées.

Et c'était fête dans les arbres touffus, pour les petits oiseaux qui n'entendaient plus de bruit et qui se croyaient les maîtres.

— Clémence! dit une voix d'homme à l'intérieur de l'hôtel.

— Lucienne! appela en même temps une douce voix de femme derrière les persiennes fermées de la maison blanche.

Les deux jeunes filles n'eurent que le temps de s'embrasser et de s'enfuir.

Et les oiseaux amoureux, troublés dans leurs baisers, s'envolèrent avec les jeunes filles.

XLV

La Belle-de-jour

Ce capitaine Mazurke, qui prenait les Italiens par la peau du cou, comme des chiens, pour les lancer par la fenêtre, aimait à déjeuner correctement.

Le nom de Mazurke pouvait bien être un sobriquet. Cependant il se laissait appeler Mazurke dans les circonstances les plus sérieuses, et c'était sous ce nom qu'il avait fait la campagne de Hongrie.

Le nom officiel de Mazurke à Wiesbaden était M. Philippe.

C'était bien le roi des housards.

Cinq pieds six pouces, taille souple et fine, cheveux noirs plus brillants que du jais, œil doux et regard fier sous l'arc hautain de ses sourcils; traits délicats et à la fois virils. Et ce franc sourire du soldat heureux, et cette belle distinction qui ne s'était point ternie au dur frottement du sabre, et cette grâce mâle qui prend si bien le cœur des femmes. Mazurke avait tout cela.

Il avait avec cela une bravoure indomptable, un bon cœur et de l'esprit comme quatre.

Le revers de la médaille était que Mazurke jouait volontiers gros jeu, qu'il jetait son argent par les fenêtres encore mieux que les Italiens, et qu'il était parfois plus étourdi qu'un collégien de quinze ans.

D'autres fois il raisonnait comme un livre.

Quand on lui demandait son âge (des baronnes curieuses qui veulent tout savoir) il répondait : trente-six ans.

Mais il paraissait dix bonnes années de moins.

A trente-six ans, on n'a plus ce front pur, on n'a plus cette riante moustache de soie. Mazurke se vantait.

Une chose incontestable, c'est qu'il déjeunait en conscience. Il aimait le solide comme tous les gens de bien. Parlez-moi d'un cœur vaillant qui bat aux environs d'un vaillant estomac !

Mazurke, ou le capitaine Philippe, comme il vous plaira de l'appeler, s'était logé à l'hôtel de Bristol, place Vendôme. C'est là que nous le trouvons quelques heures après l'entrevue de nos deux jeunes filles.

Midi approchait. Le capitaine venait de se lever et parcourait les nouvelles de Hongrie dans la *Gazette de Cologne*. Il avait déjà son pantalon et ses bottes molles ; sur le tout se drapait cette robe de chambre suave que tous les romanciers ont pris la peine de décrire.

Les nouvelles de Hongrie disaient :

1° Que le ban Jellachich et le feld-zeugmeister, baron Haynau, avaient complètement détruit l'armée de Bem, l'armée de Georgey et l'armée de Dembinski ;

2° Que Bem avait détruit complètement l'armée du ban Jellachich, tandis que Georgey et Dembinski réduisaient à néant l'armée du feldzeugmeister, etc. ;

3° Que les Russes étaient installés en Transylvanie ;

4° Que la Transylvanie n'avait pas encore vu un seul Russe ;

5° Que Comorn était pris ;

6° Que Comorn n'était pas même assiégé.

Et quinze ou vingt autres nouvelles également précises

et authentiques qui intéressèrent très vivement le capitaine Mazurke.

Quand il eut achevé sa lecture, il jeta la *Gazette de Cologne* au feu, ce qui prouve que les hommes les plus spirituels peuvent faire des sottises.

Il ne faut pas, en effet, jamais jeter au feu un journal lu. Un journal lu est un chiffon inoffensif, propre à une foule d'usages intimes et domestiques. C'est évidemment avant de le lire qu'il faut jeter au feu un journal.

Mazurke demanda son déjeuner : un vigoureux déjeuner, de la chair pour nourrir le sang, du bordeaux pour l'éclaircir.

Mais regardez bien l'honnête garçon qui apporta ces côtelettes fumantes.

Petit, mais carré comme un lutteur breton, de grands bras attachés à de larges épaules, des jambes un peu torses, genre Du Guesclin, des cheveux plats taillés à l'écuelle.

Et avec cela un costume de groom.

Ne serait-ce pas une ancienne connaissance ?

Il posa le plat de côtelettes sur la table et tira de sa poche une lettre qu'il remit à son maître. Cela fait, le groom resta devant la table, les bras ballants et la tête en avant.

Mazurke regarda la lettre.

— Tiens ! dit-il, c'est du petit Gabriel. Il m'a écrit à Wiesbaden, et l'on m'a retourné la lettre.

— Censé, murmura le groom.

— Que veux-tu, toi ? demanda Mazurke.

Yaume, car c'était bien lui, s'assit incontinent.

— Eh bien !... commença le capitaine en fronçant le sourcil.

— Vous fâchez pas, monsieur Philippe, interrompit Yaume, qui rapprocha sa chaise ; c'est censément une explication que j'ambitionne de me procurer à votre égard.

Aïe ! Yaume était Breton, et le Breton qui se transplante est pris immédiatement par la manie du beau langage.

— Quelle explication ? dit Mazurke.

— Je conjecture, dit l'ancien pâtour, que j'ai moins d'esprit que vous, censément, monsieur Philippe, qui occupez des grades, mais ayant été pareillement que vous, quoique moins avancé, militaire, je m'importe de tirer au clair les bruits, cancans et propos qui pourraient courir, tenus par l'inconsidération, censé, ou le bavardement.

Yaume respira.

Mazurke avait enfoncé son couteau à demi dans le rond de sa côtelette, mais il ne tranchait point la chair, l'admiration paralysait ses doigts.

Il écoutait Yaume et se demandait où diable les Bretons qui ont été militaires vont pêcher cette splendide rhétorique qu'ils rapportent dans la vie civile.

Yaume poursuivit :

— Mangez, censé, monsieur Philippe; si je croyais vous inconvénienter, je serais mal à mon aise.

Mazurke le regardait de tous ses yeux.

— Mais tu n'étais pas si bête que ça quand je t'ai laissé à Francfort ! dit-il.

Yaume eut ce sourire qu'on prend quand on est modeste, pour repousser un compliment par trop flatteur.

— Quand vous m'avez laissé à Francfort, répliqua-t-il, je sortais du militaire et je n'avais pas encore fréquenté les Allemands.

— Voyons, dit Mazurke en mettant à nu l'os de sa seconde côtelette, conte-moi ton affaire en deux mots et va me chercher autre chose.

Yaume se recueillit.

— Eh bien, reprit-il, ça m'insupporte, ce que j'entends sur vous, monsieur Philippe. Chaque pays, comme l'on dit, a ses usages, et je ne sais pas ceux de Paris, y étant arrivé d'avant-hier. Il y a donc censé qu'ils sont tous à parler sur les Polonais, parce qu'ils savent que vous en venez, de la Hongrie.

— Après ?

— V'là qu'est bon ! dit Yaume, il y a donc que je voudrais raisonner un petit peu avec vous.

Mazurke consulta sa montre.

— Bien volontiers, répliqua-t-il, je te donne toute une minute pour expliquer ton affaire.

Yaume avala son haleine et mit ses deux poings sur ses genoux en homme bien résolu à fourrer dans cette minute un discours d'une heure.

— Les Polonais, reprit-il au galop, je comprends ça, j'en ai connu, sauf respect de vous. Mais ils disent comme ça que vous êtes un socialiste, monsieur Philippe.

Mazurke se leva comme si trente aiguilles se fussent dressées tout à coup sur le coussin de son fauteuil.

— Malheureux ! s'écria-t-il en saisissant une carafe par le goulot, vas-tu me parler politique aussi, toi ?

Yaume avait vu le feu plus d'une fois, mais, à l'aspect de la carafe, il s'élança d'un bond derrière la porte.

— N'y a pas d'offense, monsieur Philippe, cria-t-il, c'était censément pour savoir...

— Damné pays ! grommela Mazurke en se rasseyant. C'est une folie noire ! J'aime mieux le choléra !

— Donc j'aurais désiré savoir, reprit Yaume derrière la porte, n'étant pas de la localité, ce que c'est que ça, un socialiste.

Mazurke saisit de nouveau la carafe redoutable.

— Écoute ! dit-il en fronçant le sourcil, va me chercher un filet rôti, tout de suite, et souviens-toi que, si tu prononces jamais un mot de politique devant moi, je te casse la tête !

— C'est pas l'embarras, grommela Yaume tristement, vous auriez eu censément aussitôt fait de me dire ce que c'est que ça, un socialiste... mais je le demanderai à un commissionnaire ou auvergnat, qui sont pour les renseignements.

Il sortit et revint presque aussitôt avec le reste du déjeuner.

Mazurke tenait à la main la lettre qu'il venait de recevoir.

— Bien, dit-il, je n'ai plus besoin de toi et je sonnerai quand je m'habillerai. Je n'y suis pour personne, tu m'entends ?

— Je ne suis censément pas sourd ! répliqua Yaume.
— Pour personne, excepté pour ce monsieur à lunettes bleues qui est venu hier.
— Le louchard ? fit Yaume ; c'est bon.

Et il ajouta en refermant la porte :
— Il a l'air pas bête, ce louchard. Je vais lui demander ce que c'est qu'un socialiste.

Resté seul, Mazurke posa la lettre ouverte à côté de son assiette et attaqua résolument le filet. Mais il avait à peine avalé deux ou trois bouchées, que son regard fut attiré par une sorte de tache sombre qui noircissait, au milieu de la page, le papier glacé de la lettre.

— Ce petit Gabriel ! murmura-t-il en souriant, quel diablotin ! Si c'était une femme, je dirais que c'est une larme, cette tache ; les larmes, dans les lettres de femme, cela sert de ponctuation. Vive Dieu ! à propos de femme, y a-t-il eu jamais sur terre un plus délicieux ange que sa sœur, à ce petit Gabriel !

Il eut un soupir, nous ne pouvons pas le cacher. Mais il haussa les épaules et reprit :
— Bah ! le sourire qu'elle m'a donné, c'est le sourire qu'elle donne à tout le monde.

Machinalement, son doigt tâta la tache sombre, et il sentit sous le papier un corps étranger. Il tourna la page, avant même d'avoir lu les premières lignes.

Entre les deux feuilles de papier jumelles, il y avait une toute petite fleur bleue, une belle-de-jour desséchée.

Mazurke pâlit, sa main trembla ; et il était bien beau, allez, quand l'émotion descendit ainsi à l'improviste sur son mâle visage.

Il prit la fleur et la mit sur ses lèvres en murmurant :
— Oh ! le cher ange de Dieu ! Une des fleurs qui étaient dans ses cheveux !

Puis il ajouta, en repoussant son déjeuner avec un mépris soudain :
— Si elle m'aime, celle-là, je deviens fou, c'est une chose arrangée !

XLVI

La lettre

Sur l'honneur, le capitaine Mazurke n'était pas un troubadour.

Mais cette petite fleur bleue qu'il avait vue trembler et se balancer dans de magnifiques cheveux blonds et qu'il retrouvait, desséchée, dans une lettre de M. le docteur Gabriel de Marans! N'y avait-il pas là de quoi faire rêver un hussard?

Mais était-ce bien elle qui avait mis cette fleur dans cette lettre?

Mazurke avait dansé deux fois avec elle.

Puis il l'avait revue, de loin, au moment où elle montait en voiture avec son frère, pour revenir à Paris.

Il avait bien cru distinguer un sourire.

Et, autour des yeux baissés brusquement, un incarnat plus vif.

Mais, en vérité, on se moque des lycéens qui gardent ces vagues souvenirs.

Et Mazurke! Ah! vive Dieu! ce pauvre Mazurke devenait fou!

Un si hardi cavalier! Un hussard si gaillardement découplé! Un homme qui avait tant de choses à faire!

Car, vous verrez, Mazurke avait entrepris une besogne d'enragé.

Que voulez-vous! Une belle-de-jour fanée, un souvenir bleu, un rêve qui tourne une bonne tête...

C'est la vie.

Et, après tout, on n'en meurt jamais.

La lettre restait là, une longue lettre d'adolescent bavard.

Mazurke la lorgnait de temps en temps du coin de l'œil, et il avait l'air de se dire : Voilà une lettre qui va me prendre mon temps !

Ingrat ! c'était la lettre qui avait apporté la fleur.

Enfin, il prit une grande résolution. Il mit la fleur dans son portefeuille et rouvrit la lettre. Voici pourquoi. Il s'était dit : Peut-être que la lettre parle de Lucienne.

La lettre était ainsi :

« Mon cher capitaine,

« Vous êtes là-bas, parmi ces charmantes fêtes de tous les jours, et moi, me voilà de retour à Paris, dans ma solitude et dans ma tristesse. Je pense à vous et j'espère vous revoir, cela me console. Nous sommes amis depuis bien peu de temps, mais quelque chose me dit que nous serons amis toujours.

— C'est un joli enfant, s'interrompit Mazurke, un peu prétentieux et visant au style. Enfin n'importe.

« Les gens comme vous, dont la vie n'a été qu'une longue aventure, n'ont, en général, plus de cœur ; vous, vous êtes tout cœur, et je me surprends à penser parfois que vous êtes plus jeune que mes vingt ans.

« Vous ne sauriez croire combien je suis heureux de vous avoir rencontré sur ma route. Il y avait si longtemps que je cherchais un ami. Je crois que je suis digne d'être le vôtre, mon cher capitaine, bien que nous nous soyons rapprochés par nos défauts. Je suis joueur et vous êtes joueur. Vous êtes joueur par désœuvrement et par étourderie ; je suis joueur par tempérament et par passion.

« En un mot, vous êtes juste assez joueur pour me dire à un moment donné : Gabriel, vous êtes fou ! et pour m'arracher de l'antre sans me blâmer ni me mépriser.

« Vous ne me connaissez guère que par les services que vous m'avez rendus. Je veux que vous me sachiez par cœur, mon cher capitaine, et je vais vous faire ma confession générale.

La figure de Mazurke exprima un certain effroi.

— Si encore il me disait un mot de sa sœur! grommela-t-il.

« Quant à vous, continuait la lettre, je n'ai pas besoin de votre confession; je vous ai un peu deviné. Vous avez entrepris quelque tâche moitié folle, moitié héroïque, laquelle tâche vous poursuivez en riant, jusqu'au moment où il faudra jouer votre vie comme vous jouez vos ducats d'Allemagne. Quelle est cette tâche? Je l'ignore. Mais si vous avez besoin d'un bras dévoué pour l'accomplir, j'espère que vous penserez à moi.

— Trop blond! dit Mazurke. Non pas! non pas! je fais tout moi-même.

« Moi, je n'ai d'autre but en ce monde que de rendre ma mère heureuse et d'être riche pour que ma sœur ait un mari digne d'elle. J'ai soif de fortune; le jeu est pour moi un moyen.

« J'en ai un autre, qui est la science.

« Mon maître Van-Eyde, dont vous avez vu la respectable veuve à Weisbaden, faisait des miracles. J'ai sa méthode, sinon son expérience profonde et son habileté sans rivale. L'expérience et l'habileté s'acquièrent. Quand je les aurai, je ferai, moi aussi, des miracles.

« Et les miracles se payent.

« Mais ce sera bien long. D'un seul coup, en une nuit de veine, le jeu pourrait me faire riche. Et ma mère pourrait tenir alors le rang qui convient à son nom, et ma sœur serait brillante, enviée, heureuse... »

— Pauvre chère fleur! pensa Mazurke, est-ce que ces grands yeux bleus seraient plus doux, si on avait cent mille livres de rentes!

« Nous sommes nobles, reprenait la lettre, d'excellente noblesse. Je ne connais pas bien les affaires de ma mère, mais je la crois tout au plus dans une médiocre aisance.

« Capitaine, si vous saviez quel cœur fier et quelle belle âme! Vous la prendriez pour notre sœur, tant elle est jeune encore et charmante. Je me ferais tuer mille fois pour ma mère... »

Mazurke secoua la tête.

— Il n'y a pas besoin de crier ça sur les toits, grommela-t-il ; c'est simple comme bonjour. Une mère !

Il était tout triste, et durant une minute il ne rêva pas à la fleur bleue.

Pauvre Mazurke ! sous cette franche gaîté, un souvenir cruel devait se cacher, tout au fond de son cœur, car son œil se mouilla.

— Une mère ! répéta-t-il.

Puis il secoua sa vieille chevelure, et son œil séché brilla. C'était comme un défi jeté aux douleurs du passé.

La lettre reprenait :

« Mais je ne vous ai pas dit encore tous les motifs que j'ai de souhaiter passionnément la fortune. Le principal motif qui me brûle et me pousse en avant, c'est l'amour. J'aime une jeune fille riche, très riche. Je suis aimé. Il n'y a d'obstacle entre nous que la volonté d'un père. Que je sois riche, cet obstacle disparaîtra.

« Cette jeune fille que j'aime n'a pas, malheureusement, un nom très sortable...

— Oh ! le fat ennuyeux ! s'écria Mazurke en frappant du pied.

— Mais ce n'est qu'un enfant, se reprit-il, et peut-être que sa mère, entichée de noblesse, l'a élevé dans ces idées de l'autre monde. J'avais bien cru déjà m'apercevoir... Ah ! çà, je ne suis pas marquis, moi, pourquoi veut-il être mon ami ?

Il continua la lecture.

C'était un portrait littéraire de Mlle Clémence Lointier, suivi de quelques phrases sur l'amour. On y sentait la passion vraie, sous une couche réellement trop épaisse de prétentieuse rhétorique.

Mazurke était à la fois attiré et repoussé par cet enfant, dont les confidences semblaient écrites pour être imprimées.

Il ne savait pas, Mazurke, que tous nos enfants sont maintenant ainsi.

« Quant à l'argent que je vous dois... disait Gabriel en finissant.

— Bon, bon, bon ! gronda Mazurke qui froissa la lettre ; va te coucher, petit, j'en ai assez.

La fleur bleue en disait, ma foi ! bien autrement long que cette longue lettre vide.

Comme Mazurke ouvrait son portefeuille pour la revoir, la fleur, il se fit un bruit dans l'antichambre.

Mazurke regarda vivement la pendule.

— Deux heures, murmura-t-il, c'est mon homme !

Sa figure changea.

Peut-être que ce petit Gabriel avait deviné juste, en disant que Mazurke s'était donné une grande tâche dans la vie.

Il se redressa et attendit, l'œil fixé sur la porte.

On distinguait parfaitement la voix de Yaume qui disait :

— Censé, vous, M. Philippe vous espère, mais si j'avais l'avantage de ne pas vous déranger, je prendrais la liberté de vous consulter en passant.

— Consultez, répondit-on.

— Malgré que vous n'avez pas une figure agréable, reprit Yaume avec plus de confiance, on voit que vous avez fait vos études. Relativement à quoi, dont j'ambitionne de savoir le fin mot, voilà : c'est le socialisme.

— Yaume ! cria Mazurke, moitié riant, moitié en colère.

— Monsieur Philippe ?

— Veux-tu bien faire entrer !

— Certainement, monsieur Philippe.

Mais Yaume eut le temps d'ajouter, en s'adressant à son interlocuteur :

— Ça ne fait rien, vous ! Je vas vous attendre censé par ici, et quand vous vous en irez, j'aurai secondement recours à vous pour savoir ce que c'est.

Il ouvrit ; le nouveau venu franchit le seuil.

Yaume referma la porte et s'assit dans l'antichambre en se grattant l'oreille.

— Si M. Philippe l'est censément, ruminait-il, je le suis peut-être bien, moi aussi, socialiste! Je vas espérer le louchard.

Il tira de sa poche une guimbarde en fer et la mit dans sa bouche. L'instrument discret se prit à chanter faux une mélodie vitriée, mais cela sans nuire à personne; car la guimbarde, cette reine des instruments, a l'avantage inestimable d'être muette.

XLVII

Renseignements et chanson

La première chose que fit le monsieur aux lunettes bleues, en entrant dans la chambre de Mazurke, fut une inspection générale et rapide comme l'éclair.

Il louchait beaucoup, mais n'eût-il point louché, il aurait encore eu très mauvaise mine.

Ce qu'il vit dans la chambre de Mazurke est facile à inventorier : un costume bourgeois tout neuf sur un fauteuil; sur un autre fauteuil, un dolman de hussard; dans un coin, le kolbach magyare auprès du chapeau français.

Puis, çà et là, des armes magnifiques : un sabre, des pistolets, etc.

— Comment vous portez-vous, monsieur Baptiste? demanda Mazurke sans se lever.

— Vous êtes bien honnête, monsieur Philippe, répondit M. Baptiste avec un énorme salut; pas mal, et vous? J'ai l'honneur de vous offrir mes compliments.

— Asseyez-vous donc, monsieur Baptiste.

— Trop d'honneur, monsieur Philippe.

M. Baptiste s'assit.

C'était un grand citoyen vêtu de noir, qui parlait bas, avec intention et mystère. Il avait des papiers à la main, des papiers sous le bras, des papiers dans ses poches, et des papiers dans son chapeau.

— Eh bien, monsieur Baptiste, reprit Mazurke, avons-nous les renseignements demandés?

M. Baptiste toussa.

Puis il posa son chapeau entre ses jambes.

— Heu! fit-il, renseignements, monsieur! sans doute. Notre établissement est connu. Incontestablement, les renseignements ne manquent pas, mais il y a renseignements et renseignements.

Mazurke écoutait.

M. Baptiste posa sur son chapeau les papiers qu'il tenait à la main et ceux qu'il avait sous le bras. Puis, tirant de ses poches une invraisemblable quantité de feuilles volantes, il commença un triage laborieux.

— Monsieur, poursuivit-il, voilà des renseignements, tenez! qui sont la propriété exclusive de la maison Isidore-Baptiste et Cie, discrétion et célérité. Voulez-vous que je vous donne des renseignements sur les députés de la gauche et de la droite, sur les ministres, sur les dames de l'Opéra, sur les journalistes les plus célèbres, sur les officiers de terre et de mer, sur messieurs les employés de la préfecture eux-mêmes? sur tout, monsieur, sur tout! le voulez-vous, parlez, je suis entièrement à vos ordres.

Mazurke le regardait fixement.

— Monsieur Baptiste, dit-il, est-ce que vous auriez la malheureuse idée de vous moquer de moi?

— A Dieu ne plaise, monsieur!

— Je vous en félicite, monsieur Baptiste.

Celui-ci mêla ses papiers comme un jeu de cartes.

— Avez-vous ce que je vous ai demandé? prononça Mazurke d'un ton sec et déjà menaçant.

— Monsieur, répliqua l'homme aux lunettes bleues avec un sourire obéissant, la maison Isidore-Baptiste et

Cⁱᵉ a été fondée dans un but que chacun peut apprécier. Les résultats obtenus par elle la mettent hors de toute comparaison avec les établissements rivaux fondés par des hommes sans moralité et pourvus d'antécédents déplorables...

Mazurke fronça le sourcil.

— Bien, monsieur! vous voulez que j'arrive au fait, m'y voici. Hier, vous m'avez fait l'honneur de me donner vingt-cinq louis, ils sont portés sur nos livres. Nous avons travaillé pour cinq cents francs, monsieur, et les difficultés...

— Morbleu! monsieur, s'écria Mazurke, je vous avais dit de m'établir votre compte tout de suite.

— Bien, monsieur...

— Taisez-vous, de par tous les diables, quand je parle, monsieur! Que vous faut-il?

— Si nous avions cinquante louis...

Mazurke prit sur la cheminée deux rouleaux d'or qu'il lança dans le couvre-chef de M. Baptiste, comme on met deux sous dans le chapeau d'un aveugle.

M. Baptiste les prit, les pesa et salua.

— Il y a toujours du plaisir, commença-t-il, à faire des affaires avec...

— Au fait, monsieur! Si vous avez quelques renseignements, communiquez-les-moi; si vous n'en avez pas, allez m'en chercher. Et mettez-vous ceci dans l'esprit : Voilà ma manière d'agir avec les gens comme vous : quand ils me servent, je les paye; quand ils me trompent, je leur casse la tête.

M. Baptiste ne perdit point son sourire.

— Ce n'est plus guère dans nos mœurs, murmura-t-il; mais croyez bien, monsieur, que je comprends toutes les habitudes. J'ai eu l'avantage de connaître des personnes encore plus originales... et j'ai dans mes renseignements, ajouta-t-il en plongeant ses deux mains au fond de son chapeau, des notes... Mais vous vous impatientez, je suis tout à notre affaire. Vous m'avez donné une dizaine de noms que voici, j'ai mis aussitôt cent quarante-neuf employés en campagne, tous gens comme il faut et se présentant bien. Voici le résumé de leurs rapports :

« 1° Mme ou Mlle Berthe Créhu de la Saulays, aveugle, trente-cinq ans à peu près... »

En ce moment une voix nasillarde, mais vigoureusement timbrée, s'éleva dans l'antichambre, chantant à tue-tête la chanson la plus vitriâse que jamais on ait nasillée à Vitré.

La voix disait :

> Quand je quittis d'chez mon père,
> J'avâs quéze ans ;
> J'tât équipais de toute magnière
> Coume un galant,
> Sapergouenne !
> J'tât équipais de toute magnière
> Coume un galant ! 1

— La paix, Yaume ! cria Mazurke à travers la cloison.

C'était en effet notre ami Yaume qui, las de sa guimbarde, avait changé de passe-temps. Il chantait de si grand cœur qu'il n'eût pas entendu la foudre éclater. Aussi se lança-t-il sans remords dans le second couplet, malgré l'ordre de son maître.

> J'avâ-i-une belle veste nère
> Cousue d'fil blanc
> Qui mé dounait l'air par darrère
> D'un parsident,
> Sapergouenne !
> Qui mé dounait l'air par darrère
> D'un parsident ! 2

— Yaume ! coquin ! criait Mazurke en colère.

Bah ! Yaume, fort de sa conscience, allait de plus fort en plus fort.

---

1. Quand je sortis de chez mon père, j'avais quinze ans ; j'étais équipé de toute manière, comme un galant.

2. J'avais une belle veste noire, cousue de fil blanc, qui me donnait l'air par derrière, d'un président.

> J'avâ-i-une belle perruque
> De poué d'pourçais
> Que j'démêlais tous les dimônes
> O-y-un râtais,
> Sapergouenne !
> Que j'démêlais tous les dimônes
> O-y-un râtais ! [1]

Impossible de s'entendre ! Et les chansons vitriâses ont toutes vingt-quatre douzaines de couplets.

Mazurke s'élança dans l'antichambre. Il était pâle d'émotion, car M. Baptiste avait lu ce nom de Berthe Créhu de la Saulays de l'air d'un homme qui peut en dire bien long.

Il trouva Yaume couché sur le dos et entamant le quatrième couplet.

— Veux-tu te sauver, misérable ! cria Mazurke.

Yaume répondit :

— J'aimerais censément mieux espérer le louchard pour lui demander ce que c'est...

— Va-t-en ! répéta Mazurke.

Yaume obéit sans rancune.

Mais il se dit :

— Censé, je vas l'espérer à la porte de la rue.

— Eh bien, s'écria Mazurke en rentrant, qu'alliez-vous m'apprendre sur Berthe Créhu de la Saulays ?

— Peu de chose, répondit M. Baptiste, cette dame a dû exister quelque part, bien certainement, puisque vous l'avez connue, mais personne n'a jamais entendu parler d'elle ici, et malgré nos efforts...

— Rien ! murmura Mazurke dont la tête s'inclina sur sa poitrine.

— Absolument rien ! répéta M. Baptiste.

— Il faudra chercher encore.

— C'est notre métier, monsieur Philippe, et, pour de l'argent, nous chercherions pendant dix ans avec la parfaite certitude de ne pas trouver. Mais êtes-vous donc si riche ?...

---

1. J'avais une belle perruque de poil de pourceau, que je démêlais tous les dimanches avec un râteau.

— Que vous importe? reprit rudement Mazurke.

— Heu! fit M. Baptiste; notre maison est montée, et j'espère bien me rattraper sur les autres noms de votre liste. Avec une organisation comme la nôtre, quand on n'obtient pas le moindre renseignement, c'est que la personne est morte.

— Morte! répéta Mazurke qui mit sa tête entre ses mains.

— Bien morte, poursuivit paisiblement M. Baptiste.

Mazurke se redressa et lui saisit le bras avec violence.

— Taisez-vous! balbutia-t-il d'une voix altérée; non, non, Berthe n'est pas morte! Et moi, entendez-vous! moi, tout seul, je la retrouverai!

XLVIII

Monsieur Baptiste

Devant l'exaltation de Mazurke, M. Baptiste gardait son flegme de marchand. Il vendait des renseignements, cet homme, absolument comme votre épicier vous vend du sucre et du sel.

La maison Isidore-Baptiste et Cie, *discrétion et célérité!* Deux mille employés répartis sur la surface de Paris, tous gens comme il faut et de bonne tenue, malgré leurs figures légèrement patibulaires, — le salut des familles, la sécurité du commerce, — retrouvant les objets perdus, recouvrant les créances romanesques, et pouvant procurer des billets de théâtre plus chers qu'au bureau.

Paris est le centre du monde.

Et la maison Isidore-Baptiste et Cie est le joyau de Paris.

— Monsieur Philippe, dit l'homme aux lunettes bleues, puisque vous semblez tenir à retrouver cette dame, je vous souhaite bonne chance. Mais suivons votre liste;

2° M. Lucien Créhu de la Saulays... pas la moindre trace!
— Ah! fit Mazurke. A quoi servez-vous donc?
M. Baptiste méprisa cette question.
— 3°, reprit-il, M. Fargeau Créhu de la Saulays. On a connu un Fargeau, serpent à l'église Saint-Eustache en 1834, trombone à l'Ambigu-Comique en 1841, ophicléide au Cirque des Champs-Élysées en...
— Passez! dit Mazurke, ce n'est pas cela.
— Pas d'autres renseignements sur ce M. Fargeau, poursuivit M. Baptiste; 4° M. Honoré Créhu de Pélihou. Connu un vieux prêteur sur gages...
— Ah! dit Mazurke vivement, vous y êtes, cette fois!
M. Baptiste salua.
— Si nous faisons quelques affaires ensemble, répliqua-t-il avec modestie, vous verrez de quoi nous sommes capables. Je reprends : Un vieux prêteur sur gages qui parlait quelquefois d'une marchande de tabac qui avait des relations avec un certain Honoré, sergent d'artillerie...
Mazurke frappa du pied. M. Baptiste recula son fauteuil et son chapeau.
— Deux cent trente-neuf personnes du nom d'Honoré dans Paris, continua-t-il; note particulière : en 1826 ou 27, entendu parler d'un M. Honoré, natif de la Bretagne, qui logeait dans une des maisons ruinées de la rue de Clichy. Souvenirs assez vagues. Ce M. Honoré passait pour avoir chez lui des trésors extravagants. Il était vieux comme Mathusalem...
— Mais, c'est cela! interrompit Mazurke.
— Permettez, dit Baptiste; la note contient encore un mot.
Et il ajouta en prenant un autre papier :
— Perdu de vue!
Mazurke, qui s'était levé à demi, se renfonça dans son fauteuil.
— Et n'y aurait-il pas moyen de retrouver sa trace? demanda-t-il.
— Mon cher monsieur Philippe, répondit l'homme aux lunettes bleues, rien n'est impossible à la maison Isidore-

Baptiste et C⁹. Néanmoins, quand on lit sur nos rapports ces trois mots : *perdu de vue*, c'est le diable. Mais vous payez; nous chercherons et tout s'arrangera. Je passe au n° 4.

« 4° M. le docteur Morin. Il y a seize docteurs à Paris du nom de Morin. Les adresses sont ci-jointes. Aucun de ces docteurs ne se trouve dans la position indiquée par le client. Le client vérifiera... »

— Le client, c'est vous, cher monsieur, s'interrompit l'homme aux lunettes bleues; j'arrive au n° 5.

« 5° M. le chevalier de Guérineul, inconnu.

« 5° Mᵐᵉ ou Mˡˡᵉ Olivette. Vingt-deux demoiselles Olivette en rapports habituels et nécessaires avec la police. Une dame Olivet, tenant le comptoir du café de la Moselle, Mᵐᵉ Olivette, épileuse, rue de Lamartine... »

— Passez! passez! passez! cria Mazurke qui couvait une de ces belles et bonnes colères dont l'effet est de remplacer, pour la sortie d'un Baptiste quelconque, la porte par la fenêtre.

— « 7° M. Menand jeune, surnommé l'Artichaut, notaire ou ex-notaire. On a cherché, sur l'indication donnée, que ce Menand jeune mangeait des cordes et de l'oignon. Trouvé un notaire amateur de ficelles, et plusieurs centaines de clercs adonnés à l'usage de l'oignon.

« Trouvé en outre un notaire que ses amis ont surnommé le Concombre, mais d'Artichaut, néant.

« 8° M. de Maudreuil, ayant pour sobriquet Cousin-et-Ami. Maudreuil, inconnu, mais Cousin-et-Ami pouvant, au contraire, mettre sur la trace. Les pompes funèbres ont eu un employé de ce surnom, — à chercher. »

— Il me suffirait d'en trouver un seul, dit Mazurke, qui se calmait chaque fois qu'il entrevoyait l'ombre d'un espoir.

— « 9° », reprit M. Baptiste, M. Houël, propriétaire, inconnu.

« 10° M. Berthelleminot de Beaurepas, entrepreneur, chevalier de l'Aigle jaune, de Souabe. Signalé par le client comme un *faiseur*.

« Pas de données complètement positives.

« Néanmoins, pourrait bien être le même qu'un sieur Berthellemot, agent d'assurances pour le recrutement, ou qu'un sieur Berthelot, entrepreneur de déménagements, ou qu'un sie... »

— Et c'est pour me raconter des balivernes semblables que vous m'avez fait vous donner quinze cents francs ! s'écria Mazurke en roulant son fauteuil du côté de M. Baptiste.

M. Baptiste fit exécuter à son siège un mouvement de retraite, et maintint son chapeau entre ses jambes.

Mazurke regarda tout autour de la chambre pour s'assurer qu'il y avait bien un jonc dans quelque coin.

— Remarquez, dit M. Baptiste sans trop se troubler, bien qu'il eût suivi le regard circulaire et menaçant de Mazurke, remarquez que vous en avez là seulement pour vingt-cinq louis, monsieur ; les cinquante autres louis seront employés également dans votre intérêt.

— Également ! répéta Mazurke.

— Ou mieux, si les circonstances s'y prêtent, poursuivit M. Baptiste.

Mazurke se leva.

M. Baptiste avait trop d'acquis pour ne pas comprendre qu'on allait lui offrir une volée de coups de canne.

Quelque habitué que l'on puisse être à ces jeux, on cherche toujours à les éviter. M. Baptiste n'était pas un maraud ordinaire. Au lieu de gagner la porte, il feuilleta de nouveau ses paperasses en disant :

— Mon cher monsieur Philippe, j'ai l'honneur de vous faire observer qu'une volée de coups de canne est la chose du monde la plus vieille et la moins spirituelle. J'en ai reçu beaucoup et je puis en parler ; de quoi vous plaignez-vous ?

— De quoi je me plains ? s'écria Mazurke, qui fit plier le jonc et l'assura dans sa main ; il y a volée et volée, monsieur Baptiste, comme il y a renseignements et renseignements. Les volées que je donne, moi, quand je m'en mêle, sont d'une qualité si supérieure...

L'homme aux lunettes bleues éleva entre l'index et le pouce un petit papier d'appétissante physionomie.

— Encore quelque bourde ! grommela Mazurke.

— Vous allez voir, cher monsieur. Laissez-moi vous expliquer...

— J'écoute ; mais si ce papier ne vaut pas mieux que les autres, je vous administre une volée de quinze cents francs, monsieur Baptiste. Est-ce convenu ?

— C'est convenu, monsieur Philippe.

Mazurke resta debout, appuyé sur sa bonne canne comme l'exécuteur sur sa hache, dans le tableau de Jane Grey.

M. Baptiste déplia le petit papier avec délicatesse.

— Ceci, cher monsieur, dit-il, est une pièce...

— Pas de préambule ! interrompit Mazurke.

— Si fait, dix paroles. Notre coutume, quand nous faisons des affaires avec un nouveau client, est de commencer notre travail par ce client lui-même. Vous conviendrez que c'est assez prudent. Cette pièce est la série de renseignements que nous avons pu nous procurer sur votre personne...

— Ah ! diable ! fit Mazurke, qui se prit à sourire.

— Je vous la communique, continua l'homme aux lunettes bleues, pour que vous soyez bien convaincu que notre maison est fondée sur des bases sérieuses.

— Si vous me dites sur moi-même certaines choses, j'en serai convaincu, monsieur Baptiste.

— Et vous nous continuerez votre honorable confiance ?

— Peut-être. Voyons ma biographie.

— Oh ! s'écria M. Baptiste d'un air modeste, cela ne va pas jusque-là.

— Voyons !

M. Baptiste assura ses lunettes bleues à l'aide d'un coup de doigt, et commença :

« M. Philippe, dit le capitaine Mazurke, a passé la frontière d'Autriche à l'aide d'un faux passeport...

— Comment, drôle !

— Permettez !

« ... D'un faux passeport, ou du moins d'un passeport appartenant à autrui. A fait sauter deux fois la banque des jeux à Wiesbaden... »

— Trois fois, rectifia Mazurke, qui souriait en homme intéressé vivement ; allez !

— « Pas de papiers. Pas de condamnation connue... »
Mazurke éclata de rire.

« Venu à Paris vers le commencement de 1830, continuait la *pièce* de M. Baptiste, sous le nom de Mérioul...

— Étonnant ! murmura Mazurke.

Il déposa sa canne contre le mur.

« ... Mérioul, poursuivit l'homme aux lunettes bleues ; combattant de juillet, mêlé à la conspiration légitimiste de la rue des Prouvaires... »

— Oui, dit Mazurke en se rasseyant, à vingt ans j'étais un peu légitimiste.

« Impliqué dans l'affaire de Strasbourg... »

— Ma foi, dit encore Mazurke qui riait de bon cœur, à vingt-cinq ans, il paraît que je devins bonapartiste.

« Poursuivi pour le complot républicain du 12 mai... »

— Du diable ! s'écria le capitaine, je n'aimais pas Louis-Philippe. Après ?

« ... Expatrié, — est revenu à Paris, où il mène joyeuse vie, tout en cherchant des personnages de l'autre monde qui semblent n'exister que dans son imagination.

— Les gens de votre liste, expliqua l'homme aux lunettes bleues ; vous sentez que nos agents ne sont pas ferrés sur la politesse. Il reprit :

« ... Franchit de nouveau la frontière, et entre au service de la Hongrie contre l'Autriche... »

— Et se bat comme un brave garçon, monsieur Baptiste, interrompit Mazurke à son tour, et rachète par là toutes ses folies de jeunesse, morbleu ! Est-ce tout ?

M. Baptiste replia le papier et se leva, bien sûr maintenant d'opérer sa retraite sans encombre.

— C'est tout, cher monsieur, dit-il, et permettez-moi de vous faire compliment sur une vie si bien occupée. Permettez-moi en outre, avant de vous quitter, de risquer un humble conseil. Procurez-vous, croyez-moi, des papiers en règle.

— Et le moyen ?

— Notre maison fait ces affaires-là, cher monsieur. Et je dois vous prévenir qu'à défaut par vous de prendre vos précautions, dans l'état actuel de la politique, vous seriez sous clé avant vingt-quatre heures.

M. Baptiste salua et se dirigea vers la porte.

XLIX

Où le rôle de Yaume se dessine

Est-ce que Mazurke était ce Mérieul de la cuisine du Couil ? cet obscur Mérieul, l'ami d'Yvon et de Fancin, le camarade de Louisic du four à fouaces ?

Yaume pourrait bien nous le dire ; mais voilà Yaume qui, après avoir chanté cent et quelques couplets de sa chanson vitriâse, traverse la place Vendôme et aborde poliment l'invalide proposé à la garde de la Colonne, pour lui demander ce que c'est :

Vous savez bien : ce que c'est qu'un socialiste.

A quoi l'invalide répond qu'il a perdu sa jambe dedans les champs de l'honneur avec gloire.

M. Baptiste, cependant, se ravisa au moment de quitter la chambre de Mazurke. Il se frappa le front en homme qui accouche d'une idée.

— Pardieu ! cher monsieur, s'écria-t-il, je savais bien que vous m'aviez fait oublier quelque chose, avec votre satanée canne ; j'omettais de vous communiquer un renseignement non classé, et vous savez, les *renseignements non classés* sont comme les *observations particulières* des passeports ou les *post-scriptum* des lettres de femme : on y découvre toujours quelque bonne idée...

Dans sa recherche trop précipitée, il fit tomber une lettre assez volumineuse dont l'adresse portait :

« A monsieur André Lointier, propriétaire, rue du Regard, n°... à Paris. »

Mazurke n'avait jamais entendu parler de M. André Lointier. Seulement, s'il avait lu, il aurait pu remarquer que ce M. André Lointier demeurait dans la même rue et au même numéro que le petit docteur Gabriel de Marans.

Et aussi que la belle jeune fille à la fleur bleue.

M. Baptiste ramassa la lettre tombée, avec beaucoup de prestesse.

— Voilà, voilà ! s'écria-t-il.

« Renseignement non classé : le patron a soupé hier avec le Ballon chez la marquise. Le patron a parlé de tout ça au Ballon, qui s'est mis à rire. Le Ballon avait déjà ri quand on lui avait parlé pour M. A. L. de la rue du Regard. »

M. Baptiste se tut.

Mazurke attendait la suite.

M. Baptiste remit le *renseignement non classé* dans sa poche.

— Après ? dit Mazurke.

— C'est tout.

— Et cela veut dire ?

— Le patron, répliqua M. Baptiste, c'est naturellement M. Isidore. La marquise, et je dois avouer que ce titre n'est pas constitutionnel, eu égard au décret du gouvernement provisoire, en date du 4 mars 1848, lequel abolit formellement les titres de noblesse, par respect pour le sacré principe de l'égalité, la marquise se nomme Mme de Beaujoyeux et tient des salons agréables. Le Ballon est l'homme le plus gros de Paris. C'est un fin matois avec sa graisse, et qui sait bien des choses ! Il a nom Romblon...

— Romblon ! répéta Mazurke, qui sembla chercher dans sa mémoire.

— Romblon-Ballon, poursuivit M. Baptiste ; avez-vous

vu la femme-colosse du Jardin Turc, qui pesait deux cent vingt kilogrammes, avant la révolution de février?

— Romblon! répétait toujours Mazurke.

— Romblon-Ballon est plus gros qu'elle.

Mazurke lui prit le bras vivement.

— Pouvez-vous me mettre en rapport avec ce Romblon? demanda-t-il.

— Parfaitement. C'est un client de la maison.

— Quand et où?

— Attendez donc! à l'heure de dîner, chez la marquise.

— Je ne la connais pas moi, cette marquise.

M. Baptiste prit un air fat.

— Moi, je la connais, dit-il; j'aurai le plaisir de vous procurer une invitation.

— Ah! fit Mazurke, alors qu'est-ce que c'est donc?

— Eh! oh! dîners fins! jolie cave, salons agréables, local un peu régence, lansquenet, danse, musique... et autres. Du reste, société premier chic!

— Cela suffit, monsieur Baptiste; je vous remercie, dit Mazurke avec ce salut convenu qui signifie : Va-t-en au diable!

M. Baptiste se le tint pour déclaré.

Il salua et passa la porte en disant :

— Vous avez cinquante louis chez nous à votre crédit, cher monsieur. Quand vous connaîtrez mieux la maison, vous perdrez cette brusquerie qui entrave les relations. Je serai peut-être chez la marquise. A l'honneur de vous revoir!

Mazurke ôta sa robe de chambre et sonna Yaume, pour s'habiller.

Mais Yaume n'entendit pas le coup de sonnette, et voici pourquoi.

Il venait d'attraper M. Baptiste par les basques de son habit, bourré de *renseignements*.

— Censé, dit-il avec mystère, arrivant de pays étranger, au delà des frontières et douanes, j'ambitionne d'être fixé...

— Voulez-vous bien me lâcher! s'écria M. Baptiste en lui lançant le plus terrible regard de ses lunettes bleues.

Yaume ne lâcha pas.

— Un chacun en parle, reprit-il, depuis le premier, consément jusqu'au dernier, et personne ne veut me dire ce que c'est... Faut que ça finisse !

Yaume avait prononcé cette dernière phrase d'un air résolu. Il lui fallait, à cette nature simple, une définition ou la mort !

Sans une voix qui s'éleva de l'intérieur de l'hôtel pour appeler Yaume, il y aurait eu entre lui et l'homme aux lunettes bleues un dangereux combat.

Yaume ne savait pas résister à la consigne. Il abandonna la basque de M. Baptiste en disant :

— Vous, Louchard, consément, je te repincerai !

Et il courut à la chambre de son maître.

M. Baptiste rajusta son habit et prit sa course à travers la place Vendôme, *allongeant* comme un cheval au trot et dépassant avec facilité les cabriolets de place. Tout en marchant, il manipulait ses papiers.

Parmi ces papiers, il choisit deux lettres, dont l'une était celle que nous avons vu tomber chez Mazurke. L'autre était adressée à M. Romblon fils, rue de Valois-Batave, à Paris.

M. Baptiste s'arrêta auprès du bureau de poste de la Chancellerie. Il déchira une page de son portefeuille et l'introduisit dans la lettre de Romblon, après y avoir tracé quelque mots au crayon.

Puis il jeta les deux lettres dans la boîte.

Ces deux lettres, nous prenons la liberté de les transcrire. La première était ainsi conçue :

« Monsieur André Lointier,

« Comme complément des indications déjà fournies, j'ai l'avantage de vous faire savoir que M. Gabriel de Marans est perdu de dettes. Il fréquente la maison de la marquise. On le pousse. Il ira loin.

« Quant à ce qui s'est passé à Wiesbaden, je suis sur

la trace, ayant noué des rapports avec un certain capitaine hongrois qui en arrive.

« Reste Mme de Marans. Je vous ai dit que, trois fois par semaine, les mardi, jeudi et samedi, elle sort de chez elle à sept heures pour ne rentrer que fort avant dans la nuit.

« Ses enfants eux-mêmes la croient au lit, parce que, les autres jours, elle a soin de se coucher effectivement à sept heures.

« Je dois la faire suivre ce soir, et je vous rendrai bon compte de tout cela.

« J'ai l'honneur d'être, etc.

« ISIDORE. »

La seconde disait :

« Mon vieux Ballon,

« Voici un autre client qui nous demande des renseignements sur une liste presque semblable à celle de M. André Lointier, de la rue du Regard.

« Seulement, le nouveau client ajoute à sa liste deux noms : MM. Fargeau et Lucien Créhu de la Saulays, et il supprime le nom de Tiennot Blône.

« Comme nous le pensions bien, le nouveau client désire vous voir, et je l'ai convoqué pour aujourd'hui chez la marquise.

« Salut et fraternité.

« BAPTISTE. »

Le mot au crayon ajoutait :

« Le nouveau client a fait sauter la banque à Wiesbaden. Il a l'air méchant, mais on l'arrange comme on veut. Ça peut être une grande affaire. »

L

Lettre à l'ambre

Le capitaine Mazurke, resté seul après le départ de M. Baptiste, appela Yaume une fois, puis deux fois.

Comme Yaume ne paraissait point, Mazurke ouvrit une de ses fenêtres, donnant sur la place Vendôme.

Il vit l'ancien pâtour, — mais il vit aussi M. Baptiste, au moment où ce dernier se dirigeait vers le bureau de poste de la Chancellerie.

Au lieu d'appeler, Mazurke demeura muet, regardant cet homme de tous ses yeux, comme s'il n'eût pas eu le temps, dans la récente et longue entrevue, de le contempler à son aise.

Yaume arriva enfin. Mazurke l'arrêta sur le seuil, d'un geste impérieux.

Yaume trouva qu'il avait censément l'air d'un gars qui a peur d'effaroucher les oisilles.

Et, vraiment, c'était un peu cela. Mazurke se cachait à demi derrière les rideaux et regardait tant qu'il pouvait. Seulement, il ne s'agissait pas d'*oisilles*, mais bien de M. Baptiste.

Mazurke vit M. Baptiste déchirer une page de son portefeuille, écrire quelques mots et insérer le papier dans une lettre qu'il mit à la poste.

Cela le fit souvenir de cette adresse qu'il avait lue sans le vouloir : *à M. André Lointier, rue du Regard*.

Le nom de Lointier n'éveillait rien en lui.

Pourtant cette action de M. Baptiste, si simple qu'elle fût en apparence, l'émut et le piqua, comme si elle eût mis en jeu la réussite de ses plus chers projets.

Mazurke n'était pas un homme sérieux, mais c'était un homme.

Or, entre l'homme sérieux et l'homme proprement dit, il y a cette différence que l'homme proprement dit fait quelquefois de très graves choses sans monter sur des échasses, tandis que l'homme sérieux monte sur des échasses pour faire gravement les choses les plus burlesques.

Il avait ses défauts, ce Mazurke, et certes nous ne le donnons point pour modèle; mais dans la mission qu'il s'était assignée, un homme sérieux se serait cassé le cou dès le premier pas.

Une fois n'est pas coutume. Mazurke se prit à réfléchir laborieusement.

La vue de M. Baptiste, écrivant au crayon sur son genou, le jeta dans le monde des hypothèses.

Qu'écrivait-il, cet homme ?

Et d'abord n'y avait-il pas une chose très étrange ? Pourquoi avait-on éclairé sa vie passée, à lui Mazurke, au lieu de porter la lumière ailleurs comme c'était stipulé dans le marché ?

Ce n'était peut-être pas pour s'entendre raconter sa propre histoire qu'il avait payé, — payé d'avance !

Ces renseignements, les avait-on pris pour lui, pour se donner la vaine satisfaction de l'étonner ou de le convaincre ?

N'y avait-il pas mille à parier contre un, au contraire, que ces renseignements étaient pour autrui ?

Pour qui ?

Naturellement, puisque Mazurke attaquait, il y avait des personnes intéressées à se défendre.

C'était donc déjà la guerre engagée, et il n'avait plus la ressource des surprises.

M. Baptiste était parti depuis longtemps sur ses grandes jambes emmanchées dans un pantalon luisant que Mazurke en était encore à ce prélude de ses méditations.

— Eh bien, pensait-il, la guerre, soit ! Ces coquins croient me jouer sous jambe ; nous verrons bien !

Mais regardez bien l'honnête garçon qui apporte ces côtelettes fumantes.

20e LIVR.

Il faut l'avouer, ce *nous verrons bien* était un peu de la fanfaronnade. Mazurke avait bonne volonté, mais c'était tout.

— Habille-moi, dit-il à Yaume.

Yaume s'avança pour obéir.

— Non, reprit Mazurke, va-t-en ! Non ! écoute... cet homme qui sort, tu lui as parlé ?

— Censé, pas beaucoup.

— Que lui as-tu dit ?

— Ah dam ! je lui ai questionné pour la chose que vous savez...

— Quelle chose ? demanda vivement Mazurke.

— Eh bien, répliqua Yaume en clignant de l'œil, la chose que vous êtes, censément, à ce qu'ils disent, socialiste, quoi !

— Imbécile ! s'écria Mazurke.

— C'est pas l'embarras, repartit Yaume.

Mazurke alluma un beau cigare et s'accouda sur l'appui de sa fenêtre.

— Yaume, dit-il.

— Monsieur ?

— Mets sur la table tout ce qu'il faut pour écrire.

Yaume obéit ; puis, quand il eut rangé encre, plume et papier, il dit :

— Voilà.

Mazurke tourna la tête.

— Que veux-tu que je fasse de cela ? demanda-t-il entre deux bouffées.

— Il est censément toqué ! pensa Yaume ; c'est peut-être toqué que ça veut dire, socialiste.

— Yaume ! dit Mazurke.

— Monsieur ?

— Mes pistolets sont-ils chargés ?

— Non-fait.

— Charge-les.

— Je veux bien tout de même.

— Allons ! laisse ces pistolets tranquilles ! s'écria Mazurke, au moment où Yaume les décrochait.

— Ça m'est égal, dit Yaume, qui humait de loin la fumée du cigare et caressait sa pipe dans sa poche.

Mazurke s'assit près de la table et commença une lettre qu'il déchira.

Ensuite, il jeta son cigare. Yaume le ramassa.

— Vive Dieu ! se dit Mazurke en prenant sa tête à deux mains, je veux être pendu si je sais comment sortir de là ! Et après tout, vingt ans écoulés ! Ils sont morts tous les deux peut-être.

— Qui ça ? demanda Yaume qui fumait avec plaisir le reste du cigare.

Sur la figure de Mazurke, si franche et si gaie d'ordinaire, il y avait un nuage de tristesse profonde.

— Morts ! répéta-t-il, elle et lui ! sans se revoir ! Elle désespérée, lui m'accusant et me maudissant !

— Ça serait-il une curiosité mal placée, dit Yaume poliment, que de vous demander...

— Tu es encore là, toi ?

— Censé, répliqua Yaume.

On sonna. Il ouvrit la porte. C'était une lettre qu'on apportait.

— Oh ! dit Yaume en prenant la lettre des mains du garçon de l'hôtel pour la remettre à Mazurke, elle embaume !

Mazurke la décachète, et une odeur d'ambre rayonna en effet dans tout l'appartement.

— Ah dam ! elle embaume ! murmurait l'ancien pâtour dont les narines s'enflaient avec volupté.

La lettre avait une tête lithographiée délicatement et qui portait :

« Rue de l'Ancienne-Comédie, n°...

« Madame Oliva de Beaujoyeux, couvert à cinq heures, leçons de danse, jeux autorisés par les lois et le bon ton.

« On n'est admis que sur lettres d'invitation. »

Ceci sortait en caractère d'or sur papier glacé.

Le corps de la missive, jolie petite écriture anglaise, était ainsi conçu :

« Madame la marquise Oliva de Beaujoyeux prie M. le capitaine Philippe de lui faire l'honneur de passer la soirée chez elle. »

Et la date.

— Fais atteler! dit Mazurke.

— J'y vas.

— Non, attends. J'ai quelque chose à te dire.

Yaume revint.

— Ecoute! reprit Mazurke, mais non... va-t-en!

Yaume regarda son maître avec compassion.

— Ma foi jurée! grommela-t-il en s'éloignant, il l'est! Je suis tout de même content d'avoir deviné ce que ça signifie : socialiste!

LI

Les murs de Paris

La lettre à l'ambre était tombée aux pieds de Mazurke qui restait là, les bras croisés sur sa poitrine, l'œil fixe, le front pâle.

Sa méditation fut longue.

— C'est incroyable! murmura-t-il enfin avec colère; je ne suis plus le maître dans mon esprit! Il y a là une pensée qui revient malgré moi, toujours! Lucienne! ses cheveux blonds et son sourire. Est-ce que j'ai le temps d'être amoureux, maintenant!

Il s'assit devant la table et mit de l'encre à sa plume.

— Voilà bien le hasard, reprit-il; quand j'étais gueux comme un rat et que mes recherches se bornaient à regarder les passants sous le nez, du diable si je songeais à l'amour! Aujourd'hui que j'ai de l'argent plein mes poches, et de l'espoir, car j'ai de l'espoir, morbleu! eh bien! voilà un ange qui m'envoie une fleur bleue pour me rendre fou!

L'encre se séchait à la plume.

— Un ange! continuait-il, tandis qu'un sourire naïf et jeune éclairait à son insu son beau visage, un ange du ciel! Oh! que je serais heureux, mon Dieu! moi, le solitaire et l'abandonné, moi qui ris pour ne pas pleurer, moi, le pauvre cœur qui ne s'ouvre jamais, si je m'endormais enfin comme les autres hommes, dans ce bon lit de la famille! Personne ne m'attend, moi, quand je tarde. Personne ne me regrette quand je pars. Pas une larme à espérer pour ma tombe. Des coups d'épée, des coups de dés : c'est ma vie. Une aventure çà et là, un sourire, un baiser, puis l'adieu... Oh! je l'aimerai, cette enfant, comme jamais femme ne pourra se vanter d'être aimée; car elle m'aura tout entier, moi qui n'ai rien à donner à ma mère ou à ma sœur...

Il s'interrompit et répéta d'un accent ému :

— Ma sœur!

— Si! si! poursuivit-il; je veux lui garder une part de mon âme à ma sœur, car je la retrouverai, j'en suis sûr. Dieu me le dit!

— Mais Lucienne! s'écria-t-il avec exaltation : la première femme que j'aime! la beauté, la bonté, la douceur, l'innocence! Tout ce qui est charmant aux yeux et cher au cœur. Lucienne! le plus joli des noms et qui semble écrit dans son sourire... car pouvait-elle s'appeler autrement que Lucienne?

Notez que le premier nom venu peut servir à varier le motif de cette rêverie. Notre Mazurke était bel et bien amoureux!

Pauvre capitaine! amoureux plus qu'un page! amoureux à genoux, malgré son regard d'aigle et sa fière moustache, noire comme le jais, fine et pointue comme l'acier d'une rapière qui plie.

— Allons! dit-il en frappant du pied et en trempant pour la vingtième fois sa plume dans l'écritoire, il faut se débarrasser de cette pensée-là, car je ne ferai rien d'aujourd'hui. Et je ne m'en débarrasserai pas avant d'avoir répondu à sa fleur! Comment répondre? Ah! Lucienne! Je donnerais cinq cents louis pour n'avoir pas reçu cette fleur.

Il aurait donné tout son sang, jusqu'à la dernière goutte, avant de la rendre.

« Mon cher Gabriel... »

Il écrivit cela en tête d'une belle feuille de papier blanc.

Et, sous prétexte d'annoncer son retour à Gabriel, le blond petit docteur, Mazurke trouva moyen de dire une foule de choses à Lucienne.

Ces lettres à double sens sont aisées à faire! Et les Gabriel qui les reçoivent ont toujours si grand soin de n'y rien comprendre et de les faire parvenir à leur véritable adresse!

Mazurke parla de tout, même de la fleur.

Pour vous, madame, si vous n'eussiez point été de moitié dans le secret, cette lettre aurait été la chose du monde la plus insignifiante. Mais, pour Lucienne, qui devait la lire avec son frère, comme souvenir de cette belle fête d'ouverture des eaux de Wiesbaden, oh! la délicieuse lettre!

Que d'esprit tendre et quel cœur spirituel!

La lettre achevée, Mazurke en eut honte. Puis il sourit, et il y avait de l'orgueil dans son sourire.

Grand enfant qui, comme il le disait, avait mené la vie à coups d'épée et à coups de dés! Brave cœur que ne gênait point la cervelle!

La lettre aujourd'hui, demain la visite.

Le rouge du plaisir sur ce beau front de vierge, les demi-mots devinés, la langue adorable des amoureux de vingt ans!

Mazurke avait plus de vingt ans, il est vrai, mais les années ne comptent que pour ce qu'elles laissent sur le visage et dans le cœur.

Mazurke était beau, Mazurke était ardent. Il était jeune, puisque son âme bouillait, plus jeune que vous, monsieur le comte, à qui les rhumatismes sont venus avant la barbe.

Vous toussez, mon petit seigneur, une moitié de cigarette vous met de la sueur aux tempes, et c'est pitié de suivre votre promenade éreintée, le soir, sur votre boulevard de Gand.

— Allons, Yaume! beau parleur! groom sans pareil! il faut s'habiller cette fois, et tout de bon.

Mazurke jeta sa robe de chambre. Sur son pantalon magyare, il boutonna une redingote noire un peu allemande qui faisait ressortir la grâce parfaite de sa haute taille.

A la boutonnière de cette redingote, il y avait un ruban rouge, le ruban de la croix d'honneur, ma foi, que Mazurke avait reçu sur la brèche de Constantine, circonstance que M. Baptiste avait oublié de mentionner dans sa biographie.

Il en avait oublié bien d'autres!

Mazurke sortit. Une voiture l'attendait à la porte de l'hôtel, mais il voulut aller à pied, parce qu'il avait à réfléchir en chemin. Il voulut même faire le grand tour et prit par les boulevards, ce qui l'éloignait un peu de la rue de l'Ancienne-Comédie.

Avant de franchir le seuil de ces *salons agréables*, Mazurke voulait se recorder un peu et arranger ses lignes de défense, car il se doutait bien qu'il serait attaqué.

En somme, ce M. Baptiste, à son estime, s'était moqué de lui. Peut-être que Romblon essayerait de faire pis. Mazurke ne demandait pas mieux que d'entamer la guerre, pourvu qu'on ne se battît pas trop à tâtons.

Il remonta la rue de la Paix. Yaume le suivait à dix pas, portant avec une fierté indescriptible le costume de groom qu'on lui avait fait faire à Wiesbaden.

Yaume était très beau sous cet uniforme.

Quant à Mazurke, il produisait, à son insu, un effet d'enfer. Toutes les femmes se retournaient pour admirer sa fière mine, et il eût fait, s'il eût voulu, d'innombrables conquêtes.

Mais il ne voulait pas.

Tandis que son maître réfléchissait, Yaume regardait les

passants avec soin, cherchant une figure aimable, et bien déterminé à s'instruire.

Il *ambitionnait* toujours d'être fixé sur la valeur de ce mot : socialiste. Et tout irritait son envie : les paroles des promeneurs, les affiches, surtout les affiches!

Ceux qui savaient lire en 1848 doivent s'en souvenir, on ne voyait, on n'entendait partout que cela : *Socialisme, Socialiste!* Les yeux étaient éblouis, les oreilles tintaient.

Chaque fois que Yaume voyait ce mot se déployer en lettres gigantesques sur du papier rouge ou bleu, il s'élançait avidement; il lisait, il dévorait.

Mais rien! Tantôt l'affiche lui disait : Le socialisme, c'est la barbarie; tantôt l'affiche lui criait : Le socialisme, c'est la civilisation.

Yaume ne savait à quelle affiche entendre. On était, comme nous l'avons dit, à la veille des élections générales du 13 mai. La ville entière était tapissée de listes, de professions de foi, d'appels aux électeurs.

Sur les murailles de ce grotesque mausolée, qui servait encore à loger l'administration du timbre national, Yaume découvrit une petite affiche qui annonçait modestement le SAUCIALISME, ou *l'ordinaire hygiénique et confortable de l'amateur républicain* par un cuisinier de la veille.

Incapable de faire la différence entre les deux orthographes, Yaume tomba dans une confusion d'idées inexprimable. Le socialisme était donc la cuisine.

Au-dessus du *saucialisme*, il y avait une liste des amis de la prudence, seule liste approuvée par Pidanchel.

Plus loin, la profession de foi du candidat humain.

Plus loin, la liste des purs, *présentés* par eux-mêmes, sous un niveau maçonnique, aux suffrages de *leur peuple*.

Et les appels impératifs! Nommons Camus! nommons Piou! nommons Baldaquin!

Et les formules graves : Candidature de S. P. Q. R. Pignondet (de Chaillot), candidature Cauchemar, dont le père, fabricant de chaussons de lisière, a tant fait pour l'histoire!

Et les formules épitaphoïdes :

NOMMONS TOUS PRUNEAU !
CAR IL NOUS A DONNÉ
SON CŒUR,
ET NOUS LUI AVONS RENDU
LA VIE DURE !

Et les formules facétieuses :

ÉLECTION DE PRUNEAU :

Quand arrive le jour où la France assommée
De ses représentants renouvelle l'armée,
C'est une loterie, et l'urne des scrutins
Verse au Palais-Bourbon un long flot de crétins... etc.

Et enfin la formule naïve :

« Citoyens !

« On a remarqué que les droguistes ne sont pas représentés à l'Assemblée nationale. N'est-ce pas une infamie ? Une assemblée nationale sans droguistes a paru aux soussignés, tous droguistes, quelque chose de borgne. En conséquence, nous vous proposons de porter vos suffrages sur le citoyen Goulard, droguiste, etc., etc. »

Yaume lisait tout cela. Et le typhus politique le prenait. Il s'intéressait à Pruneau, à Goulard et même à Pignondot (*de Chaillot*), aussi prit-il sa course en apercevant de loin un papier rose où s'étalaient ces trois mots séduisants :

C'EST LE 13 MAI !

— Censé, pensa Yaume, nous savons ça, mon rat ! C'est le 13 mai qu'est les élections de toute la France. Voyons voir cette affiche. « C'est le 13 mai que la verdure embellit la nature. M. Berthelot, entrepreneur de déménagement pour Paris et la campagne, saisit cette occasion pour rappeler au public... »

— Farceur! se dit Yaume, et cette autre! « ON TROMPE LE PEUPLE! en lui disant sans cesse que les dentiers à crochets imitent la nature et peuvent servir à la mastication. La plus légère étude de la prothèse dentaire suffit pour répondre victorieusement... » Bon! s'interrompit Yaume, c'est comme à la foire, censé. Encore une : AUX ARMES!

Yaume recula du coup.

— Saquedié! murmura-t-il, voilà qu'est bête, par exemple!

Il voulut lire pourtant jusqu'au bout, ne fût-ce que pour connaître l'heure de la bataille annoncée.

« AUX ARMES! tel est le cri des braves Hongrois. Les Cosaques menacent le Rhin, et M. Berthellemot, agent de recrutement, croit de son devoir de rassurer les familles en annonçant que ses prix ne sont pas augmentés... »

— Faignant! s'écria Yaume en colère.

Et il allait sans doute se porter à des extrémités fâcheuses contre l'affiche, lorsqu'un cri aigu de Mazurke arriva jusqu'à lui.

Yaume prit sa course et rejoignit son maître, qui était pâle et tremblant, sur le trottoir.

Ils étaient parvenus, Mazurke réfléchissant et Yaume lisant les affiches, à la hauteur de la porte Saint-Denis.

Un fiacre venait de passer.

Dans le fiacre, il y avait une jeune femme d'une admirable beauté.

A sa vue, Mazurke avait poussé un grand cri.

Et depuis lors, il gardait cette attitude de l'homme qui veut s'élancer et que l'émotion trop violente cloue au sol. Ses jambes tremblaient sous le poids de son corps.

— Qu'est-ce que c'est? demanda Yaume.

— C'est elle! balbutia Mazurke.

— Qui ça?

— Je te dis que c'est elle! là, dans ce fiacre qui va nous échapper... Berthe! Berthe!

— La petite demoiselle Berthe! répéta Yaume, qui ne fit qu'un saut jusqu'au milieu de la chaussée.

Et il criait à tue-tête, le bon garçon :
— Mam'selle Berthe! mam'selle Berthe!

La belle jeune femme qui était dans le fiacre, mit la tête à la portière sans regarder derrière elle, et dit un mot à son cocher, qui parvint à enlever ses deux rosses, à force de coups de fouet.

Le fiacre prit au galop la rue de Bondy.

Au bout d'une centaine de pas, Yaume le perdit de vue.

LII

Salons agréables

Rue de l'Ancienne-Comédie, Mme Oliva de Beaujoyeux!

Cette rue sert de frontière aux deux quartiers voisins et si dissemblables : le pays latin et le noble faubourg.

Elle a des souvenirs. Piron, Voltaire et le café Procope. Elle mène à l'Odéon.

Si on la symbolisait, cette rue, il faudrait bien lui mettre une pipe quelque part, à cause du voisinage de la Clinique, mais on pourrait la ganter au moins d'une main.

Mme Oliva de Beaujoyeux était une marquise de la rue de l'Ancienne-Comédie, spirituelle, croyez-le, aimable, preste à la repartie, possédant même une sorte de distinction relative, mais gardant quelque chose de *bréda* dans un petit coin de son charmant sourire.

Elle avait pour mari M. le marquis de Beaujoyeux, chrétien encore plus légumineux que notre ancien Menand jeune.

Menand jeune, au moins, avait un caractère à lui : tout le monde ne mange pas des cordes. Oscar de Beaujoyeux n'avait rien et mangeait de tout.

C'était un homme d'âge moyen, de taille ordinaire, un front huileux, coiffé de cheveux plats ; il vous regardait avec de gros yeux timides et tournait ses pouces quand il était très gai.

Sa femme le battait cruellement, dans le secret du ménage.

Il ne disait jamais rien. Seulement, quand il coupait ses cors, et il en avait trois à chaque doigt de pied, il chantait d'une voix endormie la fameuse romance de Mme de Genlis :

> Aimez-vous la ratatouille ?
> Un rond d'andouille
> Dans mon bidon !

Au contraire, quand il se faisait la barbe, le dimanche matin, il fredonnait avec plaisir la villanelle attribuée à la collaboration de deux économistes :

> Charenton est un canton,
> Disait la fille d'auberge,
> Où l'on voit un potiron
> Mûrir au bout d'une asperge.

Il dormait, du reste, quatorze heures tous les jours, et, le reste du temps, il lisait les annonces des cinq grands journaux.

Les garçons du café Dagnaux l'avaient surnommé Croûte-au-Pot, mais il préférait s'entendre appeler tout bonnement Oscar.

Quand la marquise le battait, il pleurait. Pour le consoler, on lui permettait de jouer avec une vieille pie boiteuse, borgne et déplumée qui savait dire : A bas les gendarmes !

Il craignait beaucoup sa femme et ne se défendait jamais contre elle ; mais il avait essayé deux ou trois fois de l'étrangler pendant qu'elle dormait.

Tel était Oscar de Beaujoyeux.

Dans les salons de la marquise, il avait le droit imprescriptible de se taire et de ne pas bouger.

C'étaient de beaux salons, bien meublés, bien éclairés et fréquentés par un monde...

Mon Dieu, madame, vous l'avez deviné peut-être, et, en tous cas, vous le verrez bien tôt ou tard. Mieux vaut dire tout de suite qu'il ne s'agit point ici du vrai monde dont vous êtes le plus gracieux ornement. Dans *le Jeu de la Mort*, la *bonne société* tient une bien petite place. Tous nos personnages, obligés de porter un masque, se meuvent naturellement dans un milieu interlope, que vous ne connaissez point. Vos époux vous diront peut-être que ce monde n'existe pas. Croyez-les, belles dames, car, s'ils le disent, c'est qu'ils ont leurs raisons pour cela, et le ciel nous préserve de troubler la paix des ménages!

Ce ne sont pas eux, oh! certes! qui attèlent ces fringants chevaux à l'équipage coquet de Mᵐᵉ de Beaujoyeux.

Fi donc! mais n'y allez jamais voir.

Les salons agréables de Mᵐᵉ la marquise de Beaujoyeux étaient organisés ainsi: tous les jours, table ouverte à des prix tellement modérés qu'il fallait perdre ensuite son argent au lansquenet pour ne pas rester redevable à la maîtresse de la maison.

Tous les jours *conversation*, cercle d'amis, jeux d'une innocence parfaite.

Trois fois par semaine, *cours de danse*.

Le sujet est glissant, mais nous ne trébucherons pas.

Ces cours de danse étaient de petits bals d'une décence rigoureuse. Il y avait des jeunes filles charmantes et très honnêtes, qui, prises de mort subite, seraient tombées comme des plombs en enfer.

Aux jeux parfaitement innocents, on pouvait perdre, sans se fatiguer, un millier de louis dans sa soirée.

On chantait aussi chez la marquise, mais pas beaucoup, parce que c'est ennuyeux et qu'il faut avant tout amuser les amateurs.

En somme qui est-ce qui fréquentait ces salons?

Beaucoup de gens, je vous assure.

D'abord, le fond de la boutique : une dizaine de dames dans le genre de la marquise elle-même. De jolies femmes en général, ayant passé pourtant la première jeunesse, et qui amenaient là leurs nièces ou même leurs filles.

Une chose étrange, c'est qu'elles renouvelaient, deux ou trois fois par an, au moins le personnel de leurs familles.

Il y avait eu, du reste, de vrais mariages conclus chez Mme de Beaujoyeux, entre des provinciaux et quelques nièces de ces dames.

Pour un œil peu exercé, les choses s'y passait, nous le répétons, suivant les règles de la plus rigoureuse convenance.

Un moraliste du Bas-Rhin ou de la Dordogne, débarquant là par hasard, un soir de *cours de danse*, n'y aurait vu que du feu.

Peste ! Mme la marquise en avait ébloui de plus madrés que les moralistes de la Dordogne ou du Bas-Rhin.

En regard du fonds de boutique, il faut placer les habitués émérites, les joueurs obstinés, dupes ou fripons, les hommes entre deux âges qui dansaient dans des vues diplomatiques, les jeunes gens qui venaient se brûler à la chandelle.

Puis le casuel : la province.

La scélérate de province !

La province qui tonne contre le vice parisien, mais qui le choie, qui le défraie et qui l'engraisse.

La province, économe pendant onze mois et qui, le douzième, jette son argent par les fenêtres.

La province qui vient chaque année chez nous s'oublier pendant huit ou quinze jours.

Saperjeu ! la province !

Si le vice prospère à Paris, c'est que la province l'arrose et le fume.

Sans la province, Mme la marquise de Beaujoyeux aurait depuis longtemps fermé ses magasins.

LIII

Pervenche et Sensitive

Dans tout salon prétendant au titre d'agréable, il y a un poète et un bas-bleu.

Et c'est encore pour la province qu'on se procure ce mobilier fâcheux. La province, quand elle retourne chez elle, aime de passion à dire : « J'ai soupé avec Dumas, j'ai polké avec Mélanie Waldor. »

Chez Mme Oliva de Beaujoyeux, le poète en titre d'office était Marboux (Alexandre), auteur de toutes ces romances glutineuses, qui célèbrent l'amour après les feux du jour. Il était connu sous le nom de Sensitive.

Le bas-bleu était Pervenche.

Pervenche et Sensitive ne payaient rien pour être admis à la table et dans les salons de la marquise. Peut-être même leur était-il alloué une légère indemnité en rapport avec leurs talents.

Sensitive et Pervenche s'aimaient. Sensitive était roux ; Pervenche était grisâtre. Tous deux rimaient fade ; tous deux avaient du goût pour la bonne chère.

Pervenche était une des plus dangereuses muses que vous puissiez imaginer. Il lui était arrivé de massacrer un éditeur qui refusait de publier sa GRANDE-OURSE, *étoiles dans la nuit*, recueil couronné par l'Académie de Béziers.

Sensitive avait les mœurs beaucoup plus douces. Il faisait faire de temps en temps son portrait dans un nuage, avec la foudre au lointain.

Du reste, ne pouvant pas voir souffrir un malheureux sans lui souhaiter aussitôt toute sorte de consolations.

Au moment où nous entrons dans les salons de Mme la marquise de Beaujoyeux, Pervenche et Sensitive étaient à leur poste. Il y avait déjà du monde. C'était jour de cours de danse.

Le dîner venait de finir. On prenait le café dans un petit salon fort coquet, qui s'ouvrait sur la salle de bal.

Les nièces étaient déjà dans cette dernière pièce, jetées en groupes sur les divans, causant et riant, les belles jeunes filles.

Le piano était encore fermé.

Ces dames devisaient avec quelques habitués du sexe masculin pendant qu'on disposait les tables dans le salon des jeux, *autorisés par la loi et le bon goût*, réunis.

Nous trouvons là des gens inconnus et peut-être aussi plus d'une vieille connaissance.

Une, pour le moins, bien certainement : M. Berthelleminot de Beaurepas, qui s'appelait ici Berthelot, au positif, entrepreneur de déménagements pour Paris et la campagne.

Il se nommait Berthellemot, au comparatif, dans son agence de recrutement.

Le superlatif : Berthelleminot, il le gardait pour la grande affaire.

Car il avait toujours une grande affaire.

Depuis vingt ans, ce chevalier de l'aigle jaune de Souabe, avait remué des idées au boisseau, mais il n'avait point encore subi de condamnation correctionnelle.

Il s'entretenait en ce moment avec le docteur Desbois, M. Bonnin, rentier, et Peignon, haut employé des pompes funèbres.

Derrière eux, Monsigny, l'étudiant de quinzième année, faisait enrager le marquis de Beaujoyeux, qui tournait ses pouces et digérait.

Toutes ces figures-là, nous avons dû les voir quelque part.

A les bien regarder, il semble que ce soient des amis déguisés et changés par les années, sur les visages de qui nous ne savons plus mettre les noms.

Desbois avait des cheveux blancs bien vénérables ; Bonnin, chauve comme une assiette, portait un garde-vue vert; Peignon avait un teint de blond sous une belle perruque noire.

Quant à M. de Monsigny, sa figure était tout en barbe.

Où diable avons-nous donc vu ce M. de Monsigny ?

— Sacrebleure! papa Croûte-au-Pot, dit-il à M. le marquis de Beaujoyeux, est-ce que Romblon-Ballon ne va pas venir ce soir ?

LIV

Madame Paoli

Ce M. de Monsigny, étudiant de quinzième année, jurait *sacrebleure!* comme le chevalier Filis de Guérineul.

Si c'était lui, pourquoi ce changement de nom ?

Et ce Bonnin ? et ce Desbois ? et ce Peignon des pompes funèbres ? Cousin-et-Ami avait toujours eu du goût pour les funérailles.

Nous éclaircirons tout cela.

— Si fait, monsieur de Monsigny, répondit de loin la marquise; nous verrons ce soir M. Romblon; il a même un rendez-vous ici.

— Avec vous ? demanda Monsigny brutalement.

La marquise se pinça les lèvres et lui jeta un regard de reproche. Elle était vraiment jolie, cette marquise, et son regard semblait dire :

— Mon mari est là tout près de vous, monsieur!

Il y eut un mouvement parmi ces dames.

— Ma bonne petite, dit la blonde Mme de Cerceil en se penchant à l'oreille de la marquise, ce malotru fait le plus grand tort à votre maison.

— Il est atroce! appuya Mme Paoli, belle Milanaise aux longs cheveux noirs.

— Je ne conçois pas, ma bonne petite, ajouta Mme de

La Rue, femme sérieuse qui avait trois nièces dans la salle de bal, comment vous recevez un citoyen pareil !

La marquise laissa échapper un soupir.

— Bon ! bon ! dirent ensemble les trois dames ; alors, c'est terrible, tout simplement, n'en parlons plus.

Quant à M. le marquis de Beaujoyeux, cela ne le regardait pas. Il tournait ses pouces avec béatitude.

La conversation se divisait, allait, revenait.

— Pour dix sous, prêchait Berthelleminot, vous avez la cinquième partie des chances réservées aux actions principales de deux francs cinquante centimes. Il est évident que cet apport de dix sous est au niveau des fortunes les plus modestes.

— Quand le mystère revient sur terre, soupirait Sensitive, quand le jour fuit devant la nuit, c'est une phase pleine d'extase ! le beau soleil descend vermeil ; la lune, pâle comme une opale, va lentement au firmament, et la verdure de la nature...

— Oui, certes, messieurs, s'écriait le docteur Desbois, je ne m'en dédis pas ! C'est le libéralisme obtus de la Restauration qui nous a conduits où nous sommes. Vous souvenez-vous, monsieur Berthelleminot ? Mais je n'avais pas le plaisir de vous connaître alors, se reprit-il vivement.

— As-tu fini, vieux singe ! grommela Monsigny ; comme si on ne t'avait pas percé à jour, toi et les autres !

— Il est évident, haranguait Pervenche, que la femme est la victime d'une prétendue civilisation qui est la barbarie. Eh quoi ! si j'en ai les moyens, moi, je n'aurais pas le droit d'avoir trois ou quatre maris ? C'est grotesque et impur !

Et dans la salle de bal :

— Boutons de diamants... disait Rose de Cerceil, une houri.

— Cachemire de l'Inde, répondait Justine de La Rue, un ange.

— Cent louis de dentelles...

— Un coupé...

— Une loge aux Italiens...
— Un hôtel rue d'Astorg...
— Ecrins... blondes... damas... point d'Angleterre... parures...

Oh ! les cœurs de seize ans !

Et toutes ces idées arides et pesantes comme du plomb naissaient parmi des sourires pleins de candeur !

Mais parlons bien vite de Lasthénie Ragon du Grand-Café de l'Industrie, à Vitré. Lasthénie était là. Berthelleminot, après l'avoir abandonnée, était revenu à elle, parce qu'elle avait eu le temps de refaire quelques économies.

Lasthénie Ragon, dite autrefois maman Rogome, s'appelait actuellement Mme de Saint-Roch ou *Mme Confiance*. Elle tenait un établissement de mariages, connu par trente ans de succès, bien qu'il existât depuis cinq années seulement.

Ses prospectus portaient une jolie vignette, en taille douce avec cette légende : *Au Dieu d'Hymen*.

C'était Berthelleminot qui avait arrangé tout cela.

Mme de Saint-Roch avait toutes les nièces pour clientes. Quand elle pouvait attirer sur les tantes un sourire de son Dieu d'Hymen, ces dames n'y étaient pas non plus indifférentes.

Elle était de beaucoup la doyenne de la réunion, bien qu'elle affectât encore quelques prétentions à la jeunesse, pour plaire à son Aristide.

Le *Dieu d'Hymen* allait du reste assez bien. Elle ne mariait personne, mais elle exigeait un dépôt pour *commencer les démarches*, et elle vivait tout doucement avec cela.

Pendant que Pervenche défendait un sexe faible et lâchement opprimé ; pendant que Sensitive exhalait son âme de flamme, pendant que Berthelleminot, le docteur Desbois et les autres causaient, chacun pour soi-même, ces dames avaient resserré leur cercle et baissé la voix.

— Je ne peux pas rester longtemps avec vous, ce soir, mesdames, disait Mme Paoli, j'ai une grande affaire et il faut que je sois à huit heures au théâtre des Amusements-Comiques.

— Quoi! s'écria-t-on, vous, Paoli! Vous allez aux petits théâtres des boulevards!

La belle Milanaise ramena son crêpe de chine blanc sur ses épaules d'un air qui voulait dire bien des choses, mais elle ne répondit pas.

— Ah! çà, reprit la marquise en riant, voilà un vrai mystère, mesdames.

— On vous l'expliquera, chère bonne, dit Paoli, et cette affaire-là, croyez-moi, pourrait bien vous regarder un peu.

— Paoli aime les énigmes, prononça la blonde Cerceil du bout des lèvres.

— Nous avons donc grande envie de savoir?

— Mon Dieu, non!

— Alors, je vais vous dire. Il s'agit de M. Raymond.

— M. Raymond Lointier? interrompit Oliva de Beaujoyeux.

— Juste.

— Comment? s'écria Mme de La Rue, il songe à ces choses-là avec son bandeau sur les yeux?

— Oh! ma chère, dit Paoli, vous ne vous faites pas idée. Quand il est amoureux, c'est de la folie.

— Il est bel homme, malgré son bandeau, fit observer Mme Cerceil.

— Pauvre cher monsieur! reprit Paoli d'un ton de compassion, je ne sais pas s'il est bel homme, mais il est riche comme un puits, et par amitié pour lui, je me charge de ses commissions.

— Il est à marier, ce M. Raymond? demanda Lasthénie.

— Chère dame, répliqua la Milanaise un peu sèchement, je crois qu'il a une femme... dont il est séparé.

— Oh! chère dame, fit l'ancienne Ragon, ce n'est pas pour vous le prendre.

— Allons! allons! maman Confiance! cria Monsigny, on vous entend, pas de gros mots!

— Quel ton! grand Dieu! quel ton! murmurèrent ces dames.

— Et en quoi l'affaire de M. Raymond Lointier peut-elle m'intéresser ? demanda la marquise, que l'apostrophe de Monsigny avait manifestement contrariée.

— Je ne vous ai donc pas dit le nom de la personne ? répondit la Milanaise ; c'est le fameux soprano qui fait la fortune du théâtre des Amusements.

— La Lovely ?

— La Lovely.

— Par exemple, dit Monsigny, qui se rapprocha, voilà une belle femme !

— Une tête de Raphaël, appuya Sensitive, et tant d'âme dans le regard !

— Vous allez donc aux théâtres du boulevard du Temple, monsieur Alexandre Marboux ? dit Pervenche aigrement, vous ne voulez jamais me mener qu'à l'Odéon !

— Eh ! bonjour donc, chère demoiselle, s'écria Berthelleminot, on parle de la Lovely ? Il n'y a pas de voix comme cela à l'Opéra !

— Oh ! fit Cerceil qui commençait à être jalouse.

— Eh ! bonjour donc, madame ! lui dit Berthelleminot, je vous le répète : il n'y a pas de voix...

— Depuis la Malibran... interrompit Bonnin, le rentier.

— Elle a cette romance, appuya Sensitive, qui rime en bonheur-douleur. Pauvre rime ! Mais elle la chante ! C'est comme le soleil couchant qui dore une vieille cathédrale !

— Il a des façons de s'exprimer, ce M. Alexandre ! murmura une des nièces.

— C'est vrai, dit une autre nièce, voilà un homme d'esprit !

— Et cette huitième merveille du monde reste au théâtre des Amusements qui a des places à dix sous ! s'écria Mme de Cerceil.

— Ma chère dame, répliqua Berthelleminot, cela ne prouve rien. J'ai connu une personne exactement dans la même position... moins belle assurément que la Lovely, mais un talent superbe ! Eh bien, elle restait à son petit théâtre, quoiqu'elle eût des propositions de tous les directeurs...

— Parce que ?

— Parce que dans son petit théâtre elle était cachée ; son mari, lion à tous crins, l'aurait bien vite trouvée à l'Opéra.

— Mais, dit la marquise, cette Lovely n'a pas de mari.

— Qu'en savez-vous ? Eh ! bonjour donc, Beaujoyeux !

— Ah ! çà, décidément, elle est donc bien belle ? dit Mme de Cerceil.

— Miraculeusement belle, madame.

— Et quel âge a-t-il, ce miracle ?

— Mais, répondit Lasthénie en minaudant, elle doit être à peu près de nos âges.

Toutes ces dames bondirent, tandis que Monsigny riait à se tenir les côtes.

— Ah ! nom de bleu ! s'écria-t-il, maman Confiance est en veine.

— Monsieur de Monsigny ! voulut dire Oliva.

— Après ? On ne peut donc plus folichonner ? Mais voilà le Ballon, nom d'une pipe ! Au lansquenet !

Il s'élança à la rencontre d'un homme monstrueusement gros et rouge qui entra d'un pas éléphantin, en essuyant les ruisseaux de sueur qui coulaient sur sa face, large comme une citrouille.

C'était notre Fifi Romblon qui avait profité

LV

Romblon-Ballon

Romblon-Ballon entra, suant et soufflant. Sa grosse face souriait ; il disait bonjour à chacun d'un air de maître de maison. Ce fut ainsi qu'il salua M. le marquis de Beaujoyeux lui-même, lequel marquis se leva, en le voyant, et resta les bras pendants, comme un soldat qui fait haie sur le passage de son roi.

Romblon-Ballon occupait ici, à peu de chose près, la position que M. Berthelleminot avait jadis au Grand-Café de l'Industrie. Seulement l'honneur était sauf, car la marquise avait un époux.

Romblon-Ballon était habillé en pur dandy, paletot étriqué, gilet collant, pantalon sans sous-pieds, le tout en nankin. Sa cravate et ses guêtres étaient de même étoffe.

Figurez-vous un serin colossal.

— Eh! bonjour donc, monsieur Romblon! dit Berthelleminot. Nous parlions de la Lovely.

— Fameux morceau! comme disait papa, répliqua Ballon.

Il salua les dames avec la grâce d'un cachalot et donna sa main forte comme un gigot de mouton, à la marquise.

— Eh bien, demanda-t-il, notre homme est-il arrivé?

— Pas encore, répondit Oliva.

Toutes les nièces étaient venues à la porte. Peut-être se demandaient-elles combien de maris on aurait pu tailler dans cette prodigieuse masse de chair.

Ces dames souriaient à Romblon. Les habitués Desbois, Bonnin, Peignon, des pompes funèbres, etc., lui faisaient une cour. Evidemment, l'importance de ce monstrueux dandy égalait sa grosseur.

— Oscar! reprit la marquise, demandez donc à M. Romblon s'il veut se rafraîchir.

Oscar de Beaujoyeux cessa de tourner ses pouces et avança à l'ordre. Il se planta devant Ballon d'un air soumis.

Ballon lui dit:

— Salut, Crouton. Portez bien? Quant à me rafraîchir, vous savez, comme disait papa: Toujours!

Oscar cligna de l'œil et montra ses dents jaunes en un rire innocent.

— Ah! ça, continua Romblon-Ballon, il est étonnant, ce particulier-là. Je me croyais en retard, moi! J'étais au Roule à tâter six Anglais. Un joli lot ! Onze mille cinq cents en bloc. J'ai laissé le marché pour accourir.

— Et vous suez comme une douzaine de sangliers domestiques, sacré Romblon ! dit Monsigny avec flatterie.

Peut-on admettre dans des salons agréables, un être comme cet étudiant de quinzième année ! Pantalon à carreaux, gilet à carreaux, redingote à carreaux. Les mains plongées dans des poches énormes. Une bouche à pipe et à choppe. Une horreur d'homme !

A la rigueur, on comprenait Romblon-Ballon. Les marquises du genre d'Oliva sont aux Romblon comme l'homme est au malheur, — mais le Monsigny ! un tapageur écossais ! une pipe ! une tête à orner le Prado !

Dans le style de ces dames, Romblon était une *connaissance*, Monsigny était une *bêtise*.

Romblon n'avait point changé de métier depuis vingt ans. Il était toujours maquignon. Mais, à Paris, les maquignons sont des princes.

Romblon avait de superbes écuries derrière le Colysée. Au sein de ces écuries, la jeune noblesse républicaine se décrassait en fréquentant les chevaux.

Oscar de Beaujoyeux venait là tourner ses pouces. Romblon avait donné son nom d'Oscar à une rosse qu'il engraissait pour la vendre au gouvernement. Beaujoyeux était bien content.

On apporta pour Romblon une carafe de madère.

Quand les habitués eurent bien tonné contre cet homme au rendez-vous qui faisait attendre Romblon, le salon de jeu s'emplit peu à peu et ces dames restèrent en petit comité.

Sensitive voulut rimer un peu sous le ciel bleu, seul avec Dieu, mais cela ne prit point, parce qu'il n'y avait pas de provinciaux.

— Ah ! çà, chère bonne, dit Paoli à la marquise, qu'est-ce que c'est que ce rendez-vous de Romblon ?

— Une affaire, répliqua Oliva.

— Allons, vous êtes discrète.

— Mon Dieu, non. C'est un militaire, un capitaine de hussards hongrois.

— Et vous recevez cela chez vous? se récria Cerceil, la blonde.

— Cela fera pendant à M. de Monsigny ! ajouta Mme de la Rue.

— Ah ! moquez-vous de moi pour Monsigny, mesdames, dit Oliva moitié gaie, moitié dépitée, c'est une maladie.

— Vous qui avez tant de distinction, chère petite ! dit Paoli.

— Et, demanda Lasthénie, savez-vous si ce capitaine hongrois est marié ?

On éclata de rire sur toute la ligne.

— Comment l'appelez-vous? reprit Cerceil.

— Philippe.

— Bah ! Philippyi, vous voulez dire, ou bien Philippinski... quelque vieille sabretache alsacienne qui se fait passer pour Hongrois, afin d'exploiter l'à-propos.

— Il a beaucoup d'argent, prononça froidement la marquise.

— A d'autres ! s'écria-t-on, un Hongrois !

— Il a fait sauter trois fois la banque de Wiesbaden, poursuivit Oliva.

Toutes les figures changèrent, et la blonde Cerceil prit un air presque sentimental.

— Eh bien, chère belle, dit Paoli en se levant, j'ai envie de le voir, moi, votre Hongrois. Voilà le monde qui arrive. Je vais faire un saut jusqu'au boulevard du Temple et je reviens.

Les salons s'emplissaient, en effet, peu à peu. Les départements donnaient.

Et c'était merveille de voir avec quel suprême bon ton Oliva recevait ces profanes. Monsigny était au lansquenet avec Romblon ; ses sorties brutales ne gênaient plus la marquise. Elle faisait les honneurs avec une grâce charmante.

Au fond de tout cela, il restait bien quelques douteux parfums, mais si peu !

Elle était très marquise, en vérité, cette Oliva de Beaujoyeux. Pour voir les soudures du masque, il eût fallu le microscope.

Elle avait suivi Paoli la Milanaise jusqu'à la porte, saluant çà et là les nouveaux arrivants.

— Il est convenu, dit Paoli en baissant la voix, que j'engagerai la Lovely à nos soirées ?

— Si elle est au théâtre...

— Oh ! elle ne chante que trois fois par semaine... une fois de moins qu'à l'Opéra.

— Je ne sais pas pourquoi, dit Oliva comme malgré elle, j'ai peur de cette femme.

— Pour M. Romblon ou pour Monsigny ?

La marquise haussa les épaules d'un air fâché.

— Ecoutez, Oliva, reprit Paoli sérieusement, la vogue est une chose qu'il faut garder, coûte que coûte. Si la vogue s'en allait, Romblon la suivrait, et je ne crois pas que vous ayez vingt mille livres de rentes. Lovely fait courir tout Paris. Si je vous l'amène, c'est une fortune. On dit qu'elle est sage, mais bah !

— Faites pour le mieux, ma bonne, interrompit Oliva.

Comme elles se donnaient la poignée de mains des femmes libres, la porte s'ouvrit avec un certain fracas, et un domestique annonça :

— Le capitaine Philippe !

Bien que le piano préludât pour la première contredanse, l'essaim tout entier des nièces se précipita comme un flot de gaze dans le petit salon.

Mazurke entra.

Il y eut un murmure d'admiration parmi les nièces et ces dames elles-mêmes, malgré leur expérience, ne purent retenir un mouvement.

Mazurke s'était arrêté, surpris et souriant à la vue de toutes ces belles jeunes filles.

Il était beau comme ces chevaliers qui tombaient autrefois à l'improviste au milieu des danses féériques, dans les palais enchantés.

Et son regard disait (hélas! pauvre fleur bleue!) que Renaud était prêt pour les enchantements d'Armide.

Que voulez-vous ? nous avons toutes les peines du monde à faire de ce Mazurke un héros de roman. C'était un homme avec des muscles sous la chair et du sang bouillant dans les veines.

Un cœur d'or, une tête folle.

A la vue de Mazurke, Mme la marquise de Beaujoyeux devint pâle comme une morte et chancela si fort que Paoli fut obligée de la soutenir dans ses bras.

LVI

Le Foyer d'un petit théâtre

Mazurke chercha un instant en vain la maîtresse de la maison, puis il s'approcha d'Oscar afin de le saluer. La Milanaise avait entraîné Oliva dans le salon de jeu.

— Monsieur, dit Mazurke à Oscar, j'aurais désiré remercier Mme la marquise de l'invitation qu'elle a bien voulu m'adresser...

Croûte-au-Pot le regardait paisiblement. Pendant que Mazurke lui parlait, il cacha quelque chose dans sa poche comme un écolier que son maître surprend à ronger une noix à l'étude.

Si nous disons au lecteur ce que c'était que cet objet, tout mystère devient impossible.

Mais à quoi bon le mystère ?

Cet objet était un oignon.

Ce marquis de Beaujoyeux était Menand jeune en personne !

L'habitude de la haute société l'avait éloigné des cordes

de fouet, mais l'oignon ! voilà une passion dont on ne guérit jamais.

— Monsieur..., reprit Mazurke.

Oscar cligna de l'œil et se gratta très fort derrière l'oreille. Il ne pouvait faire mieux.

Au bout de quelques minutes, Oliva rentra brillante ; son visage ne gardait aucune trace d'émotion. Elle reçut les compliments de Mazurke sans sourciller.

Paoli venait de monter dans sa voiture à la demi-journée, dont les chevaux trottaient dans la direction du boulevard du Temple.

Elle s'arrêta rue des Fossés, devant l'entrée des artistes du théâtre des Amusements.

Ceux qui voudraient savoir le vrai nom de ce théâtre sont des curieux. Qu'ils s'informent ! La maison Isodore, Baptiste et Cie n'est pas faite pour le roi de Prusse.

Paoli entra dans la loge du concierge, en femme qui sait les êtres. Le concierge d'un petit théâtre étant absolument semblable à tout autre portier, nous renonçons à décrire M. Arthur.

Mme Arthur passera également comme une ombre devant les yeux du lecteur.

Paoli demanda M. Zoé, le jeune premier rôle.

Ceux qui ne connaissent pas M. Zoé, du théâtre des Amusements, ne savent pas ce que c'est qu'un véritable Azor. C'est le plus mignon de tous les hommes entre deux âges.

Les deux âges entre lesquels il est se chiffrent ainsi : ses rôles ont dix-huit ans, et lui en a soixante.

Paoli avait un peu ses entrées au foyer, faut-il croire, car on la laissa monter et courir après M. Zoé.

Beaucoup de jeunes gens désirent avec ardeur s'introduire dans un foyer dramatique. Quelques personnes gardent même ce goût jusqu'à la plus extrême vieillesse. C'est une passion qui a peu d'inconvénients. Dans tous les foyers, petits ou grands, on voit M. Zoé qui se fait des mines dans la glace du fond, qui se lance des œillades, voire des baisers, qui s'adore et qui s'adonise.

A part Zoé, tous les autres hommes sommeillent à demi, tandis que les autres femmes font du filet.

Toutes du filet, toutes du crochet, toutes, toutes !

De temps en temps, un auteur entre là et regarde aller les crochets.

Si cet auteur sait faire les calembourgs, il fait un calembourg. On lui dit : Mauvais ! On bâille. Il s'en va.

Il y a de ces foyers qui sentent l'ambre, d'autres la saucisse.

C'est la différence essentielle.

Dans les jours de grande gaîté, on fait des diableries. M. Zoé imite Cymodocée Tampon, la grande coquette. Ratin, le Paulin Ménier, imite Zoé. C'est quelquefois drôle.

Quand on s'ennuie par trop, on entame une partie de *langmar*.

Le *langmar* ou le *fransmar* est un patois fantastique où tous les mots finissent en *mar*.

Il y a aussi le *fraça* où toutes les voyelles des mots sont des a.

Que voulez-vous ! ces hommes sont spirituels et gais pourtant ; ces femmes sont jeunes, vives, souvent jolies. Mais elles apprennent par cœur des rôles de six cents lignes où il y a douze cents pauvretés !

Hommes et femmes subissent l'outrage de cette prose impossible. On leur fait dire sur les planches tant de phrases atroces qu'ils se réfugient dans le *fraça* ou dans le *fransmar*.

Le délirant Zoé reçut Paoli à bras ouverts ; il cessa même un instant de se regarder dans la glace pour faire accueil à la belle Milanaise. Les hommes ouvrirent un œil ; les dames mirent le crochet en arrêt.

— Est-ce que vous êtes dans la salle ? demanda Zoé ; avez-vous vu ma scène avec Malvina ? C'est un peu dessiné, n'est-ce pas !

— Adorable, répondit Paoli.

Zoé baissa la voix.

— Il n'y a que moi ici pour *faire des avant-scènes*, dit-il ;

est-ce que vous venez pour moi ? J'ai des caprices par-dessus la tête. Hier, j'ai reçu vingt-trois déclarations dont huit sans fautes d'orthographe.

— Cela prouve que le bon goût ne meurt pas en France, répliqua Paoli.

Zoé se darda à lui-même une œillade incendiaire.

Paoli donnait des poignées de mains aux dames. Et à chaque crochet, elle disait :

— Charmant ! délicieux !

Les dames attendaient autre chose.

Car Paoli, bien qu'elle fût jeune et jolie, passait volontiers pour faire les affaires d'autrui.

Par bonté de cœur et pour obliger, comme elle le répétait sans cesse, elle *portait des paroles* comme les ambassadeurs. Les Espagnols ont eu de tout temps une grande estime pour les personnes qui se livrent à cette profession libérale. Chez nous, l'art de rapprocher les cœurs est beaucoup moins considéré.

Paoli, en femme de sens, jugea qu'il était dangereux de laisser naître certains espoirs qui, une fois déçus, engendreraient le dépit. Elle avait besoin, ce soir, d'être bien avec tout le monde.

— Voyons, mes enfants, dit-elle, j'ai un grand service à vous demander, il faut que vous me donniez quelques renseignements sur Mme Lovely, votre camarade.

Zoé tourna sur ses talons et prit devant la glace la pose de Blaise qui envoie à Babet un baiser naïf.

Les crochets nouèrent le coton mou et léger.

— Lovely ! gronda la noble Cymodocée, toujours Lovely ! On dirait qu'il n'y a que Lovely au théâtre des Amusements.

Ida, l'ingénue, Fofolle, ancien rat qui faisait les soubrettes et jusqu'à Mlle Grièche, la grande *utilité*, approuvèrent du bonnet les belles paroles de Cymodocée.

— Nous ne l'aimons donc pas ? demanda Paoli.

Zoé s'était mis à genoux devant le tuyau du poêle et répétait avec fureur sa scène d'amour du troisième acte.

— Je t'aime, sais-tu ?... et si je ne t'aimais pas, aurais-je cette tristesse au front, dis, et ce deuil dans le cœur ?... Je t'aime, mon Dieu, Alba, je t'aime, comme on aime le rayon du soleil dans la froide matinée d'hiver et la brise fraîche sous les feux de l'été !... Je t'aime ! oh ! Alba ! Si tu m'aimais, y aurait-il rien que je pusse désirer au ciel ?... Mais tu ne m'aimes pas ; non, tu ne m'aimes pas !... Et plus je t'aime, moi, moins tu m'aimes, toi ! Rapiapia... pia... pia !... moi, toi, quoi ! Enlevé ! »

— Oh ! répliqua Cymodocée à la question de Paoli ; on ne lui veut pas de mal, à ce bel oiseau du mystère ! Elle est bonne fille et charitable ; mais c'est tous les jours des bouquets, des couronnes, des lettres avec cachets blasonnés, ça fatigue !

— « Écoute ! soupira Ida, donnant de loin la réplique à Zoé, derrière les ruines de la chapelle, il y a une grotte sombre... »

— *Darriare la chapalle, madamasalle !* interrompit Zoé en *fraça*, vous êtes une pas grand'chose, Ida, de donner comme ça des rendez-vous dans une grotte sombre. Qu'en pensera Toricelli, le doge, votre malheureux père ! C'est égal : « Oh ! je t'aime, je t'aime ! Ton souffle c'est ma vie ! ma lumière vient de tes yeux ! mon cœur c'est ton cœur.

— « Mon Sylvio !
— « Mon Alba chérie !
— « Si tu me trompais !... »
— *Va ta cacha !* rapiapia... pia... pia... piuche.
— Messieurs, mesdames, le rideau est levé ! dit un garçon de théâtre à la porte du foyer.

Zoé s'admira d'un dernier regard et sortit, suivi de tout le personnel, hommes et femmes, excepté Mme Grièche, grande utilité.

Paoli n'attendait que cela.

LVII

Mystères

Mlle Grièche, grande utilité, pouvant jouer les duègnes et les secondes mères, était justement ce qu'il fallait à Paoli.

Mlle Grièche avait cinquante ans et quarante-trois ans de service, ayant débuté à l'âge de sept ans dans le *Petit Poucet*, pièce-féerie du temps de l'Empire.

Elle avait été très courue à l'époque des cosaques.

— Eh bien, ma chère Grièche, dit Paoli en se rapprochant d'elle, vous n'êtes pas de ce tableau. Nous allons pouvoir causer un peu toutes deux tranquillement.

— De Lovely, n'est-ce pas ?

— Mon Dieu oui ; j'ai besoin de savoir un peu, vous sentez...

La duègne en second secoua la tête.

— Que vous sachiez ou que vous ne sachiez pas, vous y perdrez votre latin, madame Paoli, répondit-elle.

— Vraiment ?

— Oui, vraiment, c'est moi qui vous le dis !

— Vous l'avez donc mise à l'épreuve ?

— Je suis une artiste, madame Paoli ! répliqua Grièche en se redressant avec fierté, c'est mon état : je n'en ai pas d'autre.

Paoli sourit au lieu de rougir.

— Vous êtes une artiste, ma bonne Grièche, dit-elle, en lui prenant la main, et une excellente artiste, ce qui ne gâte rien. Moi, vous savez, la bonté de mon cœur m'entraîne ; je ne peux pas voir quelqu'un dans l'embarras. Vous croyez donc que Lovely est inabordable ?

— Je le crois.

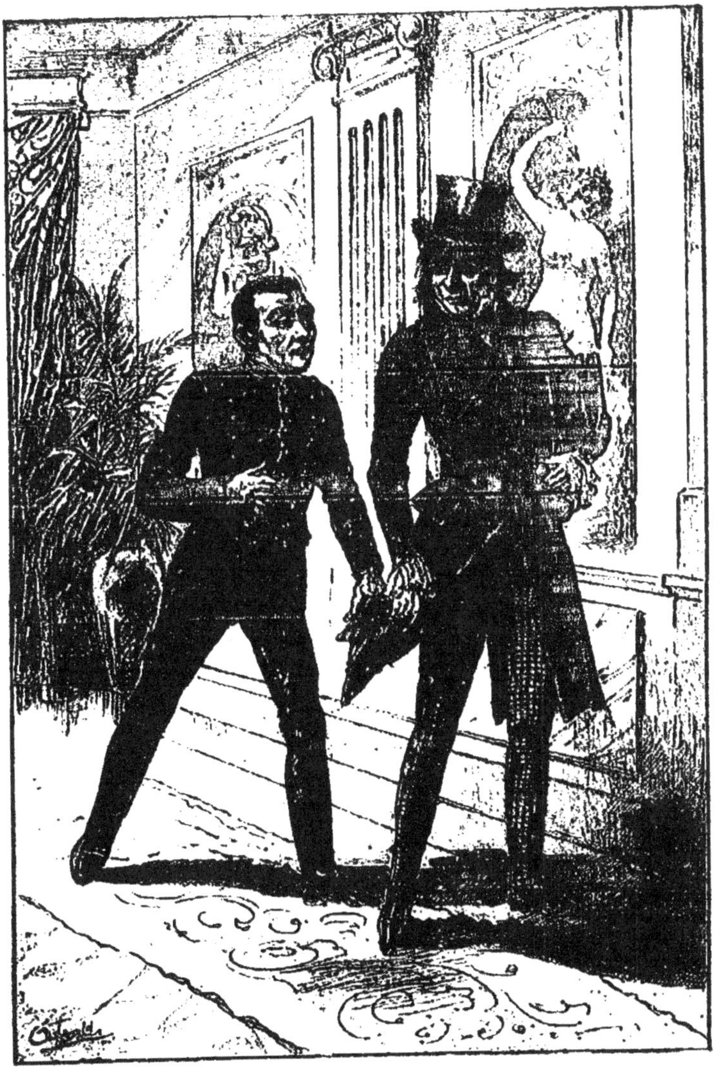

Voulez-vous bien me lâcher! s'écria M. Baptiste
en lui lançant le plus terrible regard de ses lunettes bleues...

— Mais là, tout à fait ?
— Tout à fait.
— Eh bien, cela me contrarie beaucoup, ma chère Grièche, car elle m'intéresse, moi, cette jeune femme, quoique je n'aie pas le plaisir de la connaître, et j'avais son bonheur dans la main.

Grièche garda le silence.

— Un homme puissamment riche, reprit Paoli, et l'honneur même. Quand je me charge de quelque chose, vous savez...

— Oui, oui, je sais! interrompit Grièche d'un accent assez équivoque.

C'était, après tout, une digne créature que cette grande utilité. Mais elle avait quarante-trois ans de service.

— Écoutez, reprit-elle, j'en ai vu de toutes les couleurs, moi, et je ne suis pas bégueule, mais j'ai une fille, et si un démon comme vous l'approchait...

— Ah! ça, ma bonne Grièche, interrompit Paoli, est-ce que vous êtes folle?

— Je m'entends. Pour ce qui est de Mme Lovely, ça la regarde. Vous voulez que je vous dise ce qu'elle est, ce qu'elle fait, d'où elle vient, où elle va? Je n'en sais rien.

— Quoi! vous, Grièche! vous n'en savez rien?

— Ni moi, ni personne.

— En vérité, vous me piquez au jeu.

— C'est comme ça.

— Du mystère au théâtre?

— J'en ai vu par douzaines, des théâtres, prononça Grièche avec emphase, et de plus conséquents que la bicoque où nous sommes; mais je n'ai jamais vu dans aucun théâtre une femme si belle ni si bonne que Mme Lovely.

— Et du talent avec cela?

— Un talent à gagner soixante mille francs par an.

— Bah! fit involontairement Paoli.

— C'est comme ça, répéta la duègne qui reprit son crochet.

Puis elle continua en nouant les mailles de son coton :

— J'ai connu Joséphine Bell à qui Wellington a proposé cinquante mille livres sterling... plus d'un million, madame! J'ai connu la Vercelli qui refusa de se marier avec le roi de Hanovre. Lovely est cent fois plus belle que la plus belle des deux!

Paoli écoutait patiemment.

— Pour ce qui est du mystère, reprit la vieille qui s'animait en parlant, ah! j'en ai deviné des secrets! Nana Manchel n'était-elle pas la sœur d'une reine? Nana qui buvait avec les pompiers! Et Mme Abel, la Dugazon, qui disparut tout à coup, parce que son père, — un ministre de la cour d'Autriche, — la reconnut dans la coulisse. Les planches sont foulées par toutes sortes de pieds, madame. Mais le secret de Lovely, je ne l'ai pas deviné.

Elle se tut.

Paoli était vivement intriguée.

Elle attendit un instant pour voir si Grièche poursuivrait d'elle-même, puis elle interrogea encore.

— En tout cas, ma bonne, dit-elle, vous en savez certainement beaucoup plus long que moi qui ne sais rien du tout.

— Je sais qu'on bavarde et qu'on calomnie, interrompit la duègne; si je voulais vous dire toutes les bêtises qui courent, parbleu! j'en aurais pour jusqu'à demain. La vérité est que Lovely se cache. Pourquoi? cherchez; où? le bon Dieu le sait. Le directeur lui-même a tâché d'en savoir plus long : impossible!

— Comment! le directeur ne sait pas?

— Il n'y a pas d'engagement. Elle vient, elle s'en va..., c'est tout.

— Mais elle a un domicile? demanda Paoli qui tombait de son haut.

— Je pense bien qu'elle ne couche pas sur un banc du boulevard, répondit Grièche; mais son domicile, personne ne le connaît.

— C'est bien étrange!

— Assez, oui, c'est vrai. On a essayé tous les moyens pour savoir, car, Dieu merci, la curiosité ne manque pas chez nous, vous savez. Tous les curieux se sont cassé le nez. Voilà, du reste, l'ordre et la marche; on peut bien vous le dire. Trois fois par semaine elle arrive dans un fiacre, jamais le même. Ce fiacre l'attend à la porte; elle y monte pour s'en retourner. Ce fiacre la conduit tantôt à la Bastille, tantôt à la Madeleine, ou devant un passage. Elle saute à terre; si elle se voit suivie, elle monte dans un autre fiacre. Une fois, Gredinot, l'agent de change, l'a suivie jusqu'à une heure du matin. Elle changea quatre fois de fiacres, puis elle entra dans une maison de la rue Meslay.

— Eh bien?

— Gredinot attendit sur le pavé jusqu'au jour. Au jour, il apprit que la maison avait une porte de sortie sur le boulevard. Ça le dégoûta un peu, parce qu'il avait attrapé un gros rhume.

— Il n'a pas essayé de nouveau?

— Non. Mais un petit marquis de la République qui vient ici a couru après elle jusqu'à Chaillot. Elle fit, cette nuit-là, plus d'une lieue à pied dans les rues du faubourg du Roule. Derrière le nouveau quartier Beaujon, là-bas, le petit marquis rencontra quatre ou cinq citoyens qui lui prirent sa montre et sa bourse, en échange d'une volée qu'ils lui donnèrent. Ça l'a dégoûté aussi.

— Mais vous? dit Paoli.

— Moi? répéta Grièche.

Elle hésita un instant, puis elle reprit :

— Eh bien, c'est vrai! Je suis curieuse comme une vieille folle. C'est vrai, j'ai essayé.

— Et qu'avez-vous appris? demanda vivement la Milanaise.

— Rien, répliqua Grièche.

Puis se ravisant :

— Si fait, poursuivit-elle; j'ai appris à ne pas me mêler des affaires des autres. Je l'avais suivie, bon jeu bon argent, ma foi! J'avais parié un déjeuner chez Delfieux avec Ida. Elle changea de fiacre une fois devant l'Opéra et une fois place Saint-Sulpice. Ah! bah! je me disais :

Change, change! je te pincerai tout de même. Mais quand elle descendit de voiture, elle vint droit à mon cabriolet, leva le tablier, monta et s'assit près de moi.

— Oh! oh! fit Paoli.

— Ça devient intéressant, n'est-ce pas?

— Que vous dit-elle?

— Trois mots qui me firent pleurer, madame, en pensant à la pauvre enfant que j'ai à la maison. Je lui demandai pardon, et, quand elle me tendit sa main, je la baisai comme si c'eût été la main d'une reine.

— Et vous êtes son amie, depuis ce temps-là?

— Oui, son amie, quoiqu'elle soit au-dessus de moi, je le sais bien. J'ai confiance en elle comme en Dieu. Et tenez! Le père de ma fille lui a laissé dix mille francs en mourant. Il y a un mois, j'avais peur d'être saisie et je ne voulais pas toucher à cet argent-là qui est sacré. Je n'ai confiance en personne, moi. J'ai donné mon argent à Mme Lovely.

— Elle vous a donc dit où elle demeure?

— Non.

— Peste! fit Paoli en se pinçant la lèvre; c'est un drame-vaudeville, cela. Je souhaite que vous vous en trouviez bien, ma pauvre Grièche!

Les acteurs et les actrices revenaient un à un. Le tête-à-tête était désormais impossible. Zoé entra impétueusement et s'élança vers la glace pour voir si la grande scène avec les bandits avait dérangé sa coiffure.

Sa coiffure n'était pas dérangée.

Il se fit à lui-même une petite mine aimable et agaçante.

— Eh bien, Paoli, dit-il, vous êtes restée seule avec cette mauvaise langue de Grièche; elle a bien dû m'arranger!

Il n'entre pas dans l'idée de Zoé qu'on puisse passer un quart d'heure sans parler de lui.

— Elle m'a dit que vous étiez toujours charmant, répliqua la Milanaise.

— Ah! il a été bien gentil tout à l'heure, dit la plaintive Ida, quand il m'a sauvé la vie en criant aux assassins : Arrêtez !

— *Arrata !* déclama l'ancien rat.

Les crochets jouèrent.

— Dans l'avant-scène de gauche, reprit Zoé qui faisait des contorsions pour se voir dans la glace par derrière, il y a deux femmes qui se battent pour moi.

— Scélérat de Zoé ! dit Cymodocée qui venait de mourir, détestablement empoisonnée par un sénateur de la République de Venise.

— Moi ! s'écria Zoé avec la bonhomie de la fatuité et en traduisant le fameux vers monosyllabique de Racine en *fraça* vulgaire :

La jar n'a pas plas par qua la fa da ma car !

— « Écoute ! râla Ida dans un soudain accès de répétition, s'il faut mourir, mourons au moins ensemble ! Prends ce poignard (elle lui présentait un sucre de pomme que Zoé prit et mangea), prends ce poignard, héritage sacré de ma mère, et plonge-le dans ce cœur qui ne bat que pour toi ! »

A quoi Zoé répliqua avec orgueil :

— Je vais en fumer une au café du Cirque.

— D'après tout ce que vous m'avez dit, murmurait cependant Paoli à l'oreille de Mme Grièche, je pense qu'il serait inutile de faire demander une entrevue à cette Mme Lovély ; elle ne me recevrait pas.

— Elle, ne pas vous recevoir ! s'écria la duègne ; elle, refuser à quelqu'un la porte de sa loge ! oh ! non, madame, la porte de sa loge est toujours ouverte. Chaque soir, quelque malheureux y vient frapper, et jamais ceux qui souffrent ne l'ont trouvée close !

FIN DU PREMIER VOLUME

TABLE DES MATIÈRES

		Pages.
I.	— Jean-de-la-Mer	1
II.	— Le cierge	11
III.	— Berthe l'aveugle	21
IV.	— Les fleurs de mai	30
V.	— Tiennet Blône	38
VI.	— Petit Argent	48
VII.	— Le Grand-Café de l'Industrie	53
VIII.	— M. Berthelleminot de Beaurepas	59
IX.	— Madame Rogome	70
X.	— Le coup du bélier	76
XI.	— Où Tiennet Blône se montre trop hardi	83
XII.	— Madame Marion, rentière	88
XIII.	— Où Tiennet demande une mère	94
XIV.	— Sur le crucifix	101
XV.	— La Mestivière	109
XVI.	— Deux bâtons de houx	116
XVII.	— L'article 916	124
XVIII.	— Un diable et une femme	132
XIX.	— Tentation	138
XX.	— Pauvres amours	147
XXI.	— Comédie	158
XXII.	— Infamie	164
XXIII.	— Le Puits-Rondel	171
XXIV.	— Le livre d'heures	178
XXV.	— La chambre mortuaire	184
XXVI.	— Bon cidre	191
XXVII.	— Où l'on voit grandir Cousin-et-Ami	194
XXVIII.	— Le fantôme	199
XXIX.	— Où Ménard jeune est fiancé	205
XXX.	— La lecture	211
XXXI.	— Pauvre fille	217
XXXII.	— Un récit de Yaume le pâtour	220
XXXIII.	— Chéri	226

XXXIV.	— Legs et libéralités.	229
XXXV.	— Au dernier vivant	235
XXXVI.	— Le jeu de la mort	240
XXXVII.	— Le dessert.	245
XXXVIII.	— Une idée de M. Fargeau.	250
XXXIX.	— Armes et munitions	256
XL.	— Les audiences de Romblon père et fils.	260
XLI.	— En joue	265
XLII.	— Massacre général	269
XLIII.	— Les oiseaux et les jeunes filles	274
XLIV.	— Encore les jeunes filles et les oiseaux	279
XLV.	— La belle-de-jour	288
XLVI.	— La lettre.	294
XLVII.	— Renseignements et chanson	299
XLVIII.	— M. Baptiste	304
XLIX.	— Où le rôle de Yaume se dessine	310
L.	— Lettre à l'ombre	315
LI.	— Les murs de Paris	320
LII.	— Salons agréables.	327
LIII.	— Pervenche et sensitive	331
LIV.	— Madame Paoli	333
LV.	— Romblon-Ballon	338
LVI.	— Le foyer d'un petit théâtre	343
LVII.	— Mystères.	348

Paris. — Imp. PAUL DUPONT, 4, rue du Bouloi. (Cl.).

A la vue de Mazurke, Mᵐᵉ la marquise de Beaujoyeux devint pâle comme une morte et chancela si fort que Paoli fut obligée de la soutenir dans ses bras.

21ᵉ LIVR.

LE JEU DE LA MORT

PAR

PAUL FÉVAL.

DEUXIÈME PARTIE
LA TONTINE INFERNALE

I

Loge d'actrice

C'était une sorte de cellule basse d'étage, éclairée par deux bougies. L'ameublement était simple, presque pauvre : un petit divan, recouvert de lustrine, un fauteuil et une toilette.

Lovely était à demi couchée sur le divan. Autour d'elle, il y avait des couronnes et des bouquets de fleurs.

Elle était un peu pâle, sa tête reposait sur sa main, qui disparaissait tout entière dans les ondes prodigues de ses cheveux noirs.

Assigner un âge à cette femme eût été chose impossible. Elle était belle dans la perfection. Elle devait être jeune.

Cependant, il y avait dans l'harmonie de ce front tant de pensée triste et profonde! Elle ne pouvait être toute jeune.

Ceux qui l'aimaient perdaient la tête, et ceux qui la voyaient l'aimaient. Il y avait un homme qui était devenu amoureux d'elle sans la voir, en l'écoutant chanter.

Car Dieu avait donné à cette gorge si belle une exquise

sonorité. Sa voix vibrait dans le cœur, parce que son cœur vibrait dans sa voix.

Un pauvre cœur blessé, brisé, tout plein de peines dans le passé, tout plein d'épouvantes pour l'avenir.

Un cœur où l'amour de la femme pleurait encore, et où tremblait déjà l'amour de la mère.

Sous cette beauté radieuse il y avait une âme à la torture.

Lovely était blanche, malgré sa chevelure plus noire que le jais. Elle avait de grands yeux bleus tendres et timides, qui semblaient abaisser l'orgueil de son front et mettaient comme un rayon de douceur sur ses traits, à la coupe hautaine et hardie.

Son cou gardait la grâce d'un cou de jeune fille et s'attachait, selon des lignes opulentes, aux magnifiques contours de ses épaules.

Elle était grande. Rien ne peut rendre le charme moelleux de sa taille. Il fallait l'admirer et l'aimer.

Il y avait une demi-heure qu'elle avait chanté son premier morceau. Ces fleurs et ces couronnes, on venait de les lui jeter parmi les bravos émus de toute une salle.

Mais elle était triste.

Dans une heure, elle allait reparaître belle et reposée. On allait l'applaudir encore avec passion, avec fureur. Le plancher du théâtre allait encore se joncher de fleurs autour d'elle.

Mais elle était bien triste.

Ces triomphes, elle n'y songeait pas, elle n'en voulait pas. Elle souffrait, elle avait peur !

Entre tous ces yeux qui payaient pour la regarder, si un œil allait la reconnaître !....

Paoli frappa bien doucement.

— Entrez, dit Lovely, qui avait renvoyé son habilleuse.

— M'excuserez-vous, madame ? balbutia la Milanaise, qui passa le seuil en feignant d'être très déconcertée, je n'ai pas l'honneur d'être connue de vous, et pourtant je viens...

Lovely lui avança un siège avec courtoisie.

— Puis-je quelque chose pour vous, madame? demanda-t-elle.

Et cette simple question eût fait tomber le trouble de la Milanaise, si elle était venue là pour cette chose, si difficile cependant : implorer un bienfait.

Car, dans le ton même de cette question, on devinait la prière exaucée.

Le trouble de Mme Paoli ne pouvait pas s'évanouir si vite, attendu que ce trouble était feint et qu'elle le retenait comme un masque.

— On m'avait bien dit que vous étiez la bonté même, murmura-t-elle en s'asseyant sur l'extrême bord du fauteuil.

La belle cantatrice la regardait. Et à voir la toilette de Paoli, riche dans sa charmante simplicité, Lovely ne pouvait guère croire que ce fût là une solliciteuse ordinaire. Mais il y a une charité plus haute encore et surtout plus malaisée que celle qui vide sa propre bourse dans la main tendue des malheureux : c'est la charité qui demande, après avoir épuisé ses ressources à elle, c'est la charité qui brave la honte du refus, qui s'attaque vaillamment à l'avarice bourgeoise, et qui emplit le tronc sacré d'oboles conquises, dont chacune a coûté une bataille.

On la raille, cette charité-là, on la craint, on l'exècre. Elle *monte dans les maisons*, l'effrontée; elle vient chercher l'aumône au sanctuaire même de la parcimonie!

Aussi, trouvez-vous déchaînée contre elle toute la séquelle des dévots de l'épargne. Les hommes *rangés* la vouent à la police. Elle donne la mâle rage aux fanatiques de la prudence qui passent leur vie à *mettre de côté*.

Mais les hommes de cœur la vénèrent, et Dieu lui sourit.

Lovely se sentait attirée vers cette femme. Elle la prenait pour une de ces mendiantes sublimes que la compassion tourmente comme une fièvre, et qui reculent, dans leur dévouement calomnié, les bornes de la charité elle-même.

— Je ne suis pas bien riche, madame, dit-elle en souriant, mais si je devine le motif de votre visite à une pauvre artiste comme moi, je vous remercie du fond du cœur d'avoir bien voulu m'associer à vos bonnes œuvres.

Paoli toussa et baissa les yeux.

C'était là un début épouvantable et qui compromettait tout à fait le résultat de la négociation.

Elle sourit sans lever les yeux et en tâchant de rougir.

— C'est en effet une prière que je viens vous adresser, madame, répondit-elle, mais vous vous trompez un peu en ce qui touche la portée de ma démarche. Je suis tout bonnement une ancienne artiste, et c'est à ce titre...

Elle hésita.

— Je vous écoute, ma chère dame, dit Lovely avec un redoublement de bonté.

Voyez-vous, cela devenait atroce. Pour bien faire, quand on a une mission diplomatique, comme celle dont la jolie Milanaise s'était chargée, par pure bonté de cœur, il faut pouvoir appeler *la personne*, « ma chère enfant » et lui mettre la main un peu sous le menton. Ou bien, s'il s'agit d'une femme faite, il faut pouvoir lui dire : « Voilà la chose ! » et traiter rondement de Talleyrand à Metternich.

Ce n'est pas une grâce qu'on demande, notez bien, c'est une grâce qu'on apporte. L'ambassadeur d'amour, en principe, doit être reçu avec respect : il est l'ange de la bonne nouvelle, l'ange des appartements meublés de frais, des cachemires et des billets de banque, plus doux encore que les cachemires.

Il y a, dit-on, cent cinquante mille femmes romanesques à Paris ; jugez si l'ambassadeur a de la besogne, jugez si l'ange a des autels !

Mais voilà qu'ici les rôles étaient changés. L'ange cachait ses ailes dorées, l'ambassadeur n'osait pas déplier son drapeau. Il se trouvait que, dans tout le vieil arsenal de la diplomatie légère, Mme Paoli cherchait en vain une arme pour trancher le nœud de la situation.

Mme Paoli était pourtant à la tête de cette jeune phalange qui exploite de nos jours, avec un si brillant succès, la carrière où brillait autrefois Mme de Pompadour.

Car, de nos jours, il n'y a plus de métiers pour les vieillards, nos duègnes ont vingt-cinq ans et nos usuriers ne sont pas majeurs.

Il fallait sortir de là. Paoli secoua son embarras d'emprunt, et releva ses jolis yeux bruns qui risquèrent un sourire.

— Ma chère dame, dit-elle, je suis vraiment bien touchée de l'accueil excellent que vous me faites. Vous le dirai-je, tout à l'heure, en voyant l'enthousiasme de vos admirateurs, je craignais...

— Vous étiez dans la salle? interrompit Lovely dont le beau visage se rembrunit légèrement.

— Oui, chère dame, et vous avez là de mes fleurs. Je n'ai pu résister, voyez-vous. J'étais tellement sous le charme...

— Merci, madame, interrompit froidement Lovely.

La Milanaise aimait mieux cela. C'était une transition.

— Comme j'étais chargée d'une mission près de vous, reprit-elle, j'ai voulu vous entendre au moins une fois, car j'avoue mon crime, je ne connaissais pas celle que tout Paris idolâtre.

La bonne opinion que Lovely avait conçue de sa visite s'en allait tout doucement.

Et c'était assez le compte de la visiteuse. La transition se faisait.

— Mais cela vous déplaît, la louange, reprit encore Paoli ; vous devez en être fatiguée, je conçois cela, et je ne me permettrai plus de vous dire toute l'admiration que m'inspire votre talent incomparable.

— Je vais rentrer en scène bientôt, madame, dit Lovely, et si vous avez quelque chose à me communiquer...

Paoli rapprocha son siège et arrangea son crêpe de Chine. Cet exorde muet est absolument de rigueur.

— Chère dame, commença-t-elle, voici ce qui m'amène. Un homme que j'aime et que j'estime d'une façon toute particulière, et qui a le malheur d'être aveugle...

Mais cette pauvre Paoli n'avait pas de bonheur. Tout l'effet de la transition fut manqué, ce simple mot *aveugle* ramena d'un seul coup Lovely à ces sentiments de bienveillance expansive qui gênent si fatalement une négociation.

Elle rougit et ses yeux s'animèrent.

— Un aveugle! s'écria-t-elle en prenant la main gantée de la Milanaise. Madame, encore une fois, je vous remercie d'être venue à moi. Un aveugle! oh! c'est là une souffrance cruelle et sans consolation, madame... Je sais... J'ai connu une personne qui était aveugle, et bien malheureuse!... oh! bien malheureuse, ajouta-t-elle en baissant les yeux et d'une voix qui tremblait, bien malheureuse!

Paoli ne savait où prendre la cause de cette émotion soudaine et si profonde qu'elle ressemblait à de l'angoisse.

— Vous souffrez, chère dame? murmura-t-elle.

— Non, madame, c'est un souvenir. J'ai vu de près le malheur dans ma vie, et peut-être...

Elle retint une parole prête à s'échapper de son cœur, puis elle ajouta en souriant tristement :

— Mais à présent que je suis heureuse, à quoi bon revenir sur les douleurs du passé? Oui, j'aime les aveugles, madame ; pour soulager un aveugle, je donnerais jusqu'à mon dernier morceau de pain !

— Que vous êtes bonne! mon Dieu! que vous êtes bonne! s'écria la Milanaise, et que vous avez dû être aimée!

Elle prononça ces derniers mots plus bas et comme timidement.

Lovely retira sa main sans affectation.

Peut-être le premier rayon de lumière se fit-il en elle en ce moment.

Mais la pensée qui lui vint, elle la repoussa, car elle reprit :

— Dites-moi bien vite, madame, ce que je puis faire pour ce pauvre homme. Est-ce de l'argent qu'il lui faut? des soins? Si c'est de l'argent, je vous donnerai tout ce que j'ai ; si ce sont des soins, eh bien! je vous aiderai, madame. Nous le consolerons, nous l'aimerons...

— Si vous l'aimez un peu, murmura Paoli, ce sera pour lui plus qu'une consolation, ce sera le bonheur.

Comme Lovely la regardait étonnée, elle rapprocha encore son fauteuil et continua rapidement :

— Ecoutez! Il est seul et il souffre. Il vous aime; il a plus de cinquante mille livres de rentes.

II

Four

Lovely n'interrompit point.

La Milanaise poursuivait :

— Plus de cinquante mille livres de rentes, chère dame, pas d'héritiers directs. Cinq cents louis ne lui coûtent pas plus à donner qu'un billet de cent francs. C'est un homme comme on n'en trouve plus.

Et comme Lovely gardait toujours le silence, Mme Paoli prit tout à fait courage.

— Chère enfant, continua-t-elle, prononçant enfin le mot sacré, je sais que l'intérêt ne vous guidera point, c'est comme moi, croyez-le bien, tout ce que j'en fais, c'est pour obliger; mais il est jeune encore et fort joli homme. A ce théâtre où vous vous cachez, car vous vous cachez, chère enfant, les appointements ne doivent pas être le Pérou. Et voyez comme c'est agréable! un aveugle qui ne vous connaîtra même pas, et qui, en cas de brouille (il faut tout prévoir), ne pourra jamais vous compromettre, si vous êtes dans une position délicate comme on le dit. Ma parole, si ç'avait été une affaire ordinaire, je n'aurais pas osé vous en parler, tant votre réputation de vertu me faisait peur, mais je me suis dit : C'est une occasion unique! et la chère enfant me saura peut-être bon gré !

A mesure que la Milanaise parlait, sa volubilité augmentait. En un moment, comme le regard de Lovely la gênait, elle se mit à égaliser les plis de sa robe, sans cesser de haranguer.

Quand elle releva les yeux, elle s'arrêta court, tant la figure de Lovely était changée.

Représentez-vous tout ce que les révolutions ont laissé de plus auguste au monde : la fille exilée d'un roi, par exemple, et mettez-la, jeune et belle, dans la suprême majesté de son malheur, en face d'une insulte lâche.

L'insulte, elle n'y croira pas d'abord. Longtemps après l'outrage reçu, vous verrez à sa lèvre le loyal sourire.

Puis, quand il n'y aura plus à douter, quand elle comprendra, elle ne maudira point. Sa bouche restera close. L'insulte émoussée a glissé sur le pur diamant de son cœur.

Lovely, la pauvre cantatrice, n'était pas la fille d'un roi, mais son âme avait la souveraine beauté de son visage. Elle avait été longtemps à comprendre, bien que, peut-être, dans cette position où la nécessité l'avait jetée, plus d'une fois un outrage pareil fût venu jusqu'à elle.

Il y a des habitudes qu'on ne peut prendre.

Lovely avait sa conscience qui valait une couronne. Lovely était grande parmi les créatures de Dieu. Son héroïsme obscur avait la dignité des hautes infortunes.

Quand elle comprit enfin, ce fut son regard qui parla, son regard tout seul. Sa bouche demeura fermée.

Et son regard parla si fièrement, que la Milanaise recula, décontenancée.

— Chère dame, balbutia-t-elle, je n'ai pas voulu... je vous supplie d'être bien persuadée...

Lovely se leva et salua.

Son doigt tendu ne montra même pas la porte.

La Milanaise était chassée.

Et dans ce regard de Lovely, tout à l'heure encore si doux et si bon, il y avait tant d'écrasant dédain, mêlé à tant de dignité calme, que ce mot vint à la pensée de la Milanaise elle-même : Une reine.

Reine de théâtre, hélas !

Mᵐᵉ Paoli gagna la porte à reculons. Elle subissait violemment l'influence de cette supériorité hautaine ; elle était vaincue et comme aplatie sous le poids de sa courte honte. Mais, parmi son trouble, il y avait de la colère, une colère d'Italienne, venimeuse et terrible.

Elle ne menaça point. Elle n'insulta point. Mais, sur le seuil, répondant enfin au salut de Lovely par une révérence dans les formes, elle dit froidement et poliment :

— Si vous vous ravisez, ma chère dame, comme c'est la coutume, vous me trouverez toujours disposée à vous être agréable, chez Mᵐᵉ la marquise Oliva de Beaujoyeux, rue de l'Ancienne-Comédie, n°... Demandez Mᵐᵉ Paoli.

Elle avait le dernier mot, en définitive.

Lovely était retombée sur son divan. Ses yeux étaient fixes et ses lèvres tremblaient.

— Mes enfants ! murmura-t-elle ; oh ! mes pauvres enfants !

— Madame Lovely ! cria le garçon de théâtre dans l'escalier, l'entr'acte est commencé ; on vous attend.

Elle prit un des bouquets qui jonchaient le carreau et descendit, pâle comme une statue.

La Paoli put entendre de loin les frénétiques bravos qui éclatèrent quand le rideau se leva.

Mᵐᵉ Paoli n'avait eu garde de repasser par le foyer des acteurs. Bien lui en prit, car on avait organisé d'avance un triomphe pour célébrer son *four*.

L'étymologie de ce mot *four* se perd dans la nuit du troisième dessous des Funambules. Il signifie *fiasco*, queue de morue, honteuse dégringolade.

Les artistes du théâtre des Amusements, conduits par la suave Zoé, attendaient Paoli de pied ferme. Fofolle avait déjà tressé une couronne.

Paoli se jeta dans sa voiture à la demi-journée, et nous devons avouer que là elle se dédommagea amplement de la violence qu'elle s'était faite.

— Bégueule ! bécasse ! brute ! s'écria-t-elle.

Et autres épithètes qu'il ne nous est pas permis d'écrire.

Car Mme Paoli, la jolie ambassadrice, était, quand elle voulait, plus grossière qu'un portefaix en goguette.

Elle avait tout pour elle, cette charmante jeune femme !

— Sacrrr !... accentua-t-elle en tournant au boulevard, ça ne se passera pas comme ça !

Elle déchirait son mouchoir brodé à belles dents. Il n'y a rien de complet comme ces rages de femmes libres !

Vous n'eussiez vraiment pas reconnu Paoli. Elle écumait à plaisir. Les mots les plus grassement poissards se choquaient sur ses lèvres mignonnes : Elle allait ! elle allait !

— Je la ferai siffler comme une chienne ! reprenait-elle ; je dépenserai mille francs, s'il le faut, en pommes cuites, trognons de choux et gamins. As-tu fini, chaloupe !

Elle haussa les épaules et flanqua son pied sur les coussins de devant.

Chaloupe est un mot que nous ne connaissions pas. Nous ne savons pas ce que Mme Paoli voulait dire par Chaloupe.

— Elle sautera ! continua-t-elle ; ah ! tu sauteras, ma vieille ! Elle est belle, si on veut. Et bête ! une oie !

Oie est déjà moins fort que chaloupe. Une médaille d'or de un franc cinquante à qui donnera la vraie valeur de ce mot gracieux : chaloupe !

Quand Paoli arriva au bout du Pont-Neuf, la grande fièvre était passée. Elle ne jurait plus sacrrr !... La mélancolie avait remplacé la fureur. Elle songeait au néant des choses humaines et se disait :

— Voilà pourtant le monde ! Parce que cette mijaurée fait de la vertu, moi, je perds cent louis ! c'est stupide.

On faisait cercle autour de notre ami Yaumo dans l'antichambre de Mme la marquise de Beaujoyeux. On lui avait demandé sans doute des renseignements sur son maître, car il pérorait ainsi qu'il suit :

— Ça ne fait pas de doute que Philippe est censément un nom comme un autre, ayant connu, moi, des Olivier en quantité, et des Mᵐᵉ Charles ; mais si vous ambitionnez de savoir pourquoi, censé, on l'a sobriqué de Mazurke, je vais vous l'apprendre...

— Oui, oui, dit-on, monsieur Yaume.

Et un cocher lettré ajouta :

— Nous l'ambitionnons avec ardeur !

— C'est pas l'embarras, dit Yaume ; Mazurke est le nom de la contredanse du pays dans cette partie de l'Europe où les jeunes demoiselles portent des éperons et des bottes. Je l'ai vu danser, la mazurke, tout près de sa patrie, où on l'a inventée, tout à fait du commencement que l'on n'en avait jamais entendu parler ailleurs. C'est assez joli, censé, si on aime ce genre-là. Rapport au capitaine, c'est à cause qu'il la pinçait agréablement qu'on l'a affublé comme il est dit.

— Il la pince donc bien agréablement ! demanda le cocher lettré.

— Oh que oui ! répliqua Yaume, et d'autres talents que partout, aux jeux de cartes, il fait sauter les banques à volonté.

— Peste ! interrompit-on avec une admiration équivoque.

— En tout bien tout honneur, acheva Yaume, censément.

L'honorable assemblée demeura convaincue que Mazurke était un Grec, ce qui ne diminua en rien l'estime qu'on pouvait avoir pour son caractère.

III

Où Mazurke danse

Yaume, cependant, avait son idée. Il reprit d'un ton très insinuant :

— Ça vous a-t-il fait du plaisir, ce que je vous ai dit sur le capitaine ?

— Beaucoup, monsieur Yaume, répondit la livrée.

— Alors, je vous demanderai, censé, sans l'exiger de votre complaisance, une chose que j'ambitionne drôlement depuis un peu de temps.

— A vos ordres, monsieur Yaume !

— Je vous l'implique, bref, en deux mots, censé, pour ne pas vous abuser. J'ambitionnerais de savoir ce que c'est qu'un socialiste.

Le cocher lettré répondit :

— D'où venez-vous donc pour demander des choses comme ça, monsieur Yaume ?

— Censément, monsieur Joseph, répondit Yaume, je viens d'au delà des lignes de frontières et douanes...

— A la bonne heure ! les socialistes sont des communistes...

— Ah ! fit Yaume, c'est pas l'embarras, et les communistes ?

— Ce sont des montagnards.

— Bien, bien ! fit encore Yaume, oh ! oh ! censément, nous y voilà. Et les montagnards ?

— C'est l'extrême gauche, monsieur Yaume.

— Ah ! diable ! murmura l'ancien pâtour dont la tête travaillait ; sapré mâtin ! et l'extrême-gauche ?

— Des lampions ! s'écria le cocher à bout de politique.

En ce moment, Mme Paoli traversa l'antichambre, le sourire aux lèvres. Depuis le bout du Pont-Neuf, elle avait eu le temps de se remettre tout à fait.

— Eh bien ? demanda la marquise en la voyant rentrer au salon.

— Eh bien ! chère bonne, répondit Paoli, j'ai été admirablement reçue. Vous sentez qu'on ne refuse pas ces choses-là !

— Est-elle aussi belle qu'on le dit ?

— Mais oui, un peu passée. A la scène elle doit être encore superbe.

— Toi, tu as échoué ! pensa la marquise *in petto*.

Car les femmes se mentent toujours entre elles et ne se trompent jamais.

Paoli drapa le fameux crêpe de chine blanc de cet air qui veut dire : Faites des questions, faites !

Mais la marquise n'était pas en train de multiplier ses interrogations. Elle pouvait craindre que Paoli, usant de représailles, ne lui demandât trop péremptoirement la cause de ce trouble subit et de cette grande pâleur qui l'avaient prise à la vue du capitaine Philippe.

Peut-être que la charmante Oliva n'avait pas encore trouvé une histoire suffisamment colorée, pour expliquer ce détail.

Du reste, l'occasion était vraiment belle pour ne point se fatiguer de mutuelles enquêtes. Les salons Beaujoyeux se trouvaient dans tout leur éclat. Les nièces, au grand complet, inondaient la salle de bal, fleuries, joyeuses, adorables. Quelques étudiants, de ceux qui ont des pensions sortables, faisaient office de danseurs, mais il y avait aussi de purs gentlemen, des cure-dents de la Maison-d'Or, de vrais messieurs, les cheveux séparés sur la nuque et les hanches alternativement balancées.

Mazurke aimait à danser, ce qui indique l'innocence ; c'était vraiment à force d'enlever de jolies tailles entre ses bras robustes, qu'il avait conquis là-bas son surnom. Mazurke dansa, polka et mazurka avec Rose de Cerceil, avec Amélie de Crécy, avec Marie d'Azincourt, avec Mathilde de Poitiers.

Ces trois célèbres batailles se trouvaient représentées, chez Mme de Beaujoyeux, par trois nièces gentilles à croquer.

Mazurke leur disait sa façon de penser entre deux coups de talon. Elles se le disputaient.

Mazurke, qui était bon prince, se donnait tout à toutes, un peu plus aux plus jolies.

Les cure-dents de la Maison-d'Or lui trouvaient l'air commun. Le fait est qu'il avait l'air d'un homme à jeter tous les cure-dents de la Maison-d'Or par les fenêtres.

Il s'amusait comme un bienheureux depuis deux heures qu'il était là. Amélie, Rose, Marie, Mathilde l'aidaient à oublier qu'il n'était pas venu chez Mme de Beaujoyeux pour mériter une fois de plus son surnom.

De temps en temps, il avait vu, car il voyait tout, les yeux de la maîtresse de maison fixés sur lui avec une expression bien étrange. Mais tout le monde le regardait ce soir ; il était le lion de la fête.

Dans le salon de jeu, Romblon s'oubliait au lansquenet, comme Mazurke s'oubliait au bal. Bonnin le rentier, Peignon dit Pompes-Funèbres, le docteur Desbois et Oscar de Beaujoyeux faisaient le plus grave de tous les whists.

Quand la magnifique pendule Louis XVI du grand salon sonna onze heures, Mazurke sembla s'éveiller tout à coup. Il s'arracha aux sourires croisés de Rose de Cerceil et des trois batailles pour gagner la pièce où l'on jouait.

Il n'eut besoin que d'un seul coup d'œil pour reconnaître Romblon-Ballon à la description que M. Baptiste lui en avait faite.

— Pourrais-je vous entretenir un instant, monsieur? dit-il.

— Nom de bleu ! s'écria Monsigny, Romblon gagne, il ne peut pas s'en aller.

Mazurke jeta un regard à ce brave M. de Monsigny et sembla consulter ses souvenirs.

Romblon s'était levé.

— Monsigny ! dit-il ; les affaires, vous savez. Je n'ai pas l'habitude de faire Charlemagne, je vous la donnerai une autrefois.

Sous-entendu : la revanche.

— C'est assommant ! gronda l'étudiant de quinzième année.

Mazurke voulut bien ne pas entendre.

— Vous êtes le Monsieur qui... que ?... demanda Romblon.

— Oui, répondit Mazurke.

— Bon ! fit le gros homme.

Et il se prit à rouler du côté de la salle de danse.

— Mignonne, dit-il à l'oreille de la marquise, donnez-nous votre boudoir et un bol de punch.

Oliva fit un signe d'assentiment.

Mazurke et Romblon entrèrent dans le boudoir.

— Ouf! soupira Romblon en s'asseyant sur une chaise, parce que les fauteuils étaient tous beaucoup trop étroits pour lui, je suis un peu épais, comme disait papa, mais ça ne fait rien. Dites donc! nous avons donc à causer nous deux?

— Beaucoup.

— Bon! J'aime à causer, moi; papa aimait ça aussi. Comment vous appelez-vous de votre vrai nom?

— Mérioul, répondit Mazurke.

— Mérioul! répéta le gros homme; bon! bon! c'est un nom de là-bas. Il me semble bien... oh! voyez-vous, papa se serait souvenu, lui, c'était un gaillard, papa! mais moi... Mérioul... Mérioul!... Ah! j'y suis! chez Jean-de-la-Mer! Un vieux brave qui ne faisait rien comme les autres. Eh bien, monsieur Mérioul, qu'est-ce qu'il y a pour votre service?

IV

Où quelques masques tombent

— Monsieur, dit Mazurke, j'ai désiré me mettre en rapport avec vous, parce que je dois croire que vous pourrez me renseigner sur certains faits et sur certains personnages...

— Bon! bon! interrompit Ballon. Quels faits et quels personnages?

— Les faits qui ont rapport à la succession de feu Jean Créhu, et les personnages portés sur son testament.

— Oh ! bon ! bon ! Papa savait toutes ces choses-là, et bien d'autres ; mais moi, voyez-vous, pas fort... Pouh !

Ce dernier son rend très imparfaitement le souffle tempétueux que notre gros homme lançait périodiquement pour désenfler un peu ses énormes poumons.

Il regardait Mazurke avec une attention souriante, et lui faisait de petits signes bienveillants avec sa tête.

On apporta le punch, des gâteaux et deux carafes de madère.

— Bon ! dit Romblon au domestique ; nous sommes en affaires. Deux vieux amis, nous deux, le capitaine et moi. Pouh-ouh ! qu'on ne nous dérange pas.

— Aimez-vous boire, vous ? reprit-il en s'adressant à Mazurke.

— Beaucoup, répondit celui-ci.

— Bon !

— Je m'enivre régulièrement tous les soirs.

— Ah ! diable, touchez-là ! Vous avez l'air d'un fameux trotteur. Moi, je n'ose pas trop m'échauffer, à cause de mon embonpoint. Il y a bien des gens qui sont jaloux de moi et qui disent : Est-il gras, ce Romblon ! Pouh ! Eh bien, ça a son mauvais côté, parole sacrée. A la vôtre, mon pays !

— A la vôtre, mon cher monsieur Romblon !

Ils burent.

— Bon ! s'écria le gros homme, qui déboutonna un peu son gilet de nankin pour faire plaisir à son ventre ; comme ça, vous êtes un paysan du bourg de Vesvron ?

— Précisément.

— Pouh-ouh ! Je n'en crois pas un mot ; mais je vais faire semblant, pour abréger les préliminaires. Papa disait toujours : Ne discutez pas ; c'est peine perdue. Et quel homme c'était papa ! Savez-vous que vous êtes rudement beau garçon, mon pays ?

— Bien obligé.

— Pas de quoi ! Nous allons certainement faire un tas d'affaires ensemble.

Le petit salon qui servait de boudoir à la marquise était

situé à l'angle saillant de deux corps de logis qui composaient les appartements Beaujoyeux. Il donnait, d'un côté, sur la salle de bal, dont il était séparé seulement par un entre-deux, et, de l'autre, sur la salle de jeu.

La porte qui s'ouvrait sur le salon de jeu était vitrée ; un rideau épais la recouvrait en dedans du boudoir.

Romblon et Mazurke entendaient parfaitement le bruit de ces deux pièces voisines. Ici la musique des contredanses, là les fastidieuses et invariables exclamations des joueurs.

Ce double bruit protégeait, du reste, leur entretien contre les oreilles indiscrètes, à supposer qu'il y eût chez la marquise des oreilles de ce genre.

Tout au plus aurait-on pu mettre l'œil à la serrure dans le demi-jour de l'entre-deux et regarder.

On aurait vu deux hommes attablés, l'un admirablement beau, franc et gaillard, l'autre rouge et bouffi, avec de petits yeux normands qui clignotaient, du punch fumant et des verres tantôt pleins, tantôt vides.

En écoutant très attentivement, on aurait entendu le double murmure de la conversation : une voix sympathique et grave, et une voix aiguë, comme il arrive souvent aux gens dont la graisse envahit le larynx, ladite voix imprégnée de l'accent normand.

Cet accès qui fait trembler les gros sous au fond des poches !

Au bout de trois verres, la conversation était à peu près assise.

Romblon disait :

— Moi, voyez-vous, le cœur sur la main, tout rond ! la franchise même. Papa, lui, voyait plus loin que le bout de son nez ; mais moi, tenez ! je vas vous dire toute mon affaire. J'ai eu des malheurs. La marquise me coûte les yeux de la tête.

— La marquise ! répéta Mazurke.

— Bon ! Je croyais que vous aviez deviné ça. Voilà déjà du temps que ça roule. Et de l'argent ! des toilettes, le tremblement. Pouh ! Ne faites jamais de ces folies-là, jeune homme !

— Mais le marquis ? demanda Mazurke.

— Pouh ! Sans doute. Papa m'en aurait fait voir de rudes à ce sujet-là ! Mais je vous dirai : ça ne m'est pas inutile ; on fait bien de temps en temps quelques affaires dans la maison. Et puis papa avait monté l'histoire de la succession, et, ici, je suis au contre.

— Ah ! fit Mazurke.

— Oui, bon ! Pouh ! Pas fort, ce punch. Et si vous vouliez me dire au juste dans l'intérêt de qui vous travaillez...

— Dans le mien.

— Bon ! Pourtant, le petit paysan Mérioul n'était pas héritier, que je sache.

— C'est vrai ; mais il peut espérer que dans toute cette bagarre...

— Ah diable ! exactement. Dès qu'il y a de l'eau trouble, on peut pêcher. Papa disait ça. Moi, j'aurai cru que Mlle Berthe, la nièce aveugle, n'était pas étrangère...

— Elle est morte, interrompit Mazurke sans hésiter.

— Bon ! s'écria Ballon de tout son cœur ; morte ! ma foi, ça peut simplifier bien des choses, car il y avait une clause de ce diable de testament... Je ne me rappelle jamais au juste. C'est papa qui avait une mémoire ! Et puis, il prenait tout en note. Si j'avais seulement son portefeuille... Enfin, n'importe ! Vous avez gentiment fait votre chemin, vous, à ce qu'il paraît !

— Parlons, je vous prie, des héritiers.

— Le cœur sur la main, vous savez, pas de malice, moi. Pouh !

— Y en a-t-il de morts ?

— De morts ? Un peu plus tôt, un peu plus tard, comme disait papa, nous mourrons tous. Mais, voyez-vous, vous avez tort de ne pas me parler franchement. Je ne suis pas héritier, moi, et, si j'ai quelque bonne somme de tout ça, ce sera en bricolant, comme il disait encore ; il avait tant d'esprit ! Voyons, vous venez de la part de M. Créhu, n'est-ce pas ?

— Non, répondit Mazurke.

— Bon, bon ! Mettez-vous du madère dans votre punch ? ça change un peu. Moi, je vous avoue franchement que je vous trouve un charmant garçon. Vous êtes établi à Paris ?

— Je vais m'y marier.

— Ah ! diable !

— Oui, reprit Mazurke, s'enivrer tous les soirs, ça finit par fatiguer l'estomac. Je veux me ranger.

— Bon ! si c'est affaire de santé, pouh ! Mais, qu'est-ce que me disait donc votre homme ? Voyons un peu ça.

Il prit dans sa poche une lettre, et la lut à l'aide de son binocle en or. C'était la missive de M. Baptiste, de la maison Isidore Baptiste et Cie.

— C'est ça ! poursuivit-il ; vous êtes solvable, on peut traiter.

— J'ai une cinquante de mille francs, répondit Mazurke, dans mon portefeuille.

— Ah ! diable, s'écria Ballon ; sur vous ? c'est joli, ça !

Son petit œil vert avait brillé tout à coup. Ce fut l'affaire d'une demi-seconde. Il voulut remettre la missive dans sa poche, mais sa grosse main tremblait ; la lettre glissa entre le nankin de son coachman et le nankin de son gilet.

Il ne s'en aperçut point.

— Buvez donc ! reprit-il. Ah ! ah ! sans doute, je sais un peu de ceci, un peu de cela, pas tant que Papa, mais, enfin, assez pour vivre. Les héritiers Créhu, c'est ma vraie clientèle. Voyons, nous nous arrangerons peut-être. Vous demandiez s'il y en avait de morts ? Oh ! oh ! oh ! ajouta-t-il avec son rire haletant et lourd, on les soigne, on les garde, on les dorlote. Besnard, l'homme de loi, fut tué d'un coup de fusil la nuit même du décès de Jean-de-la-Mer. Vous devez savoir ça.

— Je le sais.

— Par qui ? ça m'est égal. Voulez-vous rire ? Je vas vous conter la chose des autres. Morts ! Allons donc ! Il y en a déjà un qui a plus de cent ans ! Papa disait qu'ils vivraient tous aussi longtemps que Mathusalem, pouh !

Mais, vous n'avez peut-être jamais entendu parler du fond de l'histoire, le testament ?

— Si fait ; j'assistais à la lecture.

— Bon ! vous !

— Derrière la porte qui conduisait à la cuisine.

— Ah ! diable, fit Romblon, qui, depuis quelques minutes, semblait réfléchir ; eh bien, ils avaient donc le droit de se tuer comme des chiens partout où ils se rencontreraient. Vous savez, papa se chargeait un peu de cette partie-là, du moins, on le disait, mais je n'ai jamais rien vu ! pouh ! ah ! rien de rien ! Ils vinrent trouver papa l'un après l'autre, en cachette. Le plus souvent que papa les aurait aidés à s'entre-détruire ! L'affaire n'était pas là.

Il but un grand verre de punch et prit le bras de Mazurke.

— L'affaire était de les faire payer pour vivre poursuivit-il ; est-ce ça, mon chat ? pouh-ouh !

— C'était adroit, dit Mazurke.

Ballon le fit lever en le tenant toujours par le bras.

— Venez, dit-il ; j'ai confiance en vous, moi ; pourquoi ça ? parce que... voilà !

Il entraînait Mazurke vers la porte du salon de jeu.

La draperie fut soulevée.

Juste en face de la porte se trouvait la table de whist où MM. Bonnin, Peignon, Desbois et de Beaujoyeux faisaient gravement la partie. Monsigny les regardait jouer.

— Examinez-moi bien ces cinq masques, reprit Romblon ; c'est le plus pur de mon aisance.

— Est-ce bien possible ! s'écria Mazurke comme si un voile tombait de ses yeux, voici Maudreuil.

— Pouh ! fit Romblon, Cousin-et-Ami ! en propre original.

— Voici le docteur Morin !

— N'aime pas les libéraux, pouh-ouh !

— Et Houël ! et Menand jeune ! et M. de Guérineul !

— Me gêne, dit Romblon, et fait la cour à madame.

V

Les nièces

Nos cinq amis de la table de whist ne se doutaient guère qu'on mettait ainsi, en ce moment, leurs vrais noms sur leurs visages.

Ils jouaient ensemble comme de bonnes vieilles connaissances. Maudreuil, transformé en M. Peignon, employé des pompes-funèbres, contait des histoires de cimetières. Le docteur Morin (Despois) cherchait au libéralisme défunt des querelles rétrospectives ; Houël (Bonnin) et Ocar de Beaujoyeux (Menand jeune) étaient partners.

De temps en temps, tout ce monde se regardait en dessous, à la dérobée. On voyait bien qu'il y avait là un fond d'impatience chronique et de frayeur incurable ; mais, pour ce qui était de la frayeur, comme chacun avait plus ou moins confiance dans l'épaisseur de son masque, personne ne lâchait pied.

Et à l'égard de cette impatience avide qui devait les tenir tous, il y avait vingt ans qu'ils attendaient. — Romblon l'avait voulu.

Ils avaient essayé mainte fois de s'entretuer, ces braves gens. Ils s'en étaient mutuellement donné le droit par convention expresse. Mais Romblon ne voulait pas.

Quant à Monsigny, l'étudiant de quinzième année, l'ancien Filis de Guérineul, il prenait la vie comme elle venait : il n'avait que quarante ans ; cela lui faisait une belle avance sur tous ces vieillards. Il aurait volontiers cassé une tête ou deux à l'occasion, puisque c'était dans le marché, mais il était si bien là, chez les Beaujoyeux !

Pendant que Romblon et Mazurke, soulevant la draperie de la porte vitrée, jetaient un coup-d'œil indiscret dans la salle de jeu, on leur rendait la pareille à la porte opposée.

Quelqu'un était là qui les épiait.

Qui donc? car les bougies de la salle de bal éclairaient l'entre-deux et rendaient dangereuse cette curiosité.

Qui donc?

Une femme.

On n'a pas encore inventé d'autre mot pour désigner celles qui sont tombées avec réflexion tout au fond du vice, et qui restent là, jolies, brillantes, ignorant les remords et battant monnaie avec leurs sourires.

Nous parlons du vice qui se pousse, qui se case, qui prend en quelque sorte rang dans notre échelle sociale; du vice fort, avisé, philosophe, qui conquiert audacieusement droit de cité.

Ce n'est pas encore le vice des familles, le plus hideux de tous, mais c'est la transition.

De la rue au foyer domestique, il n'y a pas contagion.

Tandis que le boudoir de la marquise de Beaujoyeux communique, par de secrets chemins, avec votre chambre à coucher, madame.

La position de cette marquise n'est ni sincère, ni acceptée, je vous l'accorde. Elle gravite dans une atmosphère à part, c'est vrai. Mais, s'il ne lui est pas permis de voir le monde, le monde la voit.

Parmi les pécheresses que la société repousse et qui font la guerre à la société, il est de pauvres cœurs meurtris, de vraies victimes. Il est aussi de rudes amazones qui combattent pour combattre. D'autres sont du genre neutre; elles prennent les armes pour conquérir.

Mᵐᵉ de Beaujoyeux tenait pour un peu à chacune de ces trois catégories. Cœur sec, esprit aigu, main avide, elle était là dans son centre, et pourtant quelque doigt perfide avait dû la pousser autrefois dans le gouffre, où d'elle-même elle ne serait point tombée.

Une fois tombée, par exemple, elle s'était arrangée dans sa chute, demandant au vice tout ce que le vice peut donner.

C'était Mme Oliva de Beaujoyeux qui regardait par le trou de la serrure.

Que dire? Nous venons de la peindre telle qu'on la pouvait voir; telle que la nature et les circonstances l'avaient faite. Eh bien, cette femme avait un cœur, une passion, un coin de chair ou d'âme qui restait vulnérable.

Vous l'auriez à peine reconnue à cette heure où tout son être passait dans ses yeux, tandis qu'elle contemplait Mazurke.

Elle était pâle; elle était belle.

Son sein battait; sa tête brûlait; une larme (une larme! la maîtresse de Romblon-Ballon!), une larme brillait à ses cils.

Était-ce une fantaisie soudaine ou un lointain souvenir?

Quand ces cœurs perdus se prennent à sentir par hasard, et que la conscience muette retrouve un instant sa voix, tout à coup, le passé se dresse, et le présent, et l'avenir.

Le passé, un remords; le présent, une honte; l'avenir, un supplice.

C'est presque toujours l'amour qui jette un rayon vengeur dans ces ténèbres.

L'amour, plus jeune, plus timide, en raison directe de la profondeur de la chute; l'amour qui survit, châtiment implacable; l'amour, la vengeance de Dieu.

Elle était là, silencieuse, abattue, cette révoltée. Elle pleurait. Elle allait prier.

Mais priez donc en enfer, le démon rira.

Et voilà le démon qui rit! deux démons, trois démons, quatre délicieux lutins! Rose de Cerceil, Azincourt, Poitiers, Crécy, quatre nièces éblouissantes de beauté, de méchanceté; anges hier, diablotins aujourd'hui, demain vieilles diablesses dont Cerbère ne voudra plus pour balayer sa loge.

Pauvres enfants! Que parlez-vous, à seize ans, de coupés, de diamants et de cachemires! Enfants qu'on assassine et qu'on déshonore! Enfants martyres qui allez devenir bourreaux!

On aurait vu deux hommes attablés, l'un admirablement beau, franc et gaillard, l'autre rouge et bouffi.

A seize ans! où sont vos mères? On est venu, n'est-ce pas, vous chercher dans votre ignorance. On vous a montré, au lieu de la misère ou de la tristesse, un sentier souriant qui tourne parmi les fleurs.

Diamants, coupés, cachemires! Et Rose, cette tête de vierge, la voilà qui comprend que l'argent bien placé rapporte sept pour cent! Et Marie, et Mathilde, et Amélie, les voilà qui savent... Sur l'honneur, elles en savent déjà beaucoup plus long que nous.

Mais, tout au bout du sentier, anges déchus, ce qu'il y a, nous le savons et vous l'apprendrez.

Nos quatre nièces étaient venues là, peut-être, pour voir ce que faisait le beau Mazurke, leur danseur. A l'aspect de la marquise, penchée au trou de la serrure, elles furent saisies d'un transport de joie.

— Ce n'est bien sûr pas pour Romblon qu'elle est là! murmura Rose d'un air mauvais.

— Comment! s'écria Mathilde, en comptant sur ses doigts mignons, un, deux, trois, quatre!

— Quand on prend du galon, ma chère... dit Marie.

Et toutes de rire!

La marquise les entendit et se redressa.

Les quatre nièces s'enfuirent en ricanant.

La marquise posa sa main sur son cœur. Au lieu de retourner dans la salle de bal, elle gagna sa chambre à pas lents.

Là, elle se laissa tomber sur le pied de son lit, comme une pauvre petite fille qui pleure une première faute.

Et vraiment elle pleurait.

— S'il avait voulu m'aimer! murmura-t-elle après un silence.

Puis elle reprit en fixant son regard dans le vide :

— Que de temps passé! que d'années! que d'évènements! et toujours sa pensée dans mon cœur!

Elle se leva brusquement.

— Que vient-il faire ici? dit-elle; il l'aime toujours sans doute, cette femme qui est mon premier remords et mon éternel malheur ! C'est égal ! Ils seront tous contre lui, et je ne veux pas qu'on le tue !

Ce mot mit un frisson dans ses veines.

Elle se précipita vers un petit bureau en bois de rose qui faisait face à la cheminée. Elle écrivit rapidement quelques mots sur un papier qu'elle glissa dans son sein.

Puis sa main rétablit la symétrie dérangée de sa chevelure ; elle sourit à son miroir et rentra dans le bal.

Il fallu son arrivée pour faire taire les médisances pointues qui avaient monté de l'essaim des nièces jusqu'aux sièges augustes de ces dames, en passant par Pervenche, Sensitive, Berthelleminot, les étudiants riches, et Mme de Saint-Roch, fabricante d'alliances, connue par trente ans de succès.

Dans le boudoir, Romblon et Mazurke avaient repris leur entretien.

Romblon se déboutonnait assez rondement et, sans aucun doute, il avait ses raisons pour cela.

Mazurke écoutait de toutes ses oreilles ; mais en écoutant, il buvait.

VI

Où Romblon-Ballon bavarde étonnamment

— Oui, monsieur, reprit Romblon avec cette satisfaction du cicerone qui montre un objet curieux, voilà le docteur Morin, voilà Houël, voilà Guérineul, et l'Artichaut et Cousin-et-Ami ! ça fait cinq. Les héritiers étaient onze ; sur ces onze, Lucien et Tiennet Blône ont renoncé, faute de consentir les clauses du testament, reste quatre : la jeune domestique, Besnard, Fargeau et le vieux grigou d'Honoré. La jeune domestique est devenue une grande dame ; Besnard est au diable, le vieil Honoré m'échappe, mais quant à Fargeau, il y a un certain monsieur de la rue du Regard...

— De la rue du Regard ! répéta Mazurke.

— Bon ! fit Ballon ; Guérineul fait la cour à la marquise. Imbécile ! ça me coûte cher ; j'ai quarante mille francs à payer le quinze, et du diable si je sais où les prendre !

— Ce n'est pas moi qui vous les donnerai, dit Mazurke.

— Bien vrai ? murmura Romblon ; farceur !

Sa grosse face avait un étrange sourire.

— Quand on a cinquante mille francs, reprit-il avec bonhomie, on ne peut pas en donner quarante mille. Pou-ouh ! c'est évident. Mais nous nous arrangerons, vous verrez. En attendant, convenez que je joue avec vous cartes sur table.

— Vous avez raison.

— Papa n'aurait peut-être pas fait comme ça, mais moi, je ne sais pas tromper. Et puis j'aime à revoir les gens de ce pays-là, ça me rappelle ma jeunesse. Voyez-vous, on faisait courir des bruits sur notre maison, là-bas, à Vitré ; ça n'avait pas le sens commun. Papa leur a sauvé la vie, à tous ces héritiers de Jean-de-la-Mer, et c'est bien le moins que j'en profite un peu, pou-ouh ! monsieur Mérieul.

Mazurke avait déjà bu beaucoup de punch et beaucoup de madère. Pendant que Romblon parlait, Mazurke réfléchissait tant qu'il pouvait. Il se demandait pourquoi cet homme lui jetait ainsi sans rétribution une si bonne part de son secret.

Sa tête était un peu troublée. Il but pour s'éclaircir l'esprit. Le moyen ne valait rien.

Romblon le regardait boire et semblait bien satisfait de lui.

Pour quiconque connaissait ce gros maquignon, habillé de nankin des pieds à la tête, il eût été fort évident qu'un projet lui était venu depuis une demi-heure, et qu'il le caressait, ce projet, tout en bavardant pour donner le change à Mazurke.

Ce projet, papa l'aurait peut-être repoussé, sous prétexte qu'il faut agir autrement à Paris que dans les taillis vitriés où la police n'est pas fière, mais papa n'était pas là.

D'ailleurs, la maison Romblon avait une échéance de quarante mille francs, et l'honnête homme, dans le commerce, doit prendre tous les moyens possibles pour payer ses dettes.

— Vous savez, reprit Ballon, là-bas, à la Mestivière, car je vous dis tout, moi, ma parole! j'ai confiance en vous. Vous savez, il y eut un grand tremblement ; l'ex-Besnard y resta. Comment? le diable le sait, car moi et papa nous n'avions mis que de l'étoupe dans les fusils... Mais le curieux, c'est la venette de tous nos gaillards. Vrrrtt! ni vu ni connu, le lendemain matin, ils étaient tous partis, excepté un jeune gars... vous savez, le fils de Mme Marion, la rentière?

— Non, dit Mazurke.

— Pouh-ouh! fit Ballon, le petit gars qui donnait le coup du bélier... Tiennet, parbleu! Tiennet Blône. Vous vous souvenez bien, à présent?

— Non.

— Mme Marion... continua Romblon.

Mazurke lui prit le bras ; sa main tremblait.

— Monsieur Romblon, prononça-t-il à voix basse, cette femme-là est dans le cimetière. Et quant à Tiennet Blône, les Arabes l'ont tué à Mazagran.

— Tiens! fit Ballon en riant bonnement, vous disiez que vous ne vous souveniez pas. Pouh!

Il ajouta dans les plis de son quadruple menton :

— Décidément, il n'est pas fort, ce M. Mérieul!

Mazurke but un grand verre de madère. Au nom de Mme Marion, il était devenu tout pâle.

— Allons! reprit Ballon, comme vous voudrez ; moi, ça m'est bien égal. Papa me dit : Fifi! c'est cette affaire-là qui est la bonne. Vendons la carriole et toutes les bêtes pour aller à Paris. Moi, je répondis : Oui, papa. Qui fut dit fut fait. Tous nos godiches y étaient, à Paris : celui-là dans un coin, celui-ci dans un trou. Papa mit un an à les repêcher tous. Quand ils furent tous repêchés, nous eûmes des rentes.

Il reprit haleine en un puissant pouh-ouh ! et poursuivit :

— Ils n'étaient pas vieux comme à présent dans ce temps-là ; nous gagnions, ma foi, bien notre argent à les empêcher de s'entre-dévorer. Morin voulait empoisonner tout le monde, Guérineul avait des pistolets jusque dans ses bottes. Ils se cachaient, ils se trouvaient : ils se reperdaient. C'était drôle, ma parole sacrée ! Et toujours regardant derrière eux pour voir si personne ne les poignardait dans le dos !

Romblon eut un gros rire.

Mazurke buvait.

— Ah ! çà, s'écria Ballon, qui l'admirait de bon cœur, est-ce vrai que vous buvez comme ça tous les soirs, monsieur Mérieul ?

— Non, répondit Mazurke.

— Vous disiez...

— Je montais ; chaque semaine, je m'enivre une fois, pour avoir une nuit de sommeil.

— Bon !

— Là-bas, en Hongrie, quand je me battais, je dormais.

— Ah diable !

— Pour dormir, il me faut boire ou me battre. Voyez-vous, monsieur Romblon, j'ai perdu bien des jours en ma vie. Et chaque jour que j'ai perdu m'apparaît comme un fantôme, la nuit, quand j'ai la fièvre, car ma tâche était sacrée. Mais je ne perdrai plus un jour, ni une heure, ni une minute !...

— Ça, je t'en donne ma parole ! pensa Romblon qui dit tout haut :

— Ce pauvre M. Mérieul !

Mazurke était aux trois quarts ivre, mais il se tenait droit et le seul effet de l'ivresse était de mettre un voile sombre sur la joyeuse expression de son visage.

— Je ne dors jamais, reprit-il encore, et quand j'ai passé huit jours sans sommeil ma tête se creuse, je deviens fou. Alors je bois, je bois tant que je peux... et je dors. Et le lendemain je me réveille, capable de protéger au besoin ceux que j'aime et capable d'écraser les coquins que je hais.

— Bon ! dit Romblon, je comprends.

— Demain, ma tâche commence, poursuivit Mazurko, il faut que je dorme pour être fort. Je bois.

— Quant à ça, vous buvez comme une tanche, pouh ! monsieur Mérioul. Mais vous faites bien puisque c'est pour raison de santé. Et quand vous avez bu, dites-moi, vous allez vous coucher ?

— Non, répondit Mazurko.

— Bon ! Pourtant, si c'est pour dormir ?

— Il faut que je marche ; ma tête brûle. Je vois ceux que j'aimais comme en un rêve. Je leur parle. Et c'est bien autre chose, à présent que je suis amoureux !

— Vous êtes donc amoureux ?

— Oui.

Ballon se frotta les mains en disant :

— Vous avez où vous promener dans Paris, monsieur Mérioul, c'est long et c'est large. Et pas de danger, car la police est bien faite...

— Pour en finir en quatre mots, reprit-il, papa les taxa à une bonne petite somme par an, les héritiers, on leur disant : Si vous ne voulez pas, je vous dénonce aux autres. Et pas un ne refusa, car ils avaient grand'peur. Les coups de fusil de la Mestivière étaient encore dans leurs oreilles. Ils payèrent, et notre maison se monta. Bon ! pouh-ouh ! et voilà dix-huit ans que ça dure. Ils se sont tous reconnus les uns après les autres, d'autant qu'ils sont forcés de se voir tous les ans au moins une fois face à face, et sans déguisement, pour remplir une clause du testament. Ah ! ce Jean-de-la-Mer, quel cadeau il leur a fait là ! Et tenez, c'est justement ces jours-ci que doit avoir lieu la réunion annuelle pour verser les revenus de la succession dans la grande tirelire.

— Comment ! la tirelire ? dit Mazurke qui redevenait attentif.

— Une cave, monsieur Mérieul, une cave percée par en haut, une cave où se jettent plus de deux cent mille francs chaque année, depuis dix-neuf ans ! Ah ! si je savais ! mais je ne saurai jamais, puisque papa lui-même n'a pas pu la trouver.

— Vous dites que la réunion a lieu ces jours-ci ? demanda Mazurke.

— Le 13 mai, tous les ans, jour fixé par le vieux Jean Créhu lui-même. Et c'est cette année le vingtième anniversaire. On les ferait bien suivre, mais c'est arrangé diaboliquement, et eux-mêmes ne savent pas du tout où on les mène. Cette momie d'Honoré est bien difficile à pincer ! Papa les avait vus partir une fois ; quelque chose de drôle, allez, sept fiacres tout pareils, sans numéros, avec un grand laquais dans chacun. Les héritiers montèrent tous : la jeune Olivette aussi. A mesure qu'ils montaient, le laquais leur mettait un bandeau sur les yeux, et puis, fouette cocher ! Tout ça partit comme une noce, au triple galop.

— Votre père n'eut pas l'idée ?...

— Bon ! quelle idée papa n'a-t-il pas eue ! Cette tête-là, voyez-vous, on n'en fait plus de pareilles. Il se lança dans un remise et dit au cocher : Dix louis ! si tu me rattrapes cette noce-là !

— Eh bien ?

— Eh bien ! le remise prit le grandissime galop, mais, je ne sais plus à quel carrefour, les sept fiacres firent l'éventail et coururent l'un à droite, l'autre à gauche, comme une volée de canards qu'on effraye, et papa resta le bec dans l'eau, ne sachant lequel suivre.

— C'est étrange, tout cela ! dit Mazurke.

— Bon ! je vous dis que c'est drôle, pouh-ouh ! Et maintenant que papa est défunt...

— Ah ! dit Mazurke, M. Romblon père est mort ?

— Pas mieux n'en vaut, mon pauvre monsieur Mérieul ! répliqua Ballon d'une voix pleurarde, et Dieu sait ce que la maison souffre ! C'était un homme si rangé ! Il avait donc été fait au même cette année-là, voilà de ça trois ans sonnés. L'année suivante, au 19 mai, il me dit : Fifi, je vas aller voir ça, mais avec mon cheval à mon cabriolet, et je conduirai moi-même. Si je n'en attrape pas un, je te paye le café. Bon ! je répondis : « Ça va marcher, papa, puisque tu t'en mêles ». Il mit le cheval au cabriolet et il partit. Le soir, un sergent de ville vint dire à la maison que cheval et cabriolet étaient en fourrière pour avoir été arrêtés sur le boulevard, sans maître ; le cheval avec le mors aux dents, le cabriolet en brindesingues...

— Et votre père ?

— Papa ? Pouh-ouh ! monsieur Mérieul, je ne sais pas s'ils ont mis papa dans leur tiroliro, mais jamais il n'est revenu.

VII

Où Mazurke essaye de réfléchir

— Hein ? reprit Ballon, est-ce drôle ! ni vu ni connu ! jamais on n'a retrouvé la moindre trace du papa. La police et les maisons de renseignements y ont perdu leur latin. Disparu, là, comme une vapeur ! Le plus triste, c'est que papa avait emporté son portefeuille avec lui, un trésor, ce portefeuille !... Papa mettait tout en écrit : de quoi nous faire pendre et bien d'autres avec. En outre, il ramassait des papiers ; il avait la copie du testament de Jean Créhu. Enfin, le diable !

Mazurke laissa tomber sa tête sur sa poitrine.

— Que voulez-vous encore savoir ? demanda Ballon.

— Rien, répondit Mazurke.

— Bon! vous êtes gris comme un garde mobile; ça fait plaisir à voir! Voulez-vous que je demande votre voiture?

— Non.

— Voulez-vous d'autre madère?

— Oui.

— Oh! le joli buveur! s'écria Ballon avec enthousiasme.

— Ecoutez, dit Mazurke dans une éclaircie d'intelligence, s'ils se sont tous reconnus depuis le temps, pourquoi vous paient-ils encore?

— Tiens! fit Romblon étonné, c'est du raisonnement, cela! Eh bien! mon bon monsieur Méricul, c'est justement là le *hic*. J'ai peur qu'ils en viennent à ne plus me payer.

— Quelle heure est-il? demanda Mazurke.

— Minuit.

— Eh bien! et ce madère?

Romblon ouvrit la bouche pour appeler, puis il se ravisa.

— Tenez, dit-il en jetant un regard de côté sur Mazurke, qui avait l'œil somnolent et la paupière affaissée, je vais aller vous le chercher moi-même.

Romblon-Ballon se leva.

Il traversa la chambre d'un pas posant et un peu chancelant; son costume complet de nankin n'était pas sans avoir eu sa part de punch et de madère. Les gros hommes sont tous trop généreux pour leurs gilets.

— Attendez-moi, disait-il en faisant gémir le parquet sur son passage; je ne me dérangerais pas ainsi pour tout le monde.

Il passa le seuil et referma la porte. Quand il fut dans l'entre-deux, il se prit la tête à deux mains.

— Voyons! pensa-t-il, suis-je ivre, moi aussi? Papa aurait-il fait cette affaire-là? Cinquante mille francs! Un homme qui vient de Hongrie et qui n'a pas de passe port. Papa l'aurait faite. D'ailleurs, je suis un négociant sérieux, il faut bien que je paye mes échéances.

Au lieu d'entrer dans la salle de bal, il prit l'escalier de service qui débouchait dans l'entre-deux et descendit aussi vite que possible.

Il était déjà tard. A part les cochers des voitures qui stationnaient devant la porte de la maison Beaujoyeux, la rue était presque déserte.

Ballon appela son cocher.

— Tom n'est pas là? dit-il.

Tom était le nom du groom de Romblon-Ballon.

— Tom est à boire, répondit John.

Tom avait pris naissance sur les bords du canal Saint-Martin; John était natif de la rue Saint-Denis, ce qui n'empêchait pas ces deux domestiques d'être Anglais depuis la botte jusqu'à la perruque. Il faut cela pour les chevaux.

— Approche ici, John, dit Romblon.

John s'approcha. Romblon le prit par les épaules, et le fit tourner de manière à se trouver en face de son dos.

— Baisse-toi un peu, dit-il encore.

— *Yes, sir.*

Comme les autres cochers commençaient à écouter et à regarder, John ne répondait plus en français.

Il se baissa, et Romblon, qui avait tiré ses tablettes de sa poche, se servant de son dos comme d'un pupitre, écrivit quelques mots sur un papier.

— Ecoute bien, dit-il, et tâche de comprendre.

— *Yes, sir.*

— Tu vas remonter sur ton siège et mettre tes chevaux au grand galop.

— *Oh! yes.*

— La paix! Tu vas aller rue des Nonnains-d'Hyères, au bout du pont Marie. Tu verras un petit café qui doit être fermé, mais qui s'ouvrira si tu frappes trois coups espacés comme cela (il lui donna trois petits coups sur le dos). Tu demanderas M. Baptiste. Le connais-tu, M. Baptiste?

— *No, sir.*

— D'ailleurs, on ne le reconnaît pas le soir. Pour être bien sûr, avant de remettre ce papier, tu lui diras tout doucement : *Romblon!* s'il te répond : *Raison!* va ton train, la lettre est pour lui. As-tu compris?

— *Yes, sir.*

— Quand il aura lu, poursuivit Ballon, tu lui diras : Monsieur attend ! et, s'il a l'air embarrassé, tu ajouteras : Il paiera double, et le pourboire, pouh ! Les hommes qui monteront dans la voiture ne seront peut-être pas bien habillés, mais c'est égal. Tu les ramèneras au galop et tu les descendras au bout de la rue, ici, du côté de l'Odéon. Je te donne une demi-heure pour faire tout cela, va !

John grimpa sur son siége, jeta ce cri de cigale particulier aux cochers anglais et lança son attelage.

Romblon se retourna pour monter l'escalier de service. Il crut voir, sur les dernières marches, une forme blanche.

Mais le gaz baissait.

— Censé, dit Yaume qui avait été chercher la voiture de Mazurke à l'hôtel de Bristol, et qui attendait là en compagnie des cochers, combien ça peut-il peser un ventre comme ça ? J'ambitionnerais de le savoir.

Mazurke, lui, était resté dans le boudoir de Mme de Beaujoyeux avec le bol froid et les bouteilles vides.

Les événements nous mènent, et ces diplomates qui tiennent en leurs mains habiles les fils d'une action trop spirituelle n'existent que dans les comédies.

Mazurke était un pauvre beau garçon, capable de tout ce qui est bon et faisait bien souvent ce qui est mauvais.

Sur cette terre, il était tout seul. Dieu lui avait donné la gaieté fanfaronne pour étouffer cette voix qui se plaignait en lui, parlant toujours d'abandon et de malheur.

Mais, avant de trouver sur sa route Lucienne de Marans, cette belle jeune fille qui lui enseignait la rêverie, Mazurke avait aimé deux êtres en ce monde.

Deux amis chers qui étaient toute sa famille et qu'il cherchait, — le lecteur va sourire, — qu'il cherchait depuis vingt ans.

Quelle constance, n'est-ce pas, et quelle maladresse ! et, encore, quelle folie ! Car, ceux qu'on cherche vingt ans sans les trouver sont morts.

Quant à la constance, Mazurke en avait ; de la maladresse, il n'en manquait pas ; de la folie, il en aurait pu revendre.

Mon Dieu, oui, vingt ans !

Pendant vingt ans, Mazurko s'était agité, soldat, voyageur, aventurier.

Il avait conspiré comme un diable, sans trop savoir pourquoi, ce qui est assez la règle des conspirateurs. Il s'était battu ici et là et encore ailleurs, partout bravement.

On perd vingt ans à ce métier-là comme à tout autre.

Aussi, Mazurko avait des remords gros comme des montagnes.

C'était un bon enfant, mais un enfant.

Il y avait des moments où l'envie le prenait de se casser la tête contre les murailles : cela surtout quand le soir venait, l'heure où toutes les fièvres redoublent.

Depuis deux jours qu'il était à Paris, il avait fait plus que pendant vingt années. Cette maison Beaujoyeux était une trouvaille unique : ce Romblon était un homme d'or.

Mazurko se demandait bien pourquoi cet homme d'or lui montrait tant de confiance, mais bah !

Il était venu là pour avoir des renseignements, les renseignements pleuvaient.

Voyez le matois ! il n'était pas si complètement ivre qu'on pouvait bien le croire ; car, dès que Romblon eut passé le seuil, il se redressa et ses grands yeux noirs reprirent leur fierté.

Il avait pourtant bu sincèrement et de franc jeu.

— Ce gros homme a l'air d'être la franchise même, pensa-t-il en se mettant sur ses pieds ; bon ! bon ! pou-ouh ! Il était un peu assassin autrefois, mais il s'est probablement corrigé en prenant du ventre.

Il gagna la porte du salon de jeu et souleva le rideau avec précaution.

— Les voilà bien tous ! reprit-il ; sont-ils grimés, au moins ! Ah ! cette fois, nous aurons affaire ensemble !...

A mesure qu'il les regardait, l'envie de rire le prenait.

— Vingt ans qu'ils jouent à s'entre-assassiner, ces gens-là ! murmura-t-il, et ils ne s'en portent que mieux. Je suis sûr qu'ils ont tous des cuirasses sous leur gilet et des pistolets dans leurs poches. Ah! çà, il ne revient pas, ce Romblon-Ballon!

Comme il retournait à sa place, il aperçut quelque chose de blanc sous la chaise de Romblon. Il se baissa et ramassa l'objet.

C'était une lettre adressée à Romblon.

Mazurke fit le geste de la déposer sur la table; mais il crut reconnaître l'écriture de M. Baptiste; et, d'ailleurs, il n'était pas là pour avoir des scrupules.

Il déploya le papier et lut :

« Mon vieux Ballon,

« Voici un autre client qui demande des renseignements sur une liste presque semblable à celle de ce M. André Lointier, de la rue du Regard.

« Seulement, le nouveau client ajoute à la liste deux noms : MM. Fargeau et Lucien Créhu de la Saulays, et il supprime le nom de Tiennet Blône.

« Comme nous le pensions bien, le nouveau client désire vous voir, et je l'ai convoqué pour aujourd'hui chez la marquise.

« Salut et fraternité.

« BAPTISTE. »

Un petit mot au crayon ajoutait :

« Le nouveau client a fait sauter la banque à Wiesbaden. Il a l'air méchant, mais on l'arrange comme on veut. Ça peut être une grande affaire. »

Mazurke mit cette lettre dans sa poche.

— Diable! fit-il; ce bon M. Romblon! Une grande affaire. Je crois qu'il ne faut plus boire.

Il se laissa retomber sur son fauteuil.

Il voulait réfléchir; mais le madère!

En ce moment, un léger bruit se fit à la porte de l'entredeux conduisant dans la salle de bal. Mazurke, qui avait la tête baissée, la releva brusquement, et ses grands cheveux flottèrent.

Une boulette de papier avait décrit une parabole de la porte à l'endroit où Mazurke était assis.

Mazurke vit même un bras blanc, qui disparut aussitôt.

Il chercha la petite balle de papier, qu'il ne trouva point, parce qu'elle s'était logée dans ses cheveux.

— Voilà! dit Romblon, qui rentrait avec une bouteille de madère. Mais, qu'est-ce que vous avez donc là dans vos cheveux?

Il avança la main pour prendre la petite balle; Mazurke le prévint et la déroula.

Il y avait deux lignes d'écriture évidemment féminine.

Ces lignes disaient :

« Prenez garde! il s'agit de la vie. »

Mazurke roula le petit papier en boule après l'avoir lu.

Il se prit à rire en regardant Romblon-Ballon.

— Eh bien, dit celui-ci, c'est donc quelque chose que ce chiffon?

— Pensez-vous être seul pour avoir du bonheur en amour? demanda Mazurke.

— Bon! s'écria le gros homme, rassuré d'un seul coup; Rose de Cerceil? ou Marie? ou Mathilde? ou même une de ces dames? Je vous les recommande toutes, excepté Pervenche et Mme de Saint-Roch. Ah! c'est une maison bien agréable! Buvons!

Il donna l'exemple. Mazurke fit semblant de l'imiter. Que n'avait-il commencé plus tôt?

La prudence, il faut bien le dire, était désormais un peu superflue.

Le madère n'est pas comme le champagne; le madère monte lentement au cerveau, mais l'ivresse qu'il donne est tenace.

Romblon, lui, buvait pour tout de bon, à présent; il causait pour faire passer la demi-heure.

Les chaises crièrent sur le parquet dans le salon de jeu. Le whist était fini. Les quatre partners se levèrent, et c'eût été un spectacle curieux que de les voir s'éloigner les uns des autres et s'esquiver, en quelque sorte, à l'heure du départ.

Ils venaient là chaque soir pour ne pas se perdre de vue ; mais, c'était tous les jours le même sauve-qui-peut au moment d'affronter les périls de la rue.

En somme, pourtant, ce Jeu de la Mort avait été profondément bénin. Mais ils ne s'y fiaient pas, sachant que ce n'était point la bonne volonté qui manquait.

Quand Mazurke et Romblon rentrèrent dans la salle du bal, la danse avait cessé. Les nièces bâillaient derrière leurs éventails. Il y avait déjà longtemps que Mme Paoli, l'ambassadrice, était partie, sans doute pour rendre compte de sa mission à qui de droit.

Mazurke crut voir Oliva qui mettait un doigt sur ses lèvres en le regardant à la dérobée.

Quelques minutes après, la rue de l'Ancienne-Comédie s'emplissait de bruit et de mouvement. Les voitures partaient, les adieux se croisaient.

Cela dura un instant, puis les trottoirs se vidèrent de nouveau, tandis que le son des roues sur le pavé s'étouffait dans le lointain.

On entendit encore un dernier : *nom de bleu !* de M. de Monsigny-Guérineul, et la voix légèrement oxydée de Pervenche, la muse, qui disait :

— Les hommes sont des lâches !

Puis, tout se tut.

Mazurke avait renvoyé Yaume avec la voiture.

— Dors bien cette nuit, lui avait-il dit, tu auras de la besogne demain.

— Censément, alors, vous ne rentrerez pas ? demanda Yaume.

— Si fait, dans une heure ; j'ai à réfléchir... va !

Mazurke remonta du côté de l'Odéon.

Au coin de la rue des Boucheries, la voiture de Romblon-Ballon stationnait.

Quand Mazurke fut passé, la portière s'ouvrit doucement, et trois hommes descendirent.

Romblon leur montra Mazurke du doigt, puis il se hissa dans la voiture, qui partit au galop.

VIII

Noctambulisme

C'était une de ces nuits chaudes et lourdes de notre précoce été de 1849. Le ciel était chargé de vapeurs où la lune cachée mettait un rayonnement.

Vous avez tous vu ce Paris muet des heures de la nuit, géant qui dort aux lueurs de mille lanternes, à peu près comme ce gentilhomme du temps de Louis-Philippe, couché dans un ruisseau, avec un lampion sur le ventre.

Il est bien beau, Paris, la nuit comme le jour, et c'est merveille de voir les boulevards illuminés, remplis de solitude et de silence.

Parfois, quand on parcourt, vers trois heures du matin, cette longue ligne déserte, on est frappé par une sorte de mirage qui secoue soudain le sommeil de tous ces magasins engourdis. Les devantures brillent, et le noctambule qui cherche du feu pour allumer son cigare voit tout à coup un horizon de clartés. Où donc avait-il l'esprit de croire les boutiques fermées ? A perte de vue, voilà les carreaux qui resplendissent. Vive le boulevard qui ne s'endort jamais !

Le noctambule avance, son cigare est tout prêt. Hélas ! c'est la lueur des réverbères qui rebondit sur le vernis des planches de clôture. Cela brille, cela se meut. Paris a ses feux follets comme les grands marais de la Flandre ou les cimetières de la Bretagne.

Mazurke était un noctambule de force moyenne. Il avait dit vrai à Romblon. Ses nuits étaient sans sommeil. Soit désordre physique, soit préoccupation trop tenace et trop vive, depuis qu'il n'avait plus les émotions et les fatigues de la guerre, il passait les heures du repos les yeux ouverts.

Quand on en est là, il faut courir la lune.

Mazurke n'était pourtant pas un rêveur volontaire comme il y en a tant ; il rêvait à son insu ou malgré lui, et c'était là le côté faible de sa nature. Il se disait : « Je veux songer à ceci », et il songeait à cela.

Le voilà donc perdu dans cet autre Paris, qui n'a point d'agents de change, mais bien des professeurs, point de Tortoni, mais une Sorbonne, point de Vaudeville, mais un Odéon, comme pour prouver que l'homme est né pour pâtir, et que quand on évite Charybde, Scylla vous rattrape inévitablement.

Mazurke avait pris au hasard la première rue qui s'était présentée à lui. Il passa sous les tours de Saint-Sulpice et gagna le carrefour de la Croix-Rouge.

L'air le saisissait. Les fumées du madère emplissaient son cerveau. Sa tête travaillait à vide, et ce vain effort aidait au développement de son ivresse.

— Je l'ai vue ! se disait-il, songeant à ce fiacre où il avait cru reconnaître Berthe ; je suis bien sûr de l'avoir vue. Demain, dussé-je fouiller tous les coins de Paris, je la retrouverai !

Fouiller Paris, demain !

Oh ! le fou !

— Et morbleu ! reprenait-il, que l'idée de cette petite fille ne vienne pas me troubler la tête ! Je songerai à elle quand tout sera fini. Quand tout sera fini, j'aurai le temps d'aimer. Et comme je l'aimerai ! Jamais on n'a vu regard pareil, jamais ! Mais elle ne me détournera pas de mon chemin. Au revoir, ma blonde petite Lucienne, je ne veux plus penser au sourire de vos grands yeux bleus, j'ai autre chose à faire.

Et une demi-heure de rêve où il n'y avait que Lucienne !

Il l'aimait à la folie et comme il n'avait pas encore aimé.

Mais il avait autre chose à faire.

Depuis vingt ans, Mazurke agissait ainsi, se criant à lui-même : « Voici mon chemin », et prenant la traverse.

Il s'était imposé loyalement une tâche, au sortir de ses seize ans. Cette tâche, il ne l'avait jamais oubliée.

Çà et là, entre deux conspirations où il n'avait que faire, entre deux bagarres où il se jetait à corps perdu, croyant toujours servir la sainte cause de l'humanité, il remuait ciel et terre tout à coup. Il cherchait. Le monde était trop petit pour borner son coup d'œil.

Une fois, Dieu lui avait montré comme en un rêve les amis qu'il cherchait. C'était à Naples, au Grand-Théâtre, en 1891, le jour de l'incendie.

Berthe et Lucien, Berthe toujours aveugle, la pauvre fille, Lucien s'élançant vers Berthe au moment où la foule fuyait devant la mort.

Il s'élança, lui aussi. Et Lucien le reconnut de loin. Ils s'appelèrent. Et tous deux tendaient leurs bras vers Berthe.

Le cintre s'abîma. On rapporta Mazurke mourant à sa demeure.

Depuis lors, rien.

Sous les décombres de la salle, on avait trouvé bien des cadavres.

Hélas ! Mazurke avait une larme quand cette pensée lui venait : « Ils sont morts ! »

Elle venait bien souvent, plus souvent à mesure que passaient les années. Après vingt ans, l'espoir n'est-il pas une folie ?

Eh bien, ne dût-il pas trouver, il fallait chercher encore, chercher toujours pour expier les heures perdues.

Aujourd'hui, d'ailleurs, les vingt ans écoulés disparaissaient. Ce ne pouvait être une illusion : il l'avait vue !

Belle comme autrefois. Trop belle ! C'était cela qui lui laissait un doute. Car les années étaient pour elle comme pour tous, et vingt ans pèsent un poids si lourd sur la tête d'une femme !

A l'autre oreille, un autre concert : Lucienne ! Lucienne ! robe blanche, voix douce comme la lointaine chanson qui rappelle la patrie.

Lucienne ! Des jours dorés ! La vie à deux pour l'abandonné ! L'amour après l'isolement, le port !

Oh ! chère, chère enfant ! radieux espoir !

Et tous ces drôles à massacrer comme des Cosaques !

Tous ces héritiers de Jean-de-la-Mer !

Était-il heureux, ce Mazurke ! — Et ivre !

Berthe servant de mère à Lucienne. Lui, Mazurke, entre ces deux belles tendresses. Et l'autre ami qu'il cherchait, assis à l'angle du foyer.

Quand il eut cette pensée-là, il prit sa tête à deux mains, car il se sentait affoler.

C'était trop de bonheur !

Rien n'est mortifiant pour les bandits de Paris, ces autres noctambules, comme les agitations politiques. Cela met tant de patrouilles sur le pavé, que ces pauvres bandits ne font pas leurs frais, ce qui les oblige à conspirer, eux aussi, malgré tout l'esprit qu'ils ont.

Il y avait trois bons garçons qui suivaient de loin Mazurke, deux blouses et un paletot.

Mais les approches du 13 mai fourraient une sentinelle à chaque carrefour et les rondes se multipliaient de la façon la plus ridicule.

C'était du moins l'avis des deux blouses et du paletot, qui en étaient réduits à fumer honnêtement leur pipe, au lieu de travailler.

Ils ne perdaient pas de vue Mazurke, mais toujours des sentinelles, et toujours des patrouilles !

Le paletot grondait de temps en temps :

— Paris va faire comme la forêt de Bondy ; plus rien à gratter. Faut que ça finisse, cette garde nationale-là !

Les deux autres hommes d'État approuvaient de la casquette.

Mazurke, cependant, avait longé toute la rue Saint-Dominique et dépassé le Gros-Caillou. Il était arrivé dans ce pays des avenues et des boulevards perdus, où jamais âme qui vive ne passe après minuit.

Pas même les voleurs.

Il avait traversé un terrain vague, du gazon déjà brûlé par les premières chaleurs, et il venait de s'engager dans une sorte de rue à peine pavée où trois à quatre maisons laissaient entre elles d'énormes intervalles.

Il s'arrêta, trouvant enfin que sa promenade nocturne avait suffisamment duré.

On n'entendait aucune espèce de bruit.

Mazurke se demanda : « Où suis-je ? »

Sans être très noire, la nuit avait ce ton vague et confus, qui noie tous les objets, lorsque la lune est sous un voile épais de nuages. La lumière, divisée à l'infini, éclaire les objets de tous les côtés à la fois, et confond les lignes dans un gris universel.

Mazurke vit des arbres aux deux bouts de cette ruelle inconnue.

Tout ce qui l'entourait avait un aspect froid et vieux, comme ces faubourgs des villes de province où rien n'éveille l'idée de la vie.

Un seul réverbère était allumé à une centaine de pas dans la direction que Mazurke venait de parcourir.

A sa droite un mur à hauteur d'appui, lézardé, ruiné en vingt endroits, clôturait un dépôt de pierres à bâtir.

A sa gauche, une vieille maison grisâtre, aux contrevents hermétiquement fermés, maison d'avare ou maison abandonnée, élevait ses trois étages derrière une petite grille en bois.

A l'extrémité de la ruelle qui lui faisait face, on ne voyait que des arbres, des arbres géants, dont le feuillage déjà touffu se détachait confusément sur le ciel terne et affectait ces formes de casques empanachés que prennent souvent les arbres dans la nuit.

Mazurke regardait cela. C'était le moment où l'ivresse abat au lieu d'exalter. Si Mazurke eût trouvé son lit sous sa main, il aurait fait, pour le coup, un somme magnifique.

Mais, justement, son lit devait être bien loin.

Mazurke, à cet instant, n'avait pas d'autre idée que celle-là.

Il regardait les arbres immobiles et ses yeux battaient alourdis, pendant qu'il suivait le dessin des casques fantastiques et des panaches dont la forme changeait.

Tout à coup il lui sembla que casques et panaches tombaient sur lui, tant ils furent violemment repoussés par le fond du tableau qui s'éclairait d'une lueur subite, d'un rouge éblouissant.

C'étaient trois flambeaux colosses qui venaient de s'allumer derrière les branches et qui jetaient dans la nuit leurs grandes chevelures de flammes.

Mazurke n'eut pas le temps de regarder à loisir ce bizarre spectacle, parce que, au moment même, il reçut un très beau coup de gourdin sur le crâne.

Il tomba contre la grille dont les barreaux vermoulus craquèrent et cédèrent.

IX

Les trois torches

Sans le punch et sans le madère, quelle royale volée Mazurke eût prodiguée aux trois bons garçons qui le suivaient depuis la rue de l'Ancienne-Comédie et qui venaient de l'attaquer !

Mais il ne valait pas le quart de son prix en ce moment.

Les deux blouses et le paletot avaient des bâtons, tandis qu'il était sans armes.

Ce n'est pas à dire pourtant que Mazurke succomba sans défense. Il était homme à se battre seul contre vingt, et les trois assaillants reçurent plus d'un horion merveilleusement appliqué. A la lueur de ces flambeaux magiques qui s'étaient allumés dans la nuit derrière les arbres, il y eut un combat en règle.

Mazurke avait reçu le premier coup de bâton sur sa tête nue, car il allait les cheveux au vent pour donner un peu de fraîcheur à son front qui brûlait. Le choc le fit tomber contre la clôture, il se releva aussitôt et para de son bras les nouveaux coups qui lui étaient portés.

Il faut dire que le paletot et les deux blouses se montraient assez novices dans l'art d'assommer un homme proprement et sans le faire crier. C'étaient de ces coquins dépourvus de talent qui s'y prennent à quatre et cinq fois pour casser une tête.

Le paletot avait bien un fléau, mais il ne savait pas s'en servir.

M. Baptiste, pris de court par le billet que Romblon-Ballon lui avait envoyé au café borgne de la rue des Non-nains-d'Hyères, n'avait pu trouver que ces trois jeunes gens. A une heure moins indue, M. Baptiste aurait fourni beaucoup mieux.

Tels qu'ils étaient, ils y allaient d'assez bon cœur, frappant sans méthode, mais frappant dur. Mazurke, pris à l'improviste, n'avait pas pour lui la moindre chance.

Par deux ou trois fois, il arracha des barreaux de la clôture en bois et fondit sur ses adversaires qui reculaient alors en désordre. Mais le bois vermoulu se brisait comme verre dans sa main.

Ses poings valaient mieux que les barreaux, et sa tête surtout ! oh ! la bonne tête ! Le paletot eut la poitrine fêlée d'un coup que Mazurke lui donna.

Et la bataille durait. Si Mazurke avait eu seulement l'idée de crier au secours, peut-être que les employés de M. Baptiste eussent expié au bagne cette besogne nocturne qu'ils accomplissaient sans y attacher d'amour-propre. Mais Mazurke n'eut pas l'idée de crier au secours.

Allons donc ! vous ne le connaissez guère, ce grand enfant au cœur de lion. Tout en se battant et en recevant les horions qui pleuvaient, il se disait :

— Ah! çà, qu'est-ce que c'est donc que ces trois lumières?

Cela l'intriguait. Il avait envie de prendre des informations auprès des bandits.

Par le fait, à travers le feuillage léger des arbres au mois de mai, c'était quelque chose de merveilleux que ces trois bouches de flammes. Leurs clartés sanglantes montaient, mouraient, se rallumaient, donnant au paysage un mouvement mystérieux et fantastique.

N'oublions pas le madère.

La tête de Mazurke était bonne contre les coups de bâton, mais cet étrange combat, muet, sous la lueur de trois incendies, égarait ce qui lui restait de raison.

Il se défendait par instinct d'homme et de soldat. Les silhouettes de ses trois adversaires dansaient devant ses yeux et ne gardaient rien d'humain.

Que sais-je? Puisqu'il s'appelait Mérieul et qu'il était de Bretagne, il dut penser aux esprits des clairières et aux *kourils* qui sautillent en rond autour des croix de granit dans les grandes landes du Ceuil.

Mais ces trois torches gigantesques?

Bon! un coup de bâton sur la nuque! un coup de fléau à l'épaule! un barreau de la clôture cassé sur la tête du paletot.

Les trois torches? Pauvre Mazurke. Nous aurions voulu être là pour lui porter aide et lui dire un peu ce qu'étaient ces trois torches flamboyantes.

Il n'y avait là rien de féerique, hélas! Où voudriez-vous prendre la féerie à trois cents pas de l'École Militaire, dans cet affreux quartier des arbres malades, des gazons pelés, des murs crevés, des briques amoncelées sous la poussière de plâtre?

Nous sommes quelque part derrière le Gros-Caillou, entre une fabrique de produits chimiques et une blanchisserie.

Les trois chevelures de flammes, les trois torches miraculeuses, ce sont les trois fourneaux des forges de Grenelle.

Nous défions nos amis et nos ennemis de nous allumer de plus belles chandelles.

Mazurko ne pouvait deviner cela.

Mais le combat chauffait. Tubleu! les blouses avaient du sang et le paletot n'y voyait plus que d'un œil. Quant à Mazurko, son pardessus était littéralement en lambeaux, et la fatigue le brisait encore plus que les coups.

Il se réfugia derrière la clôture pour reprendre haleine.

Hurrah! nos cosaques s'élancèrent tous à la fois. Il y eut une dernière lutte corps à corps dans laquelle le pardessus de Mazurko resta aux mains des assaillants.

Si vous êtes revenus de Versailles sur le tard avec la dame Schontz de Balzac ou toute autre blonde Curceil, vous avez dû les voir, ces crinières de feu qui se déploient au vent, de l'autre côté de la Seine.

Elles brillent, elles brûlent. Puis, c'est comme un coup de théâtre : elles s'éteignent toutes à la fois.

Le coup de théâtre eut lieu pour Mazurko et les trois philosophes. Au moment où la lutte s'achevait dans les convulsions et les soubresauts désespérés, les forges s'éteignirent, plongeant les alentours dans la nuit noire.

Mais il y eut quelque chose de bien plus inattendu.

Mazurko n'était plus là.

Mazurko avait disparu.

Mazurko était tombé sous un dernier coup de fléau. Sa poitrine avait rendu un gémissement. Assurément il n'avait pu s'enfuir, car il était plus qu'à demi mort.

Et pourtant, à la place où il s'était affaissé, nos trois philosophes ne le trouvaient plus.

La terre s'était-elle entr'ouverte?

Nos trois philosophes cherchèrent. Ils tâtèrent le sol. Rien.

Heureusement que son portefeuille et les cinquante mille francs étaient dans la poche du pardessus arraché. Le paletot s'en assura; et, comme on entendit un bruit de pas à l'autre bout de la rue, nos trois philosophes jouèrent des jambes.

Mais où donc était Mazurke?

Vers cette même heure, un fait d'une toute autre nature, mais qui avait bien son étrangeté, se passait dans la jolie petite maison blanche de la rue du Regard, où la journée a commencé pour nous, la maison au jardin, où demeuraient Mme de Marans, Lucienne, sa fille, et le petit docteur Gabriel qui donnait tant de distraction à Mlle Clémence Lointier, du grand hôtel.

Il était une heure du matin.

Lucienne, qui semblait avoir quitté son lit pour venir dans le jardin, s'élança précipitamment hors du bosquet où nous l'avons déjà vue, le matin, en grande conférence avec Clémence, traversa le jardin en courant et rentra dans la maison.

Elle sauta dans son lit et ramena vivement la couverture.

Il était temps, car, à ce moment-là même, Mme de Marans traversa la chambre, sans lumière et sur la pointe des pieds. Elle s'approcha du lit de Lucienne.

Lucienne, par un puissant effort, égalisa son souffle haletant et lui donna cette lenteur de la respiration dans le sommeil.

Mme de Marans se pencha sur elle et la baisa doucement.

Lucienne sentit une larme qui tombait sur son front.

Elle entendit, en outre, sa mère qui murmurait comme à son insu :

— Pauvre enfant! elle dort, si elle savait!...

La poitrine de Lucienne se souleva. Elle retint un sanglot qui voulait éclater.

Mme de Marans gagna sa chambre à tâtons.

A peine y était-elle entrée qu'un bruit se fit à la porte extérieure.

Mme de Marans se mit entre ses draps, tout habillée qu'elle était, et avec plus de précipitation encore que Lucienne.

Comme Lucienne, elle feignit de dormir.

Ce fut son fils Gabriel qui entra.

L'obscurité empêchait de voir le désordre de ses vêtements et l'extrême pâleur de son visage.

Il traversa la chambre sans bruit, vint jusqu'au lit de sa mère et l'écouta respirer.

— Pauvre mère! murmura-t-il; elle dort! Si elle savait!...

Une larme brûlante tomba de ses yeux sur le front de M⁰ᵉ de Marans.

Gabriel entra dans sa chambre à coucher.

Lucienne était sur son séant, la tête entre ses mains.

Mⁿᵉ de Marans était à genoux, les mains au ciel et les yeux inondés de larmes.

Gabriel s'était jeté sur son lit, l'œil en feu et le blasphème à la bouche.

C'était lui qui souffrait le moins.

X

Encore l'homme aux lunettes bleues

Nous avons laissé le beau capitaine Mazurko roué de coups, à demi mort et tombé sans doute dans quelque trou qui le cachait aux regards de ses assassins.

Pourquoi buvait-il tant de madère?

Il fallait cependant que ce trou, s'il s'agissait d'un trou, fût d'une profondeur peu ordinaire pour avoir produit ce coup de théâtre bien mieux exécuté que sur la scène même : la disparition instantanée d'un homme.

Mazurke s'était littéralement évanoui comme une ombre.

Les rues blanchâtres et les terrains déserts qui avoisinent Grenelle ont-ils donc des *troisièmes dessous* comme la Gaîté ou la Porte-Saint-Martin?

Ma foi, que Mazurke s'arrange! Si nous apprenons à

quelle profondeur il a fait son lit, nous l'irons déterrer quand il aura cuvé son madère.

Nous avons laissé d'un autre côté Mme de Marans, Gabriel et Lucienne dans une position assez singulière : Lucienne venue au jardin en costume nocturne, se couchant précipitamment et faisant mine de dormir; Mme de Marans déposant sur son front un baiser avec une larme, et feignant le sommeil elle-même pour recevoir le baiser de son fils.

Et le fils, et la fille, et la mère, le cœur gros, les yeux mouillés.

C'est là qu'est notre drame.

Il nous faut le reprendre quelques heures avant la lutte déplorable qui mit le capitaine Mazurke dans son trou.

Le salon du grand hôtel habité par les Lointier était meublé avec un certain luxe sévère, en rapport avec les ornements architecturaux qui donnaient à cette demeure un cachet véritablement seigneurial.

Nous savons que la famille Lointier se composait de deux frères, M. André et M. Raymond. M. André était le père de Clémence, la jolie blonde qui causait si souvent avec Lucienne par une ouverture de la charmille.

M. André avait maintes fois signifié à sa fille l'ordre de ne point fréquenter la famille de Marans.

M. André avait fait plus. Si on l'eût écouté, les Lointier auraient abandonné depuis longtemps l'hôtel, afin de fuir un voisinage qui n'avait pas les sympathies de M. André.

Ce M. André était l'aîné des deux frères et le maître de la maison. Mais il paraîtrait cependant que ses volontés n'étaient pas toujours suivies, car les Lointier ne quittèrent pas l'hôtel.

On disait dans la rue du Regard que la fortune appartenait à M. Raymond, une belle fortune. Sans doute M. Raymond n'était pas du même avis que M. André.

Du reste, ce jour-là précisément, M. André avait paru changer d'opinion, car il s'était entretenu assez longtemps avec sa fille au sujet des voisins, et cela dans les meilleurs sentiments.

Il était environ neuf heures du soir. C'était à peu près le moment où Mazurko polkait avec les *nièces* chez Mme la marquise de Beaujoyeux.

Le moment aussi où Mme Paoli, ambassadrice, achevait sa conférence avec la Lovely, au petit théâtre des Amusements.

M. André Lointier était assis auprès de la cheminée, et il y avait devant lui une table couverte de papiers.

Il venait d'avoir une entrevue assez longue avec M. Baptiste, l'homme aux lunettes bleues, et ses entrevues avec l'homme aux lunettes bleues le laissaient toujours extrêmement préoccupé.

Il compulsait en ce moment des dossiers, et n'interrompait guère son travail que pour jeter un regard furtif sur sa fille et sur un autre personnage dont nous allons parler tout à l'heure.

M. André Lointier avait environ cinquante ans. Il portait perruque. Sa physionomie avait une expression douceâtre et sucrée. Ce pouvait être un très brave homme, mais il n'en avait pas l'air.

Il n'y avait entre lui et sa fille, la jolie Clémence, aucun de ces rapports ou ressemblances vagues qui, même à part la similitude des traits, font dire : « Voici le père et l'enfant. »

M. Lointier avait l'apparence d'un bedeau à qui la fabrique a donné trop légèrement sa confiance, et qui pourra bien pêcher les sous à la glu dans le tronc de la paroisse. La beauté de Clémence, au contraire, était surtout dans la noblesse de son regard et dans la distinction exquise de toute sa personne.

Clémence brodait auprès d'une fenêtre donnant sur le jardin.

Dans l'embrasure d'une autre fenêtre se tenait debout la figure aux vitres, un jeune homme de vingt-cinq à vingt-six ans, figure brune et pâle, regard pensif, front teinté de tristesse.

Ce jeune homme se nommait Albert Briand. Il était secrétaire de M. Raymond et partageait la vie de la famille.

Tout en brodant, Clémence mettait à chaque instant sa main entre la lumière de la lampe et ses yeux pour jeter un regard rapide vers le jardin. Albert tournait alors la tête à demi, et ses yeux noirs brillaient en se fixant sur Clémence.

M. André examinait le tout par-dessus son papier, et sa figure blême prenait une étrange expression de contentement.

Le salon était vaste. Nos trois personnages se trouvaient à une certaine distance les uns des autres.

— Albert ! dit M. André.

Le jeune homme tressaillit comme si on l'eût brusquement éveillé.

Clémence activa sa broderie et cessa d'interroger la nuit du jardin.

— Monsieur ? murmura Albert.

— Comment va Raymond, ce soir ?

— Il repose, monsieur, et j'ai quitté sa chambre pour ne pas troubler son sommeil.

La conversation n'alla pas plus loin. M. André venait de tomber sur une pièce assurément fort intéressante, car il se mit à la lire avec avidité.

Clémence reprenait ses distractions. Elle examinait de tous ses yeux les allées sombres du jardin et la façade de la maison blanche où nulle lumière ne se montrait.

Albert contemplait Clémence. Il y avait dans le regard qu'il lui jetait un amour triste et comme assuré d'être malheureux.

On sonna à la porte de la rue.

— Veuillez dire que je n'y suis pas, Albert ! s'écria vivement M. André, je ne voulais recevoir aujourd'hui que M. Baptiste, il est venu, ma journée est finie.

Albert sortit pour obéir.

— L'as-tu vu, ce M. Baptiste, Clémence ? demanda Lointier quand Albert fut parti.

— Oui, mon père.

— Une drôle de figure, n'est-ce pas ?

— Une figure qui ne prévient pas en sa faveur, mon père.

— Bah ! tu es comme cela. Pendant que nous sommes seuls, je suis bien aise de te dire que j'attache une certaine importance aux recommandations que je t'ai faites aujourd'hui, à l'égard de nos voisins de Marans.

— Je n'aurai pas de peine à les suivre, mon père. Lucienne est si bonne et si charmante ! Les préventions que vous aviez conçues...

— Bien, bien ! Je m'étais trompé, c'est entendu.

Albert rentrait en ce moment.

— C'est encore M. Baptiste, dit-il.

— Comment ! M. Baptiste ! s'écria Lointier étonné ; il sort d'ici !

— Il prétend avoir quelque chose de très important à vous communiquer.

— Faites entrer.

M. André prononça ces dernières paroles avec une certaine agitation. Il n'aimait pas l'imprévu, ce digne monsieur, et les gens qui savent la vie sont tous à peu près comme lui.

Car les surprises du hasard sont bien rarement heureuses.

L'homme aux lunettes bleues fut introduit et salua Clémence. Il essuya ensuite son front couvert de sueur et s'assit auprès de Lointier. Son habit noir, bourré de renseignements et papiers, depuis les basques jusqu'au collet, lui faisait une carapace raide et tendue.

Albert se dirigea vers la porte et Clémence elle-même se leva pour sortir.

— Restez, mademoiselle, dit Baptiste, je n'en ai pas pour longtemps.

M. André fit un signe ; Clémence se rassit. Albert reprit sa place auprès de la croisée et ouvrit un livre.

Albert n'essayait point d'écouter ; sa pensée était ailleurs ; mais Clémence était tout oreilles.

— Il y a donc du nouveau ? demanda Lointier avec inquiétude.

— Oui, cher monsieur, répondit Baptiste qui cligna de l'œil et parla tout bas. Je vous ai entretenu tantôt de ce capitaine hongrois qui semble vouloir se mêler de vos affaires, et à qui M. Gabriel doit de l'argent.

— Je sais qui c'est, interrompit Lointier.

— Bien, cher monsieur, j'en suis heureux pour vous. Je vous ai fait savoir aussi ce qui regarde le même petit docteur Gabriel, qui, par parenthèse, est en ce moment au cercle du Nouveau-Monde, où il perd sur parole des sommes qu'il ne pourra pas payer.

— Bien ! dit à son tour Lointier. Est-ce pour m'apprendre cela que vous êtes revenu ?

M. Baptiste, par habitude, avait vidé dans son chapeau une partie des paperasses qui encombraient ses poches. Il cligna encore de l'œil et rapprocha son siège.

— Combien me donnerez-vous, cher monsieur, demanda-t-il, si je vous apporte les moyens d'envoyer cette famille de Marans à tous les diables ?

Clémence qui écoutait tant qu'elle pouvait, tout en se penchant sur sa broderie, saisit à la volée ce nom de Marans, mais les paroles qui l'accompagnaient ne parvinrent point jusqu'à elle.

Seulement, elle eut comme un frisson en voyant la joie méchante qui éclaira tout à coup le visage blafard de M. André Lointier

XI

Qui concerne Potard, Grièche, Mme Lovely et l'art théâtral

M. Baptiste rapprocha de nouveau son fauteuil.

— Vous avez le moyen de les perdre ? prononça Loin-

Il tomba contre la grille dont les barreaux vermoulus
craquèrent et cédèrent.

23e LIVR.

tier dont la paupière se baissa, comme s'il n'eût point voulu trahir l'éclair de son regard.

— Parlons bas, cher monsieur, reprit l'homme aux lunettes bleues, car les yeux de cette charmante demoiselle se fixent sur nous, par-dessus sa broderie. Vous m'aviez dit que vous aviez le plus grand intérêt à vous défaire de cette famille de Marans.

— C'est vrai.

— Du train dont va le petit Gabriel, on y serait arrivé par lui ; mais c'eût été long, parce qu'il est véritablement lancé dans le faubourg, et qu'il fait sonner ce nom de Marans comme si c'était Rohan ou Noailles. Celui-là est fier de sa noblesse, oui !

— Au fait !

— J'y suis. Seulement, voilà un joli garçon qui regarde cette belle demoiselle avec des yeux !...

— Cela me convient, monsieur Baptiste.

— A la bonne heure, monsieur Lointier ! C'était un renseignement d'occasion que je vous offrais par-dessus le marché... Voilà l'histoire. Un de nos adhérents, jeune homme de bonnes façons, se croyant appelé à quelques succès dans l'art de la déclamation, a sollicité un emploi de surnuméraire dans les chœurs du théâtre des Amusements-Comiques. Je vous prie de ne pas vous impatienter ; vous ne vous attendez pas du tout, mais du tout, à ce que je vais vous apprendre. Ce jeune homme, qui a nom Potard, est entré hier en fonctions, et je l'ai été voir il y a une heure. Cher monsieur, je ne donnerais pas ma visite pour vingt-cinq louis.

— Voyons ! voyons ! dit Lointier.

L'homme aux lunettes bleues rapprocha pour la troisième fois son fauteuil. Il avait l'air tout à fait triomphant ; il reprit :

— Avez-vous quelquefois entendu parler de Mme Lovely, la cantatrice du théâtre des Amusements ?

— Oui, peut-être. Après ?

— Une admirable créature, cher monsieur !

— Qu'est-ce que cela me fait ?

— Je sais que vous n'avez pas les passions vives, mais M. votre frère...

— Bon Dieu ! monsieur Baptiste, mon frère est majeur et fait ce qu'il veut ! s'écria Lointier avec impatience.

— Plus bas, cher monsieur ! dit l'homme aux lunettes bleues, le beau garçon que voilà est tout entier occupé à lorgner la jolie demoiselle, mais la jolie demoiselle ne s'occupe pas du tout du beau garçon et nous écoute très bien. Je disais donc que M. votre frère...

— Pour Dieu ! laissons là mon frère, monsieur Baptiste !

— Cher monsieur, dit l'homme aux lunettes bleues, je ne vous avais jamais vu comme cela. Ordinairement, vous êtes la douceur et la patience même. Vous ne payez pas toujours très généreusement, mais au moins vos formes sont agréables. Il faudra payer plus cher si vous changez de mœurs.

Lointier prit la main de Baptiste.

— Vous savez bien, mon pauvre ami, dit-il, que si j'étais riche, vous le seriez. Excusez-moi si je sors un peu de mon caractère. Dans les deux jours qui vont venir, je vais jouer une terrible partie. Mon sort sera décidé à la fin de la semaine, et l'acte que j'ai là sous la main (il couvrait de sa main étendue le papier qu'il était en train de lire tout à l'heure), cet acte me fixe rigoureusement le délai qui me reste pour vivre ou pour mourir.

— Comment ! comment ! mourir ! interrompit Baptiste ; nous avons quelques petits comptes...

— Vous ne perdrez rien, mon bon ami. En vous voyant revenir si tard, j'ai cru à quelque chose d'important. Je crains de m'être trompé.

L'homme aux lunettes bleues cherchait à voir ce que c'était que ce papier fameux qui fixait un délai pour vivre ou pour mourir.

Mais la main de Lointier était un bon écran.

— Parlez, reprit ce dernier, je ne vous interromprai plus.

— Où en étais-je ?... Ah ! j'allais vous demander si vous connaissiez Mme Paoli ?

— Non, répondit Lointier, qui croisa ses mains sur son genou avec résignation.

— Quant à Mlle Grièche, poursuivit Baptiste, je pense bien que vous n'en avez jamais entendu parler ?

— Jamais.

— Fort bien. Mme Paoli est une vivante accolade qui rapproche les cœurs et met le fer à portée de l'aimant ; Mlle Grièche est la duègne du théâtre des Amusements. Il faudra vous mettre en rapport avec tout cela.

— Parce que ?

— Parce que ce sont de bonnes connaissances. Allons ! ne vous impatientez pas. Il est certain que je suis un peu diffus quand je n'ai pas de notes... et je n'ai pas de notes, ajouta-t-il en fouillant par manière d'acquit jusqu'au fond de son chapeau bourré de papiers. Ah ! ah ! si vous vous faisiez présenter chez la marquise, vous verriez bien des gens et bien des choses. Mais vous voulez qu'on arrive au fait, n'est-ce pas ? Fort bien ! J'étais donc dans la coulisse à causer avec le jeune Potard, qui venait de se faire siffler à triple carillon dans le rôle d'une sentinelle qui ne dit qu'un mot : Qui vive ! Mais Potard avait manqué de mémoire. Tout à coup j'ai vu passer un crêpe de Chine blanc, affectant certains plis et draperies. Je me suis dit : Voilà Paoli qui vient s'accréditer auprès d'un cœur, et comme je sais qu'elle a la confiance de M. Raymond, votre frère, l'idée me poussa tout de suite d'en apprendre plus long. Vous me direz que c'est mon métier. D'accord. Vous allez voir.

A ce moment, Clémence, lasse d'écouter en vain, se leva et s'accouda sur l'appui de la croisée. Les deux jardins étaient déserts. Pas une des fenêtres de la maison-blanche ne s'éclairait encore.

— Il faut pourtant que je lui parle, se disait Clémence ; cette nuit même, il le faut !

— Monsieur Albert ! dit un domestique à la porte, une dame qui vous demande.

Clémence se retourna étonnée.

Certes, ce n'était pas de la jalousie, mais on a beau ne pas aimer, on s'étonne.

M. Albert rougit et sortit sans regarder Clémence.

— Tenez ! reprit l'homme aux lunettes bleues, savez-vous ce que c'est que cette dame ?

— Que m'importe ? demanda Lointier avec fatigue.

— Il vous importe beaucoup, et il faut que vous soyez malade pour dormir si longtemps sur la piste. Ce jeune homme est le secrétaire de M. Raymond ?

— Oui.

— Eh bien ! la dame doit être la Paoli qui vient rendre compte du malheureux résultat de son ambassade.

— Vous croyez ? prononça négligemment M. André.

— Comme vous dites cela ! Mais nous allons changer de gamme. J'ai donc suivi la Paoli jusqu'à la porte du foyer ; là, d'abord, j'ai appris une chose : c'est que Mlle Grièche a remis en dépôt à Mme Lovely dix mille francs qui forment toutes ses économies... Et d'un !

Lointier regardait M. Baptiste avec stupéfaction.

— Ah çà ! murmura-t-il, vous ne seriez pas ivre, par hasard ?

— Non, monsieur, non, je ne suis pas ivre, répliqua Baptiste d'un air fat ; je fais mon métier... et je le fais assez bien, monsieur ! Écoutez-moi un peu : Grièche est la meilleure fille du monde, mais elle a une voix qu'on entendrait d'ici à Saint-Cloud, quand elle le prend sur un ton plaintif. Or, un foyer de petit théâtre est sonore comme l'intérieur d'une cloche. Si on lui a pris ses dix mille francs, gare dessous !

— Voulez-vous bien m'expliquer ?... commença Lointier qui perdait courage.

— Je suis ici pour cela, monsieur. Et Dieu merci, cette charmante jeune fille ne nous gêne plus, car, depuis le départ de M. Albert, elle a le corps entier hors de la fenêtre. Mais cela ne me regarde pas.

Il donna un coup de doigt sur ses lunettes, ce qui est

toujours un peu provoquant; mais M. Lointier était comme affaissé sous ce déluge de balivernes.

M. Baptiste poursuivit :

— Voilà donc pour Potard, Mlle Grièche et ses dix mille francs. Vous suivez bien ?

— Hélas oui ! soupira Lointier.

— Ce n'est pas là le beau, je vous prie de le croire. Mais pendant que nous sommes sur Potard, comme il n'a pas réussi au théâtre, il serait bien aise de donner des leçons aux jeunes gens des deux sexes qui se destinent à la carrière dramatique. A l'occasion, si vous lui trouviez des élèves...

— Entendu, monsieur Baptiste.

— Il faut s'entr'aider les uns les autres, cher monsieur. Passons au bouquet. La porte du foyer s'est ouverte et le crêpe de Chine, drapé comme ci-dessus, a repassé devant mes yeux. J'ai demandé à Potard : As-tu une loge, toi ? Non, m'a-t-il répondu, je m'habille entre deux planches, derrière la loge de Mme Lovely. Je lui ai reparti : Potard, mène-moi entre tes deux planches; je t'en aurai de l'obligation. Il n'a rien à me refuser. Nous sommes montés...

— Figurez-vous, s'interrompit ici l'homme aux lunettes bleues en laissant échapper un petit ricanement heureux, que je ne l'avais jamais vue, moi, cette Mme Lovely ! Quand nous avons été entre les deux planches de Potard, j'ai cherché une fente pour y placer mon œil. C'est indiscret, mais ça se fait dans notre état. Bien entendu que la fente était pour regarder chez la Lovely. La fente trouvée, j'ai regardé. J'ai vu d'abord Paoli..., puis... Devinez, cher monsieur !

Pour la première fois, une vague idée de la réalité traversa l'esprit de M. André Lointier.

D'habitude, il n'était vraiment pas si difficile à mettre sur la voie.

— Achevez ! murmura-t-il d'une voix un peu altérée.

— Nous y venons donc ! grommela M. Baptiste; eh bien, j'ai vu Paoli en grande conférence avec la Lovely, lui proposant des choses superbes et lui parlant raison comme un livre.

— Et cette femme ?
— Qui ça ? Mme Lovely ? Elle refusait.
— Oui, mais après ces refus, on accepte.
— Ah dam !
— N'est-ce pas ?
— Ça s'est vu, cher monsieur, ça s'est vu.

M. André prit le bras de l'homme aux lunettes bleues et le serra fortement.

— Ce n'est pas tout ? prononça-t-il d'une voix tout à fait tremblante.
— Si fait.
— Non, je ne veux pas le croire !
— Parce que ça vous arrange trop bien, farceur ! interrompit M. Baptiste ; je mets les points sur les *i* puisque vous faites l'enfant. Cette femme qui chante au boulevard a un fils qui lutte d'orgueil, non pas avec les marquis du faubourg Saint-Germain, ce qui n'est rien, mais avec les barons de la finance !
— Oh ! fit Lointier qui retenait son souffle ; vous vous trompez, ou bien je rêve !
— Cette femme à qui une pauvre duègne confie des dépôts de dix mille francs, poursuivit Baptiste, est sans fortune et son fils perd au jeu dix mille francs dans une soirée !

Lointier était pâle comme un mort.

Baptiste ne prenait pas garde.

— Cette femme, acheva-t-il, cette Lovely du théâtre à cinq sous, à qui on envoie la Paoli, cette femme s'appelle Mme de Marans. Êtes-vous content ?

Lointier, qui avait de la sueur froide aux tempes, laissa tomber sa tête entre ses mains et prononça d'une voix brisée :

— Je suis perdu !

XII

Entrevue d'affaires

M. Baptiste regardait Lointier d'un air stupéfait. Il apportait là de quoi écraser ces gens contre qui Lointier témoignait tant de haine, et, loin de se réjouir, Lointier courbait la tête avec désespoir.

La bonne nouvelle faisait absolument l'effet d'un coup de massue.

C'était à n'y pas croire !

Baptiste craignait pour ses honoraires.

— Est-ce à dire ?... commença-t-il.

— Suivez-moi dans mon cabinet, interrompit M. André Lointier qui se leva.

Il indiqua la porte de son appartement d'un geste, et s'approcha de Clémence qui était toujours à la fenêtre.

— Ma fille, lui dit-il, tout ce que je vous ai dit aujourd'hui relativement à la famille de Marans est comme non avenu. Faites comme si ces paroles n'eussent point été prononcées, et ne suivez que mes premières instructions. Je vous défends plus que jamais de voir Lucienne.

Clémence ne répondit que par un regard attristé.

Elle s'appuya de nouveau à la croisée. Il y avait sur son charmant visage, pâli et fatigué, du découragement, presque du désespoir. Nous ne savons pas le secret de Clémence. Peut-être, à l'heure où nous l'avons vue, ne le savait-elle pas elle-même ?

Lointier entra dans son appartement sur les pas de Baptiste.

Baptiste avait eu le temps de réfléchir.

— Cher monsieur, dit-il, je vois bien où le bât vous blesse. C'est un pur enfantillage. Vous avez peur des rapports que Mme de Marans peut nouer avec votre frère. Permettez-moi de vous faire observer combien cette crainte est déraisonnable. Paoli est la plus habile coquine qui soit au monde avec son ton discret et ses manières de duchesse. Si Paoli n'a pas réussi dans son ambassade, c'est une affaire jugée : vous pouvez dormir sur les deux oreilles.

— Asseyez-vous, dit Lointier qui se promenait à grands pas et dont l'agitation, loin de diminuer, semblait aller croissant.

M. Baptiste s'assit et plaça son chapeau entre ses jambes.

Lointier s'arrêta devant lui brusquement.

— Vous êtes bien sûr de l'avoir reconnue ? demanda-t-il.

— Parfaitement sûr.

Lointier fit un haut-le-corps et reprit sa promenade.

— Après ça, poursuivit Baptiste, vous savez, il y a des ressemblances si drôles ! Si vous voulez, je peux me présenter chez Mme de Marans pour faire la contre-épreuve.

— Elle ne reçoit personne, dit Lointier.

— Il y a des prétextes. Par exemple, son fils va tirer à la conscription. Je peux aller faire un doigt d'assurances chez elle... Mais écoutez, monsieur André, tout ça ne signifie rien. Je ne me suis pas trompé, voyez-vous, j'en mettrais ma main au feu !

— Le hasard ! murmurait André Lointier, qui s'était arrêté à l'autre bout de la chambre ; toute une vie dépensée en luttes vaines contre ce dieu aveugle, providence des brutes, qui fait toujours aux innocents les mains pleines ! Le hasard ! Jamais une chance pour moi ! Rien que des obstacles !

— Ta, ta, ta ! fit Baptiste, vous achèverez cette tirade, qui commence assez rondement, quand je serai parti. Le hasard n'est pas un dieu, c'est un jeu de cartes. Ceux qui n'ont pas de bonheur et qui ont de l'esprit font sauter la coupe, et le hasard n'y voit que du feu.

— Vous ne pouvez pas savoir...

— Eh! si fait! M. Raymond n'a pas d'enfants; vous voulez son héritage intact. Parbleu! il ne faut pas être si malin pour deviner ça. Eh bien! je vous dis, moi, que Mme Lovely ou Mme de Marans ne vous fera ni froid ni chaud auprès de votre frère. Et quant au désir que vous avez de l'envoyer au diable, réfléchissez un peu, les moyens pleuvent autour de vous. Son fils s'est planté dans le grand monde sur le pied d'un descendant des preux. S'il ne meurt pas de rage le jour où il saura que sa mère est la camarade de Cymodocée Tampon, de Zoé, de Mlle Grièche, etc., etc., il fera du moins un tel plongeon que jamais on ne le reverra à la surface. Or je crois deviner que c'est lui surtout qui vous gêne, à cause de votre charmante fille?

— Oui, fit Lointier d'un air distrait; certes...

— Ce oui-là veut dire *non*, reprit Baptiste un peu déconcerté; alors c'est la dame elle-même qui vous gêne? Nous avons une autre corde à notre arc: le dépôt de Grièche. Vous me direz que rien n'indique l'abus de confiance. J'irai plus loin que vous: soit qu'elle s'appelle Lovely au théâtre des Amusements, soit qu'elle se nomme Mme de Marans, rue du Regard, cette femme a une réputation de probité inattaquable. Je vais plus loin encore: je crois à cette femme, moi, car je l'ai vue en face de Paoli, et c'était très beau, ma parole! Mais elle n'a rien, sinon les mille ou douze cents francs par mois qui lui viennent du théâtre; et son fils joue, il joue comme un fou! Quand on est arrivé au point où je le vois, on perd le sens de ce qui est bien, on ne sait plus... on vole, monsieur, je prononce le mot à dessein, on vole, fût-on prince, pardieu! on vole comme un forçat libéré, on vole sans mesure et sans vergogne, on vole sa mère, on volerait sur l'autel!

M. Baptiste comptait faire de l'effet. Il se trompa. Lointier écoutait à peine.

— Diable! grommela Baptiste tout à fait désappointé; il y a donc autre chose? Si je patauge, je ferais mieux de m'en aller servir une autre pratique.

— Restez, dit Lointier.

— Je veux bien, répliqua Baptiste, mais alors mettez-moi au fait en deux temps, car je n'aime pas à donner de grands coups d'épée dans l'eau comme je viens de faire tout à l'heure.

Lointier ouvrit la porte du salon et jeta un regard tout à l'entour. Clémence était partie. Il n'y avait plus personne.

Lointier referma la porte, y mit le verrou et revint s'asseoir auprès de Baptiste.

Cette petite mise en scène avait sa solennité.

— Mon bon monsieur Baptiste, commença-t-il, tout ce que vous venez de dire est la vérité même, seulement cela s'applique à faux. Je ne prétends pas que nous ne puissions user à l'occasion de quelque moyen analogue, mais, voyez-vous, je suis pour le moment un homme terrassé. Vous m'avez donné un coup de marteau sur la tête...

— Mais comment cela ? interrompit Baptiste, quand le diable y serait, comment cela ?

— J'avais mon plan tout fait, répliqua Lointier ; je voulais changer complètement de batteries, introduire Clémence chez Mme de Marans...

— Pourquoi faire ?

Lointier hésita.

— Ecoutez ! prononça-t-il sans lever les yeux, êtes-vous homme à tenter un grand coup ?

— Ça dépend, répondit Baptiste.

— De quoi ça dépend-il ?

— Des difficultés à vaincre et du prix à recevoir ?

— Le prix peut-il compenser les difficultés ?

— Toujours.

— Eh bien, le prix est une fortune, monsieur Baptiste, mais il faut risquer le bagne ou l'échafaud.

L'homme aux lunettes bleues ne broncha pas.

— Allez ! dit-il.

— Je vais vous exposer ma situation en deux mots, reprit André Lointier ; en faisant disparaître une femme, j'hérite de quatre à cinq cent mille francs... C'est un des côtés de l'affaire.

— Comptant, ces cinq cent mille francs ?
— Comptant.
— Voyons l'autre côté de l'affaire.
— Quatre millions.
— Oh ! oh !
— Et sept personnes à supprimer.
— Diable !

Baptiste et André Lointier étaient nez à nez. Ils se regardaient en face. La figure de Lointier, sous son mielleux enduit, avait une singulière expression de résolution.

— Diable ! répéta Baptiste après un silence, sept hommes !
— Quatre millions, dit Lointier.
— Oui, oui, mais sept hommes ! J'aimerais mieux la femme seule.
— La femme seule a un défenseur qui vaut les sept hommes et quinze autres avec ! murmura Lointier. Ce défenseur, c'est vous qui m'avez appris son existence.
— Le capitaine hongrois, peut-être ?
— Justement.
— Ah çà ! je m'y perds dans toutes ces histoires-là, moi ! dit Baptiste, c'est la bouteille à l'encre, on n'y voit goutte !

Lointier rêvait.

— Je l'ai vu lors qu'il n'était encore qu'un enfant, murmura-t-il en se parlant à lui-même ; je l'ai vu seul contre nous tous, sans armes : nous étions armés. Je me souviendrai toujours de ce moment-là. Maintenant que son cœur et son corps ont subi l'épreuve de vingt batailles, ce doit être un homme terrible.

— C'est un beau soldat, dit Baptiste, mais avec un fusil de bonne portée ou même un pauvre fléau dans une main bien musclée...

— Non, interrompit Lointier, celui-là me fait peur.

— Voyons les autres, fit Baptiste qui, depuis quelques secondes, semblait avoir son idée.

— Les autres sont tous des misérables et des lâches, répliqua Lointier ; vous avez leurs vrais noms sur la première liste que je vous ai fournie au début de nos relations.

M. Baptiste fit un petit signe d'intelligence.

— Et quant aux noms qu'ils portent à présent, vous les savez mieux que moi.

M. Baptiste souriait, non point à ce que lui disait André Lointier, mais à son idée. Il prit les papiers déposés dans son chapeau et les feuilleta avec cette merveilleuse prestesse du joueur émérite qui fait les cartes.

— Voilà ! dit-il en élevant à la hauteur de ses yeux une feuille volante que Lointier ne reconnut pas.

Et il lut :

« Maudreuil, Houël, Guérineul, Menand jeune, le docteur Morin, Honoré Créhu de Pelihou, Olivette. »

— Mais ce n'est pas là le papier que je vous ai donné ! interrompit Lointier avec inquiétude.

— Non, répliqua Baptiste, c'est celui du capitaine Philippe.

— Le Hongrois ?

— Oui. Qu'importe, si ce sont les mêmes noms ?

Baptiste remit le papier dans son chapeau et ajouta d'un ton dégagé :

— De sorte que j'ai bien l'honneur de parler en ce moment à M. Fargeau Créhu de la Saulays ?

Lointier se recula comme si la pointe d'une épée eût menacé ses yeux. Il regardait d'un air épouvanté l'homme aux lunettes bleues qui souriait et se frottait les mains au-dessus de son chapeau.

XIII

Voies et Moyens

Baptiste reprit le premier la parole :

— Cher monsieur, dit-il, ne croyez pas que je sache

votre histoire. J'ai essayé plus d'une fois de bâtir un roman quelconque sur tout cela; j'y ai perdu mon latin. Je ne connais que votre nom, mais comme le brave M. Romblon-Ballon est au centre de cette diabolique toile d'araignée, je vous tiens, voilà tout. Que diantre! dans une affaire comme ça, mon cher monsieur Fargeau...

— Jamais ce nom! interrompit Lointier.

— Je n'y tiens pas, répliqua Baptiste, je disais seulement que dans une affaire comme ça, quand on prend des renseignements sur ses consorts, il est de la plus simple prudence de joindre son nom à celui des autres. Sans cela, vous comprenez, le nom supprimé devient une vraie signature.

Lointier n'était pas homme à méconnaître la justesse de cette réflexion, qui venait, hélas! trop tard.

— Du reste, cher monsieur, reprit Baptiste, n'accusez pas ici le hasard, votre bête noire, car je n'ai pas l'intention de vous trahir. Je sais qu'il y a des sommes énormes au fond de tout cela, et je ne demande pas mieux que de gagner un petit million pour mes vieux jours.

Ses lunettes bleues avaient un rayonnement.

— Asseyez-vous, poursuivit-il encore, car il avait maintenant le haut bout de la conversation, et causons raison. La maison Isidore-Baptiste et Cie ne fait pas cette partie-là. En conséquence, il faut agir en dehors de la maison. Avez-vous de l'argent?

— Pas l'ombre!

— Avec quoi vivez-vous?

— Avec ce que me donne mon frère.

— Il est riche, lui, c'est juste. Eh bien! cher monsieur, la première chose est de vous procurer de l'argent.

— Comment faire?

— Je n'en sais rien. Ce genre de travail se paie comptant. Romblon-Ballon ferait bien des avances, mais, comme il compte se payer le gâteau à lui-même...

— C'est évident, interrompit Lointier, et le temps presse.

— Voici encore un point sur lequel j'ai besoin d'être

renseigné. C'est une manière de tontine, autant que j'ai pu deviner?

— Oui. On a vingt ans pour arriver au dernier vivant.

— Et il reste sur ces vingt ans?

— Quarante-huit heures.

Baptiste fit un soubresaut.

— Deux jours pour sept hommes! grommela-t-il; et vingt ans de passés! Ah çà, vous êtes donc tous des...

— Le hasard, murmura Lointier.

— Et la peur. Je comprends ça, mais raison de plus pour ne pas perdre une minute! Une dernière question : à qui va la fortune après les vingt ans?

— A la nièce du défunt.

— Est-ce cette Berthe, qui est sur la liste du Hongrois et sur la vôtre?

— Oui.

— Pensez-vous qu'elle vive?

— Oui.

— Romblon sait-il où la trouver?

— Je ne crois pas.

— Et vous?

— Moi, répondit Lointier sans hésiter, j'ignore absolument où elle peut-être.

— Hum! prenez garde! il faut jouer franc jeu.

— Je vous donne ma parole d'honneur!...

— Aïe! fit Baptiste en se bouchant les oreilles.

On revint au moyen de se procurer de l'argent. André Lointier promit de faire une tentative ce soir même, et Baptiste prit congé emportant une lettre pour M. de Monsigny, sur qui Lointier comptait au cas où sa première démarche viendrait à manquer.

Il n'ignorait pas que Monsigny était Guérineul, car le hobereau ne s'était jamais caché qu'à moitié.

En s'en allant, Baptiste dit :

— S'il y avait du nouveau, cher monsieur, je passe la soirée dans un petit café fort modeste, rue des Nonnains-d'Hyères, et je suis à vos ordres.

Dès que M. André Lointier fut seul, sa physionomie prit

une toute autre expression. Nous eussions reconnu en lui le Fargeau du château du Couil.

Et nous eussions bien deviné que, tout en livrant une partie de son secret, il avait encore une fois joué la comédie.

Fargeau n'était pas homme à se jeter ainsi à corps perdu dans les bras du premier venu. Ce qu'il comptait faire en face des périls nouveaux qui semblaient s'accumuler autour de lui, peut-être ne le savait-il pas encore, mais bien certainement il ne voulait point se mettre à la merci de M. Baptiste.

Fargeau prétendait jouer son jeu tout seul.

Il resta longtemps immobile devant la cheminée, à la place où M. Baptiste l'avait laissé. Son front se déplissa peu à peu ; il lui venait une idée.

M. Fargeau se frotta les mains tout doucement.

— Ça peut marcher, murmura-t-il. Je n'ai plus de confiance dans le carnage ; je crois que le hasard, par esprit de contradiction, embaume les gens de leur vivant et les empêche de mourir quand ils se sont promis de s'entre-exterminer. Ce vieil Honoré a cent quatre ans ; Houël a plus de quatre-vingts ans, et ils se portent comme le pont-neuf ! Le joint n'est pas là. Dans quarante-huit heures, ils se porteront aussi bien qu'aujourd'hui, et un droit nouveau s'ouvrira. C'est de ce côté qu'il faut manœuvrer... évidemment !

Il s'assit à son bureau et agita une sonnette. Un domestique parut.

— Priez ma fille de venir, dit Fargeau.

Puis, se ravisant aussitôt :

— Non, ajouta-t-il ; auparavant, dites à M. Albert que je le prie de vouloir bien passer un instant dans mon cabinet.

Le domestique sortit.

— Ne nous pressons pas, pensa Fargeau. Clémence ne pourrait pas chanter la palinodie dès ce soir ; ainsi nous avons le temps. En conscience, il faut bien que cette petite fille-là me serve à quelque chose !

— Vous m'avez fait appeler, monsieur ? dit Albert qui entr'ouvrit la porte.

Fargeau prit aussitôt son air bonhomme.

— Entrez, mon jeune ami, dit-il, et asseyez-vous là, près de moi ; j'ai besoin de causer un peu avec vous.

Albert s'assit en silence.

— Nous sommes des amis, n'est-ce pas ? reprit Fargeau d'un ton presque caressant.

— L'intérêt que vous voulez bien me porter... depuis quelque temps, répondit le jeune secrétaire en appuyant sur ce dernier mot, me flatte et m'honore.

— Allons donc ! laissons ce ton cérémonieux, mon cher enfant. Je m'intéresse à vous, parce que je vous apprécie davantage de jour en jour, parce que vous êtes un charmant garçon, parce que la position que vous occupez est tout à fait au-dessous de votre mérite.

— Je ne me plains pas, monsieur, dit Albert avec un commencement d'inquiétude.

Il avait cette idée : On s'est aperçu de mon amour pour Clémence, et on veut m'éloigner.

— Vous ne vous plaignez pas, mon cher enfant, reprit Fargeau, parce que le mérite est toujours modeste. Mais vous souffrez, je le vois bien... et croyez-vous, par hasard, que je n'ai pas parfaitement deviné votre amour pour ma fille ?

— Monsieur ! balbutia le jeune homme sur qui ces paroles tombaient comme un coup de foudre, je vous proteste...

— Avant de chercher un faux-fuyant, monsieur Albert, interrompit Fargeau un peu sévèrement, informez-vous, au moins, et sachez si vous n'avez point quelque chance d'être honorablement accueilli.

Le sang monta au pâle visage d'Albert. Il mit ses deux mains sur sa poitrine.

Fargeau, l'excellent homme, semblait jouir de son ivresse.

XIV

Honnête garçon

Albert fut longtemps avant de trouver une parole. Il aimait Clémence sincèrement et profondément.

— Monsieur, dit-il enfin d'une voix altérée, il serait cruel de faire naître en moi certains espoirs.

— Vous m'avez donc compris, cette fois, mon enfant? interrompit Fargeau qui souriait toujours.

— Il est vrai, monsieur, murmura le secrétaire, non sans un reste de défiance, que j'aime votre fille... ardemment... de toute la passion de mon cœur. Je n'aurais pas osé vous le dire.

— Parbleu! je le vois bien! s'écria gaîment Fargeau; il a fallu vous arracher cela du fond de l'âme! mais, enfin, c'est dit, et j'en suis content.

— Monsieur! monsieur! vous êtes bon! s'écria le secrétaire, et si je savais comment payer le bonheur que vous me donnez... Mais, se reprit-il avec tristesse, Mlle Clémence voudra-t-elle ratifier?...

Fargeau haussa les épaules.

— Nous n'en sommes pas là, dit-il; ceci, d'ailleurs, me regarde, mais il y a autre chose. Vous avez des intrigues de femmes, mon cher Albert.

— Moi!

— A l'instant même, vous venez de recevoir une visite.

— Oh! monsieur!

— Une jeune femme charmante.

Albert avait baissé les yeux.

— Monsieur votre frère... balbutia-t-il.

Fargeau se redressa.

— Comment ! s'écria-t-il, vous, Albert ! vous descendriez si bas !

Albert releva les yeux. C'était un galant homme.

— Monsieur, dit-il, vous me calomniez, ce qui n'est rien, mais vous calomniez votre frère, et c'est mal !

— Cependant... voulut insister Fargeau.

— Je voudrais vous satisfaire, monsieur, interrompit le jeune homme, surtout après la bonté que vous venez de me témoigner. Mais la confiance de votre frère est pour moi un dépôt sacré.

— Oh ! s'écria Fargeau, du moment qu'il y a de grands secrets !

— Il y a, interrompit encore Albert, ce qu'on peut attendre du plus noble cœur qui soit au monde.

— C'est vrai. Donnez-moi la main, mon enfant. Mon frère Raymond est ce que vous dites, un cœur d'or, et je vous aime pour l'affection que vous lui portez. Continuez, mon ami, et croyez bien que votre explication, toute vague qu'elle est, me laisse sans arrière-pensée.

Ceci était possible, à la rigueur, mais la digression avait eu cet effet d'abattre l'émotion du jeune secrétaire, qui reprenait son sang-froid. Or, de sang-froid, Albert se défiait de M. Fargeau comme du feu.

— Voilà donc un point établi, reprit ce dernier, vous n'avez aucune intrigue. Excusez-moi si je vous parle ainsi ; le rôle d'un père a ses exigences.

— A toutes les questions qui me seront personnelles, je m'empresserai toujours de répondre, monsieur.

— Bien, mon ami. Je crois que vous avez peu de fortune ?

— Je n'en ai pas du tout.

Fargeau fit un signe de tête approbatif et qui semblait dire : Voilà une franchise qui me va droit au cœur !

— C'est comme moi, mon ami, poursuivit-il tout haut, je suis pauvre, mais ma fille est riche.

— Je le craignais ! prononça le secrétaire avec tristesse.

— Son oncle Raymond, continua Fargeau, lui donne cinq cent mille francs écus à la signature du contrat. Dans cette situation, elle pourrait assurément prétendre à des partis fort avantageux ; mais, moi, j'aime mieux encore un garçon, honnête, sage, le cœur sur la main, que le Crésus le plus cousu d'or.

Albert avait beau être un jeune homme d'intelligence, quand on désire passionnément, on combat soi-même sa propre défiance.

Albert se disait : Peut-être ai-je mal jugé cet homme.

— Ainsi, continua encore Fargeau, je suppose que nous convenions de nos faits ce soir...

— Ce soir ! répéta le jeune homme au comble de l'étonnement.

— Mon Dieu ! dit Fargeau, quand une affaire est bonne, il faut la faire. Je suppose donc que vous ayez aujourd'hui ma parole ; demain nous signerions le contrat, et vous auriez les cinq cent mille francs dans les vingt-quatre heures révolues, car je sais que Raymond tient la somme toute prête.

— Que m'importent les cinq cent mille francs, monsieur ! s'écria le secrétaire ; si je pouvais espérer...

— Vous ne tenez pas à l'argent, je le sais, mon jeune ami, interrompit Fargeau ; j'étais comme vous à votre âge, mais en vieillissant, on se transforme, surtout quand on est porté naturellement à la bienfaisance. Moi, je n'ai qu'une pensée : secourir ceux qui souffrent ; mon cœur est inondé d'amour pour l'humanité. Bref, je suis capable de tout... capable de m'exposer à voir mon caractère méconnu et mes intentions calomniées, pourvu que j'arrive à conquérir cette obole que je destine au malheur. Je ne sais pas si vous me comprenez, mon cher enfant ?

— Non, répondit Albert.

Albert mentait.

Fargeau n'était pas sur un lit de roses. Entre sa belle perruque touffue et sa tempe chauve, il y avait des gouttes de sueur.

Et pourtant il fallait conclure.

— Mon ami, reprit-il, depuis que vous êtes dans cette maison, il est impossible que vous ne m'ayez pas jugé.

Les travailleurs de ce quartier sont tout aussi dénués que ceux des pauvres faubourgs. Je veux fonder une grande œuvre ; pour cela il me faut une certaine somme. Vous me comprenez, maintenant ?

— Non, dit encore Albert.

— Alors, c'est que vous ne voulez pas me comprendre ?

— En effet, monsieur, je ne veux pas vous comprendre.

Ceci fut prononcé d'un ton sec et froid.

Les hommes comme cet Albert sont plus irrités par une proposition infâme que le commun des honnêtes gens, parce qu'ils sentent qu'on a spéculé sur leur pauvreté.

Pauvre comme Job et amoureux comme un fou, Albert devait céder, suivant l'idée du tentateur. Le tentateur s'était mépris.

— Mon cher monsieur Albert, reprit Fargeau qui, à l'instar de tous les grands capitaines, retrouva son calme après la bataille perdue, je ne m'attendais pas à cela. Si jeune, et déjà tant d'avarice !

— Donnez-moi votre fille sans dot, monsieur, répondit Albert, et je suis le plus heureux des hommes !

Fargeau sourit.

— A la bonne heure ! murmura-t-il. Nous sommes un homme antique, je vois cela. Il vous serait resté deux cent cinquante mille francs... et la conscience d'avoir contribué au soulagement des malheureux... sans parler de Clémence, que vous me paraissez aimer, en définitive, avec une extrême modération.

Le front d'Albert s'inclina.

— Je l'aime, murmura-t-il d'une voix qui tremblait malgré lui ; et je n'aimerai jamais qu'elle en ce monde !

— Pourtant, vous la refusez ?

— Oui, monsieur, je la refuse, parce que le prix que vous me demandez est au-dessus de ce que je puis donner.

Fargeau lui tendit la main et dit :

— Vous êtes un brave garçon ! Touchez là ! J'ai voulu voir jusqu'à quel point une nature loyale et digne... Je vous donnerai sous peu de mes nouvelles.

Une sonnette retentit à l'intérieur de la maison.

— M. Raymond m'appelle, dit Albert.

Fargeau lui serra encore la main.

— Mon ami, acheva-t-il, gardez toujours cet excellent naturel... et... il est inutile de parler de tout ceci à mon frère.

Comme Albert saluait pour sortir, un accord de piano résonna dans le silence.

Un accord unique.

Albert tressaillit vivement.

Fargeau sentit trembler sa main froide.

— Voilà déjà plusieurs fois que j'entends ce bel accord-là! murmura-t-il avec soupçon; il me semble que vous le connaissez aussi, monsieur Albert?

— Non, voulut dire celui-ci; je ne sais...

— Allez, mon enfant, interrompit Fargeau; je suis fou. Les jeunes filles tapent sur leur piano quand la fantaisie leur en prend. Allez.

Albert s'éloigna.

— Imbécile! murmura M. Fargeau avec une colère méprisante : au XIXe siècle!

Il ouvrit doucement la croisée de son cabinet et ajouta :

— Pour qui donc est le signal?

M. Fargeau regarda dehors et ne vit rien, mais il entendit la fenêtre de Clémence s'ouvrir.

Le cabinet de M. Fargeau et la chambre de Clémence donnaient tous deux sur le jardin.

La chambre de Clémence était située à l'étage supérieur. Elle vint s'appuyer à son balcon. L'accord de piano était bien véritablement un signal.

Mais à ce signal personne ne répondit.

Il était tard, et nulle lumière ne brillait encore à la façade blanche de la maison de Mme de Marans. Clémence pleurait.

Pourquoi? Elle n'avait cependant pas entendu la conversation de son père et de M. Albert, le secrétaire. Elle ne savait pas qu'on avait voulu la vendre.

Elle pleurait, la tête entre ses mains, interrogeant de

loin cette maison muette où la lune dessinait les feuillages tremblants.

C'était une chambre triste, malgré son riche ameublement, une grande pièce avec des tentures de velours sombre, éclairée par une seule lampe que coiffait un verre dépoli.

Il y avait une grande alcôve. Dans l'alcôve un lit. Sur le lit un homme couché.

Cet homme était parfaitement immobile, étendu sur le dos, les bras en croix, collés à la poitrine.

Son front, ses yeux et toute la partie supérieure de son visage se cachaient sous un épais bandeau.

Il avait nom Raymond Lointier.

C'était l'homme qui avait donné asile à M. Fargeau, qui lui avait permis de prendre son nom et de l'appeler son frère.

M. Albert s'assseyait au chevet du lit.

— J'ai dormi, dit M. Raymond, dont la voix était douce et pleine de bonté; quelle heure est-il ?

— Dix heures et demie, répondit Albert.

— La nuit sera longue. Gabriel m'a défendu de remuer. Je voudrais qu'il pût revenir ce soir.

— Souffrez-vous davantage ? demanda le secrétaire avec un respect affectueux.

— Non... mon Dieu, non, mais ma tête nage comme si l'air qui nous entoure était l'eau d'un fleuve. Je rêve éveillé. Tu n'as pas confiance en Gabriel, toi, Albert ?

— Il est si jeune ! et si...

— Et si joueur, n'est-ce pas ? Oui, et si fou ! Mais je l'aime, et c'est l'élève favori de Van-Eyde. J'ai la ferme croyance qu'il me guérira.

— Dieu le veuille ! dit Albert du fond du cœur.

Il y eut un silence.

— Causer me fatigue, reprit le malade, et pourtant j'ai absolument besoin de causer. As-tu vu André ce soir ?

— Oui, monsieur.

— Et Clémence ?

— J'ai vu aussi M{ⁿᵉ} Clémence.

— Pauvre Albert! dit M. Raymond doucement, je crois que tu pardonnerais bien des choses à Gabriel sans les beaux yeux bleus de M{ⁿᵉ} Clémence.

Albert ne répondit point.

Raymond poursuivit en se parlant à lui-même :

— C'est mon bonheur que de songer à cette union... Il est beau, n'est-ce pas, Gabriel ?

— Très beau, répondit Albert en soupirant.

— Et sa sœur Lucienne ?

— Charmante.

— Que n'aimes-tu plutôt Lucienne, pauvre Albert ?

— Mon Dieu, monsieur Raymond, murmura le secrétaire qui se pressait en ce moment le front à deux mains, qu'importe ce que j'aime ou ce que je n'aime pas !

— Bon! dit le malade, voilà que tu parles comme un homme désespéré ! Leur mère est jeune encore ?

— On la prendrait pour la sœur de sa fille.

— André voulait quitter cet hôtel, pensa tout haut M. Raymond, mais, moi, je ne veux pas. Gabriel ne viendrait plus me voir, je n'entendrais plus la voix de Lucienne. Ne dirait-on pas que je suis trop heureux ! Albert, et cette cantatrice ?

Albert ne répliqua point tout de suite.

— Eh bien? reprit Raymond.

— Eh bien! dit enfin le jeune homme, vous savez si je vous respecte et si je vous aime, monsieur Raymond, mais je suis pauvre... et des pauvres on pense toujours pis que pendre. Je voudrais que vous puissiez donner ces missions à un autre...

— Oh! fit le malade avec reproche.

— Ne me jugez pas mal, je vous en supplie, reprit vivement Albert. Je ne connais pas en ce monde un cœur plus digne et meilleur que le vôtre, mais les apparences...

— C'est vrai, dit Raymond sans amertume, tout le monde n'est pas aveugle !

— Tout le monde surtout n'est pas bon et noble comme

vous, monsieur, et quand on vous voit prendre pour intermédiaire une femme comme cette Paoli...

— C'est vrai... Je n'avais pas pensé à toi, Albert, je suis un égoïste...

— Vous! s'écria le jeune homme, un égoïste!

— Écoute, interrompit M. Raymond dont la voix changea, c'est ma passion à moi, je n'en ai pas d'autre. J'ai essayé de me faire joueur : je n'ai pas pu. J'aime bien Clémence, la chère fille qui est si bonne pour moi et si dévouée, mais son cœur m'échappe ; pour la comprendre, il me faudrait voir son visage à l'appui de ses paroles. J'aime bien Gabriel et Lucienne, ces deux enfants que j'envie à leur mère, mais ils ne me sont rien. Je t'aime bien aussi, toi, mon pauvre Albert, mais tout cela ne remplit pas le vide de mon âme. Il y a là, prononça-t-il tout bas en mettant la main sur son cœur, un souvenir qui est toute ma vie et qui sera ma mort !

— Albert, reprit le malade après un silence, le monde en rirait à gorge déployée : il y a vingt ans que je l'ai perdue ! Et je l'aime comme si j'avais pris hier sur son beau front le premier baiser. Je l'aime avec toute ma jeunesse et dans la virginité de mon cœur ! Son image est là devant mes yeux fermés. Je vois son sourire d'ange. J'entends sa voix qui semble descendre du ciel !

« Si tu savais comme elle était belle ! comme elle m'aimait ! comme nous eussions été heureux !

« Je l'ai cherchée longtemps, jusqu'au jour où Dieu m'a pris la lumière.

« Alors, je me suis dit adieu à moi-même, j'ai dit adieu à l'espoir, adieu au bonheur.

« Et je vis comme s'il y avait autour de moi la muraille d'une tombe. La nuit pour mes yeux, la nuit pour mon âme ! »

— Vous qui méritiez si bien d'être heureux ! dit Albert.

— Pour rêver, continua le malade dont la voix était faible et profondément triste, les aveugles n'ont pas besoin de dormir ; ces mirages de vos nuits, nous les avons, nous, à toutes heures. Dès que je suis seul, je rêve.

« Et mon rêve, c'est elle, toujours! Tantôt je la vois dans un nuage avec de longs voiles blancs comme l'âme chrétienne qui s'en va au ciel. Tantôt je la vois vivante, mais martyre, brisée par le découragement, pâle de misère!... les yeux baignés, le sein bondissant... Oh! comment dire cela! elle, si pure et si sainte, je la vois trébucher au seuil de l'infamie! je l'entends balbutier parmi ses larmes: je donne plus que ma vie *pour mon enfant!*

Le malade avait des sanglots.

— Cet enfant-là, murmura-t-il, ce peut être mon fils! Albert, tu as bon cœur et tu comprendras. Dès la première fois que je l'eus, ce rêve, le désir passionné me prit de voir quelque femme belle et vaincue dans ces luttes de notre civilisation, de lui donner la main, de la sauver. Je le fis. C'est le seul bonheur sans mélange que j'aie goûté depuis bien des années. J'ai continué, je te le dis : c'est ma passion! Qu'importe le monde si Dieu me voit et sourit au pauvre malheureux qui fait trêve à son supplice en séchant çà et là quelques larmes!

— Vous êtes bon! dit Albert qui lui prit la main avec respect.

— Et chaque fois, reprit le malade dont la voix avait comme un accent exquis de tendresse, je dis au ciel qui m'entend, j'en suis sûr : pour elle, mon Dieu! pour elle cette aumône qui m'est comptée comme un scandale. Pour elle, un peu de bonheur aussi, mon Dieu! je vous en prie!

Sa tête se renversa davantage sur l'oreiller. A cause du bandeau qui couvrait son front et ses yeux, cette partie du visage où vit la physionomie, ce qu'on voyait de ses traits semblait immobile et mort.

Il y avait pourtant encore de la jeunesse dans le dessin régulier de sa bouche et dans l'ovale délicatement évidé de ses joues. Ses cheveux, qui s'échappaient par-dessus son bandeau, étaient abondants et blonds.

Albert regardait ses pauvres mains blêmes qui se croisaient sur sa poitrine.

La souffrance de cet homme inspirait une pitié pénétrante et douce, la pitié que fait naître une plainte retenue ou cette larme silencieuse qui roule lentement sur la joue pâle.

Il ne parlait plus.

Albert (nous sommes ainsi faits) pensait déjà de nouveau à ses propres peines.

— Eh bien ! reprit le malade, parle-moi donc de notre cantatrice.

— Mme Paoli vient d'apporter sa réponse, répliqua Albert.

— Elle consent ?

— Elle refuse.

— Ah ! fit M. Raymond qui se souleva sans savoir ; elle refuse !

Puis il ajouta :

— Tu m'avais dit pourtant qu'il y avait bien du mystère autour de cette femme ! Et bien du malheur !

XV

Le signal

— C'est vrai, repartit Albert, j'ai dit qu'il y avait un mystère autour de cette femme, et un malheur sans doute. Son sourire parle de souffrance ; sa voix...

— Oh ! sa voix ! interrompit le malade, une plainte sublime qui m'a déchiré le cœur, car j'ai été l'entendre... tout seul. Est-elle bien belle, Albert ?

— Je n'ai jamais vu de femme plus belle.

— Et..., fit M. Raymond Lointier en hésitant, et comme s'il eût senti l'étrangeté de sa question, tu es bien sûr qu'elle n'est pas aveugle ?

— Bien sûr, répondit Albert en souriant malgré lui.

M. Raymond comprit qu'il souriait

— Je ne t'en veux pas, ami, dit-il, mais, quand on souffre, on mesure toute peine à sa propre souffrance. Le plus grand de tous les malheurs, c'est d'être aveugle.

— Monsieur!... voulut dire le jeune homme.

— Ne vas-tu pas t'excuser? Je sais que tu m'aimes. Dis-moi, laquelle est la plus belle, de cette Lovely ou de Mme de Marans?

C'était comme un enfant qui interroge au hasard. Mais cette question plissa le front d'Albert.

— Je n'y avais jamais pensé! murmura-t-il comme si une idée subite lui traversait le cerveau; je cherchais en effet une ressemblance...

— Elles se ressemblent donc? demanda Raymond vivement.

— Autant que la différence d'âge le permet, répliqua le secrétaire; c'est certain, elles se ressemblent. Seulement la Lovely est beaucoup plus jeune. Il ne faut pas oublier que Mme de Marans a des enfants de vingt ans.

— Et la Lovely te paraît avoir quel âge?

— Au théâtre, on ne sait pas; si elle a vingt-cinq ans, c'est tout au plus.

— Vingt-cinq ans, répéta Raymond qui tomba dans une profonde rêverie.

Après un silence, il reprit d'une voix triste :

— Allons! tant mieux! elle est moins malheureuse que nous ne pensions, puisqu'elle refuse... Gabriel a-t-il été ce soir chez la marquise de Beaujoyeux?

— Non, répondit le secrétaire; il craint de vous y rencontrer maintenant. Ce n'est plus chez la marquise qu'il joue.

— Où donc :

— Dans une maison clandestine.

— Nous le guérirons, le pauvre garçon; Clémence se chargera de ce soin... Et toi, Albert, tâche de devenir amoureux d'une bonne et belle fille, pauvre ou riche, peu importe, et quand tu seras amoureux, viens me le dire. Tu ne soupireras pas longtemps s'il ne s'agit que d'une dot, mon ami, car, après Gabriel, vois-tu, c'est toi que j'aime le mieux. Allons, va reposer; toi, du moins, tu peux dormir, bonne nuit!

Il tendit sa main que le secrétaire pressa respectueusement entre les siennes.

Au moment où Albert sortait, un accord isolé, semblable à celui que nous avons entendu déjà, résonna à l'étage supérieur.

Albert devint plus pâle et ses sourcils se froncèrent. Il était jaloux, bien que son amour n'eût point d'espoir.

Albert n'ignorait rien de ce qui concernait Clémence. Cet accord de piano, frappé tout à coup dans le silence, l'avait fait bien souvent tressaillir. C'était un signal.

A qui s'adressait ce signal?

Albert ne doutait pas que ce ne fût à M. Gabriel de Marans.

Il ne s'en était jamais assuré, parce que la dignité de son caractère ne pouvait s'abaisser à l'espionnage.

D'ordinaire, quelques minutes après le signal, Clémence descendait au jardin. Albert la voyait se perdre derrière les massifs, du côté de la charmille. C'était tout.

Aujourd'hui Clémence avait fait entendre une première fois le signal, mais elle n'était pas descendue.

Au second accord, une lueur s'alluma derrière les rideaux fermés de la chambre de Gabriel.

Albert, s'étant mis à la croisée en sortant de chez M. Raymond, vit parfaitement la lumière.

M. Fargeau, qui n'avait pas quitté son cabinet, guettant toujours avec la patience d'un chat, put la voir aussi.

Clémence descendit sans bruit, ouvrit la porte du jardin avec précaution, et s'engagea dans les allées.

Albert passa le revers de sa main sur son front mouillé de sueur, et gagna sa chambre à pas lents.

M. Fargeau, lui, se prit à sourire. Il avait eu la précaution d'éteindre sa lampe, de sorte qu'il pouvait rester contre sa croisée sans être aperçu.

Clémence, arrivée au détour de l'allée principale, se retourna et interrogea du regard la façade de l'hôtel. On n'y voyait qu'une lumière, brillant bien faiblement à travers les rideaux épais : c'était celle de M. Raymond Lointier.

La jeune fille respira. Tout le monde reposait : du moins, elle le crut.

Elle se rendit tout droit à cette partie de la charmille où le temps avait fait une ouverture. Comme le matin, la planche fut dérangée, et comme le matin Clémence se trouva en face de Lucienne de Marans.

Lucienne n'avait qu'un peignoir de nuit sur lequel elle avait jeté un fichu à la hâte : elle sortait évidemment de son lit.

— Tu as été bien longtemps à venir ? dit Clémence.

— Mon Dieu ! comme tu es pâle ! s'écria Lucienne ; qu'as-tu donc, ma pauvre Clémence ?

Celle-ci ne répondit point. Elle baisa Lucienne au front.

— Ta tête brûle, dit encore Mlle de Marans.

Et comme Clémence se taisait, Lucienne reprit :

— J'étais couchée, j'ai entendu ton appel et je n'ai pris que le temps de courir à la chambre de Gabriel pour trouver une bougie ; mais je t'en prie, Clémence, dis-moi bien vite pourquoi tu viens ici à cette heure. Est-ce qu'il te serait arrivé quelque chose ?

— Oui, répondit Clémence tout bas, il m'est arrivé quelque chose.

— Tu me fais peur ! s'écria Lucienne, dont la voix tremblait déjà ; je ne sais pas si c'est la nuit, mais je te trouve si changée ! Tu me fais peur pour toi que j'aime tant, et aussi pour le pauvre Gabriel. Est-ce qu'on voudrait te marier ?

Clémence s'appuya aux branches d'un vieux charme qui formait comme le montant naturel de l'espèce de porte qui reliait les deux jardins.

— Oui, murmura-t-elle, je crois qu'on veut me marier, mais ce n'est pas pour te parler de cela que je suis venue.

Elle prit les mains de Lucienne, franchit la brèche et entra dans la tonnelle du jardin de Marans. C'était la première fois qu'elle agissait ainsi.

— J'entre chez toi, dit-elle avec un sourire triste ; je n'en ai pas le droit, malheureusement. Si j'en avais le droit, j'y resterais toujours.

Elle s'était assise sur le banc de la tonnelle. Lucienne était auprès d'elle, émue, effrayée, pressentant un malheur.

Clémence semblait rêver maintenant. Elle regardait Lucienne, dont sa main distraite lissait les longs cheveux blonds. Sa poitrine se soulevait douloureusement. Et Lucienne, qui n'osait plus interroger, voyait une larme briller et trembler à ses cils.

XVI

Clémence Lointier

Clémence fut longtemps avant de reprendre la parole.

— Lucienne, dit-elle enfin, si tu ne m'aimais pas comme je t'aime, je serais trop malheureuse !

— Est-ce que tu douterais de moi ?

— Non, répliqua Clémence, qui recevait les caresses de son amie comme on reçoit, quand la fièvre met la tête en feu, l'eau froide et parfumée qui baigne le front et ruisselle sur les tempes ; je ne doute pas. Tu es noble et bonne, ma Lucienne. Mais ce que je vais te dire est si étrange ! Il me semble que je n'aurai jamais le courage de te montrer le fond de mon cœur.

— Me parler, dit Lucienne doucement, c'est comme si tu causais avec toi-même.

Clémence la remercia d'un baiser.

— Ecoute, dit-elle, j'ai franchi pour la première fois la clôture qui sépare nos deux maisons. Je suis chez ta mère, malgré sa volonté, il est vrai, mais j'y suis, et c'est comme un symbole qui traduit ma pensée... car je pense ceci,

Lucienne : entre vous et vos ennemis, mon choix est fait, je suis pour vous, quels que soient vos ennemis.

— Nos ennemis? répéta Lucienne étonnée.

— Pauvre enfant! murmura Clémence qui l'attira contre sa poitrine, tu prononces ce mot comme s'il n'avait point de sens. Et, en effet, qui pourrait te haïr? Tu n'as pas d'ennemis, toi, mais ta mère et ton frère...

— Oh! fit Lucienne en pâlissant.

— Ils sont de l'autre côté de la charmille, les ennemis de ta mère et de ton frère.

— Ton père? prononça Lucienne qui se recula involontairement.

— Mon père, répondit Clémence.

Et sa voix prit une expression plus triste encore lorsqu'elle ajouta :

— Ne t'éloigne pas de moi, Lucienne, il faut avoir pitié, mon cœur est brisé, je deviens folle !

Lucienne revint à elle et couvrit ses joues de baisers.

— Merci, dit Clémence.

Elle avait presque un sourire.

— Vois-tu, reprit-elle, je suis plus jeune que toi, et pourtant l'affection que je te porte est celle d'une mère. Dès qu'on veut t'attaquer, je suis prête à combattre...

— Si c'était seulement un peu pour le pauvre Gabriel! insinua Mlle de Marans.

— Nous parlerons de M. Gabriel tout à l'heure. Si je pouvais l'estimer comme on estime ordinairement ceux qu'on aime, je ne tremblerais plus, Lucienne, car nous aurions un défenseur.

— Mais contre qui, bon Dieu?

— Contre mon père.

— Et que lui avons-nous fait?

— Personne ne sait jamais ce qui détermine les actions de mon père. C'est un cœur fermé, une bouche qui parle pour tromper seulement.

— Clémence! dit Lucienne en baissant les yeux ; il est ton père!

— Vous êtes bon, lui dit Albert qui lui prit les mains avec respect.

24ᵉ LIVR.

— Est-ce toi qui me reproches la passion que je mets à défendre ta mère !

Lucienne ne répondit point. Mais quelque chose se révoltait en elle ; les cœurs des deux jeunes filles n'étaient plus à l'unisson.

Lucienne aimait si ardemment sa mère ! Et son père, elle l'eût si bien adoré !

— Je te comprends, dit Clémence, et toi tu ne me comprends pas, c'est tout naturel : mon malheur est de ceux qu'on ne devine point. Je n'aime pas mon père.

Lucienne tressaillit comme si on l'eût violemment frappée.

— Oh ! Clémence ! répéta-t-elle ; tais-toi !

— Non, je veux parler plutôt, car si je ne parlais pas désormais, tu me mépriserais. Tu ne m'aimes déjà plus, peut-être. Il faut que tu saches. Entre mon père et moi, jamais il n'y eut une caresse. Mon père n'a jamais essayé de m'apprendre ce qu'une jeune fille doit savoir. Sans mon pauvre oncle Raymond, je serais une sauvage et une païenne !

« Il y avait chez nous une vieille servante qui est morte. Quand je dormais dans mon berceau, je l'ai entendue bien souvent murmurer :

« — Pauvre enfant qui n'a pas de père !

« Je ne suis pas un monstre. Mon cœur ne demande qu'à aimer. Je donnerais pour mon oncle Raymond jusqu'à la dernière goutte de mon sang.

« Lucienne, puisque je ne l'aime pas, cet homme-là n'est pas mon père.

— Mais qui le prouve ? demanda Lucienne.

— As-tu des souvenirs d'enfance, toi ? Moi, la figure de mon père ne m'apparaît qu'à certain moment de ma vie. Il me semble que mes premiers jours se passèrent dans les champs. Je crois me rappeler que je n'avais jamais pleuré avant de voir mon père.

« Oh ! comme je l'aimai d'abord ! et combien ce nom de père était doux à mon âme !

« Cette voix que Dieu met dans le cœur des enfants,

crois-tu donc qu'il me l'avait refusée ? Non, non ! C'était une tendresse soumise, aveugle ; et quand elle s'est éteinte, cette tendresse, c'est que mon cœur me disait : « Tu n'es pas sa fille ! »

— Non, reprit-elle avec un cri d'énergie, je te le jure, Lucienne, tu peux m'aimer : je ne suis pas sa fille !

— Je t'aime, ma pauvre Clémence, dit Lucienne ; et je te plains surtout, car, avant de parler ainsi tu as dû bien souffrir, toi, si bonne et si dévouée ! Mais tout cela me fait peur pour toi. Si M. André Lointier n'est pas ton père, du moins il t'a recueillie.

— Pour faire de moi un instrument, interrompit Clémence dont les sourcils délicats étaient froncés ; cela, je ne le présume pas, je le sais !

— Et tu ne crains pas ?...

— Je crains tout ! Mais ce n'est pas pour te parler de moi que je suis venue, Lucienne. Moi, il y a bien longtemps déjà que mon sacrifice est fait : je sais que je ne serai jamais heureuse.

— Folle !

— Oh ! non, je ne suis pas folle, mais toi, Lucienne, Dieu te doit le bonheur comme à ses anges. Réponds-moi : ta mère a-t-elle des amis ?

— Ma mère vit dans la retraite, mais mon frère...

— Je ne compte pas sur M. Gabriel, interrompit Clémence, et c'est pour cela seulement que je te dis : Je ne serai jamais heureuse !

Lucienne ouvrait la bouche pour défendre son frère. Clémence posa sa belle petite main blanche sur les lèvres de son amie et reprit :

— Ce n'est pas l'heure de dissimuler, et je n'ai rien à te cacher, Lucienne. M. Gabriel n'a pas besoin d'avocat près de moi. Je l'aime contre le gré de ma raison, je l'aimerai toujours, bien que je ne pense pas être jamais sa femme. Pour défendre ta mère contre M. André Lointier, ce n'est pas un Gabriel qu'il nous faut.

— Mais tu me fais trembler, à la fin ! s'écria Lucienne.

— Un enfant ! poursuivait Clémence, qui tire à la conscription demain. Un enfant orgueilleux et faible.

— Oh ! il est brave, mademoiselle !

— Brave ? oui, je le crois, mais pour combattre M. André Loîntier, il faut autre chose que de la bravoure. Écoute ! cet homme dont tu me parlais ce matin... ce capitaine...

— Mazurke ? prononça bien bas Lucienne dont la pâleur fit place au rouge le plus brillant, je crois qu'il est à Paris...

— Tu l'as vu ?

— Non, mais j'ai dans ma poche une lettre...

— Il t'écrit ? interrompit Clémence étonnée.

— Pas à moi, à mon frère. J'ai seulement reconnu son écriture sur l'adresse, et la lettre est timbrée de Paris.

— Eh bien, Lucienne, s'il t'aime, celui-là, tant mieux qu'il soit près de nous. Il faut le voir.

— Le voir, moi ! s'écria Mlle de Marans ; mais tu ne te souviens donc plus de ce que je t'ai dit ? Je ne le connais pas. Deux contredanses, un sourire échangé de loin. Mon Dieu ! il fallait cela pour me bien prouver que je suis une pauvre folle !

— Car tu penses à lui, n'est-ce pas ? dit Clémence, achevant la pensée de son amie ; il faut le voir, te dis-je, et le supplier à mains jointes de veiller sur Gabriel.

— Ah ! c'est donc Gabriel qui est menacé ?

— C'est par Gabriel qu'ils veulent perdre ta mère.

— La perdre ! répéta Lucienne qui était redevenue blanche comme la toile de son peignoir. Perdre ma mère !...

— La perdre, oui, la tuer comme on tue dans le monde. Sais-je, moi ? Il y a une trame ourdie, et la trame repose sur un secret que tu connais peut-être. Est-il vrai que ta mère, trois fois par semaine...

— Non ! non ! non ! s'écria Lucienne avec agitation ; c'est une calomnie, cela !

— Mais je ne t'ai rien dit encore ! murmura Clémence

dont le regard perçant couvrait, malgré les ténèbres, le visage de son amie.

Lucienne mit ses deux mains sur ses joues brûlantes.

— Il n'est pas à toi, ce secret, ma pauvre Lucienne, reprit Clémence, je ne te le demande plus. Si j'étais un homme ou si je croyais en Gabriel... mais j'ai beau faire, quelque chose me dit que nous succomberons. Il ne me reste plus qu'à t'apprendre ce que j'ai entendu. Ta mère, à qui tu le rapporteras, saura mieux que nous...

— C'est le seul moyen, s'écria Lucienne. Parle vite.

— Mon père, M. André Lointier, a eu deux entrevues aujourd'hui avec un homme qui a nom M. Baptiste. J'ai entendu presque entièrement la première conversation. La seconde m'a échappé. Dans la première, il a été question de Gabriel et de ses absences nocturnes...

Lucienne écoutait de toute son attention, mais, en ce moment, elle tressaillit et sembla prêter l'oreille à un bruit lointain.

Clémence continuait.

— Pour la perdre, disait M. Baptiste en parlant de ta mère, le plus sûr moyen est de savoir le but de ces mystérieuses excursions...

Lucienne se leva d'un bond.

— Demain ! demain ! murmura-t-elle comme pour expliquer sa fuite soudaine.

Clémence entendit, elle aussi, à cet instant, la porte extérieure de la maison blanche qui se refermait.

— Reste ! dit-elle ; un mot encore, il faut que tu saches...

— Demain ! demain ! répéta Lucienne.

Elle s'était élancée, et son peignoir blanc disparaissait déjà derrière les buissons de lilas.

Clémence demeura un instant immobile à la même place. Elle songeait.

— Pauvre enfant ! murmura-t-elle enfin ; elle a le secret de sa mère, et sa mère ne le sait pas. Elle s'enfuit pour que sa mère la trouve couchée et ne puisse pas la craindre. Oh ! s'aimer ainsi c'est encore du bonheur !

Sa tête charmante s'appuya sur sa main.

Elle cherchait un aide. En un moment, le nom d'Albert vint à ses lèvres.

Mais elle repoussa cette pensée.

— Demain, se dit-elle à son tour, dussé-je aller jusqu'à Mᵐᵉ de Marans elle-même, je remplirai la tâche que je me suis imposée !

Elle se leva et repassa la porte de feuillage qui séparait les deux jardins.

Au moment où elle franchissait la ligne de la charmille, une main saisit son bras avec force.

Clémence poussa un cri étouffé.

— Taisez-vous, dit la voix de M. André Lointier ; demain, avant le jour, vous partirez pour le château, et je choisirai un homme sûr pour vous accompagner. Ah ! c'est comme cela que vous payez les bontés de votre père !

— Vous avez tout entendu, répliqua Clémence qui refoulait son angoisse et parlait avec calme ; alors, dites-moi si vous êtes mon père !

— Dieu m'a infligé ce malheur, prononça Fargeau d'un ton déclamatoire, ce malheur inouï d'avoir un enfant qui me hait !

Il entraîna Clémence à travers le jardin, la fit entrer dans sa chambre et ferma la porte à double tour.

Cela fait, il rentra dans son cabinet et sonna.

Ce malheureux père n'avait vraiment point les yeux baignés de larmes. Seulement, il y avait sur son visage blafard beaucoup de colère contenue et beaucoup d'inquiétude.

— Faites atteler ! dit-il au domestique qui entra.

Il était bien une heure du matin.

M. Fargeau, en attendant que ses ordres fussent exécutés, se promenait à grands pas dans sa chambre.

— Elle ne dira plus rien, pensait-il tout haut, mais elle en a déjà trop dit ! Il faut brusquer le dénouement, c'est clair !

Quand on vint lui annoncer que la voiture était prête, il ouvrit son secrétaire, prit deux billets de mille francs, et descendit à la hâte.

Il se jeta sur les coussins en donnant au cocher l'adresse de M⁰⁰ Paoli.

XVII

La famille de Marans

Clémence, prisonnière dans sa chambre, s'asseit sur son lit. Elle ne pleurait pas. C'était une étrange créature, dévouée jusqu'à la passion, tendre, aimante, sous le petit masque de moquerie qu'elle prenait aux jours heureux, sérieuse derrière son sourire railleur, et devinant la vie d'instinct, dans son ignorance de jeune fille.

Les femmes comme Clémence, et c'est là le châtiment de leur supériorité, se prennent ordinairement d'amour pour les natures plus faibles.

En songeant à Gabriel, combien de fois, sur ce même lit blanc, aux simples rideaux de mousseline, combien de fois n'avait-elle pas pleuré comme une folle?

Aujourd'hui elle était sombre et résolue. Son délicieux visage vous avait, en petit, cet air que devait avoir le grand visage de César lorsqu'il passa le Rubicon.

La guerre était déclarée.

Et cet homme n'était pas son père!

Ce fut à ce moment qu'eut lieu dans la maison voisine, habitée par la famille de Marans, cette triple scène que nous avons déjà racontée en trois mots:

Lucienne feignant le sommeil pour recevoir le baiser de sa mère, Mme de Marans se glissant tout habillée dans son lit pour recevoir le baiser de son fils, et Gabriel gagnant sa chambre avec tous les signes du désespoir.

Quand sa mère fut passée, Lucienne se mit sur son séant. Cette larme qui était tombée sur son front lui noyait le cœur.

Elle ne savait que résoudre, la pauvre fille. Parler à sa mère, c'était lui dire : « J'ai ton secret », la faire rougir peut-être !

Lucienne eût voulu être morte.

Tout ce que lui avait dit Clémence revenait tumultueusement à son esprit : des dangers inconnus, des malheurs qu'on ne pouvait ni prévenir ni combattre. Quelque chose de fatal et de terrible !

Lucienne tremblait de tous ses membres. Elle avait froid jusqu'au cœur.

Puis elle se disait : Clémence se trompe peut-être. Elle est bonne ; son intelligence est au-dessus de la mienne ; mais elle est un peu romanesque, Clémence !

Autre punition des femmes qui savent trop ou qui peuvent trop.

Elles sont *romanesques !*

Clémence était tout l'opposé du romanesque qui est la faiblesse ou l'ignorance. Clémence était la force précoce et la pensée mûrie avant l'heure dans la tristesse.

Mais la pauvre Lucienne cherchait à se rassurer.

Dans les plis de son corsage, Lucienne avait une lettre cachetée qu'elle devait donner à son frère le lendemain matin. Elle ne l'avait pas lue, cette lettre, mais elle eut un sourire en la sentant par hasard sur son cœur.

Un vrai sourire ! Et la mâle figure de Mazurke passa comme une vision dans sa nuit.

La lettre était de Mazurke.

Elle sentait bien que Mazurke l'aimait.

Et c'était toute une chère histoire : Gabriel sauvé, sa mère sauvée, et le sauveur, Mazurke !

Oh ! l'enfant qui accusait Clémence d'être romanesque !

Lucienne s'endormit. Elle eut des songes où Mazurke souriait.

Mme de Marans ne s'endormit pas si vite. Elle aussi avait senti une larme sur son front, — une larme de son fils.

Le cœur des mères ne ressemble point au cœur des jeunes filles. La douleur y est lente et profonde. Il n'y a point de rêves pour la guérir, point de sommeil pour l'éteindre.

Mᵐᵉ de Marans se releva et alluma sa lampe. Nous n'avons pas besoin de dire que c'était une femme merveilleusement belle, puisque nous l'avons déjà montrée au lecteur sous le nom de la Lovely.

C'était bien la Lovely. Et maintenant que nous savons cette circonstance écrasante pour la beauté d'une femme : qu'elle avait des enfants de vingt ans, nous répétons qu'elle était plus belle que sa fille et plus belle que Clémence.

Elle se mit à genoux pour prier.

Elle avait un fils et une fille, un fils que nous avons vu apprécier par la femme qui l'aimait, une fille dont la pureté naïve et l'excellent cœur étaient ceux d'un ange.

Sa passion de mère était pour son fils.

Non pas que l'amour qu'elle portait à Lucienne fût au-dessous de la tendresse ordinaire d'une mère. Mais Gabriel ! tout pour Gabriel !

C'était un dévoûment ardent, fanatique, qui durait depuis le jour de la naissance.

Et Gabriel était menacé !

Par excès de tendresse, Mᵐᵉ de Marans avait suspendu elle-même cette menace sur la tête de son fils adoré.

Ces trames diaboliques, qui s'ourdissaient contre elle de l'autre côté de la charmille, elle les ignorait. Ce n'était pas là qu'allaient ses craintes. Elle avait bien assez à redouter ailleurs.

La conscription ! ce mot la faisait pâlir et défaillir.

Car ce mot renfermait pour elle le plus terrible de tous les dangers.

Elle avait la somme prête, en cas de malheur, mais le danger n'était pas dans ce fait de tomber au sort.

Un voile allait se déchirer.

Un mensonge, pieux dans son intention, mais imprudent, mais impossible à soutenir jusqu'au bout, allait se découvrir.

On avait laissé croire à cet enfant qui vivait par l'orgueil, à M. le docteur Gabriel de Marans, qu'il était le descendant d'une grande famille; on lui avait fait une position suivant son envie.

Et la conscription ! ce crible où tout nom doit passer ! C'était demain !

Elle priait Dieu, la mère qui n'avait plus qu'un jour peut-être pour se montrer à son fils sans rougir. Sa prière était touchante comme les pleurs qui roulaient lentement sur sa joue.

Mais elle n'était pas vaincue, en face de ce péril si prochain. Une mère est comme le soldat qui meurt et ne se rend pas. Dans le prie-Dieu où elle s'agenouillait, entre un livre d'heures et un saint médaillon, il y avait une petite boîte portant cette étiquette : « *Pour Gabriel.* »

Cette boîte contenait cent louis d'or : le prix d'un homme.

Et elle se disait : « S'il tombe au sort, j'irai tout de suite, à l'heure même, et peut-être qu'il n'aura pas le temps de savoir. »

De l'œil, elle comptait les pièces d'or, sa seule épargne, son espoir et son salut !

Gabriel, lui, ne priait ni ne pleurait. Il arpentait la chambre en s'arrachant les cheveux.

Méritait-il tant d'amour et tant de larmes ?

Ma foi oui, au fait ! c'était un enfant malade au moral, voilà tout, et Clémence seule avait le droit de le juger sévèrement parce qu'elle l'aimait de tout son cœur.

Demain, nous ne pourrons peut-être plus parler ainsi, car il marchait dans cette funeste voie où l'honneur même trébuche trop souvent. Mais enfin, ce soir, Gabriel n'était encore qu'un petit fou, joueur, bon à mettre à Charenton et orgueilleux comme une femme orgueilleuse.

Amoureux de Clémence quand le jeu ne l'affolait pas, et pouvant dire même qu'il était devenu joueur un peu par amour de Clémence.

Brave, ombrageux, spirituel, savant déjà dans son art, généreux, fanfaron, et entiché de sa noblesse.

Cette nuit il avait perdu dix mille francs sur parole.

Et il devait, en outre de cela, Dieu sait quoi, Dieu sait à qui !

Mais la dette de cette nuit était une *chose sacrée*; il s'agissait d'un drôle de profession. L'honneur défend absolument de faire attendre ces gens-là.

Gabriel songeait à se jeter à l'eau. L'image de Clémence lui apparaissait comme un reproche. Et le pauvre M. Raymond qu'il devait panser ce soir !

Mais le terrible, le poignant, c'était ceci : dix mille francs à payer demain, sous peine d'être déshonoré, et pas le premier louis !

Plus d'un Gabriel s'est fait sauter la cervelle pour moins que cela.

Mais Gabriel avait au moins ceci qu'il idolâtrait sa mère. L'idée de sa mère l'arrêta.

Il finit par se mettre au lit. Ses rêves à lui furent trèfle, carreau et pique. Cependant, vers le matin, il jeta ses cartes pour courir à Clémence qui lui souriait et l'appelait dans ces belles campagnes fleuries, domaine des poètes, bonheur des songes.

XVIII

Un squelette, un vieillard et un homme endormi

L'ordre chronologique qu'il faut toujours respecter autant que possible, nous force à laisser dormir un instant la famille de Marans pour conduire le lecteur dans un endroit...

Mais voilà véritablement l'embarras ! Comment décrire un endroit où l'on n'y voit pas ?

La nuit terrestre a toujours quelques lueurs. Au fond du bois le plus épais, si noires que vous supposiez les ténèbres, vous verrez toujours un petit coin du ciel ; les grands troncs forestiers s'élancent comme de sveltes colonnes, les buissons remuent confusément à la brise, et là-bas ce bouleau apparaît, long et blanc, comme un spectre immobile.

Dans la pièce la plus sombre et la mieux fermée il y a une fente, un rien, le trou de la serrure.

Un cachot a sa meurtrière, une cave son soupirail.

Ici, rien! Pas un rayon, l'obscurité mate, uniforme, profonde.

Figurez-vous l'intérieur d'un tombeau.

Et pourtant, dans cet endroit où nous descendons sans chandelle, on respirait à peu près. L'air n'y était point trop méphytique. On y éprouvait seulement cette sensation de froid que les gourmets ne détestent point et qui dénote un bon caveau.

Il devait donc y avoir une communication quelconque entre ce trou et l'air libre. Nous ne sommes pas tout à fait au centre de la terre.

D'ailleurs, si l'œil ne s'habituait point à ces ténèbres complètes, il y avait du moins des bruits qui annonçaient la vie extérieure et lointaine.

Un murmure continu d'abord, puis de temps à autre un roulement sourd qui naissait, s'enflait et mourait.

Nous ne faisons pas de fantastique du tout, et nous pouvons dire que ce roulement était, suivant toute apparence, celui de quelque voiture passant sur le pavé, à droite ou à gauche de ce trou mystérieux.

A l'intérieur, on entendait aussi quelque chose, surtout quand le murmure s'affaiblissait et que nul roulement ne se faisait ouïr.

C'était alors comme le bruit d'une respiration égale et forte : le souffle d'un homme endormi paisiblement.

L'heure qu'il était, impossible de vous le dire autrement qu'en reprenant notre rôle de conteur, car, dans ce diable de trou, le jour et la nuit se ressemblaient comme deux gouttes d'eau.

Chez les vivants, l'aube commençait à poindre.

Le soleil aurait pu jeter à profusion sur la terre ses

rayons éblouissants que notre cave ne s'en fût point aperçue.

Seulement, si l'obscurité restait la même, les mouvements supérieurs augmentaient et il y avait, parmi ces bruits mêlés, de soudains ébranlements. Sans doute quelque lourde charrette, écrasant la chaussée de son poids.

Vers ce moment, le dormeur, car il y avait bien positivement un dormeur, changea de position. Vous eussiez dit qu'il était couché sur un lit de pièces d'or, tant le son produit fut métalliquement harmonieux.

Des pièces d'or, cela n'est pas un bon lit, quoique les poètes parlent toujours de gens qui nagent, qui se baignent, qui se plongent dans l'or. Demandez au roi Midas si l'or vaut, comme couchette, la plus plate de toutes les paillasses !

Ce bruit eut comme un écho faible à quelques pas. D'autres pièces d'or remuèrent et dans ces ténèbres épaisses, deux yeux phosphorescents jetèrent des rayons verdâtres.

En même temps une ligne faiblement lumineuse se dessina, très loin ou très près, car l'obscurité confond toutes les notions de la distance.

La ligne grandit, glissa sur le sol, éveillant çà et là un reflet, parce que le sol était réellement jonché de pièces d'or.

On eût pu voir dès lors que cette traînée de lumière passait entre la terre et le battant d'une porte.

Une clé tourna péniblement dans une serrure rouillée dont le pêne s'échappa en criant.

Puis la porte elle-même cria en roulant sur ses gonds.

Les deux yeux phosphorescents s'éteignirent.

Sur le seuil, élevé de deux ou trois marches, une lampe brilla. Le trou fut éclairé.

— Au chat ! au chat ! gronda une voix tremblottante et cassée.

Les deux yeux verts appartenaient à un assez beau matou qui disparut derrière des planches amoncelées.

Ce que la lumière de la lampe fit sortir de cette nuit

était extrêmement bizarre, et nous allons vous le dire tout au long.

C'était une grande salle souterraine, n'ayant d'autre issue visible que la porte récemment ouverte où se montrait la lampe. Les murs en étaient couverts de scories salpêtrées et de toiles d'araignées brillantes comme des stalactites.

La voûte s'étayait à trois gros piliers de pierre.

Au centre de cette voûte, il y avait une sorte de fente, fermée hermétiquement par une trappe, et assez semblable au trou supérieur de ces caisses d'épargnes en argile que les pauvres préfèrent parfois aux caisses d'épargnes philantropiques, et qui s'appellent vulgairement des *tirelires*.

Autant qu'on pouvait le conjecturer, cette cave était en effet une énorme tirelire.

Du moins la lampe éclairait-elle des traînées de louis et de véritables montagnes de sacs de mille francs.

Lesquelles richesses, d'après leur disposition même, avaient dû être lancées par la fente de la voûte, absolument comme l'enfant ou le pauvre jette des gros sous dans son tronc de terre cuite.

La lampe était portée par un vieillard arrivé aux plus extrêmes limites de la vie : un pauvre corps courbé, chancelant, osseux ; une tête sèche comme parchemin ; des yeux éteints perdus derrière un long nez corvin qui saillait d'un écheveau de rides.

Dans son autre main, le vieillard portait un pistolet tout armé.

Au beau milieu de la cave, sous la fente même, le dormeur, dont nous avons entendu la respiration dans l'obscurité, s'étendait tout de son long sur un monceau de sacs de mille francs.

Auprès de lui, accroupi contre la base de l'un des piliers, était un squelette humain, les genoux à la hauteur de l'estomac, et la tête appuyée sur ses deux mains symétriquement disposées en éventail le long des grandes cavités de ses joues.

Du seuil, le vieillard, masqué par un pilier, ne pouvait voir ni le dormeur ni le squelette.

Et néanmoins tout ceci était plein d'une glaciale et pénétrante terreur, car le vieillard descendait les marches une à une.

Le dormeur souriait à un rêve.

Les yeux caves du squelette où la lumière égarée mettait de fantasques regards, semblaient contempler fraternellement ce compagnon de tombe.

Ce squelette, alors qu'il avait de la chair et des muscles sur ses os, était venu là, lui aussi, plein de vie...

Maintenant, deux ou trois lambeaux de drap tombés par terre, et qui avaient été ses habits, un long poignard que les vers n'avaient pu mordre, et la charpente osseuse, disséquée par le temps : voilà tout ce qui restait.

L'homme était mort certainement dans la position qu'occupait son squelette, mort lentement, sans combat, mort de faim, dans le découragement morne, accroupi, écrasé, gardant cette pose que les fous prennent si souvent : la mâchoire étayée par les deux paumes des mains, et les doigts montant aux tempes.

Rien que la vue de ce squelette était un présage affreux et une menace épouvantable.

Mais le dormeur souriait à son rêve.

Il était beau, il était jeune. Sa tête insouciante et heureuse se renversait parmi ses grands cheveux noirs bouclés.

Le vieillard avait descendu la dernière marche.

— Au chat ! au chat ! au chat ! répétait-il avec cet accent bénin et grondeur à la fois des antiques grigous; je ne sais pas par où vient ce coquin de chat ! Où passe un chat, un voleur maigre peut se glisser. Il faudra faire une visite derrière les planches.

Il avançait toujours, mais son regard semblait craindre d'arriver au squelette, et il continuait de bavarder comme un homme qui a peur.

— Ces chats ! ces chats ! disait-il, de vraies pestes ! ça entre partout, partout, partout ! j'ai bien envie...

Il s'interrompit, parce que son regard, sollicité malgré lui, venait de tomber sur le squelette.

De là au dormeur, il n'y avait qu'un saut.

Le vieillard frémit de tout son corps et fit plusieurs pas en arrière.

Il venait de découvrir le dormeur.

D'instinct, il leva son pistolet et visa d'une main tremblante.

Si vous aviez vu Mazurke!...

A propos, c'était Mazurke, ce beau dormeur, nous avions oublié de vous le dire, — si vous l'aviez vu rire dans son sommeil heureux!

Il ne se doutait guère, le bon garçon, du danger qui le menaçait. Il ne se doutait guère non plus des circonstances étranges qui accompagnaient son sommeil : ce lit de pièces d'or, ce squelette accroupi à son chevet! un conte de fées!

Mais par où diable était-il venu là, ce pauvre Mazurke?

Le vieillard, que vous eussiez reconnu malgré les vingt ans écoulés, car de quatre-vingt-quatre à cent quatre, la différence entre deux momies ne peut être bien grande, le vieillard, M. Honoré, le happe-monnaie du Puits-Rondel, le fantôme du souper des funérailles, se ravisa en homme sage qu'il était.

Ses doigts tremblaient par trop. Et puis le bruit, malgré la solitude du quartier, pouvait avoir ses inconvénients.

Il déposa sa lampe à terre et se glissa bien doucement vers le dormeur.

En arrivant il saisit le poignard du squelette.

Puis, avant de frapper, il se mit à regarder Mazurke.

— Beau brin d'homme! murmura-t-il; ça sera un squelette encore plus remarquable que papa Romblon!

Il cherchait la place où frapper.

— Je ne le connais pas, moi, poursuivait-il, ce garçon-là. Mais si fait! Il me semble... Au château de mon frère... il y a si longtemps!

Le vieillard était dans l'ombre du pilier. La lumière

glissait sur le front de Mazurke qui n'en souriait que mieux.

Il devait, en vérité, faire un bien joli rêve, ce Mazurke, pour sourire si longtemps que cela.

Et c'était le comble du bizarre que ce sourire gaillard et jeune entre le squelette mort et le squelette vivant.

— Allons, allons, allons ! dit bien doucement notre bon petit fantôme ; finissons ça, mon café doit refroidir.

Il mit ses lunettes, prit une prise dans sa petite tabatière d'argent et leva le couteau avec autant de sang-froid que s'il se fût agi d'ouvrir une pêche ou de peler une poire.

A cet âge vénérable, on se débarrasse de toute vaine sensiblerie.

XIX

Où Mazurke a peur

En revanche, à cet âge vénérable, on est sujet à beaucoup réfléchir. Le vieillard, au moment où il allait frapper, se dit ceci :

— Si je le manque, ce matador, il va m'étrangler comme un poulet ! et, s'il m'étrangle, je n'aurai pas les quatre millions qui vont me mettre dans une si belle passe pour attendre mes vieux jours. Je n'ai guère plus de cent ans, et le journal d'hier parlait d'un paysan suédois qui a vu sa cent trente-septième année. J'irai bien jusque-là.

Il baissa le couteau.

— D'ailleurs, ajouta-t-il, j'allais commettre là une action immorale : à quoi bon le tuer, ce grand coquin ? Voici papa Romblon qui était plus gros que lui, et que je n'ai pas tué. Pourtant papa Romblon ne nous gêne plus guère.

Il regardait le squelette en face et il n'avait plus peur. Pourquoi? Parce qu'il y avait là maintenant un vivant.

Mazurke rassurait le bon petit happe-monnaie, qui avait si grande frayeur d'être étranglé par Mazurke.

L'homme est bâti comme cela.

Le vieillard reprit :

— Eh bien, oui, oui, oui! je vais le laisser là, bien gentiment, et je reviendrai dans huit jours lui faire un bout de visite. Comme ça ma conscience sera bien plus tranquille!

Il glissa le poignard sous sa houppelande pour que le dormeur ne trouvât pas une arme à son réveil, puis il se disposa à prendre congé.

Mais une question se présentait : « Par où cet homme était-il venu?

Papa Romblon, lui, s'était introduit par la ruse, en suivant le vieillard : mais le vieillard, plus rusé que lui, l'avait renfermé dans le trou.

Puisque Romblon y était mort, la cave n'avait donc pas d'issue.

Mais la présence de cet homme!

Le vieillard pensa tout naturellement que cet homme avait fait comme Romblon. Il était venu faire sa ronde la veille au soir après souper; cet homme l'avait suivi, s'était faufilé derrière un pilier, etc.

Avant de se retirer, il jugea prudent néanmoins de visiter encore les parois de la cave. Tout était en bon état, sauf quelques planches tombées dans un couloir qui faisait cul-de-sac et n'aboutissait nulle part.

— Allons, allons, allons! dit-il, je ferai attention une autre fois. Il est évident qu'il se sera vautré sous ces planches hier, pour se cacher, car ses habits sont en désordre et pleins de terre. Hier, je n'ai fait que descendre les marches, parce que je n'aime pas à voir papa Romblon le soir avant de me coucher... il aura rampé derrière moi, comptant bien m'envoyer dans l'autre monde à ma prochaine visite. Ah! ah! ah! mon mignon, ajouta-t-il en se tournant vers Mazurke, dans ces cas-là, il ne faut pas dormir comme un sabot, en riant comme un innocent à je ne sais quels rêves ! Bonsoir, mon ami ! tu peux crier ; on ne t'entendra pas... excepté peut-être ces messieurs qui viennent aujourd'hui là-haut ; mais s'ils t'entendent, tant pis pour toi ! ça sera plus tôt fait... Bon somme !

Il remonta les marches, sortit et referma la porte.

En retombant, la porte fit un grand bruit.

Mazurke, réveillé en sursaut, se dressa d'un bond comme un homme qui a passé plus d'une fois en sa vie, sans transition, du sommeil à la bataille.

Il se crut le jouet d'une illusion. Ces ténèbres pesèrent d'abord sur son front comme un bandeau.

L'idée lui vint qu'il était fou, puis l'idée qu'il était aveugle.

Comme il y avait un pilier entre la porte et lui, il ne vit même pas cette ligne faiblement lumineuse qui passait sous la porte et qui allait s'éteignant à mesure que le vieillard s'éloignait.

La nuit, la nuit complète, épaisse, lourde, où planent le découragement et les terreurs.

Il avait froid. Tout son corps était meurtri et brisé, non seulement par les coups reçus la veille au soir, dans la lutte avec les trois bandits, mais encore par la chute même qui l'avait jeté au fond de ce trou.

Car c'était là que Mazurke était tombé au moment où nous l'avons vu disparaître.

Non pas là directement, mais au fond d'une sorte de puits, terminé en boyau, où Mazurke s'était trouvé tout à coup engagé, étouffé, serré entre les parois de glaise molle comme un piston dans un cylindre creux.

Bien qu'il fût étourdi à la fois par l'ivresse, par la bagarre et par l'atroce dégringolade qui le lançait ainsi à quarante pieds sous terre, l'instinct de la conservation le saisit, et il se prit à ramper dans cette manière de tuyau, dont les parois glissantes facilitaient son passage.

Vous avez vu souvent dans les villes de province et dans les quartiers de Paris qui ressemblent aux villes de province, ces petites trappes à un seul battant qui jouent sur leurs charnières, et qui, placés extérieurement au seuil de la maison, servent à encaver le bois ou la houille.

C'était une trappe de cette sorte qui avait tenu lieu de porte à Mazurke pour entrer en terre. Seulement cette trappe ne servait ni à encaver le bois ni à serrer la houille. Elle était recouverte d'une épaisse couche de sable où croissaient même quelques brins d'herbe, et si elle avait cédé sous le poids de Mazurke, c'était en brisant ses attaches rouillées et à contre-sens du mouvement naturel de sa charnière.

Il y avait gros à parier que les maîtres de la maison voisine eux-mêmes ne connaissaient point l'existence de cette trappe qui n'avait peut-être pas joué depuis cent ans.

Du moins le sable, la terre et l'herbe en dissimulaient-ils entièrement l'existence.

Quand Mazurke fut passé, la trappe, comme ces portes qui se referment d'elles-mêmes, bascula et boucha le trou.

De sorte que nos trois bandits purent croire à un *truc* du Châtelet (théâtre national!) transporté dans ces lieux déserts.

Mazurke rampa dans son tuyau comme un beau diable ; il descendit d'abord, puis il remonta. Sa tête heurta contre des planches qu'il souleva par un dernier effort, et il se trouva dans un espace libre mais plus noir que l'enfer, où il fit quelques pas au hasard, en chancelant.

Il était suffoqué aux trois quarts.

Il trébucha au premier obstacle, tomba et s'endormit sur place.

Sans la porte que ce vieux coquin de happe-monnaie ferma trop rudement, Mazurke dormirait encore, tant il y allait de bon cœur.

Après tout, il ne s'était enivré que pour cela.

Et les beaux rêves qu'il faisait, si vous saviez ! Un de ces paysages enchantés qui ne sont point de ce monde : le soleil au loin sur les moissons d'or, et tout près, l'ombre molle avec des gazons froids qui penchaient leurs pointes balancées sur le tranquille miroir d'un lac.

Le ciel plus bleu que l'espoir même à travers la sombre feuillée !

L'air du pays, ce nectar qui se respire !

Et deux femmes souriantes, que le bonheur faisait sublimes !

Deux femmes belles qui s'entr'aimaient et qui l'aimaient, lui, Mazurke, le solitaire, l'abandonné, le fou qui faisait danser sa tristesse !

La jeune fille à la fleur bleue et cette femme blanche et pâle qu'il avait vue passer en fiacre derrière la porte Saint-Martin.

Cette femme dans tout l'éclat d'une beauté mûre et splendide, que Yaumo, l'ancien pâtour du Couil appelait jadis : « La petite demoiselle ».

Berthe, l'aveugle, qui tenait Lucienne entre ses bras.

Et derrière ces deux visions bien-aimées, la figure d'un homme, regard doux et mélancolique, front pensif sous des cheveux blonds : Lucien...

Oh ! pauvre maître et pauvre frère !

Voilà le rêve que Mazurke faisait.

Et, tout à coup, à la place de ce magnifique soleil des songes, la nuit réelle ! Au lieu de cette joie partagée, la solitude morne !

Mazurke se frotta les yeux. Peine perdue, cela ne le fit point voir.

Il avait une vague idée de la bataille nocturne, mais de ce qui avait suivi, pas le moindre souvenir. La première pensée raisonnable qui surgit en lui fut que Romblon l'avait fait jeter dans un cul de basse-fosse. C'était à peu près vrai, sauf détails : Romblon avait voulu mieux faire.

Puis ces mille questions : « Où suis-je ? Que s'est-il passé ? » Il faut le dire, la nuit de son cerveau était toute pareille à la nuit de la cave.

Ce n'était certes pas une prison que ce trou : il n'y a point de prison comme cela. Qu'était-ce ?

A cette profondeur, les bruits changent de nature. Mazurke écoutait les voitures qui passaient, et il se disait : « C'est la Seine qui roule au-dessus de ma tête. On dit qu'il y a des souterrains sous le fleuve. Mais comment diable suis-je dans un souterrain sous la rivière? »

Il fit un pas. L'or sonna sous les talons de ses bottes.

Bon! autre illusion! De l'or dans ce trou!

Il se baissa et sentit les sacs. Il en souleva un. Pas possible de se méprendre!

Il le lâcha. Le sac tomba, rendant le gémissement des écus, lequel ici s'étouffa sans écho. Mazurke se pressa la tête à deux mains.

La folie venait réellement, parce que, toutes ces choses, il les prenait pour des illusions de la démence. Et, quand on commence à douter de sa raison, la raison s'en va.

— Holà! fit Mazurke, n'y a-t-il personne ici?

Il était brave comme un chevalier errant.

Mais sa voix lui fit peur.

Sa voix qui frappait la voûte basse et retombait sur lui pesante, sourde, étouffée.

Pour un empire, il n'eût pas prononcé un mot de plus.

Il se tenait coi, comme s'il eût senti quelque rocher branlant suspendu au-dessus de sa tête.

Sa force morale et sa force physique étaient, à cette heure, si complètement écrasées qu'un enfant l'eût terrassé, qu'un soupir lui eût donné la chair de poule. Ce qui était à droite, à gauche, devant lui, derrière lui, ce qui était sur sa tête, il ne le savait pas. Et la fièvre qui venait peuplait ces espaces inconnus de fantômes.

Il les voyait qui s'approchaient lentement, lentement, longs et grands sous le suaire, dont les plis raides tombaient à leurs pieds. Leur cercle livide se rapprochait. Il sentait leur haleine glacée. Leurs orbites sans yeux le regardaient fixement.

Ses tempes battaient, ses jambes tremblaient. Il se faisait petit pour éviter d'horribles attouchements.

Puis, sur cette cohue funèbre, un vent mystérieux soufflait. Les spectres oscillaient comme le brouillard blanc des marais au premier effort de la brise. Ils se choquaient, mêlant leurs formes effacées, et la nuit se refermait sur eux.

Mazurke défaillait; tout son corps s'inondait de sueur.

Tout à coup, au fond de l'ombre, deux rayons verdâtres s'allumèrent. Ils se mouvaient tortueusement et semblaient marcher vers Mazurke qui mit ses deux mains sur sa poitrine haletante.

Les deux rayons avançaient toujours, tantôt se voilant, tantôt brillant plus fort et mettant des reflets rouges dans leur vert sombre.

Mazurke tomba sur ses genoux.

XX

Tête-à-tête

Mazurke avait peur.

Il étendit les bras et ne toucha rien. Cela lui donna l'idée de l'immensité.

C'était la fin.

Cette mort anticipée qu'il subissait, ce découragement inconnu, cette nuit sépulcrale et le froid qui courait dans ses veines, tout cela lui disait : « Tu n'iras pas plus loin ! »

Et les deux noms aimés venaient à sa lèvre comme un suprême gémissement.

Berthe et Lucienne ! la femme qu'il cherchait depuis tant d'années, et la jeune fille que Dieu avait jetée sur son chemin comme une consolation de son passé solitaire, comme une radieuse promesse d'avenir.

Berthe ! Encore quelques efforts, et il allait la retrouver. Lucienne ! Oh ! la pauvre fleur bleue, cet aveu d'un amour qui n'avait point parlé !

Mazurke la chercha, la petite fleur ; il la mit sur ses lèvres. Son cœur se fondit ; deux larmes roulèrent le long de ses joues.

Comme il la baisait, sa fleur, tout ce qui lui restait du monde !

Il pensait : Je mourrai ainsi, avec ma fleur sur la bouche...

Mais ne croyez pas que l'élégie pût pleurer comme cela bien longtemps dans l'âme de notre Mazurke.

C'était de la surprise. Après un coup de massue, quelques moments de faiblesse sont bien permis. Pendant qu'il se livrait ainsi, faute de mieux, aux méditations les plus touchantes, une idée traversa son cerveau tout à coup.

Il se redressa comme un ressort.

Adieu la peur, le découragement et la poésie fugitive ! Cette nuit, cette nuit odieuse qui l'oppressait, il allait la combattre. Sa poitrine rendit un cri de triomphe.

Il venait de plonger la main dans la poche de son habit et sa main avait rencontré une de ces petites boîtes, providence portative des fumeurs, qui contiennent un cent d'allumettes-bougies. Il y eut un frôlement sec, puis cette petite fusée qui précède l'embrasement du soufre, puis enfin une lueur. Mazurke voyait.

Pas beaucoup, car cette microscopique lumière éclairait à peine le pilier le plus voisin, allumant çà et là au loin une vague étincelle sur le salpêtre des murailles et faisant miroiter faiblement les louis d'or sur le sol.

Mais cela suffisait. Ce n'était plus la nuit.

Du premier coup d'œil, il soupçonna la vérité. Seulement il se trompa en pensant qu'on l'avait enfermé là de propos délibéré comme dans une prison-sarcophage. Mais l'erreur était assurément excusable puisqu'au moment où son allumette mourait, son regard arrivait au squelette.

— Oh ! oh ! dit-il tout haut, voici un pauvre diable qui m'a devancé. Il paraît qu'on meurt ici tout de bon !

La bougie était éteinte. Mazurke, dans ces ténèbres revenues, eut peut-être un petit tressaillement, car le squelette était un fâcheux programme et semblait dire : Ami, toi et moi nous ferons bientôt la paire.

Mais bah ! ce squelette n'avait sans doute pas, de son

vivant, trouvé dans sa poche une boîte d'allumettes-bougies.

Mazurke fit prendre feu à la seconde. Celle-ci lui servit à reconnaître le trésor amassé dans cette cave. Dans la position où était Mazurke, on a tout naturellement cette belle vertu : le mépris des richesses. Une bougie-allumette, c'est-à-dire le quart d'une minute, lui suffit pour inventorier ce monceau d'or et d'argent.

— C'est égal, murmura-t-il comme la seconde bougie s'éteignait en lui brûlant un peu les doigts, une fois dehors, je ne serai pas fâché de savoir où ces messieurs mettent leurs épargnes. En somme, il y a une part de ce bel argent qui est à moi, nous pourrons y revenir.

Fanfaron de Mazurke ! avant de revenir, il eût fallu s'en aller.

La troisième bougie et les suivantes furent employées à visiter tous les recoins de la cave pour chercher une issue. Il trouva une belle porte en chêne massif, et rien de plus.

Mazurke fit une lieue en long et en large dans le souterrain. Il n'y eut pas un pouce carré de muraille qu'il n'éprouvât de l'œil et de la main, surtout derrière ces fameuses planches où le chat s'était réfugié, lors de la venue du centenaire.

Rien ! Les parois étaient tantôt maçonnées, tantôt taillées simplement au pic dans la terre rocheuse, mais nulle part la moindre fissure. Si Mazurke avait eu souvenir de son entrée, ce n'est point aux murailles qu'il aurait cherché. Mais, étant données cette circonstance de l'oubli complet et cette autre circonstance que les allumettes-bougies ne pouvaient guère durer plus d'une heure, il y avait mille à parier contre un que le squelette allait avoir bientôt un pendant.

Quand Mazurke fut revenu au pilier où s'adossait le mort, il ne put s'empêcher de faire halte, car l'inutilité de ses investigations lui ramenait des idées terriblement noires.

Et la boîte de bougies se vidait si vite !

Mazurke s'assit sur les sacs d'argent, face à face avec le

squelette. Il le considéra longuement. La bougie qu'il tenait entre ses doigts s'éteignit. Il n'en ralluma point d'autres.

L'image du squelette restait en quelque sorte imprimée sur sa rétine. Il le voyait parfaitement dans les ténèbres, avec les trous de son visage et les angles aigus que formaient ses membres ramassés.

En ce moment, Mazurke était immobile comme le squelette lui-même. Et par un singulier hasard, il avait pris à son insu la pose même du squelette.

Il était accroupi, lui aussi, les genoux à la hauteur de l'estomac et la tête prise comme dans un étau entre les deux paumes de ses mains.

Il songeait. Il se défendait contre une idée redoutable qui voulait entrer malgré lui dans son esprit.

Une de ces idées qui hâtent l'agonie et font les dernières heures furieuses.

Cet homme était mort de faim ! Il n'y avait pas à en douter. Il était mort assis, écrasé par le désespoir, et lentement, après avoir empli le souterrain de ses cris, après avoir écorché de ses ongles saignants le chêne de cette porte inflexible.

L'affaissement avait succédé à la rage. Il s'était mis là, sur la base de ce pilier, l'écume à la bouche, les yeux hors du front, le blasphème dans l'âme.

Sa tête était tombée entre ses mains. Et la mort l'avait pris...

Mazurke voyait en quelque sorte ce solitaire et lugubre drame. Sa fièvre grandissait. Des frissons passaient dans la moelle de ses os.

Et, chose étrange, la faim, sollicitée par ses appréhensions mêmes, venait déjà impérieuse.

Libre, il eût jeûné longtemps encore. Dans ce cachot, auprès de cet homme que l'inanition avait tué, il sentait son estomac vide et souffrait par anticipation l'atroce supplice de la famine.

Il se leva et secoua ses membres, comme s'il eût craint déjà de les voir engourdis.

Il y avait encore à explorer le coin du souterrain qui était derrière le squelette. C'était un dernier et faible espoir. Une bougie fut allumée et Mazurke chercha.

Derrière le squelette, parmi les lambeaux informes de ses vêtements qui étaient tombés pièce à pièce, un objet brillait. Mazurke se baissa. C'était le fermoir d'acier d'un grand et gros portefeuille, dont le cuir était rongé en partie, mais qui gardait encore le nom de Romblon père, écrit sur sa couverture.

Mazurke ramassa le portefeuille et l'ouvrit.

XXI

L'avant-dernière bougie

Si Mazurke avait pu conserver l'ombre d'un doute sur la question de savoir en quel lieu il se trouvait, le nom gravé sur le portefeuille l'aurait fixé tout de suite.

Sa conversation avec Romblon-Ballon lui revint en effet à la mémoire. Il se souvint de ce singulier récit de la disparition de Romblon père qui avait essayé de suivre ces voitures mystérieuses, partant du Pont-Neuf et menant les héritiers de Jean-de-la-Mer au lieu de leurs réunions annuelles.

Romblon père avait surpris le secret de la tontine à outrance ; bien plus, il était entré dans la tirelire commune. Mais il n'en était pas sorti.

Entre morts, on n'est pas tenu à ces délicatesses qui facilitent et assurent les relations entre vivants. Mazurke ne se fit aucun scrupule de fouiller le portefeuille de papa Romblon, portefeuille que Ballon lui avait dit être si précieux : papa ayant l'habitude, toujours au dire de son fils, de coucher toutes choses par écrit et de serrer soigneusement tout ce qui lui tombait sous la main.

Le portefeuille était en effet gonflé comme l'abdomen vêtu de nankin de notre ami Ballon. Il y avait des volumes sous cette enveloppe de cuir, rongée par les vers.

Il y avait d'abord des profusions de lettres de la maison Isidore-Baptiste et Cie, indiquant un ensemble d'efforts tendant tous au même but, qui était de trouver, sous leurs noms d'emprunt, les héritiers de Jean-de-la-Mer, les membres de la tontine à outrance.

Mazurke put suivre les filières à l'aide desquelles on avait successivement reconnu le docteur Morin, le vieux Houël, Cousin-et-Ami, Guérineul, Olivetto, et enfin Menand jeune, qu'une forte odeur d'oignon cru avait trahi, malgré son noble nom de Beaujoyeux.

Papa Romblon n'avait plus à trouver que Fargeau et le happe-monnaie Honoré, parmi les membres de la tontine, et en dehors, Lucien, Berthe et Tiennet Blône, lesquels n'avaient point acquiescé.

Mais son œuvre avait été rudement interrompue, et cet homme prudent ne devait plus rançonner personne.

Sur l'une des pages de chagrin qui sont au centre de tout portefeuille, Mazurke trouva deux mots écrits symétriquement :

ROMBLON-RAISON.

Comme toutes les choses mystérieuses et qu'on n'explique point de prime aspect, ces mots le frappèrent plus fortement que bien d'autres choses en apparence plus importantes.

Il resta dix minutes à deviner ce rébus dont le mot lui échappa en définitive.

Mais les deux rimes se gravèrent d'elles-mêmes dans sa mémoire, et involontairement, pendant tout le reste de son investigation, il allait, répétant : Romblon-Raison, Romblon-Raison !

C'était un grand enfant, vous savez bien...

Nous ne ferons pas l'inventaire de tout ce que contenait le portefeuille de papa. Les choses les plus disparates s'y trouvaient accolées. Nous parlerons pourtant d'un pauvre petit papier qui fit battre bien fort le cœur de Mazurke.

C'était la promesse de mariage souscrite autrefois par Lucien Créhu de la Saulays au profit de sa cousine Berthe.

La promesse de mariage que la pauvre aveugle n'avait jamais lue et que Fargeau avait indignement volée dans le creux du chêne de la Mestivière.

Mazurke baisa ce papier froissé et jauni par le temps. Un monde d'idées s'éveillait dans son esprit et dans son cœur ; il sautait à pieds joints par-dessus ces vingt années ; il revoyait le vieux château, la figure pâle de Jean Créhu avec son cadre de barbe blanche, et Berthe, appuyée mollement au bras de Lucien, sous les grands arbres de la forêt de Couil.

Mais comment diable ce vieux coquin de Romblon s'était-il procuré cette promesse de mariage ?

L'inventaire du portefeuille était à peine à moitié, et les bougies allaient manquer.

Mazurke cessa de chercher au hasard. Il y avait une chose qu'il voulait voir avant tout, et il était sûr de la trouver dans le portefeuille.

Ballon lui avait dit : « Si papa n'avait pas emporté son carnet, nous saurions bien tout ce qui a rapport à la succession de Jean Créhu, car il avait une copie du testament ! »

C'était cette copie que Mazurke cherchait.

Il la trouva et se mit à la lire avidement.

Les termes de l'acte lui étaient bien connus, mais, après vingt ans, il n'avait plus présentes les diverses dates. Ainsi, par exemple, il n'aurait point su dire à quelle époque, faute d'avoir rempli la condition principale du testament (la réunion sur une seule tête de toutes les portions de l'héritage par suite du décès de tous les cohéritiers), les membres de la tontine devaient se trouver déchus de leurs droits qui passaient à Berthe Créhu de la Saulays.

La copie du testament lui donna ces dates.

Les vingt ans accordés aux membres de la tontine pour

arriver à un résultat couraient du 13 mai 1829 au 13 mai 1849.

On était au 11. Il restait deux jours.

Le portefeuille s'échappa des mains de Mazurke. Deux jours ! Sauf un seul, tous les membres de la tontine vivaient.

Il fallait que, dans ces deux jours, on fît ce que vingt ans n'avaient pu faire, ou que les biens de Jean Créhu, avec toutes les rentes accumulées, retournassent à Berthe l'aveugle.

Berthe vivait, Mazurke en était sûr ; et il pensait bien que son existence n'était point ignorée des membres de la tontine. Évidemment, ces hommes ne pouvaient renoncer à la fortune qui était entre leurs mains. Berthe seule leur faisait obstacle. Mazurke savait qu'un crime ne leur coûterait rien, pas même un remords.

Et Mazurke était là entre quatre murs, prisonnier, impuissant !

Ses deux mains crispées serraient sa poitrine. La sueur collait les cheveux de ses tempes.

— Assassinée ! Berthe !

Il se leva enfin, pris de folie. Ses ongles grattèrent les parois solides ; son talon heurta les piliers comme s'il eût voulu faire écrouler la voûte.

Il ne criait pas, mais un râle sourd sortait de sa poitrine gonflée. Vous eussiez dit un lion, rôdant et soufflant dans sa cage.

Il s'arrêta devant la porte.

Puis il alla au tas d'argent et transporta des sacs qu'il amoncela en face du seuil. Il avait encore trois bougies.

Ces sacs amoncelés étaient des munitions pour battre en brèche la porte.

Il brûla une première bougie afin d'établir sa batterie. Puis, il brandit un sac de mille francs, et le lança contre la porte qui sonna comme si c'eût été un coup de bélier. Le sac s'écrasa et les écus jaillirent. Mazurke saisit un autre sac, puis un autre encore. Il y allait avec furie. La porte sonnait incessamment, et les sacs s'écrasaient l'un après l'autre comme les boules de neige qui servent aux batailles des enfants.

Mazurko allait ! Ses cheveux inondaient son visage. La sueur tombait à grosses gouttes de son front. Il disait tout bas, sans savoir qu'il parlait :

— Je la briserai cette porte ! je la briserai ! S'il y a quelqu'un derrière pour me barrer le passage, je l'étoufferai entre mes bras. Je passerai, j'irai, je serai là… et quand je suis là, on n'assassine pas !

Et il précipitait sa tâche, infatigable. C'était comme le marteau qui frappe l'enclume. Son bras était d'acier.

Et pourtant la porte rendait toujours le même son plein et net. Il y avait sur les marches des milliers de pièces de cinq francs éparpillées. La porte résistait. Mazurke répétait, mais sa voix était plus faible :

— Je la briserai ! je la briserai !

Le sacs volaient, heurtant le bois. Mazurke sentait bien qu'après ce délirant effort, il allait tomber tout d'un coup...

Il tomba, ses muscles se détendirent. Un feu passa devant ses yeux et il lui sembla que le sol de la cave roulait comme le pont d'un navire en grosse mer. La seconde bougie s'alluma, car il voulait voir si la porte n'avait point cédé, ne fût-ce qu'un peu,

Oh ! si la porte avait eu seulement une fente où passer la lame d'un couteau, une écorchure, un rien !

Mais la porte, défendue par son armure de fer, gardait à peine les traces de cette attaque vaine. Mazurke leva les mains vers le ciel, puis il s'affaissa, le visage contre terre, vaincu, brisé, déjà mort.

XXII

Où Lucienne fait de la morale

Le jour se leva clair et gai comme la veille sur les deux jardins qui séparaient l'hôtel Lointier de la maison de Marans. Mais les oiseaux chanteurs bavardèrent tout seuls sous le feuillage.

Lucienne s'éveilla pourtant de bonne heure. Avant même d'ouvrir les yeux, elle sentit sur sa poitrine ce poids qui devance la réflexion et qui invite l'âme à rester engourdie, par crainte d'une peine inconnue.

On ne sait pas encore, mais on a peur déjà. Le cœur se serre. On voudrait se réfugier de nouveau dans le sommeil.

Mais le sommeil est loin. Les paupières entr'ouvertes ont vu le grand jour, et la mémoire secouée a dit son mot.

On vit ; on se souvient : on souffre.

Lucienne, au lieu de sauter hors de son lit comme d'habitude, leste et vive, laissa longtemps sa jolie tête sur l'oreiller. Tout ce que lui avait dit Clémence lui revenait ; elle avait peur.

Il fallut la lettre de Mazurke, toujours cachetée et posée à son chevet, pour lui rendre un peu de cœur. A la vue de la lettre, ses yeux qui allaient pleurer eurent un pauvre sourire.

Ses petits pieds blancs touchèrent le tapis. Elle souleva la mousseline qui couvrait les carreaux de sa fenêtre.

— Clémence n'est pas encore au jardin, murmura-t-elle ; il faut que je la voie pourtant, il faut que je sache tout... tout !

— Mon Dieu ! ajouta-t-elle en regagnant son lit pour

D'instinct il prit son pistolet et visa d'une main tremblante.

passer sa robe du matin, faites que Clémence se soit trompée, et protégez notre pauvre mère !

La robe agrafée, et ce ne fut pas long, Lucienne prit ses beaux cheveux blonds à deux mains et les noua derrière sa tête. Puis elle se mit à genoux devant une image de la Vierge que le prêtre lui avait donnée le jour de sa première communion.

Après sa prière qui monta vers Dieu comme le vol de l'ange, elle ouvrit sa fenêtre et fit entendre l'appel matinal.

— Pstt ! pstt !

Personne ne répondit, et la porte de l'hôtel Lointier resta close.

— Elle dort, se dit Lucienne, la paresseuse !

La pauvre Clémence n'avait garde de dormir. Lucienne songea d'abord à l'attendre ; mais son esprit avait la fièvre. Elle ne pouvait rester en place.

Elle prit à son chevet la lettre de Mazurko. C'était au moins un prétexte pour aller voir son frère.

Mme de Marans sommeillait encore. Clémence traversa sa chambre sur la pointe des pieds, non sans jeter vers l'alcôve un regard furtif et attendri, puis elle entra chez M. le docteur Gabriel.

Gabriel dormait, lui aussi, mais c'était un sommeil agité qui laissait échapper des paroles.

Quand Lucienne entra, Gabriel disait :

— On vous paiera ! Dix mille francs ! ne voilà-t-il pas une affaire !

Sa voix était étranglée comme si la main d'un ennemi eût serré sa gorge. Son visage enflammé avait des gouttes de sueur.

— Gabriel ! dit Lucienne en lui touchant l'épaule, éveille-toi !

Gabriel fronça le sourcil et ses poings se fermèrent.

— Encore perdu ! murmura-t-il. On vous paiera. Je suis riche.

Lucienne secoua la tête tristement.

— Gabriel ! répéta-t-elle.

Le petit docteur se dressa en sursaut.

— Quoi ! qu'y a-t-il ? que demandez-vous ? s'écria-t-il avec effroi. Pourquoi vient-on me chercher jusqu'ici ?

— C'est moi, mon pauvre Gabriel, prononça Lucienne bien doucement.

Gabriel se frotta les yeux ; puis il remit sa tête sur l'oreiller, parce qu'il avait honte.

— Ah ! c'est toi, Lucienne, dit-il. Tu m'as fait peur.

Lucienne roula un fauteuil auprès du lit et s'assit.

— Tu ne m'embrasses pas, ce matin, Gabriel ?

— Pauvre petite sœur ! plutôt dix fois qu'une ! s'écria Gabriel en se retournant et en prenant la blonde tête de Lucienne à deux mains.

— Mais comme te voilà grave ! ajouta-t-il.

— Tu as donc perdu dix mille francs cette nuit ? demanda tout bas Lucienne.

Le docteur devint plus pâle.

— Dix mille francs ! répéta-t-il en essayant de sourire, quelle folie !

— Oui, dit la jeune fille d'un ton sérieux et triste, ce serait une folie, une folie bien coupable !

— Tu prêches un converti, ma sœur.

— Je voudrais le croire, mon frère.

Ces deux dernières répliques furent échangées sur un ton presque hostile.

Lucienne était indignée parce qu'elle songeait aux paroles de Clémence et aux périls qui menaçaient sa mère. M. Gabriel trouvait le ton de sa sœur un peu irrévérencieux.

Nous avons dû le dire : M. Gabriel était entiché de sa noblesse à un degré qui frisait la manie. Or, dans les maisons de haute chevalerie, la loi salique règne despotiquement. M. Gabriel se regardait comme le chef de la famille.

Pauvre petit !

Mais ils s'aimaient trop bien, ces deux enfants, pour rester longtemps sur le pied de guerre.

— Écoute, dit Lucienne, sachant où trouver l'argument

décisif: moi, je ne sais pas te blâmer, mon Gabriel, ainsi ne te fâche pas contre moi, mais Clémence...

— Oh! Clémence! Clémence! s'écria le jeune homme avec colère; Clémence abuse! Elle est impitoyable, parce qu'elle voit en moi un esclave. Eh bien, je crois que je ne l'aimerai pas longtemps, Clémence!

— Ah? fit Lucienne qui ne put retenir un sourire.

— C'est Clémence qui te met toutes ces idées-là dans la tête, reprit Gabriel en s'animant de plus en plus; mon Dieu! je joue en passant... pour me distraire...

— Dix mille francs! murmura Lucienne.

— Qui a pu lui dire cela? demanda brusquement Gabriel.

— A qui?

— A Clémence... car c'est elle qui te l'a dit!

— Non, ce n'est pas Clémence, mon pauvre Gabriel, c'est toi.

— Moi!

— Toi, qui joues en dormant, toi qui n'as plus une minute de repos, toi qui ne travailles plus et qui perds ton avenir!

— Mais voilà un sermon en règle, ma parole! interrompit M. le docteur; tiens, je finirai par la détester, cette Clémence!

— Parce qu'elle t'aime?

— Parce qu'elle me poursuit, parce qu'elle t'apprend à me blâmer, à me mépriser. Voyons! quand il serait vrai que je fusse joueur.

— Notre mère n'est pas riche, dit tout bas Lucienne.

— Oh! fit Gabriel, d'abord notre mère est plus riche que tu ne le crois. Elle nous cache sa fortune. Je ne dis pas qu'elle ait tort, Dieu me garde d'exprimer jamais un blâme sur les actions de notre mère! Mais vois-tu bien, on ne porte pas le nom de Marans sans posséder des biens.

— Mais tu te trompes! s'écria Lucienne qui sentait vaguement tout le péril de cette croyance.

— Je sais ce que je dis, petite fille, riposta Gabriel, il ne faut pas toujours me traiter comme un enfant.

Lucienne lui prit la main.

— Je te traite comme le mieux aimé des frères, mon Gabriel, dit-elle; tu ne peux pas savoir, et moi-même, je ne pourrais pas l'expliquer, mais il y a bien du malheur autour de nous, va! Crois-moi, mon frère, ajouta-t-elle en mettant des caresses dans sa voix, ne t'excuse pas à tes propres yeux en croyant que notre mère est riche. Notre mère est pauvre.

— C'est impossible!

— Un jour qu'elle parlait de la conscription, j'ai vu des larmes dans ses yeux. Je crois qu'elle n'aurait pas de quoi te racheter en cas de malheur.

— Voilà bien les petites filles! s'écria Gabriel triomphant, toujours se mêler de choses qu'elles ignorent! Notre mère n'a pu pleurer en songeant à la conscription, puisque la loi ne m'atteint pas; c'est pour la forme que je tire; je suis fils unique de veuve, je suis soutien de famille.

— Soutien de famille! ne put s'empêcher de répéter Lucienne.

Mais elle reprit tout de suite, craignant d'avoir blessé Gabriel :

— Je te dis ce que j'ai vu. Maintenant, je crois que tu as raison, et j'ai entendu parler de cette loi qui exempte les fils de veuve. Mais ce n'était là qu'un détail.

— Oui, oui, interrompit Gabriel, maintenant que tu es battue...

— Écoute-moi. Je vais revoir Clémence, et j'en saurai davantage. Mais je parle bien sérieusement, Gabriel, quand je te dis que notre repos est menacé.

— Par qui?

— Notre mère a des ennemis cruels. Tu prononçais tout à l'heure un mot : *soutien de famille*...

— Eh bien?

— Eh bien, nous aurons peut-être besoin d'un défenseur. Mais si, au lieu de nous défendre, au lieu de défendre notre mère, car, moi, qu'importe? si tu aides à nous perdre par tes imprudences...

— Assez! dit Gabriel.

Lucienne se tut. Il y eut un long silence.

Gabriel prit les mains de la jeune fille et les serra contre ses lèvres.

— Tu as raison, petite sœur, murmura-t-il, mais tu ne sais pas ce que c'est que d'aimer!

A cela, Mlle de Marans ne pouvait répondre, mais elle glissa un regard sournois au fond de la poche mignonne de son tablier du matin où était la lettre de Mazurke.

Gabriel poursuivit :

— Tu ne peux savoir. Tout ce que j'en fais, c'est pour elle. J'ai beau me révolter, vois-tu, mon cœur est à ses pieds. Je l'aime comme un fou... plus que cela encore! Est-ce que je sais dire comment je l'aime! Eh bien, j'ai de la fierté. Clémence est la fille d'un homme riche. Avec mon art de médecin, la fortune sera si longue à venir! j'ai cru, je crois encore que le jeu...

— Mais c'est de la démence! interrompit Lucienne; si Clémence savait...

— Clémence ne saura pas. Le jour où je serai riche, je m'agenouillerai devant elle et je lui dirai : « Je suis noble et j'ai de l'or; mon nom et mon or sont à vous ! »

— Pauvre Gabriel! dit encore la jeune fille sur qui ce sophisme sentimental ne laissait pas que de faire impression.

— Ne me dis pas que j'ai tort ! s'écria Gabriel; je suis sûr que j'ai raison. Le jeu ressemble à toutes les choses humaines. Il faut de la patience.... mais je commence à comprendre très bien l'équilibre des séries, et avant qu'il soit quinze jours, je veux jouer à coup sûr.

— Oh! fit Lucienne étonnée, c'est toi qui parles ainsi!

— Je m'entends, et toi, petite fille, tu ne peux pas me comprendre. Vous êtes deux folles ensemble, Clémence et toi, qui prétendez trancher et juger. Je ne dis plus qu'une chose : quelle figure ferait M. Lointier si j'allais lui demander ce matin la main de sa fille?

— Dam! fit Lucienne.
— M. André Lointier, reprit Gabriel, me mettrait à la porte le mieux du monde parce que je n'ai pas le sou. Et ce pauvre M. Raymond, qui est si excellent, aurait beau faire, tout serait perdu. Tandis que si je vais dire à M. André : j'ai deux cent mille francs, trois cent mille francs, et qu'est-ce que cela, quand on a la veine! M. André me dira : Touchez-là, vous êtes un charmant jeune homme. Est-ce vrai, oui ou non, cela?

XXIII

Une nuit de M. Fargeau

Lucienne sentait bien que tout cela n'avait pas le sens commun, mais ce qui regardait M. André Lointier était la vérité même. Il eût fallu scinder l'argument pour y répondre, et Lucienne n'avait pas fait sa philosophie.

Gabriel continuait en s'animant :

— Songe donc, petite sœur, si une fois M. Lointier disait oui, comme nous serions heureux! Moi, le mari de Clémence! Quand je pense à cela, vois-tu, je perds la tête. Allons plus loin : que me manquerait-il pour faire une brillante fortune médicale, à moi qui possède seul au monde les traditions de Van Eyde? Un premier pas, un premier cri de la renommée? Avec un peu d'argent, on fait crier la renommée. Tu dis que ma mère est pauvre : je n'en crois rien, mais enfin, tu le dis. Eh bien, me voilà médecin célèbre, ma caisse s'enfle. J'aime bien Clémence, mais notre mère! oh! c'est de l'adoration que j'ai pour elle! Je la fais notre reine; elle est riche de notre richesse. Quant à toi, ma Lucienne, je te donne une belle dot; tu épouses quelque bon gentilhomme, et nous vivons tous ensemble dans un vrai paradis.

Les programmes ne lui coûtaient rien à ce docteur blond, et il parlait de la meilleure foi du monde. Lucienne lui avait pris la main.

— Tu es bon, mon pauvre Gabriel, dit-elle; tu penses aux autres et tu veux nous donner une part de ton bonheur. Mais, ajouta-t-elle avec un soupir, ton bonheur, où est-il? C'est le pot au lait de Perrette.

— On ne peut pas raisonner avec les femmes! prononça Gabriel sentencieusement.

Lucienne se leva et reprit d'un ton sérieux :

— Je vais voir Clémence. Quand je saurai au juste ce que nous avons à craindre, je reviendrai te le dire... Ah! j'y pense, s'interrompit-elle en rougissant un peu; j'ai là quelque chose pour toi.

— Une lettre de Mazurke! s'écria Gabriel en prenant le papier que Lucienne lui tendait; voilà un beau joueur! Tu ne dois pas faire beaucoup de cas de celui-là, toi, Lucienne.

Mlle de Marans avait détourné la tête, et, bien qu'elle eût annoncé l'intention de descendre au jardin pour chercher Clémence, elle demeurait à la même place, indécise et troublée. Gabriel lisait.

Lucienne tournait la tête doucement et lui jetait un regard furtif, comme si elle eût voulu lire la lettre dans ses yeux.

— Bon! s'écria Gabriel, il a encore fait sauter la banque de Wiesbaden! Quel gaillard!

Le front de Lucienne devint triste.

— Ah çà, reprit Gabriel, je n'y comprends rien, moi, à sa lettre. Lui qui a tant d'esprit, le voilà qui fait du sentiment comme un troubadour! Il parle d'étoiles dans la nuit, de fleurs bleues qui penchent leur tige sur le bord de sa route...

Le cœur de Lucienne battait.

— Je crois, ma parole d'honneur! acheva Gabriel, que le pauvre Mazurke est amoureux comme un fou!

Lucienne s'enfuit. Elle avait la paupière humide et le front radieux.

Elle se rendit en courant au berceau où Clémence l'attendait d'ordinaire. Clémence n'y était point.

Lucienne resta longtemps, espérant toujours que son amie avait dormi plus tard que d'habitude. Clémence ne pouvait manquer au rendez-vous, après avoir entamé les révélations qu'elle-même traitait avec tant de solennité.

Cependant Clémence ne venait pas.

Au moment où Lucienne songeait à la retraite, la porte de l'hôtel Lointier s'ouvrit enfin; mais ce ne fut point Clémence qui se montra sur le perron.

Une jeune fille de la campagne, qui lui servait de femme de chambre, descendit vivement les marches et vint droit à la charmille.

— Est-ce que M{ll} Clémence est malade? demanda Lucienne.

— Mlle Clémence est partie, répondit la femme de chambre.

— Partie? pour quel endroit?
— Pour le château.
— Mais quand donc?
— Cette nuit, avant le jour.
— C'est impossible! s'écria Lucienne; elle m'avait promis...

La petite femme de chambre jeta vers l'hôtel un regard craintif, puis, comme il n'y avait personne aux fenêtres, elle tira lestement de son sein un papier qu'elle lança sur le tablier de Lucienne.

Cela fait, elle s'échappa en toute hâte.

Lucienne ouvrit le papier qui était un billet de Clémence. Clémence disait :

« Ma chère Lucienne,

« Je suis prisonnière cette nuit; demain on m'exilera.
« Je te l'ai dit : je suis avec toi contre ceux qui veulent
« perdre ta mère. On est libre dès qu'on est résolue. Tu
« me reverras plus tôt que tu ne crois. A ce soir!

« CLÉMENCE. »

— Prisonnière! se dit Lucienne, exilée! Pourquoi? On

l'avait donc épiée hier ? Il y a donc véritablement quelque chose !

Elle rentra toute pâle et pensive, car c'était l'heure où Mme de Marans se levait.

Cette nuit-là, le bon M. Fargeau ne s'était pas couché. En prenant le nom d'André Lointier, il n'avait point changé de caractère. C'était toujours un homme laborieux et qui ne craignait point sa peine.

Malgré l'heure indue, Mme Paoli avait reçu sa visite et ils avaient eu ensemble une très longue conférence qui s'était terminée au mieux, parce qu'ils étaient faits, elle et lui, pour se comprendre.

Par suite de cette conférence, Mme Paoli avait commencé sa journée dès l'aube et s'était fait conduire au domicile privé de Mlle Grièche, seconde duègne du théâtre des Amusements. Nous verrons plus tard le résultat de cette visite.

Quant à M. Fargeau, en revenant de chez la belle Milanaise, il s'était mis à son bureau, et la besogne avait marché rondement.

D'abord il avait pris une leçon d'écriture. Voici comme :

Pour se mettre en rapport avec la maison Isidore-Baptiste et Cie, Mazurke avait écrit un billet de trois lignes. M. Fargeau possédait cet autographe qu'il avait obtenu de l'obligeance de M. Baptiste. Ce billet était déplié sur le bureau et relevé en chevalet, comme si c'eût été un chef-d'œuvre calligraphique de M. Taupier.

Et M. Fargeau le copiait avec beaucoup de soin, cherchant à imiter les pleins, les déliés et les liaisons. Il y réussissait parfaitement, car c'était un homme adroit et soigneux.

Au bout d'une heure, il écrivait comme Mazurke, de façon à tromper le meilleur ami de Mazurke.

C'était la moitié de sa tâche. Il alla réveiller un vieux domestique qu'il payait mal et qui lui était dévoué. Le vieux domestique fut chargé de préparer la berline qui devait servir au voyage de Clémence. Clémence monta dans la berline où François, le vieux domestique, s'assit auprès d'elle comme le gendarme qui partage avec les condamnés la planche suspendue des fourgons de la justice.

Il avait mission de garder Clémence pendant la route, et de la garder encore une fois au château.

Aucune parole ne fut échangée entre le père et la fille, au départ.

Clémence avait eu le temps de remettre à sa petite soubrette un billet pour Lucienne et un billet pour M. Albert, le secrétaire mélancolique de l'oncle Raymond.

La berline partit. M. Fargeau revint paisiblement à son cabinet.

Le jour se montrait derrière les jalousies fermées et tuait déjà la lumière de la lampe. Les plus charmantes créatures de Dieu sont laides à ce moment critique ; mais M. Fargeau n'avait pas de coquetterie, et, d'ailleurs, il était vilain à toute heure.

Son nouveau talent fut mis immédiatement à l'épreuve. Il écrivit séance tenante une lettre adressée à M. Gabriel de Marans et signée *Philippe*.

Cette lettre fut comparée minutieusement au billet original de Mazurke. C'était réussi à souhait.

Ensuite de quoi Fargeau fit une seconde lettre, mais cette fois d'une écriture renversée et banale qui n'était ni son écriture à lui, ni celle de Mazurke : l'écriture des lettres anonymes et des manuscrits de théâtre. Cette seconde lettre fut encore adressée à M. le docteur Gabriel de Marans. C'était tout.

M. Fargeau mit les deux lettres dans son carnet, se renversa sur son fauteuil et ferma les yeux, comptant sur une heure ou deux de sommeil. Mais il comptait sans l'étudiant de quinzième année, M. de Monsigny.

Au moment où Fargeau, aidé par ce dormitif souverain, une bonne conscience, commençait un joli petit somme, la sonnette de la rue fut agitée avec violence.

Il était un peu plus de huit heures du matin, et c'était à peu près le moment où Lucienne rentrait à la maison avec le billet de Clémence.

M. Fargeau se redressa. Il avait reconnu son homme avant de l'avoir vu. La sonnette, agitée ainsi, avait un accent vitriâs.

Il se dit : — Je dormirai la nuit prochaine.

Mais l'homme propose...

— Tonnerre de Landerneau! dit une voix solidement nazillarde dans l'antichambre ; garçon, voilà six fois que je sonne ; filez dire à votre maître que je suis là : M. de Monsigny.

— Faites entrer, cria Fargeau de sa place.

— Oh! oh! dit le nouveau venu, je connais cet organe...

— Eh! parbleu! ajouta-t-il en passant le seuil, je me doutais de ça ! Bonjour, vieux !

Il tendit la main à Fargeau ; mais celui-ci, toujours affectueux et tendre, le serra contre son cœur.

— Mon pauvre Guérineul, dit-il avec sentiment ; combien je suis heureux de revoir un parent, un ami, presque un frère ! Ah ! le testament de mon oncle n'a pu m'endurcir l'âme. Il y a bien longtemps que je sais où vous trouver, mais l'idée de cette bataille impie me révolte.

— Bon, bon ! interrompit Guérineul ; moi aussi, nom d'un chien ! Seulement, nous n'avons plus que quarante-huit heures. Dites donc, vieux, le bazar ne me déplaît pas, ici. C'est antique et faisandé, mais bien bâti. Vous avez donc un bon état, vous ?

— Oui, répondit Fargeau en souriant.

— Moi, je bricole, reprit le vieil étudiant, je boulotte, je carotte, je rabiotte. Nom de bleu ! cependant, je ne viens pas comme ça dans les maisons... et si je n'avais pas deviné le *rébus* de ce louchon de Baptiste... Mais voyons, que me voulez-vous ?

— Je veux vous faire gagner deux cent cinquante mille francs, répondit Fargeau.

Guérineul mit son chapeau sur sa tête et fourra ses mains dans les immenses poches de son pantalon écossais.

— A vue de nez, dit-il, ça me sourit assez. Roule ta bosse ! et du feu pour que j'en fume une, si c'est l'habitude de la maison.

XXIV

Mariage de convenance

M. de Guérineul tira de la poche gauche de son pantalon une belle pipe bien répugnante à voir et de la poche droite une belle *blague* en perles. La blague en perles est le dernier degré. Quand vous voyez un homme avec une blague en perles, avisez !

M. de Guérineul *en bourra une* savamment et donna sur le tabac, tassé avec méthode, le coup de pouce amateur.

Il y eut bientôt autour de lui une épaisse auréole au milieu de laquelle brillait sa face effrontée et réjouie.

— A présent, vieux Fargeau, dit-il, amenez un verre de n'importe quoi, et filez votre câble. On vous écoute.

— Voulez-vous du cognac ou du rhum ?

— Au fait, interrompit Guérineul, je ne veux rien, je n'ai pas soif.

Fargeau sourit.

— Vous vous défiez de moi, dit-il ; vous en avez le droit, mon cher garçon. J'arrive à notre affaire : voulez-vous vous marier ?

— Pas beaucoup, répliqua Guérineul qui fit la grimace.

— Deux cent cinquante mille francs comptant, de la main à la main.

— C'est de l'argent, ça ! mais...

Fargeau prit sur la table une petite bourse de peau qui contenait un médaillon et le passa au vieil étudiant.

— Qu'est-ce que c'est que ça ? demanda ce dernier.
— C'est la personne.
— Ah ! ah ! jolie fille ! et ça a quel âge ?
— Dix-huit ans.
— Gentillet ! Et qu'est-ce qu'elle vous est, cette enfant-là ?
— Ma fille.

Guérineul ôta sa pipe de sa bouche et regarda Fargeau en face.

— Votre fille ! répéta-t-il ; et vous voulez me la donner... à moi ?
— Oui, je veux vous la donner, à vous.
— Eh bien, vous êtes encore plus gredin que je ne le croyais, père Fargeau, dit Guérineul, qui remit sa pipe dans sa bouche. Qu'est-ce que vous gagnez à ça, vous ?
— Deux cent cinquante mille francs.
— Bah ! La dot est donc de cinq cent mille ?

Fargeau fit un signe de tête affirmatif.

— Et ce n'est point vous qui dotez votre fille ?
— Non.
— Qui donc ?
— Mon frère.
— Ah bah ! Et ce frère-là... c'est... lui ?
— Oui.
— Il a donc fait fortune ?
— Oui.
— Non, oui, non ! C'est embêtant, ce genre de conversation. Allons, sacrebleure ! vieux Fargeau, déboutonnez-vous en grand si vous voulez qu'on s'entende ! Cette fille-là est-elle votre vraie fille ?

Fargeau hésita.

— Bien, reprit Guérineul, c'est une frime. Je ne suis pas fort, moi, excepté à la poule, mais, je ne sais pas pourquoi, j'enfonce toujours les gens qui ont trop d'esprit. Et il faut que vous en ayez de l'esprit, vieux Fargeau, et drôlement, pour vous être remis avec lui après les tours que vous aviez joués à son ancienne, Berthe l'aveugle.

Pendant que Guérineul parlait, Fargeau réfléchissait. Il sembla prendre tout à coup son parti.

— Mon cousin, dit-il, je crois que vous avez raison, il faut se déboutonner, parler franchement...

— Il va me lâcher une menterie grosse comme Romblon-Ballon ! ~sa l'étudiant de quinzième année.

Il ajouta tout haut :

— C'est ça ! déshabillons-nous, nom d'un chien ! ça met à l'aise.

— Si je suis devenu le père de ma fille, reprit Fargeau, c'est précisément pour me rapprocher de celui dont nous parlons. J'étais extrêmement gêné, vous pensez, n'ayant pas d'état et forcé de verser mon revenu entier dans cette diable de cave. Le hasard me fit mettre la main sur mon brave Raymond, qui était riche, lui.

— Il avait fait des affaires avec le Berthelleminot, je crois ? interrompit Guérineul.

Fargeau leva les épaules.

— Allons donc ! dit-il ; Berthelleminot est un malheureux ! Mon cher frère Raymond ne m'a jamais dit au juste où il avait pêché tant d'argent, mais je crois bien que c'est en Angleterre.

— J'y ai été en Angleterre, interrompit encore Guérineul, une chiffe de pays où il n'y a pas d'estaminets.

— Vous sentez, reprit Fargeau, que ce n'était pas facile de se rapprocher. Il y avait un coquin de passé. Ma foi, j'eus l'idée de me marier et de devenir veuf.

— Hein ? fit Guérineul qui ne comprit pas tout de suite.

Fargeau souriait avec douceur.

— Une fille, continua-t-il, une jolie enfant, c'est immanquable ! Je me procurai Clémence et je tuai sa mère.

— Comment !!! s'exclama de nouveau Guérineul.

— Comme les romanciers tuent leurs personnages, mon bon, poursuivit paisiblement Fargeau, je dis à Raymond que Clémence était orpheline et que je pleurais une compagne adorée. Besnard est mort ; les morts ont bon dos ; je mis sur le dos de Besnard toutes les mauvaises affaires de là-bas. A propos, il paraît que c'était mon cher frère Raymond qui avait mis les trois chevrotines dans la tête du pauvre Besnard.

— Ah! fit Guérineul avec indifférence.

— Ça m'a aidé un peu à le tenir, dit Fargeau; mais c'est surtout Clémence. Il est fou de Clémence! et s'il n'était pas resté amoureux comme un idiot de cette femme qui doit maintenant friser la quarantaine, je crois qu'il aurait eu l'idée d'épouser Clémence. Mais Berthe! Berthe! Il a gardé un ruban rose, un ruban qui servait de laisse à Chéri, le petit chien : c'est son fétiche. Et des larmes à n'en plus finir!

— Voilà une constance! s'écria Guérineul en secouant sur le tapis les cendres de sa pipe.

— En attendant, poursuivit Fargeau, il me défraye et c'est tout. Je trouve qu'il est temps de lui couper une tranche. Il a promis 500,000 francs à Clémence le jour de la signature de son contrat; il faut que ce contrat soit signé ce soir.

— Peste! ça ne languira pas cette affaire-là!

Ce disant, Guérineul *en bourrait* une seconde.

Fargeau, que la fumée tenait à la gorge déjà, se leva et ouvrit la porte-fenêtre qui donnait sur le jardin.

— Faisons un tour, dit-il, nous serons mieux.

Il prit le bras de Guérineul et descendit le perron.

— Mon bon, continua-t-il d'un ton plus confidentiel, il ne faut pas non plus qu'elle languisse, cette affaire. Il y a mille raisons pour cela, et avant de sortir d'ici, vous en connaîtrez plus d'une. D'abord, nous voici au terme fixé par le testament de Jean Créhu. Si nous ne nous entretuons pas sous deux jours...

— Bah! fit Guérineul, on finira par partager.

— Et la clause en faveur de Berthe? prononça Fargeau à voix basse.

Guérineul s'arrêta.

— Est-ce qu'elle n'est pas à tous les diables celle-là? demanda-t-il.

— Vous pourrez bientôt vous-même répondre à cette

question, mon bon. En tous cas, partager, partager ! Je partagerais bien avec vous, moi, Guérineul ; chacun deux millions, c'est encore honnête, mais avec tous ces drôles ! Voyons ! raisonnons un peu pendant que nous y sommes : nous avons notre avant-dernière réunion ce soir, là-bas, chez le vieil Honoré. Supposons qu'il ne s'y passe rien. Une dernière fois, nous nous réunirons quarante-huit heures après. Je vous dis, moi, Guérineul, qu'il peut arriver tel cas où les cinq cent mille francs de la dot nous sauveront la vie bel et bien.

— C'est vrai, ça, tout de même, nom de bleu ! grommela Guérineul.

— J'ai songé à vous, reprit Fargeau, parce que vous êtes le plus jeune des héritiers, et que je vous ai vu détourner la tête autrefois quand on voulait tuer une femme. Il peut être utile de se liguer à ce dernier moment ; d'ailleurs, je ne vous le cache pas, j'ai besoin d'éloigner Clémence qui a deviné certains secrets et qui ne m'aime pas d'amour très tendre.

— Ces secrets-là, pensa Guérineul, je les saurai quand je serai son mari.

— Dans quarante-huit heures, pensait Fargeau de son côté, je vous donnerai à tous carte blanche. Le tour sera joué !

Il continua tout haut :

— Voulez-vous, oui ou non, être avec moi ?

— Comment diable avez-vous fait, cousin Fargeau, dit Guérineul en riant, pour vous déboutonner avant de savoir ça au juste ? Vous avez toujours été trop franc, ça vous étouffe. Eh bien, j'accepte l'affaire en bloc, il faut se ranger. Mais maintenant, vous allez me dire le fin mot... car vous devez avoir quelque tour dans votre sac.

Il s'interrompit parce que Fargeau lui serrait fortement le bras. De son autre main, Fargeau lui montrait, à travers la charmille, une femme qui venait d'entrer dans le jardin voisin.

Guérineul resta bouche béante, puis il se frotta les yeux comme s'il eût cru rêver.

— Sacrebleure ! fit-il avec stupéfaction.

— Mettez-vous derrière ce lilas, dit Fargeau ; il ne faut pas qu'elle vous voie.

— Me voir ! répéta Guérineul. Berthe l'aveugle, me voir ! Mais c'est vrai, tonnerre de Landerneau ! Elle lit dans un livre, elle y voit !

— Chut ! dit Fargeau ; voici mon frère qui descend au jardin.

— C'est pour le coup qu'il faut me cacher, s'écria Guérineul, car lui, il va me reconnaître tout de suite.

Fargeau secoua la tête en souriant.

— Non, murmura-t-il.

— Vous croyez ?

— J'en suis sûr.

— Mais pourquoi donc ?

M. Raymond descendait lentement et avec précaution les marches du perron. Guérineul ne pouvait apercevoir ses yeux, qui étaient recouverts d'un bandeau ; mais la manière dont M. Raymond se servait de sa canne pour guider sa marche ne pouvait laisser l'ombre d'un doute.

Guérineul était abasourdi.

— Sacrebleure ! répéta-t-il ; ah ! nom de nom de nom ! voilà qui est drôle, par exemple ! ça s'est retourné sens dessus dessous : Berthe voit clair et Lucien est aveugle !

XXV

Des deux côtés de la charmille

Les deux frères Lointier étaient donc en réalité les deux cousins Fargeau et Lucien Créhu de la Saulays. Ce n'était point M. Fargeau qui avait choisi ce nouveau nom de famille. Lucien l'avait pris au hasard en fuyant après le meurtre de Besnard. Depuis, il l'avait gardé.

Lorsque Fargeau rencontra Lucien après des années, il avait lui-même besoin de changer de nom pour se soustraire au poignard de cette terrible association, qui ne tuait personne, il est vrai, mais qui menaçait toujours. Fargeau prit le même nom que Lucien.

Le lecteur comprend comment Fargeau, à l'aide de sa fille prétendue, parvint à circonvenir l'esprit faible et bon de son prétendu frère.

Lucien pardonna, ou plutôt il finit par croire à l'innocence de Fargeau, parce que Clémence était sa fille et qu'il aimait Clémence.

Fargeau utilisa, on peut le penser, le souvenir du meurtre de Resnard. Ce fut pour rendre leur commun déguisement plus complet que Lucien consentit à prendre cette qualité de frère par rapport à Fargeau. Ils vivaient ainsi depuis bien longtemps.

Un jour, la maison blanche, qui n'était point habitée lorsque Raymond Lointier avait pris l'hôtel, trouva des locataires : M⁰ᵉ de Marans et ses deux enfants. La mère et la fille vivaient solitaires. Le fils suivait les cours de l'École de médecine sous le patronage du docteur Van Eyde, le plus célèbre praticien oculiste de l'Allemagne.

Raymond, à qui nous rendrons son nom de Lucien, voulut se faire traiter par le docteur Van Eyde, et ce fut ainsi que Gabriel de Marans se vit introduit à l'hôtel.

On se tromperait en pensant que Fargeau avait reconnu tout de suite Berthe de la Saulays dans cette belle M⁰ᵉ de Marans, qui habitait la maison voisine. Il la vit tous les jours pendant de longs mois sans avoir même un soupçon.

De toutes les transformations que peut subir un visage, la plus radicale est, assurément, celle qui rend à un aveugle les apparences de la faculté de voir. Cette vie qui renaît dans le regard change si absolument la physionomie, qu'on a vu des amis et des parents hésiter à reconnaître ceux qu'ils avaient embrassés la veille. Mais il y avait, nous le savons, à la charmille, une ouverture par où l'on passait d'un jardin dans l'autre. Une fois, M⁰ᵉ de Marans oublia son livre sur le banc du berceau où nous avons vu Clémence et Lucienne assises côte à côte. Fargeau était fureteur par instinct, il dérangea la planche, prit le livre et fut frappé comme d'un trait de lumière. Nous saurons bientôt en quoi ce livre était une révélation.

Depuis lors, Fargeau n'eut plus qu'une idée : éloigner cette femme ou la fuir.

Mais Lucien, si faible d'ordinaire, résista cette fois avec une sorte d'énergie. Il aimait Gabriel comme un fils, et la douce voix de Lucienne, qu'il entendait souvent à travers la charmille, lui faisait battre le cœur.

Gabriel et Lucienne étaient, sans qu'il voulût s'en rendre compte, un des éléments de sa vie. Il n'avait jamais parlé à Lucienne, mais Gabriel était son médecin depuis la mort du docteur Van Eyde. Ce fut le prétexte qu'il prit pour repousser les demandes de Fargeau.

La méthode du docteur Van Eyde avait opéré des cures qui tenaient du miracle. Elle procédait avec une extrême lenteur, mais elle arrivait au but. Lucien espérait encore, bien que deux épreuves successives eussent échoué.

Depuis trois mois, Gabriel de Marans avait commencé un troisième traitement.

Une chose étrange, c'est que Mme de Marans était à peu près dans la situation de Fargeau ; elle semblait voir avec une peine extrême les rapports de son fils et de M. Raymond ; certes, ses motifs et ceux de M. Fargeau devaient être bien différents, si le résultat était le même.

Mme de Marans avait refusé, à différentes reprises, d'admettre Clémence chez elle.

Et ce petit mystère était d'autant plus difficile à expliquer, que Mme de Marans était la douceur et la bonté mêmes.

Guérineul, cependant, regardait toujours Berthe qui était allée s'asseoir sous le berceau. Lucien, parvenu au bas du perron, se dirigea vers l'allée où Fargeau et Guérineul tenaient leur conférence.

Il murmurait :

— Je n'entends ni Albert, ni Clémence, ni Gabriel. Tout le monde me délaisse.

— Ah çà! il me fait pitié, à moi, ce pauvre gars-là! murmura Guérineul; à deux pas de sa Dulcinée, et il ne s'en doute pas!

— Et j'espère bien qu'il ne s'en doutera jamais! ajouta Fargeau qui se complaisait évidemment dans ce que cette situation avait de subtil. Berthe ne peut pas le reconnaître, puisqu'elle ne l'a jamais vu, et lui ne reconnaîtra pas Berthe, puisqu'il ne peut la voir.

— C'est arrangé comme avec la main, dit Guérineul; ils pourraient passer leur vie comme ça, côte à côte, sans inconvénient... à moins, pourtant, qu'ils ne se parlent.

Fargeau fronça le sourcil et dit :

— Je travaille pour qu'ils ne se parlent jamais.

— Maintenant, rentrons, reprit-il en mettant son bras sous celui de Guérineul. Vous me comprendrez bien mieux désormais, et notre affaire ira toute seule.

Il emmena Guérineul, qui ne pouvait détacher ses yeux de cet endroit de la charmille où l'on voyait, d'un côté, Lucien assis sur le banc du gazon, et, de l'autre, à travers les feuilles, le peignoir blanc de Berthe.

Ils auraient pu se toucher.

— Nom de nom de nom! murmurait-il. Ça, voyez-vous, je ne peux pas l'avaler! Des gens qui se cherchent depuis si longtemps, et qui sont là, tous deux! Ma parole, j'ai des envies d'aller là-bas, moi, et de dire : « Bonjour, vieux Lucien! bonjour, ma cousine Berthe! »

Fargeau pâlit.

— Seraient-ils contents! poursuivit Guérineul qui riait avec une sorte d'attendrissement; Dieu de Dieu! seraient-ils contents!

Fargeau l'entraîna, et il répétait encore dans le cabinet, en tirant sa blague pour *en bourrer une* troisième.

— Ah! dame! ils seraient bien contents, ces deux-là!

Lucien était assis, la tête appuyée contre un coussin qu'on avait mis là pour lui, muet et immobile comme nous l'avons vu sur son lit, au commencement de la nuit précédente.

Berthe était assise aussi, et lisait.

Son livre était ouvert à cette page blanche qui précède le titre. Ce qu'elle lisait, c'était une ligne écrite à la main et suivie d'une signature. Cette ligne disait :

« Ma petite Berthe chérie lira ce livre quand je lui aurai
« rendu la vue.

« LUCIEN. »

Berthe avait tous les jours ce livre à la main quand elle venait, le matin, sous la tonnelle. Et toujours le livre était ouvert à la même page.

Il y avait eu bien des baisers sur ce nom de Lucien, à demi effacé. C'était tout ce qui restait à Berthe de son premier, de son unique amour.

Oh ! Et les deux enfants adorés, les enfants de Lucien : Lucienne et Gabriel ! Car Dieu l'avait faite deux fois mère.

Pauvre Lucien ! il était seul, lui, et bien plus malheureux que Berthe !

En ce moment, il tenait à la main ce pauvre ruban rose, laissé par Berthe sur le tertre de la Mestivière, le soir où elle avait voulu mourir. Et tandis que, d'un côté de la charmille, Berthe baisait en pleurant l'écriture de Lucien, Lucien pleurait en baisant le pauvre ruban rose.

Ils étaient séparés par quelques feuilles de charmes et de lilas, un mur d'airain !

Ils étaient séparés par une distance que la main étendue pouvait faire disparaître, un abîme infranchissable !

Vingt ans ! c'est bien long pour l'amour. Mais Lucien était de ces natures qui n'aiment qu'une fois, et l'amour de Berthe renaissait à chaque heure dans la vue de ses deux enfants.

Ces ardeurs que nous donnons aux jeunes amours, cet amour si vieux les gardait toujours vives : Berthe était belle comme autrefois et Lucien pouvait renaître à la jeunesse.

Le docteur Van Eyde qui avait guéri Berthe, regardait

cette cure comme son principal titre à la gloire. Il aimait Berthe parce qu'il lui avait donné une seconde vie et parce que Berthe était son chef-d'œuvre. Avant de s'en aller dans l'autre monde, il avait dit à Berthe : « Gabriel sera un grand médecin. »

Berthe se répétait bien souvent cela au fond de son cœur, mais l'orgueil de mère n'ajoutait rien à sa tendresse. Elle eût idolâtré Gabriel impuissant ou même coupable, parce qu'elle voyait Lucien dans Gabriel, parce qu'elle passait sa vie à chercher de mystérieux rapports entre la juvénile beauté de Gabriel et ce vague souvenir : l'idée qu'elle se faisait de Lucien, au temps où elle était aveugle.

Tous les jours Lucien et Berthe, M. Raymond Lointier et Mme de Marans, *se rencontraient* ainsi, sans se parler et sans se voir. Et c'était l'aveugle qui seul devinait sa solitude partagée, car Berthe ne se doutait même pas qu'il y eût là un homme.

L'aveugle y venait, parce qu'à l'heure du déjeuner, Lucienne et Gabriel accouraient pour embrasser leur mère.

Ce moment, il l'attendait. C'était du bonheur mêlé de tristesse. Sans savoir pourquoi, quand il entendait ces trois voix se mêler, caressantes et amies, son cœur battait et sa paupière tremblait.

— Bonjour, mère ! dirent ensemble Gabriel et Lucienne de l'autre côté de la charmille.

Puis ce fut des baisers.

Un gros soupir souleva la poitrine de Lucien.

Gabriel et Lucienne emmenaient Mme de Marans en la tenant par la main. Lucien restait seul. Ces joies, il n'en avait qu'une toute petite part dérobée.

Il cacha le ruban rose, parce qu'il entendait des pas du côté de l'hôtel. C'était Albert qui venait à lui plus pâle encore et plus triste qu'à l'ordinaire.

— Monsieur, dit-il, pardonnez-moi, si je vous ai laissé seul ce matin. Je voulais savoir ce que M. André, votre frère, allait chercher chez Mᵐᵉ Paoli à deux heures de nuit.

— Ah ! fit Lucien qui ne s'émut point comme Albert le voulait ; et tu l'as su ?

— J'ai su, répondit Albert, qu'en revenant de chez Mᵐᵉ Paoli, M. André a fait monter sa fille dans la berline et l'a envoyée au château.

— Clémence ! Pourquoi ?

— On ne sait jamais le motif des actions de M. André Lointier, monsieur.

Lucien s'était soulevé à demi. Un instant, Albert crut qu'il allait parler en maître. Mais la tête de Lucien retomba sur le coussin.

— André est son père, murmura-t-il ; moi, je ne puis rien.

XXVI

Avant l'orage

La famille de Marans était réunie dans la salle à manger pour le déjeuner.

Une pièce harmonieuse et fraîche, décorée simplement, mais avec un goût exquis ; autour de la table cette mère qui semblait la sœur aînée de ses enfants, et les deux enfants presque aussi beaux que leur mère : c'était un tableau charmant, plein de calme heureux et fait pour inspirer l'envie.

Ils s'aimaient tant et cela se voyait si bien !

Lucienne et Gabriel étaient à côté l'un de l'autre, vis-à-vis de Mᵐᵉ de Marans, qui les regardait tour à tour. Ils causaient de cette douce façon qui met les bonnes heures passées en famille au premier rang des félicités humaines.

Que sais-je ? c'était mieux que cela encore, car chacun

d'eux semblait savourer ces moments avec une sorte d'avidité passionnée. Ce déjeuner n'était point comme tous les autres ; les deux enfants mettaient dans leur tendresse plus de coquetterie, et Mme de Marans les contemplait d'un regard plus ému.

Parfois ainsi, vous le savez, l'heure qui précède la tempête est voluptueuse et molle entre toutes. Le ciel sourit, les feuilles tremblent, les fleurs jettent de chauds parfums. Sous l'ombre des grands arbres, la terre laisse échapper des parfums ; le lac efface ses rides, et la voix des oiseaux glisse dans l'air sonore où tous les bruits ont fait silence.

Puis tout à coup, hélas ! la poudre tourbillonne ; le nuage envahisseur qui était un point à l'horizon monte, étendant sur le ciel pur son voile immense aux tons cuivrés. Le soleil lutte comme un nageur fatigué ; il se noie. Le lac frémit, puis se soulève, tandis que les arbres plient, échevelés déjà, sous la fureur de l'ouragan.

Enfin la foudre éclate, déchirant le ciel en festons sinistres.

Et tout est noir, désolé, lugubre, tout ce que nous voyions naguère si calme, si gai, si lumineux !

Sous ces belles joies de la famille, parmi ces tendresses si suaves, derrière cette tranquillité si chère, il y avait une tempête menaçante. Et ces joies et ces tendresses s'en faisaient plus délicieuses, suivant la mystique loi d'amour qui donne un charme ineffable à tout ce qui va finir.

Avez-vous vu sourire la jeune fille mourante ?

Le drame était là, c'est-à-dire la vie, c'est-à-dire le malheur.

Mme de Marans, Lucienne et Gabriel se disaient tous les trois à la fois : « C'est peut-être le dernier jour ! Demain, ce bonheur ne sera plus. Fêtons le dernier sourire. »

Cette pensée, nul ne l'exprimait ; chacun cherchait au contraire à paraître bien joyeux.

Mais Lucienne songeait aux avertissements de Clémence, et ce qu'elle savait du secret de sa mère suffisait à la remplir d'effroi.

Mais Gabriel se disait : « J'ai une dette d'honneur et je ne puis la payer. Je suis un homme perdu, moi, un gentilhomme ! »

Et des pensées terribles se glissaient dans cette tête d'enfant, orgueilleuse et faible.

Mais Mme de Marans... pauvre femme ! Elle vivait en ses enfants. Tout ce qu'elle avait fait en ce monde depuis vingt ans, c'était pour ses enfants. Elle avait souffert, veillé, pleuré. Elle avait combiné une de ces comédies sublimes d'audace et d'amour qui choquent la froide raison et qui épouvanteraient tout courage autre que le courage d'une mère.

Elle s'était fait une vie de mensonge et d'intrigue, une vie double où le monde devait voir la honte ou le crime. Elle avait tout bravé, tout !

Pour ses enfants chéris, le trésor que Dieu lui avait laissé.

Il les lui fallait heureux, à tout prix, son Gabriel et sa Lucienne, Gabriel surtout, le beau jeune homme si fier, le fils de Lucien !

Seule, abandonnée, aveugle encore à cette époque, elle s'était dit en les berçant tous deux : « Je veux qu'ils soient parmi les heureux de ce monde. »

Et la voilà forte dans sa nuit isolée ; la voilà qui se redresse, et qui commence la lutte sans fin du proscrit contre la foule.

Car elle était proscrite. Ces enfants réunis dans le même berceau n'avaient pas de père. Ce n'était pas une femme que Mme de Marans, cette âme chaste et haute, cette sainte et cette martyre, c'était une fille-mère.

Le dévouement ne donne pas d'état civil, l'innocence ne fournit pas ces papiers si vulgaires, mais si indispensables, qu'on délivre aux mairies. Les enfants de Mme de Marans étaient des bâtards.

Or, dans la vie d'un homme, il est deux époques où l'état civil doit être mis au grand jour, inévitablement. La femme échappe à l'une de ces nécessités, à la plus absolue : la conscription.

Vous pouvez ne point vous marier, ne point faire inscrire votre nom sur la liste électorale, ne point solliciter d'emplois publics et prendre vos grades à l'étranger, si vous êtes médecin, par exemple.

Et c'était le cas de Gabriel qui s'était fait recevoir docteur à Utrecht, patrie de son maître Van Eyde.

Mais vous ne pouvez éviter de tirer à la conscription.

C'était ce jour-là même que Gabriel de Marans tirait à la conscription. C'était ce jour-là que la vie de Mme de Marans pouvait être brisée par le plus trivial de tous les incidents. La conscription ! Ce mot, Mme de Marans l'avait écrit dans la mémoire en lettres de feu. Il y avait si longtemps qu'elle redoutait la vingtième année !

Et, timidement, gauchement, pour ne rien trahir de ce qui pouvait éventer son secret, elle s'était informée. Elle avait pris des renseignements çà et là, sans choisir les sources, des renseignements près de ceux qui savent et près de ceux qui ignorent. Elle avait sur la conscription un ensemble de notions fantastiques. C'était un chaos où sa pensée n'entrait jamais sans se perdre.

Une idée dominait pourtant ce chaos, une idée de salut. Avec le caractère de Gabriel, tout ce qui le concernait pouvait se passer autour de lui sans qu'il en eût bien nettement conscience. Ainsi, par exemple, s'il tombait sur un bon numéro, tout était dit; s'il tombait sur un mauvais numéro, en achetant un conscrit tout de suite, en dehors de lui et sans qu'il eût à s'en mêler, on pouvait encore éviter la catastrophe. C'était plus difficile sans doute, à cause du conseil de révision et autres formalités, mais enfin, dans l'idée de Mme de Marans, c'était possible.

Aussi avait-elle mis de côté, dès longtemps, la somme voulue, qui était enfermée dans la petite boîte portant cette inscription : « *Pour Gabriel* ».

Ces cent louis, on peut penser que Mme de Marans y tenait comme à la vie même.

Telles étaient ses espérances.

Ses craintes, il faudrait des volumes pour les nombrer. Imprudente comme toutes celles qui aiment ardemment, elle avait fait la position de Gabriel en quelque sorte suivant la propre ambition de l'enfant. Le voyant orgueilleux dès ses premiers pas dans la vie, elle lui avait donné un nom noble.

A mesure qu'il grandissait, elle avait vu avec effroi de quel attachement passionné il se prenait pour sa prétendue noblesse.

Lui, Gabriel, apprendre qu'il était un bâtard! Mme de Marans se disait : « Il en mourrait ! » Et son cœur se déchirait sous la torture anticipée.

Elle avait eu tort, la pauvre Berthe ! Mais souvenons-nous du hasard terrible qui l'avait tirée de sa solitude ignorante pour la jeter au milieu du monde.

Figurez-vous l'aveugle de dix-sept ans, belle comme une madone, avec deux enfants dans ses bras.

Elle avait eu tort assurément au point de vue de la sagesse et de l'expérience. Mais qui donc lui eût donné, grand Dieu ! à cette enfant-mère, l'expérience et la sagesse ?

N'était-ce pas assez que d'avoir lutté dans sa faiblesse contre le sort et que d'avoir vaincu le sort ? N'était-ce pas assez que d'avoir, pure et sans autre tache que sa chute première, traversé ces longues années, toujours belle et chargée de faire une vie demi-brillante à Lucienne et à Gabriel qui lui croyaient de la fortune ?

Ce miracle, elle l'avait opéré, la pauvre Berthe : mère de famille le jour, et le soir cantatrice ; le jour, modeste femme donnant à ses enfants l'exemple de la plus sincère vertu, la nuit, artiste fêtée, couronnée et regrettant sa retraite obscure sous sa moisson de bravos et de fleurs.

Il faut dire encore un mot :

Berthe, ne craignait qu'une chose en ce monde : le malheur de ses enfants, car si la lumière, faite tout à coup sur sa vie, n'avait dû frapper que son cœur à elle, Berthe eût tendu sa poitrine.

Mais Gabriel !

Après la conscription, le mariage ! autre effroi ; car le mariage éclaire le passé comme la conscription.

Berthe avait vu Clémence; elle l'aimait du fond du cœur parce que Clémence aimait Gabriel. Mais Berthe, engagée dans une impasse morale, ne voulait pas que Lucienne se rapprochât de Clémence. Clémence lui faisait peur, au même titre que l'urne du recrutement.

Et c'est ainsi qu'elle se trouvait complice du bon M. Fargeau qui ne voulait pas non plus de ces entretiens à travers la charmille.

Le déjeuner tirait à sa fin, et Mme de Marans avait été obligée de se joindre à Gabriel pour railler Lucienne sur ses craintes touchant la conscription.

N'était-il pas fils de veuve ?

En plaisantant ainsi sur ce brûlant sujet, Berthe avait le sourire aux lèvres et la mort dans le cœur.

Après le thé, on se leva. Gabriel et Lucienne s'assirent auprès de Mme de Marans sur le divan. Lucienne appuya sa tête contre le sein de sa mère, et Gabriel passa ses deux bras autour de son cou.

Vous eussiez dit qu'ils se serraient cœur contre cœur, pour éviter ensemble le naufrage.

Ils restèrent longtemps ainsi, muets et pris par une émotion commune.

La porte s'ouvrit, et la domestique apporta deux lettres. L'une était pour Mme de Marans, l'autre pour Gabriel.

Aux premières lignes de la sienne, Gabriel fronça le sourcil violemment.

Pendant cela, Mme de Marans devenait plus pâle qu'une morte.

La lettre de Gabriel était le chef-d'œuvre de M. Fargeau, imitant l'écriture du capitaine Mazurke.

La lettre de Mme de Marans était signée : *Stéphanie Grièche*.

Il y avait de quoi pâlir et de quoi trembler. Comment cette femme savait-elle que la Lovely s'appelait Mme de Marans ?

La tempête se déclarait.

XXVII

Le démon du jeu

Dans cette lettre dont la suscription portait le nom de Mme de Marans, Grièche priait tout simplement sa camarade Lovely de se rendre sur-le-champ au théâtre.

Mais encore une fois comment savait-elle ce nom de Marans ?

Berthe se vit perdue.

Quant à Gabriel, il semblait frappé de la foudre. Mazurke demandait en termes d'homme d'affaires le payement immédiat des dix mille francs que Gabriel lui avait empruntés à Wiesbaden.

Il faut vous dire que Gabriel comptait un peu sur Mazurke pour payer ces autres dix mille francs terribles, la *dette d'honneur* qui devait être soldée ce matin même.

Au lieu d'un aide, il trouvait un bourreau. Vingt mille francs à payer au lieu de dix mille !

Gabriel n'avait pas dix louis dans sa poche.

Il cacha la lettre vivement et se planta devant une croisée, le visage aux vitres, pour dissimuler au moins son trouble.

Mme de Marans venait de glisser dans sa poche la lettre de Grièche ; depuis bien longtemps elle était habituée à comprimer les battements de son cœur et à garder, jusque dans l'angoisse, le calme de son visage.

Mais personne ne l'observait en ce moment. Lucienne était au piano, et Gabriel avait assez à faire pour lui-même. Il ne s'occupait pas d'autrui.

— Je sors, dit Mme de Marans qui se leva ; cette lettre que je reçois me rappelle une affaire pressante. Ne va pas manquer l'heure du tirage, Gabriel.

— Non... non, certes, répliqua Gabriel, sans se retourner.

Lucienne quitta aussitôt le piano. Elle courut à la chambre de sa mère chercher son châle et son chapeau. Lucienne n'avait rien vu. Pour la première fois de sa vie peut-être, elle éprouvait un secret plaisir à voir sa mère s'éloigner.

Lucienne avait besoin d'être seule.

Mais ce fut Gabriel qui ressentit une véritable émotion à l'annonce du départ de Mme de Marans. Était-ce de la joie, était-ce de la peine? Il y avait des deux et surtout une sorte de terreur.

Lucienne avait drapé le cachemire sur les épaules de sa mère. La domestique venait d'annoncer que la voiture attendait en bas.

— Eh bien, Gabriel, dit Mme de Marans, qui avait les lèvres sur le front de Lucienne, tu ne m'embrasses pas?

— Oh! si fait! s'écria le jeune docteur qui se retourna brusquement.

Mme de Marans trouva la force de sourire.

— Écoute, reprit-elle d'un ton enjoué, tandis qu'elle mettait un baiser sur le front du jeune homme, toutes les femmes sont superstitieuses, tu sais bien...

— Pas vous, ma mère, dit Gabriel.

— Oh! que si! quand il s'agit de vous, mes enfants. Je veux t'avouer une chose, Gabriel, il me semble que ce tirage au sort, c'est une épreuve. Si tu avais un bon numéro, eh bien, je serai heureuse, parce que je me dirais : mon Gabriel a du bonheur!

— Quelle folie! murmura le jeune docteur sans trop savoir qu'il parlait.

— Ma mère a raison, s'écria Lucienne; moi, j'ai fait une neuvaine pour que tu aies un bon billet, Gabriel.

Mme de Marans l'embrassa une seconde fois et plus tendrement, comme pour la remercier. Puis elle s'éloigna en disant : « A bientôt! »

Lucienne et Gabriel étaient seuls.

Gabriel avait regagné la fenêtre. Il mettait un soin

extrême à dessiner des profils sur les vitres ternies par son haleine. Lucienne le regardait par derrière à la dérobée. Elle avait aux lèvres un sourire espiègle.

Bien doucement, elle traversa la chambre sur la pointe des pieds. Elle ouvrit la porte sans bruit et courut droit au cabinet de Gabriel.

Le jeune docteur avait laissé la lettre de Mazurke, la première, — la vraie, — ouverte sur son bureau. Lucienne le savait.

Rouge et craintive, la main tremblante, le cœur bien gros, elle prit la lettre et s'enfuit.

Oh! la curieuse!

Pour deux contredanses et un regard!

Sait-on où tourne le vent? Soyez à genoux pendant de longs mois, elles vous laisseront gémir en pure perte, ces douces enchanteresses qui ont le cœur fantasque comme l'imagination. Une autre fois, deux regards se croisent, et les voilà qui tremblent l'amour!

Lucienne s'enferma dans sa chambre avec sa conquête.

Ce Mazurke était un gaillard bien heureux! il l'eût été du moins, le pauvre garçon, s'il n'avait eu en ce moment une voûte de cave sur la tête, et dans l'estomac un appétit d'enragé sans nul moyen de le satisfaire.

Sa lettre arrivait par magie à sa véritable adresse, car elle était bien pour Lucienne, cette lettre; c'était une réponse à la fleur bleue.

Une réponse adorable, que Gabriel avait trouvée stupide avec une entière raison, lui qui n'avait pas le mot de l'énigme.

Dans cette lettre tous les mots portaient. C'était l'aveu le plus joli, le plus délicat, le plus franc, le plus chaud : une perle d'aveu! Gabriel n'y avait vu que le fait d'un homme qui divague et perd l'occasion de parler lansquenet, baccarat, banques sautées, etc., etc.

Cela lui avait fait pitié.

Lucienne souriait, effrayée de sa joie, étonnée de son émotion. Lucienne était avec Mazurke autant et plus que

Fargeau prit sur la table une petite bourse de peau
qui contenait un médaillon et le passa à l'étudiant.

26e LIVR.

si Mazurke se fût trouvé réellement assis auprès d'elle sur le petit sopha de sa chambrette.

Elle lut, elle relut, puis elle ferma la lettre pour la rouvrir encore et la relire dix fois.

Lucienne sentait que le destin de sa vie était là.

Mon Dieu, oui. Deux contredanses, un coup d'œil, une fleur bleue et quatre pages de vagues folies, voilà des choses qui, mêlées convenablement, deviennent très sérieuses et décident de l'existence.

Voyons! l'autre moyen est-il moins bouffon? le moyen qui consiste à prendre deux dots, à les peser, à les équilibrer, à les mettre dans le même sac et le sac dans l'alcôve?

Nous autres romanciers, têtes sans cervelle, esprits à l'envers, nous laissons les dots s'accoupler en paix, au risque de voir parfois la dot mâle battre la dot femelle ou la dot femelle convier la dot mâle au fameux festin d'arsenic; mais nous suivons d'un regard ami ces deux âmes qui vont l'une vers l'autre à la grâce de Dieu, et qui, prédestinées, se confondent dès le premier sourire.

Mais que faisait Gabriel pendant que Lucienne dépouillait sa correspondance?

Gabriel avait regagné sa chambre, l'œil fixe et la tête basse. Gabriel était tombé à ce degré de prostration qui précède chez les âmes faibles l'audace des déterminations fatales.

Il s'était jeté sur son lit, la sueur au front, des larmes dans les yeux.

— Déshonoré! une voix impitoyable murmurait ce mot à son oreille.

Et l'image de Clémence passait. Clémence perdue pour lui!

C'est à vingt ans qu'on est joueur, que tout le monde est joueur. Ceux qui sont joueurs plus tard cèdent à une vocation spéciale comme ces danseurs grisâtres qui diaprent les quadrilles dans un bal bourgeois, et balancent, au milieu des fraîches fleurs, parmi les jeunes sourires, l'huile antique de leur perruque et les moisissures de leur front.

Mais à vingt ans, c'est un entraînement. Il faut avoir pitié. A vingt ans, on désire si ardemment tout ce qui brille et tout ce qui brûle : l'or et l'amour.

Si l'on pouvait comparer l'une à l'autre deux passions si dissemblables, l'une si belle, l'autre si laide, il faudrait bien dire que le jeu est plus irrésistible que l'amour.

L'enfant que poursuit le démon du jeu est capable de tout.

Ce sont parfois des natures hautes et qui deviennent des hommes, quand le jeu ne flétrit pas leur vie tout d'abord. Mais le jeu est si prompt à flétrir! Parfois ils n'ont pas le temps. Parfois ils tombent, et si bas! Vous savez ces chutes de joueurs, ils ne choisissent pas la place : c'est l'abîme ou la fange.

Gabriel était sur son lit. L'idée lui vint d'aller demander aide à M. Raymond Lointier qui l'aimait. Il n'osa pas.

Et cette idée qui pouvait le sauver le perdit, car il pensa : Ce sera toujours une ressource!

Avoir ainsi par devers soi une ressource prétendue quand on côtoie le précipice, c'est la chute.

Au fond de sa pensée, Gabriel roulait un projet. Non pas un projet; c'était si confus! Sait-on quel nom donner à ce premier germe du crime qui naît dans un cœur honnête?

C'est vague et sitôt repoussé! Mais cela revient, cela grandit.

L'argent pris on le rendra, parce qu'on gagnera, — parce que, si on ne gagne pas, eh bien! on a *une dernière ressource*.

Gabriel arrivait à la fièvre qui succède à l'abattement. Le sang bouillait dans ses veines, et ses tempes battaient. Il se demanda si mieux ne valait pas se tuer.

C'est encore là *une dernière ressource!* Il est toujours temps de mourir.

Gabriel sauta sur ses pieds, pâle, l'œil sec et rouge, il hésita.

— C'est le va-tout! murmura-t-il d'une voix creuse et changée. Allons!

Il quitta sa chambre et entra dans celle de sa mère.

Mᵐᵉ de Marans n'avait garde de se cacher de ses enfants. Gabriel savait où était la clef du secrétaire. Il la prit et la mit dans la serrure. Sa main tremblait et ses dents claquaient.

Le tablier du secrétaire s'abattit.

Sur le devant, il y avait un petit paquet composé de dix billets de mille francs. A côté se trouvait la boîte renfermant les cent louis d'or.

Gabriel avait déjà la main sur les billets, lorsque ses yeux rencontrèrent l'inscription de la boîte: *Pour Gabriel.*

L'écriture de sa mère! Son cœur se brisa. Ses yeux retrouvèrent des larmes. Il fut sur le point de fermer le secrétaire et de s'en aller les mains vides.

Mais Gabriel se dit :

— Si je perds, je me jette aux genoux de M. Raymond, il me prêtera de quoi remplacer ce que *j'emprunte* à ma mère.

Car le joueur *emprunte*... C'est sa manière de voler.

Gabriel toucha les billets; il retira sa main qui s'avança de nouveau. Hélas! à ce moment, les scrupules luttent toujours en vain.

La lutte poussa la fièvre jusqu'au délire, et c'était bien un fou qui était là devant le secrétaire, les cheveux hérissés, le front blême, les yeux hagards.

Il prit les billets, il prit l'or de la boîte, il prit tout.

Sa poitrine râlait.

Sans même refermer le secrétaire, il s'élança dehors et courut, la tête nue, à la maison de jeu.

XXVIII

Fils de veuve

Lucienne était descendue bien des fois au jardin. Clémence lui avait écrit : « Je reviendrai. » Elle attendait. Mais Clémence ne se montrait point.

Vers une heure et demie, Lucienne, qui guettait à sa fenêtre, vit M. Raymond Lointier, l'aveugle, descendre les degrés du perron et gagner cette place qu'il affectionnait. Cette place était justement le seul endroit où les deux jeunes filles pussent se parler. Lucienne perdit espoir. Elle s'habilla, et cherchant à tromper la vague inquiétude qui la tourmentait, elle se fit conduire rue de Vaugirard, chez ses anciennes maîtresses de pension, qui l'aimaient comme leur fille.

Il ne restait personne dans la maison de Marans.

Il n'y avait personne non plus à l'hôtel des Lointier. M. Fargeau était sorti avec Guérineul. Suivant toute apparence, cet homme actif et laborieux ne perdait pas plus son temps le jour que la nuit.

Albert était absent pour les affaires de Lucien, qui avait résolu de quitter Paris le lendemain, afin de rejoindre Clémence au château.

Il faisait un temps chaud et lourd. Lucien s'était assoupi sur son banc, la tête appuyée contre un coussin. Son sommeil était paisible, dans ce jardin retiré où les bruits de la ville arrivaient à peine, étouffés et mourants.

Un fiacre s'arrêta rue du Regard devant la porte de l'allée qui conduisait à la maison blanche. Mme de Marans mit pied à terre. Elle était très pâle. Ses yeux avaient quelque chose d'égaré.

Elle laissa le fiacre sans le payer et traversa l'allée d'un pas rapide.

— Gabriel est-il rentré? demanda-t-elle à la servante qui lui ouvrit la porte.

La servante répondit que non.

— Et Lucienne? demanda encore Mme de Marans.

— Mademoiselle vient de sortir pour aller à la pension, répliqua la servante.

Mme de Marans eut comme un soupir de soulagement. Il lui plaisait en ce moment d'être seule. Elle entra et renvoya la servante en disant :

— Je n'y suis pour personne.

Dans la salle à manger, elle jeta son chapeau et tomba sur une chaise.

— Il y a un malheur sur nous! murmura-t-elle; mon Dieu! ayez pitié de mes enfants?

Sa main pressa son front comme pour se forcer à réfléchir.

— Oui! oh! oui! répéta-t-elle; un ennemi acharné me poursuit dans l'ombre, et je suis à sa merci, puisqu'il connaît ma double existence. Cette fille, cette Grièche! Je n'avais pas sollicité sa confiance, son argent est là; je vais le lui rendre; mais elle, pourra-t-elle me rendre ma sécurité perdue!

Elle resta un instant abattue et pensive, puis elle se leva brusquement.

— Allons! dit-elle, profitons du moment où je suis seule. Une demi-heure me suffira pour reporter cet argent, et je serai de retour quand Gabriel reviendra.

Elle se dirigea vers sa chambre.

Au moment d'ouvrir la porte, elle eut comme un serrement de cœur. Ces coups mortels, on les pressent toujours.

En entrant dans sa chambre, la première chose qu'elle vit, ce fut son secrétaire dont la tablette était baissée.

Elle s'élança. L'argent de Grièche avait disparu avec l'argent de Gabriel.

Elle se retint à un fauteuil pour ne point tomber à la renverse, et ne put que prononcer ces mots :

— Mon Dieu ! mon Dieu !

Elle ne parla plus.

Au bout d'un certain temps, long ou court, elle n'eût point su le dire, elle entendit des pas dans le jardin, sous la fenêtre. C'était Gabriel. Il marchait en chancelant sur le sable des allées, comme un homme ivre.

Il avait à la main une lettre dépliée.

Mme de Marans traversa la chambre, s'appuyant aux meubles, car elle défaillait. Elle arriva jusqu'au seuil de la porte qui s'ouvrait sur le jardin.

Gabriel l'aperçut et détourna la tête.

Mme de Marans alla vers lui.

Gabriel fit un mouvement comme pour s'enfuir, puis il s'arrêta brusquement et vint à la rencontre de sa mère.

Il était si défait et si changé que Mme de Marans n'eut pas le courage de l'interroger. Elle lui tendit les bras. Gabriel s'y jeta en pleurant.

Ils restèrent longtemps ainsi. Mme de Marans n'avait point de larmes.

— Ma mère ! dit enfin Gabriel parmi des sanglots ; pardonnez-moi, j'étais fou !

— C'est donc toi ! murmura Mme de Marans, toi, Gabriel !

— Je devais dix mille francs, ma mère. Une dette d'honneur ! ma tête s'est perdue. Je me suis dit : Je gagnerai... C'est un dépôt que je me confie à moi-même.

— Oui, pensa la pauvre femme ; c'était un dépôt !

Puis elle ajouta en essayant de dissimuler son angoisse :

— As-tu tiré à la conscription, Gabriel ?

— Qu'importe cela ! s'écria le jeune homme ; ma mère ! ma mère ! je ne suis pas un infâme, croyez-le ! Ce que j'ai fait, je voudrais l'expier au prix de tout mon sang ! Plus vous êtes bonne et miséricordieuse, car vous ne me grondez même pas, ma mère ! plus j'ai le cœur déchiré de remords.

— Enfant, dit Mme de Marans, tu ne sais pas le mal que tu as fait, mais je te pardonne, et Dieu veuille qu'il n'y ait que moi de punie !

Gabriel frissonna.

— Cet argent n'était pas à vous peut-être ? prononça-t-il d'une voix si basse que sa mère devina la question.

— Ne parlons pas de cela, voulut-elle dire.

— Oh ! interrompit Gabriel avec violence, Dieu me punit ! Cet argent n'était pas à vous ! ma mère ! ma mère adorée, ayez pitié de moi ! grondez-moi ! punissez-moi ! votre pardon me tue !

Il était à genoux sur le sable. Ce désespoir où il se tordait était profond et sincère.

A quiconque eût suivi de loin cette scène, une circonstance aurait paru bien étrange : c'est que Mme de Marans semblait distraite. Au milieu de cette grande catastrophe de famille, parmi toute cette angoisse si réelle et si dure, un autre objet la préoccupait.

Et c'était visible à ce point que Gabriel s'en aperçut.

Il s'étonna, et ses yeux se séchèrent. Involontairement, son regard tomba sur cette lettre dépliée qu'il tenait encore à la main.

Mme de Marans disait à ce moment-là même :

— Voyons ! tu ne veux donc pas me dire si tu as tiré à la conscription !

Gabriel évita le regard de sa mère.

— Bon Dieu ! dit-il d'une voix qui tremblait encore, mais d'une autre émotion, vous attachez donc beaucoup d'intérêt à cela ?

— Mais, répliqua Mme de Marans qui, par un dernier effort, essaya de donner à ses paroles un accent d'insouciance, tu sais bien ce que je t'ai dit : il me semble qu'un bon numéro te porterait bonheur.

Gabriel avait baissé la tête et ses sourcils étaient froncés.

— Est-ce bien cela, ma mère ? murmura-t-il.

— Gabriel ! répondit Berthe à bout de forces, tu vois bien que je tremble !

— Ma mère, prononça lentement Gabriel, qui la regardait en face d'un air froid et défiant, j'ai tiré à la conscription, et je serais soldat, si je n'étais exempté par la loi.

Mᵐᵉ de Marans couvrit son visage de ses mains.

— Mon Dieu ! mon Dieu ! répéta-t-elle comme à l'instant où elle avait trouvé son secrétaire ouvert et vide.

Gabriel n'était plus à genoux.

— Pourquoi cette douleur, ma mère ? dit-il entre ses dents serrées ; ne suis-je pas fils de veuve ?

— Malheureux ! murmura Berthe ; oh ! malheureux ! Ces deux mille francs qui étaient dans la boîte et que tu as pris auraient servi à te racheter !

Gabriel recula comme s'il eût reçu un choc dans la poitrine. Ses yeux brûlèrent. Puis un douloureux sourire vint à sa lèvre.

— C'est donc vrai ! dit-il.

— Quoi ! demanda Mᵐᵉ de Marans qui se découvrit le visage.

— Vous me pardonniez trop vite ! reprit Gabriel, impitoyable en face de ce martyre ; ma mère, vous étiez trop clémente et trop douce... Et moi qui me traînais à genoux à vos pieds !

— Que dis-tu, Gabriel ? balbutia Berthe éperdue.

— Je dis que je suis un voleur, répliqua le jeune homme amèrement ; tous les bâtards finissent ainsi !

— Oh ! tais-toi ! tais-toi ! supplia Berthe, qui tomba sur les genoux à son tour.

— Je dis que vous m'avez trompé bien longtemps, ma mère !

— Pitié, mon fils, pitié !

— Je dis encore qu'il m'a fallu votre aveu pour croire, car Dieu m'est témoin que je vous respectais plus encore que je ne vous aimais. Et je vous aimais bien, ma mère !

— Mais tu veux donc me tuer ! sanglota Berthe navrée.

— Et je dis, acheva Gabriel, je dis : Adieu, ma mère ! adieu pour toujours !

Il jeta aux pieds de Mᵐᵉ de Marans la lettre qu'il tenait à la main et s'éloigna d'un pas rapide.

C'était la missive écrite par M. Fargeau, à l'aide de ces caractères ronds et renversés qui servent toujours aux lettres anonymes.

Mᵐᵉ de Marans la ramassa. A travers les larmes qui baignaient ses yeux, elle lut la première ligne :

« Monsieur Gabriel,

« Votre mère vous trompe, elle n'est pas mariée. Un beau jour, dans ces salons où vous passez si fier, quelqu'un vous appellera bâtard... »

Berthe leva ses deux mains au ciel et poussa un grand cri.

Puis elle tomba à la renverse, foudroyée et comme morte, la tête dans les basses branches des lilas.

A ce cri qui partait si près de lui, Lucien s'éveilla en sursaut de l'autre côté de la charmille.

— Qui est là ? demanda-t-il.

Personne ne répondit.

Lucien se leva. Il ne savait trop s'il avait rêvé ou si c'était bien réellement un cri de détresse. Il suivit la charmille en tâtonnant, et arriva auprès de l'ouverture.

— Y a-t-il quelqu'un ? demanda-t-il encore.

En ce moment, M. Fargeau, qui venait de rentrer peut-être pour guetter l'effet de sa lettre, parut en haut du perron.

Sans le vouloir, l'aveugle dérangea la planche qui fermait l'ouverture ; la planche oscilla, puis tomba, et M. Fargeau put voir Berthe évanouie.

Lucien était à deux pas d'elle.

Fargeau eut froid dans les veines. Il ne s'attendait pas à cela.

Lucien franchit l'ouverture. Son pied heurta le corps de Berthe. Il se pencha et la tâta comme font les aveugles.

Fargeau était tout blême. Il avait descendu les marches du perron à pas de loup. Il retenait son souffle.

L'amour allait-il déchirer le voile mystérieux et fatal qui était entre ces deux âmes? L'amour qui fait, lui aussi, des miracles!

Lucien avait Berthe entre ses bras, la femme aimée et tant pleurée, le trésor qu'il cherchait avec tant de passion et depuis si longtemps!

Un instant la sueur froide perla aux tempes de Fargeau, car Lucien passait, à plusieurs reprises, sa main sur le visage de Berthe.

Mais Lucien se redressa et dit :

— J'avais cru entendre un cri ; j'aurai rêvé. C'est une femme qui dort.

Et il rentra dans le jardin.

XXIX

Course en fiacre

M. Fargeau resta dans le jardin jusqu'au moment où l'aveugle franchit le seuil de l'hôtel Lointier.

Mme de Marans était toujours renversée sur le sol et privée de sentiment. Mais M. Fargeau, nous le savons bien, n'avait point de vaine sensiblerie. Au lieu de la secourir, il remonta le perron en se frottant les mains et en se disant :

— Ils ne se trouveront jamais plus près l'un de l'autre... Il lui palpait la figure. Et on dit encore que les aveugles ont du tact! La chose certaine, c'est que ma lettre a fait son effet. Maintenant, à une autre besogne!

C'était un homme bien laborieux.

Il se jeta dans sa voiture et dit au cocher :

— Pont-Neuf, devant la statue. Au galop!

La voiture partit.

Lucien avait regagné sa chambre.

Depuis le matin, il y avait comme une fièvre sous son bandeau, dans l'orbite éteint de ses yeux. C'était le lendemain que l'appareil devait être enlevé, puis replacé pour la dernière fois. Lucien se prit à rêver la lumière ; des lueurs d'espoir coururent dans sa nuit.

Avec la vue recouvrée il pourrait voir, chercher. Oh ! si Dieu lui donnait cette joie avant de mourir, cette joie qui l'écrasait d'avance, de revoir Berthe et de connaître son enfant !

Car Berthe allait être mère, quand il l'avait perdue. L'enfant devait avoir vingt ans.

Que ce fût un fils ou que ce fût une fille, quelle ivresse ! Au prix de vingt ans passés dans la tristesse amère et morne, cette joie suprême ne serait pas trop payée !

Pauvre Lucien ! Il venait de toucher Berthe et de dire : « C'est une femme qui dort ! »

Berthe mourante !

Et, à supposer que Dieu lui rendît la vue, serait-il encore temps ?

N'y eût-il qu'un mois à attendre désormais, n'y eût-il qu'une semaine, n'y eût-il qu'un jour !

Un jour ! quand on est, comme l'était Berthe, en équilibre sur le bord d'un l'abîme !

Elle resta bien longtemps sur le sable, immobile et privée de sentiment. Quand elle s'éveilla, elle était dans les bras de Lucienne, qui pleurait et qui souriait.

— Oh ! mère, dit la pauvre enfant en la couvrant de baisers, mère chérie, je te croyais morte !

— Où est Gabriel ? demanda Mme de Marans.

— Il n'est pas rentré, mère. Mais il faut vous soigner. Je vais m'établir auprès de votre lit...

— Mon lit ! répéta Berthe qui secoua la tête.

Puis elle mit un baiser distrait sur le front de Lucienne en disant :

— Je ne suis pas malade, c'est un accident.

Elle essaya de traverser le jardin. Lucienne était obligée de la soutenir.

La pauvre Lucienne pensait :

— Il est arrivé quelque chose. C'est le commencement ! Clémence m'avait bien dit... Que faire ? mon Dieu !

Quand Mme de Marans fut au salon, Lucienne l'assit dans une bergère et se mit à ses pieds.

— Mère, dit-elle bien doucement et comme si elle eût craint d'effrayer ou d'offenser, il y a des gens qui vous haïssent et qui veulent vous faire du mal.

— Aide-moi à m'habiller, interrompit Berthe qui la baisa encore comme on caresse un enfant pour lui fermer la bouche.

— Vous ne voulez pas que je parle ? murmura Lucienne.

Berthe la regarda un instant et ses yeux se remplirent de larmes.

— Je veux que tu pries, enfant, dit-elle tout bas avec lenteur ; que tu pries ardemment. Dieu t'écoutera, toi qui es un ange ; demande pitié pour ton frère, Lucienne, pitié pour moi, pitié pour toi !

— Nous sommes donc bien malheureux ? balbutia la jeune fille.

— Oui, dit Berthe dont l'œil était fixe et comme égaré, bien malheureux !

Le cocher de M. Fargeau s'arrêta sur le Pont-Neuf, devant la statue.

M. Fargeau descendit de voiture, prit une sacoche déposée sur le coussin, et renvoya son cocher.

M. Fargeau resta sur le terre-plein jusqu'au moment où sa voiture disparut dans la rue Dauphine. Dès qu'il cessa de la voir, il revint très vivement sur ses pas et gagna l'angle formé par le pont et le quai des Grands-Augustins.

En cet endroit, on voyait sept fiacres pareils et sans numéros, arrêtés le long du parapet.

M. Fargeau passa et regarda dans chacun d'eux.

Dans chacun d'eux, il y avait un homme, le chapeau sur les yeux.

— Je suis en avance, se dit M. Fargeau.

Comme deux heures sonnaient à l'horloge du Palais de Justice, un vieux monsieur, emmitouflé dans une chaude douillette et portant une sacoche sous le bras, ouvrit la porte de l'un des fiacres.

— Houël ! grommela Fargeau.

Houël monta. Les stores rouges du fiacre se baissèrent.

Presque aussitôt, Cousin-et-Ami, chargé d'une sacoche et tout de noir habillé comme doit l'être un employé important des pompes funèbres, entra dans le second fiacre qui ferma aussi ses stores.

Dans le troisième, M. de Guérineul s'installa, non sans échanger avec Fargeau, son futur beau-père, un signe de tête amical. Il avait une sacoche.

Le docteur Morin prit place dans le quatrième fiacre, avec l'inévitable sacoche.

Ensuite... O lyre ! change ton mode austère et adoucit tes savants accords ! Voici venir Menand jeune, poussant jusqu'à l'exagération les grâces et la beauté d'un ancien notaire ?

Il arriva, courbé sous le poids de deux sacoches et donnant le bras à un petit jeune homme, leste et bien découplé, qui n'était autre que Mᵐᵉ la marquise Oliva de Beaujoyeux, sa femme.

En principe, Menand jeune aurait dû monter dans un fiacre, et sa femme dans un autre. Mais quoi de plus touchant que l'amour conjugal ? On leur permit de se réunir dans la même voiture, sous la surveillance de ces grands chapeaux dont nous avons parlé déjà.

Enfin Fargeau dut faire son ascension comme les autres.

Tous les stores étaient fermés.

De l'autre côté du pont, sur le trottoir étroit et mal pavé qui longe le tortueux parapet du quai, un mendiant stationnait.

Ce mendiant n'était pas beau ; il louchait.

En revanche, il avait quelques économies, car, au grand étonnement de deux ou trois badauds, il sauta dans un mylord et s'y installa confortablement.

Les six voitures partirent au galop.

Le mendiant dit au cocher du mylord :

— Un louis si tu ne perds pas de vue cette noce-là!

— Ah! fit le cocher, c'est une noce?

Il fouetta sa bête qui se lança de son mieux.

M. Fargeau était dans la sixième voiture de la *noce*.

Nous dirons ce qui se passa derrière les stores de cette voiture. Cela nous servira pour toutes.

Le grand chapeau tira de sa poche un foulard qu'il plia sur ses genoux, en cravate. Fargeau tendit sa tête bien docilement et on lui banda les yeux.

Pas davantage.

Les fiacres galopèrent de conserve jusqu'à la Croix-Rouge. Tout le long de la route, les cochers regardaient de temps en temps derrière eux pour voir s'ils n'étaient point suivis. Le cabriolet du mendiant se tenait à distance.

A la Croix-Rouge tout se débanda soudain. L'un des fiacres prit la rue du Cherche-Midi, un second la rue de Sèvres, un troisième la rue de Grenelle, un quatrième la rue du Dragon. — Les deux autres rétrogradèrent les rues du Four et du Vieux-Colombier.

Et tous de courir comme si le diable les emportait!

— Lequel suivre? demanda le cocher du mylord, qui ajouta *in petto :* En voilà une drôle de noce !

Le mendiant désigna du doigt la voiture de Fargeau, qui enfilait la rue de Sèvres.

A trois quarts d'heure de là, cinq des fiacres arrivèrent à peu près en même temps devant une maison isolée qui s'élevait au bout d'un terrain désert dans l'une de ces rues froides et mortes qui sont entre l'École Militaire et Grenelle.

Il n'y avait âme qui vive aux environs, sinon un pauvre diable de mendiant qui louchait et qui était assis sur une pierre.

Les portières s'ouvrirent. Le mendiant ne tourna seulement pas la tête de ce côté.

Fargeau, Guérineul, Houël, Morin et Cousin-et-Ami descendirent, les yeux bandés. Chacun d'eux était guidé par son gardien à chapeau rabattu.

On les fit entrer dans la maison isolée. Ils traversèrent une assez longue enfilade d'appartements, puis ils entendirent une porte se fermer sur eux.

— Mes petits enfants, dit une voix vieillotte et grotesquement cassée, vous pouvez ôter vos bandeaux.

Les foulards furent dénoués. Nos cinq amis se trouvèrent dans une chambre close de toutes parts et éclairée par des bougies, bien qu'on fût en plein jour.

Cela ne les étonna point. Ils étaient blasés sur ce mystère.

En face d'eux était le bon petit fantôme du souper des funérailles, Honoré le happe-monnaie.

Ses rides se choquèrent en un sourire agréable, et il dit bien poliment :

— Bonjour, bonjour, bonjour, mes chéris !

Puis il ajouta en les comptant :

— Il m'en manque deux, Olivette et Menand jeune. Est-ce qu'on aurait fait un bon petit coup, mes tourterelles ?

XXX

Le Jeu de la vie

Tous nos gens de Vitré, de Vesvron et du Ceuil étaient là, sauf Menand jeune et sa tendre Olivette, qui se portaient au mieux et devaient tromper l'espoir du happe-monnaie.

Or, faisons un peu nos comptes, à l'approche du terme

assigné par notre auteur, Jean-de-la-Mer, en son vivant philosophe éclectique.

Nous avons ici Cousin-et-Ami, Houël, Guérineuf, le docteur Morin, notre bon M. Fargeau et le président Honoré Créhu, fantôme en parchemin.

Menand jeune et Olivette respirent.

Lucien vit; Berthe n'est pas morte.

Tout nous porte à penser que Tiennet Blône n'a point vu sa dernière heure.

Il n'y a donc eu d'occis que l'ex-Besnard, homme d'affaires, lequel n'est point passé de vie à trépas par le fait de la tontine à outrance.

Et Romblon père, qui n'était pas membre de ladite tontine.

Voilà donc ce que c'est que le Jeu de la Mort !

Tous ces hommes s'étaient réunis un jour et s'étaient dit :

— La guerre est déclarée ! Nous nous entre-tuerons par tous les moyens possibles, par le fer, par le feu, par le poison, par la calomnie, par la délation, par le canon ou par l'épingle !

Peut-on partir d'un point plus tragique ?

Notez que le pacte fut signé devant un drap noir semé de larmes blanches, dans une chambre funèbre, au bruit des prières de l'agonie.

La mise en scène y était.

Et nos membres de la tontine à outrance étaient tous des coquins sans foi ni loi, qui ne devaient point reculer devant le meurtre.

Que diable ! après vingt ans, nous ne devrions seulement pas retrouver la queue d'un de ces drôles.

Pas du tout ! Ils sont vieillis, cassés, fourbus, mais en bonne santé.

Cette terrible partie d'assassinat a fait l'effet d'un vernis hémostatique et conservateur. Chacun de nos hommes se sent de force à vivre encore cinquante ans, excepté le bon petit fantôme qui espère compléter ses deux siècles.

Est-ce une mauvaise plaisanterie ?

Ou bien, par le plus grand des hasards, le romancier frivole aurait-il eu une idée sérieuse ?

Cette fable du *Jeu de la Mort*, fait réel, c'est la vérité naïve : Ce qui se passe en nous, autour de nous : LE JEU DE LA VIE.

Ce compromis entre des hommes qui se déclarent la guerre pour des pièces de cinq francs, c'est la vie.

Et cet avortement de la grande bataille, c'est encore la vie, la vie telle qu'elle est, où tout projet tombe, où tout plan se détraque, où toute chose est malade et meurt dès qu'on la règle, dès qu'on l'*organise*, au lieu de la laisser aux chances vivifiantes du sort.

Voyez ! une centaine de va-nu-pieds arrivent, à la grâce de Dieu, sur les bords du Sacramento. Les voilà millionnaires ! Ils se baignent dans la poudre d'or. Ils réalisent et dépassent les miracles des contes de fées. Bref, ils inventent la Californie.

La Californie inventée par des gens qui ne la cherchaient pas, voici surgir dans tous les recoins du globe des milliers de *compagnies* qui *s'organisent* vigoureusement, et qui envoient au delà des mers des personnes bien couvertes, lesquelles reviennent va-nu-pieds ! Est-ce de l'histoire, cela ?

Quand des hommes, fils d'Adam, se réunissent et crient : Nous allons faire quelque chose, il n'y a jamais rien de fait.

Éclairons cette longue métaphore que nous avons arrangée en roman, et montrons jusqu'à l'évidence que le *Jeu de la Mort* c'est tout bonnement le *Jeu de la Vie*, la vie humaine rendue à la sincérité de ses antagonismes, et par conséquent assurée contre une foule de catastrophes.

Du moment qu'on est averti, on se gare ; et nous prétendons que nos Joueurs de la Mort étaient beaucoup moins exposés que vous et moi.

Si Jean-de-la-Mer, dans sa prévoyance, ne leur eût point assigné un terme de rigueur, après lequel ils n'étaient plus même admis au partage du gâteau, ils seraient tous décédés dans leur lit, avec des pistolets sous l'oreiller et une cuirasse par-dessous leur chemise.

Ils étaient sages, ces gens, et vingt ans d'inquiétudes les avaient tous rendus prudents comme des lièvres. Se préserver, voilà quelle était leur préoccupation unique. Ils ne songeaient plus du tout à attaquer.

Et vraiment ici la parité cesse. Le Jeu de la Vie est bien autrement meurtrier que *le Jeu de la Mort*. Entre parents ou cohéritiers, entre amis et confrères, nous allons mieux que cela.

Le fer, le feu, le poison, j'admets que nous en usions peu, parce que cela est brutal, dangereux et bête. Mais les armes gentilles : la calomnie, l'ingratitude, l'astuce, vertudieu ! que de points nous pourrions rendre à nos pauvres Vitriâs !

Auprès de nous, ces Joueurs de la Mort étaient des innocents et des poules mouillées ?

Ils en étaient venus à accepter leur situation qui n'était bizarre qu'à la surface. C'était une tontine comme une autre, pas beaucoup plus immorale, si l'intention vaut le fait.

La tontine ordinaire est la plaie humaine entretenue sous la protection de la loi.

Mais, en somme, c'est la nature, car notre existence à tous n'est-elle pas une tontine ? et, dans toutes les positions, le gros lot n'est-il pas au dernier vivant ?

Nous connaissons, en vérité, des familles respectables où l'on ne s'est pas dit tout haut et niaisement : « Nous nous entre-tuerons », et où l'on s'est entre-tué.

D'ailleurs, patience, nos Vitriâs pourront bien réparer le temps perdu et donner un coup de collier à la dernière heure.

Après avoir jeté un rapide coup d'œil tout autour de la chambre éclairée par des bougies en plein midi, Fargeau, Houël, Morin, Guérineul et Maudreuil tirèrent chacun de sa poche une paire de pistolets.

Puis chacun d'eux s'assit avec sa paire de pistolets devant soi.

Le petit fantôme, qui était sans armes, regardait ce

manège et souriait comme on sourit en voyant des enfants jouer au soldat.

— Comme si on n'aurait pas pu vous trousser pendant que vous aviez les yeux bandés! grommela-t-il, pauvres pigeons!

Il s'assit à son tour.

— Mais dites-moi donc, reprit-il, si Menand et Olivette sont finis.

— Je les ai vus monter dans leur fiacre, papa Honoré, répondit Guérineul, et à moins que vous ne les ayez fait étrangler par un de vos muets...

— Incapable! incapable! incapable! s'écria vivement le vieillard; je suis là pour tenir les enjeux. Je vous laisse la besogne, mes mignons... et vous êtes tous de grands vilains paresseux, da!

Il était caressant, ce vieux coquin.

— Eh bien! reprit-il, puisque que nous n'avons à pleurer aucun de nos amis, il faut un peu parler de nos intérêts, mes chéris. Après-demain, nous serons tous forclos, comme on dit, et nous n'avons plus que trente-six heures pour jouer notre dernière partie. Attendre, c'est très bien, mais il y a un terme à tout.

— Nom de bleu! s'écria Guérineul, je vous ai toujours dit, moi, qu'il faudrait finir par où nous aurions dû commencer, des pistolets et des couteaux, et puis au petit bonheur!

Il prit ses deux pistolets et les fit sonner sur la table.

Tout le monde tressaillit, excepté le fantôme.

— Ça peut se faire! ça peut se faire, dit-il en adressant à Guérineul un petit signe d'approbation; mais voyons si tout le monde est du même avis.

Cousin-et-Ami réclama du geste l'attention générale.

— Messieurs, dit-il, délibérons et délibérons vite, car l'absence de notre co-héritière Olivette nous sert. Je crois savoir qu'elle a gardé dans son cœur un amour romanesque pour ce Tiennet Blône.

— Bah! fit Guérineul d'un air fat.

— Ah! ah! ah! ricana le bonhomme Honoré; Tiennet Blône! Un beau brin de garçon. Après?

— Après? dit Cousin-et-Ami. Ce Tiennet Blône et Berthe sont vivants tous les deux. C'est là le nœud, il faut le trancher.

XXXI

Hauts faits de Tiennet Blône

Ce Cousin-et-Ami avait eu un beau moment autrefois au souper des funérailles. Un instant nous avions espéré qu'il s'élèverait au-dessus du commun et prendrait une position un peu importante.

Mais pas du tout. Feu de paille. L'exaltation de l'homme qui hérite l'avait grandi pour quelques heures, puis il était retombé.

Bon employé des pompes funèbres, du reste, plein de goût pour tout ce qui concerne les corbillards et l'esprit meublé d'épitaphes.

— Trancher le nœud! s'écria Guérineul, voilà vingt ans qu'on répétaille cette bourde-là; proposez quelque chose!

— D'abord, reprit Cousin-et-Ami, est-on bien sûr que ce Tiennet Blône soit à Paris?

— Oui, oui, oui! répliqua le fantôme, toujours gai comme un pinson.

— Puisqu'il était hier chez la marquise, ajouta Houël.

— Eh bien! s'écria Cousin-et-Ami, je vous le dis franchement, il n'y a pas à tortiller, puisque Berthe est encore en vie. J'opine... et pourtant, c'est un terrible homme que ce gars-là!

— Pour ma part, dit Fargeau très résolument, je ne veux pas m'attaquer à lui.

Guérineul le regarda.

— Ni moi non plus! fit-il.

— Permettez, mes agneaux! dit le fantôme; il ne s'agit pas du gars; il s'agit de notre petite cousine Berthe qui va hériter de quatre millions après-demain, y compris l'annuité que vous venez d'apporter comme de bons petits enfants.

Son regard qui avait, à ce moment, un rayon sarcastique, glissa vers le coin de la chambre où l'on avait déposé les sacoches. Tous les regards des assistants suivirent le sien et il y eut un gros soupir poussé en chœur.

Ces sacoches, c'était le plus pur de leur sang. C'était le revenu intact de leur part d'héritage qu'ils apportaient ainsi pour la vingtième fois depuis vingt ans.

— Je vous prie de croire, mon respectable ami et cousin, reprit Maudreuil en s'adressant au happe-monnaie, que je parle avec réflexion. Il s'agit beaucoup de ce Tiennet Blône. Nous le retrouverons, soyez-en bien sûr, entre nous et notre cousine et amie Berthe..

— Savoir! dit le fantôme, savoir, savoir, savoir, mon chou, savoir!

— Notre cousin et ami Fargeau, reprit encore Maudreuil, a voulu résoudre le problème en sens inverse. Il a proposé hier un arrangement à quelqu'un pour nous faire égorger tous.

— Comment! moi aussi! s'écria Guérineul.

— C'était avant notre entrevue, répliqua simplement Fargeau.

— Hé! hé! hé! ricana le fantôme; en avons-nous fait de ces jolis projets! Mais ce pauvre cousin Fargeau ne se décourage pas, au moins! C'est bien, mon bichet! c'est très bien!

Fargeau remercia.

— Je sais où est Berthe, dit Cousin-et-Ami.

— Moi aussi, s'écrièrent à la fois Houël et Morin.

— Bavard de Baptiste! pensa Fargeau.

— Penser à nous détruire réciproquement désormais, reprit Cousin-et-Ami, à quoi bon? Sans ce Tiennet, je dirais : occupons-nous exclusivement de Berthe.

— Eh bien? dit le fantôme.

Il y avait de l'hésitation sur tous les visages, sauf celui de M. Fargeau qui semblait assister à cette conférence en homme désintéressé.

— Il n'y a pas à dire, murmura Houël; souvenez-vous du souper des funérailles : ce Tiennet est un démon!

— J'ai vu mieux que cela! dit Maudreuil avec une certaine emphase.

— Quoi donc?

— J'ai été à Londres, dans le temps, quand nous cherchions encore à nous éviter. Quoique doué d'un naturel paisible, j'aime voir les boxeurs. Il y avait un nommé Swift qui était étonnant. Ne vous impatientez pas. Un jour que je regardais ce Swith battre tous ces concurrents, j'aperçus parmi les spectateurs une figure de connaissance : notre Tiennet Blône, habillé en pur gentleman et suivant la lutte avec un binocle d'or.

« J'allai chez Swift :

« — Peut-on tuer un homme d'un coup de poing ? lui demandai-je.

« — Je crois bien, me répondit-il : le coup de poing du poumon.

« — Voulez-vous me vendre un coup de poing du poumon cinq cents livres sterling?

« Ce Swift eût porté Romblon-Ballon à bout de bras; il attendit Tiennet au sortir de son hôtel et lui planta son coude dans l'estomac.

« Tiennet se fâcha. Swift se mit en garde.

« Tiennet jeta son chapeau. A la première passe, je le crus mort. A la seconde, il sauta de côté, mit le cou de Swift sous son bras, fit un haut-le-corps, et ramassa son chapeau.

« Swift avait été lancé comme un bâton qu'on fait tourner en l'air. Il gisait à dix pas de là sur le pavé la tête fendue. »

— Tonnerre de Landerneau! s'écria Guérineul; j'aurais voulu être là, par exemple! c'est le temps de hanche!

— J'ai vu mieux que ça ! dit Morin à son tour.

— Ah bah ! s'écria-t-on à la ronde.

— J'étais à Alger, pour éviter la rencontre de nos amis ici présents. Deux fois de suite j'entendis siffler quelque chose à mon oreille, en me promenant derrière la ville. C'étaient des balles. Comme j'avais entrevu le Tiennet, qui était officier de spahis, je lui attribuai ces attentions anonymes. J'ignorais que notre cousin Fargeau fût alors en Afrique.

Fargeau salua. Le fantôme lui décerna un bravo caressant et paternel.

— Voulant mettre fin à ces tentatives, poursuivit le docteur, je m'abouchai avec quelques Arabes des douars. Je suis prudent; je ne liardai pas sur le nombre, et d'ailleurs, en conscience, ces Arabes ne coûtent pas cher.

« Je pris donc six burnous. Le Tiennet chassait le lion, comme Gérard, tout seul dans les sables. Mes six engeances se cachèrent au fond d'un oued desséché. Moi, je pris position entre les quatre murs d'un marabout, afin d'avoir au moins le spectacle pour mon argent. Tiennet passa bientôt à cheval.

« Prrrran ! pan ! pan ! Six coups de fusil ! Des lambeaux de l'uniforme volèrent au vent. Tiennet prit le galop et disparut dans un tourbillon de sable.

« Vous croyez que c'est tout? Mes Arabes partageaient cette opinion. Mais Tiennet sortit soudain du tourbillon. Il était blessé. Son burnous blanc avait des taches rouges.

« Il tenait à la main un fusil double. Nous le vîmes se coucher le long du flanc de son cheval, de telle sorte que la selle et le garrot lui faisaient un rempart; sa jambe seule restait visible, sous le ventre, à l'étrier. Il passa comme le vent. Son fusil s'alluma deux fois. Deux de mes Arabes tombèrent.

« Les quatre autres rechargeaient.

« Tiennet revint, essuya la décharge, qui tua son cheval raide, et tira ses deux coups, couché qu'il était à plat ventre. Deux Arabes de moins! Et avant que les autres eussent le temps de recharger, il bondit comme un lion sur le sable.

« Avez-vous vu la foudre tomber? Ce ne fut pas un combat. Les deux Arabes n'eurent seulement pas le temps de crier : Allah! Ils roulèrent au fond de l'oued, sur les cadavres de leurs quatre compagnons.

« Tiennet essuya son couteau, souffla dans son fusil, embrassa son cheval mort et s'en alla en sifflant l'air de chez nous :

> « Monsieur Bertrand dit à l'Anglais,
> « Arrête!
> « Arrête!... »

Le docteur se tut.
— Nom de bleu! Ah! nom de nom de nom! fit Guérineul avec admiration.
— C'est gentil! dit le fantôme, bien gentil! bien gentil!
Fargeau, qui n'avait pas encore parlé, toussa comme font tous les pédants avant l'exorde, et prononça de sa voix discrète :
— Tiennet Blône a fait mieux que cela.
— Pas possible! s'écria Guérineul.
— Écoutez et jugez :

XXXII

Où le fantôme se montre bien léger

M. Fargeau commença ainsi :
— La force et ce brutal entraînement que vous appelez le courage ne sont rien à mes yeux. Ce qui rend un homme redoutable, c'est l'adresse.

« J'étais en Autriche, pour mon plaisir, au début de la guerre, et l'on parlait beaucoup du major Hans Bach, le mangeur de Hongrois.

« Quand le capitaine Philippe fut fait prisonnier sous Comorn... »

— Qu'est-ce que c'est que le capitaine Philippe? demanda Guérineul.

— C'est Tiennet Blône. Quand il fut fait prisonnier par les Autrichiens, on le mit dans la forteresse de Tarvis, d'où jamais captif ne s'évada. Tiennet se reposa pendant huit jours. Le commandant de la forteresse était un brave homme.

« Au bout de huit jours, ce commandant fut changé et remplacé par le major Hans Bach, le mangeur de Hongrois. Tiennet donna une poignée de main au gouverneur destitué et lui dit : Commandant, vous étiez trop bon : vous me gêniez. Ce sera un plaisir au moins de faire la guerre à ce coquin de Hans Bach !

« — Prenez garde ! répliqua le commandant ; à la moindre fredaine, Hans Bach vous cassera la tête. Portez-vous bien !

« Ils se séparèrent.

« Hans Bach vint voir son prisonnier. Il le trouva beaucoup trop bien logé, trop bien vêtu, trop bien nourri. Il ordonna qu'on le mît tout en haut du donjon, vêtu d'une manière de sac de toile et pour nourriture du pain de chien.

« Tiennet lui dit : Merci, major; comme cela, je m'en irai demain.

« Hans Bach sourit. Il plaça un factionnaire dans le cachot, un factionnaire à la porte et deux sentinelles sous la fenêtre, dans le préau. Tous les quarts d'heure, les deux sentinelles du préau devaient crier : Garde à vous ! auquel cri le factionnaire du cachot devait répondre en se montrant à la fenêtre.

« La nuit on fit des rondes à n'en plus finir.

« Le lendemain, Hans Bach monta au donjon après déjeuner. Il entra et referma derrière lui la porte du cachot. Le prisonnier était couché sur la paille dans son sac de toile; le factionnaire, après avoir présenté les armes, continuait sa promenade militaire.

« — Eh bien ! capitaine ! dit Hans Bach, nous ne sommes pas encore parti !

« Comme le prisonnier ne répondait pas, Hans Bach se pencha ; mais à ce moment, une main d'acier le saisit à la gorge et le terrassa. C'était le factionnaire... Et le factionnaire était notre Tiennet Blône. »

— Ah ! fichtre ! interrompit Guérineul.

Fargeau poursuivit :

— Le prétendu prisonnier, couché dans son sac de toile, sur la paille, n'était autre que le soldat allemand, avec un bâillon dans la bouche. Tiennet lui avait emprunté son costume sans lui en demander la permission, et il se pavanait de long en large, le mousquet sur l'épaule.

« Hans Bach n'avait garde de crier, car Tiennet Blône l'étranglait. Sans lâcher la gorge, il s'assit commodément sur la poitrine du mangeur de Hongrois et lui enfonça de la paille à poignée dans la bouche. Il en mettait, il en mettait ! Quand le major fut empaillé, Tiennet lui lia son foulard sur la bouche pour que le tout fût bien solide. Après quoi il le déshabilla et il fit une seconde fois sa toilette.

« Mais voici le comble. Le major portait d'incommensurables moustaches rousses. Tiennet les coupa proprement et se les appliqua sous les yeux de leur ancien propriétaire.

« La toilette était achevée. Tiennet avait le costume complet du mangeur de Hongrois, depuis le shako-casquette jusqu'aux bottes molles, en passant par les moustaches rousses.

« — Bonsoir, major ! dit-il avec politesse.

« Le factionnaire du corridor porta les armes. Tiennet qui avait la canne de Hans Bach, corrigea un peu son mouvement et passa.

« Il traversa les galeries, la salle d'armes, les cours, les préaux, tout doucement, sans se presser. Arrivé à l'écurie, il dit au palefrenier :

« — Qu'est-ce que tu as de bon, Fritz, en fait de coureur ?

« — Gracieux Seigneur, il y a *Lisola*, un vrai tourbillon.

« — Voyons ! selle-moi Lisola, que je gagne un peu d'appétit pour mon second déjeuner !

« Lisola fut sellée. Un tourbillon, c'est vrai ! Trois jours après, Tiennet était à Wiesbaden où il dansa comme un perdu et fit sauter trois fois la banque. J'oubliais de vous dire qu'il renvoya au major, dans un paquet cacheté, son uniforme et ses moustaches. »

— Ah bien ! par exemple ! dit Guérineul ; nom d'une pipe, ça m'amuse, ces histoires-là !

Tout le monde réfléchissait. C'était à cet homme-là qu'il fallait s'attaquer.

— C'est gentil, prononça le fantôme du bout des lèvres, c'est bien gentil, mais...

Il s'interrompit. On entendit le bruit sec de sa petite tabatière d'argent, il prit une prise, et l'assistance éternua comme toujours.

— Mais quoi ? demanda-t-on.

Le fantôme secoua d'un air fat sa vieille figure d'ivoire jauni.

— J'ai vu encore mieux que ça ! dit-il avec une mystérieuse solennité. Mieux que ça, mieux que ça, oui, oui, oui. Écoutez plutôt :

« A la cour d'un sultan des Indes, que je ne nommerai pas par discrétion... »

Tout le monde dressa l'oreille à ce début. On regarda le petit homme. Ses yeux avaient repris leur fixité morne et sa barbe d'un blanc sale remuait toute seule aux mouvements de sa bouche.

— Vous vous demandez, reprit-il, comment j'ai pu aller aux Indes, étant forcé de présider vos réunions tous les ans, je vous expliquerai ça à la fin.

« C'était une cour cossue, genre mogol ; des diamants partout et des cachemires pour linge de corps. Éléphants et rhinocéros à bouche que veux-tu.

« Et des bayadères ! Et des brahmes, et des parias, enfin toutes les productions du pays.

« Beaucoup d'Anglais qui vont là vendre leurs rasoirs.

« Un jour il arriva des jungles un tigre de toute beauté. Nous allâmes le voir avec l'empereur, un homme d'éducation et pas fier. Qu'aperçois-je auprès du tigre ? Le sieur Tiennet Blône, en costume de satrape et entouré de riches marchands de rasoirs. Ma surprise, je vous l'avoue, fut égale à mon étonnement... »

— Ah çà ! gronda Guérineul, est-ce qu'il nous fait poser, le happe-monnaie ?

— Chu-u-ut ! fit le vieil Honoré, vous allez voir ?

« Les Anglais et Tiennet Blône étaient en grande conférence. J'appris qu'ils réglaient entre eux les conditions d'un pari et d'un combat... »

— Parbleu ! s'écria Guérineul, Tiennet va se battre avec le tigre... ce n'est pas drôle du tout !

Le fantôme haussa les épaules.

— Mon mignon, vous n'y êtes pas, dit-il ; donnez-nous un peu la paix ! Il s'agissait en effet de battre le tigre, mais ceci n'est rien ; après l'avoir battu, il fallait le manger.

— Tout entier ? s'écria-t-on.

— Tout entier, comme j'ai l'honneur de vous le dire. Il y avait des millions d'engagés des deux côtés. L'empereur paria trente-six bayadères contre deux douzaines de beaux mouchoirs de poche. Moi, je fis un franc cinquante pour le tigre.

« Le combat commença. Tiennet Blône tua le tigre d'un coup de pied au bas des reins. Il se mit à le manger tout de suite.

— Allons ! allons ! monsieur Honoré, dit Cousin-et-Ami, sévèrement, quand il s'agit de vie et de mort...

— Monsieur ! déclama le fantôme d'un accent chevaleresque, mourir n'est rien, c'est notre dernière heure !

Puis, bravant le mécontentement général et prenant un sourire décidément goguenard, il ajouta :

— Quand il s'agirait de l'honneur même, de l'honneur, bien plus cher que la vie, je ne pourrais vous dire autre chose, sinon que Tiennet Blône dévora le tigre. Il le dévora, sac-à-papier ! Je soutiendrai ça, voyez-vous, jusque sur l'échafaud !

— Il est ivre ! se disait-on autour de la table.

— Ivre ou fou !

Par le fait, c'était une chose fort bizarre que de voir cette momie plaisanter à la façon des commis voyageurs en goguette.

— Non, non, non, mes amours, je ne suis pas ivre, poursuivit-il en secouant son crâne proprement disséqué, et nous verrons bien, avant qu'il soit deux jours, lequel de nous tous était le plus sage. Mais Tiennet avala le tigre : c'est de l'histoire. Et j'aurais perdu mes trente sous, moi qui vous parle, s'il ne s'était pas arrêté devant les intestins...

— Ça ne vous amuse pas, mes pauvres enfants, s'interrompit le fantôme, parce que vous n'êtes pas en train de vous amuser. Si vous étiez en train de vous amuser, vous ririez comme des bossus. Mais je vous raconte ça, moi, dans un but sérieux, car, que voulons-nous ? faire du chagrin à ce Tiennet Blône, n'est-ce pas ? Eh bien, voici la recette. Donnez-lui des intestins de tigre. Il les déteste !

— Est-ce fini ? dit Cousin-et-Ami.

Le bonhomme éclata de rire tout seul au milieu de ces figures refrognées.

— Ah ! ah ! ah ! ah ! fit-il en coquetant, comme s'il eût obtenu un franc succès de gaieté, il y a quatre-vingts ou quatre-vingt-dix ans, j'étais un satané farceur. J'inventais des bêtises à mourir de rire. Mais ne vous fâchez pas, mes tourterelles ; c'est fini, comme vous dites. Je n'ajoute plus qu'un mot qui va nous réconcilier joliment : votre grand drôle de Tiennet Blône ne boxera plus d'Anglais, ne fusillera plus d'Arabes et n'empaillera plus de major autrichien...

— Comment ! s'écria-t-on autour de la table.

Fargeau lui-même devint attentif.

— Je l'ai là sous clé, votre Tiennet ! acheva le vieillard.

Tout le monde s'était levé.

— Où ça ? demanda Maudreuil.

— Dans la tirelire.

Les héritiers de Jean Créhu se regardèrent. Ils hésitaient à croire, tant ce coup de fortune était au-dessus de leurs espérances.

— Et... dit Fargeau, il est vivant ?

— La cave est profonde, répondit le fantôme, et la maison isolée. Il n'a pas d'armes. Si le cœur vous en dit, prenez vos pistolets et descendez. Moi, je m'en lave les mains.

XXXIII

Rendez-vous

Cette nouvelle, donnée par le fantôme, était tellement invraisemblable et venait si mal après le conte à dormir debout qu'il avait pris la peine d'improviser, que tout le monde douta.

Tiennet Blône dans la tirelire ! Quelle apparence ? comment y serait-il entré ? Les cohéritiers se disaient, chacun à part soi : Nous la cherchons depuis des années, nous, cette coquine de tirelire ! et voilà un homme qui tombe des bords du Danube et qui la trouve en un seul jour !

— Mes meilleurs amis, dit le fantôme avec sentiment, je ne me serais pas permis cette jolie histoire indienne... car elle est jolie, au fond, cette histoire-là ! si je n'avais eu sous la main de quoi me faire pardonner ce que ma verve peut avoir d'audacieux et d'un peu caustique. Sérieusement parlant, j'ai trouvé ce beau garçon endormi dans ma cave en faisant la ronde quotidienne qui m'est prescrite par nos statuts. Un instant, j'ai eu l'idée de lui couler une balle dans l'oreille...

— Et vous ne l'avez pas fait ! s'écria Cousin-et-Ami.

— Mon bon enfant, je vous en ai réservé l'honneur, répliqua le fantôme.

Cousin-et-Ami rentra ses cornes.

— Il est là-dedans depuis hier soir, reprit le vieil Honoré. Vers neuf heures, ce matin, il s'est réveillé. Bonté de Dieu! si vous saviez quelle vie il a fait dans son trou. J'ai cru que la maison allait tomber. J'ai soulevé un coin de la trappe; il se faisait de la lumière avec des bougies de briquet, mais ça ne dure pas longtemps. Je l'ai vu prendre des sacoches dans le tas qui est sous la trappe et les lancer contre la porte; la porte est bonne. Quand il a eu bien travaillé, il s'est reposé sans doute, car voilà déjà du temps qu'on ne l'entend plus. Voyez-vous, mes bichonneaux, il y a deux manières : le laisser là se mitonner tout seul comme le Romblon ou le dépêcher à l'instant; ça vous regarde.

Fargeau se rassit; Maudreuil, Houël et Morin s'interrogeaient de l'œil.

— Ça a l'air vrai, tout ça, dit Guérineul, le vieux n'oserait pas nous en tirer une de cette longueur-là! Moi, je dis : Roule ta bosse, sacrebleure! J'opine pour casser le gars en deux temps.

— C'est peut-être le plus prudent, appuya Houël.

— Je suis de cet avis, murmura Morin.

— Moi aussi, dit Maudreuil.

Ces trois messieurs n'y allaient pas de très bon cœur, parce qu'ils se doutaient bien qu'on allait leur dire :

— Alors, en avant!

— Et vous, cousin Fargeau? demanda le fantôme.

— Moi, cela m'est égal, répliqua M. Fargeau.

Le fantôme l'observait en dessous.

— Il a son idée, pensait-il, bien sûr, il a son idée! mais il y passera tout de même!

— Mes mignonnets, poursuivit-il tout haut, voici ce que je propose : le cousin Houël est cassé comme un vieux pot, le cousin Maudreuil n'a que le courage civil et le docteur Morin est un peu plus poltron que moi qui fais honte aux lièvres. Notre cousin Guérineul au contraire, ah! ah!

Il arriva courbé sous le poids de deux sacoches et donnant le bras
à un petit jeune homme leste et découplé.

27e LIVR.

tonnerre de Landerneau ! comme il dit, voilà un brave garçon, celui-là !

— Bon ! bon ! grommela Guérinoul, je vous vois venir, vous, l'ancêtre, sacrebleure ! C'est à moi le tour, pas vrai ? Je n'aime pas beaucoup ce jeu-là, nom d'un chien ! tirer sur un homme dans une cave !

— Écoutez ! reprit le happe-monnaie, je vais vous donner deux de mes petits pigeons.

Il appelait ainsi les grands drôles qui accompagnaient les héritiers dans les fiacres pour les garder et leur bander les yeux.

Guérinoul prit ses pistolets et les arma.

— Voyons, Fargeau, dit-il, faut-il marcher ?

— Marchez, répliqua Fargeau avec une tranquillité qui contraria manifestement le fantôme.

— Diable ! diable ! diable ! fit ce dernier ; il a décidément son idée.

Par le fait, Fargeau mettait en ce momen' la dernière main au plan de l'une de ces comédies qui étaient sa spécialité.

Guérinoul partit, le pistolet à la main, escorté par deux estafiers armés.

— Nous allons entendre la chose, dit le fantôme qui mit son menton sur ses deux pouces et prêta l'oreille, attendant l'explosion.

Morin, Houël et Maudreuil se rapprochèrent de la trappe.

Fargeau méditait comme si la partie qui se jouait là, si près de lui, ne l'eût en aucune façon regardé.

— Tu y passeras, mon mimi, pensait le fantôme, en le guettant sournoisement, tu y passeras tout de même !

— Mon bon monsieur Honoré, dit la voix de Cousin-et-Ami à son oreille, je voudrais bien vous parler avant de partir.

Le fantôme fit un signe de consentement.

— Avant de partir, murmura la voix du docteur Morin à son oreille, j'aurais deux mots à vous dire.

Second signe de consentement.

— Peut-on vous causer un tout petit peu avant de partir? lui dit tout bas Houël en s'approchant sous prétexte de lui demander une prise.

Troisième acceptation gracieuse, coquette, folichonne, comme savait les faire ce bon petit fantôme.

— Il est longtemps, le cousin! dit-il au bout de quelques minutes; je lui ai donné des aides, non pas pour le défendre, mais pour l'empêcher de rien emporter.

Il tira de son gousset une montre vitriûse, large comme une soucoupe et couverte de miredures. Chacun se taisait. L'explosion se faisait attendre.

— Il est si fort! dit enfin Morin.
— S'il étranglait Guérineul... ajouta Houël.
— Et s'il venait tomber sur nous comme une bombe! acheva Maudreuil.

Fargeau glissa un regard inquiet vers la porte. En ce moment, on entendit des pas précipités dans le corridor.

Les quatre cohéritiers saisirent instinctivement leurs pistolets. Ils croyaient voir déjà Tiennet Blône sur le seuil. Mais ce n'était que Guérineul.

— Eh bien? s'écria le fantôme.

Guérineul, qui était pâle, jeta sur la table, pour toute réponse, un petit papier où se voyaient trois ou quatre lignes écrites en lettres rouges.

— Oh! oh! fit le fantôme, écrit avec du sang!

Il lut à travers ses lunettes de fer :

« J'ai le portefeuille de Romblon; je sais où vous prendre tous; si un cheveu tombe de la tête de Berthe, vous aurez de mes nouvelles!
                                « TIENNET BLONE.. »

— C'était par terre, au milieu de la cave, dit Guérineul; nous avons cherché partout : pas d'issues! Ce gars-là, c'est le diable.

Olivette et Menand jeune entrèrent. Les chevaux de leur fiacre s'étaient emportés derrière l'aqueduc d'Arceuil. C'était là le motif du retard.

Nous l'avouons sans fausse modestie : cette création de

Menand jeune nous a valu bien des compliments. Quelques femmes ont poussé l'admiration jusqu'à l'inconvenance, et les anciens notaires nous ont fait frapper une médaille en faux.

Menand jeune s'assit auprès de la porte et fit des boules de terre glaise pour sa sarbacane.

Olivette avait pris place parmi les héritiers. On avait mis devant elle le billet de Tiennet Blône. Ses sourcils étaient froncés violemment.

— Berthe! pensait-elle, mon malheur! Celle qu'il aimait dès ce temps-là!

S'il y a en ce bas-monde quelque chose de méchant, de cruel, d'impitoyable, c'est une ancienne servante devenue dame. Fargeau regardait la jolie marquise, qui était vraiment à croquer sous son costume masculin, et il souriait à ses pensées.

Olivette était justement ce qu'il lui fallait pour entamer le premier acte de sa comédie. Autrefois, Olivette avait déjà joué une pièce de lui dans le chêne creux de la Mestivière.

En somme, il y avait là quatre personnages importants et bien tranchés. D'abord, le fantôme, qui avait ses raisons pour se croire sûr de son affaire, c'est-à-dire d'envoyer, avant que trente-six heures fussent écoulées, tous ses cohéritiers au Père-Lachaise.

En second lieu, Menand jeune, insouciant et léger, blonde fantaisie, souriant comme le printemps, séduisant comme une rose.

Troisièmement, Olivette qui avait en ce moment dans les veines du fiel au lieu de sang. Elle avait revu Tiennet. Il lui fallait Tiennet et la vengeance.

Quatrièmement, M. Fargeau, possesseur d'un plan tout fait qui valait juste quatre millions, à son estime.

Quant à Houël, Morin, Guérineul, comparses! Ils se sentaient débordés et devinaient vaguement qu'il y avait là des gens qui les tenaient. Maudreuil lui-même voyait la partie désespérée.

— Mes enfants chéris, dit le fantôme, la séance est levée. Nous ne nous reverrons qu'en enfer.

Il y avait du terrible, beaucoup de terrible sous le grotesque de ce vieil homme. Maudreuil, Guérineul, Houël et Morin eurent froid jusqu'à la moelle des os.

Une chose singulière, c'est que Mme la marquise Oliva de Beaujoyeux choisit ce moment pour coqueter avec M. Fargeau. Fargeau l'avait abordée galamment et lui avait dit :

— Je ne viens pas vous parler tontine et millions, belle dame. Je sais que vous ne songez pas à cela.

— Si fait, répliqua Olivette, mais j'ai mon affaire.

— Ah ! ah ! vous aussi ! Ces dernières heures pourront être fort intéressantes. Mais venons au fait, l'aimez-vous encore ?

— Comme une folle !

— Alors vous détestez Berthe ?

Les yeux d'Olivette brûlèrent.

— Fort bien, dit Fargeau ; nous allons nous entendre. Votre rivale est dans ma main.

— Expliquez-vous.

— Pas ici. Dans une demi-heure je serai au Luxembourg, derrière le carré des Roses ; puis-je espérer que vous voudrez bien m'y rejoindre ?

— J'y serai avant vous, dit Olivette.

XXXIV

Le Carré des Roses

Avant de partir, Guérineul, Morin, Houël et Maudreuil tentèrent un dernier effort auprès de M. Honoré. Ils allèrent à lui, les naïfs, et lui dirent chacun à l'oreille :

— Si vous voulez, nous emporterons le magot et nous partagerons.

Le fantôme les envoya paître avec ce laisser-aller plein de bonhomie qui faisait de lui un si aimable compagnon. Il n'avait aucune envie de partager, ce digne vieillard.

Guérineul, Morin, Houël et Cousin-et-Ami se laissèrent bander les yeux comme des victimes résignées.

Guérineul, jusqu'au dernier moment, avait espéré l'appui de Fargeau, son futur beau-père, et celui d'Oliva. Mais le rapprochement inattendu d'Oliva et de Fargeau lui était d'un bien triste présage.

Pendant que tous les héritiers de Jean Crohu montaient en fiacre, le bon petit fantôme était à sa fenêtre et les regardait d'un air narquois.

— Bonsoir, mes mignonnets, disait-il en frottant ses mains qui faisaient tic-tac comme des osselets bien secs, bonsoir ! bonsoir ! bonsoir !

Mais, au moment où les fiacres partirent, sa figure se rembrunit notablement. Il venait de voir un objet qui se mouvait dans le terrain voisin.

Il mit précipitamment ses lunettes. L'objet était un mendiant qui courait à toutes jambes en suivant les fiacres de loin.

Le fantôme ferma sa fenêtre. Il ne souriait plus.

— M. Baptiste ! murmura-t-il ; le Tiennet d'un côté, ce coquin-là de l'autre, il faut se hâter de faire sa petite affaire ! oui, oui, oui !

Derrière le grand carré des Roses, dans le jardin du Luxembourg, il y a une large et belle allée que les bonnes d'enfants et les militaires désertent pour encombrer l'esplanade ou pour aller s'asseoir en espalier le long des murs brûlants de la Pépinière.

Vers trois heures et demie de l'après-midi, une jeune femme dont la tête fine et hardie se cachait sous un mantelet de soie sombre, tourna le carré des Roses et entra d'un pas pressé dans l'allée en question. Son visage disparaissait presque derrière un voile noir chargé d'épaisses broderies. Elle regarda des deux côtés de l'allée. Il n'y avait personne.

C'était Olivette qui arrivait la première au rendez-vous donné par M. Fargeau.

Olivette consulta la montre mignonne qui pendait à sa ceinture. Il y avait à peine une demi-heure que les fiacres avaient quitté la maison du fantôme. Cette demi-heure lui avait suffi pour faire sa route, pour changer de toilette et pour se débarrasser de Menand jeune.

Elle était donc bien pressée!

Oui. Et cela lui faisait peur. Elle mit la main sur sa poitrine où son cœur battait avec violence.

Les vaudevilles et les proverbes ont eu beau le répéter, cette chose banale est restée une chose vraie. Le premier amour ne meurt pas.

Il y a plus, ce premier amour peut rester jeune au milieu de l'âme perdue. Le contact du mal est impuissant à le ternir. Il vit, vainqueur du temps, invulnérable à la contagion du vice, comme ces belles fleurs d'azur que le voyageur Levaillant trouva dans la gueule empestée d'un crocodile mort.

Elles étalaient sur l'impur cadavre leurs radieuses coroles; la brise les balançait, fières et souriantes, et du sein de cette boue putride leur parfum s'élevait vers le ciel.

Tout s'exagère par le contraste. Ces belles fleurs étaient là bien plus belles. Et tout au fond d'un cœur déshonoré, le premier amour qui survit se dresse plus ardent quand soudain la mémoire s'éveille. Ces vingt ans c'était un sommeil. L'âme d'Olivette ne gardait qu'une empreinte ineffaçable: l'image de Tiennet Blône.

Comme elle l'avait adoré, jeune fille, quand son regard le couvait aux veillées sous la grande cheminée du Ceuil ! que d'aspirations! que de rêves! Qui sait? peut-être eût-elle été bonne, si Tiennet Blône...

Mais Tiennet Blône ne l'avait jamais aimée.

Ce mal qu'elle avait fait à Berthe l'aveugle, un jour, malgré sa conscience, elle y songeait maintenant avec un étrange plaisir. Elle avait frappé Berthe au cœur : eh bien ! sans le savoir, c'était sa rivale qu'elle frappait. Tiennet Blône aimait Berthe ! Le fou et l'ingrat ! il poursuivait une femme qui était à un autre.

Cette femme le dédaignait. Si vous connaissez le cœur féminin, vous ne croirez pas un instant que ce mépris pût être pour Olivette un motif de pardon. Bien au contraire, Olivette mesurait avec des transports de rage la distance qui la séparait de Berthe. Elle était dédaignée et Berthe dédaignait.

Berthe dont elle avait été la servante !

Ce qu'il y avait de haine contre Berthe dans l'âme de l'ancienne domestique, devenue marquise de contre-bande, nous renonçons à le dire. C'était froid et fougueux à la fois, réfléchi et plein d'emportement : du fiel et du salpêtre.

C'était plus vigoureux et plus vivace que son amour même !

Or, depuis qu'elle avait revu Tiennet Blône, toujours jeune, plus beau que jamais, son amour, c'était sa vie même.

Elle aimait dix fois plus que jadis : elle était folle.

Olivette se promenait sous les hauts tilleuls de l'allée. Elle tenait à la main le billet que Tiennet Blône avait écrit dans le souterrain avec son sang.

Elle était pâle sous son voile. Ses yeux brûlaient, creusés par la fièvre ; ses mains étaient froides et tremblantes.

Elle eût poignardé Berthe, en ce moment, sans hésitation, ni remords.

Ses lèvres remuaient machinalement et disaient : Il l'aime ! oh ! comme il l'aime !

Des pas sonnèrent sur le sable. Olivette reconnut l'allure discrète et scholastique de M. Fargeau. Elle s'élança vers lui.

— Vous l'avez vue ? s'écria-t-elle en l'abordant ; dites moi tout de suite si elle est encore belle.

Fargeau salua selon toutes les règles de la politesse.

— Mais répondez donc ! dit Olivette impérieusement.

— Je suis aux ordres de madame la marquise, répliqua Fargeau, dont la voix eut peut-être un tout petit accent de raillerie en prononçant ce dernier mot ; madame la marquise a-t-elle entendu parler d'une cantatrice d'un théâtre très infime ? Mais, non, madame la marquise ne descend jamais si bas...

— Le théâtre des Amusements ? demanda Olivette dont la voix chevrotait.

— Précisément.

— Est-ce qu'elle ressemble à cette femme ? La Lovely ?

— C'est elle.

Olivette appuya ses deux mains contre sa poitrine. Fargeau la regardait en souriant.

— Ah ! dit-il avec onction, comme nous allons bien nous comprendre, madame la marquise et moi !

Il y avait des chaises le long du treillage. Olivette chancelait. Fargeau la fit asseoir.

— Nous l'aimons donc terriblement, murmura-t-il, puisque nous nous occupons de lui en ce moment où il s'agit de quatre millions !

— Je vous ai dit, répliqua Olivette, que je suis gardée de ce côté.

— On a son petit plan, à ce qu'il paraît, poursuivit paternellement Fargeau ; c'est très bien. Moi, qui ne suis pas amoureux, j'ai aussi le mien. Je joue cartes sur table comme toujours.

Olivette, malgré son émotion, ne put s'empêcher de sourire.

— Pour la réussite de ce plan, continua encore M. Fargeau, je pourrais me passer de vous, mais j'avoue que vous faites admirablement mon affaire. Vous frapperez Berthe...

— Au cœur, si je peux ! interrompit Olivette.

— C'est bien ce que j'ai pensé, au cœur, et de la bonne manière. Voyons ! Laissez ce chiffon de papier et prêtez-moi toute votre attention. Vous savez que je ne frappe que moralement parlant, moi... Vous allez juger si le coup vous convient.

Mais, avant de laisser poursuivre M. Fargeau, nous constaterons l'indiscrétion obstinée de ce coquin de mendiant du Pont-Neuf. Ce mendiant qui louchait.

Pendant la République on laissait entrer les mendiants au Luxembourg. Le nôtre, profitant de cette amélioration sociale, avait suivi M. Fargeau jusqu'au carré des Roses. Une fois là, il avait escaladé le treillage et s'était glissé parmi les rosiers, au mépris des lois et règlements qui concernent la police des jardins publics.

Pendant que M. Fargeau parlait, le mendiant était tapi derrière un beau rosier-buisson, touffu comme un if et placé à distance convenable.

C'était un homme actif que ce mendiant. Tout en écoutant, il prenait des notes.

M. Fargeau fut bien un quart d'heure à expliquer son affaire à la charmante marquise. En achevant, il dit :

— Cela vous convient-il ?

— C'est une idée infernale, murmura Oliva en se parlant à elle-même ; elle en mourra de honte !

— Ça, je vous en réponds ! son fils est l'orgueil incarné. C'est un coup décisif que vous portez à votre rivale. J'ajouterai que les choses sont d'avance un peu préparées ; le fils a déjà de mes nouvelles.

— Vous êtes un démon, Fargeau, dit Olivette qui semblait rêver.

— Trop aimable ! murmura Fargeau.

— Il faut que vous me disiez pourquoi vous vous êtes adressé à moi ?

— C'est tout simple. Moi, je vis fort retiré. Vous, vous avez justement l'entourage qu'il faut pour rendre la fête complète : tous ces beaux messieurs qui fréquentent vos salons, toutes ces jeunes filles rieuses et moqueuses. Le signal partira de votre loge. Moi, je me charge d'amener le jeune homme.

Oliva hésita.

— C'est lâche, dit-elle tout bas au bout de quelques instants ; lâche comme tout ce qui vient de vous, Fargeau, lâche comme le vol de la promesse de mariage.

— Ah ! fit M. Fargeau en souriant, vous vous souvenez de cette petite histoire ? L'idée était assez originale... mais nous n'avons pas le loisir de faire de la critique rétrospective, madame la marquise. Tiennot Blône est libre. Demain il aura retrouvé cette belle des belles, la Lovely. Demain, il sera trop tard.

Olivotte se redressa, l'expression de son visage était sombre et résolue.

— A ce soir, dit-elle.

Une jeune fille qui semblait venir de loin, car sa démarche était inégale et comme harassée, tournait en ce moment le coin de l'allée de l'Observatoire. Elle aussi était voilée, et la rapidité de sa course collait son voile à sa figure.

Il y avait de la poussière à sa robe, du désordre dans sa mise et dans tous ses mouvements une sorte de fièvre.

Ce pouvait être une de ces pauvres fleurs flétries qui émaillent le pays latin....

Elle passa en courant devant le carré des Roses.

M. Fargeau l'aperçut et demeura la bouche béante au milieu d'une phrase commencée.

— Clémence ! cria-t-il.

La jeune fille eut un tressaillement léger, mais elle continua sa course sans tourner la tête.

XXXV

Romblon-Raison.

La jeune fille dont la vue avait excité chez M. Fargeau un si vif mouvement de surprise, se perdit bientôt parmi les arbres. Elle se dirigeait vers la grille de cet heureux théâtre où l'on mange des pommes et du flan dans les avant-scènes, le théâtre national de *Bobino*. C'était bien la route la plus droite pour gagner la rue du Regard.

Fargeau fut sur le point de s'élancer à sa poursuite, mais il pensa :

— Si c'est Clémence, je la retrouverai toujours à l'hôtel.

Il lui restait d'ailleurs à compléter l'explication de son plan.

C'était une de ces comédies à la Fargeau, comédies subtiles, envenimées, dont le creux du chêne de la Mestivière nous a montré jadis un spécimen. Mais le talent de M. Fargeau avait grandi avec les années. Au chêne de la Mestivière, nous n'avons vu qu'un tout petit lever de rideau : il faisait maintenant de grandes pièces.

La scène, pour laquelle il avait besoin de Mme la marquise Oliva de Beaujoyeux n'était du reste que le prologue de cette grande pièce, qui devait se nouer et se dénouer entre Berthe et lui.

C'était combiné fort habilement. Comme il n'avait ni aide ni confident, sauf pour ce prologue qu'Olivette elle-même trouvait diabolique, toutes les chances étaient en sa faveur.

Olivette et Fargeau causèrent encore pendant une dizaine de minutes. Fargeau en dit assez sur la position de Berthe pour que l'ancienne servante comprît la portée du coup qu'on allait frapper. Il garda le reste.

Dans le carré des Roses le mendiant écoutait toujours et notait.

Olivette et Fargeau se séparèrent en se donnant rendez-vous pour le soir, au théâtre des Amusements. Olivette se chargea de convoquer les acteurs du prologue.

Le mendiant enjamba la balustrade, plia son papier en forme de lettre et le cacheta. Il ne mit point d'adresse.

— Je sais tout et je ne sais pas grand'chose, grommela-t-il ; je n'ai pas la clé. C'est embrouillé comme les cheveux d'un nègre !

— Si j'avais fait affaire avec cet homme-là, poursuivit-il

en regardant de loin Fargeau qui entrait dans la rue Madame, peut-être aurais-je eu le gros lot, mais j'ai peur de lui. Dès qu'il sera tombé au fond de l'enfer, il trompera Satan. J'aime mieux Ballon.

Au coin des rues Madame et de Vaugirard, il trouva un honnête Auvergnat, mollement assis sur ses crochets.

— Mon brave, dit-il en lui mettant dans la main un franc et la lettre sans adresse, tu vas aller rue de l'Ancienne-Comédie, n°..., chez Mme la marquise de Beaujoyeux.

L'Auvergnat le regardait avec des yeux énormes.

Un mendiant qui écrivait à une marquise et qui donnait vingt sous pour cinq minutes de marche!

— Faudra rapporter une réponse? demanda-t-il.

— Tâche d'écouter! interrompit le mendiant. Chez la marquise, tu trouveras un gros monsieur qui a l'air riche comme un puits. Tu lui diras : *Romblon*. Si l'on te répond *Raison*, tu donneras la lettre. Sinon tu te mettras à la porte et tu attendras le vrai gros monsieur.

— Je lui dirai quoi?

— Romblon.

— Romblon, Romblon, Romblon! répéta l'Auvergnat pour se bien mettre la chose dans la tête, et il me répondra?

— Raison.

— C'est-il de la politique?

— Non.

L'Auvergnat partit.

Le mendiant pressa le pas vers la rue du Regard où M. Fargeau venait de s'engager.

Tout en marchant, l'Auvergnat se disait :

— Louche-t-il, ce gueux-là! C'est des manigances, bien sûr!

Et il répétait :

— Romblon-Raison, Romblon-Raison, Romblon-Raison.

Par une singulière coïncidence, passait dans la rue de l'Acienne-Comédie, en ce moment, un superbe cavalier, vêtu selon les règles du dandysme le plus irréprochable, qui arpentait le trottoir en répétant, lui aussi, entre ses dents :

— Romblon-Raison, Romblon-Raison, Romblon-Raison.

Ce beau cavalier était entré tout à l'heure chez Mᵐᵉ de Beaujoyeux et venait d'en ressortir, n'ayant trouvé personne.

L'Auvergnat franchit le seuil de la marquise.

Le beau cavalier s'arrêta devant la porte.

L'Auvergnat redescendit et vint se planter de faction sur le trottoir. Il regarda son voisin, le beau cavalier et se dit :

— Il n'est pas gros, celui-là, mais il a l'air un peu riche !

Il ajouta :

— Si je fais faction ici pendant deux heures, les vingt sous du gueux qui louche, ça ne pèsera pas lourd. Voyons voir.

— Sans vous commander, bourgeois, dit-il tout haut, cette lettre-là est peut-être bien pour vous. Attention ! Romblon...

— Raison ! répliqua aussitôt Mazurke.

Car c'était Mazurke, ce superbe cavalier.

Mazurke qui, tout en réfléchissant, répétait comme un refrain ces mots étranges trouvés dans le portefeuille du squelette :

— Romblon-Raison.

Le commissionnaire lui tendit la lettre, mais il se ravisa.

— C'est que, dit-il en se grattant l'oreille, le monsieur doit être très gros, qu'on m'a bien recommandé !

— J'ai beaucoup maigri ces jours-ci, répondit Mazurke.

Comme l'Auvergnat hésitait, Mazurke lui arracha la lettre et mit une pièce de cinq francs dans sa main.

— Fichtrrra ! s'écria l'enfant de l'Auvergne ; riche comme un puits, c'est ça ! N'y a pas de réponse pour le gueux qui louche ?

— Qui louche ? répéta Mazurke ; non... va !

Mazurke ouvrit la lettre et reconnut tout de suite l'écriture de M. Baptiste, l'homme aux lunettes bleues.

Mais, avant de lire cette lettre, il faut bien vous apprendre comment Mazurke était sorti de son trou.

Nous l'avons laissé vaincu de corps et de cœur après sa lutte folle contre la porte de fer.

Il gisait là sur les pièces d'or et d'argent éparses. Il ne bougeait pas ; il ne pensait pas. La sueur se glaçait à son front morne.

Les deux espoirs de sa vie, Berthe et Lucienne, il les repoussait pour mourir sans souffrir.

Mais Berthe et Lucienne étaient là dans ces épaisses ténèbres, toutes deux belles, tantôt souriantes comme de railleuses promesses, tantôt éplorées et demandant secours.

Secours ! à ce mort dans sa tombe !

Mazurke s'accrochait à son atonie. Il sentait que le réveil serait horrible.

Il avait peur de ces suprêmes convulsions où se tord le désespoir.

Mais cette blonde Lucienne qui allait l'aimer, qui l'aimait déjà, et qu'il adorait, lui, à sa dernière heure !

Mais, Berthe ! Berthe retrouvée ! sa sœur, sa famille, à lui qui avait tant de fois dit à Dieu en pleurant : Je suis seul, tout seul ! je n'ai pas de famille ! Ayez pitié de moi !

Elles se seraient aimées, Berthe et Lucienne, sa femme et sa sœur.

Le délire revenait.

Sa main crispée déchirait déjà sa poitrine.

Il sauta sur ses pieds tout à coup. Vous eussiez dit une secousse galvanique. Ses deux mains pressèrent son front. Un mot timide et tremblant tomba de ses lèvres.

— Peut-être...

Il venait de revoir dans l'ombre ces deux rayons verdâtres : les prunelles du chat.

Et comme le vieil Honoré, il s'était dit : Là où passe cet animal....

La conséquence n'était pas rigoureuse, mais c'est égal.

Le voilà fort ! Sa poitrine s'élargit, vivifiée ; ses membres se tendent : c'est notre Mazurke qui casse les boxeurs anglais, qui lance les Italiens par les fenêtres, qui tue les Arabes par demi-douzaines et empaille les majors allemands.

Vive Dieu! il n'est pas encore libre, mais il n'est plus couché là comme un enfant découragé.

Il fit un pas bien doucement, les rayons verts reculèrent. Il avança de nouveau : le tigre domestique battait en retraite avec lenteur. Au bout de dix à douze pas, les rayons verts s'éteignirent tout à coup, et Mazurke entendit comme un frôlement sous les planches.

Il avait une dernière bougie.

Plus rien qu'une. Au petit bonheur! Il l'alluma.

Et il chercha. Les trois quarts de la bougie brûlèrent. Mazurke ne voyait rien.

L'angoisse est plus cruelle après un moment d'espoir. Le cœur de Mazurke se serra.

Mais comme la bougie allait s'éteindre, sa flamme vacilla brusquement, Mazurke s'agenouilla. Un souffle d'air humide et frais lui caressa le visage.

C'était la vie! D'un geste rapide comme l'éclair, il déchira une page du portefeuille de Romblon père, et y traça les lignes menaçantes que Guérineul rapporta aux héritiers de Jean-de-la-Mer.

Puis il sonda résolument le trou.

C'était par là qu'il avait pénétré dans la cave douze heures auparavant : une sorte de puits étroit affectant la figure d'un baromètre ordinaire, et dont la courbe aboutissait dans la cave.

La maison isolée, choisie par le vieil Honoré pour déposer les fonds de la tontine, était la maison historique du chevalier de C. B., où l'on trouva un amas d'armes, sous l'Empire, lors du procès Cadoudal.

Jamais on n'avait vu entrer chez le chevalier seulement un pistolet de poche, et pourtant sa cave contenait cinq cents fusils.

Le puits avait joué un rôle.

Depuis lors, l'herbe et le sable avait recouvert la trappe. Personne, pas même notre ami le fantôme, ne connaissait l'existence du puits, dont l'orifice aboutissait derrière la maison, dans une cour abandonnée et défendue seulement par une grille de bois vermoulu.

Mazurke éprouva plus de difficultés à remonter qu'il n'en avait eu pour descendre. Comme il n'avait en aucune façon la conscience du chemin parcouru la ville, il ne savait pas où il allait. La trappe supérieure s'était refermée tant bien que mal après son passage. On n'y voyait guère plus dans le puits que dans la cave.

Mais au premier rayon du jour, faible et lointain, qui lui arriva par les fentes de la trappe, quel vif transport! Son cœur emplit joyeusement sa poitrine. Il poussa un hourra comme aux heures de bataille, quand son cheval au galop le lançait, sabre au vent, dans les carrés autrichiens.

Plus de fatigue! Il montait, il montait, et bientôt sa tête souleva la trappe.

Il regarda le ciel avec des yeux affolés. Il était libre! Ah! vive Dieu! gare aux Joueurs de la Mort!

Cependant tout n'était fini. Mazurke sortait de son trou dans un état pitoyable. Ses vêtements étaient souillés de glaise du haut en bas, ainsi que sa figure et ses mains. Il n'avait plus de chapeau. Il était enfin dans cet état où l'on arrête un homme, de confiance et sur sa mauvaise mine.

A peine avait-il franchi la grille de bois qu'un long cri retentit à l'autre extrémité de la rue. Mazurke était en train d'examiner les lieux pour s'y retrouver à l'occasion, il fut rudement dérangé dans son examen.

— Le voilà! le voilà! criait-on; arrêtez-le!

Le premier mouvement d'un honnête homme est d'attendre de pied ferme, quand un quiproquo de cette sorte lui barre le chemin. Car c'était évidemment un quiproquo. Il y avait là des soldats, des gardes nationaux et du peuple. On cherchait un voleur (et Dieu sait que le quartier est bon pour les battues de ce genre!) on voyait un homme sorti de terre: on criait: Sus! C'est la règle.

Mais le second mouvement de Mazurke fut de prendre ses jambes à son cou et de détaler à grande vitesse.

Il venait de songer en effet à sa position exceptionnelle. Il n'avait sur lui d'autres papiers que le portefeuille de papa Romblon, qui n'aurait pas été une recommandation bien puissante auprès de la justice.

En cavant au mieux, dépourvu qu'il était de passeport, le moins qu'il pouvait craindre c'était une détention de quelques jours.

Et Berthe ! Berthe !

Il sauta d'un bond dans le terrain où plus tard le mendiant vint s'établir, et prit chasse aux cris de deux ou trois cents badauds, agents et tourlourous qui se mirent à sa poursuite.

Mais on n'a pas mérité le beau nom de Mazurke sans avoir des jambes à l'épreuve. Il dépista en quelques minutes la meute humaine qui le poursuivait, et sauta dans un fiacre, au coin du quai d'Orsay, de l'autre côté des Invalides.

Le fiacre prit le trot bien tranquillement. Cette fois Mazurke était sauvé pour tout de bon, mais du diable s'il eût pu retrouver la route qu'il avait suivie à travers les chantiers, les terrains et les dépôts de pierres de taille qui diaprent la bonne ville du Gros-Caillou.

Le hasard l'avait couché là sur un lit d'or : deux millions amoncelés; deux millions qui venaient de son père. Le hasard refermait derrière lui la porte du trésor.

XXXVI

Où Yaume le pâtour écrit au Louchard

Mazurke se fit conduire chez un tailleur et troqua, grâce à quelques louis qui restaient dans sa poche, son costume impossible, contre un accoutrement complet de dandy.

Après quoi il revint rue de l'Ancienne-Comédie, déterminé à voir la marquise, Romblon et tout ce monde mystérieux qu'il lui fallait combattre et briser.

Il n'était pas sans se douter de ce qu'il devait à Romblon-Ballon.

La maison de M⁽ᵐᵉ⁾ la marquise de Beaujoyeux était vide. Mazurke sortit et fit les cent pas sur le trottoir. Ce fut là qu'il rencontra l'Auvergnat intelligent chargé de la missive du mendiant.

Mazurke traversa la rue et entra dans le passage du Commerce pour la lire plus commodément.

Voici ce que disait la lettre :

« Vous avez dû recevoir ma dernière ce matin. Le Fargeau travaille comme un diable. Ses mécaniques ont complétement réussi chez M⁽ᵐᵉ⁾ de Marans... »

— M⁽ᵐᵉ⁾ de Marans! s'interrompit Mazurke; la mère de Lucienne et de Gabriel! Voilà qu'elle est mêlée à tout cela, maintenant!

Il lut avec une avidité croissante :

« ... Tout est sens dessus dessous. Le fils est pris à la conscription, ce qui fera découvrir la vérité. En outre, comme il a jugé à propos de chipper l'argent du remplaçant et le dépôt de la Grièche, M⁽ᵐᵉ⁾ de Marans est bel et bien perdue. »

— Qu'est-ce que tout cela veut dire! pensait Mazurke, pris d'effroi.

La lettre continuait :

« ... Perdue de fond en comble, si elle n'a pas douze à quinze mille francs ce soir... »

— Il faut que je les aie, moi! se dit Mazurke.

« Mais ce n'est pas tout, reprenait la lettre : Fargeau a inventé une bien autre mécanique, une vraie! On doit attirer le petit docteur au théâtre des Amusements pour lui bien montrer ce que c'est que sa mère. Et tous les habitués de la marquise seront là pour faire un scandale d'enfer... »

— Ce que c'est que sa mère ! répétait Mazurke, qui se

perdait dans un dédale inextricable de pensées : C'est quelque atroce guet-apens! Mais ce que c'est que sa mère! que signifie cela?

Il poursuivit :

« Vous sentez, la Grièche criera comme une pie; les sifflets iront leur train, et le petit Gabriel arrivera là au bon moment.

« Il n'y a pas à dire, le Fargeau est étonnant pour avoir comme ça des idées! Le docteur blond est capable d'étouffer sur le coup... »

Mazurke se creusait la cervelle.

Dans cette famille qui était celle de Lucienne, il y avait donc aussi de grands malheurs menaçants!

Il reconnut bien vite qu'il perdrait son temps à vouloir sonder dès à présent ce mystère. D'ailleurs la phrase qui suivait attira violemment son attention.

« Il est superflu de vous dire que Fargeau ignore l'affaire de l'autre nuit, à moins qu'il ne l'ait apprise en un lieu dont je vais vous parler tout à l'heure. Le hasard a voulu en effet que le Hongrois ait été assommé justement dans la cour de la fameuse maison, dont je puis désormais vous indiquer la position exacte. »

— Bon! se dit Mazurke, je suis fixé au moins! je sais à qui je dois mon aubaine de cette nuit.

« Ce qui me fait revenir au Hongrois, continuait la lettre, c'est que Fargeau a écrit sous son nom au petit Gabriel pour réclamer une dette d'honneur... »

Les bras de Mazurke tombaient.

Jamais toile d'araignée n'avait eu tant de fils enchevêtrés!

« ... Il est évident que ce Fargeau a tout un plan. Si vous voulez avoir les millions, il faut vous hâter et en finir dans les vingt-quatre heures.

« J'ai passé ma journée entière à espionner, à guetter, à courir. Vous êtes trop juste pour ne pas convenir que ma découverte mérite un bon prix. Comme je ne veux pas que vous perdiez du temps à vous demander ce que cela vaut, je vous taxe à cinquante pauvres billets de mille francs comptant, si vous voulez savoir la fameuse adresse. »

La lettre finissait là. Il n'y avait point de signature.

Mazurke demeura un instant comme abêti.

Plus il réfléchissait, plus la nuit se faisait dans son esprit.

Une seule idée était lucide en lui, c'est que Lucienne était menacée d'un grand malheur. Elle lui en devenait mille fois plus chère. La sauver à tout prix, voilà le plus pressé.

Mais comment ?

Et par quel enchaînement de circonstances Mme de Marans ?...

Mais ces questions auraient pu l'occuper quinze jours durant.

Une fois, la vérité voulut se faire jour dans son cerveau. Il eut comme une intuition rapide et soudaine. Il devina. Mais le vrai peut quelquefois n'être pas vraisemblable. C'est Boileau qui l'a dit.

La vérité ici était tellement romanesque, qu'il la repoussa.

Il consulta sa montre qui marquait quatre heures et demie.

Il avait environ trois heures devant lui.

Dans ces trois heures il fallait se procurer les douze ou quinze mille francs qui manquaient à la mère de Lucienne, organiser une contre-cabale, et trouver le moyen de fermer au docteur Gabriel les portes du théâtre.

Quinze mille francs ! quand on songe que Mazurke avait couché cette nuit sur un lit de deux millions !

Mais il n'avait pas même songé à emplir ses poches de louis, tant il se croyait sûr de retrouver le trésor tout entier.

Mazurke monta dans une remise en se disant :

— A Lucienne d'abord.

Il y avait en lui bien de l'inquiétude, mais aussi bien de la joie. Protéger Lucienne! sauver la mère de Lucienne!

Quant à Berthe, oh bien! les heures de la nuit lui restaient pour serrer la gorge de Romblon ou de Baptiste. L'un ou l'autre saurait certainement où trouver Berthe, et Mazurke avait des recettes pour faire parler les coquins trop discrets.

Il cria au cocher :

— A l'hôtel Bristol!

A l'hôtel Bristol, Yaume était bien tristement vautré sur la causeuse de Mazurke, et fumait un cigare panatellas avec une profonde mélancolie. Il attendait son maître depuis le matin.

Il s'était dit d'abord :

— Censé, il va réintégrer à l'heure du déjeuner.

Et il avait commandé un de ces braves déjeuners que Mazurke avalait chaque matin si gaillardement.

Le déjeuner servi, comme Mazurke ne revenait pas, Yaume se mit à table et mangea encore mieux que n'eût fait Mazurke.

— Censément, pensa-t-il au dessert, comme pour excuser sa hardiesse, fallait-il laisser tout ça se perdre?

Il poussa un gros soupir en allumant un des cigares de Mazurke. Comme il avait un poids sur le cœur, il but coup sur coup trois ou quatres petits verres. Hélas! rien ne pouvait l'égayer, le pauvre garçon!

— Ah dam! se disait-il : où donc qu'il s'aura égaré M. Philippe? Il avait pas mal bu cette nuit. Les hommes qu'est pas naturellement pochards ne devraient jamais boire!

Il siffla un bon verre de cognac et ajouta :

— La boisson, c'est des bêtises. L'ivrogne est au-dessous des animaux à quatre pattes, sauvages et sans raison.

Il se renversa sur la causeuse et regarda monter la fumée de son cigare. Il s'ennuyait. L'idée ne lui venait même pas de chanter une de ces belles chansons vitriôes qui ébranlent les murailles et cassent les carreaux.

Tout à coup, il se leva et courut au secrétaire de Mazurke. Il avait jeté, ma foi! son cigare entamé comme un gentleman.

— Puisque je l'ambitionne, dit-il, en saisissant une plume et du papier, je dois enfin me le payer d'écrire consément au *louchard!*

Le feu de l'inspiration était dans ses yeux.

Il écrivit en gros bâtons écrasés, courant du grenier à la cave :

« Monsieur Baptiste,

« Ayant eu l'avantage de vous communiquer le désir que j'avais d'y être fixé sur le socialiste, et sachant que vous en tenez une boutique d'informations dessus les objets perdus et douteux dont on les cherche, je viens vous prier par la présente incluse de m'y répondre clairement à la même question avec promesse de payer en conséquence.

« Dans cette attente, je vous salue avec ma considération.

« YAUME. »

Il cacheta la lettre et courut la mettre à la poste.

En chemin, il rencontra deux messieurs qui causaient politique. L'un d'eux disait :

— Quand on aura mis tous les socialistes en prison...

C'était un trait de lumière?

Il revint à l'hôtel Bristol et commanda le dîner pour quatre heures.

— Jésus! se disait-il au désespoir, puisqu'on les y met tous, et qu'il l'est censément, bien sûr qu'on l'aura mis en prison!

Il s'arrangea dans une bergère, déchaussa ses gros pieds et les fourra, pour se distraire un peu, dans les pantoufles de Mazurke.

— C'est pas l'embarras, reprit-il, je vas toujours manger le dîner pour pas qu'il refroidisse.

Il mangea le dîner.

Au moment où il allumait le cigare digestif, Mazurke poussa la porte et entra comme une bombe.

Yaume n'eut que le temps de repousser les pantoufles.

— Ah dam! s'écria-t-il, monsieur Philippe! Il ne vous ont donc pas mis en prison?

Mazurke ne répondit pas. Il ouvrit son secrétaire et en fouilla tous les tiroirs. Les tiroirs étaient vides et Mazurke le savait bien d'avance.

— Vous avez égaré censé quoi donc? demanda Yaume.
— Il me faut de l'argent, répondit Mazurke.
— Pas l'embarras!
— Tu en as?
— Que non fait! Mais vos cinquante mille francs?
— Volés!
— C'est-y possible! s'écria Yaume.

Mazurke s'était jeté sur un fauteuil. Il se leva.

— Allons! dit-il, prends ton chapeau.
— Oui, monsieur Philippe.
— Nous allons aller te vendre.
— Me vendre? répéta Yaume; censé, vous plaisantez?
— Non.
— Alors, v'la qu'est bon.
— J'ai besoin d'argent, reprit Mazurke, absolument. J'ai bien réfléchi. Je n'ai trouvé que ce moyen-là de m'en procurer. Tu es bien bâti...
— Oh! fit Yaume avec modestie, assez tout de même, monsieur Philippe.
— Un marchand d'hommes t'achètera quinze cents francs.
— Pas l'embarras!
— Je prendrai les quinze cents francs...
— Comme de juste!
— J'irai au jeu, je gagnerai...
— Pardié oui!
— Et je te rachèterai.
— Ah dam! merci, par exemple, monsieur Philippe!
— Est-ce dit?

— Consômont, je crois bien, puisque c'est vous qui le dites. Allons !

Il flanqua son chapeau de livrée sur l'oreille et partit comme un déterminé.

Mais avant de franchir le seuil, il se ravisa :

— Censé, dit-il. J'ai écrit au louchard.

— A M. Baptiste, toi ?

— Oui, pour une chose que j'ambitionne d'être fixé dessus. Si le louchard me répond, vous m'enverrez la lettre au régiment, pas vrai ?

— Je te le promets, répondit Mazurke en riant.

— Comme ça, je saurai enfin ce que c'est. A présent : peloton ! pas accéléré ! arrrche !

XXXVII

La Laitière et le Pot au lait

Rue Saint-Nicodème, 328, *deux de plus cela fait 330*, il y avait une maison illustrée de plusieurs tableaux.

Le premier étage était occupé par une sage-femme, reçue par la Faculté de Paris, et élève de Mme Commandeur. Son tableau représentait un enfant dans un carré de choux.

Au second étage Mme Confiance, connue par trente ans de succès, rapprochait les deux sexes au moyen d'une publicité bien entendue, et serrait, à prix fixe, les doux liens du mariage. Son tableau montrait un *dieu d'hymen* couleur de chair sur un fond bleu de ciel.

Au troisième étage, deux tableaux : l'un vous offrait l'image d'un soldat français aux prises avec plusieurs Arabes et leurs coursiers : *On demande un remplaçant !* M. Berthelot, agent de recrutement. L'autre étalait aux regards un paysage, traversé par une route qui montait en perspective et à outrance. Sur cette route cheminait une colossale voiture au dos de laquelle était écrit : *Berthellemot, déménagements pour Paris et la campagne*.

Quant à Berthelleminot, il demeurait aux environs de la Bourse, au siège de la Compagnie *le Pactole*, exploitation des gisements aurifères de la Californie. (Action de 2 fr. 50 divisées par coupons de dix sous).

M. Berthelleminot de Beaurepas était en tête à tête avec Lasthénie Ragon, devenue Mme Confiance. Ils délibéraient.

— Ma bonne amie, disait le sage Berthelleminot, quand on est arrivé à la force de l'âge et qu'on n'a jamais subi une seule condamnation correctionnelle, on n'a pas à se plaindre de l'Être suprême. Si je ne suis pas millionnaire, j'ai fait du moins quelques petits bénéfices.

— Vraiment, mon louloute?
— Oui, mon bibi.

Berthelleminot tira de sa poche trois billets de cinq cents francs.

Lasthénie croyait rêver. De l'argent gagné dans l'un des fantastiques commerces de son Aristide ! c'était incroyable à ce point qu'elle doutait après avoir vu.

— Quinze cents francs ! murmura-t-elle avec une douce émotion. Il ne faut pas les dépenser, Louloute ! Il faut les mettre dans ma paillasse.

— Laisser dormir des capitaux ! s'écria Berthelleminot. Que tu appartiens bien à ton sexe, Lasthénie ! Ces quinze cents francs, j'en ai l'emploi. J'achète ce soir cent cinquante rames de papier que je divise en petits carrés grands comme la main, sur lesquels je fais imprimer la liste électorale des *Amis de la prudence*. Mes cent cinquante rames me donnent soixante-douze mille feuilles. J'ai soixante-quatre bulletins dans chaque feuille, ci : quatre millions six cent huit mille bulletins bien établis, lisibles et pouvant servir au vote. Je les vends un franc le mille, c'est pour rien ; je touche quatre mille six cent huit francs, et je te donne huit francs, Bibite, pour ta toilette.

— Merci, Louloute.

— Attends donc ! Avec mes quatre mille six cents

francs j'achète un terrain à la barrière du Combat, et je fais bâtir un café chantant, où la chope de deux sous coûtera cinquante centimes. J'ai les garçons gratis, j'ai les chanteurs pour rien, et j'espère même qu'ils me feront quelques petits cadeaux ; les chanteuses m'offriront des appointements, comme c'est l'usage. Il n'y a pas de café chantant à la barrière du Combat. Cinq cents francs de recette tous les soirs, au bout de la saison d'été, nous avons une cinquantaine de mille francs de côté.

— Es-tu sûr, Louloute ?

— Attends donc ! Je rafle d'un seul coup tous les œufs de la capitale ; je les centralise dans quatre-vingt-seize bureaux, deux par quartier, et comme les amateurs ne peuvent s'en procurer que chez moi, je double le prix, j'écoule et je réalise ; en quatre jours le tour est fait et j'ai cent mille francs dans ma caisse.

— Quel talent ! soupirait Lasthénie.

Berthelleminot tapa sur son gousset contenant les trois billets de cinq cents francs.

— Voilà le point de départ ! s'écria-t-il, le premier degré de l'échelle. J'achète ensuite...

Un bruyant coup de sonnette lui coupa la parole.

— C'est pour le bureau de remplacement, dit Lasthénie.

Berthelleminot s'élança derrière ses cartons et ouvrit un énorme registre. Mazurke et Yaume entrèrent.

— Monsieur vient pour un remplaçant ? demanda Berthelleminot.

— Oui, répondit Mazurke.

— Monsieur, j'ai l'honneur de vous faire observer que nos prix ont dû monter légèrement à cause des éventualités de guerre européenne. Les conscrits se vendent trois mille quatre cents francs.

— Tant mieux, interrompit Mazurke, je viens vous en vendre un.

Yaume gardait un silence modeste.

La physionomie de Berthelleminot changea.

— Désolé, monsieur, dit-il, nous sommes au plein.

— Voyons ! insista Mazurke, je ne vous le vendrai pas cher.

— Mais monsieur, se récria l'entrepreneur, au cas même où il me conviendrait d'acheter un homme, de quel droit me le vendriez-vous ?

— Oh ! fit Yaume, ne vous inconvénientez pas de ça, M. Philippe sait bien ce qu'il fait.

— Regardez-moi ce gaillard-là, reprit Mazurke.

— Pas grand, dit l'entrepreneur qui mit son binocle par-dessus ses lunettes, lourd, épais, mal bâti...

— Censément ! murmura Yaume, pas l'embarras ! J'ambitionnerais assez de lui taper dessus, à celui-là !

— Quinze cents francs, au lieu de trois mille quatre cents ! dit Mazurke.

— Payables ?

— Comptant, et je vous laisse mon homme.

— Monsieur, répliqua Berthelleminot en se levant, je ne fais pas de ces affaires-là.

Mais il n'aurait pas dû se lever, ce chevalier de l'aigle jaune. Quand Mazurke le vit debout, il prit tout à coup un air étonné. Puis il planta sans façon ses deux mains sur les épaules de l'entrepreneur et le regarda bien en face.

— Monsieur ! balbutiait Berthelleminot scandalisé, de cet examen.

Mazurke fit un pas en arrière.

— Yaume ! s'écria-t-il, pille-moi ce coquin-là ! Pille ! pille !

Yaume ne fit qu'un saut, tant l'exercice commandé rentrait dans ses idées, il saisit l'entrepreneur à la gorge, le terrassa et lui mit le pied sur la poitrine.

Puis il leva son gros poing et dit :

— Faut-il l'abîmer censé tout à fait, monsieur Philippe ?

— Vous ne me reconnaissez pas ? demanda Mazurke à l'entrepreneur.

— Non, balbutia ce dernier ; je n'ai pas l'avantage...

Quoiqu'il n'eût jamais subi une seule condamnation correctionnelle, il savait bien qu'il avait laissé çà et là, par le monde, des souvenirs féconds en coups de canne et autres manifestations.

— Regardez-moi en face, reprit Mazurke. Vous avez donc oublié *l'Argonaute* et les forêts de la Valachie ?

Ma foi ! c'était tout au plus si Berthelleminot s'en souvenait. Il avait tant travaillé depuis lors.

— Attendez donc... balbutia-t-il ; vous êtes...

— Je suis un homme qui vous connaît parfaitement, mon brave ! interrompit Mazurke ; qu'avez-vous fait de M. Lucien Créhu de la Saulays qui partit avec vous pour Granville à la place du jeune Tiennet Blône ?

— Ah diable ! fit l'entrepreneur, je n'ai plus tout cela bien présent... Voici : une tempête horrible sillonna les flots. Le ciel était d'une couleur cuivrée, et les éclats sinistres de la foudre se mêlaient aux mugissements du vent. Nous relâchâmes à Douvres. Je laissai mes passagers à l'auberge et je crois que j'allai à Londres...

— Avec les fonds de l'entreprise ?

— La tempête, monsieur !

— Lâche-le, dit Mazurke à Yaume.

Yaume obéit avec une répugnance visible.

— Quand je pense, grommela Mazurke, que c'est ce coquin-là qui m'a fait faire la campagne de Hongrie ! Je me dis un beau jour : peut-être que Lucien est encore en Valachie. A tout le moins y trouverai-je sa trace. Et voilà qu'il n'y est jamais allé !

— Voyant ça, dit Yaume, et pour vous avoir motivé sans raison une course au delà des frontières et douanes, faut-il le rétrangler ?

— Non, répliqua Mazurke qui souriait presque ; je crois que désormais Lucien n'échappera pas longtemps à mes recherches...

— C'est qu'il y a du temps tout de même que vous dites ça, monsieur Philippe ! interrompit Yaume.

— Et d'ailleurs, poursuivit Mazurke, je lui dois quelque chose à ce drôle, pour l'occasion qu'il m'a donnée de faire le coup de fusil en compagnie de ces braves Hongrois ! Allons, vieux coquin, je vous pardonne.

— Le fond fait passer la forme, pensa Berthelleminot.
— Mais le temps presse, ajouta Mazurke, donnez-moi mes quinze cents francs, et en route !
— Comment ! s'écria Berthelleminot, vos quinze cents francs ?
— Oui, pour mon conscrit.
— Mais je n'ai pas besoin...
— Vous discutez, je crois ?
— Assurément, monsieur. Je fais plus, je...
Mazurke fronça le sourcil.
— Attention ! Yaume, dit-il.
Yaume cracha dans ses mains.
— Pille ? prononça doucement Mazurke.
Le pauvre pot-au-lait ! les trois billets de cinq cents francs qui devaient fournir quatre millions six cent huit mille bulletins à un franc le mille, puis acheter un terrain à la barrière du Combat, puis monopoliser tous les œufs de la capitale, puis...
Le pauvre pot-au-lait se cassait !
Berthelleminot de Beaurepas fit sa soumission au moment précis où Yaume le saisissait de nouveau par le cou. Il tira de sa poche les précieux billets et les tendit à Mazurke en disant :
— Vous ne savez pas, monsieur, vous ne pouvez pas savoir tout le mal que vous faites, à moi en particulier et à l'industrie de notre pays en général !
— A la bonne heure ! répliqua Mazurke. Ce garçon-là est à vous.
— Censément, approuva Yaume.
— Je vous l'emprunte pour ce soir, reprit Mazurke, mais demain il reviendra. Il aime à bien manger, à mieux dormir, et boit comme une tanche !
— Ah dam ! fit Yaume en souriant avec modestie, comme deux, censé !
Berthelleminot aurait voulu avoir une machine infernale pour exterminer ces deux êtres odieux.
— Je ne nourris pas mes remplaçants, dit-il.
Yaume lui fit un signe de tête amical.

— Si ça vous inconvéniente de m'avoir à votre table, insinua-t-il, vous me payerez le traiteur trois fois par jour.

— Au plaisir de vous revoir, monsieur Bertholleminot de Beaurepas, ajouta Mazurke.

Dans la rue, Mazurke dit à Yaume :

— Je vais au jeu, gagner dix ou quinze mille francs pour mon affaire. Si tu ne me revois pas avant la nuit, tu sauras que je suis au théâtre des Amusements. A sept heures, tu te rendras à ce même théâtre, tu guetteras l'arrivée d'un jeune homme blond, jolie figure... Au fait, tu l'as vu à Wiesbaden.

— Le frère de la petite blonde qui avait des cloches bleues dans les cheveux?

— Justement. Tu l'empêcheras d'entrer au théâtre.

— Mais s'il veut passer malgré moi?

— Tu es plus fort que lui.

— Censé. Alors dans le cas d'entêtement de sa part, on peu le piller un petit peu?

— Le piller et le houspiller, pourvu que tu ne lui casses rien. La chose certaine, c'est qu'il ne faut pas qu'il entre au théâtre.

— Il n'entrera pas, monsieur Philippe.

— A ce soir !

Yaume se dirigea vers l'hôtel Bristol. Mazurke se fit conduire à ce tripot, connu de tout le monde, même de la police, à ce qu'on dit, où le docteur Gabriel avait contracté, la veille, sa *dette d'honneur*.

Dans la maison de Mme de Marans, la pauvre Lucienne était toute seule. Sa mère était partie ; son frère ne revenait pas. Clémence, elle-même, était loin de Paris.

L'orage menaçant avait éclaté. Tout était, dans la maison, trouble et mystère. Lucienne ne savait pas encore où descendrait le malheur de sa famille, mais elle sentait tout ce qu'elle aimait glisser sur la pente funeste.

— Personne ! murmura-t-elle, pour nous défendre ou nous protéger !

Sa pensée allait à Mazurke; mais, en ce moment de

douleur, elle avait la conscience du peu de fonds qu'il fallait faire sur ce pauvre roman de son amour.

Elle pleurait, essayant vainement d'envoyer à Dieu sa prière distraite.

Tout à coup la porte s'ouvrit et Clémence s'élança dans la chambre. Lucienne poussa un cri de joie, puis elle recula.

Clémence était pâle et bien changée.

— D'où viens-tu? demanda Lucienne.

— Du château. J'ai fait dix lieues à cheval en deux heures. Mon cheval est tombé au delà de Châtillon, je n'ai pu le relever. De Châtillon jusqu'ici j'ai couru...

Le château des Lointier était situé entre Guignes et Melun.

— C'est pour nous que tu as fait cela! dit Lucienne, reconnaissante. Merci, ma petite Clémence! Mais pourquoi venir à cheval?

— Parce que je me suis échappée.

— Échappée?

— Oui, je n'ai plus d'asile, Lucienne. Il faut que tu me caches dans ta chambre.

— Tout ce que j'ai est à toi.

— On m'a fait partir de Paris ce matin, avant le jour, reprit Clémence, qui venait de tomber sur un siège, brisée par la fatigue et peut-être par l'émotion; j'étais gardée comme une prisonnière. Tu ne sais pas? cette nuit, pendant que nous parlions, M. André Lointier écoutait...

— Ton père!

— Je te dis qu'il n'est pas mon père! répliqua Clémence dont la pâleur augmenta. M. André Lointier m'a fait partir, parce qu'il sait bien désormais que je veux vous défendre toi et ta mère...

— Oh! ma pauvre Clémence! s'écria Lucienne rendue au sentiment de sa propre détresse, nous avons grand besoin d'être défendues!

— Je le sais; aussi, me voilà.

Lucienne se jeta dans ses bras. Elles restèrent un ins-

C'était un homme actif que ce mendiant; tout en écoutant,
il prenait des notes.

28ᵉ LIVR.

tant serrées l'une contre l'autre, confondant leurs larmes et leurs baisers.

— Me voilà libre, reprit Clémence, que ta mère le veuille ou non, je la défendrai.

— Ma mère ne saura pas, dit Lucienne, je te cacherai, personne ne te verra.

Les yeux humides de Clémence eurent un sourire.

— C'est cela, murmura-t-elle comme on répond aux naïvetés des enfants; tu me cacheras, ma Lucienne, et personne ne me verra.

Puis elle reprit en changeant de ton :

— Mais il ne s'agit pas de moi. Tu pleurais quand je suis venue. Dis-moi ce qui s'est passé aujourd'hui; dis-moi tout et bien vite, car je me sens prête à combattre... et je ne voudrais pas arriver trop tard !

XXXVIII

Clémence Lointier

Elles étaient toutes deux, Lucienne et Clémence, dans la petite chambre au lit blanc, serrées l'une contre l'autre; Clémence hardie et vaillante, Lucienne oppressée par la conscience du malheur de sa famille.

— Je vais te dire tout ce que je sais, commença Lucienne; et, mon Dieu! ma pauvre Clémence, quand j'y songe, je ne sais rien, sinon que nous sommes écrasés sous un terrible malheur. D'abord, Gabriel a été pris à la conscription...

— Ah! interrompit Clémence, mais il est fils de veuve.

Lucienne courba la tête.

— Oui, dit-elle, mais... que sais-je, moi! mon pauvre esprit s'y perd. Il paraît que les fils de veuve ne sont plus exemptés... ou peut-être... Oh! Clémence! Clémence!

s'interrompit-elle en éclatant en sanglots, je ne sais pas ! Dieu nous abandonne !

Clémence la soutenait dans ses bras comme une mère.

— Dis-moi tout ! répétait-elle, et bien vite ! car il y a en moi une voix qui me crie : le temps presse !

— Eh bien, poursuivit Lucienne, j'étais allée ce matin visiter mes anciennes maîtresses de pension. Quand je suis revenue, la maison était déserte. En passant dans la chambre de ma mère, j'ai vu le secrétaire ouvert, tout y était en désordre comme si la main d'un malfaiteur...

Lucienne s'arrêta, indécise et les yeux cloués au sol. Le sang monta aux joues de Clémence, qui appuya ses deux mains sur sa poitrine.

— Gabriel avait perdu au jeu la nuit dernière ! murmura-t-elle.

— Mon Dieu ! mon Dieu ! s'écria Lucienne ; moi aussi, j'ai eu cette crainte. Je te dis que nous sommes condamnées !

Clémence se redressa.

— J'aime ton frère, dit-elle, tandis que ses yeux brillaient d'un éclat extraordinaire ; innocent ou coupable, je l'aime. Et je suis bien malheureuse, moi aussi, Lucienne !

— Ma sœur ! ma sœur chérie ! murmura celle-ci qui cacha sa tête dans le sein de Clémence ; que Dieu te récompense.

— Continue, je ne t'interromprai plus.

— Je suis descendue au jardin, poursuivit Lucienne. J'ai vu quelque chose contre la charmille, à l'endroit où nous causons le matin et le soir. Je me suis approchée... C'était ma mère, évanouie et couchée sur le sable.

— Que s'est-il donc passé ? murmura Clémence épouvantée.

— Le sais-je ? Je l'ai rappelée à la vie, toute seule et sans secours, car quelque chose me disait de ne point mêler les domestiques ou les étrangers à ce mystère. Elle a été bien longtemps à recouvrer ses sens. Quand elle s'est retrouvée sur le canapé du salon, si tu savais comme ses pauvres yeux étaient brûlants ! Elle a regardé tout autour de la chambre, puis elle a dit : « Où est-il ? » Elle m'a vue, alors ; ses paupières se sont mouillées. « Oh ! toi ! m'a-t-elle dit en me pressant convulsivement contre son cœur, je ne t'ai pas assez aimée, pauvre enfant qui mourras de notre mort ! Tout pour lui, tout ! je ne songeais qu'à lui qui était mon orgueil et ma folie... »

— Je te dis ses propres paroles, Clémence, s'interrompit Lucienne, je n'ai pas tout compris, mais je me souviens.

« Ma mère a été dix minutes environ anéantie et comme morte. Je la suppliais d'avoir confiance en moi et de me dire sa peine. Elle me répondait toujours :

« — Nous sommes perdus, pauvre enfant ! Toi comme nous, hélas ! nous sommes perdus sans ressource !

« Je me suis mise à genoux. Tu sais comme elle est pieuse. Elle s'est agenouillée près de moi. Ses mains se sont jointes, et par trois fois elle a dit : « Mon Dieu ! mon Dieu ! mon Dieu ! »

« Ce n'était pas une prière, Clémence ; c'était le cri du désespoir.

« Elle s'est relevée violemment.

« — Écoute ! a-t-elle murmuré parmi les sanglots qui l'étouffaient, ton frère m'a tuée. Dis-lui que je lui pardonne !

« Et comme cinq heures ont sonné à la pendule, elle a tressailli tout à coup.

« — L'heure du suprême effort ! a-t-elle dit en essuyant ses larmes ; dis-lui que je vais réparer sa faute au prix de ma vie. Dis-lui qu'il ne me reverra plus, mais qu'avant de mourir je le rachèterai ; qu'il pourra vivre de son orgueil... et qu'on ne saura pas...

« — Mère ! oh ! mère ! lui disais-je, et moi ! et moi !

« — Et toi, mon enfant chérie ! et toi ! Je t'aime ! je t'aime ! oh ! je t'aime bien, va ! Adieu pour toujours !

« J'ai voulu la retenir. Elle s'est échappée en m'ordonnant de rester. Et moi, je lui ai obéi, le cœur étreint, la mort dans l'âme.

« Où est-elle, à présent, ma pauvre bonne mère !... »

Clémence écoutait sans mot dire, l'œil fixe et l'esprit tendu.

Pendant une minute ou deux, le silence ne fut interrompu que par les sanglots de Lucienne. Au bout de ce temps, Clémence dit :

— Penses-tu qu'il t'aime, ce capitaine Mazurke ?

Lucienne la regarda à travers ses larmes.

— Réponds ! dit Clémence avec une sorte de rudesse ; c'est le dernier espoir. Il me faut un homme, et Albert n'oserait pas. T'aime-t-il ?

— Oui, répliqua Lucienne tout bas, je le crois.

— Où demeure-t-il ?

— Place Vendôme, hôtel Bristol.

— Veux-tu venir avec moi chez lui ?

— Oh !... fit Lucienne.

— Tu as raison. Tu es trop faible et trop brisée. J'irai seule.

— Toi ! Clémence !

— Prie Dieu pour nous tous, ma Lucienne. Peut-être qu'un jour ta mère m'aimera.

Elle baisa Lucienne au front et partit, son voile sur le visage, avec la poussière de la route à ses vêtements.

Lucienne leva ses deux mains vers le ciel et pria.

Yaume venait de rentrer, lorsque Clémence sonna et demanda M. Mazurke.

Yaume la regarda et fut médiocrement prévenu en faveur de cette demoiselle charmante, il est vrai, mais dont le costume était dans un désordre complet.

— Censé, répliqua-t-il, M. Mazurke c'est pas son vrai nom de tout de bon. M. Philippe n'y est pas ici pour le moment.

— Est-ce bien sûr ? demanda Clémence.

Yaume la regarda de travers.

— Pas l'embarras, grommela-t-il, vous feriez mieux de vous épousseter un petit peu.

Clémence entra.

— Vous avez raison, dit-elle. Donnez-moi une brosse.

Yaume alla chercher une brosse.

— Ça fait censément comme chez soi ! grommela-t-il.

Quand il revint, Clémence avait ôté son chapeau. Elle arrangeait sa belle chevelure devant la glace.

— Vous gênez pas ! pensa Yaume. Faut-il brosser madame ?

— S'il vous plaît, répondit Clémence.

Yaume commença bientôt son office de femme de chambre.

— Je vais attendre votre maître, dit la jeune fille quand il eut fini.

— Ça se peut bien, répliqua Yaume.

— Va-t-il rentrer bientôt ?

— Non.

— Savez-vous où je le trouverais ?

— Oui.

— Voulez-vous me le dire ?

Yaume se gratta l'oreille.

— Censé, répliqua-t-il, vous me plaisez assez, rapport à vous être fait brosser par moi sans façon, à première vue, mais je ne sais pas si je dois...

— Ecoutez ! interrompit Clémence ; votre maître, s'il ne me voit pas avant une heure, s'en repentira jusqu'au dernier jour de sa vie !

— Ah bah ! fit Yaume ; c'est long, ça ! Eh bien, savez-vous où est le théâtre des Amusements ?

— Boulevard du Temple.

— A sept heures M. Philippe y sera.

Il était six heures et demie. Clémence s'assit au secrétaire de Mazurke et, saisissant une feuille de papier, elle traça rapidement ces quelques mots :

« J'aurai peut-être besoin d'un défenseur ce soir. Je suis à Paris malgré M. André Lointier et à l'insu de mon oncle. Depuis sept heures au théâtre des Amusements.

« C. L. »

Elle mit sur l'adresse le nom de M. Albert, puis elle tira sa bourse et glissa un louis dans la main de Yaume en disant :

— Que ce mot soit porté tout de suite!

Yaume, sept heures sonnant, arriva devant le péristyle modeste du théâtre des Amusements. Les petites places étaient entrées. Quant aux grandes, on pouvait penser qu'elles seraient bien occupées ce jour-là, car il y avait déjà une douzaine d'équipages sur la chaussée.

Yaume n'était pas là depuis dix minutes, qu'il vit arriver Mazurke, à pied, pâle, défait et la tête basse. Mazurke vint droit à lui.

— J'ai perdu les quinze cents francs du vieux coquin, dit-il d'un air soucieux, je ne sais pas ce que je vais faire. Toi, empêche toujours notre jeune homme d'entrer.

— Convenu, monsieur Philippe!

— Heureusement que j'avais loué mes places avant d'aller au jeu. Mais ces diables de claqueurs que je ne pourrai pas payer!

— J'ai un louis sur moi, dit Yaume.

— Mon pauvre garçon, reprit Mazurke en secouant la tête, je crois que je vais me faire casser les reins ce soir.

— Faut pas, monsieur Philippe! Dites-donc, j'allais oublier de vous parler de ça : il y a une jeune demoiselle qui...

— Je me moque bien des demoiselles! interrompit Mazurke.

— Cette demoiselle-là...

Mazurke le saisit par les épaules et le planta devant lui comme un écran. Le marchepied d'une voiture élégante venait de s'abaisser sur la chaussée, vis-à-vis du théâtre des Amusements.

M. Fargeau, Mᵐᵉ la marquise Oliva de Beaujoyeux, Mᵐᵉ Paoli et Guérineul traversaient l'asphalte pour gagner le théâtre. Oliva riait à gorge déployée, et Mazurke l'entendit qui disait à Paoli :

— Une cabale adorable! Cinquante drôles à trente sous, des filles aux troisièmes loges... et nous aux premières. Vous allez voir, ma chère, quand je donnerai le signal!

XXXIX

Trois loges

Avant d'aller à la maison de jeu perdre les quinze cents francs de M. Berthelleminot de Beaurepas, Mazurke s'était fait conduire au théâtre des Amusements. C'était vers quatre heures et demie. Il vit sortir du contrôle un domestique à la livrée de Beaujoyeux.

Ce domestique avait loué au nom de la marquise trois loges contiguës. Mazurke se fit donner la position exacte de ces loges. Il loua les six places de balcon placées au-devant, et neuf places d'orchestre formant un carré immédiatement au-dessous.

Après quoi, il demanda où se réunissait la claque. On lui donna l'adresse d'un café borgne de la rue des Fossés-du-Temple.

Le plan de Mazurke était bien simple : d'abord fournir les dix mille francs du dépôt, quitte à s'occuper plus tard des dettes de M. le docteur Gabriel et de son remplaçant; ensuite débaucher la cabale que la marquise avait sans nul doute achetée. Avec cela et l'obstacle mis à l'entrée de Gabriel, la machination Fargeau tombait d'elle-même.

Seulement, il fallait de l'argent.

Et Mazurke revenait les mains vides.

Le bout de conversation qu'il entendait, caché derrière la vaste carrure de notre bon Yaume, ne dut pas diminuer le regret qu'il avait.

— Une cabale adorable ! disait Mme la marquise de Beaujoyeux.

Mazurke vit entrer successivement la majeure partie des hôtes des *salons agréables* : Pervenche et Sensitive, Romblon-Ballon, tout en nankin, des étudiants, Mme de Cerceil et Rose, sa nièce, la radieuse; Azincourt, Poitiers et Crécy, enfin le ban et l'arrière-ban.

L'ancien Menand jeune lui-même venait pour faire nombre, le cœur plein de bons sentiments à l'égard de la pie borgne et boiteuse qu'il avait laissée au logis.

Mazurke entra. La salle était comble, sauf les quinze places qu'il avait louées. Il ramena son chapeau sur ses yeux et s'en alla s'asseoir au balcon devant la loge de Mme de Beaujoyeux.

A peine était-il assis qu'une ouvreuse vint à lui :

— Êtes-vous le capitaine Mazurke? lui dit-elle.

— Non, répondit Mazurke.

— C'est qu'il y a une jeune et jolie dame...

— Au diable !

L'ouvreuse retourna vers Clémence Lointier qui l'avait envoyée, et lui dit :

— Ce monsieur-là est un brutal.

Clémence resta en observation. Bien qu'elle n'eût jamais vu Mazurke, elle était certaine de ne se point tromper.

Il faut se souvenir que Clémence Lointier n'était point là pour la cabale dont elle ignorait l'existence. Elle ignorait aussi le double rôle que jouait la mère de Lucienne. Clémence était là uniquement pour parler à Mazurke.

Elle attendit.

Mazurke regarda la salle. Il avait peur. Tous les visages lui semblaient cruels. Aux troisièmes loges, il reconnut ces filles apostées qui étaient là pour insulter.

Partout il croyait voir les gens de la cabale, les hommes à trente sous, qui allaient assassiner une pauvre femme.

La mère de Lucienne, cette femme !

Mazurke était tout prêt à se faire tuer pour elle.

Mais se faire tuer ne sert à rien.

Les gens des trois loges qui étaient derrière lui riaient indécemment et causaient tout haut.

On jouait un vaudeville pleureur où Cydomocée causait des chagrins à Ida, qui était sauvée par Fofolle et par le tendre Zoé. Les trois loges semblaient ne pas même savoir que la toile était levée.

Mazurke écoutait.

— Ah çà! disait-on derrière lui, si tout est fini à dix heures, on pourra s'en aller danser?

— Mais certainement, répondait la marquise; tout sera fini avant dix heures. Regardez-moi ces demoiselles en haut, elles mangent déjà leurs pommes.

Les trois loges éclatèrent de rire.

Mazurke eut froid dans le sang.

— Voyons, messieurs! qui se charge de donner le signal?

— Moi, moi! s'écrièrent les étudiants aventureux.

— Sacrebleure! bien des pardons, mesdames, dit Guérinoul; je suis sur le devant de la loge, ça m'appartient.

— Va pour Monsigny! fit le chœur.

Quand le silence se rétablit, Mazurke entendit dans le fond d'une loge son ami Romblon-Ballon qui faisait :

— Pou-ouh!

Pervenche disait :

— Quelle littérature!

Elle songeait à sa pièce de l'Odéon.

Sensitive lui chantait à l'oreille :

— Te voir, le soir, ma blanche pervenche, au frais après le gras repas! T'entendre, ma tendre! Avoir l'espoir, douce douce âme de femme...

Et les nièces de babiller! et ces dames de ricaner comme on fait entre grands personnages quand on se sent dans des latitudes inférieures!

La toile tomba. Clémence allait s'ébranler pour joindre Mazurke, lorsque celui-ci se leva et se tourna vers la loge de Mme la marquise de Beaujoyeux. Il rejeta ses cheveux en arrière. La lumière du lustre tombait en plein sur son beau visage. Clémence eut un mouvement d'admiration.

— Il doit être bon et brave! se dit-elle.

Une rumeur s'était élevée à la fois dans les trois loges. Tout le monde avait reconnu Mazurke.

Les nièces étaient enchantées et se disaient :

— Voilà le beau capitaine qui va nous aider!

Guérineul se reculait instinctivement. Romblon, du fond

de sa loge, faisait pou-ouh ! et se demandait d'où diable il revenait, celui-là. M. Baptiste lui avait si bien dit qu'on l'avait assommé derrière le Gros-Caillou.

La marquise Oliva était pâle comme au moment où le capitaine avait passé pour la première fois le seuil de sa maison.

Pourquoi était-il là ? Il venait défendre Lovely au moment précis où elle était attaquée. L'amour est ainsi. Il lui semblait, à Oliva, que si Tiennet Blône eût été en péril, fût-ce au bout de l'univers, son cœur le lui aurait dit et qu'elle se serait élancée.

Il l'aimait donc encore, cette femme odieuse! il l'aimait donc avec passion, comme Oliva l'aimait, lui !

La haine grandissait en elle, mais l'abattement la prenait. En face de lui, elle n'osait plus.

Mais vraiment, au fond, il ne s'agissait guère ici de petites luttes entre amoureuses ; les intérêts engagés étaient plus graves. Il y avait des hommes d'affaires dans le complot.

M. Fargeau n'était séparé de Romblon que par la cloison à hauteur d'appui de sa loge. Le trouble de Ballon ne lui avait nullement échappé. Il se pencha et dit :

— Vous le croyiez bien mort, n'est-ce pas?

Ballon poussa un pouh ! plein d'épouvante et regarda cet homme qui répondait ainsi aux plus intimes mystères de sa pensée.

— Ah ! fit-il ; bon ! vous êtes monsieur Fargeau, vous ?

— Votre Baptiste l'a manqué ! murmura Fargeau au lieu de répondre ; et nous sommes bien près d'être perdus !

Romblon s'agitait en ce moment sous le regard de Mazurke qui était toujours debout au-devant de la loge.

— Je puis vous apprendre, poursuivit doucement Fargeau, si toutefois vous l'ignorez, qu'il sait parfaitement le petit service que vous lui avez rendu hier au soir.

— Vous pensez ? Par le fait il me regarde avec des yeux !... Papa aurait bien trouvé un moyen.

— Il y a un moyen tout simple, mon cher monsieur Romblon, interrompit Fargeau.

— Un moyen ?

— Cet homme est un combattant hongrois ; il a franchi la frontière sans passeport, et le commissaire de police est justement dans sa loge, là-bas, vis-à-vis de nous.

— Bon, bon ! fit Romblon dans un mouvement de joie ; le commissaire !

Ce mot fut prononcé trop haut. Mazurko l'entendit et tourna la tête vivement pour jeter un regard vers la loge indiquée où se tenait en effet le commissaire de police. Quand Mazurko reprit sa position, il avait un sourire à la lèvre.

— Parlez plus bas, dit Fargeau à Romblon, et ne vous réjouissez pas si vite. Pour nous autres, dont les affaires doivent être désormais vidées sous trente-six heures, le moyen est bon ; en faisant arrêter cet homme, nous nous débarrassons de lui pour quelques jours, et cela suffit. Mais pour vous le moyen ne vaut pas le diable !

— Pou-ouh ! pourquoi cela ?

— Parce que cet homme en prison ne s'en trouvera que plus près du parquet pour dire que vous l'avez voulu faire assassiner.

— Bon ! parlez plus bas vous-même !

— Répondez-moi tout net : avez-vous des employés dans la cabale organisée par la marquise ?

— Oui, quelques-uns.

— Les voyez-vous d'ici ?

— J'en vois un, deux, j'en vois trois ! dit Romblon, qui avait mis le binocle à l'œil.

— Sont-ils meilleurs que vos assommeurs d'hier ?

— Comment ! vous voudriez ?

— Je veux vous sauver parce que j'espère me servir de vous, monsieur Romblon. Ecoutez-moi bien. Cet homme est là pour la Lovely. La Lovely a un autre nom, savez-vous cela ?

— Pou-ouh !

— Vous ne le savez pas ? peu importe. Elle a deux autres noms. Si cet homme la connaît sous ses trois noms, nous chercherons tout à l'heure un joint pour le toucher ; si cet homme ignore le mystère, le joint est tout trouvé.

— Bon ! vous croyez ?

— J'en suis sûr. Dans ce dernier cas, c'est-à-dire s'il ne sait rien, il va la reconnaître tout à coup et s'initier brusquement à un roman plein d'émotion. Il va s'élancer dehors pour l'attendre à la sortie. La rue des Fossés-du-Temple est déserte...

— Pouh ! monsieur, fit Romblon ; à neuf heures et demie du soir !

— Voyez, ça vous regarde ! dit Fargeau, qui reprit sa position et braqua indolemment sa lorgnette sur la galerie.

Mazurke, en ce moment, s'inclina avec grâce sur le rebord de la loge, et offrit ses hommages aux dames. Il envoya même à Romblon un salut souriant où le gros homme crut voir bien des choses.

La marquise était glacée. Bien qu'il n'y eût rien jusqu'alors qui pût faire deviner au commun des hôtes des trois loges la gravité de la situation, une sorte de gêne pesait sur toutes les poitrines.

Mazurke seul avait l'air d'être parfaitement à son aise.

— Eh bien, dit-il en s'adressant à Guérineul, c'est donc nous qui allons donner le signal, monsieur de Monsigny ?

— Vous en êtes, capitaine ? s'écrièrent les nièces folles.

— Comment donc, si j'en suis, mesdames ! répliqua Mazurke gaîment, on a oublié de me réserver un rôle dans la comédie, mais je vous jure bien que je vais m'en faire un tout seul !

— Charmant ! charmant ! firent ces dames et demoiselles ; ah ! nous allons bien nous divertir !

XL.

Neuf places d'orchestre

C'était vraiment une cabale organisée dans la perfection, et tout à fait digne de la haine d'une femme. On n'en voit pas tous les jours de pareilles en de pauvres lieux comme le théâtre des Amusements.

A tous les étages de la salle, on voyait des figures impatientes et moqueuses. Il y avait un bon quart du public dans le complot.

La marquise toute seule, avec Romblon et M. Fargeau, comprit le sens caché des paroles de Mazurke.

— Eh bien, sacrebleure! dit Guérineul, je suis content que vous soyez avec nous. Vous allez voir comment ça va marcher quand je vais lever mon foulard!

— Ah! ah! fit Mazurke, c'est le signal?

Clémence était toujours immobile à la même place. Elle n'avait plus même la pensée de joindre Mazurke, tant elle sentait qu'il devançait l'avertissement.

D'ailleurs elle suivait de l'œil les mouvements de l'homme qui était pour elle M. André Lointier, et qu'elle avait appelé si longtemps son père. Elle savait, car elle le connaissait, qu'il ne sortirait pas de sa loge sans tenter quelque tortueux méfait. Elle ne craignait que lui pour Mazurke.

— Eh bien, monsieur de Monsigny, reprit Mazurke toujours avec la même aisance, puisque vous êtes chargé de donner le signal, penchez-vous de mon côté, je vous prie, j'ai une bonne plaisanterie à vous suggérer.

— Oh! dites-la tout haut, monsieur le capitaine! supplièrent les nièces,

— Ah çà ! murmura Paoli à l'oreille de la marquise ; je n'aime pas son air, à ce bel homme !

La marquise était comme fascinée. Elle ne répondit point.

— Soyez tranquille, mesdames, répliqua Mazurke aux jeunes filles ; vous saurez tout.

— C'est une surprise ?

— Oui... une surprise.

Guérineul tendit la tête en avant.

— Encore ! dit Mazurke.

Guérineul sortit à moitié de la loge.

— Encore !

— Nom de bleu ! je tomberais.

— C'est égal.

— Comment ! c'est égal !

— Encore !

Et comme Guérineul hésitait, Mazurke l'attira en riant et le fit passer sans effort apparent de la loge dans la galerie.

Les nièces riaient de confiance.

Guérineul ne savait trop s'il devait se fâcher. Mazurke lui frappa sur l'épaule en bon camarade.

— Maintenant, mon cher monsieur de Monsigny, reprit-il, ayez la bonté de regarder au-dessous de nous.

Guérineul obéit.

— Que voyez-vous ? demanda Mazurke.

— Je vois un orchestre bien garni, répliqua Monsigny qui était juste assez spirituel pour comprendre que, s'il ne se fâchait pas tout rouge, il fallait entrer gaillardement dans la plaisanterie, — sauf neuf stalles vides.

— Ces stalles sont à moi, mon cher monsieur de Monsigny, dit Mazurke.

— Ah ! ah ! fit Guérineul.

— A présent, reprit Mazurke, si vous n'êtes pas à bout de complaisance, veuillez regarder la petite qui nous fait face.

— C'est la loge de la police, je crois.

— Précisément. Vous pouvez vous relever et vous asseoir là, près de moi, mon cher monsieur de Monsigny.

— Nom de bleu ! s'écria Guérineul en riant, vous m'en donnez la permission ?

— Oui, répliqua Mazurke qui baissa la voix, je vous en donne la permission.

Guérineul le regarda. Les yeux de Mazurke étaient fixes et froids.

— Ah çà ! que font-ils donc là tous les deux, se demandaient les nièces.

Mazurke leur adressa un petit signe de tête plein de malignes promesses. La *surprise*, elles n'en doutaient pas, allait être triomphante.

— Mon cher monsieur de Monsigny, poursuivit Mazurke, il faut que vos amis puissent croire que nous causons tous deux de bonne amitié.

— Mais, sacrebleure !...

— Faites-moi, je vous prie, le plaisir de vous taire, et souriez un peu, si cela ne vous contrarie pas.

Guérineul était brave, et cependant il se sentait trembler rien qu'à l'idée d'affronter la colère de cet homme.

— Souriez donc ! reprit Mazurke, dont les sourcils se froncèrent légèrement.

Guérineul sourit.

— A la bonne heure ! Il faut vous dire, d'abord, mon cher Monsigny... ou plutôt mon cher monsieur de Guérineul...

— Ah ! fit celui-ci en tressaillant, vous êtes le diable, vous !

— Non, je suis seulement un de vos pays.

— Et vous vous appelez ?

— Tiennet Blône.

Guérineul fit un bond sur sa banquette.

Le boxeur à la poitrine crevée, les six arabes fusillés et le major autrichien empaillé passèrent devant ses yeux éblouis comme une fantasmagorie.

— Nom de bleu ! murmura-t-il ; ah ! nom de nom de nom !

— Souriez encore un peu, continua Mazurke, afin qu'on ne s'inquiète pas là, derrière nous. Bien ! Voyez-vous, il est très certain que je suis en position d'être arrêté par ce brave commissaire qui est en face de nous, comme vous êtes, vous, cher monsieur, en passe d'être lancé, tête première, dans l'orchestre.

— Comment ! Comment !

Mazurke avait la bonhomie peinte sur le visage.

— C'est dans cette prévision, acheva-t-il doucement, que j'ai loué ces neuf places en bas...

— Ah ! fit Guérineul étouffé.

— J'aurais pu n'en louer que quatre, dit encore Mazurke, mais on peut se tromper d'un pied ou deux, et jeter maladroitement son homme sur un innocent. Souriez, je vous prie, monsieur de Guérineul, et n'ayez pas peur, car, en définitive, rien ne vous est plus facile que d'éviter le saut périlleux. Il s'agit seulement de rester là, près de moi, toujours souriant, de ne pas échanger un seul mot avec les trois loges... et d'attendre ma volonté pour donner ce fameux signal.

— Et si je ne voulais pas, moi ! nom de nom ! se récria Guérineul, dont le sang s'échauffait à la fin.

Mazurke ne fit en apparence que lui toucher le bras.

La figure de Guérineul devint livide.

— Vous m'assassineriez devant huit cents personnes ? grommela-t-il.

— Je vous étranglerais comme un chien, mon cher monsieur. Mais pour Dieu ! souriez un peu ou tout va se gâter !

Le pauvre Guérineul fit une grimace qui voulait être un sourire. Les nièces disaient :

— Comme ils s'entendent tous deux ! Nous allons en voir de belles !

Mazurke se tut, Guérineul resta immobile auprès de lui, comme un enfant qu'écrase le voisinage d'un pédagogue sévère.

Mazurke attendait, comme tout le monde désormais, le lever du rideau.

Il était seul contre tous ; la loi le menaçait au lieu de le protéger ; un signe de cet homme qu'il tenait là, écrasé sous le poids de sa volonté, pouvait le perdre. Mais il ne songeait pas à sa situation.

Ce qu'il craignait, c'était la venue d'un enfant, le frère de Lucienne, le fils de cette pauvre femme...

Au moment où le rideau se levait pour l'intermède de chant, un silence profond se fit dans la salle. Une cabale bien troussée a sa solennité comme toute exécution mortelle.

Les rires cessèrent dans les trois loges. On entendit courir, le long des galeries, le fameux : Chu-u-ut ! des gens qui veulent absolument entendre.

Mazurke avait quitté sa place pour se mettre entre les loges et Guérineul.

— Attention ! dit Fargeau à l'oreille de Romblon ; regardez-le bien !

Il n'y eut pas besoin de bien regarder.

A l'entrée de Lovely, qui fut saluée par quelques applaudissements fidèles, Mazurke se dressa comme un ressort, puis il retomba lourdement sur la banquette.

Ses deux mains s'appuyèrent contre son cœur, tandis qu'un cri étouffé s'échappa de sa poitrine :

— Berthe ! Berthe !

— Il ne savait rien ! murmura Fargeau ; il va vouloir lui parler. Voyez vos hommes !

Romblon ouvrit sans bruit la porte de la loge et se glissa dans le couloir.

Une seule personne remarqua ce mouvement : ce fut Clémence.

Lovely s'était avancée sur le devant de la scène ; pâle comme une morte, mais toujours si belle que les yeux de la marquise s'allumèrent au feu de sa haineuse jalousie.

Elle eût voulu, en ce moment, devancer le signal et faire pleuvoir sur sa rivale le déluge des outrages préparés.

Pauvre Berthe ! c'était comme si on eût frappé un cadavre.

Elle venait de subir, derrière ce rideau levé maintenant, le plus cruel de tous les martyres.

En quittant pour la première fois sa maison, après avoir lu la lettre de Mlle Griêche, elle s'était rendue en toute hâte au théâtre. Griêche l'y attendait.

Griêche, d'ordinaire si bienveillante, nous dirions presque si respectueuse, avait changé d'attitude. Elle dit à Lovely sans autre ménagement :

— Je veux mon argent.

— Si vous me l'aviez dit dans votre lettre, répondit Berthe, je vous l'aurais apporté.

Griêche secoua la tête et grommela :

— Si c'est comme ça, tant mieux, je n'aurai rien à dire, mais si l'on m'a conté la vérité, ma noble madame de Marans, gare à vous !

— Qui vous a révélé ce secret ? demanda Berthe.

— Quéqu'un qui l'a voulu, ma noble dame... allez me chercher mon argent.

Berthe remonta dans sa voiture. Nous savons ce qu l'attendait au logis. Son secrétaire ouvert, le dépôt enlevé !

Puis ce dernier coup, donné par la propre main de son fils.

Elle eut l'idée de mourir, tant l'abîme était profond et le salut impossible !

Mais sa double existence était connue. En mourant elle laissait l'infamie derrière elle. Ses enfants ! Ses enfants bien-aimés ! Pour eux, le courage lui revint, et le courage chez elle était sublime. La longue douleur de sa vie l'avait fortifiée au lieu de l'alanguir. C'était la femme dans toute la vaillance de son dévoûment ; c'était la mère qui ne pouvait fléchir que morte.

Elle retourna au théâtre et demanda le directeur. Cet homme ne vivait guère que par elle, il lui refusa secours : c'est la règle.

Elle descendit au foyer où l'attendait Griêche. L'heure du spectacle approchait.

— Mon argent, dit la duègne.

Berthe chancelait sous le poids de sa honte, car tous les acteurs étaient là rassemblés.

— Donnez-moi jusqu'à demain, dit-elle d'une voix brisée.

La duègne était la meilleure femme du monde; mais cet argent, c'était le pain de sa fille. Elle était fière, cette pauvre Grièche. Pour certaines gens, le pain, c'est l'honneur, parce que la misère appelle l'infamie.

D'une bonne femme comme Grièche, dans tel cas donné, il n'y a point de compassion à espérer.

— Ah! s'écria-t-elle, d'autant plus irritée qu'elle avait eu plus de confiance, ce qu'on m'a dit est donc la vérité! Tu m'as volé mes pauvres dix mille francs, misérable! Tu vas me le payer!

Les artistes s'ameutaient. Grièche était folle de colère. Au milieu du cercle curieux et hostile, Berthe se tenait, debout, les yeux mouillés, le front livide; ses mains se joignaient, glacées. Elle ne devait jamais tant souffrir, même à sa dernière heure.

XLI

Martyre

Elle n'avait jamais fait de mal à ses camarades, cette pauvre belle Lovely, bien au contraire. Mais pourquoi était-elle si aimée du public? Pourquoi tant de fleurs pour elle, et tant de couronnes?

De toutes les joies de ce bas monde, le succès est la joie la plus brillante et la plus enivrante. Mais savez-vous ce que le succès engendre de haines sourdes et de colères envenimées?

Pauvre belle Lovely! Elle allait payer cher ces triomphes qui ne la touchaient point, mais qui faisaient tant de jaloux autour d'elle !

Encore une fois, pourquoi avait-elle ces grands yeux pensifs et doux, puisque Cymodocée Tampon ne pouvait éteindre la frange rouge qui bordait ses paupières ? Pourquoi le sensible Zoé ne *faisait*-il plus d'*avant-scènes* depuis qu'elle était entrée au théâtre ?

Pourquoi sa voix merveilleuse emplissait-elle la salle où se perdaient les glapissements pointus d'Ida ?

Pourquoi se mêlait-elle d'être une grande artiste et une adorable femme ?

Est-ce que ces choses-là se pardonnent !

Les dames avaient mis de côté leurs crochets, Zoé ne regardait plus la glace que d'un œil.

Paoli avait eu raison de dire que, si une fois Grièche s'y mettait, on l'entendrait de la Madeleine à la Bastille.

— Voyez-vous, criait-elle, les deux poings sur ses hanches et en approchant son visage de celui de Lovely ; je lui aurais donné le bon Dieu sans confession à ce bel oiseau-là. C'est que je la respectais, ma parole !

— Vrai, ça, appuya Cymodocée ; elle en avait plein la bouche !

— C'est bon, risqua Zoé ; à présent, elle en aura plein le dos.

Grièche lui jeta une œillade furieuse.

— Toi, quart d'homme, dit-elle, si tu la soutiens, je vas t'arranger !

Zoé n'était pas si chevalier que cela. Il ne se battait ni contre les hommes, ni contre les femmes. Les poules lui faisaient peur.

— Soutenir une voleuse ! se récria-t-il en dessinant une pirouette ; vous ne me connaissez pas, maman Grichemar !

— Dieu merci, reprit Ida, personne ici ne la soutiendra ; nous sommes d'honnêtes femmes, nous autres !

Grièche continuait :

— Cette créature-là m'avait ensorcelée. Quand je pense que je lui ai confié l'argent de ma fille sans même connaître son adresse ! Mais qu'en as-tu fait de mon pauvre argent, poursuivit-elle avec un redoublement de violence et en se retournant contre Lovely, qu'en as-tu fait ?

Lovely n'avait pas encore ouvert la bouche. Ses bras restaient croisés sur sa poitrine ; ses yeux étaient sans larmes.

La pâleur livide de son front et la ligne sombre qui se creusait sous sa paupière disaient seules sa souffrance.

Sa souffrance était horrible. Mais ce n'était pas l'insulte qui lui déchirait le cœur.

Grièche et tous ces êtres, mâles ou femelles, ameutés autour d'elle, c'était la partie matérielle et grossière de son supplice.

Gabriel ! Gabriel ! l'enfant adoré ! Lucienne ! ceux qu'elle ne voulait plus revoir !

Dieu qui s'était servi, pour la frapper, de la main de son fils.

Oh ! la pauvre âme torturée !

— Réponds-donc ! glapissait Grièche, qu'as-tu fait de mon argent ?

— On me l'a pris, murmura Lovely.

Il y eut dans le cercle un rire d'incrédulité.

— On te l'a pris ? s'écria la duègne dont la colère montait ; ah ! on te l'a pris ! Et tu crois que je me paierai de ça !

— C'est drôle, fit observer Cymodocée Tampon, tous les escrocs, ça a les mêmes rengaines.

La duègne secoua le bras de Lovely. Le sang lui venait aux yeux et ses lèvres tremblaient.

— Ecoute, reprit-elle, c'est à ma fille ces dix mille francs. Sais-tu ce que c'est qu'une jeune fille qui n'a pas de pain ?

— Ah ! dam ! fit Ida l'ingénue, faut bien manger ! c'est la nature qui le commande.

— Sais-tu qu'elle est honnête, ma fille ?

Les dames se pincèrent la bouche.

— Un ange ! dit Zoé à demi-voix, pure et candide comme la fleur des haricots !

— Tiens ! tiens ! misérable ! gronda la duègne dont les doigts se crispèrent sur le bras de Lovely ; tu es cause qu'on insulte ma fille ! J'ai envie de te tuer !

C'est vrai. Ces vieilles femmes, la rage les enivre tout de suite.

— Si vous saviez, dit Lovely dont la voix éclata en un sanglot désespéré, si vous saviez comme je voudrais mourir !

— Meurs si tu veux ! râla la duègne, mais pas avant de m'avoir payée !

— Ah çà ! murmura la Déjazet de l'endroit, ça devient de la tigresse !

— Allons, allons, maman ! appuya le Colbrun, faisons-nous une raison.

Il n'en fallait pas davantage pour porter à son dernier paroxysme la fureur de la duègne.

— Vous voyez bien que vous la soutenez ! s'écria-t-elle avec des inflexions de voix extravagantes ; parce qu'elle est belle et que je suis vieille ! parce qu'elle gagne mille ou douze cents francs par mois et que je joue la comédie pour un morceau de pain sec ! Jour de Dieu ! Quand vous vous mettriez tous contre moi, ça ne m'empêcherait pas de lui arracher les yeux, à cette noble dame ! Madame de Marans, qui a un docteur pour fils ! et une demoiselle habillée de satin ! du satin acheté avec l'argent de ma fille ! Ah ! coquine ! coquine !

Elle écumait. Ses cheveux gris s'étaient dénoués et tombaient en mèches raides sur ses épaules. Elle avait l'air d'une furie.

Lovely ne bougeait pas et ne répondait plus.

Grièche étouffée par la rage, essaya de trouver de nouvelles injures. Mais sa voix la trahit. Alors, exaspérée et folle, elle fit un mouvement pour se jeter sur Lovely.

Cymodocée et Ida la saisirent à bras-le-corps.

Berthe était habillée et coiffée, toute prête pour l'intermède.

La discipline théâtrale est rigoureuse comme la discipline militaire.

— Son entrée! s'exclama Cymodocée; ne la frappe pas maintenant; tu vas lui faire manquer son entrée!

— Et l'amende, ajouta Ida; voyons, sois sage, maman Grièche.

Maman Grièche ne se possédait plus. Cependant ses bras tombèrent. La raison d'état fut plus forte que sa rage.

Mais sa rage n'y perdait rien.

Elle écarta ses camarades d'un geste froid, presque tragique, et fit elle-même un pas en arrière.

— Je n'ai plus de quoi payer l'amende, dit-elle en affectant ce ton calme des gens que la fureur affole. Et puis, pourquoi la frapper, cette femme-là? J'ai mieux que cela à vous offrir, madame de Marans. — Voyez-vous, s'interrompit-elle d'un accent vraiment effrayant, vous me payerez, fût-ce avec votre sang! J'irai à votre joli hôtel de la rue du Regard; je m'installerai sur la porte, et à tous ceux qui passeront, je dirai : C'est ici que demeure la noble Mme de Marans, autrement nommée la Lovely, qui vole l'argent des pauvres...

— Ida! s'écria Zoé à l'autre bout du foyer, veux-tu répéter la scène du baiser?

— Oui, Gaëtano, oui, répliqua l'amoureuse, mais ne m'embrasse pas pour de bon, parce que tes lèvres déteignent.

Zoé s'approcha tortueusement. Ida fit semblant de se diriger à tâtons dans la nuit.

Zoé. — C'est bien... ici!... Le sycomore... à droite... à gauche... la madone... Griselda va venir...

Ida. — Je tremble... Voici... la madone... et le sycomore!

Zoé. — J'entends... des pas...

Ida. — Il m'a semblé... qu'un bruit... léger...

Zoé. — Griselda!...

Ida. — Gaëtano!...

Zoé. — Oh! merci.... merci d'être venue!... merci Griselda! merci pour moi qui t'aime! merci pour toi que je veux faire heureuse! merci à toi! merci à Dieu! merci à la vierge Marie! Griselda! Griselda! merci à la nuit qui nous protège! merci à l'astre nocturne qui a guidé tes pas jusqu'ici! Que sais-je! la joie emplit mon âme et je délire!... merci pour ce bonheur! merci pour ce transport! merci à ta sainte mère qui t'a faite si belle! Ta mère Griselda! oh! ta mère! ta mère!... Merci à ton père! oh! ton père!... Griselda! ton noble père!...

La Déjazet (*à demi-voix*). — Merci à ta nourrice, oh! tta nourrice, Griselda! ta nourrice!

Le Colbrun (*de même*). — Merci à ta tante!... oh! Grisolda, ta tante!

La Déjazet (*de même*). — Et bien des choses à ta marraine!

Zoé (*continuant*). — Merci à l'étoile bleue qui nous sourit au ciel... Merci à la nature entière... Merci! merci! merci!

Le Colbrun. — Quelle scie!

Cymodocée. — Haricots écossés, haricots!

Ida. — Si le cruel Oloferno surprenait ce rendez-vous...

Le Colbrun. — Du bon poussier d'mottes, pas cher!

Zoé. — Oloferno! le lâche et l'infâme! le traître et le misérable! Oloferno le menteur! Oloferno le faussaire! Mon glaive est prêt... qu'il vienne!

La concierge (*entrant*). — V'là le grog de mamzelle Ida, au rhum.

Le Colbrun (*imitant Zoé*). — Merci à vous, portière, qui apportez ce timide breuvage! merci au limonadier qui l'a préparé! merci à votre conjoint! merci au chat qui fait votre orgueil! merci à l'ail qui vous parfume! merci, portière! merci! merci! oh! merci! merci!

Ida but son grog et Zoé s'en alla bouder dans un coin.

La voix de Grièche se faisait entendre de nouveau.

— J'attendrai tes enfants au passage, disait-elle, ton fils et ta fille. Tu les aimes bien, n'est-ce pas? Je leur apprendrai ce que c'est que leur mère. Une femme qui monte sur les planches et une voleuse !

On eût dit jusqu'alors que les coups de Grièche frappaient une statue de marbre.

Mais, à ce dernier trait, la Lovely passa la main sur son front et ses jambes chancelèrent.

— Ayez pitié de moi, murmura-t-elle.

Grièche éclata de rire.

— Pitié ! répéta-t-elle. Dites donc, vous autres ! elle demande pitié ! elle ne veut pas que ses enfants sachent ses histoires, la madame de Marans !

Berthe joignit ses mains tremblantes.

— Oh ! murmura-t-elle, tandis qu'une larme jaillissait enfin de ses yeux, mes enfants ! mes enfants !

— Eh bien ! zut ! s'écria la Déjazet, si j'avais dix mille francs, moi, je te les flanquerais à la figure, vieille Grièche !

— Un peu d'or, un peu de boue ! soupira Ida qui achevait son grog.

Grièche allait peut-être s'attendrir, car le dernier cri de Berthe s'était échappé de son âme, déchirant comme une plainte d'agonie, mais cette malencontreuse diversion lui rendit toute sa colère.

Elle attira Lovely jusqu'au milieu du foyer.

— Ça vous ennuie ! dit-elle en s'adressant à ses camarades. Mais ma fille est honnête : pour la garder honnête je prendrais le sang de cette femme-là jusqu'à la dernière goutte. Vous ne savez pas tout : ses enfants à elle vont dans le grand monde. J'irai, moi aussi. Peut-être me refusera-t-on l'entrée des salons ; mais, de la porte de l'antichambre, je crierai : M. Gabriel de Marans est le fils de la Lovely, la chanteuse ! Mlle Lucienne de Marans est la fille de la Lovely, la voleuse !

On sonna pour l'intermède. Berthe se redressa.

— Je vous demande vingt-quatre heures pour vous payer, dit-elle d'un ton froid et bref.

Et comme la duègne ouvrit la bouche pour répliquer, Berthe appuya sa main sur son épaule et prononça un mot à son oreille.

La duègne recula.

— Vous ferez cela! murmura-t-elle d'une voix étrange; vous! oh! Lovely... j'ai peut-être été trop dure avec vous... mais c'est que ma fille...

Berthe l'écarta du geste et se dirigea vers la scène. Griêche fit un mouvement comme pour la suivre.

— Après tout, dit-elle en se ravisant, j'aime mieux que ce soit elle que ma fille... Ah! pauvre femme!

XLII

La Romance du saule

— Comme elle est pâle ce soir! se disaient les dilettanti du théâtre des Amusements.

Car Lovely avait attiré au théâtre des Amusements, si loin des latitudes choisies où la religion musicale a ses autels, des dilettanti, de vrais dilettanti.

— Comme elle est pâle, notre diva! on dirait qu'elle souffre.

L'orchestre, maigre et insuffisant, essaya ces mesures plaintives où Rossini prélude au chant de Desdémone.

Le cœur de Mazurke bondissait dans sa poitrine. C'était Berthe! Berthe! Dieu l'avait guidé jusque-là en quelque sorte par la main pour la protéger, pour la sauver.

C'était Berthe, cette mère martyre qui se mourait à la peine, pour faire ses enfants heureux. Berthe, la mère de Lucienne! et sa sœur à lui, sa sœur adorée!

La première note qui tomba de la bouche de Berthe lui emplit le cœur.

Il reconnut cette voix éloquente qui jadis se mariait aux accords de la harpe dans le grand salon du Ceuil, cette voix dont la mélodieuse puissance faisait battre quelque chose dans la poitrine du vieux Jean Crohu lui-même!

Il ne bougea plus. Il était plus pâle que Berthe. Et sa force fléchissait sous l'émotion qui le domptait.

En ce moment, Guérineul aurait pu donner le signal des sifflets; Mazurke n'aurait pu l'en empêcher, car il ne le voyait pas. Il avait tout oublié. Mais si Guérineul avait donné le signal, Mazurke l'eût assommé sur place.

Les trois loges attendaient et commençaient à s'étonner, car la chanteuse avait presque achevé le premier couplet de la romance du *Saule*. Au parterre, aux galeries, au paradis, les exécuteurs apostés attendaient aussi.

Un silence complet régnait dans la salle.

Au milieu de ce silence, la voix de Lovely montait pure, large, magnifique d'émoi et de tristesse, comme la pensée du maître.

On dit que le peuple n'aime pas la grande musique. On ment ou l'on se trompe. Seulement, il faut au peuple certaines interprétations claires et sympathiques. Il ne comprend pas toutes les réputations. Là où il ne trouve que de l'art, il ne s'échauffe pas volontiers. Par-dessus l'art, il demande du cœur.

Le peuple du théâtre des Amusements n'était pas le peuple des cintres de l'Opéra. C'était le public sans façon et sans peur du boulevard du crime, ce public passionné, amoureux, fougueux, qui, s'il savait le latin, crierait : *Panem et circenses!*

Et cependant la voix de Lovely disant la romance du Saule le tenait captif, ce public, et comme écrasé. Pas un bruit, pas un souffle. Il écoutait, il souffrait ce mal enivrant et divin qu'on gagne au contact du génie.

Elle était si belle! et son âme vibrait si doucement dans son chant!

Tout ce que l'adieu à la terre a de poésie, tout ce que la dernière heure a de tristesse, de résignation, on l'éprouvait, on le sentait.

Ce n'était plus une cantatrice: sa voix se noyait dans

de vraies larmes. C'était la mourante exhalant sa prière suprême, c'était l'espoir perdu, la jeunesse et la beauté penchées au seuil froid de la tombe, et implorant comme un refuge le dernier sommeil.

Il y avait dans une loge de face dont la grille était à demi-relevée, un homme tout seul. Cet homme avait un bandeau sur les yeux. Ses deux mains pressaient sa poitrine, et des larmes coulaient le long de ses joues.

Cet homme était M. Raymond Lointier, le pauvre aveugle; cet homme était Lucien.

De sorte que Berthe avait là autour d'elle tous ceux qui l'aimaient.

Et elle souffrait jusqu'à mourir, se croyant délaissée par les hommes, abandonnée de Dieu.

Lucien était plongé dans une véritable extase, toute pleine d'angoisses, mais toute pleine de délices. Ce qu'il ressentait, il ne faut pas essayer de l'écrire, car le cœur ne dit pas tous ses secrets, et il est de ces mystiques ardeurs que la plume ne rend pas, même à demi.

Il était venu là comme il y venait bien souvent, en cachette, attiré par une force inconnue à laquelle il ne savait point résister. A cette même place, il avait pleuré déjà de souffrance et de joie.

La femme qui chantait n'était pas aveugle, on le lui avait dit. Donc, ce n'était pas Berthe. Mais elle lui rappelait Berthe : mais c'était bien Berthe que sa fièvre lui rendait.

Et il vivait quelques instants dans le passé. Sa jeunesse renaissait, ressuscitant le bonheur et lui ramenant tous ses souvenirs chéris.

Comme elle était aimée, cette Berthe, qui se mourait dans l'abandon et dans la solitude!

Un murmure doux courut dans la salle. Le premier couplet de la romance du Saule était achevé. Quelques applaudissements se firent entendre.

Mazurke respira comme un homme qui s'éveille.

Les nièces disaient :

— Mais on l'applaudit ! et personne ne siffle ! Est-ce que ça va passer en chansons !

Paoli toucha le bras de la marquise.

— Eh bien ! dit-elle, votre M. de Monsigny ?

Oliva se tourna vers Guérineul. Son regard rencontra celui de Mazurke. Elle baissa les yeux comme une jeune fille ; ses tempes battirent et son front se couvrit de rougeur.

— Oh ! oh ! pensa la Milanaise, je ne suis pas amoureuse, moi ! Et j'ai juré que cette Lovely aurait de mes nouvelles. Quand je devrais donner moi-même le signal...

La pauvre Lovely en avait eu déjà de ses nouvelles ! C'était Paoli qui, sur les indications de M. Fargeau, avait donné l'adresse de la maison de Marans à la vieille Grièche, en lui inspirant des inquiétudes sur les dix mille francs confiés.

Lovely entamait le second couplet de la romance.

Lucien abaissa un peu la grille de sa loge pour mieux entendre et afin que les barreaux ne pussent lui enlever, au passage, la millième partie de ces sons qui le mettaient dans le ciel. Paoli l'aperçut et se prit à sourire.

Si Mazurke n'eût pas été tout entier à Berthe dans ce moment, s'il eût pu saisir au passage le regard et le sourire de la Milanaise, que de douleurs évitées !

Une autre personne était là qui ressentait, bien qu'à un degré moindre, les mêmes émotions que Mazurke. C'était Clémence Lointier, cachée derrière la dentelle épaisse de son voile noir, et appuyée contre la loge de M. Fargeau, à l'angle du couloir conduisant aux stalles de balcon.

Clémence ignorait toute cette longue histoire bretonne qui revivait en ce moment dans les souvenirs de Mazurke. Elle ne savait même pas le nom du château du Ceuil. Mais, en reconnaissant sous le nom de Lovely, la mère de Gabriel et de Lucienne, elle devinait ce qui faisait la force de M. André Lointier contre la famille de Marans.

A ce moment, il y eut en elle quelque chose d'étrange. La figure pâle et souffrante d'Albert se montrait, de l'autre côté de la salle, dans le couloir du balcon. Clémence le vit et tressaillit.

Elle savait qu'Albert devait venir puisque c'était elle-même qui l'avait appelé. Mais il y a d'inexplicables pressentiments. La vue d'Albert lui causa une sensation pénible et pleine de frayeur. Elle se demanda de quel droit elle avait jeté ce jeune homme dans la bataille engagée. C'était un étranger pour ceux que le péril menaçait, c'était un étranger aussi pour elle.

Elle n'avait pas ce qu'il fallait pour le payer, car Albert l'aimait d'amour.

A cette heure, elle le regarda autrement et mieux qu'elle ne l'avait jamais regardé. Cette tristesse qui était sur le visage du jeune homme, elle lui donna une signification. C'était comme un stigmate de malheur et une menace de mort prochaine.

Clémence se cacha tout au fond du couloir, ne voulant pas qu'Albert l'aperçut. Elle se disait : Si je l'aimais, j'aurais droit de l'entraîner dans ce danger — mais je ne l'aime pas.

Comme elle se reculait dans l'ombre du couloir, la porte de la loge où se tenait M. Fargeau s'entr'ouvrit, et la grosse face de Romblon-Ballon apparut.

— Eh bien? dit Fargeau à demi-voix.

— Eh bien! répliqua Ballon; Pou-ouh! bon! les escaliers sont raides à ces petits théâtres de deux sous. L'affaire est dans le sac.

— Expliquez-vous.

— Mauvaise, la rue des Fossés. Je les ai mis au coin de la rue de la Tour, et je leur ai dit : Vous verrez venir un fashionable par la rue d'Angoulême. Il attendra à la porte de derrière. Une femme vêtue de noir, avec un voile de dentelles sur la figure, sortira. Le fashionable la suivra. C'est là l'ordre et la marche. Quand il passera devant la rue de la Tour, travaillez!

— Vous n'avez pas prononcé le nom de la Lovely?

— Non.

— C'est bien.

Fargeau repoussa la porte de sa loge sur le nez de Romblon, qui fit : Pou-ouh !

Clémence avait fait tout ce qu'elle avait pu pour entendre. Un seul mot était parvenu jusqu'à son oreille : le nom de la Lovely.

Cette circonstance la confirma dans le dessein qu'elle avait de pénétrer à tout prix auprès de Mme de Marans avant sa sortie du théâtre.

M. Fargeau, lui, avait repris sa position au fond de sa loge. La conduite de Mazurke ne lui avait échappé en aucune façon ; mais il attendait la venue du jeune docteur Gabriel, convoqué à cette fête.

Et que lui importait la cabale, si Gabriel venait ?

Pour l'assassinat moral que Fargeau voulait commettre, la cabale était comme le poison où l'on trempe le couteau. Le couteau peut tuer sans poison.

Gabriel tardait, il est vrai ; mais, jusqu'au dernier moment, il pouvait venir.

Pourquoi la troisième lettre de Fargeau aurait-elle manqué son effet, après le beau succès des deux premières ?

De toutes ces passions qui s'agitaient autour de lui, Mazurke ne s'inquiétait point. Il avait oublié l'ouvreuse et la jeune demoiselle qui voulait lui parler ; il ne connaissait pas Albert ; il n'avait pas vu Lucien ; il ne songeait plus à Fargeau. Le mouvement de Romblon lui avait échappé. Ces loges qui étaient derrière lui comme des machines de guerre chargées jusqu'à la gueule, tout cela disparaissait et s'effaçait.

Peu lui eût importé en ce moment l'entrée de Gabriel lui-même. Pardieu ! il aurait embrassé Gabriel ; il lui eût dit : A genoux, enfant, ta mère est une sainte !

Sa joie grandissait. C'était une de ces allégresses puissantes qu'éprouvent seulement les cœurs naïfs comme était celui de Mazurke.

Il écoutait ; il regardait. Cette douleur qui était dans

Clémence s'assit au secrétaire de Mazurke et traça rapidement
quelques mots.

29e LIVR.

la voix et sur le visage de Berthe la faisait pleurer et sourire.

Combien elle avait souffert! mais comme elle allait être heureuse!

Quand Lovely cessa de chanter, les cent têtes de la cabale se tournèrent vers les trois loges, attendant le signal.

Mazurke s'éveilla de son rêve.

— Allons! monsieur de Monsigny! dirent les nièces.

Mazurke regarda Guérineul qui avait la sueur aux tempes. Guérineul regarda les neuf stalles vides de l'orchestre.

Mazurke lui frappa sur l'épaule.

Allons! monsieur de Monsigny! dit-il à son tour; applaudissez!

Il joignit l'exemple au précepte.

Paoli saisit le foulard.

— Applaudissez! répéta Mazurke qui serra le bras du malheureux Guérineul.

Guérineul applaudit.

Et Mazurke dressant sa haute taille devant les trois loges, dit encore :

— Applaudissez!

Son regard commandait et brûlait. Le foulard glissa entre les doigts de Paoli. Et il y eut dans les trois loges des mains frémissantes qui se rapprochèrent.

— Bravo! cria Mazurke.

La cabale qui était payée pour faire ce que faisaient les trois loges applaudit de toutes ses forces.

La Lovely, plus pâle qu'une morte, changeait de costume dans sa loge. Elle demandait à Dieu du courage, car elle n'en était qu'aux premières gouttes de son calice d'amertume.

XLIII

Perfidies de Yaume

Pendant que ces choses se passaient, Yaume se promenait dignement sur le boulevard, où son costume hongrois faisait l'admiration des passants.

On se souvient qu'il avait pour mission de s'opposer à l'entrée de M. le docteur Gabriel.

Yaume n'était pas un aigle, mais sa naïveté n'allait point jusqu'à méconnaître l'existence des sergents de ville.

— Censé, se disait-il en montant sa garde, je préférerais que M. Philippe m'eussé-je chargé d'une ouvrage différente. Le jeune homme peut prendre la mouche et se vexer. Auquel cas lui faire du chagrin est forcé. Dans des endroits que je sais bien, on lui casserait ses quatre pattes indifféremment que ça n'importerait pas, mais ici, y a de la chandelle de tous côtés... et ça sent le violon, cette histoire-là !

Il se gratta l'oreille jusqu'au sang.

Un fiacre s'arrêta sur la chaussée : un jeune homme sauta sans toucher le marchepied et s'élança vers la façade du théâtre. Yaume se planta devant la porte.

C'était bien Gabriel qui arrivait, la figure bouleversée, les habits en désordre. Une troisième lettre anonyme l'avait convoqué au théâtre. On lui promettait qu'il verrait là d'étranges choses. Et le nom de sa mère était dans la lettre.

Yaume l'arrêta sans façon.

— Tiens ! tiens ! s'écria-t-il, v'là qu'est cocasse, par exemple ! Est-ce que vous m'auriez censément reconnu, vous ?

Gabriel voulut se dégager, mais Yaume vous avait un poignet !

Il faut avouer, cependant, que le pauvre pâtour ne savait pas du tout comment prolonger la scène.

Heureusement un bruit de sabots se fit entendre sur l'asphalte. C'était le cocher du fiacre que Gabriel, dans son trouble, avait oublié de payer.

— Arrêtez-le ! criait-il.

Comme certains gentilshommes leur en font voir journellement de toutes les couleurs à ces pauvres cochers de fiacres, ils sont portés à voir partout des escrocs. Le nôtre hurlait en hâtant la course de ses gros pieds ensabotés :

— Arrêtez le filou !

Et toute la séquelle qui flâne aux abords des théâtres de faire foule aussitôt.

Yaume riait dans sa barbe. Il avait son affaire.

Au centre du groupe, Gabriel se démenait, tenu d'un côté par Yaume, de l'autre par le cocher. Il ne demandait qu'à payer, le malheureux, mais ses deux mains étaient prisonnières.

— Ah ! voleur ! ah ! coquin ! ah ! filou ! disait le cocher qui n'était peut-être pas ivre.

Un sergent de ville se fit jour jusqu'au centre de la bagarre.

Gabriel ouvrait la bouche pour s'expliquer ; le cocher jurait ; Yaume prit une pose parlementaire et prononça le discours suivant :

— Mon commissaire, si vous ambitionnez censé de savoir la vérité vraie, je vais vous en communiquer le succinct.

— Mais... voulut dire Gabriel.

— La paix, filou ! gronda le cocher.

— Donnez-nous le silence, reprit Yaume, à cause du respect que l'on doit à l'uniforme des Français, porté par l'autorité. Y a donc, qu'étant sur les lieux à y faire mon devoir de ma place, j'ai entendu des cris et vu une personne qui s'en sauvait avec empressement pour s'évader en détalant.

— C'est vrai ! c'est vrai ! appuya-t-on à la ronde.

— Y a donc, que, dans le doute de ses desseins et voyant sa mauvaise mine, je lui ai posé la main dessus, qu'il m'a dit alors en roulant des yeux de tigresse : Lâche-moi, propre à rien, ou je t'effondre !

— Oh !... protesta Gabriel.

C'était en effet un affreux mensonge, et qui fait tache dans la vie jusqu'alors si pure de Yaume le pâtour.

Mais la foule cria :

— Filou, tais ton bec !

— Après ? dit le sergent de ville avec la fierté d'un tribunal tout entier.

— Après ? Censé censément des propos dégoûtants que je n'ose pas répéter, sachant les usages de la bonne compagnie. Dieu merci ! qu'il en a dit ! Et que les sergents de ville étaient des poupouilles, des girondins, tyroliens et hirondelles de potence.

— Au poste ! prononça l'autorité.

Yaume s'esquiva, bien sûr désormais que M. le docteur Gabriel n'entrerait pas de sitôt au théâtre des Amusements.

— Censé, se dit-il, ça serait une vilainie, sans que j'avais la consigne de M. Philippe.

Ils avaient applaudi, dans les trois loges, ou du moins les gens apostés par la cabale avaient pu croire qu'ils applaudissaient.

Et les regards de ces bravos stipendiés semblaient dire maintenant :

— Hein ! comme nous avons bien compris que vous aviez changé d'avis ! comme nous avons battu des mains ! comme nous avons gagné notre argent !

Dans l'histoire des cabales, ces changements subits sont fréquents.

Une cabale dirigée contre une femme est ordinairement

une machine de guerre, montée pour amener une capitulation.

Une fois la capitulation obtenue, la machine de guerre devient un instrument de triomphe.

Mazurke, le sourire aux lèvres, salua gracieusement la marquise et dit :

— Merci, mesdames. Je vais aller porter à Mme Lovely vos précieuses félicitations.

Il tourna le dos et se retira.

Fargeau et Romblon échangèrent un regard.

— Pou-ouh! fit le gros homme; s'il passe au coin de la rue de la Tour...

— Il y va, dit Fargeau, de ce pas.

Seul, Menand jeune, gardant jusqu'au bout la mansuétude de ses mœurs, ne dit pas une parole offensante, ne fit pas un geste moqueur. Cette âme-là, oh! cherchez-en une pareille!

Après le départ de Mazurke, la marquise semblait s'être éveillée tout d'un coup.

M. Fargeau quitta sa loge pour passer dans celle d'Oliva, il avait espéré l'arrivée de Gabriel. Malgré sa philosophie, ce bon Fargeau laissa percer un petit peu d'amertume lorsqu'il dit en se penchant à l'oreille de la marquise :

— Eh bien, belle dame, nous en sommes pour nos frais.

— Elle ne va pas reparaître? demanda Oliva.

— Non. Et s'il faut vous le dire, je vous croyais plus de vigueur.

— C'est vrai! s'écria Oliva; j'ai été lâche. Il me tenait là, sous son regard... mais si vous saviez comme je la hais!

— Désormais, belle dame, cela m'est à peu près égal, répliqua Fargeau.

— Mais êtes-vous bien sûr qu'elle ne reparaîtra pas? dit Paoli qui semblait vouloir flatter la colère de la marquise. Je vais aller voir, attendez-moi.

Elle sortit, laissant les trois loges maussades et tourmentées. Au bout de dix minutes elle revint. Un sourire méchant errait autour de ses jolies lèvres.

— Eh bien, firent toutes ces dames et demoiselles.

— Elle est partie, répondit la Milanaise.

Oliva baissa la tête.

— Et nous allons partir aussi, ajouta Paoli en arrangeant sur ses épaules le crêpe de chine fameux, partir tout de suite.

Il y avait du triomphe dans l'accent de cette charmante femme.

— Pourquoi partir de suite ? demandèrent les nièces.

Paoli prit la main de la marquise.

— Chère bonne, murmura-t-elle, nous avons notre revanche toute prête.

— Que dites-vous ?

— J'ai appris bien des choses en dix minutes. La Lovely est à nous !

— Comment cela ? s'écria la marquise dont les yeux brillèrent.

— Venez, je vous expliquerai tout en chemin.

Les trois loges déménagèrent bruyamment.

Paoli s'était penché en passant et avait dit quelques mots à l'oreille de Fargeau.

Ce dernier perdit tout à coup cet air d'indifférence qu'il affectait depuis son entrée au théâtre. Il tressaillit violemment et devint pâle, comme à l'instant où M. Baptiste lui avait dit pour la première fois que Raymond Lointier était amoureux fou de la Lovely, et que la Lovely était Mme de Marans.

Il fit signe à Romblon de rester.

XLIV

Générosité de M. Fargeau

Menand jeune avait suivi sa *société*, mais il avait eu l'adresse de glisser sous sa redingote un des petits bancs que l'ouvreuse avait loués aux dames. Menand jeune emporta ce meuble afin d'orner sa demeure.

Il était ancien notaire.

Au moment où les habitués des salons Beaujoyeux quittaient leurs trois loges, il y avait déjà longtemps que Clémence s'était esquivée, afin de se rendre auprès de Mme de Marans. Albert l'avait aperçue seulement comme elle partait et il s'était élancé sur ses pas.

Sous le péristyle, Albert reconnut M. Raymond, l'aveugle qui regagnait sa voiture, soutenu par un domestique. Il enfonça son chapeau sur ses yeux et hâta sa course.

Le domestique ne vit ni Albert ni Clémence, qui avait un peu d'avance sur Albert. Celui-ci, comme presque tous les jeunes gens dans sa position, s'habillait avec une recherche sévère. C'était un élégant, parce que c'était un malheureux. Les riches seuls et les forts ont le droit insolent de négliger leur mise.

Par hasard, ce soir là, grâce au tailleur qui avait remplacé ses habits couverts de boue, Mazurke pouvait passer, lui aussi, pour un élégant.

Clémence s'engagea en courant dans la rue des Fossés-du-Temple. Albert la vit entrer chez la concierge du théâtre.

Il attendit devant la porte.

Le sort d'Albert était fixé dès ce moment.

Trois hommes arrêtés à l'angle de la rue de la Tour faisaient faction dans l'enfoncement d'une porte cochère. C'étaient les hommes de Romblon-Ballon.

Romblon-Ballon leur avait donné le signalement de Mazurke et celui de Mᵐᵉ Lovely.

— Attention ! grommela le chef des trois hommes, voilà le fashionable ! Ballon nous avait bien dit qu'il tournerait la rue d'Angoulême pour venir à la rencontre de sa particulière. La particulière a une robe de soie noire et un voile noir brodé sur la figure. C'est ça !

Le concierge du théâtre répondait aux questions de Clémence :

— Mᵐᵉ Lovely vient de sortir. Si vous courez, vous pourrez bien la retrouver sur le boulevard où elle va prendre son fiacre.

Clémence n'en demanda pas davantage, et reprit sa course.

Elle passa devant les trois hommes et ne les aperçut point. Un cri étouffé se fit entendre derrière elle. Elle se retourna sans cesser de courir et ne vit rien.

Albert ne poussa pas un autre cri. Le couteau du chef lui avait piqué le cœur.

En sortant du théâtre, Romblon-Ballon et Fargeau purent savoir, par la rumeur publique, qu'un homme avait été assassiné au coin de la Tour.

— Et le malheureux est mort sur le coup ? demanda M. Fargeau avec intérêt.

— Sur le coup ! lui fut-il répondu.

— Pou-ouh ! fit Romblon ; bon ! voilà une histoire !

Quand Clémence arriva devant les fiacres, Lovely était déjà partie.

Romblon et Fargeau longèrent les boulevards et descendirent la rue Saint-Martin.

On avait mené le pauvre docteur Gabriel jusqu'au poste des Arts-et-Métiers.

Au moment où Romblon-Ballon et Fargeau passaient devant le corps de garde, les yeux de Romblon tombèrent sur Gabriel.

— Bon! fit-il; pouh! Est-ce que ce n'est pas le petit docteur?

— Quel docteur? demanda Fargeau avec distraction.

Mais il aperçut Gabriel, à son tour, et s'arrêta brusquement.

Depuis le théâtre, il n'avait pas prononcé une parole; il songeait aux dernières paroles de Mme Paoli.

Mme Paoli lui avait dit à l'oreille en quittant sa loge:

— Lovely va venir me chercher jusque chez la marquise pour mettre les pouces et accepter ce qu'elle refusait si insolemment hier.

Ce pauvre M. Fargeau n'avait en vérité pas bonne chance.

Ce que Lovely refusait hier, c'était une entrevue avec M. Raymond Lointier l'aveugle.

Tout ce beau travail de M. Fargeau allait donc aboutir en définitive à ceci: jeter Berthe dans les bras de Lucien!

On conçoit que les réflexions de M. Fargeau ne devaient pas être gaies.

Mais c'est dans ces moments de terrible embarras que les hommes forts trouvent des ressources et rétablissent d'autorité leur partie aux trois quarts perdue. La vue du petit docteur Gabriel ramena un rayon d'espoir dans l'âme de ce pauvre bon M. Fargeau.

— Il faut le tirer de là, cet enfant! dit-il.

— Bon! s'écria Ballon; il ne nous gêne pas dans ce poste.

— Réclamons-le.

— Pou-ou-ouh! fit Romblon avec étonnement, pourquoi faire?

— Un sentiment de générosité... commença pathétiquement Fargeau.

— Bon! interrompit Ballon; vous êtes donc généreux, vous?

Fargeau haussa les épaules.

— Citoyen, dit-il au chef du poste, ce jeune homme est mon voisin, il appartient à une famille honorable...

— Vraiment ! grommela le guerrier français, eh bien, il n'en a pas l'air.

— C'est M. le docteur Gabriel de Marans.

— Ah ! bah ! un docteur, ça ?

— Pou-ouh ! positivement ! appuya de loin Romblon-Ballon.

Le chef du poste regarda de son côté, et l'aspect d'un homme si vaste, complètement vêtu de nankin, lui donna beaucoup de confiance.

— Pourquoi ne paye-t-il pas ses courses, dit-il encore pourtant.

— Il y a certainement ici quelque fâcheuse erreur, plaida Fargeau.

— Le réclamez-vous ? demanda le chef du poste.

— Avec le plus grand plaisir.

— Alors, donnez-moi vos noms, qu'il paye, et qu'il s'en aille.

Gabriel se confondit en remerciements et voulut s'élancer de nouveau dans la direction du théâtre des Amusements.

Il était bien loin de se douter que la première lettre anonyme, le prétendu billet de Mazurke et la troisième missive qui le convoquait au théâtre étaient tous les trois l'œuvre de cet homme obligeant et secourable, M. André Lointier, son voisin.

Celui-ci l'arrêta d'un geste paternel.

— Où allez-vous ? dit-il.

— En un lieu où je devrais être déjà depuis longtemps, monsieur.

— Je respecte vos secrets, mon jeune ami, reprit Fargeau, et la question que je viens de vous faire m'est inspirée seulement par un fait que je dois vous soumettre, sans chercher aucunement à en deviner la portée. Ce soir un homme s'est présenté chez moi. Il se trompait de porte. Je ne m'en suis aperçu qu'après beaucoup de paroles échangées. Cet homme se croyait chez vous et venait vous dire que des choses extrêmement importantes pour vous se passaient ce soir chez Mᵐᵉ la marquise de Beaujoyeux.

Romblon écoutait et se demandait où son digne camarade en voulait venir. Fargeau parlait avec un certain embarras. Il n'avait pas eu le temps de dresser convenablement ses batteries.

Ce qu'il voulait c'était la présence de Gabriel chez la marquise ; c'était la rencontre du fils et de la mère, afin d'empêcher Berthe de se réunir à Lucien.

Il espérait retrouver dans les salons Beaujoyeux cette occasion de mortel scandale qu'il avait perdue au théâtre.

Gabriel passa la main sur son front.

— On s'y perd ! murmura-t-il, tous ces avis étranges et anonymes...

— Vous comprenez bien que ce que je vous en dis... interrompit M. Fargeau.

— Monsieur, interrompit Gabriel à son tour, je vous remercie. Je profiterai de votre avertissement, mais il faut d'abord que j'aille de ce côté...

Il montrait le boulevard.

Fargeau ne pouvait lui dire : Par là il n'y a plus rien.

Gabriel poursuivit :

— Je reviendrai ensuite chez Mᵐᵉ la marquise de Beaujoyeux.

On échangea des poignées de main et Gabriel partit.

— Ce petit homme est amoureux de ma fille, dit Fargeau à Romblon.

— Alors, je ne m'étonne plus si vous l'avez réclamé.

— Je ne veux pas qu'il l'épouse.

— Bon ! s'écria le gros homme ; mais pourquoi lui avez-vous raconté cette histoire ?

Au lieu de répondre, Fargeau s'arrêta au milieu de la rue.

— Mon cher monsieur Romblon, dit-il en lui prenant la main, vous avez vos entrées particulières chez Mᵐᵉ la marquise de Beaujoyeux, n'est-ce pas ?

— Hein ? fit Ballon. Pou-ouh !

— S'il y a indiscrétion...

— Du tout! seulement. Ça me coûte les yeux de la tête.
— Voulez-vous me rendre un service ?
— Je ne sais pas. Quel service ?
— Quand ce petit homme viendra chez la marquise, pouvez-vous le faire entrer sans qu'on le voie ?

Romblon hésita et ce fut presque à voix basse qu'il demanda :

— Est-ce que vous n'avez pas assez du Hongrois ?

Fargeau eut un geste superbe.

— C'est tout bonnement pour qu'il arrive au salon sans être annoncé, répliqua-t-il. Le Hongrois était une épée suspendue sur notre tête, tandis que cet enfant est un poignard dans notre main. Est-ce dit ?

— C'est dit.

— Alors, montons en voiture, s'écria Fargeau, et fouette cocher. La soirée n'est pas perdue.

XLV

Coups de théâtre

A part Oliva de Beaujoyeux et Mme Paoli, ces dames et ces demoiselles n'avaient vu dans l'affaire du théâtre qu'une espièglerie un peu forcée, un *éreintement*, pour employer le terme des coulisses.

La blonde Cerceil et sa nièce adorable, les trois batailles : Mlle de Poitiers, Mlle de Crécy, Mlle d'Azincourt, toutes ces pécheresses souriantes, soyez-en bien certains, auraient été désespérées de voir leur vie facile tourner au drame. On leur avait promis ce spectacle séduisant : Une femme très belle humiliée. Elles étaient parties pleines de curiosité et d'espoir.

Mais elles ne savaient pas ce qu'il y avait d'horrible derrière le comique de cette farce.

Nous en disons autant des étudiants cossus et autres jeunes badauds qui émaillaient les salons Beaujoyeux.

Seulement tout ce monde était piqué au jeu. La femme très belle qu'on voulait humilier, avait récolté un triomphe. On était vaincu. Il fallait se dédommager.

Et Paoli offrait une occasion superbe !

Les salons Beaujoyeux étaient armés en guerre. On ne dansait pas, on ne jouait pas.

Mme la marquise était soucieuse.

Paoli seule avait un air parfaitement dégagé. C'était, pour le moment, un personnage important que cette Paoli. Elle allait jouer le rôle d'exécuteur en chef.

On entendit le tintement de la sonnette et un silence profond se fit.

Paoli se leva.

— Je vais aller la recevoir, dit-elle.

Oliva tremblait de tous ses membres. Elle ouvrit son flacon et en aspira fortement les sels.

La porte extérieure s'ouvrit.

Un colloque s'engagea dans l'antichambre entre Paoli et la nouvelle venue. Tous ceux qui étaient dans le salon pouvaient entendre.

— C'est bien elle ! murmura Oliva dont l'émotion était au comble ; je reconnais sa voix !

Et ce n'était pas Mme la marquise qui reconnaissait la voix de Lovely, la chanteuse, c'était la petite servante Olivette, qui reconnaissait la voix de Mlle Berthe Créhu de la Saulays, son ancienne maîtresse.

Elle n'avait pas pitié ; elle avait peur.

Peur de cette femme brisée qu'on allait martyriser sous ses yeux.

Si cette femme la reconnaissait !

Cette frayeur que l'on a double l'émotion ; l'émotion c'est le plaisir.

Olivette souffrait juste ce qu'il fallait pour savourer en plein la coupe de la vengeance.

Certes, cela valait bien mieux que l'ignoble cabale des

sifflets, des injures, des outrages grossiers, avec cela on n'atteint pas le cœur.

La honte. Voilà une armée qui tue!

Et voyez comme tout arrive bien quand le bonheur s'en mêle! Pendant que Paoli causait dans l'antichambre, Romblon-Ballon et Fargeau entrèrent par la porte du boudoir. Fargeau dit à l'oreille de la marquise :

— Le jeune homme va venir.

Le sein d'Oliva bondit. A la bonne heure! Elle était belle ainsi! et heureuse!

Tiennet n'était pas là, cette fois, pour défendre Berthe.

Oliva s'enfonça dans sa bergère comme la belle tigresse qui ramasse ses membres avant de s'élancer sur sa proie.

Paoli disait dans l'antichambre :

— Entrez, madame.

— Je ne veux parler qu'à vous seule, madame, répondit la nouvelle venue dont la voix défaillait et tremblait.

— Chère dame, reprenait Paoli dont on devinait le perfide sourire, il n'y a personne au salon, entrez.

Ce mensonge donna beaucoup de gaîté aux nièces.

A vrai dire, tout le monde trépignait d'impatience.

La porte s'ouvrit.

La Milanaise poussa Berthe plutôt qu'elle ne l'introduisit.

Berthe, à la vue de tout ce monde, laissa échapper un cri faible, et fit un mouvement pour s'enfuir. La porte était refermée derrière elle.

Chose étrange! dès ce premier moment, tout le plaisir que s'était promis l'assemblée s'évanouit. Étudiants et nièces éprouvèrent, au lieu de la joie espiègle qu'ils attendaient, un sentiment pénible.

A travers le voile baissé de la pauvre femme, on voyait une si navrante souffrance!

Elle demeura immobile à côté du seuil.

— Madame la marquise, dit Paoli cérémonieusement, j'ai l'honneur de vous présenter Mme Lovely du théâtre des Amusements, qui a besoin de dix mille francs et qui s'est adressée à moi.

Les nièces essayèrent de sourire. Elles avaient le cœur

gros. La marquise détournait les yeux. Fargeau s'était éclipsé, d'abord pour n'être point reconnu par sa voisine, ensuite pour attendre Gabriel et lui faciliter l'entrée. Paoli sentait que sa voix tombait sans écho.

— Madame la marquise, dit-elle encore pourtant, continuant ce rôle, qui déjà n'avait plus de succès, madame la marquise m'excusera si je me suis permis de donner mon adresse chez elle. Les paris étaient ouverts au sujet de certaine vertu farouche. Il fallait que chacun vît ici Mme Lovely.

Berthe gardait le silence et ne bougeait pas.

L'acte de Paoli était odieux, au point de révolter l'assemblée, qui pourtant n'avait point de superflu en fait de délicatesse.

La marquise chercha une réplique et n'en trouva pas.

Elle avait compté sur un public pour animer la scène. Son public l'abandonnait.

Paoli restait abasourdie.

— Bon! dit Romblon au milieu du silence et de la meilleure foi du monde, pou-ouh! Mme Lovely ne serait peut-être pas fâchée de se rafraîchir.

Rose de Cerceil alla chercher un siège et l'offrit à Mme Lovely d'un air respectueux.

Les hommes se tenaient à l'écart.

Le sang monta aux joues d'Oliva.

— Madame Lovely, dit-elle avec une intention de sarcasme qui ne porta pas, est sans doute pressée d'en terminer avec vous, chère bonne. Faites votre affaire.

Berthe releva son voile.

Nul ne s'attendait à ce mouvement, et il y eut un murmure d'admiration dans le salon.

Car la douleur donnait comme un cachet divin à la souveraine beauté de cette femme.

Dans ses yeux, qui gardaient des traces de larmes, il n'y avait ni frayeur ni bravade.

Le regard d'Oliva se baissa devant le sien.

— Vous m'avez fait du mal dans le premier moment, madame, dit-elle en s'adressant à Paoli, mais je me suis souvenue que mon sacrifice était accompli. Je n'ai plus peur de la raillerie, et ce que je souffre est si bien écrit sur mon visage, qu'au lieu de me railler, voyez, je crois qu'on a pitié de moi.

Elle se tourna vers la marquise.

— Je ne vous connais pas, madame, reprit-elle, on m'avait tendu un piège chez vous, à ce qu'il paraît. Ceux qui pensent à mourir ne gardent point de rancune. Je vous pardonne, madame.

Puis, promenant son regard sur l'assemblée, elle ajouta encore, sans amertume, et presque en souriant :

— Si c'était un spectacle qu'on vous avait promis, vous voilà déçus, n'est-ce pas ? peut-être veniez-vous voir ce qu'il en coûte à la fierté d'une femme pour tomber. Il en coûte la vie. Je suis mère ; il me faut dix mille francs pour racheter l'avenir de mon fils. Je donne mon honneur pour sauver le sien.

Presque toutes les jeunes filles pleuraient.

La Lovely mit son bras sur l'épaule de Paoli.

— Venez, madame, dit-elle ; je suis prête.

Elle baissa son voile et sortit.

Il y avait dans le salon une sorte de stupeur.

Une minute s'écoula.

Au bout de ce temps, la porte du boudoir s'ouvrit avec fracas, et Gabriel de Marans s'élança dans le salon.

Fargeau le suivait.

— Où est-elle ? s'écria le jeune docteur dont les traits exprimaient une véritable folie ; où est-elle ?

Fargeau ne répéta point la question, mais son regard, après avoir fait le tour de la chambre, interrogea la marquise, qui répondit à voix basse :

— Partie !

Fargeau fit un geste de dépit furieux.

Gabriel secouait ses cheveux blonds inondés de sueur.

— Où est-elle ? répétait-il ; je sais qu'elle est venue !

La même idée naissait dans tous les esprits. Ce fut Rose de Cerceil qui l'exprima.

— Votre mère ? murmura-t-elle.

Gabriel recula comme si on l'eût frappé au visage.

— Elle est donc venue ! prononça-t-il avec effort.

Puis il ajouta d'un air sombre :

— Ma mère ! Qui a dit cela ? Cette femme n'est pas ma mère !

Personne n'avait vu la porte principale tourner lentement sur ses gonds, parce que l'attention de tous était concentrée sur Gabriel.

C'était comme la suite de ce drame triste jusqu'à l'angoisse, dont la pauvre Lovely avait dit la première scène.

Une voix grave s'éleva près du seuil. Elle dit :

— Celui qui renie sa mère est un lâche !

Tout le monde tressaillit.

Oliva poussa un cri en prononçant le nom de Tiennet Blône.

Fargeau et Romblon faillirent tomber à la renverse. Ils avaient reconnu Mazurke.

XLVI

Renier sa mère !

M. Fargeau ne pouvait en croire ses yeux. Quant à Romblon-Ballon, il se demandait bien sérieusement si cet homme-là était le diable.

Qui donc avait-on tué à sa place au coin de la rue de la Tour ?

Décidément, les habitués des salons Beaujoyeux devaient avoir du drame ce soir-là. Mais ce n'était plus ce drame qui énerve : l'agonie d'une femme ; c'était maintenant le drame pimpant avec l'acteur favori.

Mazurke entrait en scène par un coup de théâtre.

Il y eut un mouvement tout autour du salon. Rose de Cerceil rougit, l'enchanteresse ; Azincourt, Crécy, Poitiers montrèrent leurs dents blanches en un sourire charmant. Pervenche montra ses dents jaunes en un vilain sourire.

— Hongrie ! Patrie ! murmura Sensitive.

Guérineul songea aux neuf places vides et à la cabriole qu'il avait failli faire.

Pour des motifs différents et à des degrés inégaux, Romblon, Fargeau et Mme la marquise Oliva de Beaujoyeux semblaient frappés violemment.

Mais c'était le jeune docteur Gabriel qui avait reçu de cette entrée soudaine le choc le plus rude.

Il pâlit, puis tout son sang inonda son visage.

Puis encore un sourire étrange éclaira ses traits, décomposés par la rage.

Ceux qui avaient spéculé odieusement sur le désespoir de cet enfant ne s'étaient point trompés. Sa vie était dans l'orgueil. Ce qui le rendait fou, à cette heure, c'était l'orgueil déçu.

Dans une seule journée, lui, M. de Marans, il avait appris tant de hontes qu'il ne se souvenait plus d'avoir commis un crime.

Ce sourire qui naissait sur le visage bouleversé de Gabriel, à la vue de Mazurke, c'était comme le suprême épanouissement de sa rage. Il trouvait son adversaire ; il était content.

— Ah ! c'est vous, monsieur le capitaine ? dit-il en prenant tout à coup ce ton froid qui annonce ou précède l'insulte ; nous avons ensemble plus d'un compte à régler.

Il fit un pas vers Mazurke qui lui épargna la moitié du chemin.

— Je ne sais pas si nous avons ensemble des comptes à régler, monsieur Gabriel, répliqua ce dernier dont le regard dominait Fargeau, Romblon, Guérineul et les autres, mais je sais que vous êtes la dupe d'une comédie infâme, ce qui me fait pitié ; je sais, en outre, que vous venez de prononcer des paroles indignes, ce qui me fâche, monsieur Gabriel.

Ceci fut dit rondement et d'un accent presque paternel.

— En vérité ! ricana le petit docteur ; cela vous fait pitié, monsieur le capitaine ! cela vous fâche ! C'est désolant, sur mon honneur !

— Gabriel, commença Mazurke qui adoucit encore sa voix, vous êtes un enfant...

Voilà le mot qui les exaspère !

— Monsieur, interrompit le jeune docteur, dont les dents, plus blanches que celles de Rose Cerceil grinçaient et se choquaient, vous n'avez pas besoin de m'insulter, je vous jure !

— Vous êtes un enfant, répéta Mazurke, et, si vous n'étiez pas un enfant, il faudrait vous juger bien sévèrement.

— Qu'est-ce à dire ?

— Je sais ce que vous avez fait, monsieur Gabriel.

— Vous savez ?

Fargeau se demanda si le capitaine n'avait pas, lui aussi, des rapports avec l'homme aux lunettes bleues. Il était seul à comprendre le sens exact des paroles échangées.

— Je sais tout, prononça Mazurke lentement.

Ces choses avaient pour les habitués des salons Beaujoyeux tout l'intérêt d'un imbroglio dramatique et plein de mystères. On écoutait. Nul ne songeait à remarquer ce qu'il y avait de bizarre et de peu convenable dans l'action de ces deux hommes qui venaient là, dans une maison étrangère, échanger à haute voix des explications et, peut-être, des provocations.

Mazurke semblait le maître.

Bien que le commun des invités ignorât le pouvoir qu'avait Mazurke sur Romblon, Fargeau, Mme la marquise, etc., personne ne s'étonnait.

On écoutait comme au spectacle.

Pendant que Gabriel cherchait une réponse, Mazurke poursuivit.

— Si vous n'étiez pas un enfant, croyez-vous que je vous pardonnerais d'avoir renié votre mère ?

— Me pardonner ? répéta Gabriel en relevant la tête avec arrogance.

Mazurke passa la main sur son front. Évidemment un douloureux souvenir était en lui.

— Renier sa mère, murmura-t-il comme en se parlant à lui-même, c'est là un crime que je croyais impossible ! Un jour, moi, j'ai vu une mère qui détournait les yeux de son enfant et qui lui disait : « Tu n'es pas mon fils... »

Mazurke frémit de tout son corps, car cette mère, c'était la sienne.

— L'enfant souffrit comme on souffre par deux fois en sa vie, poursuivit-il d'une voix profonde et changée, comme on ne souffre pas pour mourir.

— Quand une mère est coupable, dit Gabriel ; quand elle déshonore un nom noble...

— Tais-toi ! De par le ciel, tais-toi ! s'écria Mazurke.

— Quand une mère oublie ses devoirs...

— Tais-toi, te dis-je ! Ta mère est la plus pure de toutes les femmes.

Gabriel, qui gardait son sourire sarcastique, fronça le sourcil tout à coup et fixa ses yeux hardis sur Mazurke.

— Vous la connaissez donc bien, vous ? prononça-t-il d'une voix sourde.

— Si je la connais...

Les poings de Gabriel se crispèrent. Une idée venait de luire dans le chaos de son esprit.

— Vous êtes son amant ! vous êtes son amant ! dit-il par deux fois.

— Oh ! s'écria Mazurke, en reculant avec horreur.

— Vous êtes son amant ! répéta Gabriel en un cri extravagant ; et voyez, ajouta-t-il en se tournant vers l'assemblée stupéfaite, voyez comme un gentilhomme traite l'amant de sa mère !

Sa main se leva.

Mazurke l'abattit avant qu'elle eût effleuré sa joue.

Gabriel, ivre et affolé, se dressa sur ses pieds pour lui cracher au visage.

Mazurke lui colla sa main puissante sur la bouche.

Gabriel trépignait, écumait, criait.

— Misère! disait Mazurke en le contenant sans effort; ce fils parle de l'amant de sa mère!

Il n'y avait pas un front qui ne fût pâle. C'était un combat à mort qui se préparait.

La marquise enviait passionnément, au fond du cœur, le sort de cette femme insultée par son enfant, insultée et reniée.

Car cette femme était aimée, Oliva traduisait en amour chacune des paroles, chacune des actions de Mazurke. Le fils, lui-même, n'avait-il pas deviné cet amour?

— Il faut que je défende ta mère contre toi, n'est-ce pas, Gabriel de Marans! murmurait Mazurke, qui avait à la lèvre un amer sourire.

— Il faut que tu défendes ta maîtresse contre son fils déshonoré! Tu te doutes bien que je ne suis pas venu ici les mains vides. Je ne savais pas le nom de l'infâme, mais je savais qu'il était ici, et j'ai des épées dans ma voiture.

— Des épées! répétèrent les femmes effrayées.

— Tu ne veux pas? dit encore Gabriel. Tu refuses?

— Si fait, je veux bien, répliqua Mazurke, dont le calme augmentait à mesure que la fureur de Gabriel devenait plus folle. J'accepte.

— Viens donc! s'écria Gabriel avec un éclat de voix.

Il s'élança vers la porte.

— Messieurs! messieurs! s'écrièrent toutes les femmes; empêchez-les de sortir!

Quelques-uns s'ébranlèrent. Mazurke les arrêta, disant :

— Je vous défends de me suivre!

Et il disparut.

XLVII

Où Mazurke a de l'esprit

Personne n'osa désobéir à Mazurko.

Et d'ailleurs, chose singulière, ce n'était pas pour Gabriel que les femmes avaient peur. L'intérêt aurait dû se porter sur ce malheureux enfant, qui était le plus faible et qui était désespéré.

Le contraire arrivait.

Sans savoir, et malgré les apparences, l'instinct féminin donnait le beau rôle à Mazurke.

Rose Cerceil exprima l'opinion commune en murmurant :

— Si ce petit fou allait le blesser !

Gabriel descendit l'escalier en quelques enjambées. Mazurke le rejoignit sous le vestibule. Ils montèrent ensemble dans la voiture. Gabriel dit au cocher :

— Vous arrêterez sur le quai.

Il tira sa montre.

— Minuit et demi, ajouta-t-il, il n'y aura personne. Nous pourrons nous battre tout à l'aise.

Mazurke était renversé dans l'angle de la voiture. Il ne répondit pas.

Tout le monde a pu voir la cohue de voitures qui se presse au bas du Pont-Neuf, précisément à cette heure de minuit et demi. L'effet est d'autant plus bizarre, que toutes les boutiques sont depuis longtemps fermées, et que les rues et les quais dorment à l'entour.

C'est un bruit assourdissant, parmi le grand silence de la nuit parisienne : Fiacres honteux qui couvrent de leurs stores des amours de hasard, brillants équipages qui se sont encanaillés par fortune dans la boue du boulevard du crime, coupés qui ont été rire au Palais-Royal, calèches qui ont été pleurer au Gymnase, citadines qui ont dévoré vingt-huit tableaux au théâtre de l'Ambigu-Comique, tout cela se mêle, tout cela roule et se croise avec quelque carrosse littéraire revenant seul de l'Odéon.

La voiture qui emportait Mazurke et Gabriel tomba au beau milieu de la bagarre. Le cocher qui dormait aux trois quarts, au lieu de garder sa droite à l'embouchure de la rue Dauphine, prit du champ pour tourner, se laissa séparer du trottoir et fut dès lors obligé de couper en biais la ligne du quai, remontant le courant qui descendait vers le faubourg Saint-Germain.

Des jurons, il en plut! des malédictions, des menaces, mais pas de coups. Rarement les cochers parisiens oublient la prudence.

Puis le mouvement cessa peu à peu. Il y avait un bel et bon embarras.

Gabriel et Mazurke sautèrent sur le pavé. Gabriel avait les épées.

Au moment où ils cherchaient à louvoyer au travers de tous ces véhicules empêchés, un cri faible retentit à l'oreille de Mazurke. Il se retourna et vit dans un cabriolet-milord, dont la capote était baissée, une femme qu'il ne reconnut point, quoiqu'elle essayât de se pencher au dehors. Mazurke continua sa route.

La femme leva le tablier du cabriolet et descendit résolument, au risque de se faire écraser vingt fois. Malgré le voile épais qui couvrait son visage, on pouvait aisément deviner qu'elle était toute jeune et charmante.

Mazurke et Gabriel s'arrêtèrent derrière le marché de la Vallée. Gabriel jeta une épée aux pieds de Mazurke.

— Êtes-vous bien fort à ce jeu-là? demanda Mazurke.

— Dépêchons! s'écria Gabriel, et ne raillez plus. Vous avez payé mon amitié par la plus lâche des trahisons!

— Vous, dit Mazurke, monsieur le docteur Gabriel, vous ne m'avez pas payé les dix mille francs que vous me devez.

— Est-ce un prétexte pour reculer, monsieur?

— Du tout ! je vous attends bien tranquillement, comme vous voyez. C'est un fait que je constate.

Gabriel tomba en garde. Il était assez beau tireur et, sans la fièvre qui le tenait, Mazurke aurait été forcé de jouer serré.

Gabriel attaqua de fougue, négligeant de se couvrir, et porta coup sur coup les cinq ou six bottes qui défraient les assauts de salle. Mazurke parait et ne ripostait pas.

— Il me semble qu'on crie là-bas, dit-il au bout d'un instant ; écoutez donc, s'il vous plaît.

Comme Gabriel ne s'arrêtait pas, Mazurke prit son épée dans un croisé et la jeta sur la chaussée.

— C'est pour écouter, dit-il en manière d'excuse.

Une voix de femme se faisait entendre en effet dans la direction du Pont-Neuf, et l'on pouvait distinguer parfaitement le nom de Gabriel.

— Qu'est-ce que cela peut être ? pensa tout haut Mazurke.

— Que vous importe, monsieur, puisque c'est moi qu'on appelle ! s'écria le docteur blond.

— Cela m'importe beaucoup, répliqua Mazurke ; figurez-vous, monsieur Gabriel, que je suis obligé de m'occuper de vous plus que vous ne pensez.

— Ah !

— Plus que vous ne valez, continua Mazurke.

— Monsieur !

— Plus que je ne voudrais surtout !

Il donna un petit coup de lame sur les doigts de Gabriel, qui cherchait à reprendre son épée.

— Mais c'est une dame qui nous arrive ! poursuivit-il.

— Arrêtez ! dit la jeune femme du cabriolet-milord qui accourait essoufflée.

— Clémence ! s'écria Gabriel stupéfait.

C'était en effet Clémence, qui avait vu les épées et qui s'était élancée sur les traces des deux adversaires.

— Au nom de Dieu ! répéta-t-elle, arrêtez !

Sa détresse n'était pas tout à fait en rapport avec la situation, il faut bien le dire ; mais elle ne pouvait pas deviner la bizarrerie de ce combat inégal.

Elle pensait arriver entre deux hommes qui s'égorgeaient et se jeter au milieu des fers sanglants.

— Gabriel! poursuivit-elle, songez à votre mère! Et vous, monsieur Mazurke, ayez pitié!

— Elle sait son nom! pensa Gabriel.

— J'ai l'honneur d'être connu de vous, mademoiselle? demanda Mazurke étonné.

— Oui, répondit la jeune fille.

Elle ajouta, de manière à n'être entendue que de lui seul :

— Lucienne...

Gabriel avait croisé ses bras sur sa poitrine.

— Je n'ai assurément aucun droit de contrôler les actions de Mlle Clémence Lointier, dit-il avec amertume; mais la trouver ici... toute seule... à cette heure!

— Je me rendais chez M. Mazurke, répondit étourdiment Clémence.

— Chez moi? répondit Mazurke.

— Ah! fit Gabriel; la nuit?

Il se tourna vers son adversaire.

— Vous êtes décidément un homme très heureux, monsieur le capitaine, dit-il.

— Allez-vous l'insulter, elle aussi! prononça Mazurke, qui devinait bien que cette jeune fille aimait Gabriel, mais qui ne comprenait pas les motifs de sa démarche.

— L'insulter! repartit le docteur; pardieu! vous êtes là pour la défendre. Et d'ailleurs, je n'ai qu'à me louer du hasard qui m'apprend le secret des nuits de Mlle Lointier.

Il se complaisait à frapper, l'impuissant qu'il était.

— Taisez-vous! dit Mazurke avec compassion.

Clémence pleurait.

— Oh! balbutia-t-elle parmi ses larmes, c'était pour vous, Gabriel! pour votre sœur, pour votre mère!

— Est-ce que ma sœur a aussi sa part de ces jolis secrets? demanda-t-il.

— Taisez-vous! dit encore Mazurke, dont la joue devenait pâle.

— Si vous voulez que je me taise, répliqua le docteur, laissez-moi ramasser mon épée.

Mazurke poussa l'arme du pied. Gabriel s'en saisit avec le râle de la rage satisfaite.

La colère prenait Mazurke, à la fin. Ce petit qui s'instituait le juge impitoyable de tout ce qui l'entourait, de tout ce qui l'aimait, ce petit qui avait tant de choses à se faire pardonner, et qui ne pardonnait rien, lui inspirait tout à l'heure encore une pitié mêlée de mépris.

Mais il avait outragé Lucienne en passant.

Le sang montait au cerveau de Mazurke.

Clémence devina ce qui se passait en lui; car elle joignit les mains.

— Oh! monsieur! monsieur! murmura-t-elle, c'est un enfant!

Gabriel eut envie de la tuer.

— Vous! s'écria-t-il; je vous aimais, et je vous déteste! Dites-lui plutôt de se hâter : quand il m'aura couché là, sur le pavé, il restera encore assez de nuit pour le rendez-vous que je gêne!

Clémence couvrit son visage de ses mains.

Mazurke garda le silence cette fois, mais sa colère grandissait.

La fierté de Clémence ne se révoltait point. C'était son cœur qui saignait.

Car, avant de voir Gabriel sous cet aspect odieux, elle le connaissait. Elle aimait Gabriel, nous l'avons déjà dit, mais elle ne l'estimait pas.

Et parmi les souffrances de sa vie triste, cette souffrance-là était la plus amère.

— Je demande pitié pour vous, Gabriel, dit-elle, parce que, si vous êtes coupable, vous êtes aussi bien malheureux!

— Monsieur, interrompit le docteur; défendez-vous!

— Écoutez! s'écria Clémence navrée, écoutez-moi! Il est peut-être encore temps de sauver votre mère, votre sœur et moi-même. J'allais chez le capitaine, puisqu'il vous faut une explication, j'y allais pour implorer son secours. Lucienne est en larmes, attendant votre mère qui ne revient pas...

— C'est cela! dit Gabriel en reprenant sa garde; tout le monde dans le secret! notre honte au grand jour! Allons, monsieur, allons! Je ne m'inquiète plus, moi, d'une mère qui m'a déshonoré, d'une femme qui m'a trahi, d'une sœur qui sans doute est perdue!

— Taisez-vous! prononça une troisième fois Mazurke.

Sa voix fit trembler Clémence.

Gabriel, au contraire, se prit à ricaner.

La colère de Mazurke, une de ces belles colères comme il en avait parfois, pas souvent, — la colère du lion piqué par le moucheron, — éclata tout d'un coup.

— Ah çà! petit malheureux! s'écria-t-il en tombant en garde à son tour, penses-tu que je vais m'amuser longtemps avec toi!

Il para prime, au coup droit que lui portait Gabriel, passa sous l'épée et planta son pied sur la gorge de Gabriel renversé.

— Ne le tuez pas! ne le tuez pas! supplia Clémence qui s'agenouilla.

Mazurke se mit à rire.

Il prit les deux épées et les lança dans la rivière par-dessus le parapet du quai.

Gabriel, étouffé, ne parlait plus.

— Le tuer? dit Mazurke; voilà le diable! les pauvres bonnes âmes ne sont pas aimées, mais ces petits coquins qui outragent leur mère, qui insultent leur maîtresse, qui salissent le nom de leur sœur, même quand leur sœur est un ange! ces bambins sans force ni cœur, qui ont tous les vices et qui volent, pardieu! qui volent comme des échappés de Brest... car vous avez volé votre mère, monsieur le docteur, je sais cela!... Eh bien, on les adore!

— Monsieur! oh! monsieur! priait Clémence.

— Le tuer! reprit Mazurke; ce serait justice, le tuer d'un coup de pied, comme un chien. Mais moi-même qui parle, croiriez-vous que je l'aime, ce gamin à diplôme! ce docteur pour rire! Non, non, mademoiselle, je ne veux pas le tuer, et j'ai même de bonnes raisons pour cela! ajouta-t-il dans sa moustache; mais que voulez-vous que je fasse de lui? Si je le lâche, il va s'attacher à nous comme un roquet enragé. J'y songe, il nage très bien... si je l'envoyais faire un plongeon ici près?

Il montrait la rivière avec un grand sérieux.

Gabriel eut un tressaillement sous le pied qui l'étranglait. Évidemment, cette motion n'était pas de son goût.

— Soyez généreux! dit Clémence.

— Allons! s'écria Mazurke, je ne le jetterai pas à l'eau, mais c'est uniquement pour vous faire plaisir, mademoiselle.

Il se gratta le front.

— Comment faire pour se débarrasser de lui!... murmura-t-il.

Une idée lui vint, et il eut un franc éclat de rire.

— J'ai mon affaire! s'écria-t-il.

Il prit Gabriel à bras-le-corps et le souleva de terre comme un paquet. Le petit docteur s'agitait et criait, mais c'était peine perdue. Mazurke, chargé de son fardeau, traversa le quai au pas de course, gagna la première porte cochère et en fit jouer le marteau à tour de bras.

Le portier, réveillé en sursaut, tira le cordon.

Mazurke entra, déposa Gabriel sous la voûte, et referma la porte sur lui.

— En route! cria-t-il ensuite; le concierge va faire une enquête. Nous avons le temps de gagner la voiture.

Gabriel hurlait comme un diable et demandait le cordon.

Le portier, fonctionnaire scrupuleux, voulut voir quel était l'intrus qui troublait le repos de ses administrés.

Quand on rendit la liberté à ce pauvre Gabriel, Mazurke et Clémence étaient loin.

XLVIII

Le Boudoir de Paoli

Mazurke disait à Clémence, dans la voiture louée par cet infortuné Gabriel :

— C'est la première fois que je vous vois, mademoiselle, mais nous sommes de vieilles connaissances. Vous me demandez si j'aime Lucienne, oh ! la chère enfant, Dieu sait que mon cœur est tout à elle... et à sa mère aussi, mademoiselle, car nous nageons, voyez-vous, dans un océan de mystères. Il y a désormais entre Lucienne et moi un obstacle... un grand obstacle, ajouta-t-il en soupirant, et ces obstacles-là ne se brisent, hélas ! ni à coups de poing ni à coups d'épée. Mais il y aura temps pour tout, et ce qu'il faut d'abord, c'est sauver Berthe.

— Berthe ?... répéta Clémence.

— Ai-je dit Berthe ? Je veux parler de sa mère.

— Mme de Marans ?

— Oui, Mme de Marans. Dites-moi tout ce que vous savez, absolument tout !

Clémence obéit.

— C'est à peu près ce que le hasard m'avait appris à moi-même, dit Mazurke, quand la jeune fille eut achevé ; seulement, vous ignorez les motifs de cette guerre acharnée, lâche, cruelle, que l'on fait à une pauvre femme. Moi, je les sais.

Il y eut un instant de silence. Le fiacre roulait vers la rue du Regard.

Mazurke reprit :

— Il n'y a pas à sortir de là, c'est de l'argent qu'il faut. Si ces gens-là combattaient au grand jour, j'entrerais avec vous chez Mme de Marans, j'y resterais, et nous verrions bien ! Mais j'aurais beau être là, je ne pourrais empêcher le scandale de grandir au dehors. Mme de Marans a reçu un dépôt; Mme de Marans, la digne femme, la mère héroïque, a pris un faux nom pour monter sur les planches. Gabriel doit de grosses sommes. Demain, on viendra réclamer le dépôt confié; demain, on montera quelque comédie diabolique. Soyez sûre qu'ils tenteront un dernier effort pour l'écraser sous la honte. Eh bien, j'aurai de l'argent demain.

— Si vous vous éloignez, murmura Clémence, il me semble que le danger renaîtra plus terrible.

— Bah! fit Mazurke, une nuit est bientôt passée. Ces gens-là ne tenteront rien par la violence, attendu qu'ils me savent là. D'un autre côté, on ne réclame pas les dépôts la nuit. Et pour envenimer un malheur par la calomnie, il faut encore attendre que les vipères du quartier soient éveillées. En résumé, voici la position : je n'ai pas un sou vaillant; j'ai besoin de deux ou trois milliers de louis; il est une heure du matin; je prends jusqu'à cinq heures pour chercher un trésor. Est-ce trop!

Mazurke souriait.

Clémence avait foi en lui. Le ton léger et fanfaron auquel Mazurke revenait toujours, l'aurait choquée énergiquement chez un autre, mais chez Mazurke, rien ne choquait.

Mazurke était beau, il était noble, gai, fier et grand.

Il n'eût pas souri, le pauvre Mazurke, s'il avait su ce que Berthe souffrait en ce moment.

Mais il ignorait tout ce qui regardait Berthe, depuis sa sortie du théâtre. Il l'avait cherchée, il l'avait manquée, à cause du départ précipité de la malheureuse femme, qui s'était en quelque sorte enfuie, promettant à Grièche les dix mille du dépôt.

En calculant les heures, Mazurke devait croire que Berthe était rentrée maintenant, et que Clémence allait la retrouver chez elle.

Il souriait tout bonnement, parce qu'il se voyait au bout

de ses peines. Il n'avait plus à chercher; il n'avait qu'à combattre. Cela lui plaisait.

Il souriait, parce qu'il songeait à ce lit de pièces d'or où il avait couché la veille.

Il s'orientait d'avance et il se disait : « Vive Dieu ! il faudra bien que je le retrouve ! »

La voiture s'arrêta rue du Regard, devant l'entrée commune de l'hôtel Lointier et de la maison de Marans. Comme Clémence descendait, Mazurke lui baisa la main et lui dit :

— Merci, mademoiselle, pour la tendresse que vous leur portez. Dites-leur que désormais elles ont un ami qui veille sur elles : Mme de Marans un frère, et Lucienne...

Il hésita.

— Et Lucienne un père, acheva-t-il comme à contre-cœur.

— Un père ? répéta Clémence étonnée.

— Du diable ! s'écria Mazurke; pas encore, en définitive ! Ce qui est sûr, c'est que je l'aime comme si j'étais son père, sa mère, son mari, et cent fois davantage. Adieu, mademoiselle !

Il tourna le dos et remonta dans la voiture.

— Elle sera bien heureuse ! pensa Clémence, qui poussa un gros soupir.

C'était un boudoir appartenant au genre ravissant. Et combien de gentlemen, vicomtes ou simplement courtiers étaient entrés là, le lorgnon dans l'œil, en mâchonnant :

— Adorable !

Bergères Pompadour, secrétaire en nacre avec des miniatures rosées, lit de repos au-dessus duquel deux Amours suspendaient de molles draperies; des tableaux mignons; quelques statuettes potelées, et les porcelaines si chères aux femmes de goût !

Pour adoucir le jour, la dentelle et la soie;

Pour amortir les pas, un tapis discret où les éperons eux-mêmes se taisent.

— Réponds donc, glapissait Grièche, qu'as-tu fait de mon argent?

30ᵉ LIVR.

Adorable !

Mais pourquoi mettre un prie-Dieu là-bas, dans ce coin ? Quand vous vous repentirez, Madeleine, ce prie-Dieu vous sera un remords. Un prie-Dieu n'est pas fait pour supporter la cravache d'un centaure ou le chapeau d'un loup-cervier amoureux.

Madeleine, ô Madeleine, garde le prie-Dieu pour plus tard !

La Madeleine de ce boudoir n'en était pas du tout à se repentir ; elle avait nom Mme Paoli.

Nous entrons chez elle un quart d'heure après son départ des salons Beaujoyeux.

Il était plus de minuit.

Mme de Marans était seule dans le boudoir, parce que Mme Paoli avait couru chez M. Raymond Lointier pour lui dire : « Victoire ! la citadelle est rendue. »

Albert lui avait promis cent louis de la part de M. Raymond Lointier.

Et, à considérer la passion que M. Raymond Lointier avait mise dans toute cette affaire, Paoli ne craignait point de le voir se dédire. Ce soir même, n'était-il pas encore au théâtre des Amusements à écouter la Lovely ?

Paoli l'avait reconnu derrière la grille à demi relevée de sa loge. Elle était sûr d'être bien reçue.

En quittant Mme de Marans, elle lui avait dit :

— Vous n'attendrez pas longtemps.

Chaque lieu consacré a son caractère indélébile. Si peu expérimenté que l'on soit, on ne prend pas le cabinet d'un notaire pour le réduit d'un artiste, le bureau d'un marchand pour la retraite d'un penseur.

Le boudoir de Paoli avait une physionomie tranchée : une odeur technique.

Berthe sentait sans cœur défaillir.

Elle s'était laissée tomber sur un fauteuil. Ses deux mains serraient ses tempes. Il n'y avait rien dans son cerveau, sinon une angoisse confuse et terrible.

Ses yeux restaient cloués au tapis, comme si elle eût craint de voir les objets environnants.

Sa pose était effrayée et comme ramassée. Elle craignait autant de toucher que de voir.

Avait-elle bien mesuré ses forces, avant d'affronter cet odieux martyre ?

Elle, Bertho ! le cœur noble, la vertu fière ! Elle qui était mère et qui adorait ses enfants ! Elle dans ce lieu !

Mais ce lieu parlait ! mais ce lieu ne cachait rien ! Ce n'était pas même l'amour que respirait ce lieu !

Bertho s'affaissait, brisée, dès le premier pas. Ses poumons refusaient l'air parfumé de ce temple impur.

Elle ne voulait plus. Sa vaillance tombait. L'héroïsme lui-même est faible devant ces horribles nausées.

Oh ! s'il n'avait fallu que mourir !

. . . .

Elle se leva. Ses jambes chancelaient.

Elle se mit à genoux devant le prie-Dieu.

Mais avant que sa bouche eût trouvé une parole de prière, elle se redressa épouvantée.

L'idée de prier, en ce lieu, lui apparaissait comme un sacrilège.

. . . .

Gabriel ! Gabriel ! l'enfant adoré ! le fils de Lucien ! Gabriel qui avait été le rêve heureux de la jeune mère ! son espoir et son courage !

Gabriel ! ô mon Dieu ! mon Dieu ! un voleur !

Ou bien le fils d'une voleuse !

Hélas ! un abîme sans issue !

. . . .

Ce Gabriel, Bertho s'en souvenait, quand il était enfant, les mères le lui enviaient. C'était un chérubin rose avec de grands cheveux bouclés. Il avait un sourire d'ange heureux.

Et dans le jardin, quelques heures auparavant, Bertho l'avait vu pâle, les cheveux épars, le blasphème à la bouche.

Il avait dit :

— C'est donc bien vrai, cela, ma mère ?

Et il lui avait montré une lettre qui disait : Votre mère est une femme perdue.

Pauvre Berthe ! elle savait bien qu'elle n'avait même plus l'amour de son fils pour prix de son dernier sacrifice.

Gabriel l'avait repoussée.

Mais il fallait le sauver, Gabriel ! Avant de songer à mourir, il fallait le racheter.

— Pour lui ! pour lui ! murmura-t-elle en joignant ses mains glacées.

On dit qu'à l'heure où la porte de la prison s'ouvre pour la dernière fois, quand le geôlier entre et annonce que l'heure du supplice va sonner, on dit que l'agonie du condamné fait trêve.

Il se redresse en face de la mort.

Le bruit d'une voiture se fit entendre dans la rue.

Berthe pressa sa tête à deux mains.

La porte cochère s'ouvrit.

Des pas montèrent l'escalier.

Berthe leva les yeux au ciel ; ses beaux yeux chargés de larmes ; elle croisa ses bras sur sa poitrine et attendit.

XLIX

Lucien

M. Raymond Lointier entra, guidé par Paoli. Paoli le conduisit à un siège et sortit, après avoir fait à Mme de Marans un signe d'intelligence.

Un quart d'heure auparavant, ce signe d'intelligence aurait blessé Berthe au plus sensible du cœur, mais, en ce moment, elle n'y prit point garde.

L'aveugle, qui s'était assis, attendit une minute. Au bout de ce temps, il demanda :

— Êtes-vous sortie, madame Paoli ?

Personne ne répondit. La voix de l'aveugle changea.

— Voulez-vous vous approcher de moi ? murmura-t-il d'un ton timide et doux comme une prière.

Berthe n'hésita pas.

Elle s'approcha. Et comme la main de l'aveugle tâtonnait et cherchait, elle lui donna sa main.

Ils étaient donc là l'un près de l'autre, Berthe et Lucien, seuls dans une chambre close, plus près encore que la veille, lorsque Lucien s'était penché sur Berthe évanouie dans le jardin de la maison de Marans.

M. Fargeau avait dit alors :

— Ils ne se reconnaîtront jamais !

Dès que Lucien eut la main de Berthe entre les siennes, il ne parla plus. Une expression de pitié triste était venue à son front. Cette main était froide comme la main d'une morte.

Bien qu'elle sût qu'elle était en face d'un aveugle, Berthe n'osait pas relever les yeux.

Entre ces êtres qui s'aimaient depuis qu'ils sentaient leur âme, entre ces deux cœurs dont la tendresse avait résisté au temps et à l'absence, y eut-il, à cette heure, ce courant électrique, ce mystérieux contact dont on parle dans les livres ?

Nous ne savons.

Voici ce qui se passa dans la vérité vraie :

Lucien pensait tout naturellement à Berthe, puisque c'était la pensée de Berthe qui l'avait amené là.

Le souvenir de Lucien était aussi dans l'esprit de Berthe, parce que, aux heures de souffrance, le passé heureux renaît toujours dans la mémoire.

Mais l'idée ne vint pas à Lucien que la femme dont il tenait la main pût être Berthe.

Et Berthe n'eut pas un seul instant la pensée que cet homme aveugle pût être Lucien.

Ce fut ce dernier qui rompit le silence.

— Comme votre main est froide ! dit-il ; vous souffrez ?

— Oui, répliqua Berthe ; je souffre.

En parlant, elle releva les yeux, parce que cette voix éveillait en elle une vague et incompréhensible émotion. Lucien avait toujours son bandeau sur les yeux. Berthe n'avait garde de reconnaître M. Raymond Lointier, son voisin de la rue du Regard. Elle l'avait aperçu à peine une fois ou deux, au fond de sa voiture fermée. Elle ne connaissait que M. André, le frère aîné.

Berthe ne remarqua point que cet homme était beau et jeune encore ; elle vit seulement la pâleur maladive de sa joue et l'expression de résignation douce qui était autour de ses lèvres.

Lucien sentit qu'elle le regardait.

— Je vous fais peur ? murmura-t-il encore.

— Non, répondit Berthe ; demain, je serai morte.

Lucien tressaillit et lâcha la main de Berthe, qui tomba le long de son flanc.

— Morte ! répéta-t-il, tandis que ses mains tremblaient ; on dit que vous êtes belle comme un ange, belle et jeune. Vous avez une voix qui semble ravie aux concerts du ciel, une voix comme je croyais..., une voix qui me rappelle...

Il s'arrêta et reprit :

— Mais c'est de vous qu'il faut parler. Vous êtes donc bien malheureuse ?

— Puisque je suis venue... commença Berthe.

— Oui, oui... rendez-moi votre main, madame. Vous êtes venue, donc vous êtes bien malheureuse, c'est vrai, puisque vous avez de l'honneur.

Berthe lui avait rendu sa main. Une larme vint à ses yeux pendant qu'elle répétait :

— De l'honneur !

— Je le sais bien, dit l'aveugle avec vivacité : j'en suis sûr !

Puis il ajouta en souriant :

— Moi aussi, madame, j'ai de l'honneur.

Berthe le regarda étonnée.

— Non, non, poursuivit l'aveugle, vous ne mourrez pas. Et je suis bien heureux, allez, que vous soyez venue.

Mourir, vous ! Dieu est bon, madame. Regardez-moi, ai-je l'air d'un homme qui marchande le malheur des femmes ?

— Vous avez l'air bon, murmura Berthe.

— Je suis seul, tout seul sur la terre, avec ce souvenir qui est mon bonheur et mon malheur... mais je vous dirai plus tard ma pauvre histoire. Écoutez-moi d'abord. Voulez-vous que je sois votre frère ?

— Mon frère ? dit Berthe, qui croyait rêver.

— Il y a bien longtemps que vous êtes ma sœur, vous, reprit l'aveugle ; j'allais vous entendre à ce petit théâtre. Et voyez ce que c'est ! en vous écoutant, je me disais : elle souffre. Comment faire pour la consoler ? Quand on est aveugle, madame, on devient timide comme un enfant, je n'osais pas. Alors, je me suis servi de cette femme, Mᵐᵉ Paoli. Et quand elle m'a rapporté un *non* pour réponse j'ai pensé : tant mieux ! elle est heureuse sans doute. Elle n'a pas besoin de moi.

— Que Dieu vous récompense, monsieur ! murmura Berthe.

— Et maintenant, reprit encore Lucien qui parlait vite, comme s'il eût été pressé d'épancher son cœur trop plein, et maintenant que vous êtes venue, je dis une seconde fois. Tant mieux ! car je suis riche, car je vous aime ! Vous me comprenez bien, n'est-ce pas ? Je vous aime comme peut aimer une pauvre âme emplie par un souvenir. Ce n'est pas de l'amour, madame, quoique votre voix, bien souvent, et ce soir encore, m'ait plongé dans une véritable extase. C'est une tendresse si bonne et si douce qu'elle suffirait presque à me consoler... et depuis vingt ans, je ne me souviens pas d'avoir éprouvé une joie si vive que celle qui m'est donnée par la certitude de vous tirer de peine.

Il y avait dans l'accent de l'aveugle tant de vérité, tant d'émotion naïve, que Berthe ne pouvait douter.

Et pourtant était-ce bien possible !

Ces choses arrivent-elles ?

Berthe surtout, Berthe qui avait été si amèrement

éprouvée, ne devait-elle pas écouter la voix qui s'élevait au-dedans d'elle-même et qui disait : Impossible ! impossible !

Il y avait un fait incontestable et désolant : elle était là par l'entremise de Mme Paoli.

Et cet homme qui lui disait : Soyez ma sœur, savait qu'elle venait chercher de l'argent.

Berthe était entrée là, soutenue par l'idée de la mort. Elle accomplissait le plus horrible et le plus sublime des sacrifices. Mais ce qui était sublime dans ce sacrifice n'apparaissait point au dehors. La honte seule se montrait.

Pour l'aveugle, qu'était Berthe, sinon la femme malheureuse ou coupable qui cède au désespoir et qui dit, je donne mon honneur pour garder ma vie ?

Une chanteuse, en outre, notez cela, une chanteuse de petit théâtre !

Et cependant l'aveugle semblait craindre d'offenser avant tout. Il hésitait même à proposer cet argent qu'on était venu chercher.

Était-ce un fou ?

Il est dans l'essence même du malheur d'espérer aisément. C'est le suprême bienfait de la miséricorde de Dieu.

Berthe repoussa de force les doutes de sa raison révoltée. Elle se prit à regarder l'aveugle, et comme son visage exprimait la bonté, rien que la bonté, Berthe eut confiance.

— Vous m'écoutez, n'est-ce pas ? demanda Lucien.

— Oh ! oui, je vous écoute, répliqua Berthe.

— Et vous me croyez ?

— Il y a des gens si malheureux qu'on n'oserait les tromper.

— C'est donc votre malheur seulement qui vous fait croire ? s'écria Lucien tristement ; mais, plus tard, vous m'aimerez un peu, madame... Je ne demande rien...

Berthe fut prise d'un élan soudain, qu'elle dut attribuer à la reconnaissance. Elle baisa la main de l'aveugle.

— Que faites-vous ? dit-il en pâlissant.

Puis il ajouta :

— Une sœur ne baise pas la main de son frère, vous ne voulez de moi que comme bienfaiteur. J'accepte ce rôle, madame : j'avais trop espéré.

— Que voulez-vous que je vous dise ! s'écria Berthe ; vous ne me connaissez pas, vous ne savez pas ce qui m'excuse...

Lucien sourit.

— Vous êtes orgueilleuse, dit-il doucement ; vous ne voulez pas me laisser le bonheur de mon ignorance. Et si je vous devine, moi, madame ! si je sens avec mon cœur ce qu'un autre lirait peut-être sur votre beau visage ! Si mon âme vous voit noble, pure, chrétienne, subissant le plus poignant de tous les martyres !

— Vous me connaissez ? balbutia Berthe épouvantée, cette Paoli vous a dit ?....

Lucien secoua la tête lentement.

— Elle ne m'a rien dit, madame ; rassurez-vous. Je sais que vous vous appelez Lovely. Si vous avez un autre nom, je l'ignore.

— Non ! non ! prononça Berthe avec vivacité, je n'ai pas d'autre nom !

— Vous ne savez pas mentir, madame.

Il y eut un silence.

— Vous ne savez pas mentir, répéta l'aveugle après quelques instants ; ce que vous coûte la démarche qui vous a mis en face de moi, c'est votre secret. Je puis le deviner vaguement, je ne vous le demanderai jamais : ce n'est pas à vous de vous faire connaître, puisque, si vous acceptez mon aide, c'est moi qui vous serai redevable. Prenez, je vous en supplie. Ne croyez point à une délicatesse romanesque ou exagérée : j'ouvre si rarement mon pauvre cœur ! De quel poids pèsera dans la balance ce que vous voudrez bien accepter de moi auprès de cette joie que j'éprouve ! Madame, je vous le dis parce que cela est vrai ; c'est moi qui vous dois de la reconnaissance.

Berthe ne répondait plus. Que répondre ? Cet homme était pour elle comme un ange descendu du ciel.

Et il eût été aussi raisonnable d'espérer la venue d'un

ange que de croire, avant de l'avoir vu, à l'existence d'un pareil homme.

Berthe remerciait Dieu silencieusement. Toute crainte avait disparu de son cœur. Elle se sentait sauvée.

Parmi les larmes qui mouillaient encore sa paupière, il y avait un beau sourire.

— Je ne veux pas que vous gardiez un doute, reprit l'aveugle en reposant sa tête contre le dossier de la bergère où il s'asseyait ; je ne veux pas même que vous gardiez un motif d'être étonnée ; je veux que vous arriviez à vous dire : S'il m'a servie, moi, j'ai fait plus, j'ai mis un véritable baume sur sa blessure. Je suis sa bienfaitrice. Ecoutez-moi, madame ; vous jugerez si je dois rendre grâce.

Je n'ai eu qu'un seul amour dans ma vie ; c'était avant d'être aveugle.

J'étais jeune, heureux, confiant dans l'avenir. On m'aimait. Celle qui m'aimait était belle entre toutes et bonne, et noble, et sainte.

Dieu qui l'avait faite si supérieure aux autres femmes l'avait, en revanche, affligée d'un grand deuil.

Elle était aveugle...

Berthe tressaillit. Sa taille se redressa, raide et tendue.

Lucien sentit sa main trembler.

Il poursuivit d'une voix altérée par l'émotion :

— Pourquoi cacher la folie de mon espoir ? Vous êtes artiste, elle était artiste. Eh bien oui ! j'ai pensé parfois... Madame, vous l'avez peut-être rencontrée, car votre main vient de frémir dans la mienne.

— Moi ! fit Berthe au hasard.

— Une cantatrice aveugle...

— Jamais, monsieur.

La joue de Berthe était pâle comme la joue d'une morte. Lucien laissa échapper un soupir.

— Ce n'est pas pour cela que je vous ai demandé une entrevue, au moins, madame, reprit-il ; mais l'égoïsme se glisse partout. Je continue : Nous vivions en Bretagne...

— En Bretagne ! répéta Berthe qui défaillait.

Lucien s'arrêta.

La main de Berthe redevenait glacée entre ses mains.
— Qu'avez-vous ? qu'avez-vous, madame ? demanda-t-il vivement.
— Je n'ai rien, répliqua Berthe.
— Vous connaissez la Bretagne ?
Berthe hésita, puis elle répondit :
— J'ai chanté par toute la France, monsieur.

L.

Berthe ! Berthe !

Malgré sa prudence, M. Fargeau s'était peut-être beaucoup avancé lorsqu'il avait dit :
— Ils ne se reconnaîtront jamais !
Dans le langage vulgaire, on parle des *yeux du cœur*. Berthe n'avait jamais vu Lucien ; Lucien ne pouvait plus voir Berthe ; il fallait les yeux du cœur.
En ce moment, Lucien regrettait d'être aveugle comme il ne l'avait jamais fait depuis vingt ans. Il eût donné tout ce qu'il possédait au monde pour pouvoir jeter un regard sur cette femme qui était là devant lui, et dont la main froide tremblait.
Quant à Berthe, elle était frappée si violemment, que vous l'eussiez à peine reconnue. L'angoisse et le bonheur se disputaient l'expression de son visage.
Elle ne savait pas encore. Mais elle croyait déjà.
Son amour, son seul amour ! l'homme qu'elle cherchait depuis vingt ans ! le père de Lucienne et de Gabriel !
Lucien, Lucien dont elle n'avait pas entendu la voix depuis ce dernier jour où il lui avait dit : Je t'aime, dans le chêne creux de la Mestivière.
Quel rêve !
Lucien aveugle !

Mais pourquoi ne pas se jeter à son cou? pourquoi ne pas lui dire : « Me voilà, Berthe, ta femme, Berthe, qui t'aime et qui n'a jamais cessé de t'aimer! »

Hélas! hélas! c'était là l'angoisse.

Angoisse affreuse, souffrance terrible parmi toutes les souffrances qu'elle avait subies, la pauvre Berthe.

Lucien reprit, après un silence :

— Nous autres, Bretons, nous aimons tous ceux qui sont de la Bretagne, c'est pour cela que je vous ai interrogée, madame. Je continue.

Nous devions nous marier, la jeune fille et moi. Vous ai-je dit son nom?...

— Je ne sais, répliqua Mᵐᵉ de Marans.

— Elle s'appelait Berthe.

Berthe appuya sa main contre son cœur, une larme jaillit de ses yeux, mais elle ne parla point.

L'aveugle attendit un instant, puis il reprit :

— Un misérable voulut s'attaquer à elle; je le tuai. Je quittai le pays. Un jeune garçon qui était mon ami plutôt que mon serviteur, et que j'aimais comme s'il eût été mon frère, m'avait promis de me la ramener à Grandville, où nous devions nous embarquer. Il me manqua de parole, que Dieu le lui pardonne. C'est le bonheur de ma vie entière qu'il m'a pris.

— Tiennet Blône, pensa Berthe.

Puis elle ajouta intérieurement :

— Il ne m'avait pas oubliée! et Fargeau avait menti à la Mestivière!

Mais sa bouche resta close.

Elle ne pouvait plus conserver même un doute, et cependant la pâleur de son front devenait plus mate, et ses yeux levés au ciel exprimaient un navrant désespoir.

— J'abandonnais, en Bretagne, poursuivit Lucien, une assez riche succession, mais la fortune que je ne désirais pas, vint en quelque sorte me chercher. J'étais parti avec un chevalier d'industrie qui nous avait tous trompés, et qui, au lieu de nous conduire à l'autre bout de l'Europe, comme il en avait pris l'engagement, nous laissa sur la côte d'Angleterre, sans ressources ni amis. Je ne sais pas ce que devinrent mes compagnons. Moi, j'entrai au service d'un négociant de Southampton, qui m'adopta et me laissa cent mille livres de rentes.

Je n'avais pas attendu la mort de mon bienfaiteur pour chercher les traces de ma pauvre Berthe. J'étais retourné en Bretagne, j'avais revu mon pays, malgré les dangers qui m'y attendaient, car j'étais un meurtrier.

Berthe avait disparu. Nul ne savait le lieu de sa retraite.

Madame, au moment où je l'avais quittée, Berthe allait être mère. C'était ma femme et mon enfant que je perdais à la fois. Je me dis : Tout ce que Dieu me donnera d'existence sera consacré à les chercher. J'ai tenu ma parole, madame, mais Dieu n'a pas voulu.

Il posa le revers de sa main sur son bandeau, au travers duquel son front brûlait. Sa voix avait des larmes.

— Je l'aimais bien, madame, reprit-il ; entre elle et notre enfant adoré, j'aurais été si heureux ! Durant ces longues années, elle a été la pensée unique de ma veille, le seul rêve de mon sommeil. Il faut vous dire cela, puisque c'est l'explication de ma conduite et l'excuse des moyens que j'ai pris pour vous rapprocher de moi. Madame, je n'ai point agi au hasard. La femme que je veux aider, soutenir, aimer, c'est bien la femme qui chancelle, vaincue par le malheur, qui chancelle au bord même de l'abîme. C'est la femme fière, mais terrassée, qui murmure comme vous à la dernière heure de la lutte : « Pour mon enfant, mon Dieu ! pour mon enfant ! Car vous êtes mère... n'est-ce pas que vous mère ?

Berthe sanglotait ; ce fut sa réponse.

— Eh bien, continua l'aveugle ; belle comme elle l'était, ignorant la vie, pauvre, toute seule en ce monde, qui sait, oh ! qui sait si elle n'a pas dit dans le désespoir de son pauvre cœur : « Pour mon enfant ! pour mon enfant !... »

Vous pleurez, madame ; je vous entends. Merci !

Écoutez ! quand je dis peut-être, je me trompe, je mens. Les rêves me l'ont montrée toute pâle et toute brisée. J'ai entendu sa voix changée par les larmes, je l'ai vue qui franchissait un seuil maudit... Madame, madame ! s'écriat-il avec exaltation, ne me remerciez pas si je vous sauve, car c'est pour forcer Dieu à la sauver !

Berthe le contemplait avec admiration. Ses sanglots faisaient trêve. Vous eussiez dit qu'elle voyait cette âme si belle à travers l'enveloppe de son corps.

Que d'amour et quel amour !

Lucien ! c'était son Lucien bien-aimé qui parlait ainsi !

Et Berthe ne suivait pas son cœur qui s'élançait ardemment vers lui !

Berthe demeurait immobile ; Berthe se taisait.

Pourquoi ?

Parce que derrière ce bonheur immense qu'elle avait rêvé comme on rêve l'impossible : revoir Lucien, il y avait une incomparable torture.

Parce que Berthe était là chez Mme Paoli, parce qu'elle y était venue pour vendre son corps avant de mourir.

Parce que... Mais vous comprenez ! Un abîme encore ! L'enfer au seuil du paradis !

Berthe ne voulait pas dire à Lucien : « C'est moi. »

Cette force mystérieuse qui était entre la faim de Tantale et les mets offerts par l'ironie des dieux, cette force étreignait la pauvre Berthe. Elle ne pouvait pas, vous eussiez fait comme elle. Elle ne pouvait pas.

Ce qu'elle souffrait, il ne faut pas même essayer de le dire.

L'aveugle, lui, ne savait pas.

Il poursuivit :

— Pendant un peu plus de deux ans, je cherchai avec courage. La Providence m'avait donné la richesse : il me semblait que j'avais une heureuse étoile. En ce temps-là, je n'étais pas aveugle, et je faillis mourir de joie une fois, madame, car je la revis...

— Qui ? Berthe ? interrompit Mme de Marans avec vivacité.

— Berthe et mon pauvre Tiennet Blône, répondit Lucien, tous les deux en même temps. C'était au théâtre de Naples, le jour de l'incendie...

— Oh ! fit Berthe qui ne put se retenir.

— Vous avez entendu parler de cela ? demanda Lucien.

Berthe fit sur elle-même un effort terrible.

— Non, répliqua-t-elle, jamais.

Lucien ne prit pas garde, entraîné qu'il était par ses souvenirs.

— Je ne m'attendais à rien, continua-t-il ; j'étais entré là comme j'entrais partout, pour voir, pour chercher. Tout à coup mon cœur sauta dans ma poitrine. Une femme descendait la scène. C'était Berthe, ma chère petite aveugle !

Elle chanta. Oh ! madame ! madame ! Votre voix seule, en ce monde, peut être comparée à la voix de Berthe. Pendant qu'elle chantait, une fumée épaisse s'éleva au fond du théâtre. Acteurs et choristes s'enfuirent ; mais Berthe resta parce qu'elle n'y voyait pas. Je m'élançai. De l'autre bout de la salle un autre homme s'élançait aussi. Je reconnus Tiennet Blôno. Tiennet, Berthe et moi, c'était comme un triangle humain formé par trois cœurs amis qui s'étaient perdus, qui se cherchaient passionnément et que le hasard rapprochait ainsi à l'improviste.

La flamme montait.

Nous avions à vaincre, Tiennet et moi, le flot des spectateurs qui se ruaient en sens contraire vers la sortie de la salle. Je voyais la tête de Tiennet au-dessus de la foule. Il m'avait reconnu, lui aussi, et une fois, parmi ce grand tumulte, j'entendis sa voix qui me criait :

— Frère, courage !

Berthe commençait à prendre la conscience de ce qui se passait autour d'elle. Nous la voyions étendre ses pauvres bras dans le vide comme pour chercher du secours. Nous arrivâmes ensemble à l'orchestre, Tiennet et moi. Il étendit sa main ; je la touchai. D'un bond il sauta sur la scène. J'y étais avant lui. En ce moment une poutre enflammée se balança au-dessus de nos têtes. Berthe ! Berthe ! m'écriai-je...

Mme de Marans haletait.

Elle mettait toute sa force à retenir l'aveu qui voulait s'élancer hors de sa poitrine.

Quel bonheur, mon Dieu ! si elle avait pu dire :

— Ce nom, je l'entendis ! Et je te reconnus, mon Lucien !

— La pauvre Berthe étendit ses bras vers moi, poursuivit Lucien ; la poutre enflammée tomba entre nous. Le feu m'enveloppa. Je ne sais pas ce qui advint de Berthe et de Tiennot Blône. Moi, j'étais aveugle.

Il se tut.

Berthe se disait :

— C'est pour moi qu'il est aveugle !

Lucien pensait et cela le consolait :

— C'est pour elle !

— Que d'années depuis lors ! poursuivit-il tout haut ; que de temps écoulé ! L'espoir s'est enfui, madame ; car, maintenant, elle passerait près de moi, que je ne le saurais pas. Je ne la retrouverai jamais sur la terre. Si Dieu me compte mon martyre en ce monde, je la reverrai dans le ciel, où elle sera sainte entre toutes les saintes. Voilà mon histoire, madame. Vous voyez bien que vous pouvez m'aimer comme votre frère. Vous voyez bien qu'en acceptant mon aide, vous me donnerez la seule joie que je puisse avoir ici-bas. Si ma pauvre Berthe est morte, elle sourira aux pieds de Dieu en voyant votre peine soulagée. Si elle vit, Dieu lui rendra ce que je vous donne.

. . . .

C'était un cœur vaillant que celui de Berthe, mais cette souffrance était trop navrante.

Pendant que Lucien parlait, toutes les émotions que peut éprouver une âme, son âme les avait éprouvées : délices et tortures.

Elle l'aimait plus qu'autrefois, mille fois plus.

Cet homme si bon, ce cher cœur d'où l'amour, la générosité, la miséricorde s'épanchaient comme d'une source intarissable.

Lucien qu'elle voyait dans ses souvenirs, bouillant jeune homme, hardi, franc, joyeux.

Lucien qu'elle retrouvait courbé sous un malheur sans nom.

Lucien qu'elle eût pu rendre d'un mot le plus heureux des hommes !

Mais cette chambre, ce temple impur dont elle avait franchi le seuil en victime !

Ce marché odieux qu'elle avait accepté !

Jamais ! jamais !

Plus elle l'aimait, moins elle pouvait. Ecoutez, c'est horrible, cette pensée : elle était chez Paoli, la revenderesse d'amour !

. . . .

Lucien avait croisé ses bras sur sa poitrine. Il se repliait en lui-même et sa pensée allait vers le passé lointain.

Berthe le regarda longtemps, les yeux baignés de larmes.

Elle se laissa glisser à genoux sur le tapis.

Ses mains se joignirent.

C'était une adoration muette et si ardente qu'elle se la reprocha comme un blasphème.

— Je t'aime ! murmura-t-elle au dedans de son cœur ; je t'aime comme jamais on n'aima en ce monde !

Sa belle bouche se fronça comme pour donner un baiser, puis elle ajouta, le désespoir dans l'âme :

— Adieu, mon Lucien ! adieu pour toujours !

Elle s'enfuit en courant comme une folle.

Le bruit de la porte qui se refermait tira Lucien de sa rêverie. Il chercha la main de Mme de Marans. Comme il ne la trouvait pas, il dit :

— Madame, où êtes-vous ?

Pas de réponse.

— Où êtes-vous ? répéta Lucien qui se leva tremblant.

On eût pu entendre sa respiration oppressée dans le silence du boudoir désert.

— Partie ! murmura-t-il ; pourquoi ?

Le sang lui monta aux joues, puis sa pâleur revint mortelle.

— Oh ! fit-il en se couvrant le visage de ses mains.

Une pensée envahissait irrésistiblement son cerveau.
— Berthe en ce lieu ! Berthe ! c'était Berthe !
La sueur froide inondait ses tempes.
Et ce fut un dernier cri déchirant :
— Berthe ! Berthe !

LI

Chiffon de papier

Aux cris de l'aveugle, M⁽ᵐᵉ⁾ Paoli accourut.

Nul n'avait vu sortir Berthe.

Lucien questionna, s'informa, Lucien offrit des sommes folles pour savoir.

La charmante Milanaise n'était pas femme à refuser son bonheur. Mais elle avait peur de M. André Lointier. Avant de répondre, elle réfléchit.

Le résultat de ses réflexions fut que la discrétion était de rigueur à cause du voisinage de la maison de Marans et de l'hôtel Lointier.

— Demain, se dit-elle, je verrai cet André, et il sera toujours temps de faire marché avec l'aveugle. Le bel oiseau ne s'envolera pas.

Nous verrons si elle se trompait.

M⁽ᵐᵉ⁾ de Marans rentra chez elle au milieu de la nuit. Gabriel n'était pas encore de retour. Clémence était cachée dans la chambre de Lucienne. Ce fut Lucienne qui vint recevoir sa mère.

La pauvre enfant était bien changée. A peine eussiez-vous reconnu en elle cette blonde fille, joyeuse et naïve qui fourrait sa jolie tête entre les grappes de lilas pour donner le baiser à son amie.

M⁽ᵐᵉ⁾ de Marans, au contraire, avait fait sur elle-même

un suprême effort. Après cette scène déchirante où le désespoir lui était venu à travers la joie la plus profonde qu'elle eût souhaitée jamais, elle avait refermé son cœur et n'était déjà plus de ce monde.

— Mère, lui dit Lucienne, il y a quelqu'un là, dans le salon, qui t'attend.

— Quelqu'un, répéta Berthe étonnée ; à deux heures du matin !

— Il t'attend depuis minuit, répondit Lucienne.

— Et tu ne le connais pas ?

— Oh ! si.

— Qui est-ce ?

— Bonne mère ! s'écria Lucienne en lui prenant les deux mains qu'elle couvrit de baisers, nous sommes bien malheureux, je le sais. Eh bien, c'est cet homme qui a fait notre malheur. C'est ton ennemi...

— Je n'ai pas d'ennemi, enfant, voulut dire Berthe.

— Ma mère ! poursuivit Lucienne. Cet homme qui est là, c'est M. André Lointier.

— Ah ! fit Mme de Marans, qui se sentit frémir.

Mais que pouvait-elle craindre désormais ?

— Va te reposer, ma Lucienne, dit-elle ; je vais voir ce que me veut M. André Lointier.

Lucienne rentra dans sa chambre dont la porte donnait sur le salon. Mme de Marans se rendit dans cette dernière pièce, où elle trouva M. André Lointier, installé commodément.

Il faut ici se bien rappeler la situation : Mme de Marans ne connaissait M. André Lointier que comme un voisin. Elle ne se doutait pas du tout que son vrai nom fut Fargeau Créhu de la Saulays.

Elle ignorait, en outre, la part que cet homme avait prise à ses récents malheurs, et les paroles de Lucienne l'avaient réellement étonnée.

Et pourtant il est certain que M. André Lointier lui avait toujours inspiré une secrète défiance. Nous eussions dit antipathie, si le noble cœur de Berthe avait pu haïr ainsi par caprice et sans savoir.

A son entrée, M. André Lointier se leva et la salua fort respectueusement.

— Puis-je savoir, monsieur?... commença Berthe.

— Madame, interrompit Fargeau de sa voix la plus doucereuse, je m'excuserais d'une visite faite à une heure si indue, si ma démarche n'était tout entière dans votre intérêt.

Berthe lui indiqua du doigt un siège. M. Fargeau salua derechef et s'assit.

— Vous savez que nous sommes voisins, madame, reprit Fargeau; et quoique vous ayez seulement des rapports avec notre homme d'affaires...

— Je sais que vous êtes propriétaire de mon habitation, monsieur.

— Pas moi, mon frère. Voilà longtemps que nous logeons ainsi porte à porte; et s'il m'était permis, je vous dirais que, malgré moi, la sympathie la plus vive, l'intérêt le plus sincère...

Il s'arrêta. M⁰ᵉ de Marans s'inclina.

La voix de M. Fargeau s'adoucit encore.

— Vous êtes M¹¹ᵉ Berthe Créhu de la Saulays, n'est-ce pas? dit-il d'un ton souverainement bénin.

M™ᵉ de Marans sauta sur son fauteuil. Elle n'en pouvait croire ses oreilles. Ce nom, elle l'avait quitté depuis vingt ans.

— Je vous étonne, madame, reprit Fargeau, et peut-être même que sans le vouloir je vous cause une émotion pénible. Pardonnez-le moi, je vous en supplie, eu égard à mes excellentes intentions. Je viens vous parler affaires, et, vous le savez, les affaires nécessitent un langage qui n'a pas ces délicatesses de la langue du grand monde où vous vivez. Pour raviver des souvenirs déjà lointains, je vous rappellerai qu'à l'époque de la mort de votre oncle...

— Mais, monsieur! voulut interrompre Berthe qui avait peine à se remettre.

— Par grâce, madame, dit Fargeau, ne niez pas. Ce que j'avance est certain, un démenti aurait le danger de fausser nos positions respectives et de changer en adversaire un homme animé à votre égard des sentiments les plus véritablement dévoués. En ce temps-là, disais-je, vous étiez aveugle...

— Vous voyez bien, s'interrompit-il en remarquant un mouvement de Berthe, que je suis parfaitement renseigné. Étant aveugle, vous ne pouviez connaître aucun des héritiers du respectable Jean Créhu : Ni Maudreuil, ni Houël, ni Guérineul, ni Menand, ni Fargeau, ni Morin. Quant à Lucien Créhu, nous parlerons de lui tout à l'heure. Veuillez être bien persuadée, madame, que je n'ai point l'intention de vous effrayer. Mais je dois vous dire que je suis l'un de ces héritiers, inconnus pour vous, bien que vous ayez passé votre enfance au milieu d'eux.

— Fargeau ! murmura Berthe.

M. André Lointier était sur ses gardes. Il sourit finement.

— Non pas ! répliqua-t-il ; mais je vous déclare tout de suite que je garde mon incognito. Choisissez entre ce Fargeau dont vous parlez, Houël, Guérineul, Morin, Maudreuil.

— Maudreuil ! dit encore Berthe.

Fargeau poursuivit :

— Vous n'êtes pas sans savoir combien le testament de votre vénérable oncle était bizarre. Nous avons été obligés d'en subir les clauses, et il se trouve, excusez-moi, belle dame, que l'existence de Berthe Créhu est, en ce moment, pour nous tous, un inconvénient des plus fâcheux. Je me suis dévoué, moi qui vous parle, à l'intérêt général, et, grâce à quelques démarches adroitement dirigées, je vous ai mise dans une position extraordinairement délicate.

— Comment ! s'écria Berthe ; c'est vous qui...

— Ne me jugez pas dans ce premier moment de vivacité, belle dame, vous verrez bien tout à l'heure que je ne vous veux pas de mal.

— Mais vous m'avez assassinée, monsieur !

— Oh ! fit Fargeau avec componction ; assassinée !

— Et vous le savez bien ! oui ! vous savez bien qu'il ne me reste plus qu'à mourir !

Fargeau eut un sourire tout paternel.

— Votre sexe est sujet à tout exagérer, belle dame, reprit-il. Mourir ! J'espère bien vous ôter ces idées-là. Mais je dois vous dire tout de suite que nous ne voulons pas que vous ayez une seconde entrevue avec M. Lucien Créhu de la Saulays.

Berthe le regarda stupéfaite.

— Vous savez ?... balbutia-t-elle.

— Oh ! chère dame ! dit Fargeau d'un air bonhomme, je suis comme le Solitaire, moi, je sais tout. Je sais par exemple ou plutôt je devine, que cette première entrevue a été sans résultat aucun, car si elle avait eu le résultat que je craignais, vous m'eussiez déjà montré la porte avec ce geste digne et très noble que vous avez employé avec la pauvre Paoli, la première fois s'entend. La seconde fois c'était autre chose. Il ne faut pas que cette entrevue se renouvelle.

— Elle ne se renouvellera pas, monsieur.

— C'est votre idée, belle dame, en ce moment ; mais je voudrais des sûretés. Par exemple, si vous consentiez à quitter Paris dans quelques heures pour n'y jamais revenir...

Berthe se leva.

— Monsieur, dit-elle, et cela fut si bien dit que Fargeau demeura un instant déconcerté, vous êtes fou de vouloir effrayer une femme qui va mourir !

Elle le regardait en face. Il y avait en elle cette vigueur tragique qui dompte même les forts.

Mais Fargeau n'était pas un fort ; il avait au contraire cette propriété flasque du caoutchouc qui cède, mais qui revient.

— Ne rompez pas l'entrevue, belle dame, dit-il, avant d'avoir entendu les propositions que je vous apporte, et souffrez que je vous rappelle qu'une mère, une bonne mère comme vous, madame, ne sauve rien en mourant, puisque ses enfants restent après elle.

Berthe se laissa retomber sur son fauteuil.

— Que voulez-vous de moi ? murmura-t-elle.

— Je veux vous sauver, belle dame, après vous avoir

perdue. Vous voyez bien, moi, je parle franchement : c'est ma manière. Je vous ai attaquée de tous côtés à la fois ; il le fallait. Maintenant, je vais mettre un baume sur toutes vos blessures.

Il tira de sa poche un portefeuille et posa sur la table vingt billets de mille francs.

— Voici de quoi désintéresser la pauvre vieille Grièche, dit-il, acheter un conscrit à votre cher Gabriel et payer les frais de votre voyage.

Berthe regardait ces billets de banque, qui étaient le salut.

— Ils sont à vous, dit encore M. Fargeau.

— A quel prix? demanda Berthe.

— Votre éloignement d'abord, répondit Fargeau, puis votre signature apposée au bas de ce chiffon de papier. Je dis votre vraie signature : Berthe Créhu.

Ce chiffon de papier était un acte sur timbre par lequel Berthe déclarait renoncer en faveur de M. (le nom restait en blanc), à tous les biens meubles et immeubles qui pourraient lui revenir de la succession de Jean Créhu.

Comme on voit, M. Fargeau avait vraiment manœuvré comme un ange !

Une fois ce chiffon signé, il tenait ses cohéritiers.

Il venait au lieu et place de Berthe ; il profitait de la clause résolutoire du fameux testament : il était riche à quatre millions !

Mais il fallait que ce chiffon de papier fût signé.

Berthe le lut.

— Monsieur, dit-elle, reprenez votre argent et veuillez vous retirer.

Fargeau remit les vingt mille francs dans son portefeuille, mais il ne se retira pas.

— Je m'attendais à quelque résistance, dit-il en s'arrangeant au contraire plus commodément dans son fauteuil ; les femmes n'entendent rien aux affaires, et ce mot de renonciation vous choque. Mon Dieu ! belle dame, vous renoncez là, je vous en préviens, à une chose que vous ne posséderez jamais ; c'est une pure et simple formalité.

N'en parlons plus, et permettez que je vous expose ce que je vais faire contre vous, puisque vous tenez à continuer la guerre.

LII

Le fond du sac de M. Fargeau

Si madré que vous supposiez un diplomate, il faut bien pourtant qu'il arrive à dire son dernier mot. Mon Dieu, oui, c'est humiliant pour la diplomatie, mais cela est ainsi.

M. Fargeau en était arrivé au dernier acte de son mélodrame, à cet acte où traditionnellement, tous les traîtres se démasquent.

Il n'avait plus besoin de dissimuler. Au contraire, il avait besoin de se faire terrible.

Si Berthe avait connu le monde, elle aurait su que la menace est toujours une preuve du désir qu'on a d'entrer en accommodement.

Mais elle ne savait pas le monde, et d'ailleurs M. Fargeau se trompait singulièrement sur ses intentions.

Berthe réfléchissait.

— Tout d'abord, reprit M. Fargeau, je vais activer l'affaire Grièche; vous aurez des gens de justice chez vous demain matin. Demain matin aussi, le parquet descendra ici pour demander compte à M. Gabriel de ce fait d'avoir tiré à la conscription sous un nom qui n'est pas le sien. Tous ses créanciers seront convoqués et jugez de la confiance qu'ils auront, en apprenant l'usurpation de nom.

En vérité, Berthe n'écoutait guère. Elle songeait ainsi :

— Vingt mille francs! Si Gabriel m'aimait, nous irions en Bretagne, et qui sait si Dieu ne m'inspirerait pas un moyen de faire connaître à Lucien notre retraite?

— Vous parlez de mourir, poursuivait M. Fargeau;

pensez-vous que je n'aie jamais vu de femme ? Elles ont toutes ce mot à la bouche : mourir. Mais le bel héritage, vraiment, que vous laisserez là à votre fils et à votre fille !

Berthe leva les yeux sur lui. M. Fargeau ne comprit point l'expression de ce regard. Ce regard voulait dire :

— Pour ces vingt mille francs là, je donnerais non seulement ma part d'une succession chimérique, mais la moitié de mon sang !

Fargeau ne pouvait pas deviner cela.

— S'il faut un dernier argument... commença-t-il.

— Eh ! monsieur ! interrompit Berthe en haussant les épaules et avec une sorte de rudesse, je ne suis pas une voleuse comme vous me l'avez fait dire par cette pauvre fille, Mlle Grièche. Et prendre votre argent, ce serait un véritable vol !

— A d'autres ! s'écria Fargeau, vous voulez me donner le change !

Berthe fit un geste de fatigue. Fargeau se demanda si, bien réellement, elle ignorait ses droits éventuels à la succession de Jean-de-la-Mer.

Cela lui parut impossible.

Il se souvenait très bien que Berthe était cachée derrière le rideau, lors du souper des funérailles où l'on avait lu le testament de Jean Créhu.

En tout cas, l'ignorance de Berthe importait peu. Il lui fallait la signature à tout prix.

— Si c'est excès de délicatesse, dit-il en changeant de ton, cela vous honore, chère dame, très incontestablement. Il est bien certain, et je vous l'ai dit moi-même, que vous ne toucherez jamais un centime de cette succession. Mais d'autres ont intérêt... Moi, par exemple... D'autres peuvent, dans tel cas donné... Enfin, je vous propose ces vingt mille francs, après réflexion et en complète connaissance de cause.

Berthe secoua la tête. C'était encore un refus. Fargeau fronça le sourcil.

— Écoutez, dit-il en se levant, le temps me manque

pour vous convaincre par la discussion; j'aime mieux, dans votre intérêt même, vous contraindre tout d'un coup. Savez-vous ce que c'est qu'un détournement de mineure, madame?

Berthe le regarda étonnée.

— Comprenez-vous bien, poursuivit Fargeau, la position d'une femme pauvre, portant un faux nom, chanteuse dans un petit théâtre, habituée de la maison Paoli...

— Oh! fit Mᵐᵉ de Marans indignée.

— Je puis prouver que vous y étiez encore cette nuit. Comprenez-vous bien la position de cette femme, accusée en outre de vol, et qui enlève une jeune fille de dix-huit ans que tout le quartier connaît pour une très riche héritière?

— Mais je ne sais pas seulement ce dont vous voulez me parler, monsieur, dit Berthe.

Fargeau montra du doigt la porte de Lucienne. Berthe était vaguement effrayée.

— C'est l'appartement de ma fille, balbutia-t-elle.

M. Fargeau traversa le salon, ouvrit la porte et appela :
— Clémence!

Clémence se présenta pâle et la mort sur le visage. Elle avait tout entendu.

— Madame, dit-elle du seuil où elle s'arrêtait : j'ai voulu vous sauver, je vous ai perdue.

Berthe prit le papier et signa.

— Sortez, mademoiselle, dit Fargeau à Clémence.

Clémence obéit.

En passant près de Berthe, elle saisit tout à coup sa main et la baisa.

Quand elle fut partie, Fargeau mit le papier timbré dans son portefeuille et prit son chapeau.

— Il est entendu, chère dame, dit-il, que si vous n'êtes pas partie de Paris demain... ou plutôt aujourd'hui, avant huit heures du matin, je reprends tous mes droits. La trêve que je vous accorde ne va pas au delà de ce terme. Veuillez accepter mes hommages respectueux.

Il se retira sans attendre la réponse.

Quand le petit docteur Gabriel eut subi l'interrogatoire du portier de la maison où Mazurke l'avait enfermé pour se débarrasser de lui, on le laissa sortir.

Il était véritablement ivre de rage.

Cette journée et cette nuit avaient été pour lui comme une suite de malheurs, entrecoupés de mésaventures qui irritent autant et plus que les malheurs.

Dans cette journée, et non pas seulement une fois, il avait poussé la folie jusqu'au crime : il avait manqué d'honneur et de cœur.

Mais sa colère lui épargnait le remords.

Il s'élança sur le quai. Sa première pensée fut de retrouver Mazurke pour le tuer, de retrouver Clémence pour la punir, de retrouver sa mère pour la juger.

Et quel juge impitoyable !

Il courait seul dans la nuit, s'excitant lui-même et cherchant un aliment à sa fureur.

Comme elle l'avait trompé, sa mère ! Clémence, comme elle l'avait trahi ! Et ce Mazurke, y avait-il un nom pour le dédaigneux outrage qu'il lui avait infligé !

Mais ce silence nocturne et cette solitude ont leur effet puissant, même sur la rage folle. Et cet enfant de vingt ans, malade d'orgueil, avait en lui ce qui fait les hommes bons et justes. A travers un flux d'extravagantes malédictions, il se sentit tout à coup pleurer.

Il s'arrêta, stupéfait du regard qu'il jetait sur sa conscience.

Sa mère ! ce fut le cri de son âme réveillée.

Sa mère qu'il adorait, car il l'adorait; hier encore, si on lui avait dit : « Tu insulteras ta mère et tu la renieras, » il aurait souri de pitié.

Gabriel s'assit sur le parapet du quai. Il pleurait à chaudes larmes comme un pauvre enfant qu'il était.

La réaction était complète : il se faisait horreur à lui-même. Et ces preuves qui lui avaient semblé si péremptoires, ces preuves contre sa mère, il les repoussait; il se demandait comment il avait pu seulement y croire une minute. Sa mère! une sainte! Mazurke l'avait dit. Il eût voulu embrasser Mazurke pour avoir dit cela.

Et Clémence! elle avait pleuré. Mon Dieu! en tout ceci il y avait un mystère, mais Gabriel ne soupçonnait plus.

— Oh! misérable! misérable! se disait-il; parmi tous ceux-là qui sont bons, toi seul, tu es infâme et criminel!

Il reprit sa route lentement et la tête basse. Il arriva dans la rue du Regard, devant la porte de la maison blanche.

Il était environ trois heures du matin.

M. Fargeau s'était couché bien tranquillement, après avoir enfermé Clémence dans sa chambre.

Une seule fenêtre était éclairée, comme d'habitude, sur la façade de l'hôtel Lointier : c'était celle de l'aveugle.

Il veillait en attendant Albert qui ne devait pas revenir. Lucien avait grand besoin de quelqu'un pourtant à qui il pût confier sa peine et ses espoirs.

Dans la maison de Mme de Marans, il y avait aussi une chambre éclairée. Berthe, Gabriel et Lucienne étaient réunis dans cette chambre.

Gabriel, agenouillé, tenait les mains de sa mère collées sur sa bouche. Lucienne souriait et pleurait. Berthe regardait tour à tour ses deux enfants et remerciait Dieu du fond de sa détresse.

Elle les attira tous les deux contre son cœur.

— Je savais bien, mère, dit Lucienne, que notre Gabriel t'aimait!

— Ma mère! oh! ma mère chérie! murmurait le jeune médecin, fou de tendresse heureuse, comme il était fou de rage naguère, m'as-tu pardonné? Suis-je encore ton fils? Oui, puisque me voilà près de toi, la tête contre ton cœur!

Berthe se pencha et lui mit un baiser au front.

— Merci, mère, dit Gabriel; c'était du feu que j'avais dans la tête et dans le cœur. Je crois bien qu'à l'heure où j'ai trahi ta confiance, j'ai été maudit tout de suite... car j'ai cru... Oh! mon Dieu! j'ai cru ce qui est impossible, et j'ai dit : Elle n'est pas ma mère!

Berthe gardait le silence. Sa lèvre était toujours sur le front de Gabriel. Au bout de quelques instants elle se redressa.

Sa voix était solennelle et triste, lorsqu'elle reprit :

— Mes enfants, il faut que vous jugiez votre mère, je pars de Paris dans quelques heures. Avant de vous dire : Suivez-moi, je veux que vous sachiez le secret de votre vie et de la mienne.

— Nous te suivrons partout, mère... commença Gabriel.

Berthe lui imposa silence du geste.

— Je ne m'appelle pas Mme de Marans, poursuivit-elle; mon fils, la lettre anonyme disait vrai ; vous êtes des bâtards, et moi, je chante au théâtre.

— Mère! s'écria Gabriel, si tu m'as pardonné, ne dis pas un mot de plus! cela ressemble à une justification. As-tu peur que je t'outrage encore et que je te renie ?

Berthe le couvrit d'un long regard plein de passion.

— Oui, murmura-t-elle; car, cette fois, j'en mourrais.

LIII

Madame de Marans.

Gabriel était agenouillé sur le tapis. Lucienne s'assit auprès de sa mère. Celle-ci recueillit un instant ses souvenirs.

— J'avais quatre ans de moins que toi, fit-elle en caressant les blonds cheveux de Lucienne, et je n'avais pas de mère. J'étais une pauvre enfant aveugle. On m'a dit que j'avais été recueillie sur le pont d'un vaisseau. Le feu du ciel prit la vie de ma mère et ferma mes yeux. Celui qui me recueillit était un corsaire. Il m'éleva comme si j'eusse été sa fille. C'était dans un grand château, bien loin d'ici.

Lucien, c'est le nom de votre père, mes enfants, avait été mon guide et mon défenseur dès les premiers jours de mon enfance. Nous nous aimions avant de savoir ce que c'est qu'aimer. J'avais des ennemis cruels, parce qu'on pensait que le maître du château me ferait son héritière. Un jour on me tendit un piège : c'était alors si facile! On me fit croire que Lucien voulait épouser une autre femme et que j'étais un obstacle à son bonheur. Ma première pensée fut de mourir. Mais j'étais mère déjà, il me fallait vivre pour vous. Il me fallait aussi laisser la route libre à Lucien pour être heureux. Je m'enfuis.

— Et vous n'avez jamais revu notre père? demanda Gabriel.

— Si... je l'ai revu... bien longtemps après.

— Il était marié peut-être?

— Non.

— Alors, pourquoi?...

Berthe mit sa main sur la bouche de Gabriel avant que sa question fût entièrement formulée.

— Tu as condamné ta mère sans l'entendre, dit-elle; vas-tu maintenant juger ton père?

Gabriel n'eût jamais cru que la douce voix de Mme de Marans pût trouver des inflexions si sévères.

Il baissa la tête d'un air soumis. Quant à Lucienne, elle écoutait avec recueillement cette triste et chère histoire.

Mme de Marans reprit :

— Votre père, mes enfants, est l'âme la plus généreuse et le cœur le plus noble qui soit ici-bas. Votre père m'aime comme je l'aime, c'est-à-dire d'un amour désormais impérissable. Il y a une heure, sa main était dans la mienne. Il ne pouvait pas me reconnaître. Si je ne lui ai pas dit : « C'est moi, ta femme, viens embrasser tes enfants », c'est que mon Gabriel avait, par sa faute, élevé entre lui et moi une insurmontable barrière.

— Moi, s'écria le jeune homme.

Mme de Marans avait prononcé ces dernières paroles

d'un accent douloureux, mais plein de tendresse. Elle attira Gabriel contre son cœur.

— Dieu aura peut-être pitié de nous, murmura-t-elle; mais aujourd'hui j'ai eu le bonheur en main, et il m'a fallu le repousser.

— Mais, au nom du ciel, expliquez-vous, ma mère!

— Non, dit Berthe, ceci est mon secret. Ce que j'ai fait pour toi aujourd'hui, enfant, tu ne le sauras jamais!

— Et que devins-tu, mère, après ta fuite? demanda vivement Lucienne.

— J'avais pris le peu de bijoux que je possédais, répondit Mᵐᵉ de Marans; je les vendis. Vous vîntes au monde tous les deux. Que de bonheur et que de larmes, pauvres enfants, quand j'entendis vos premiers cris! On disait autour de mon lit:

— Comment fera-t-elle? aveugle, pas de ressources, seize ans et deux enfants sur les bras!

Et moi je répétais au fond de mon cœur:

— Comment ferai-je?

Quand je relevai de mes couches, le prix de mes bijoux était épuisé.

Toi qui es fier, mon Gabriel, tu vas rougir de honte. Ta mère fut obligée, un soir, à Toulouse, pour avoir du pain, de chanter dans la rue...

Le pain qu'elle mangeait, c'était le lait de son sein, c'était la vie de son fils et de sa fille.

Gabriel balbutia:

— C'est de l'orgueil que j'ai en songeant que vous êtes ma mère.

Lucienne le remercia du regard et colla ses lèvres sur la main de Mᵐᵉ de Marans.

— Dieu m'avait donné une belle voix poursuivit Berthe; quand j'eus fini de chanter, un homme vint à moi et me dit:

— Petite, j'ai une troupe ambulante; si tu veux venir avec moi, je renverrai ma femme, et toi, tu mettras tes marmots à l'hôpital. Comme ça, nous serons libres.

Je vous embrassai, mes pauvres anges. J'avais grand'-

peine à vous porter tous deux. Mais les paroles de cet homme, en me montrant la possibilité d'une séparation, me faisaient vous adorer mieux.

Quand l'homme me vit vous embrasser, il reprit :

— Tiens! tiens! elle les aime! Eh bien, la petite mère, ça n'est pas défendu. Garde tes bambins, moi je garderai ma femme. Tu chanteras, et je nourrirai tout le monde.

J'acceptai.

— Oh! fit Gabriel.

— Chère et bonne mère! murmura Lucienne dont les yeux bleus se mouillaient.

Mme de Marans avait un sourire.

— C'étaient des gens grossiers, dit-elle; mais l'homme tint parole, il me nourrit, à la différence de certains directeurs mieux vêtus qui m'ont engagée depuis. Je restai deux ans dans sa baraque roulante. Au bout de ce temps, je débutai au théâtre de Strasbourg.

Il doit y avoir de grandes joies dans la vie d'artiste. Ces joies, je ne les connais pas. Les applaudissements me trouvaient indifférente, et il me semblait déjà que ces bravos et ces fleurs prodigués insultaient à l'honneur de mon fils et de ma fille.

Je n'étais pas artiste, j'étais mère ; je n'étais que mère. Ma gloire, c'eût été de cacher mon bonheur entre vous deux, mes enfants bien-aimés.

Mais il fallait vous élever; ici commence ma faute, — et ton malheur, mon pauvre Gabriel.

Je gagnais beaucoup d'argent. Pensant à vous comme je le faisais à toute heure, mille idées me venaient touchant votre avenir. Ton caractère se montrait, Gabriel. Tu étais orgueilleux. Je me demandai un jour si ce ne serait pas pour toi un bienfait suprême que d'ignorer le métier de ta mère.

Et aussitôt mon imagination se monta. Je ne savais rien de la vie réelle ni de ce qu'on appelle le monde. Il me sembla qu'il serait bien facile de vous tromper, vous et l'entourage que je vous donnerais. En prenant un nom

Comme Gabriel ne s'arrêtait pas, Mazurko prit l'épée dans un croisé
et la jeta sur la chaussée.

31ᵉ LIVR.

noble, il me sembla que je vous conférerais la noblesse. Des obstacles, je n'en voyais pas. On me demandait dans les principales villes de la province, on m'appelait à l'étranger. Je me dis : « Mon Gabriel et ma Lucienne seront élevés comme un gentilhomme et comme une demoiselle. Ils ignoreront toujours que leur mère a subi ce supplice, — ou cette souillure, — de donner son âme au public qui paie.

Bien plus, ils ne sauront pas le malheur de leur naissance. Rien n'entravera leur essor. L'avenir est à eux. Toutes les joies que Dieu m'a refusées, à moi, Gabriel et Lucienne les auront. » Je me disais cela.

J'étais une pauvre folle.

Au début, le hasard me donna raison. Je vous mis en pension tous les deux à Bordeaux. Pour le maître et pour la maîtresse, j'étais Mme de Marans ayant des intérêts considérables hors de France et forcée de voyager souvent. Vous étiez heureux. Moi, j'avais du cœur à travailler pour vous. Je me fis une réputation. On parla dans toute l'Europe de la Bottina, la cantatrice aveugle...

— Mais ce nom est célèbre! dit Gabriel; c'était toi, mère?

— C'était moi, répondit Berthe.

Gabriel cherchait où reprendre son orgueil vaincu. Lucienne se berçait dans un étonnement enfantin. Vous eussiez dit qu'elle écoutait un conte de fées.

— Chaque fois que je revenais, poursuivit Berthe, je vous trouvais grandis, plus aimants, plus tendres, mais plus curieux. Sait-on où mène un premier mensonge? C'était pour vous. Dieu m'est témoin que je n'avais pas un seul instant songé à moi-même. Pourtant, j'étais sévèrement punie. Il me fallait, dès ce temps-là, me cacher comme une criminelle, et vingt fois, dans cette ville de Bordeaux où tant d'étrangers se croisent, je faillis être reconnue.

Vous souvenez-vous de cela? Ce fut à la pension de Lucienne que je rencontrai notre bienfaiteur à tous, le savant docteur Van Eyde. Il venait là soigner une petite fille aveugle. Il me vit, et tout de suite, il me dit : « Madame, je vous rendrai la vue. »

Dieu m'a donné en ma vie une joie sans mélange, une de ces joies qui compensent des années de martyre ! Je vous vis mes enfants chéris ! Je vis mon Gabriel et ma Lucienne, tous deux beaux, tous deux avec des traits semblables, tous deux blonds comme je savais que l'était mon pauvre Lucien. En vous je le vis, Lucien, votre père !

A ce souvenir du jour où, pour la première fois, Berthe avait pu contempler ses enfants, cette grande fête de leur existence à tous trois, Gabriel et Lucienne s'étaient rapprochés de leur mère.

— Bordeaux est grand, reprit-elle, mais il faut Paris à ceux qui veulent cacher un secret. Nous vînmes à Paris. Toi, Gabriel, tu habitais chez le docteur Van Eyde ; toi, Lucienne, tu étais à la pension de la rue de Vaugirard. J'avais encore un peu de liberté ; je fis quelques voyages. La Bettina jeta comme un dernier éclat à Naples, à Milan, à Florence ; puis elle disparut pour toujours.

En revanche Mme Lovely, pauvre artiste obscure, s'engagea au petit théâtre des Amusements.

L'Opéra aurait ouvert ses portes toutes grandes à la Bettina. Mais Gabriel était un jeune homme : il allait à l'Opéra.

La Bettina aurait pu donner des concerts et gagner deux cents louis dans une soirée au lieu de quelques francs que son directeur lui jetait. Mais M. Gabriel de Marans allait dans le grand monde.

Si j'avais trouvé un théâtre plus humble, j'aurais été m'y enfouir.

Et cependant mes ressources se dissipaient : Gabriel était joueur ; il me croyait riche ; je voyais bien que nous marchions vers un abîme. Ai-je besoin de vous dire mes craintes, mes efforts, ma lutte contre le malheur qui venait ?

Le soir, quand je rentrais, je me penchais sur le lit de Lucienne endormie...

— Et je sentais une larme sur mon front, interrompit

Lucienne. Oh! mère, je ne devinais pas tout, mais je savais depuis longtemps comme tu souffrais!

— Moi, j'ai senti aussi plus d'une fois une larme à mon front, poursuivit Berthe; quand Gabriel revenait et qu'il me croyait endormie. Hélas! faut-il le dire? ses absences me servaient. S'il n'eût point passé ses nuits au jeu, peut-être aurait-il découvert ma fraude.

LIV

Le dernier pansement

Le reste du récit de Berthe, le lecteur le connaît d'avance. Elle dit ses terreurs par rapport à la conscription qui devait tout perdre; elle dit aussi la crainte que lui inspirait toute pensée de mariage, et Lucienne comprit l'éloignement de sa mère pour Clémence.

Puis vint la question du départ. Il fallait qu'on eût quitté Paris avant huit heures.

L'impression produite par le récit de Berthe sur Lucienne était une reconnaissance sans bornes et une admiration pleine de tendresse.

Il en était de même assurément pour Gabriel, mais son émotion avait eu le temps de tomber, et cette gourme des vingt ans, on ne la jette pas en une nuit. Gabriel songeait à son père, cet homme au cœur si noble, cette manière d'ange qui abandonnait sa femme et ses enfants!

Car c'était ainsi que Gabriel arrangeait cela.

Lucienne s'approcha de lui et murmura à son oreille :

— Ne diras-tu pas adieu à Clémence?

Gabriel tressaillit. Pour la première fois de sa vie il se reprocha de n'avoir pas de cœur.

C'est là un grand progrès, ils sont presque guéris dès qu'ils voient leur mal.

— Ma mère, dit-il, voilà plusieurs jours que je néglige un devoir sacré. Avant de partir, je veux poser le dernier appareil sur les yeux de M. Raymond Lointier, notre voisin.

Berthe devint pâle.

— C'est vrai! murmura-t-elle; il est aveugle!

Une idée venait de naître dans son esprit.

Son premier mouvement avait été de dire : « Si tu m'aimes, ne va pas dans cette maison! » Car elle avait songé à Fargeau.

Mais elle se ravisa.

— Va, mon enfant, dit-elle au contraire; Dieu veuille que tu fasses pour lui ce que Van Eyde fit pour moi!

Les heures de la nuit s'étaient écoulées. Il faisait jour déjà lorsque Gabriel sortit. Lucien ne s'était pas couché. Il attendait Mme Paoli qui devait lui dire où il retrouverait Lovely.

— C'est toi, Albert? dit-il, quand la porte de sa chambre s'ouvrit.

— Non, répondit Gabriel; c'est moi, votre médecin.

— Vous, mon enfant, à cette heure?

— Je viens vous panser, et je ne choisis pas les heures : ce soir, je ne serai plus à Paris.

— Ah! fit Lucien; et Clémence?

Comme Gabriel allait répondre, un bruit léger se fit à la porte. Il se retourna; Clémence était sur le seuil.

— Eh bien, reprit l'aveugle, tu ne réponds pas? Et Clémence?

Clémence avait des larmes dans les yeux. Gabriel se laissa tomber sur ses genoux et joignit ses mains sans mot dire.

Clémence entra. Elle tendit la main à Gabriel qui la pressa contre ses lèvres.

— Je suis là, mon oncle, dit-elle. M. de Marans ne peut pas vous répondre devant moi.

— Une brouille ? murmura Lucien.

— Non, répliqua Clémence ; pour se brouiller, il faut s'aimer. Je n'aime pas M. Gabriel.

Sa main restait sur la bouche de Gabriel qui la regardait, stupéfait.

— Comment ! tu ne l'aimes pas ? s'écria l'aveugle.

— Non, je ne l'aime pas.

— Mais tu m'as dit vingt fois...

— Je me suis trompée, mon oncle.

Elle retira sa main ; mais ce fut pour tendre son front où Gabriel mit un baiser passionné. Elle lui rendit le baiser.

Elle était tremblante et bien pâle.

— Je vous pardonne, murmura-t-elle.

Les yeux de Gabriel remerciaient et priaient.

Clémence se redressa.

— Adieu, monsieur de Marans, dit-elle tout haut ; dites à Lucienne que je l'aime mille fois plus qu'une sœur. Nous deux, nous n'étions pas faits l'un pour l'autre. Je prierai Dieu pour que vous soyez heureux.

Elle serra la main de l'aveugle en ajoutant :

— Au revoir, mon bon oncle, je reviendrai quand M. de Marans sera parti.

Puis elle se retira, laissant Gabriel ébahi comme un homme qui s'éveille d'un rêve.

— Elle est partie ? demanda Lucien, qui souriait sous son bandeau.

— Oui, partie ! balbutia Gabriel : je ne la reverrai plus !

— Les jeunes filles ! s'écria l'aveugle ; si vous saviez comme elle vous aime ! Tous les jours nous parlons de vous. Restez, et je me charge d'arranger tout cela.

Gabriel essuya ses yeux.

— Monsieur, dit-il avec résolution, car ces coups répétés lui valaient des années et le faisaient homme, je serai malheureux toute ma vie ; je l'ai mérité. Occupons-nous de vous.

Lucien souriait toujours. Il se disait :

— Querelle d'amoureux !

Gabriel lui ôta son bandeau.

— Vous avez pleuré ! s'écria-t-il.

La figure de l'aveugle reprit tout à coup son expression de tristesse.

— Et je pleurerai encore, mon enfant, murmura-t-il.

— Chose singulière, pensait tout haut Gabriel, qui n'était en ce moment qu'un médecin, ces larmes ont agi sur le cristallin. Il me semble que vous devriez déjà apercevoir, ne fût-ce que faiblement, la sensation de la lumière.

L'aveugle poussa un cri, puis il mit sa main devant ses yeux.

— C'est vrai ! fit-il, je ne vois rien... mais le voile qui couvre ma vue est rougeâtre au lieu d'être noir.

Gabriel commença ses préparatifs de pansement.

— Ceci est le dernier appareil, dit-il, quand notre traitement arrive à ce point, il réussit dans la huitaine... ou bien il n'y a plus d'espoir.

— Ce brouillard lumineux que je... je n'ose pas dire : que je vois... que je sens autour de mes yeux... est-ce que ce n'est pas un signe favorable ?

— Soutenez votre tête, commanda Gabriel qui bassinait le dedans des paupières ; c'est un signe favorable, mais qui n'est pas certain. Il faut quelques jours.

— J'espère que vous attendrez au moins ce terme pour partir ?

— Je ne le puis pas, monsieur. Ouvrez vos paupières toutes grandes... Je vous l'ai dit : dans une heure, maintenant, j'aurai quitté Paris.

— Mais pourquoi ? enfant, pourquoi ?

Gabriel ne répondit point. Il continua le pansement en silence, non sans jeter de temps en temps un regard vers la porte qui avait donné passage à Clémence.

— Et votre sœur ? et votre mère ? demanda encore l'aveugle.

— Nous partons tous, monsieur.

Le pauvre Lucien soupira. C'était sa joie mystérieuse qui l'abandonnait.

— Je ne connais que vous, Gabriel, dit-il, mais je vous aimais tous les trois.

Le pansement était achevé.

— Voulez-vous que je vous embrasse, monsieur Raymond ? dit Gabriel.

Lucien lui tendit ses bras ouverts. Ils restèrent un instant sur le sein l'un de l'autre.

— Écoutez, reprit Gabriel ; en restant ici je ne pourrais plus rien pour vous, car ma dernière ordonnance devait être celle-ci : quittez Paris et allez chercher l'air natal.

— L'air natal ! répéta l'aveugle avec embarras et répugnance, est-ce donc bien utile ?

— Un travail va s'opérer en vous, répondit Gabriel ; vous avez besoin de toutes vos forces, et l'air du pays est un cordial. Dans huit jours, par une belle matinée, à l'ombre des grands arbres, ôtez votre bandeau. Si Dieu le veut, vous ne serez plus aveugle.

— Oh ! fit Lucien saisi d'un enthousiaste espoir.

Il songeait à Berthe et se disait :

— Si je recouvre la vue, je suis bien sûr de la retrouver ! Je reviendrai à Paris, je chercherai...

Il fut interrompu par l'entrée d'un domestique qui apportait une lettre.

— Adieu, monsieur, dit Gabriel.

— Attendez, s'écria Lucien ; je ne sais où est mon secrétaire. Rendez-moi le service d'ouvrir cette lettre.

Gabriel déchira l'enveloppe et lut à haute voix :

« Monsieur Raymond Lointier,

« J'ai bien le regret de vous annoncer que M. B..., votre notaire, est en fuite, laissant trois millions de déficit dans sa caisse.

« Veuillez agréer, etc. »

— C'est fâcheux, cela, dit Lucien.
— Vous aviez quelques fonds chez ce notaire ?
— Toute ma fortune, mon ami.

Son visage n'avait pas changé.

Gabriel sortit.

Il mit bien du temps à travers les corridors de l'hôtel. A chaque instant il s'arrêtait pour prêter l'oreille. Il espérait toujours entendre derrière lui ce pas léger et voir cette robe blanche qu'il avait si souvent guettée à sa fenêtre, et qu'autrefois il n'attendait jamais en vain.

Mais les corridors étaient déserts. Ni pas léger, ni robe blanche.

Gabriel consulta sa montre. Il était sept heures et demie.

Il quitta l'hôtel à regret, sans avoir revu Clémence.

Quand il rentra chez sa mère, tous les préparatifs de départ étaient faits. On n'attendait plus que lui.

Une chaise de poste était attelée dans la rue du Regard.

Mme de Marans avait employé les premières heures de la matinée à se libérer vis-à-vis de Mlle Grièche.

— Partons, dit-elle en voyant Gabriel.

Gabriel ne demanda pas même :

— Où allons-nous?

Il prit la main de sa mère et se dirigea vers la porte.

A ce moment, et pour la dernière fois, à travers la croisée du salon, son regard se porta vers l'hôtel Lointier. Clémence était à sa fenêtre. Le mouchoir blanc qu'elle tenait à la main s'agita. Gabriel emportait de l'espoir.

Ce fut Lucienne qui resta la dernière dans la maison de Marans.

Quand sa mère et Gabriel furent dehors, elle tira de son sein une lettre qu'elle déposa sur la table du salon.

— Je suis bien sûre qu'il viendra! murmura-t-elle.

Sur l'adresse de la lettre, il y avait :

« Au capitaine Mazurke. »

— Lucienne! appela Mme de Marans.

Lucienne s'enfuit, émue et confuse. La chaise de poste partit au galop.

LV

L'exécution de M. Baptiste

Revenons à Mazurke qui voulait, cette nuit-là même, retrouver le fameux trésor.

Mazurke donna son adresse, place Vendôme, au cocher de la voiture qui l'avait conduit rue du Regard avec Clémence Lointier.

Dans son salon de l'hôtel Bristol, il trouva Yaume couché à plat-ventre sur le tapis. Yaume ne se dérangea pas.

— Respect de vous, monsieur Philippe, un petit peu mal au ventre, dit-il, rapport à de la bière que j'ai bue, en chope, qu'est mauvaise pour le choléra.

— Je vais te guérir, moi, répliqua Mazurke; debout!

Yaume se mit sur ses pieds avec la vivacité mesurée d'un soldat à l'exercice.

— Ça se peut bien, fit-il, malgré que je l'aie assez ficolée, la colique.

— Sais-tu l'adresse de M. Baptiste?

— Le Louchard?

— Oui.

— Qu'est censé pour les renseignements?

Mazurke frappa du pied.

— Ne vous inconvénientez pas, dit Yaume; je présoupçonne qu'il doit être couché.

— Je te demande si tu sais son adresse?

Yaume prit un air grave.

— Quant à ce qui est de ça, voilà, répondit-il : ambitionnant de savoir quelque chose, je lui ai contourné une lettre...

— Alors, mène-moi chez lui, interrompit Mazurke.

— Pas l'embarras ! dit Yaume ; il ne m'a pas seulement répondu, qu'est d'obligation dans la politesse.

Mazurke ouvrit la porte, et le poussa dehors.

M. Baptiste demeurait auprès du pont Marie, non loin de ce petit café de la rue des Nonnains-d'Hyères où Romblon avait recruté les trois philosophes.

Mazurke frappa rondement à une porte d'allée qui fut longtemps à s'ouvrir.

— Qui demandez-vous ? fit une voix dans les ténèbres de l'escalier.

— M. Baptiste.

— Connais pas !

C'était Baptiste lui-même qui faisait cette réponse effrontée.

Mazurke reconnaissait parfaitement sa voix.

— Je venais de la part de Ballon, dit-il en parlant plus bas.

— Ah ! ah ! voyons... *Romblon !*

— *Raison !* repartit Mazurke.

— Êtes-vous seul ?

— Non, j'ai un camarade.

— C'est donc bien pressé ?

— Dame ! fit Mazurke, puisque vous demandez quarante mille francs...

— Montez ! dit M. Baptiste.

Mazurke venait de faire allusion à la lettre que le brave Auvergnat lui avait remise dans l'après-dînée, devant la porte de la maison de Beaujoyeux.

Baptiste introduisit ses hôtes à tâtons dans son domicile. Il frotta une allumette contre la semelle de son soulier et fit de la lumière. Son regard tomba d'abord sur Yaume. Quand il aperçut Mazurke, il tressaillit violemment.

— Ah ! murmura-t-il, je suis pincé ! je m'en doutais.

Mazurke s'assit sur la table.

— Mon brave, dit-il, n'ayez pas peur.

— Je n'ai pas peur, interrompit l'homme aux lunettes bleues ; j'en ai vu bien d'autres, allez, cher monsieur. Seulement, je suis pincé, et c'est bête. Mais qui diable se serait douté? On venait de me dire que votre affaire était faite.

— Là-bas, derrière l'École Militaire?

— Du tout! C'est vieux comme Hérode, l'histoire de l'École Militaire! Un coup de couteau dans le dos au coin de la rue de la Tour.

— Auprès du théâtre? s'écria Mazurke étonné.

— Ils auront fait le cadeau à un autre, dit Baptiste froidement; c'est désagréable pour cet autre-là. Que voulez-vous?

— Ce que vous offrez à Romblon dans votre lettre.

— Vous l'avez lue? Je ne demande pas mieux, moi. Avez-vous les quarante mille francs?

— Non.

— Eh bien, allez les chercher.

Mazurke fit un signe.

Yaume qui, jusqu'alors, s'était tenu modestement auprès de la porte, s'avança jusqu'au milieu de la chambre et retroussa ses manches.

— Parbleu! s'écria Baptiste, je vous l'ai dit : je suis pincé; mais vous n'y gagnerez rien. Vous me battrez, vous m'étrillerez, vous me tuerez si vous voulez, c'est le vilain côté du métier. J'y suis : allez!

Il prit la pose de Thémistocle disant : *Frappe, mais écoute!..*

Il y avait vraiment quelque chose d'épique dans l'effronterie de ce coquin.

Yaume se tenait prêt.

— Réfléchissez! dit Mazurke.

— C'est tout réfléchi.

— Vous ne me connaissez pas!

— Si fait! Je sais bien que vous êtes sans pitié quand vous vous y mettez. Mais ces quarante mille francs, c'est le plus clair de mon avenir; ma peau ne les vaut pas. J'aime mieux donner ma peau!

— Allons! Yaume, dit Mazurke; tu sais ton affaire?

— Oui, monsieur Philippe.

— Pille, mon garçon, pille!

Yaume secoua ses oreilles comme un barbet et s'élança sur le malheureux Baptiste. Ce fut une lutte étrange. Avez-vous admiré parfois l'héroïque et silencieux courage du renard acculé? Cet animal qu'on écrase sous sa mauvaise réputation est bien le Baptiste des quadrupèdes. On le tue dans son impénitence finale.

Baptiste, dédaignant une défense inutile, essaya seulement d'éviter les premiers horions en fuyant, puis il se laissa faire. Il ne disait rien.

Yaume, au contraire, invectivait avec une grande véhémence.

— Oui, que je vais te piller, disait-il, et te harpailler consomment comme il faut, louchard des louchards de chacal, d'assassin et de bédouin ! (Il lui lança un assez grave coup de pied au bas des reins) Racaille ! (trois gifles) Voleur ! (une torgnole sur le nez).

— Mais ce n'est pas cela, dit Mazurke; déshabille-le sans le frapper.

Yaume fit mine de ne pas entendre.

— Que tu as occasionné des chagrins à M. Philippe ! poursuivit-il en variant ses corrections avec art; et que tu n'as pas pris la peine censé de répondre à ma lettre ! Est-ce parce que je suis domestique? blaireau ! (Un coup de poing sur l'œil). Si je suis en service chez les autres, je n'en suis que plus malheureux d'être à plaindre, propre à rien ! (Un renfoncement complet) Qu'on les aurait payés tes renseignements, failli merle ! Puisque je l'ambitionnais de m'en passer ce caprice !

Il fallut que Mazurke mît le holà, car Yaume s'animait à la besogne et battait mieux à mesure qu'il parlait davantage.

Quand son maître l'arrêta, il prit un air sincèrement étonné.

— Dame ! fit-il ; c'est donc honnête, ça, de m'avoir pas répondu à ma lettre affranchie ?

Il prit Baptiste au collet et le coucha sur le dos, puis, sans plus le frapper, il retourna ses poches avec une prestesse merveilleuse.

Baptiste avait beaucoup de poches, il est vrai, mais jamais vous n'eussiez pu penser que les poches d'un seul homme eussent cette capacité prodigieuse de contenir un volume triple du volume de l'homme lui-même.

Tel était le problème résolu par les poches de Baptiste.

Une montagne s'éleva au milieu de la chambre : lettres, chiffons, papiers timbrés, cahiers, brochures, extraits des registres des prisons, diplômes, passeports, actes de naissance. Une montagne !

Mazurke regardait cela d'un air assez déconcerté. Il avait à chercher dans ce monceau de paperasses l'adresse de son trou.

La lettre que Baptiste avait écrite à Ballon dans le carré des roses au Luxembourg prouvait que ledit Baptiste savait où était la cave-tirelire, mais rien n'indiquait qu'il eût consigné ce détail dans ses papiers.

Rien, sinon l'habitude invariable des marchands de renseignements qui ont toute leur mémoire dans leur poche.

Mazurke était devant la montagne de papiers. Il n'osait pas y toucher, tant la tâche de compulser tout cela lui semblait être au-dessus de ses forces. D'ailleurs il n'avait pas le temps.

Heureusement qu'à cet instant même, Yaume fit sortir de la dernière poche de Baptiste un portefeuille très sale et presque aussi gonflé que celui de papa Romblon. Mazurke s'en empara aussitôt et l'ouvrit.

C'était plein de hiéroglyphes à l'usage de la maison Isidore Baptiste et Cie. Sur la dernière page, Mazurke lut ces lignes mystérieuses :

« Laisser le C. de M. sur la droite, la B. de G. sur la gauche : le troisième chantier après les pierres de taille. »

C'était évidemment ce que Mazurke cherchait. Il traduisit C. de M. par Champ-de-Mars et B. de G. par barrière de Grenelle.

Certes, il avait espéré une indication plus précise ; mais il fallait bien se contenter de celle-là.

— Lâche-le ! dit-il à Yaume.

Yaume obéit.

Mazurke jeta le portefeuille, s'essuya les doigts et sortit.

Yaume montra le poing à Baptiste renversé.

— Si je te trouve, toi, dit-il, je te reharpaillerai soigneusement pour t'apprendre la politesse !

Il ajouta entre ses dents :

— Tout de même et quoique ça, je n'ai pas pu savoir ce que j'ambitionnais d'être fixé sur le socialisme. Enfin n'importe !

M. Baptiste se releva, heureux d'en être quitte à si bon marché. Il passa le reste de la nuit à rebourrer ses poches désenflées, et la montagne rentra dans ses doublures.

Au moment où Mazurke sortait, trois heures de nuit sonnaient à Saint-Louis-en-l'Ile. Mazurke renvoya Yaume et se fit conduire au Gros-Caillou. Il mit pied à terre derrière le Champ-de-Mars.

Il paraîtrait que les indications du portefeuille de M. Baptiste étaient insuffisantes, car, à quatres heures et demie Mazurke arpentait encore les rues tristes qui avoisinent la barrière de Grenelle. Il ne retrouvait point la maison du fantôme.

Les quartiers de Paris sont en général homogènes, c'est-à-dire que toutes les rues d'un même quartier ont un air de famille. Ainsi vous ne prendrez jamais une rue du faubourg Saint-Honoré pour une rue du faubourg Montmartre ; et lors même qu'un bandeau épais tomberait tout à coup sur vos yeux, dans le cœur du pays Latin, vous ne vous croieriez jamais au faubourg Saint-Antoine.

Mazurke sentait vaguement qu'il était sur la voie. Il *brûlait*, comme disent les enfants au jeu de l'Aiguille sous roche.

Bien que ses souvenirs fussent obscurs et presque nuls, ces rues mélancoliques, blanchâtres, désertes, lui rappelaient sa course solitaire. Les mêmes idées lui venaient. Il songeait encore à Berthe et à Lucienne.

Mais quelle différence ! Berthe était retrouvée. Et Lucienne ! avait-il encore le droit de l'aimer ?

Mazurke doublait le pas pour secouer cette rêverie ; il cherchait. Mais tout cela se ressemblait si bien : longs murs blafards, maisons isolées, terrains, chantiers, parcs à pierres de taille. Et, çà et là, le maigre obélisque industriel : la cheminée à vapeur endormie.

Le ciel blanchissait du côté de l'Orient ; à l'ouest, l'horizon restait noir. Mazurke passait d'une rue dans l'autre ; ce qu'il avait de souvenirs se voilait au lieu de s'éclaircir. Il hésitait ; il prenait sa course tout à coup pour revenir sur ses pas et retourner encore. C'était désormais le hasard seul qui pouvait le guider.

Il se disait bien :

— Je trouverai, morbleu ! je trouverai !

Mais tous les enfants, petits ou grands, se disent cela pour soutenir leur courage qui chancelle.

Mazurke s'arrêta au beau milieu d'une rue qui lui semblait être la reproduction exacte d'une douzaine d'autres rues qu'il venait d'explorer. Il essuya son front en sueur. En regardant aux deux bouts de la rue, il vit, à l'extrémité occidentale, encore plongée dans les ténèbres, un bouquet d'arbres dont les silhouettes se détachaient faiblement sur le ciel sombre.

Un vague souvenir s'éveilla en lui.

Ces arbres se dessinaient comme de grands casques surmontés de leurs panaches.

A ce moment où Mazurke faisait un appel désespéré à sa mémoire, le fond, où ressortaient les arbres, s'éclaira violemment.

Trois flambeaux gigantesques lancèrent à la fois leurs flammes ardentes.

Mazurke poussa un cri et se redressa de son haut. Il ne chercha plus.

LVI

Au dernier vivant !

Mazurke reconnaissait parfaitement les trois torches fantastiques qui avaient éclairé son combat contre les trois philosophes. Il marcha en avant. Au bout d'une cinquantaine de pas, il retrouva la grille vermoulue, le petit terrain et la trappe.

Ce n'était pas par cette issue que Mazurke voulait pénétrer dans la cave. Comme la maison du happe-monnaie Honoré ne s'ouvrait point de ce côté, Mazurke fit le grand tour et arriva devant la porte cochère en prenant la rue voisine et parallèle.

La porte cochère était très solidement fermée. Mazurke frappa. On ne lui répondit pas.

Et pourtant il lui sembla entendre un bruit de voitures et de chevaux à l'intérieur de la cour.

Comme il ne faisait pas jour encore, Mazurke se dit : « J'attendrai, » et il se promena de long en large sur le trottoir.

Pour compléter l'histoire exacte de cette nuit, nous devons placer ici une circonstance en apparence assez insignifiante, mais qui eut un fort tragique résultat.

Il s'agit du bon petit vieillard de cent quatre ans, M. Honoré, le fantôme, qui n'avait pas fermé l'œil cette nuit. Depuis le départ des Joueurs de la Mort, la veille, vers quatre heures de l'après-midi, il s'était fait dans la maison un remue-ménage diabolique. S'il y avait eu des voisins (mais il n'y en avait pas), on eût entendu, douze heures durant, le bruit de l'or et de l'argent retournés à la pelle.

En outre, depuis quatre heures jusqu'à minuit, ces

grands drôles, qu'il appelait ses « petites garçailles », et qui servaient de guides aux Joueurs de la Mort dans les courses en fiacre, ces grands drôles, disons-nous, avaient sillonné Paris en tout sens pour opérer le change des écus contre des billets de banque.

Ils y allaient avec prudence, prenant dans chaque maison dix mille francs, quinze mille francs au plus; mais tous les changeurs de Paris y passèrent, et les *petites garçailles* rapportèrent plus de quinze cent mille francs en billets ou bank-notes. Le reste du contenu de la cave était de l'or.

La circonstance dont nous parlions fut celle-ci : environ une heure avant l'arrivée de Mazurke, la porte cochère s'était ouverte et les *petites garçailles* du happe-monnaie étaient sortis portant chacun une missive.

Le bon petit fantôme n'était peut-être pas si fort que M. Fargeau en fait de style épistolaire, mais il avait pourtant son mérite.

Les lettres étaient adressées à MM. de Beaujoyeux, Desbois, Peignon, de Monsigny, André Lointier, Bonnin, Romblon et à Mme la marquise de Beaujoyeux.

Elles contenaient en substance :

L'indication exacte de la maison du happe-monnaie, plus cette simple phrase : « Vous êtes prévenu que M. Honoré doit prendre la fuite aujourd'hui, emportant les fonds de la tontine. »

Elles portaient la signature de M. Baptiste.

Dans la position où se trouvaient Guérineul, Morin, Houël, Maudreuil, les Beaujoyeux et Romblon-Ballon lui-même, l'effet de ces lettres était certain.

Car il ne faut pas oublier que tous cherchaient, depuis des années, le lieu du dépôt.

Il ne faut pas oublier, en outre, que le délai de vingt années expirait le lendemain même à minuit.

Mazurke, cependant, arpentait le pavé non sans impatience. De temps en temps il frappait à la porte, et la porte restait close.

Avait-il un plan, ce Mazurke ? Mon Dieu, oui. Un plan

élémentaire, naïf et primitif ; un plan digne de l'homme qui avait écrasé d'un coup de tête la poitrine du boxeur Swift, fusillé six Arabes au galop et empaillé un major autrichien.

Voici quel était son plan :

Entrer, soit de gré, soit de force, peu importait, arriver jusqu'au happe-monnaie, le prendre sous le bras comme un paquet, et le conduire à la cave ; emplir ses poches d'or, jeter une sacoche sur ses épaules, offrir ses civilités au bonhomme et retourner rue du Regard.

C'était simple comme bonjour.

Avec un plan pareil dans la tête, il était bien permis d'avoir de ces idées absolument terrestres que les gens d'un goût délicat repoussent et dédaignent.

Mazurke, en définitive, n'avait rien pris depuis sa sortie de la cave.

Son estomac parla, et si vous saviez quelle voix il avait l'estomac de Mazurke !

Après tout, s'il faisait grand jour déjà, l'heure n'en était pas moins indue. On ne vient pas comme ça chez les gens, dès cinq heures du matin. La porte ne s'ouvrait sans doute que plus tard.

En raisonnant ainsi, et c'était puissamment raisonné, Mazurke tourna l'angle de la rue et descendit vers la barrière, afin de trouver un restaurant. Il déjeuna copieusement, c'était sa partie. Au moment où il débouchait sa seconde bouteille de bordeaux, une explosion se fit entendre.

Mazurke n'y prit point garde, acheva sa tranche de bœuf et sortit.

Il pouvait être six heures.

Quand il retourna devant la maison du fantôme, la porte cochère était grande ouverte.

— A la bonne heure ! se dit Mazurke ; nous allons enlever ça en deux temps !

Il passa le seuil.

A ce moment, deux hommes le croisèrent. Ils étaient tout pâles. Mazurke les vit s'élancer dans la rue et s'enfuir, chacun de son côté, comme si le diable eût été à leurs trousses. Il avait cru reconnaître Fargeau et Cousin-et-Ami, ce digne M. de Maudreuil.

La cour était déserte, le vestibule aussi. Mazurke entra dans le salon. Il n'y avait personne.

Toutes les portes, étaient comme celle de la cour, ouvertes à deux battants.

Mazurke ne savait pas la route qui conduisait du corps de logis à la cave-tirelire. Il appela, pensant que le premier domestique qui se présenterait lui servirait de guide. Mais dans cette maison du happe-monnaie il n'y avait pas plus de domestiques que de maîtres.

Mazurke se prit à errer au hasard. Il allait le long des corridors, pénétrant dans tous les appartements et appelant toujours.

C'était une étrange demeure. Les trois quarts des pièces étaient sans meubles, et les pas de Mazurke marquaient dans la poussière épaisse qui couvrait le carreau. La plus belle chambre, celle qui paraissait appartenir au maître, avait un grabat, une table et une chaise.

Ce luxe faisait honte à la misère des salles voisines.

Néanmoins, il y avait quelque chose de plus riche encore que la chambre à coucher du fantôme, avec son grabat, sa table et sa chaise : c'était le salon où nous avons vu les Joueurs de la Mort réunis en conseil.

Mazurke y pénétra en dernier lieu et ne put se défendre d'une certaine surprise en voyant ce bizarre tabernacle aux fenêtres murées, éclairé faiblement par la lampe qui pendait de la voûte.

La devise de la tontine, courant autour des frises, lui sauta aux yeux dans un de ces réveils soudains qui font jaillir la flamme des lampes. Il lut : *Au dernier vivant!*

— Est-ce qu'ils auraient joué enfin leur partie ? pensa-t-il ; est-ce qu'ils seraient tous morts ?

Il haussa les épaules et ajouta :

— Ils sont trop lâches!

Au delà du salon fermé, il n'y avait plus qu'un petit couloir conduisant à un escalier de pierre. Mazurke ne douta pas que ce ne fût l'escalier de la cave. Il s'y engagea résolument.

Après avoir descendu quinze ou vingt marches, il s'arrêta cependant. L'air frais qui le frappait au visage ne pouvait lui laisser la moindre incertitude ; il était dans la bonne voie. Mais il n'avait pas, comme naguère, une boîte d'allumettes-bougies, et il était payé pour savoir qu'on n'y voyait goutte, dans ce terrain.

Il se demandait s'il irait prendre la lampe du salon fermé.

Pendant qu'il hésitait, son regard s'abaissa. Il vit sous ses pieds une lueur faible et lointaine. Sa détermination fut prise. Il continua de descendre, mais sans bruit désormais, car l'idée lui était venue que les Joueurs de la Mort pouvaient bien être réunis dans ce souterrain.

Dans cette hypothèse, il fallait prendre ses précautions. Mazurke était sans armes. Les marches succédaient aux marches et l'escalier ne finissait point.

La lueur se faisait un peu plus distincte, mais aucun bruit ne montait.

Le pied de Mazurke sentit enfin le sol au lieu de la pierre des degrés. En même temps, une bouffée d'air humide lui vint aux narines. Cet air semblait chargé de fumée. Mazurke connaissait, pardieu ! l'odeur de la poudre. Cet air avait comme un parfum de bataille.

Du salpêtre et du sang.

La lueur qui venait du souterrain lui montra la fameuse porte doublée de fer.

Elle était ouverte comme toutes les autres.

— Entrons, se dit Mazurke.

Du sang et de la poudre, cela ne l'avait jamais fait reculer.

Ce qui produisait cette lueur, c'était une bougie tombée au bas des marches et dont la mèche touchait presque le sol. La flamme, combattue par l'humidité, éclairait à peine le premier pilier, près qu'elle était de s'éteindre, et laissait tout le reste de la cave dans les ténèbres les plus complètes.

Qu'y avait-il dans ces ténèbres?

Mazurke avança la tête. On ne voyait absolument rien, sinon çà et là quelques vagues étincelles salpêtrées.

Par terre, Mazurke ne retrouvait plus ces jaunes reflets d'or qui l'avaient tant étonné la veille.

Et maintenant que sa tête était à l'intérieur de la cave, cette odeur de poudre devenait suffocante.

Quant au sang, peut-être était-ce une idée. Du sein de cette nuit opaque et lourde, un gémissement sortit.

Mazurke ramassa la bougie et entra le front haut.

Il s'attendait un peu à recevoir deux ou trois balles dans la tête, au moment où il levait la lumière qui l'éclairait en plein. Mais aucun mouvement ne se fit dans la cave.

Mazurke avança.

Quand il eut dépassé le pilier qui lui masquait l'endroit où il s'était réveillé, la nuit précédente, sur un tas d'or, un spectacle terrible s'offrit à ses regards.

Il y avait là, sur le sol, six cadavres affreusement mutilés.

Ces corps gisaient tous, sanglants et souillés, autour du squelette qui gardait sa position si bizarre et dont les yeux creux semblaient contempler curieusement ce grand carnage.

Mazurke se souvint de l'explosion qu'il avait entendue en déjeunant.

À la place des sacs de mille francs et du monceau d'or que vingt années avaient grossi, on voyait maintenant les débris d'une manière de coffre-fort d'où sortaient des canons de pistolets, noirs de poudre.

Évidemment, le petit fantôme avait disposé là une machine infernale pour se débarrasser, en une seule fois, de tous les Joueurs de la Mort.

Il avait réussi en partie.

Cinq hommes et une femme étaient là, broyés:

Romblon-Ballon, Houël, Morin, Menand jeune, Guérineul, qui donnait encore quelques signes de vie, et Olivette, belle jusque dans la mort.

Ils avaient tous d'horribles blessures, sans doute la machine infernale avait éclaté au moment où ils essayaient d'ouvrir le coffre-fort. A l'exception d'Olivette qui avait été tuée d'une seule balle au sein, tous ces corps n'étaient plus que d'effrayants lambeaux.

Par un de ces jeux où le hasard nous raille, le squelette qui touchait un des angles de la machine, restait parfaitement intact. Aucune balle ne s'était égarée dans ses os.

Mazurke était frappé de stupeur.

Comme Guérineul remuait encore, appuyé qu'il était contre une espèce de poteau, fiché nouvellement en terre, Mazurke se pencha pour lui porter secours.

Mais le malheureux se tordit en une dernière convulsion et tomba mort.

Sa chute démasqua le poteau et Mazurke put lire en grosses lettres rouges sur un fond noir cette suprême moquerie du centenaire :

AU DERNIER VIVANT !

LVII

Le billet de Lucienne

Maudreuil et Fargeau avaient échappé à la catastrophe parce qu'ils étaient arrivés un instant trop tard. Le bon petit fantôme avait pourtant admirablement pris ses mesures pour que tout le monde y passât, mais le hasard déjoue comme cela les calculs les plus recommandables.

En somme, sur huit, il en avait tué six, c'était un résultat.

Voici comment il s'y était pris pour attirer ses cohéritiers dans le piège.

Depuis longtemps, il nourrissait la pensée d'en finir avec

ces chers amis, mais jusqu'au dernier moment il avait espéré qu'ils s'entre-détruiraient les uns les autres. La veille encore, il gardait pour un peu cette illusion. Quand il vit tous les Joueurs de la Mort lever la dernière séance sans coup férir et s'en aller en parfaite santé, il se dit : « Mettons la main à la pâte ! »

La vue de M. Baptiste, déguisé en mendiant, qui semblait guetter la sortie des héritiers dans le terrain voisin, ne fit que hâter la détermination du bon petit fantôme.

Ce n'était pas par un tiers que les héritiers de Jean-de-la-Mer devaient apprendre le chemin de la fameuse tirelire. Le vieil Honoré se réservait cette tâche.

A la place de la montagne d'écus, transformée en billets de banque et mise en lieu sûr, il fit installer un beau coffre-fort, appétissant à voir, une caisse de physionomie tout aimable.

Nous savons ce qu'il y avait dedans.

La caisse une fois installée, le vieil Honoré avait commandé une chaise de poste et fait sa dernière correspondance.

C'était une simple circulaire adressée aux Joueurs de la Mort et à Romblon-Ballon, dont la police l'avait parfois beaucoup gêné. Elle était signée Baptiste.

Personne ne manqua à l'appel.

Les six premiers se rencontrèrent dans la cour, une heure après le départ du happe-monnaie qui galopait maintenant sur une grande route quelconque. Il y eut trêve tacite, et l'on descendit en toute hâte à la cave.

Devant le coffre-fort, tout le monde respira et pensa que le vieux coquin n'avait pas eu le temps d'exécuter son dessein.

D'un avis unanime on décida qu'il fallait partager avant l'arrivée de Maudreuil et de Fargeau. C'était toujours ça de gagné.

Romblon-Ballon n'avait droit à rien, mais il pensait bien avoir la grosse part.

On procéda à l'ouverture du coffre où le fantôme avait laissé la clé.

Une explosion terrible se fit et nos six Vitriés furent mitraillés. Le happe-monnaie avait mis dans le coffre assez de poudre et de balles pour anéantir un bataillon. Il va sans dire qu'il n'y avait plus une seule pièce de cinq francs dans la cave.

Mazurke remonta les degrés lentement.

— Reste trois ! murmura-t-il en revoyant le jour. Fargeau, Maudreuil et le fantôme.

Quelques heures après, la justice descendit dans la maison du happe-monnaie.

Sur les six morts, cinq avaient sur eux des papiers qui purent servir à les faire reconnaître.

M⁽ᵐᵉ⁾ Oliva de Beaujoyeux, Desbois, Monsigny, Romblon-Ballon et Houël, eurent les honneurs d'un extrait mortuaire.

Mais le sixième cadavre n'avait point de papiers, sinon une copie manuscrite de *la Parisienne*, chant national, et deux échalotes.

O pauvre ami ! chère âme ! notaire silencieux ! un peu voleur, légèrement faussaire, mais simple, mais doux, mais sans fiel !

O Menand jeune ! Artichaut, puis croûte-au-pot, esprit sérieux, belle nature ! Vous aimiez les salons de cire et la musique militaire. Vous suiviez les tambours battant la retraite. Vous éprouviez un mélange de frayeur et d'allégresse à guetter l'explosion du canon du Palais-Royal !

Menand ! si votre décès a passé inaperçu parmi nos tourmentes politiques, la postérité vous jugera !

Mazurke sortait du souterrain aussi pauvre qu'il y était rentré. Cette dernière ressource qu'il avait regardée comme assurée à condition de surmonter certains obstacles, lui manquait au moment même où les obstacles étaient surmontés. L'argent qui était nécessaire à Berthe, Mazurke ne l'avait pas et ne pouvait pas l'avoir.

Mazurke se dit :

— Je vais me rendre auprès d'elle. Mes mains sont vides, c'est vrai, mais elles peuvent du moins la protéger.

Et il partit.

Huit heures étaient sonnées quand il arriva rue du Regard. M. Fargeau avait dit à Berthe : « A huit heures, il faut que vous soyez hors de Paris. » Il n'y avait plus personne dans la maison blanche.

C'était le jour aux logis abandonnés. Une heure plus tard, l'hôtel Lointier allait perdre aussi tous ses hôtes.

Mazurke entra dans les appartements de Mme de Marans comme il était entré naguère chez le happe-monnaie. Personne n'était là pour lui apprendre que la famille était partie.

Il attendit.

Vers huit heures et demie, un doute lui vint. Il n'avait jamais mis les pieds dans cette maison. Comment l'y laissait-on seul ? A défaut des maîtres, comment un domestique, au moins, ne s'informait-il pas des motifs de sa présence ?

Il mit la tête à la fenêtre du salon qui donnait sur la rue. Des préparatifs de départ se faisaient à la porte de l'hôtel Lointier.

Il revint à la fenêtre ouverte sur les jardins, les jardins étaient déserts et muets.

Mazurke, sans savoir pourquoi, sentait l'inquiétude lui monter au cœur.

Où étaient-elles, Berthe et Lucienne ? Où était Gabriel ? Car il songeait même à Gabriel.

Et cette belle jeune fille, Clémence, où l'avait-on emmenée ?

A ce moment son regard s'arrêta pour la première fois sur la table qui était au milieu du salon. Il y avait un billet cacheté sur le tapis. Mazurke s'approcha machinalement, il vit avec une surprise extrême que le billet lui était adressé :

« Au capitaine Mazurke. »

Il arracha précipitamment l'enveloppe et courut tout de suite à la signature :

« *Lucienne.* »

Lucienne !

Mazurke fut obligé de mettre sa main sur son cœur qui sautait dans sa poitrine.

Lucienne ! Hélas ! sa nièce Lucienne !

Lucienne lui écrivait :

« Clémence m'a dit ce que vous avez fait pour ma mère
« au théâtre. Je ne sais pas pourquoi vous nous aimez
« tant, mais je sais que vous nous aimez.

« Nous avons grand besoin de protection, et je n'ai con-
« fiance qu'en vous.

« La preuve que j'ai confiance, c'est que je vous laisse
« ce mot ici, au moment du départ. Je sais que vous
« viendrez, mais vous viendrez trop tard.

« J'ignore où nous allons. Dès que je le saurai, vous le
« saurez. « Lucienne. »

Il n'y avait plus besoin de fleur bleue.

Oh ! la fille d'Ève ! « Je ne sais pas pourquoi vous nous aimez tant. » Elle ne croyait pas si bien dire, car elle pensait être toute seule dans la tendresse de Mazurke.

Mazurke eut un sourire de joie ; puis son front devint pâle.

— La voilà qui m'aime à présent ! murmura-t-il : la fille de ma sœur !

— Et moi, reprit-il en froissant le papier avec colère, moi je l'adore : c'est évident ! Le diable est toujours dans mes affaires ! Pour une fois que je suis amoureux en ma vie, mais là bien amoureux, il faut que ce soit de ma nièce !

Un grand bruit se fit en cet instant à la porte de la rue.

Mazurke entendit des pas qui s'approchaient et une voix tremblante d'émotion qui criait :

— Berthe ! Berthe !

Il serra la lettre de Lucienne.

Un homme, dont le visage disparaissait presque derrière le bandeau qui lui couvrait le front et les yeux, entra, les bras étendus, tâtonnant comme un aveugle.

La belle Milanaise, Mme Paoli, le suivait.

Dès les premiers pas qu'il fit, les pieds de l'aveugle

s'embarrassèrent dans le tapis. Il chancela. Mazurko le reçut entre ses bras.

— Il a voulu venir... dit Mᵐᵉ Paoli.

Mazurko lui montra la porte.

Mᵐᵉ Paoli le reconnut et s'enfuit.

— Qui êtes-vous? demanda l'aveugle : est-ce toi, Gabriel, mon chéri? où est ta mère? où est ma fille? ma Lucienne?

— Berthe, Gabriel et Lucienne sont partis, répliqua Mazurko.

— Ah! fit l'aveugle; partis! Gabriel me l'avait dit... mais vous? je sens votre cœur battre près du mien... me connaissez-vous?

— Oui, monsieur Lucien, je vous connais.

— Lucien! vous m'avez appelé Lucien! ayez pitié de moi; je ne puis voir qui vous êtes...

— Je suis Tiennet Blône, répondit Mazurko.

. . . .

Ils restèrent longtemps assis l'un près de l'autre dans le salon de Mᵐᵉ de Marans.

Pas n'est besoin de dire que la venue de Lucien était le résultat des révélations intéressées de Mᵐᵉ Paoli.

Tiennet apprit en même temps que Lucien avait été riche et qu'il était ruiné.

Lucien, pour obéir à la dernière ordonnance du docteur Gabriel, son fils, avait l'intention de revoir son pays natal. M. Fargeau était entré dans cette idée avec un empressement visible.

Le départ avait lieu ce matin même.

Un domestique de l'hôtel Lointier vint chercher Lucien.

Tiennet et lui se levèrent.

— Avoir vécu si longtemps près d'elle! dit Lucien; mais j'ai tes yeux pour voir, maintenant, frère Tiennet! nous la retrouverons.

— Nous la retrouverons, répéta Tiennet, dont la main pressait le billet de Lucienne, qui était sur son cœur; va en Bretagne et guéris-toi bien vite, afin que ton premier regard soit pour ta femme et tes enfants.

— Ma femme ! mes enfants ! oh ! si Dieu me donnait ce bonheur !

Ils se tinrent un instant embrassés.

Puis Tiennet le repoussa doucement en disant :

— Pars. Je sais où te rejoindre. Quand tu entendras ma voix désormais, tu pourras remercier Dieu, car le bonheur sera près de toi.

LVIII

Où M. Fargeau s'en va en guerre

Vous tous, hommes de pensée qui donnez la vie à cette magnifique cité ; vous tous qui n'êtes pas les fils de Paris, mais seulement ses hôtes glorieux, quand la première fièvre agita votre cœur, quand le premier travail se fit en votre esprit, vous regardâtes autour de vous et l'horizon étroit de la province vous apparut comme une inerte et odieuse barrière.

Il vous sembla que vous étiez captif.

Et par-delà les murs de cette prison natale, vous devinâtes l'air libre, la lumière sans voile, l'horizon immense : Paris, la grande arène des forts !

Et vous laissâtes la province, cette pauvre mère qui ne voit jamais la gloire de ses fils.

Mais tous, ou presque tous, quand vous avez vaincu, la lassitude vous prend, la tristesse du triomphe.

Ce qui vous attire alors, ce n'est plus la lumière et ce n'est plus le bruit, c'est le silence.

Alors, vous retournez sur vos pas, et combien la route est changée ! Alors vous revenez, murmurant comme Chaulieu vieillard :

« Beaux arbres qui m'avez vu naître,
« Bientôt vous me verrez mourir ! »

Il faut que la tombe soit où fut le berceau.

Les livres sont comme les hommes.

Nous voici revenus, après vingt ans d'absence, dans ce grand château du Ceuil, berceau de notre drame.

Ces vingt années n'avaient guère changé les vieilles murailles du manoir, qui se dressait toujours, revêche et triste, parmi les hauts chênes de la forêt.

Mais l'intérieur avait subi l'effet ordinaire de l'abandon. La partie habitée autrefois par les maîtres s'était peu à peu dégradée. L'humidité avait mis les tapisseries en lambeaux. Et ce qui jadis n'était que sévère arrivait à être lugubre.

La cuisine seule n'avait pas bougé. Vous eussiez cru retrouver le même feu de souches dans la même énorme cheminée.

Seulement, la vieille Renotte, la païenne au rosaire, dormait dans le cimetière. Olivette n'était plus là, vive et jolie; le beau gars Tiennet Blône ne s'adossait plus, souriant à son rêve, contre la grosse courtepointe du lit à double étage.

Mais Mathurin Houin, vieux comme Hérode, tenait encore debout, Pierre Mêchet câblait des fouets comme devant, Yvon tressait de la paille.

Et les autres aussi étaient là autour de la crémaillère où pendait la marmite aux grous: Fancin, Pelo, Mérieul et Louisic du four à fouaces.

Un autre encore, Yaume le pâtour, Yaume en personne, avec son costume de groom hongrois et son beau langage.

Censé, Mazurke n'est donc pas bien loin!...

Yaume émerveillait l'assemblée avec le récit de ses hauts faits. S'il avait voulu seulement faire un signe, Scolastique, Marielle, Yvonne, Noton, Goton et Catiche se seraient arraché les coiffes pour lui.

Mais il n'ambitionnait pas de s'épouser avec une fille censément du commun.

C'était trois jours après notre dernière scène.

Dans la chambre où Jean-de-la-Mer était mort, M. Fargeau, Lucien et Clémence étaient réunis.

Une explication venait d'avoir lieu.

M. Fargeau sifflotait en tourmentant le grand feu qu'on avait allumé malgré la saison, car ces murailles délabrées suaient le froid et l'humidité.

Ce sifflottement n'était pas du tout dans les habitudes de M. Fargeau.

Clémence le regardait avec anxiété.

Lucien semblait attendre.

— Comme cela, dit M. Fargeau d'un ton leste et froid qu'il n'avait jamais pris avec son prétendu frère, vous n'avez plus rien, mon pauvre garçon ?

— Non, répondit l'aveugle ; je n'ai plus rien.

— Diable ! fit M. Fargeau, qui remit les pincettes en place au gigantesque crochet de cuivre scellé dans la paroi de la cheminée, voilà quelque chose de bien fâcheux pour vous.

Il se leva et se prit à parcourir la chambre.

— Bien fâcheux, répéta-t-il, bien fâcheux ! d'autant plus que, vous savez... vous ne pouvez guère rester dans le pays, à cause de l'affaire... Cette diable d'affaire...

— Vous n'avez pas besoin de me la rappeler plus clairement, Monsieur, interrompit Lucien.

— Monsieur ! se récria Fargeau. Pourquoi ce ton, mon pauvre ami ? Mais vous savez bien que je ne prends jamais de colère... surtout contre les malheureux. Je voulais vous parler tout bonnement de l'affaire Besnard.

Lucien réprima un mouvement d'indignation. Le sang lui avait monté au visage.

Clémence ne savait pas ce que c'était que cette affaire Besnard ; mais elle voyait la souffrance de Lucien, et M. Fargeau lui inspirait une véritable horreur.

Lui qui avait mangé pendant quinze ans le pain de l'aveugle !

M. Fargeau continuait de se promener bien paisiblement.

— Sans cette maudite affaire, reprit-il, je vous aurais

bien offert la table et le logement au château, mon cher Raymond, mais vous comprenez, en remettant les pieds sur les terres de notre oncle, j'ai dû redevenir M. Fargeau Créhu. Il ne faudrait qu'un moment pour qu'un domestique vous reconnût... et alors, malgré le temps écoulé depuis lors, je pourrais fort bien être compromis.

— Je partirai demain matin, Monsieur, dit Lucien, dont la colère s'en allait en mépris.

— Oh! répliqua Fargeau, ne vous pressez pas, vous avez le temps. Demain matin ou demain soir, peu importe.

— Mais cela est infâme! s'écria Clémence, qui ne put se contenir plus longtemps.

Fargeau vint se planter devant elle.

— Vous dites? murmura-t-il.

— Je dis que cela est infâme! répéta la jeune fille qui ne baissa point les yeux; entendez-vous : infâme!

Fargeau tourna sur ses talons et se mit à ricaner.

— A la bonne heure! répliqua-t-il; c'est parler, cela!

Il se frotta les mains.

Clémence s'était élancée vers Lucien. Elle se mit à genoux près de lui et couvrit ses mains de baisers.

— Mon oncle! mon bon oncle, dit-elle, je ne vous laisserai pas partir seul. Partout où vous irez, je vous suivrai!

Lucien la repoussait doucement.

— Pauvre enfant, murmurait-il en lui rendant ses baisers, tu es sa fille!

Clémence se releva et prit le bras de Fargeau qui passait auprès d'elle en poursuivant sa promenade. Son mouvement fut si rude que Fargeau s'arrêta court, comme si la main d'un homme fort l'eût cloué à sa place.

Clémence le regardait fixement.

— Est-ce vrai, cela, Monsieur? dit-elle.

Fargeau essaya de ricaner encore.

— Répondez! fit Clémence; suis-je votre fille?

— Non, répliqua Fargeau.

Clémence lui lâcha le bras.

Sa chute démasqua le poteau et Mazurke put lire en grosses lettres rouges sur un fond noir, cette suprême moquerie du centenaire.

32e LIVR.

Ses deux mains se joignirent; son regard s'élança vers le ciel.

Il y avait sur ses traits une joie immense; il y eut dans sa voix une reconnaissance passionnée, lorsqu'elle dit :

— Mon Dieu, soyez béni !

Fargeau était assurément un coquin sans cœur; il y avait pourtant un petit coin où le mépris pouvait encore l'atteindre, car il pâlit et sa lèvre trembla.

Cet élan de gratitude envers le ciel, ces yeux mouillés, cette allégresse fougueuse, tout cela, parce qu'il n'était pas son père !

La figure de l'aveugle n'exprimait que de l'étonnement.

— Ai-je bien entendu ? murmura-t-il, il me semble qu'il a dit : non ?

— Vous avez bien entendu, mon oncle, s'écria Clémence qui se jeta à son cou, je ne suis pas sa fille ! Que sais-je ? il m'aura prise à l'hôpital ! je suis l'enfant du hasard, peut-être l'enfant du crime. Mais au moins, je ne suis pas sa fille !

Fargeau fit un pas vers elle.

Elle croisa ses bras sur sa poitrine, belle comme le dédain tragique.

Fargeau s'arrêta.

Il haussa les épaules et retrouva son sourire narquois.

— Fou que je suis ! grommela-t-il; j'ai bien le temps de me mettre en colère ! Mon bon ami, ajouta-t-il en s'adressant à Lucien, c'est une idée excellente qu'a cette chère enfant. Vous partirez ensemble, et croyez que ma vive et sincère affection vous suivra partout.

Il prit un flambeau sur la cheminée.

— Au cas où je ne vous reverrais pas demain matin avant votre départ, dit-il encore, bon voyage !

Lucien et Clémence restèrent muets devant cette froide effronterie.

Fargeau gagna sa chambre à coucher.

— Allons ! se dit-il, voilà une petite histoire qui ne me coûte rien et que j'aurais bien payée deux ou trois cents louis. Bon voyage, mes chéris, bon voyage! Je commence à croire que j'ai du bonheur.

Il ôta ses habits et fit sa toilette nocturne.

Avant de se coucher, il mit à son chevet une grosse montre à réveil.

— On dit que Napoléon dormit très bien la veille d'Austerlitz, murmura-t-il en fermant les yeux : c'est demain mon Austerlitz, à moi! Avant cinq heures du matin, il faut que je sois en bataille. Voyons si je pourrai dormir.

Il dormit bien, parce qu'une bonne conscience est le meilleur de tous les oreillers.

A cinq heures, la grosse montre-réveil fit un tintamarre effroyable.

M. Fargeau sauta hors de son lit.

On n'est pas très brave à ce moment où le corps frileux et engourdi subit encore les effets du sommeil. Quand M. Fargeau se fut frotté les yeux, il frissonna de la tête aux pieds.

Nous devons dire que ce galant homme était poltron à toute heure.

Mais ce matin, il avait, en vérité, ses raisons pour trembler.

Il s'habilla en toute hâte, fourra dans ses poches une paire de pistolets dont il visita soigneusement les capsules, et se munit en outre d'une pioche.

Il sortit par cet escalier de service où nous l'avons vu s'engager avec papa Romblon quand on alla chercher les fusils au magasin d'armes, la nuit du souper des funérailles.

Grâce à ce chemin qu'il prit, personne au château n'eut vent de son expédition matinale.

Il faisait froid. La terre rendait un de ces brouillards légers qui annoncent une belle journée.

M. Fargeau prit la route de la Mestivière.

Le jour était déjà clair quand il rentra dans la forêt du Ceuil.

A mesure qu'il avançait vers le tertre, son pas se ralentissait. Il prenait de grandes précautions pour ne point faire de bruit.

Quand il arriva en vue des deux grosses roches qui faisaient à la Mestivière une sorte de porte naturelle, il s'arrêta pour écouter.

On n'entendait d'autre bruit que la voix du vent dans les arbres et le murmure doux de la Vesvre qui coulait au bas du coteau.

M. Fargeau se glissa dans le fourré.

Il jeta sa pioche sur son épaule et mit le pistolet à la main.

LIX

Au dernier vivant

Vers cette même heure où M. Fargeau, armé jusqu'aux dents, quittait le château du Ceuil, la porte d'une petite ferme située entre la Mestivière et l'étang de Bréhain s'ouvrait sans bruit.

Cousin-et-Ami, les yeux gros de sommeil, sortit avec précaution, muni d'une bonne paire de pistolets et portant une belle pioche neuve sur son épaule.

Dans le sentier qui montait de la Vesvre au tertre de la Mestivière, un petit vieillard peinait, soufflait, geignait. La côte était rude. Le petit vieux allait de tout son courage, mais la tâche était vraiment au-dessus de ses forces.

Il portait une pioche sur son épaule osseuse et pointue.

Entre sa houppelande et sa chemise, il y avait des pistolets.

Personne n'aurait pu passer auprès de ce petit vieillard sans s'arrêter et sans se retourner pour voir son étrange mine : une face de parchemin d'un gris jaunâtre, encadrée par les flocons ternes d'une longue barbe blanche ; un nez saillant, crochu et affilé comme un rasoir ; des yeux morts, perdus dans un labyrinthe de rides.

Il semblait littéralement fléchir sous le poids de sa pioche.

Tandis qu'il grimpait, chacune de ses enjambées produisait un petit bruit sec, comme si l'on eût remué discrètement des osselets dans un sac.

En arrivant au sommet de la montée, il poussa un soupir de soulagement qui siffla comme le cri d'un merlo.

Il posa sa pioche et s'assit au pied du chêne creux.

— Bon, bon, bon, bon ! grommela-t-il ; j'ai encore du nerf, puisque j'ai grimpé ça sans m'arrêter ! J'irai, bien sûr, plus loin que le paysan suédois du journal. Et le paysan suédois a été jusqu'à cent trente-quatre ans... Il aura fait quelque imprudence !

Les os de ses mains se frottèrent joyeusement les uns contre les autres.

Puis il ouvrit une petite boîte d'argent et huma trois grains de tabac d'un geste tout gaillard.

C'était notre aimable fantôme, le frère aîné de Jean-de-la-Mer.

Il avait à peu près un quart d'heure d'avance sur Fargeau et sur Cousin-et-Ami.

— Ça fait qu'il me reste au moins trente ans, reprit-il, à supposer que je me laisse mourir dès l'âge du paysan suédois, et pas si bête ! Quand je serai tout à fait vieux, je me soignerai. J'aurai de quoi ! Dans trente ans, mes millions auront fait des petits.

Du milieu de ses rides, sous les poils révoltés de ses sourcils blancs, un éclair aigu jaillit et s'éteignit aussitôt.

— Mes millions ! répéta-t-il, tandis que sa voix sèche et brisée se faisait caressante ; mes petits mi mi mi mi ! mes chéris, chéris, chéris ! Allons ! debout, jeune homme ! nous avons de la besogne. En avant !

Il se leva péniblement et reprit sa pioche. Tout en traversant le tertre, il continuait de bavarder avec lui-même, secouant sa tête embéguinée, et radotant tout doucement :

— Oui, oui, oui, oui ! de la besogne. J'ai peut-être eu tort de venir dans ce pays-ci ; mais je croyais que ma mécanique ferait leur affaire à tous, là bas, dans la cave. C'était si bien arrangé ! Pas du tout ! Il paraîtrait que ce Fargeau et ce Maudreuil ont paré la botte. Je n'ai pris que le fretin. Et ces deux chers amis ont suivi ma piste. Je les ai bien reconnus hier tous les deux ! M'ont-ils vu ? J'espère que non. Et d'ailleurs ils dorment à cette heure.

Il passait entre les deux roches, à l'endroit où l'homme de loi Besnard était tombé vingt ans auparavant, avec trois chevrotines dans la tête.

— Quelqu'un qui m'a vu, poursuivit-il, pendant que son visage se rembrunissait, c'est un homme, ce paysan, qui ressemble à Jean Créhu, mon frère défunt... et qui ressemble aussi à l'homme que j'ai trouvé un jour, endormi et souriant, à soixante pieds sous terre, dans la tirelire, auprès du squelette du vieux Romblon. Celui-là m'a vu, j'en suis sûr, il faut se hâter !

Le fantôme avait tourné la roche. Il était entré dans cette partie du fourré où les Romblons avaient placé les Joueurs de la Mort, autrefois, avec des fusils bourrés d'étoupe.

Le taillis avait été coupé plus d'une fois depuis ce temps, mais les baliveaux restaient droits, robustes, énormes.

Le fantôme s'arrêta au pied du premier baliveau, entre la roche et le ravin.

La veille, seulement, il avait enfoui là le trésor provenant de la tontine.

Il était arrivé de Paris l'avant-veille.

S'il fût resté dans son trou, au cul-de-sac du Puits-Rondel, peut-être ceux qui le cherchaient n'auraient-ils point découvert sa trace de si tôt. Mais son trésor l'inquiétait et le rendait fou. Il voulut l'enfouir. Et parmi tous les lieux qui peuvent servir de cachette aux environs de la bonne ville de Vitré, il choisit le revers de la Mestivière.

C'était, par le fait, un endroit d'élite. Il n'y passait pas un chrétien en six mois.

Mais Maudreuil et Fargeau étaient des âmes en peine. Maudreuil et Fargeau battaient le pays comme des chasseurs.

La veille, ils avaient vu le vieillard sortir du fourré.

C'est pour cela qu'ils se levaient aujourd'hui, tous deux, de si grand matin.

Le fantôme avait enfoui son trésor au pied du premier baliveau. Le taillis faisait à ce lieu, de trois côtés, une enceinte presque imperméable. Le quatrième côté se trouvait défendu mieux encore par les derrières de la roche.

Cette roche, au lieu d'être coupée ici à pic comme elle l'était dans ceux de ses plans qui regardaient la Mestivière, descendait au contraire par une pente moussue et assez douce.

Si le hasard avait amené là un étranger, l'étranger aurait pu passer sur le trésor sans se douter qu'il foulait des millions; car, outre que les millions sont excessivement rares dans les taillis, même vitriés, l'aimable fantôme était trop avisé pour n'avoir pas arrangé sa cachette.

Il avait replacé la mousse brin à brin; il avait replacé les feuilles et le bois mort. Il ne restait nulle trace de son œuvre.

La preuve, c'est que M. Fargeau et M. de Maudreuil avaient cherché en vain l'un après l'autre.

Le fantôme saisit sa pioche et cessa de bavarder.

Mais, au moment où il allait donner le premier coup, un bruit léger se fit sur la route du Ceuil à la Mestivière.

Le fantôme prêta l'oreille.

Un autre bruit se faisait dans la direction opposée, et semblait arriver du centre de la forêt.

Le fantôme attendit, retenant son souffle.

Il espérait que les bruits allaient s'éloigner et il pensait :

— Ici, c'est quelqu'un qui descend du château pour se rendre à Vitré. Là, c'est un braconnier, peut-être un chevreuil...

Mais les bruits ne s'éloignaient pas, au contraire.

Et l'on devinait chez les deux êtres, invisibles encore, qui trahissaient ainsi leur approche, des précautions infinies.

Le fantôme se prit à trembler.

Il attendit encore un instant, appuyé sur sa pioche et l'oreille au guet.

Les bruits étaient tout proche.

Il glissa son outil dans le fourré et se coucha à plat ventre dans les feuilles, parmi lesquelles se confondait la couleur fanée de sa vieille houppelande.

Au même instant, les branches du taillis s'écartèrent à droite et à gauche.

Fargeau et Maudreuil étaient en présence.

Ils reculèrent tous deux et firent le geste de se viser, car ils avaient tous deux le pistolet à la main.

— Il y a assez pour deux, dit Maudreuil, partageons !
— Soit, répliqua Fargeau ; partageons.

Mais au moment où Maudreuil baissait son pistolet, Fargeau tira.

Cousin-et-Ami tomba. Il avait reçu la balle dans la poitrine.

Fargeau se pencha sur lui pour se bien assurer qu'il était mort. Comme Maudreuil respirait encore, il lui déchargea son second pistolet dans la tempe.

Puis il regarda tout autour de lui.

S'il eût regardé au-dessus de lui, il eût vu, debout et immobile comme une statue, sur le sommet de la roche, un homme en costume de paysan vitriâs. Cet homme avait les bras croisés et s'appuyait sur une pioche.

Cet homme avait tout vu. Il restait froid et calme comme un juge.

Fargeau ne l'avait pas aperçu.

Au lieu de recharger ses pistolets, il prit sa pioche et tâta le terrain. Après une douzaine de coups inutiles, la pointe de la pioche toucha la terre fraîchement remuée. Fargeau poussa un cri de joie.

— C'est là ! dit-il ; et c'est à moi !

L'émotion faisait trembler sa voix.

Il jeta sa pioche et prit dans son portefeuille la renonciation qu'il avait extorquée à Berthe.

— J'ai été chez le notaire, reprit-il ; je lui ai montré cet acte, tout est en règle. Cet or qui est là, cette forêt, les terres qui l'entourent, le château, les fermes, les moulins, tout, tout est à moi !

Le paysan ne bougeait pas sur la roche.

Parmi les feuilles, le fantôme restait sans mouvement comme le tronc pourri d'un vieil arbre.

Fargeau ramassa son outil et donna un grand coup en terre.

Puis il ne cessa plus de travailler, avec exaltation, avec folie.

Lentement, bien lentement, le fantôme dégagea une de ses mains qui était sous son corps et prit un pistolet entre sa poitrine et le revers de sa houppelande.

Fargeau travaillait.

Le fantôme se dressa derrière l'arbre.

Un coup de pistolet partit.

Fargeau laissa échapper la pioche. Il était blessé à l'épaule.

Le fantôme fit un pas vers lui. Fargeau voulut s'enfuir.

Mais le fantôme qui sentait sa main trembler, lui déchargea son second coup à bout portant, et Fargeau tomba sur le corps de Maudreuil.

Le fantôme étendit ses bras décharnés, ivre qu'il était de sa victoire.

— Au dernier vivant ! cria-t-il ; c'est moi ! moi ! moi ! Il n'y a plus que moi !

Son talon déchirait le papier signé par Berthe, qui avait glissé des mains de Fargeau.

Dans son transport, le fantôme redressa sa taille voûtée, comme il ne l'avait pas fait depuis cinquante ans peut-être, et ses petits yeux flamboyants jetèrent au ciel un triomphant regard.

Mais son regard se baissa comme s'il eût rencontré l'éclat trop vif du soleil.

Ses bras retombèrent le long de son flanc. Ses dents claquèrent.

Il venait d'apercevoir le paysan, appuyé sur sa pioche, au sommet du rocher.

Le paysan se prit, en ce moment, à descendre vers lui avec lenteur.

Le paysan était Tiennet Blône.

Le fantôme frissonna de la tête aux pieds. Il porta la main à son cœur, puis ses jambes chancelèrent.

— Trente ans ! murmura-t-il ; j'ai encore trente ans à vivre !

Tiennet Blône était à mi-chemin.

Le fantôme remua ses bras comme s'il eût cherché un appui. Ses yeux s'ouvrirent et tournèrent.

Tiennet l'entendit balbutier encore :

— Au dernier vivant ! trente ans ! on ne meurt pas si tôt !

Il eut un tressaillement qui fit craquer ses os, et il tomba tout de son long, mort de vieillesse.

Tiennet Blône fit un grand trou au pied de l'arbre, il enleva le trésor et mit les trois cadavres à la place.

LX

Épilogue

Le mois de mai n'était pas encore fini. C'était par une de ces belles matinées où le ciel de Bretagne dépouille son manteau gris et laisse errer seulement quelques nuages transparents sur son azur pâle.

Le soleil fouillait joyeusement la feuillée nouvelle, et l'antique forêt de Ceuil vous avait un air de gaîté comme ces vieillards de bonne humeur qui se regaillardissent à point nommé pour l'heure de la fête.

Le printemps fleurissait ; les marguerites riaient dans le gazon frais, et la jeune mousse étendait son opulent tapis entre les arbres.

Çà et là, les haies vives montraient, parmi le houx noir et la ronce qui rampe, la fleur d'or des genêts, et ces éblouissants bouquets d'aubépine, parure des chemins rustiques.

L'air s'imprégnait de bonnes senteurs. Il y avait sous le ciel de la joie et du bien-être.

Vous souvient-il de ce sentier de la forêt où Tiennet Blône, monté sur Petit-Argent, livrait ses grands cheveux à l'averse et au vent, en chantant la chanson : « Monsieur Bertrand dit à l'Anglais... » ?

Pauvre Argent qui allait mourir dans la Vesvre débordée, et pauvre Tiennet Blône qui allait se briser le cœur contre ce roc : l'égoïsme d'une Mme Marion, rentière.

Dans ce même sentier, nous rencontrons aujourd'hui deux de nos connaissances les plus intimes, des Parisiens, ma foi ! Le beau capitaine Mazurke et Mme de Marans.

En partant de Paris, la pauvre Berthe avait pris d'instinct le chemin de la Bretagne.

Quant à Mazurke, le soir de ce jour où Menand jeune (quel souvenir !) avait mangé sa dernière échalote, il avait reçu un billet de Lucienne.

Ce billet disait :

« Nous sommes à Chartres et nous partons. »

Cela suffisait à Mazurke qui prit la poste sur l'heure.

Mme de Marans s'appuyait sur le bras de Mazurke et ils causaient comme de vieilles connaissances.

— C'est comme un rêve ! disait Berthe.

— Ma sœur, répondait Mazurke, moi, j'ai passé vingt ans à vous aimer, à vous chercher, ce que j'éprouve de joie à tenir votre bras sous le mien, cela ne se dit pas. Je suis heureux, je suis fier; il me semble que toutes les folies de ma vie sont expiées. Ah çà! s'interrompit-il brusquement, on se tutoie, entre frère et sœur!

Berthe lui tendit son front souriant.

— Je veux bien te tutoyer, mon pauvre Tiennet, dit-elle, mais nous qui sommes de vieilles gens, ne faisons pas comme les enfants...

Mazurke la baisa. Puis, il resta un instant en admiration devant cette merveilleuse et noble beauté.

— Ma sœur! ma sœur bien aimée! murmura-t-il; que Dieu est bon! que Dieu est bon!

Il avait des larmes dans les yeux, ce grand Mazurke!

Berthe, elle aussi, était émue, mais il y avait dans son cœur une autre pensée.

Ils continuèrent de descendre le sentier en silence.

Lorsqu'ils arrivèrent devant les deux roches dont nous avons parlé si souvent dans ce récit, Tiennet s'arrêta et dit:

— C'est là.

Berthe s'éveilla de sa rêverie.

— C'est là! répéta-t-elle; la Mestivière!

Elle dégagea vivement son bras et s'élança en avant.

Une fois sur le tertre, elle regarda tout autour d'elle.

Ses mains se joignirent et ses joues s'inondèrent de larmes.

— C'est là! dit-elle encore.

Puis elle ajouta, en souriant parmi ses pleurs:

— Je ne l'avais jamais vue, moi, la Mestivière, mais il me semble que je l'aurais reconnue! C'est là! mon Dieu! c'est là!

Son doigt désignait le chêne creux, géant de la forêt du Ceuil, qui étendait toujours à l'extrémité du tertre ses branches énormes, grosses comme des troncs d'arbres ordinaires.

C'était là! le lieu du rendez-vous.

C'était là que son chien Chéri la conduisait chaque jour, lorsqu'elle était aveugle et qu'elle avait seize ans.

C'était là qu'elle avait senti pour la première fois la main de Lucien trembler dans la sienne.

C'était là qu'elle avait entendu pour la première fois la voix de Lucien émue et si timide, murmurer à son oreille :

— Berthe, je t'aime.

C'était là ! ses jeunes amours, ses souvenirs, son bonheur !

Elle allait d'un objet à l'autre, contemplant religieusement chaque chose. La balustrade qu'on avait mise là autrefois à cause d'elle ; la Vesvre dont elle avait écouté si souvent le murmure ; le creux du chêne, — et cet endroit où les bras étendus, elle s'était précipitée en disant :

— Mon Dieu, prenez mon âme !

Toutes ces pensées, Mazurke les lisait sur son visage.

Il la suivait en silence, respectant sa joie douloureuse et la religion de ses souvenirs.

Elle se retourna vers lui. Ils se jetèrent dans les bras l'un de l'autre.

— Lucien ! mon pauvre Lucien ! murmura-t-elle ; je l'ai vu... pour la première fois et pour la dernière fois !

Mazurke baissa la tête pour cacher un sourire.

Son regard se tourna furtivement vers le fourré.

Personne ne se montrait de ce côté.

— Tiens, Berthe, dit-il, voici la racine où tu attachas Chéri avec son ruban rose. Je le trouvai là, et j'eus une belle peur !

— Oh ! cette affreuse nuit...

— Et le jour qui l'avait précédée ! Cette promesse de mariage que tu cherchas en vain ! Mais tu étais aveugle, alors, ma pauvre Berthe, peut-être que tu ne cherchas pas bien.

Il lui avait pris la main et il l'entraînait vers le creux du chêne. Berthe se laissait faire.

— Nous étions là, dit-elle en voyant le banc de bois ; il prit son fusil et il me dit : « Je vais à Vitré. » Oh ! il me semble que toutes ces choses se sont passées hier !

— Voilà le trou, interrompit Mazurke.

Il enleva deux ou trois poignées de mousse.

— A quoi bon ?... commença Berthe.

— Cherche à ton tour, dit Mazurke.

Elle obéit comme on fait pour se prêter à un enfantillage. Ses doigts rencontrèrent un papier. Elle poussa un cri.

La promesse de mariage était entre ses mains.

Elle devint pâle et fut obligée de s'asseoir.

— Berthe, ma petite Berthe, dit Mazurke qui se mit à genoux auprès d'elle, si tu le revoyais...

— Jamais ! jamais ! s'écria Mᵐᵉ de Marans avec une exaltation soudaine.

— Tu ne l'aimes donc plus ?

— Que Dieu te pardonne cette pensée, Tiennet !

— Alors, pourquoi ?...

— Ecoute ! Tu ne sais pas ! et je ne puis pas te dire. Quelque chose d'affreux... Une barrière que rien ne peut briser !

— C'est le père de tes enfants, Berthe.

— C'est pour cela ! Il ne faut pas qu'il apprenne... Oh ! jamais, jamais, mon Dieu !... que la mère de Lucienne et de Gabriel...

— Et s'il le savait déjà ?

Berthe regarda Mazurke en face. Ses deux mains s'appuyèrent sur son cœur.

— S'il le savait, balbutia-t-elle, je mourrais ! Le sait-il ?

Comme Mazurke ne répondait point, la pâleur de Berthe devint livide. Ses lèvres tremblèrent.

— Il le sait ! prononça-t-elle si bas que Mazurke eut peine à l'entendre.

Ses yeux se fermèrent. Elle ne respira plus.

Au moment où Mazurke se levait effrayé, il se trouva face à face avec Lucien.

— J'ai tout entendu, dit ce dernier; elle ne parle plus... Elle a dit qu'elle allait mourir... Berthe ! Berthe !

Berthe était privée de sentiment.

— Est-elle morte ? demanda Lucien avec un calme effrayant.

Sans attendre la réponse, il arracha le bandeau qui lui couvrait encore les yeux.

Il poussa un cri terrible, au lieu du cri joyeux que lui eût arraché la lumière recouvrée, un instant auparavant.

Car il n'était plus aveugle.

— Berthe ! Berthe ! s'écria-t-il en se jetant sur elle, je te vois !... morte !... morte !

Ses lèvres s'appuyèrent sur la bouche de Berthe à qui le souffle revenait, et il sembla qu'elle retrouvait la vie dans ce baiser.

— Berthe, dit Lucien, écrasé par l'excès de sa joie, nous allions mourir ensemble !

Le soir de ce jour, la famille Cróhu de la Saulays était réunie dans la salle à manger du château du Couil.

Ils étaient tous là : Berthe, Lucien, Tiennot, Gabriel, Lucienne et Clémence.

Ils ne mangeaient guère, les heureux.

Nous devons dire, cependant, que Mazurke n'avait pas entièrement perdu l'appétit.

Il était assis auprès de Lucienne, qui ne parlait pas et qui avait le cœur bien gros parmi toutes ces joies.

Berthe et Lucien se regardaient et regardaient leurs enfants, Berthe semblait dire : Vois ce que je te donne !

Mazurke repoussa brusquement son assiette.

— Voilà ! dit-il ; moi, je pars.

Lucienne tressaillit douloureusement.

Tous les yeux interrogèrent Mazurke.

— Tout le monde est content, reprit-il ; ma sœur Berthe a des millions pour enrichir tous ceux qu'elle aime. Nous donnons notre belle Clémence à ce vaurien de Gabriel, qui a expié tous ses méfaits en rendant la vue à Lucien ; Lucien a retrouvé sa femme, je n'ai plus rien à faire ici...

— Comment ! voulut interrompre Berthe.

— Petite sœur, voici mon cas : je suis amoureux fou de Lucienne, qui est ma nièce et qui m'aime...

Lucienne était rose depuis le front jusqu'aux reins. Elle n'osait plus lever les yeux.

Tout le monde gardait le silence.

— Parce que nous sommes une famille poussée Dieu sait comme et à la grâce du hasard, reprit Mazurke avec fermeté, ce n'est pas une raison pour transgresser les lois de la famille. Au contraire : il faut se serrer et mériter devant Dieu le bonheur que Dieu nous envoie. Je dis donc ceci : J'ai roulé par le monde, mais je suis resté bon chrétien. Si la religion catholique me permet d'épouser Lucienne, je reste ici avec vous pour le reste de mes jours, sinon, je la baise au front une dernière fois, comme son père, je lui rends certaine fleur bleue que les millions de Berthe ne pourraient pas payer, et je vais quelque part où l'on se bat, n'importe où, au midi ou au nord, à l'orient ou à l'occident, me faire tuer comme un brave garçon qui ne peut plus être heureux !

Deux larmes roulaient sur les joues de Lucienne. Berthe fit le tour de la table et vint prendre la main de sa fille.

— L'aimes-tu ? demanda-t-elle.

Lucienne se pendit à son cou et répondit tout bas :

— Oh ! oui, mère, je l'aime !

Berthe mit la main de sa fille dans celle de Mazurke.

— Jean Crèhu de la Saulays, dit-elle, n'était pas mon père. Ma mère me mit au monde sur son vaisseau quelques jours après qu'il l'eût enlevée. Je te laissais m'appeler ta sœur, Tiennet Blône, parce que je t'aurais aimé pour frère.

Mazurke enleva Lucienne entre ses bras comme on saisit une proie.

— Vive Dieu ! s'écria-t-il ; en ce cas-là on peut se battre sans moi ; je me fais poltron comme un millionnaire et je ne montre plus mes griffes que pour défendre mon beau trésor.

— Censé, se dit notre ami Yaume qui entrait en ce

moment, apportant le rôti; voilà M. Philippe qui en fait une de fin, comme l'on dit dans l'union de mariage. Ça me tenterait assez d'en agir pareillement de même; mais ayant servi et voyagé en dehors des frontières et douanes, me faudrait plus huppée qu'une paysanne de la campagne. J'ambitionne une bourgeoise dans le commerce, ou domestique de confiance. Je chercherai. M. Philippe a bien trouvé!

FIN

TABLE DES MATIÈRES

		Pages.
I.	— Loge d'actrice	2
II.	— Four	8
III.	— Où Mazurke danse	12
IV.	— Où quelques masques tombent	16
V.	— Les nièces	22
VI.	— Où Romblon-Ballon bavarde étonnamment	27
VII.	— Où Mazurke essaye de réfléchir	33
VIII.	— Noctambulisme	41
IX.	— Les trois torches	46
X.	— Encore l'homme aux lunettes bleues	51
XI.	— Qui concerne Potard, Grièche, Mme Lovely et l'art théâtral	56
XII.	— Entrevue d'affaires	64
XIII.	— Voies et moyens	69
XIV.	— Honnête garçon	74
XV.	— Le signal	83
XVI.	— Clémence Lointier	87
XVII.	— La famille de Marans	95
XVIII.	— Un squelette, un vieillard et un homme endormi	99
XIX.	— Où Mazurke a peur	105
XX.	— Tête-à-tête	111
XXI.	— L'avant-dernière bougie	115
XXII.	— Où Lucienne fait de la morale	120
XXIII.	— Une nuit de M. Fargeau	127
XXIV.	— Mariage de convenance	133
XXV.	— Des deux côtés de la charmille	138
XXVI.	— Avant l'orage	144
XXVII.	— Le démon du jeu	150
XXVIII.	— Fils de veuve	157
XXIX.	— Course en fiacre	163
XXX.	— Le jeu de la vie	168
XXXI.	— Hauts faits de Tiennet Blond	173

		Pages.
XXXII.	— Où le fantôme se montre bien léger	177
XXXIII.	— Rendez-vous	183
XXXIV.	— Le carré des roses	189
XXXV.	— Roublon-Raison	195
XXXVI.	— Où Yaume le pâtour écrit au Louchard	203
XXXVII.	— La laitière et le pot au lait	209
XXXVIII.	— Clémence Lointier	218
XXXIX.	— Trois loges	224
XL.	— Neuf places d'orchestre	230
XLI.	— Martyre	236
XLII.	— La romance du Saule	243
XLIII.	— Perfidies de Yaume	251
XLIV.	— Générosité de M. Fargeau	256
XLV.	— Coups de théâtre	261
XLVI.	— Renier sa mère	266
XLVII.	— Où Mazurke a de l'esprit	271
XLVIII.	— Le boudoir de Paoli	278
XLIX.	— Lucien	284
L.	— Berthe! Berthe!	291
LI.	— Chiffon de papier	298
LII.	— Le fond du sac de M. Fargeau	304
LIII.	— Mme de Marans	309
LIV.	— Le dernier pansement	316
LV.	— L'exécution de M. Baptiste	322
LVI.	— Au dernier vivant!	329
LVII.	— Le billet de Lucienne	335
LVIII.	— Où M. Fargeau s'en va en guerre	341
LIX.	— Au dernier vivant!	348
LX.	— Épilogue	354

Paris. — Imp. PAUL DUPONT, 4, rue du Bouloi (Cl.) 4 W.

Début d'une série de documents
en couleur

PAUL FEVAL : LE JEU DE LA MORT

L. BOULANGER, éditeur, 90, Boulevard Montparnasse, PARIS

PAUL FÉVAL : LE JEU DE LA MORT

L. BOULANGER, éditeur, 90, Boulevard Montparnasse, PARIS

N° 13 — 10 centimes

32 PAGES

Les Grands Romanciers Français

PAUL FEVAL : LE JEU DE LA MORT

L. BOULANGER, éditeur, 90, Boulevard Montparnasse, PARIS

N° 14   10 centimes

32 PAGES

LES GRANDS ROMANCIERS FRANÇAIS

PAUL FÉVAL : LE JEU DE LA MORT

L. BOULANGER, éditeur, 90, Boulevard Montparnasse, PARIS

Dans le numéro 9,

LES GRANDS ROMANCIERS FRANÇAIS

commencent :

LE JEU DE LA MORT

Par PAUL FÉVAL

Puis viendra la seconde partie de ce roman qui a pour titre :

LA TONTINE INFERNALE

Après ce dernier et dramatique récit, nous commencerons :

FLEURETTE

HISTOIRE D'UNE BOUQUETIÈRE

Par E. SCRIBE

Paris.—Imp. Paul Dupont (Cl.)

Dans le numéro 9,
LES GRANDS ROMANCIERS FRANÇAIS
commencent :

LE JEU DE LA MORT
Par PAUL FÉVAL

Puis viendra la seconde partie de ce roman qui a pour titre :

LA TONTINE INFERNALE

Après ce dernier et dramatique récit, nous commencerons :

FLEURETTE
HISTOIRE D'UNE BOUQUETIÈRE
Par E. SCRIBE

Dans le numéro 9,

LES GRANDS ROMANCIERS FRANÇAIS

commencent :

LE JEU DE LA MORT

Par PAUL FÉVAL

Puis viendra la seconde partie de ce roman qui a pour titre :

LA TONTINE INFERNALE

Après ce dernier et dramatique récit, nous commencerons :

FLEURETTE

HISTOIRE D'UNE BOUQUETIÈRE

Par E. SCRIBE

Paris.—Imp. Paul Dupont (Cl.)

Dans le numéro 9,

LES GRANDS ROMANCIERS FRANÇAIS

commencent :

LE JEU DE LA MORT

Par PAUL FÉVAL

Puis viendra la seconde partie de ce roman qui a pour titre :

LA TONTINE INFERNALE

Après ce dernier et dramatique récit, nous commencerons :

FLEURETTE

HISTOIRE D'UNE BOUQUETIÈRE

Par E. SCRIBE

PAUL FÉVAL : LE JEU DE LA MORT

L. BOULANGER, éditeur, 90, Boulevard Montparnasse, PARIS

PAUL FÉVAL : LE JEU DE LA MORT

L. BOULANGER, éditeur, 90, Boulevard Montparnasse, PARIS

N° 17 — 10 centimes

LES GRANDS ROMANCIERS FRANÇAIS

PAUL FEVAL : LE JEU DE LA MORT

L. BOULANGER, éditeur, 90, Boulevard Montparnasse, PARIS

Dans le numéro 9,
LES GRANDS ROMANCIERS FRANÇAIS
commencent :

LE JEU DE LA MORT

Par PAUL FÉVAL

Puis viendra la seconde partie de ce roman qui a pour titre :

LA TONTINE INFERNALE

Après ce dernier et dramatique récit, nous commencerons :

FLEURETTE

HISTOIRE D'UNE BOUQUETIÈRE

Par E. SCRIBE

Dans le numéro 9,
LES GRANDS ROMANCIERS FRANÇAIS
commencent :

LE JEU DE LA MORT

Par PAUL FÉVAL

Puis viendra la seconde partie de ce roman qui a pour titre :

LA TONTINE INFERNALE

Après ce dernier et dramatique récit, nous commencerons :

FLEURETTE

HISTOIRE D'UNE BOUQUETIÈRE

Par E. SCRIBE

Dans le numéro 9,

LES GRANDS ROMANCIERS FRANÇAIS

commencent :

LE JEU DE LA MORT

Par PAUL FÉVAL

Puis viendra la seconde partie de ce roman qui a pour titre :

LA TONTINE INFERNALE

Après ce dernier et dramatique récit, nous commencerons :

FLEURETTE

HISTOIRE D'UNE BOUQUETIÈRE

Par E. SCRIBE

PAUL FÉVAL : LE JEU DE LA MORT

L. BOULANGER, éditeur, 90, Boulevard Montparnasse, PARIS

PAUL FÉVAL : LE JEU DE LA MORT

L. BOULANGER, éditeur, 90, Boulevard Montparnasse, PARIS

PAUL FEVAL : LE JEU DE LA MORT

L. BOULANGER, éditeur, 90, Boulevard Montparnasse, PARIS

Ont paru dans :

LES GRANDS ROMANCIERS FRANÇAIS :

LE FILS DE FAMILLE

Par XAVIER DE MONTÉPIN

Livraisons 1 à 10

LE JEU DE LA MORT

Par PAUL FÉVAL

Livraisons 10 à 21

LA TONTINE INFERNALE

Livraisons 21 à 32

Après ce dernier et dramatique récit, nous commencerons :

FLEURETTE

HISTOIRE D'UNE BOUQUETIÈRE

Par E. SCRIBE

Ont paru dans :

LES GRANDS ROMANCIERS FRANÇAIS :

LE FILS DE FAMILLE
Par XAVIER DE MONTÉPIN
Livraisons 1 à 10

LE JEU DE LA MORT
Par PAUL FÉVAL
Livraisons 10 à 21

LA TONTINE INFERNALE
Livraisons 21 à 32

Après ce dernier et dramatique récit, nous commencerons :

FLEURETTE
HISTOIRE D'UNE BOUQUETIÈRE
Par E. SCRIBE

Paris.—Imp. Paul Dupont (Cl.)

Ont paru dans :

LES GRANDS ROMANCIERS FRANÇAIS :

LE FILS DE FAMILLE

Par XAVIER DE MONTÉPIN

Livraisons 1 à 10

LE JEU DE LA MORT

Par PAUL FÉVAL

Livraisons 10 à 21

LA TONTINE INFERNALE

Livraisons 21 à 32

Après ce dernier et dramatique récit, nous commencerons :

FLEURETTE

HISTOIRE D'UNE BOUQUETIÈRE

Par E. SCRIBE

Paris.—Imp. Paul Dupont (Cl.)

Ont paru dans :

LES GRANDS ROMANCIERS FRANÇAIS :

LE FILS DE FAMILLE

Par XAVIER DE MONTÉPIN

Livraisons **1** à **10**

LE JEU DE LA MORT

Par PAUL FÉVAL

Livraisons **10** à **21**

LA TONTINE INFERNALE

Livraisons **21** à **32**

Après ce dernier et dramatique récit, nous commencerons :

FLEURETTE

HISTOIRE D'UNE BOUQUETIERE

Par E. SCRIBE

N° 22   10 centimes

LES GRANDS ROMANCIERS FRANÇAIS

32 PAGES

PAUL FÉVAL : LE JEU DE LA MORT

L. BOULANGER, éditeur, 90, Boulevard Montparnasse, PARIS

N° 23 10 centimes

32 PAGES

Les Grands Romanciers Français

PAUL FEVAL : LE JEU DE LA MORT

L. BOULANGER, éditeur, 90, Boulevard Montparnasse, PARIS

PAUL FÉVAL : LE JEU DE LA MORT

L. BOULANGER, éditeur, 90, Boulevard Montparnasse, PARIS

Ont paru dans :

LES GRANDS ROMANCIERS FRANÇAIS :

LE FILS DE FAMILLE

Par XAVIER DE MONTÉPIN

Livraisons 1 à 10

LE JEU DE LA MORT

Par PAUL FÉVAL

Livraisons 10 à 21

LA TONTINE INFERNALE

Livraisons 21 à 32

Après ce dernier et dramatique récit, nous commencerons :

FLEURETTE

HISTOIRE D'UNE BOUQUETIÈRE

Par E. SCRIBE

Ont paru dans :

LES GRANDS ROMANCIERS FRANÇAIS :

LE FILS DE FAMILLE

Par XAVIER DE MONTÉPIN

Livraisons 1 à 10

LE JEU DE LA MORT

Par PAUL FÉVAL

Livraisons 10 à 21

LA TONTINE INFERNALE

Livraisons 21 à 92

Après ce dernier et dramatique récit, nous commencerons :

FLEURETTE

HISTOIRE D'UNE BOUQUETIÈRE

Par E. SCRIBE

Ont paru dans

LES GRANDS ROMANCIERS FRANÇAIS :

LE FILS DE FAMILLE

Par XAVIER DE MONTÉPIN

Livraisons 1 à 10

LE JEU DE LA MORT

Par PAUL FÉVAL

Livraisons 10 à 21

LA TONTINE INFERNALE

Livraisons 21 à 32

Après ce dernier et dramatique récit, nous commencerons :

FLEURETTE

HISTOIRE D'UNE BOUQUETIÈRE

Par E. SCRIBE

Ont paru dans :

LES GRANDS ROMANCIERS FRANÇAIS :

LE FILS DE FAMILLE

Par XAVIER DE MONTÉPIN

Livraisons 1 à 10

LE JEU DE LA MORT

Par PAUL FÉVAL

Livraisons 10 à 21

LA TONTINE INFERNALE

Livraisons 21 à 32

Après ce dernier et dramatique récit, nous commencerons :

FLEURETTE

HISTOIRE D'UNE BOUQUETIÈRE

Par E. SCRIBE

Paris.—Imp. PAUL DUPONT (Cl.)

PAUL FÉVAL : LE JEU DE LA MORT

L. BOULANGER, éditeur, 90, Boulevard Montparnasse, PARIS

PAUL FEVAL : LE JEU DE LA MORT

L. BOULANGER, éditeur, 90, Boulevard Montparnasse, PARIS

N° 29 10 centimes

32 PAGES

LES GRANDS ROMANCIERS FRANÇAIS

PAUL FÉVAL : LE JEU DE LA MORT

L. BOULANGER, éditeur, 90, Boulevard Montparnasse, PARIS

Ont paru dans :

LES GRANDS ROMANCIERS FRANÇAIS :

LE FILS DE FAMILLE

Par XAVIER DE MONTÉPIN

Livraisons 1 à 10

LE JEU DE LA MORT

Par PAUL FÉVAL

Livraisons 10 à 21

LA TONTINE INFERNALE

Livraisons 21 à 32

Après ce dernier et dramatique récit, nous commencerons :

FLEURETTE

HISTOIRE D'UNE BOUQUETIÈRE

Par E. SCRIBE

Paris. — Imp. Paul Dupont (Cl.).

Ont paru dans :

LES GRANDS ROMANCIERS FRANÇAIS :

LE FILS DE FAMILLE

Par XAVIER DE MONTÉPIN

Livraisons 1 à 10

LE JEU DE LA MORT

Par PAUL FÉVAL

Livraisons 10 à 21

LA TONTINE INFERNALE

Livraisons 21 à 32

Après ce dernier et dramatique récit, nous commencerons :

FLEURETTE

HISTOIRE D'UNE BOUQUETIÈRE

Par E. SCRIBE

Paris.-Imp. Paul Dupont (Cl.)

Ont paru dans :

LES GRANDS ROMANCIERS FRANÇAIS :

LE FILS DE FAMILLE

Par XAVIER DE MONTÉPIN

Livraisons 1 à 10

LE JEU DE LA MORT

Par PAUL FÉVAL

Livraisons 10 à 21

LA TONTINE INFERNALE

Livraisons 21 à 32

Après ce dernier et dramatique récit, nous commencerons :

FLEURETTE

HISTOIRE D'UNE BOUQUETIÈRE

Par E. SCRIBE

Paris.—Imp. Paul Dupont (Cl.)

Ont paru dans :

LES GRANDS ROMANCIERS FRANÇAIS :

LE FILS DE FAMILLE
Par XAVIER DE MONTÉPIN
Livraisons 1 à 10

LE JEU DE LA MORT
Par PAUL FÉVAL
Livraisons 10 à 21

LA TONTINE INFERNALE
Livraisons 21 à 32

Après ce dernier et dramatique récit, nous commencerons :

FLEURETTE
HISTOIRE D'UNE BOUQUETIÈRE
Par E. SCRIBE

Paris.—Imp. Paul Dupont (Cl.)

PAUL FÉVAL : LE JEU DE LA MORT

L. BOULANGER, éditeur, 90, Boulevard Montparnasse, PARIS

PAUL FÉVAL : LE JEU DE LA MORT

L. BOULANGER, éditeur, 90, Boulevard Montparnasse, PARIS

N° 32 — 10 centimes

32 PAGES

LES GRANDS ROMANCIERS FRANÇAIS

PAUL FÉVAL : LE JEU DE LA MORT

L. BOULANGER, éditeur, 90, Boulevard Montparnasse, PARIS

Ont paru dans :

LES GRANDS ROMANCIERS FRANÇAIS :

LE FILS DE FAMILLE

Par XAVIER DE MONTÉPIN

Livraisons 1 à 10

LE JEU DE LA MORT

Par PAUL FÉVAL

Livraisons 10 à 21

LA TONTINE INFERNALE

Livraisons 21 à 32

Après ce dernier et dramatique récit, nous commencerons :

FLEURETTE

HISTOIRE D'UNE BOUQUETIÈRE

Par E. SCRIBE

Paris.—Imp. Paul Dupont (Cl.)

Ont paru dans :

LES GRANDS ROMANCIERS FRANÇAIS :

LE FILS DE FAMILLE

Par XAVIER DE MONTÉPIN

Livraisons 1 à 10

LE JEU DE LA MORT

Par PAUL FÉVAL

Livraisons 10 à 21

LA TONTINE INFERNALE

Livraisons 21 à 32

Après ce dernier et dramatique récit, nous commencerons :

FLEURETTE

HISTOIRE D'UNE BOUQUETIÈRE

Par E. SCRIBE

Paris.-Imp. Paul Dupont (Cl.)

Ont paru dans :

LES GRANDS ROMANCIERS FRANÇAIS :

LE FILS DE FAMILLE

Par XAVIER DE MONTÉPIN

Livraisons 1 à 10

LE JEU DE LA MORT

Par PAUL FÉVAL

Livraisons 10 à 21

LA TONTINE INFERNALE

Livraisons 21 à 32

Après ce dernier et dramatique récit, nous commencerons :

FLEURETTE

HISTOIRE D'UNE BOUQUETIÈRE

Par E. SCRIBE

Paris.—Imp. PAUL DUPONT.

Fin d'une série de documents en couleur

www.ingramcontent.com/pod-product-compliance
Lightning Source LLC
Chambersburg PA
CBHW060858300426
44112CB00011B/1254